中山思想新詮

—民權主義與中華民國憲法—

周世輔
周陽山 著

三民書局印行

國家圖書館出版品預行編目資料

中山思想新詮：民權主義與中華民國憲法／周世輔，周陽山著.--增訂四版一刷.--臺北市：三民，民90
面；　公分
ISBN 957-14-1878-1（平裝）

1. 民權主義—批評，解釋等　2. 憲法—中國

005.127　　　　81001499

網際網路位址　http://www.sanmin.com.tw

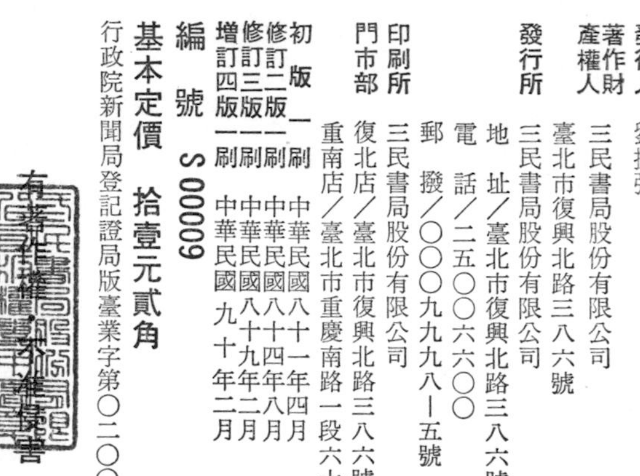

© 中山思想新詮
——民權主義與中華民國憲法

著作人　周世輔　周陽山
發行人　劉振強
著作財產權人　三民書局股份有限公司
臺北市復興北路三八六號
發行所　三民書局股份有限公司
地址／臺北市復興北路三八六號
電話／二五〇〇六六〇〇
郵撥／〇〇〇九九九八－五號
印刷所　三民書局股份有限公司
門市部　復北店／臺北市復興北路三八六號
重南店／臺北市重慶南路一段六十一號
初版一刷　中華民國八十一年四月
修訂二版一刷　中華民國八十四年八月
修訂三版一刷　中華民國八十九年二月
增訂四版一刷　中華民國九十年二月
編號　S 00009
基本定價　拾壹元貳角
行政院新聞局登記證局版臺業字第〇二〇〇號

ISBN 957-14-1878-1（平裝）

序

本書是《中山思想新詮》系列的第二册，距第一册《總論與民族主義》之出版，已逾一年半的時間。在此期間，由於有關國父思想及三民主義之研究教學環境，頗有更易，撰寫相關之著作，較爲不易，因此也使《中山思想新詮》系列著作的持續出版，較爲推遲。其中尤以本書的撰寫，因牽涉到修憲之實際問題，頗受現實環境及修憲進度之影響，因此撰寫時特顯困難。但爲了釐清五權憲法與中華民國憲法之異同，並透過比較憲政民主之角度，對當前憲政改革諸問題，做一澄清，本書乃提前在具體之修憲工作完成前，先行出版。一方面可藉此提供修憲工作參與者做爲參考，另一方面也使本書之論點，較能超脫現實因素之考量，而維持較大的客觀性和公正性。

但是，本書的撰寫，並不以現實之修憲問題爲主要考慮，同時更企望結合有關民權主義及比較憲法之研究，藉以彰顯五權憲法之特性及其在現實上之窒礙。基於此，本書並不以護衛民權主義及五權憲法爲出發點，相對的，根據民國以來的憲政傳承，以及比較國際間之民主發展經驗，使五權憲法之基本架構及理念，能與此二者相結合，才是本書論點及主旨所在。

由於民權主義、五權憲法、中華民國憲法及相關之憲政民主學說及文獻，艱深浩瀚，而作者本人目前之學術生涯離成熟期尚遠，因此本書只是嘗試之作，今後將不斷更新補正，以期減少粗疏謬誤，尚祈同道先進諒督，並予指正。

在本書具體内容方面，第一編大抵係採自《國父思想》、《國父思想新論》等書，對民權主義之基本内涵做一分析介紹。第二編則係完全新寫，對五權憲法與中華民國憲法的基本異同，以及當前的憲政改革問題，分項提出檢討。其中有關權能區分說的辨正、三權五權之爭論、總統制與議會內閣制的釐清、憲政主義的界定，以及修憲體例及修憲程序的探討等，除了參酌相關的重要研究文獻外，亦考慮到當前各種主要的辯論觀點，藉以呈現知識多元的面貌。雖然作者個人的看法亦多並列於后，但仍希望能使讀者對他家之學說觀點，能有所掌握。另外由於本書排印體例之便，作者亦大量運用附註形式，將相關之內容及參考資料，論列於正文之旁，供讀者進一步研究參考。

在具體的使用方面，本書撰寫時主要設定之對象有二：㈠供大學憲法與立國精神、中山思想及比較憲法等相關課程使用；㈡供比較政府、比較憲法、中華民國憲法、三民主義等研究之參考。基於此，本書之內容及參考資料實較一般通論性教科書爲複雜，雖非翔實完備之專題研究，但實具一般通論性研究著作之基本特性及功能。

由於本書爲配合大學上課使用，匆促間排印出版，而作者又在海外進修，無法親自整理引註及承擔校對工作，如有排印及資料引用之錯誤，當於再版時補正。尚祈讀者先進斧正之。謹序。

周陽山　一九九二年三月一日

於紐約哥倫比亞大學

中山思想新詮

——民權主義與中華民國憲法

目　錄

第二編 五權憲法與中華民國憲法

附　編

原著選讀

憲法選編

文獻選編

第一編

民權主義的基本理念

第一章　民權主義概說

第一節　民權問題的發生

民權問題的發生與民權的來源這兩個題目，幾乎不易分開，這裡先談民權的來源，後談民權問題的發生，即由中山先生講民權的來源，推論到民權問題的發生。

一、民權的來源

盧梭提倡天賦人權，強調民權是天生的，與生俱來的；中山先生反對其說，認爲民權不是天生的，而是人爲奮鬥得來的，並將人類奮鬥分爲洪荒、神權、君權、民權四個時期：

㈠洪荒時代：洪荒時代，是人和獸相鬥的時代。中山先生說：「在那個時候，人類要圖生存，獸類也要圖生存，人食獸，獸亦食人，彼此相競爭，遍地都是毒蛇猛獸。人類的四周都是禍害，所以人類要圖生存，便要去奮鬥。」人類如何去和獸類相鬥呢？「因爲當時民權沒有發生，人類去打那些毒蛇猛獸，各人都是用氣力，不是用權力，所以在那個時代，人同獸爭，是用氣力的時代。」這是說人類在洪荒時代，是人同獸爭，所用的是氣力，大家同心協力，去殺毒蛇猛獸。

中國在堯舜禹湯文武時代，還有人同獸爭的記載，孟子說：「當堯之時，天下猶未平，洪水橫流，氾濫於天下，草木暢茂，禽獸繁殖，五穀不登，禽獸逼人，獸蹄鳥跡之道，交於中國；堯獨憂之，擧舜而敷治焉。舜使益掌火，益烈山澤而焚之，禽獸逃匿。」又說：「周公驅虎豹犀象而遠之。」成湯出獵，網開三面，含有多驅少殺之意，說明人與獸爭，流傳至堯舜禹湯文武時期，尚有跡象可尋。

㈡神權時代：人類在洪荒時代戰勝了毒蛇猛獸後，生活獲得改善，生命趨於安全；但對水火風雷等天災，沒有辦法防備，極聰明的人用祈禱方法去避禍求福，於是進入了神權時代。中山先生說：「到了人同天爭的時代，專講打是不可能的，故當時人類感覺非常的困難，後來有聰明的人出來，替人民謀幸福，像大禹治水，替人民除去水患。有巢氏敎民在樹上做居室，替人民謀避風雨的災害。自此以後，文化便逐漸發達，人民也逐漸團結起來。又因當時地廣人稀，覓食很容易，他們單獨的問題，只有天災，所以要和天爭。但是和天爭不比和獸爭，可以用氣力的，於是發生神權。極聰明的人，便提倡神道設敎，用祈禱方法去避禍求福。……但是旣同天爭，無法之中，是不得不用神權，擁戴一個很聰明的人做首領。好比現在非洲野蠻的酋長，他的職務，便專是祈禱，又像中國的蒙古西藏，都奉活佛做皇帝，都是以神爲治，所以古人說：『國之大事，在祀與戎。』說國家的大事，第一是祈禱，第二是打仗。」又說：「日本皇帝在幾百年以前，已經被武人推倒了，到六十年前，明治維新，推翻德川，恢復天皇，所以日本至今還是君權和神權並用。從前羅馬皇帝，也是一國的敎主，羅馬亡了之後，皇帝被人推翻，政權也被奪去了，但敎權仍然保存，各國人民仍然奉爲敎主，好比中國的春秋時候，列國尊周一樣。」人類在人同天爭時代，以神道設敎，用神權來統治人民，惟進入君權時代後，仍未完全擺脫神權思想，如日本的天皇，羅馬的敎皇，西藏的活佛，至今仍然存在。

㈢君權時代：神權過去之後，有力的武人和政治家便把國家的權力奪過來，自稱皇帝，便發生君權。中山先生說：「由有歷史到現在，經過神權之後，便發生君權，有力的武人便和大政治家把教皇的權力剝奪了，或者自立為教主，或者自稱為皇帝，於是由人同天爭的時代，變成人同人爭。到了人同人相爭，便覺得單靠宗教的信仰力，不能維持人類社會，不能夠和人競爭，必要修明政治，武力強盛，才可以和別人競爭。世界自有歷史以來，都是人同人爭，一半是用神權，一半是用君權。後來神權漸少，羅馬分裂以後，神權漸衰，君權漸盛。到了法王路易十四，便是君權極盛時代。他說：『皇帝和國家沒有分別，我是皇帝，所以我就是國家。』把國家甚麼大權都拿到自己手裡，專制到了極點，好比中國秦始皇一樣。」君權時代為什麼會變成專制政治？中山先生對此有所解說：「世界進化由野蠻而至文明，心性進化（按心性進化可釋為心靈進化或精神進化）由無知而至有知。天生聰明睿智先知先覺者，本以師導人群，贊佐化育，乃人每多原欲未化，私心難純，遂多擅用其聰明才智，以圖一己之私，而罔顧人群之利，役使群衆，有如牛馬，生殺予奪，威福自雄，蚩蚩之民，畏之如神明，奉命惟謹，不敢議其非者，由於履霜堅冰，積為專制。」（文言文《三民主義》）由於君主專制一天厲害一天，弄到人民不能忍受，人民亦因科學發達，「知識日開，覺悟漸發」，知道君主專制的玄道，人民應該要反抗，於是發生了民權革命。

㈣民權時代：君權極盛之後，引起人民反抗，產生天賦人權、自由主義、民主主義等學說，人民奮袂而起，實行政治革命，社會便演進到民權時代，「在這個時代之中可以說是善人同惡人爭，公理與強權爭。到了這個時代，民權漸漸發達，所以叫做民權時代。」

按進化分析，概括的說：「第一個時期，是人同獸爭，不是用權，是用氣力，第二個時期，是人同天爭，是用神權，第三個時期，是人同人爭，國同國爭，這個民族同那個民族爭，是用君權。到了第四個時期，國內相爭，人民同君主相爭，在這個時代之中，可以說是善人同惡人爭，公理同強權爭。」因為民權是人民用來同君主相爭，便發生民權運動，叫做民權革命，革命的結果，得到民權，可見民權的來源，是由於人類的長期奮鬥和民權革命得來的，或者說，民權是時勢和潮流所造就出來的。（以上原文見《民權主義》第一講）

二、民權問題的發生

由君權時期到民權時期的事實看來，可以看出民權問題的發生，計有下列三個原因：一爲君主專制的壓迫，二爲學者提倡民權學說，三爲人民的覺悟。

㈠君主專制的壓迫：人類在初民時代，大家共同生活、工作與戰鬥，沒有君權與民權的紛爭。以後由初民政治進入神權政治，人民的生活與行動，便受到領導者的庇佑與干涉；至進入君權時代，這種干涉更是變本加厲，君主爲鞏固其統治權力，就會妨害人民自由，有些君主暴虐無道，欺壓人民，把人民當作奴隸牛馬看待。如中山先生所說法國路易十四❶的專制，好比中國的秦始皇一樣，君主專制一天厲害一天，弄得人民不能忍受。（《民權主義》第一講）中山先生又說：「歐洲自羅馬分裂之後，羅馬的土地，被各國割據。當時各國用兵力，佔據一塊地方，大者稱王，小者稱侯，都是很專制的。人民受不過那種專制的痛苦，所以要發生革命。」（《五權憲法》講詞）這很明白地說明，民權問題的發生，是由於君主專制的壓迫，如一七八九年的法國革命，就是很好的例證。

㈡學者提倡民權學說：先知先覺的學者看見君主專制到了極點，人民不能忍受，產生了惻隱之心，便提倡

❶路易十四（Louis XIV, 1638-1715）
法國君主。1643年繼承王位，時年五歲，由其母安妮及紅衣主教馬薩林攝政。1661年，馬逝世，時年十四親政，此後執政五十四年，爲精明幹練之專制君主，爲政勤勉，知人善任。在內政方面提倡文治藝術，優禮文人，修訂法律，鼓勵工商企業。於外交方面，發動一連串戰爭侵略。1667年侵略西班牙。1672年突襲荷蘭，征戰六年，取得西班牙和比利時部分領土。1681年，乘德意志困窘之際，侵佔亞爾薩斯及神聖羅馬帝國所屬之斯特拉斯堡。1684年，奪取盧森堡及數個日耳曼邦。1701-1713年西班牙王位繼承之戰，其孫獲王位繼承，然法蘭西因負戰債廿億之鉅，國力窮竭，王室遂一蹶不振。在位期間深信君權神授，自稱「太陽王」，採極端專制，致民怨沸騰。1715年逝世。

民權學說，以反對君主專制。如洛克提倡人民自由，認爲政府權力來自人民委託，政府不可逆民行事，國家最後主權屬於人民。盧梭提倡天賦人權，以民權與生俱來，神聖不可侵犯。孟德斯鳩發明三權分立學說，主張將立法、司法、行政權各自獨立行使。這些民權學說，對民權革命發生重大影響，誠如中山先生所說：「講到民權史，大家都知道法國有一位學者叫做盧梭，盧梭是歐洲主張極端民權的人，因爲他的民權思想，便發生法國革命。」（《民權主義》第二講）又說：「孟德斯鳩發明了三權分立的學說之後，不久就發生美國的革命。美國革命成功，訂立憲法，是根據於孟氏三權分立的學說，用很嚴密底文字，成立一種成文憲法。」（《五權憲法》講詞）可見學者提倡民權學說，與民權問題的發生，有其密切關係。

㈢人民的覺悟：文藝復興以後，人文主義與個人主義盛行，人民知道君主專制，壓迫人民，是沒有道理的，便起來反抗君權。中山先生說：「到了那個時代，科學也一天發達一天，人的聰明也一天進步一天，於是生出了一種大覺悟，知道君主總攬大權，把國家和人民做他一個人的私產，供他一個人的快樂，人民受苦他不理會，人民到了不能忍受的時候，便一天覺悟一天，知道君主專制無道，人民應該要反抗，反抗就是革命，所以百餘年來，革命思潮非常發達，便發生民權革命。」又說：「究竟爲什麼要反對君權，一定要用民權嗎？因爲近來文明很進步。人類的知識很發達，發生了大覺悟。好比我們在做小孩子的時候，便要父母提攜，但到了成人謀生的時候，便不能依靠父母，必要自己獨立。」（《民權主義》

第一講）人民的大覺悟，加上先知先覺者的宣傳，兩者會合，便滙成一股不可抗拒的力量，爆發了民權革命，最顯著的例子，就是英國與法國的民權革命。十七世紀英國發生了革命，民黨領袖格林威爾❷將軍，將英皇查理士第一交法庭判處死刑；跟着法國發生大革命，他國亦多爭民權。「於是十八世紀之末，以至此二十世紀之初，百餘年來，皆君權與民權爭競之時代。從此民權日發達，君權日削亡。」（文言文《三民主義》）。

❷格林威爾（Oliver Cromwell, 1599-1658）
十七世紀英國革命的代表人物，獨立派領袖、共和國的締造者。出身於鄉紳家庭。曾兩度赴倫敦學習法律，後經營農牧場。1628、1640 年間先後兩次被選入議會。在 1642-1648 年兩次內戰中顯示了自己的軍事才能，先後統率「鐵騎軍」和新模範軍在馬斯頓戰役和納斯比戰役中擊潰王黨軍隊，最後取得勝利。1648 年，清洗了國會中長老派的勢力。1649 年在城市平民和自耕農的壓力下，處死國王查理一世，5 月宣布成立共和國。同時，殘酷鎮壓平等派和掘土派的民主運動，於 1649-1652 年親自率軍遠征愛爾蘭，鎮壓民族起義、掠奪愛爾蘭土地，其間於 1650-1651 年平定蘇格蘭王黨的叛亂。1653 年，建立軍事獨裁統治，12 月自任「護國主」。爲了向外擴張和爭奪殖民地及海上霸權，曾對荷蘭、西班牙和葡萄牙作戰，取得勝利。

第二節　歐美民主政治的缺點

歐美的民主政治，經過二百多年的實踐後，它所具有的優點，固然很多，但其缺點亦不少，計有：一、放任自由與暴民政治，二、代議政治的缺點，三、造成政府無能。

一、放任自由與暴民政治

歐洲當初的民權革命，爲爭自由，把自由當作第二生命，等到革命成功，人民從專制政治壓迫下解放出來，各人都把自由的領域擴大，爲所欲爲，目無法紀，羅蘭夫人曾說：「自由！自由！多少罪惡假汝之名以行。」中山先生亦有相同看法：「從前歐洲在民權萌芽的時代，便主張自由，到了目的已達，各人都擴充自己的自由，由於自由太過，便發生許多流弊。」（《民權主義》第二講）自由太過會發生什麼流弊呢？關於這個答案是多方面的。如分散民族團結，妨害國家自由，阻礙他人合理的自由發展，破壞社會正常的秩序，造成暴民政治等是。其中尤以暴民政治最爲可怕，法國革命成功後，提倡個人的放任自由，便發生這樣的政治悲劇！中山先生說：「因爲法國人民，當時拿充分的民權去做頭一次的試驗，全國人民都不敢說民衆沒有智識，沒有能力，如果有人敢說那些話，大家便說他是反革命，馬上就要上斷頭臺。所以那個時候，便成暴民政治，弄得無政府，社會極爲恐慌，人人朝不保夕，就是眞革命黨，也有時因爲一言不愼，和大家的意見不對，便要受死刑。」又說：「像法國革命時候，人民拿到充分的自由，便不要領袖，把許多有智識有本事的領袖都殺死了，只剩得一般暴徒，那般暴徒，對於事物的觀察，既不明瞭，又復容易被人利用，全國人民既沒有好耳目，所以發生一件事，人民都不知道誰是誰非，只要有人鼓動，便一致去盲從附和，像這樣的現象，是很危險的。」（《民權主義》第四講）因此，提倡人民放任自由的結果，不但未能得到自由的幸福，反而貽禍於無窮。以後各國的民權運動不免取法國革命的慘痛敎訓，不再鼓吹放任自由，雖未發生暴民政治，但自由可能產生的其他流弊，仍未革除。

二、代議政治的缺點

歐美所行代議制度的民主政治，確有不可否認的優點，所以現今各民主國都在採用。其實這種制度缺點甚多：㈠人民沒有充分民權，㈡議會流於專制，㈢議員素質參差不齊。

㈠人民沒有充分民權：代議制度所行的民權，人民祇有一個選舉權，當選舉投票之前，候選人以尊重民意爲號召，表面看起來，人民似有國家主人翁的派頭，但投下神聖一票後，便再無權過問政治，一切都由當選議員全權代議。誠如中山先生所說：「人民在政治上是佔什麼地位呢？得到了多少民權呢？就最近一百多年來所得的結果，不過是一種選舉權和被選舉權。人民被選舉成議員之後，在議會中可以管國事，凡是國家的大事，都要由議會通過，才能執行，如果在議會沒有通過，便不能執行，這種政體，叫做代議政體。但是成立了這種代議政體以後，民權是否算得充分發達呢？在代議政府沒有成立之先，歐美人民爭民權，以爲得到了代議政體，便算是無上的民權。」（《民權主義》第四講）又說：「從前沒有充分民權的時候，人民選舉了官吏議員之後，便不能再問，這種民權是間接民權，間接民權就是代議政體，用代議士去管理政府，人民不能直接去管理政府。」（《民權主義》第六講）代議政體所行的民權是間接民權，人民沒有充分的權力可以過問政治，這是民主政治的一大諷刺。

㈡議會流於專制：現行代議制度之下，議會有無限權力去管理政府，無須顧及民意，議員往往爲本身利益，違反民意行事。中山先生說：「根據國家機關者，其始藉人民選舉以獲取其資格，其繼則悍然違反人民之意思以行事，而人民亦莫如之何。」（〈中華民國建設之基礎〉講詞）不僅人民對議員行事，無可奈何，卽政府對議會專權，亦只有俯首聽命，美國有位憲法學者戴雷，認爲「英國的國會，除了不能將男變女外，其他一切事情他都可以做到。」中山先生亦有同感，他說：「當時英國雖然是把政權分開了，好像三權分立一樣，但是後來因政黨發達，漸漸變化，到了現在，並不是行三權政治，實在是一權政治。英國現在的政治制度，是國會獨裁，實行議會政治，所謂以黨治國的政黨政治。」（《五權憲法》講詞）法國的情形更糟，因爲它是多黨林立的國家，沒有一個大黨可以控制國會，議會勾心鬥角，各爲私利打算，以

❸戴高樂(Charles de Gaulle, 1890-1970)
法國軍人、作家和政治家，法蘭西第五共和的創建者。軍官學校畢業，第一次世界大戰時奮勇作戰，後追隨貝當元帥進入國防會議，倡導重用戰車部隊之革新戰略。二次大戰時曾統率新設之戰車師團擊敗德軍，成爲救國英雄。1944年11月，應國人要求，出任總理，1946年，第四共和成立，他離開政壇，立於反對黨地位。1958年，出任總統，成爲拿破崙第三以來最有權勢的元首。在第一屆任期裡，他加強經濟，重整軍備，讓非洲獨立，退出北大西洋公約組織的聯合司令部，反映了他要求保持法國「民族獨立」的政策。1965年他第二次當選總統，1966年宣佈完全退出北約組織，提出「東西方緩和與合作」，主張與蘇聯及東歐國家進行貿易與文化交流。他還主張美軍退出越南並周遊許多國家以加強法國國際地位。但1968年突然爆發工人與學生運動，在隨後的選舉中雖獲勝，而1969年再次舉行的公民投票中卻失敗了，於是自動辭職，返鄉著作。著有《法國和她的軍隊》（*La France et son armée*）、《榮譽的召喚》（*L'Appel*）、《救星》（*Le Salut*）等書。

倒閣爲能事，所以法國內閣壽命最短，隨時有垮臺危險，有似中國人所謂的「五日京兆」。自第二次大戰後，戴高樂❸再度組閣，修改憲法，將國會權力削弱，政局始趨於安定。美國的國會，在尼克森、福特任總統時，爲在野黨所控制，事事與政府爲難，政府爲應付國會干預，畏首畏尾，動輒得咎，很難有所作爲。一九七五年四月間，福特提出的援助高棉與越南兩案，均爲參衆兩院所擱置。英法美是民主政治的先進國家，國會的專制如此，使代議制度的民主政治，實在潛伏着重大危機。

㈢議員素質參差不齊：歐美代議士的資格與學識，漫無限制，有道德有學問的候選人，不一定當選，當選的代議士可能是不學無術之徒。中山先生曾舉過一個具有博士學位的候選人，被一個不學無術的苦力所擊敗的故事，可作代議士素質低落的證明。以如此素質參差不齊的代議士勉任艱鉅，求其能滿足人民的期望，完成國會的任務，實在大有問題。

歐美代議制搬來中國實行後，更是流弊叢生。中山先生很沉痛的說：「歐美人民從前以爲爭到了代議政體，便算心滿意足。我們中國革命以後，是不是達到了代議政體呢？所得民權的利益究竟是怎麼樣呢？大家都知道現在（民十三）的代議士，都變成了猪仔議員，有錢就賣身，分贓貪利爲全國人民所不齒。各國實行這種代議政體，都免不了流弊，不過傳到中國，流弊更是不堪聞問罷了。」（《民權主義》第四講）又說：「歐美代議政體的好處，中國一點都沒有學到，所學到的壞處，却是十百倍，弃到國會議員，變成猪仔議員，汚穢腐敗是世界各國自古以來所沒有的。」（《民權主義》第六講）我國在民初，倣行代議制度，的確好處沒有學到，壞處則變本加厲，國會爲軍閥官僚政客所把持，政局陷於混亂不安狀態中。

三、造成政府無能

民主政治的最大缺點，便是造成政府無能。民權越發達的國家，其政府無能的程度亦愈甚，中山先生即持這種看法：「在民權發達的國家，多數的政府，都是弄到無能的，民權不發達的國家，政府多是有能的，像前次所講近幾十年來，歐洲最有能的政府，就是德國俾士麥當權的政府，……其他各國主張民權的政府，沒有那一個可以叫做萬能政府。又有一位瑞士學者說：各國實行民權以後，政府的能力，便行退化。」（《民權主義》第五講）民權國家的政府何以無能呢？這與民主政治理論有其因果關係。

㈠政府無能的原因：造成政府無能的原因很多，如議會的專制、三權分立制度的流弊、議員素質的低落等是，尤以人民不信任政府爲其主因。良以十九世紀民權革命成功後，人民鑒於專制政府的雄威，記憶猶新，深恐政府能力太大，無法駕馭，重走專制復活的老路。中山先生對此說得很明白：「到了民權時代，人民就是政府的原動力，爲什麼人民不願意政府的能力太大呢？因爲政府的力量過大，人民便不能管理政府，要被政府來壓迫，從前政府的壓迫太過，所受的痛苦太多，現在要免去那壓迫的痛苦，所以不能不防止政府的能力。」（《民權主義》第六講）正因爲人民要限制政府權力，政府便不敢管事太多，其結果必然陷於軟弱無能。

㈡政府無能的影響：西方學者鼓吹自由主義，認爲政府的干涉，愈少愈好，提倡一種「少爲政治」學說。中山先生說：「政府毫不能夠做事，到了政府不能做事，國家雖然是有政府，便和無政府一樣。」（《民權主義》第五講）由於政府無能的結果，致使國家的根本大計時常變更，社會應興應革之事都無法舉辦，有許多急待的問題無法解決，甚至與民生有關的社會福利事業亦無法進行，造成政治上的危機四伏，弊端百出。尤其是國家當內憂外患發生的時候，政府更不敢採取斷然措施，因事制宜，把握機先，以致事後再圖補救，亡羊補牢，爲時已晚，每感事倍功半，得不償失，如第一、二次世界大戰，民主國家的挫折甚多，便是最痛苦的教訓。因此一般反對民主政治的政客和野心家，振振有詞，儘量的指摘和反對，甚至採取反民主的積極行動，如德、義的法西斯主義和中共的馬列主義，就是反民主的，這使具有二百多年深厚歷史的民主政治的隄防，幾乎有被反動逆流所衝破的危險，可見政府無能所發生的影響，是何等的重大！

第三節　極權主義的反動

民主政治實行二百多年後的結果，固有極其崇高的價值和不可磨滅的貢獻，但其所發生的流弊和缺點，亦為無法掩飾的事實。「物極必反」，政制亦然，於是產生反民主的極權主義，如德、義的法西斯主義和中共的馬列主義便是。前者雖已隨戰爭失敗而消滅，但其主義與制度的幽靈，仍然存在人間；後者則仍在擴張其侵略政策，它的政治理論和制度，以推翻民主政治為最後目標，對其謬論邪說，必須拔本塞源，詳加批判。

一、法西斯主義的專制

法西斯主義雖以反共為政治號召，但其政治體制，卻與共產主義的獨裁極其相似，同為反民主的專制政治。舉其要點，計有下列各項：

㈠實行政治專制：德、義的法西斯主義者，都反對人民應當有自由平等的觀念和代表人民的議會，而主張絕對信仰領袖，實行政治專制。墨索里尼說：「法西斯主義反對民主政治，民主政治是一種荒謬的傳統思想，他們以政治平等為名，而實行大家都不負責任之實。」希特勒亦持相同的觀點說：「我們這種運動的原理及組織，都是反對議會政治的，那就是說不論在原則上與組織上根本反對多數投票的辦法。因為這種辦法，足以降低領袖的地位，使領袖變成只執行他人意見的人物了。我們這種運動，認為事無鉅細，都應當服從領袖的權威，領袖是負完全責任的。」

甚至認爲希特勒的決定是金科玉律，如戈林將軍說：「正義與希特勒的意志，完全是一件事物。」狄垂赫主教亦說：「因爲希特勒是上帝給我們的，所以凡不遵從希特勒的人們就是罪惡的。」以上這些言論，都歌頌領袖萬能，認是上帝的化身，應當獨攬國家行政大權，不許人民過問政治，實行空前的極權主義，與君主專制政體，沒有什麼區別。

㈡反對自由與平等：自由與平等，是民主政治的金字招牌，誰都不敢碰它；而德、義等極權國家則視爲一種謬說，力加反對。他們在國內禁止人民的意志自由，干涉學術研究宗教信仰，取締法西斯黨外的其他政黨活動，解散社會各種社團組織，不容許個人主義的思想存在。墨索里尼說：「我堅決地主張人類永久不變的不平等，這種不平等是有利於人類社會的，絕對不能用普通選舉的機械方法而勉強使大家永遠平等。」他認爲這種天生不平等現象，有利於組織層層領導的政府。希特勒更是堅持這種觀點，他在《我的奮鬥》一書中說：「若想要更高等文化的發展，我們就必須有那些低級文化的人們存在。因爲只有他們纔能代替現代的生產工具，若無這種生產工具，那麼高等文化簡直就不可能在原始的社會裡。」他把低級文化者視爲生產工具，其主張較墨索里尼更爲偏激，但同爲反對以自由平等爲基礎的民主政治，則無二致。

㈢變相的貴族政治：法西斯主義的國家政體，在階級專政形式上，是一種新的貴族政治。他們反對人民主權論，認爲大多數國民都不懂民族利益，亦不讓人民有

❹費爾巴哈(Ludwig Feuerbach, 1804-1872)
德國的哲學家和道德家。以對馬克斯的影響和人道主義的神學研究而知名。曾放棄神學研究，在柏林從黑格爾研習哲學兩年。1828年赴埃爾蘭根研究自然科學。1830年匿名發表了《論死與不朽》(*Gedanken über Tod und Unsterblichkeit*)。書中抨

表示意見的權利，其所提倡的國家主權論，是假借國家之名，實行個人專制之實。其黨魁與幹部在國民總數中，屬於統治階級的少數，亦猶君主政治的貴族，屬於國民總數中的少數相同。至於強調其領袖與幹部都是愛國者，如何盡職負責，謀求國家最大利益，才可代表國家的公共意志，羅寇對此有獨到的批評，他說：「法西斯主義不但有反對人民主權論的成見，而代之以國家主權，並且認定一般大衆根本不曉得什麼是社會的利益。以爲捨棄了個人的私利，而謀社會全體及歷史上的更高利益，是只有少數具有特別天才的人們，才可以做到的事。先天的稟賦與後天的教養，都是造成這少數領導者的重要成分。」（羅著《法西斯主義的政治原理》）這種以國家中特別階級的少數人，作爲永久的統治國家政治的階層，就是一種變相貴族政治的組織形態。

二、共產主義的獨裁

馬克斯借用費爾巴哈（Feuerbach）❹的唯物論，剽竊黑格爾（Hegel）❺的辯證法，並採用德、法社會主義的政策，創立其所謂科學的社會主義，即以階級鬥爭爲主的共產主義。今日中共還自稱奉行馬克斯主義。馬克斯說：「一切的階級鬥爭，都是政治的鬥爭。」又與恩格斯同說：「至今的全部歷史都是一部階級鬥爭史。」他們用貼標籤的二分法，將每一個國家的人民，分爲資產與無產兩大階級，由階級間的利益衝突，不斷在時隱時顯的進行鬥爭，都以奪取國家政權爲最後鬥爭的目的，並預料資本發達與財富集中的結果，資本家愈來愈少，無產

擊個人不朽的概念，提出另一類型的不朽，它使人的特性重新被吸收入自然界。1841 年其最重要的著作《基督教的實質》（*Das Wesen des christentums*）中強調：基督教已從人類生活中消失，將宗教歸結爲對無限的認識。儘管他否認自己是無神論者，但他認爲基督教的上帝是個幻象。當論及包括哲學在內的其他學科時，他提出了唯物主義。費爾巴哈的某些觀點後來在德國教會和政府間的鬥爭中爲極端主義者所接受，也得到馬克斯等的贊同。其他的著作有《神統》（*Theogonie*）以及《上帝、自由和不朽》（*Gottheit, Freiheit und Unsterblichkeit*）。

❺黑格爾（George Wilhelm Friedrich Hegel, 1770-1831）德國的哲學家、絕對唯心主義者。年十八入杜平根大學習神學。卒業後，赴瑞士之伯恩始研究康德之學。之後歷任那拿大學講師、紐倫堡中學校長、海德堡大學教授、柏林大學教授、校長。其哲學稱絕對哲學（Philosophy of the absolute），可分爲三部：(1)論理學(2)自然哲學(3)精神哲學，都以闡明唯心論爲主。重要著作有：《精神現象學》（*Phänomenologie des Geistes*）、《邏輯學》（*Wissenschaft der Logik*）等。

工人愈來愈多，將來無產階級革命必然成功。中山先生曾針對此指出，人類求生存是社會進化的原因，階級鬥爭是社會進化的時候所發生的一種病症，批評馬克斯倒因爲果，只看到社會進化的毛病，沒有看到社會進化的原因，所以馬克斯只可說是一個社會病理家。（詳《民生主義》第一講）又資本主義發達的英美德法等國，共產主義等所進行的階級鬥爭，並沒有產生實效，在工業落後的蘇俄，反而獲得僥倖成功，更證明馬克斯的預言，完全與事實相反。

第四節　民權主義的提出

要研究民權主義的提出，先要研究民權的意義與作用，二要研究民權主義的意義，最後才研究本題——民權主義的提出。

一、民權的意義與作用

中山先生對民權的意義，民權政治的關係，民權的作用，均有明白訓示，可作研討的依據。

㈠民權的意義：什麼是民權？中山先生解釋得很明白。他說：「現在要把民權來定一個解釋，便先要知道甚麼是民。大凡有團體有組織的衆人，就叫做民。甚麼是權呢？權就是力量，就是威勢，那些力量大到同國家一樣，就叫權。中國話說列強，外國話便說列權。所以權和力實在是相同，有行使命令的力量，有制服群倫的力量，就叫做權。把民和權合攏起來說，民權就是人民的政治力量。」（《民權主義》第一講）「民」是「有團體有組織的衆人」，「權」是「行使命令」與「制服群倫」的力量，將「民權」解釋爲「人民的政治力量」，非常簡明。又從政治學角度去解釋民權：「政治兩字的意思淺而言之，政就是衆人的事，治就是管理，管理衆人的事，便是政治。有管理衆人之事的力量，便是政權，今以人民管理政事便叫做民權。」（同上）他解釋「政治」的「治」字爲「管理」，而不說「統治」，是含有民權思想注重管理民事的積極意義，因爲管理(to govern)係以知識與能力爲基礎，強調服務、負責與權利義務的關係，與以權勢爲基礎的「統治」(to rule)完全不同，認爲「講到國家的政治，根本上要人民有權，至於管理政治的人，便要付之有能的專門家。」(〈同胞都要奉行三民主義〉講詞）這裡說明了「民權」便是「人民管理政事的權力」，或稱「人民的政治力量」。

㈡民權的作用：中山先生本來祇講到「權」的作用，多數人則釋爲「民權」的作用。《民權主義》第一講說：「權的作用，簡單的說，就是要來維持人類的生存。人要能夠生存，就須兩件最大的事：第一件是保，第二件是養，……這自衛和覓食，便是人類維持生存的兩件大事。但是人類要維持生存，他項動物也要維持生存，……所以人類的保養和動物的保養衝突，便發生競爭。人類要在競爭中生存，便要奮鬥，所以奮鬥這一件事，是自有人類以來天天不息的，由此便知權是人類用來奮鬥的。」權是人類求生存的工具，從奮鬥中得來，在初民時代與禽獸爭，在神權時代與天爭，在君權時代是人與人爭，國與國爭，這民族與那民族爭，到了民權時代，是國內相爭，是人民同君主爭，民權的作用更大了。

二、民權主義的意義

何謂民權主義，計有下列答案：

㈠民權主義就是人民管理政事的主義：因爲中山先生說過：「今以人民管理政事便叫民權。」又說：「現在是民國，是以民爲主的，國家的大事，人人都可以過問，……大家都有權去管理，這便是民權主義的精義。」(〈女子要明白三民主義〉)

㈡民權主義是民治主義：中山先生曾將林肯的「民治」與民權主義相比。他說：「必須把政治上的主權，實在拿到人民的手裡，才可以治國，

才叫做民治，這個達到民治的道理，就叫做民權主義。」(〈三民主義爲造成新世界之工具〉)

㈢民權主義是全民政治主義：全民政治是民權主義目的之一。中山先生說：「我們提倡三民主義來改造中國……是用我們的民權主義，把中國造成一個全民政治的民國。」(《民權主義》第四講)

㈣民權主義是政治地位平等的主義：中山先生認爲民權主義在求中國民主政治地位平等。

㈤民權主義就是主權在民的主義：因爲中山先生曾說：「民權者民衆之主義也。」(文言文《三民主義》) 林白樂博士(Paul. M. A. Linebarger)說：「民權主義，不僅是指民權主義文義上的投票程序，而是『主權在民』的肯定。」(見氏著《三民主義的世界性》) 按「主權在民」這句話，可說是民權主義的精義。中山先生說：「現在的民國是以民爲主的，國家大事人人可以過問，這就是把國家變成大公司，人人都是這個公司的股東，公司內的無論什麼事，大家都有權去管理，這便是民權主義的精義。」(見〈女子要明白三民主義〉)

民權主義的意義有時與民權主義的目的是分不開的。如上述㈢全民政治，㈣求國民之政治地位平等，皆可視爲民權主義的目的。

三、民權主義的提出

關於民權主義的提出，本可有兩種解釋(說明)：一爲自中外的時代背景來說明，二爲自中山先生提倡民權主義的原因來說明。關於前者已詳時代背景這一節，此處只就提倡的原因(讀者可參考時代背景這一節)與提出的經過來研究。另外，附錄提倡民主的理由。

㈠提倡民權主義的原因：中山先生何以要提倡民權主義？基於下列兩大理由：一是順應世界潮流，二是縮短國內戰爭。

⑴順應世界潮流：民權是由神權經君權而來的世界潮流，在民權時

代非用民權不可。中山先生說:「在神權時代,非用神權不可,在君權時代,非用君權不可,現在是民權時代,故非用民權不可。從前許多國家都是有皇帝的,現在一個一個都被推翻了,即使有些國家還有皇帝,如英國、日本,但他們也只是有名無實,實行民主內閣制了。世界潮流的趨勢,好比長江黃河的水流一樣,水流的方向,或者有許多曲折,向北流或向南流的,但是流到最後,一定是向東流的,無論是怎麼樣,都阻止不住的。所以世界的潮流,由神權流到君權,由君權流到民權,現在流到了民權,便沒有方法可以反抗。」他又說:「我們知道現在已到了民權時代,將來無論是怎樣挫折,怎樣失敗,民權在世界上,總是可以維持長久的。所以在三十年前(民國十三年言),我們革命同志便下了這個決心,主張中國強盛,實行革命,非提倡民權不可。」(《民權主義》第一講)所謂三十年前,是指興中會成立的時候,以建立共和政體爲宗旨言。又民權時代,非人力所能反抗。「十八世紀之末,以至此二十世紀之初,百餘年來皆君權與民權爭競之時代,從此民權日發達,君權日削亡,……此世界政治進化之潮流,而非人力所能抵抗者,此古人之所謂天意也。順天則存,逆天則亡,此之謂也。」(文言文《三民主義》)這裡所講的「天」字,可釋爲「時勢」或「潮流」;所謂「順天者存」,可釋爲「順應潮流者存」;所謂「逆天者亡」,可釋爲「違反潮流者亡」。如袁世凱稱帝的滅亡,張勳復辟的失敗,就是「逆天者亡」的明確事例。

⑵縮短國內戰爭:中國是世界上內戰最多的國家,而所以發生內戰的主要原因,都是爲了爭皇帝,弄得國弱民貧,不能抵禦外侮。中山先生說:「因爲自古以來,有大志的人,多想做皇帝,如劉邦見秦始皇外出,便曰:『大丈夫當如是也』。項羽亦曰:『彼可取而代也』。此等野心家代代不絕,當我提倡革命之初,其來贊成者,十人之中,差不多有六七人,是有一種皇帝思想的,但是我們宣傳革命主義,不但要推翻滿清,並且要建設共和,所以十中之六七,都逐漸化除其帝皇思想了。……我們革

命黨於宣傳之始，便揭出民權主義來建設共和國家，就是想免了爭皇帝之戰爭，惜乎就有冥頑不化的人，此亦實在無可如何。從前太平天國便是前車之鑑。……洪秀全之所以失敗，最大的原因，是他們那一般人到了南京之後，就互爭皇帝，閉起城門來自相殘殺。」（《民權主義》第一講）

要實行民權，必須消滅這種做皇帝的心理，可免去爭皇帝的長期戰亂。他接着又說：「我從前因爲要免去這種禍害，所以發起革命的時候，便主張君權，決心建立一個共和國。共和國成立以後，是用誰來做皇帝呢？是用人民來做皇帝，用四萬萬人來做皇帝，照這樣辦法，便免得大家相爭，便可以減少中國的戰禍。」外國有宗教的戰爭，有爭自由的戰爭，中國幾千年來，所有的戰爭，都是爲了爭皇帝，「漢唐以來，沒有一朝不是爭皇帝的，中國歷史上常是一治一亂，當亂的時候，總是爭皇帝。」因此，中山先生倡導革命之初，爲了剷除帝王思想，縮短國內戰爭，便主張民主共和，不要皇帝，消滅此一戰禍的根源。

㈡民權主義的提出：要實行民主，計有兩種：一爲君主立憲，二爲民主立憲（民主共和）。康有爲、梁啓超主張君主立憲，　中山先生則提倡民主共和，保皇黨所主辦之《新民報》與同盟會所主辦之《民報》曾爲此事而大開筆戰。

中山先生幼時就學檀香山，即知美國民主制度之優點，到了中法戰爭之年，立志傾覆清廷，即有實行民主制度之意。一八九四年成立興中會，其入會誓詞爲：「驅除韃虜，恢復中華，創立合衆政府。」所謂合衆政府，即爲民權主義之初次提出，其宣言中已談到滿清專制之禍害。民前十四年中山先生在日本與宮崎寅藏等談話，指出「余以人群自治爲政治之極則，故於政治之精神，執共和主義。」民前十二年致香港總督書中主張：「於都內立一中央政府，以總其成；於各省立一自治政府，以資分理。」（〈歷數滿清政府罪狀並擬訂治平章程〉）類似美國之合衆政府與聯邦制度，書中亦談到滿清專制政體之禍害。

一九〇四年修訂致公堂章程，以「驅除韃虜，恢復中華，建立民國，平均地權」爲宗旨，內中「建立民國」，即建立合衆政府，代表了民權主義。

一九〇五年同盟會成立，中山先生講演即以此四句爲題，後來發表同盟會軍政府宣言，對於建立民國一項，曾加說明稱：「今者平等革命，以建立民國政府，凡我國民皆平等，皆有參政權。大總統由國民共舉，議會以國民共舉之議員構成之，制定中華民國憲法，人人共守，敢有帝制自爲者，天下共擊之。」同年《民報》創刊於東京，中山先生撰發刊詞，暢述三民主義在歐美發展之經過，對於民權主義之演進，敍述甚詳。次年，《民報》週年紀念，中山先生講三民主義與中國民族之前途，又論民權主義之重要，並首次講到中國要實行五權憲法。

附錄說明：中山先生論提倡民主之理由

提倡民權主義之原因，與提倡民主之理由，可以相互對照。中山先生在〈中國革命史〉中，首述中國古代之民權思想，次論中國應順應世界潮流行民主立憲，不要行君主立憲；兩次論中國非採用民主不可的理由。他說：「中國古昔有唐虞之揖讓，湯武之革命，其垂爲學說者，有所謂『天視自我民視，天聽自我民聽』，有所謂『聞誅一夫紂，未聞弒君』，有所謂『民爲貴，君爲輕』，此不可謂無民權思想矣！然有其思想而無其制度；故以民立國之制，不可不取資歐美。歐美諸國有行民主立憲者，有行君主立憲者；其在民主立憲無論矣，即在君主立憲，亦爲民權漲進，君權退縮之結果，不過君主遺跡猶未剷絕耳。余之從事革命，以中國非民主不可，其理有三：旣知民爲邦本，一國之內人人平等，君主何復有存在之餘地，此爲自學理言之者也。滿洲之入據中國，使中國民族處於被征服之地位，國民之痛，二百六十餘年如一日；故君主立憲在他國君民無甚深之惡感者，猶或可暫安於一時，在中國則必不能行，此自歷史事實而言之者也。中國歷史上之革命，其混亂時間所以延長者，皆由人各欲帝制自爲，遂相爭相奪而不已。行民主之制，則爭自絕，此自將來建設而言之者也。有此三者，故余之民權主義，第一決定者爲民主，而第二之決定則以爲民主專制必不可行,必立憲而後可以圖治。」以上三項,第一項認爲既主張民爲邦本，自應實行民主；第二項認爲中國不宜行君主立憲，應實行民主共和；第三項認爲避免爭皇帝應行民主。其中第三項與「縮短國內戰爭」同其理由。

第二章　民權主義的一般理論

第一節　合理的自由

「自由」在政治學上是一個重要名詞，西洋政治家敬之如神明，中國人亦很重視「自由」，但看法卻不相同。本文講到：一、自由的解釋等，二、自由與法律，三、自由的流弊與限制，四、中西對自由的看法，五、國家自由與個人自由，六、合理的自由等問題。

一、中山先生論自由的解釋、與自由相彷彿的名詞

什麼是自由呢？中山先生加以說明：「自由的解釋簡單言之，『在一個團體中能夠活動，來往自由，便是自由。』因爲中國沒有這個名詞，所以大家都莫名其妙。但是我們有一種固有名詞，是和自由相彷彿的，就是『放蕩不羈』一句話。既然是『放蕩不羈』，就是和散沙一樣，各個有很大的自由。」這裡所講的「放蕩不羈」，中山先生以爲與「自由」相彷彿，不是說「放蕩不羈」才是「自由」。下面引彌勒氏之言，說明自由是有範圍的，這才是自由的眞諦。

二、自由與法律的關係（自由與法律）

自由與法律有何關係呢？蔣中正先生從法律的觀點，強調法定界限之內的自由，才是眞正的自由。《中國之命運》中曾說：「自由與法治是

不可分的，我們中國是四萬萬五千萬個國民共同組織的國家，我們國家要求四萬萬五千萬個國民之中，每一個國民都有自由，所以必須規定每一個人自由的界限，不許他爲了一個人的自由，而去侵犯別人的自由，這種自由，才是眞正的自由，所以必須在法定的界限之內自由才是自由，若出了法定的界限之外，便是放縱恣肆。」所以我們亦認爲「強凌弱，衆暴寡」不能稱爲自由，即如司馬遷所謂「儒以文亂法，而俠以武犯禁」，亦不能稱爲自由。現代政治是民主政治，也是法律政治；既重視自由，亦重視法律，要自由必須守法，惟守法才有自由。

普通認爲法國人講自由，偏重個人自由，德國人則偏重國家自由與守法的自由。其實法國亦沒有完全忽視法律與自由的關係，如法國人權宣言第四條規定：「自由包含一切無損害於他人之行爲，個人之享有諸種天賦權利，其所受限制，惟在保障社會其他分子之得享有同樣權利，其限制範圍，唯法律得規定之。」

三、自由發展的流弊與限制

西洋的自由思想，可追溯到古希臘城市國時代，當時希臘各國有公民（自由人）與奴隸兩大階級，公民享有民權及各種自由，其人數約爲奴隸的一半，即只有少數人有自由。中世紀羅馬帝國以基督教爲國教，基督教認爲人民是上帝的子女，父母對子女應該平等待遇，這種平等觀念與自由思想，有其密切的關係。羅馬帝國崩潰後，歐洲各國紛紛獨立，實行君主政治，專制到了極端，人民受到不自由的各種痛苦。後來法國學者盧梭倡

「天賦人權」說，強調人類是生而自由平等，剛合當時人民的心理，且引發法國的民權革命。法國革命成功後，極力提倡自由，由於自由用到極點，又造成暴民政治。羅蘭夫人❶很沉痛的說：「自由！自由！天下許多罪惡，皆假汝之名以行。」因爲自由濫用發生許多流弊，所以彌勒氏（即約翰彌爾）主張有限制的自由。他說：「一個人的自由，以不侵犯他人的自由爲範圍，才是眞自由。」中山先生在民權主義中曾引彌勒氏之言，以說明自由是有範圍的，有限制的。

又法學者狄驥（Duguit）❷力倡社會聯立說，認爲社會各部門均有聯帶關係，自由權利是人類互相依扶以圖社會的共存，始受法律的保護，並非單爲個人的利益而存在。晚近社會法學派的學者更倡「權衡利益說」（Balancing of Interest），認爲個人自由權利的利益，固應受憲法或法律的保障，但社會公共利益與他人享受自由的利益，也應予保障。如兩種利益發生衝突，則著重保障社會的公共利益，而限制個人的自由權利。可見西洋自由理論的發展，逐漸與中山先生和蔣中正先生所提倡的自由主張，同一見解。

四、中西對自由的看法有別

講民權主義便不能不講自由，因爲沒有民權，自由便無根據，沒有自由，民權亦無由發展。可是中西人民對自由的看法，却有差別。

㈠歐洲人爲什麼重視自由：中山先生認爲外國人受君主的壓迫太厲害了，所以歡迎「自由」。民權主義第二

❶ 羅蘭夫人（Jeanne-Marie Roland, 1754-1793）
巴黎一雕刻家的女兒，才華出衆有文化修養，熟知盧梭及其他十八世紀法國哲學家的民主思想。1780 年她與尙・馬里・羅蘭結婚。1791 年夫婦定居巴黎，其寓所成爲布里索領導下的民主派（吉倫特派）的聚會場所。她最初與雅各賓派的羅伯斯比相交。在雅各賓派鼓動起義時，吉倫特派的主要人物被趕出國民公會，羅蘭夫人被捕。在五個月監禁期中，她寫下一部回憶錄《請子孫後代公斷》（*Appel à L'impartiale Postérité*）。在上斷頭臺時，她講出「自由！自由！天下許多罪惡，皆假汝之名以行。」

❷ 狄驥（Léon Duguit, 1859-1928）
法國法學家，是同代人中最富革命意識的法律思想家之一，他詳盡地論述了一種富有影響的自然法哲學。曾在波爾多大學研習法律，1883 年在卡昂任法律系教授，1886 年回到波爾多任法律系主任，至去世爲止。狄驥認爲法律的基礎在於全體人類的意識中具有社會連帶關係和互相依存的本能。他強調個人對社會的義務，而幾乎排除了個人的權利。其最重要的著作是《憲法論》（*Traite de droit Constitutionnel*）。

講中說:「歐洲在一二百年前爲自由戰爭，當時人民聽自由，便像現在中國人聽發財一樣。他們爲什麼要那樣歡迎自由呢？因爲當時歐洲的君主專制發達到了極點。……羅馬變成列國，成了封建制度，那個時候，大者王，小者侯，最小者還有伯子男，都是很專制的。那種封建政體，比較中國周朝的列國封建制度，還要專制得多。歐洲人民在那種專制政體之下，所受的痛苦，我們今日還多想不到，比之中國列朝人民所受專制的痛苦還要更厲害。」

歐洲人在君主專制統治下，有些什麼不自由？「當時人民受那種痛苦，不自由的地方很多，最大的是思想不自由，言論不自由，行動不自由。這三種不自由，現在歐洲是已經過去了的陳跡，詳細情形是怎麼樣，我們不能看見。……此外還有人民的營業工作和信仰種種都不自由。……所以一聽到說有人提倡爭自由，大家便極歡迎，便去附和，這是歐洲革命思潮的起源。革命是要爭自由，人民爲爭取流了無數的碧血，犧牲了無數的身家性命，所以一爭得之後，大家便奉爲神聖，就是到今日還是很崇拜。」自由主義是歐洲十七、八世紀的產物，至十九世紀，其思想與制度，曾盛極一時。到了二十世紀的今天，無論在性質與內容上，業已發生重大的變化，其本身的實踐價値，亦已大打折扣。誠如英國大思想家羅素所說:「自由主義乃十九世紀的玩藝，在今天看來，它的黃金時代業已過去了。」自由主義的黃金時代，雖已過去，但是自由的價値，却依然存在，其對民主政治的迫切需要，更不容加以忽視。

㈡中國人爲甚麼不重視自由：外國人常說中國人不懂得自由，其實中國人的個人自由太多，對自由的觀念淡薄，因爲自古以來，人民生活便很自由，沒有受到任何政治壓力，如擊壤歌所云:「帝力於我何有哉？」中山先生以爲「由這個自由歌看起來，便知中國自古以來，雖無自由之名，而確有自由之實，且極其充分。」又說:「近來歐洲學者觀察中國，每每說中國的文明太低，政治思想太薄弱，連自由都不懂，我們歐洲人在一二百年前爲自由戰爭，爲自由犧牲，不知道做了多少驚天動地的事，現在中國人還不懂自由是甚麼，由此便可見我們歐洲人的政治思想，比較中國人高得多。由於中國人不講自由，便說是政治思想薄弱，這種言論，依我看起來，是講不通的。因爲歐洲人旣重自由，爲甚麼又說中國人是一片散沙呢？歐洲人從前要爭自由的時候，他們自由的觀念自然是很濃厚，得到了自由之後，目的已達，恐怕他們的自由觀念，也漸漸淡薄，如果現在再去提倡自由，我想一定不像從前那樣的歡迎，……就一片散沙而論，有甚麼精采呢？精采就是在有充分的自由，如果不自由，便不能夠成一片散沙。」（《民權主義》第二講）一片散沙，就是個人有充分的自由，因爲有充分的個人自由，所以對自由不表重視。現在中國要爭的是國家民族的自由，不是個人的自由。國家的處境不同，對自由的看法，亦與外國人有重大的區別。

五、國家自由與個人自由

這裏要講國家自由重於個人自由，爭取國家自由與犧牲個人自由等。

㈠國家自由重於個人自由：國家自由重要呢？還是個人自由重要呢？這是個引起爭論的問題。如就中國來說，國家自由重於個人自由。中山先生很明白的指出：「到底中國爲什麼要革命呢？（指政治革命言）直截了當說，是和歐洲革命的目的相反。歐洲從前因爲太沒有自由，所以革命要去爭自由。我們因爲自由太多，沒有團體，沒有抵抗力，成一片散沙。因爲是一片散沙，所以受外國帝國主義的侵略，受列強經濟商戰的壓迫，我們現在便不能抵抗。要將來能夠抵抗外國的壓迫，就是打破個人的自由結成很堅固的團體，像把士敏土參加到散沙裏頭，結成一塊堅固石頭一樣。」（《民權主義》第二講）要凝合散沙爲石頭，結成個人爲團體，就是我們政治革命的目的。所以外國政治革命是爭取個人自由，中國政治革命是爭取國家自由。

中山先生講過中國革命與外國革命的目的不同之後，又拿法國革命與中國革命作一比較：「從前法國革命的口號是用自由、平等、博愛。我們革命的口號，是用民族、民權、民生。究竟我們三民主義的口號，和自由、平等、博愛三個口號，有什麼關係呢？照我講起來，我們的民族，可以和他們的自由一樣，因爲實行三民主義，就是爲國家爭自由，但歐洲當時是爲個人爭自由，到了今天，自由的用法便不同。在今天自由這個名詞究竟要怎麼樣應用呢？如果用到個人，就成一片散沙，萬不可再用到個人上去，要用到國家上去。個人不可太過自由，國家要得完全自由。到了國家能夠行動自由，中國便是強盛的國家。」（同上）中國所以要爭取國家的自由，因爲國家貧弱，且有亡國滅種之憂。我們要救亡圖存，要用士敏土（水泥）把散沙團結起來，結成一個大團體，共同奮鬥，去爭取國家的自由。

㈡爭取國家自由與犧牲個人自由：中國革命的目的，在爭取國家自由，但對人民的基本自由，甚表重視。「確定人民有集會、結社、言論、出版、居住、信仰之絕對自由權。」（〈中國國民黨第一次全國代表大會宣言〉）中華民國憲法依據中山先生遺教規定：「人民有居住、遷徙之自由」，「人民有言論、講學、著作及出版之自由」，「人民有秘密通訊之自由」，「人民有信仰宗教之自由」，「人民有集會及結社之自由」，並對「人民身體自由」、「生存權」、「工作權」、「財產權」及「其他自由權利」，「均受憲法之保障」。凡人民有關之自由權利，均列舉在內，人民享有充分的個人自由。惟中山先生認爲黨員、官吏、軍人、學生應犧牲其個人自由，其所持理由是：

1.黨員　黨是革命的先鋒，要黨有力量，必須黨員犧牲自由與貢獻力量。中山先生說：「政黨中最緊要的事，是各位黨員有一種精神結合，要各位黨員能夠精神結合：第一要犧牲自由，第二要貢獻力量，如果個人能貢獻力量，然後全黨才有能力，等到全黨有了自由，有了能力，然後才能擔負革命大業，才能改造國家。」（〈一全大會開會詞〉）又說：「黨員之於一黨，非如國民之於政府，動輒可爭自由平等。設一黨之中，人人爭自由，爭平等，則黨無有能存之者。蓋黨員之於一黨，猶官吏之於國家。官吏爲國民之公僕，必須犧牲一己之自由平等，絕對服從國家，以爲人民謀自由平等，惟黨亦然。凡投身革命黨中，以救國救民爲己任，則當先犧牲一己之自由平等，爲國民謀自由平等。」（〈致南洋同志書〉）這裏，中山先生說明了黨員爲什麼要犧牲個人自由。

2.官吏與軍人　官吏與軍人何以要犧牲自由？中山先生解釋說：「蓋共和與自由，專爲人民說法，萬非爲少數之軍人與官吏說法。倘軍人與官吏，借口於共和自由，破壞紀律，則國家機關萬不能統一。機關不能統一，則執事者無專責，勢如一盤散沙，又何能爲國民辦事？」又說：「當未退爲人民，而在職爲軍人或官吏時，則非犧牲自由，絕對服從紀律不可。」中山先生設身處地說：「在盡力革命諸君，且必發問曰：『吾輩以血淚購得之自由，軍人何以不得享受之？』須知軍人之數少，人民之數多，吾輩服務之時短，爲普通人民之時長。朝作總統，夕可解職，朝爲軍長，夕可歸田，完全自由，吾輩可隨時享之，故人民之自由，卽不啻軍人之自由，此語最須牢記。」（〈湖北軍政界代表歡迎會講詞〉）官吏與軍人在職時要犧牲自由，爲人民爭自由，退職爲民，自可享有完全自由。

3.學生　學生是國家未來的主人翁，在求學時期，亦要犧牲個人自由。中山先生說：「到了國家能夠行動自由，中國便是個強盛的國家。要這樣做去，便要大家犧牲自由，當學生的能夠犧牲自由，就可以天天用功，在學問上做工夫。學問成了，智識發達，能力豐富，便可以替國家做事。當軍人的能夠犧牲自由，就能夠服從命令，忠心報國，使國家有自由。」（《民權主義》第二講）學生與軍人一樣，要犧牲個人自由，努力求學，將來學問成功，才能擔當國家交付他的工作任務。又認爲有些學生知道自由的理論以後,「便先拿到家內用, 去發生家庭革命, 反對父兄, 脫離家庭。拿到學校內用, 鬧起學潮來。」(〈革命成功, 個人不能有自由, 團體要有自由〉講詞) 這是特別告誡學生不可誤用自由, 貽誤學業, 語重心長, 發人猛省。

六、提倡合理的自由

中山先生很重視國家的自由, 但亦未忽視人民的自由權利, 爲防止自由發生種種流弊, 主張自由不可放任, 應有其範圍。蔣中正先生曾提示一個最恰當的名詞, 叫做合理的個人自由。他說:「總理的民權主義第二講, 就是說明民權與自由的眞義, 與兩者在事實上的關係, 從而主張合理的自由, 就是主張限制個人的自由, 以保持人人之自由, 犧牲個人的自由, 以求得國家之自由。」又說:「總理所訂的五權憲法, 當然是提倡自由。但是五權憲法所提倡的自由, 不是個人的自由, 而是整個國家的大自由, 不是絕對無限制的自由, 而是有限制的合理的自由。」(《總理遺教》六講第二講) 所謂「合理的自由」, 就國家與個人講, 國家自由重於個人自由, 要犧牲個人自由, 以求得國家之自由。就人人 (人民) 與個人講, 要犧牲個人自由, 以保持人人之自由, 卽犧牲小我完成大我之意。就個人自由講, 自由有其範圍, 並非漫無限制, 卽法定界限之內的自由, 不去侵犯別人的自由, 才是個人所享受的合理自由。

附錄說明一: 限制自由問題

中山先生與蔣中正先生講到自由要有範圍, 要以不侵犯他人之自由爲限, 要在法律之下講自由。就軍人、黨員、官吏、學生講, 也是以自動犧牲個人自由以爭取國家自由爲主, 並未主張以法律限制他們的自由。可是後來的三民主義研究者自己特加強調, 認爲三民主義的自由有兩種限制: 一爲個人自由的一般限制, 現行中華民國憲法第二十三條規定:

「除爲防止妨害他人自由，避免緊急危難，維持社會秩序，或增進公共利益所必要者外，不得以法律限制之。」研究者自反面措詞，謂政府爲了「防止妨礙他人自由，避免緊急危難，維持社會秩序，或增進公共利益」，可以限制人民的自由，這叫個人自由的一般限制。（另有將此限制更加以擴大者）二爲個人自由的特殊限制，即將中山先生認爲軍人、黨員、官吏、學生應犧牲自由，列爲個人自由的特殊限制。甚至有人說「此四種人不能享受一般人民所享受的一般自由」，這種說法是值得討論的。第一、現行憲法訂立於民國三十五年十二月二十五日，三十六年元旦公布，三十七年元旦爲憲法實施時期。與中山先生（民國十三年）講民權主義相差二十餘年，如果擅將此項條文的反面與中山先生論自由（〈論犧牲自由〉）相提並論，又不證明來源，實在容易引起讀者誤會，希望此項研究者加以修正或補充說明。惟讀者必須注意：此項理論雖與中山先生遺教不符，如遇考場有此項問題時，只好依題估答，以免影響分數。然此不過爲權宜之計，如作深刻研究時則不應附和。第二、所謂軍人、官吏、黨員、學生要犧牲個人自由，主要是指當國家自由與個人自由衝突時，或有其他原因不能或不應享受個人自由時，才應犧牲自由，並不是說平常時間「此四種人不能享受一般人民所享受的一般自由」。

這裏還要補充說明的是，中山先生雖提倡國家自由重於個人自由，又提倡犧牲個人自由，但仍重視人民自由，仍爲人民爭充分的自由，仍強調自由與民權的關係。

附錄說明二：爲所欲爲與爲所應爲的自由問題

中山先生在民權主義中只分自由爲：⑴國家自由（民族自由、團體自由），⑵個人自由，⑶眞自由，⑷人民自由，以及「放蕩不羈」等，並未作其他分類。在第一次全國代表大會宣言中對內政策第七條固然講到：「確定人民有集會、結社、言論、居住、出版、信仰之完全自由。」（〈民國十二年中國國民黨政綱〉所載大致相同）但不必相提並論（如需合起來講，亦應分別註明來源）。

崔書琴先生著《三民主義新論》，在民權主義論自由段(第十一章一、二、三、四)，認爲中山先生使用「自由」一語時，含有三種不同的意義：第一是民族與國家的自由，第二是極端個人主義的自由(指放蕩不羈言)，第三是通常所了解的自由。第三中又分爲：甲、政治自由，包括選擧、罷免、創制、複決四權。乙、個人自由，包括集會、結社、言論、出版、居住、信仰六種自由。其結論稱：「由此看來，中山先生爲軍人、官吏、黨員、學生，以及其他團體分子所主張的不是『爲所欲爲』的自由，而是『爲所應爲』的自由。」這本是他個人推測之詞，與中山先生原意未必全符。惟後來撰三民主義教程或讀本的人，誤以爲中山先生曾作這樣的分類，說中山先生曾分自由爲：(1)爲所欲爲的自由，(2)爲所應爲的自由，那就更離譜了。

第二節　眞正的平等

要研究眞正的平等這個題目，牽涉到各種平等學說，範圍太大。爲求精簡起見，只研討下列四個問題：一、平等的意義，二、中西人民對平等有何不同看法，三、眞平等(包括不平等、假平等)，四、平等的精義。

一、平等的意義

什麼是平等呢？有各種不同的說法。蔣中正先生分平等爲兩種：一爲法律之前的形式平等，二爲生活條件的實質平等。他說：「平等也有兩種意義，一種是法律之前的形式平等，一種是生活條件的實質平等。我對生活條件的平等，更須正確的解釋，生活條件的平等，並不是報酬的統一，而是大家都站在具有基本生活的經濟條件和基本知識的教育條件上，得到公道的機會平等。至於報酬的同一觀念，就是總理所說平等點的假平等。大家站在基本生活和知識水準上，得到機會均等的平等，就是總理所說立脚點平等的眞平等。」(《反共抗俄基本論》) 以上兩種平等意義，我們可以視爲平等的兩種分類。

二、中西人民對平等有何不同看法

西洋人因爲太不自由，所以不顧一切犧牲去爭自由；中國人自由太多了，所以不知爭自由。同理，西洋人階級觀念太深，受不平等的束縛太厲害，所以爭平等；中國人階級觀念淡薄，朝爲田舍郎，暮登天子堂，平民可以爲宰相，所以不爭平等。中山先生在《民權主義》第三講中說：「歐洲沒有革命以前的情形，和中國比較起來，歐洲的專制，要比中國厲害得多，原因是在甚麼地方呢？就是世襲制度。當時歐洲的帝王公侯那些貴族，代代都是世襲貴族，不去做別種事業，人民也代代都是世襲一種事業，不能夠去做別種事業。」這種世襲制度和人民職業不能改變，就是當時歐洲的不自由。歐洲人因爲受到階級制度的各種不平等待遇，所以重視平等，努力去爭平等。

中國的政制與歐洲不同，人民對平等的看法亦有別：因爲「中國自古代封建制度破壞以後，這種限制，也完全打破。由此可見從前中國和外國，都是有階級制度，都是不平等。中國的好處，是只有皇帝是世襲，……至於皇帝以下的公侯伯子男，中國古時都是可以改換的，平民做宰相封王侯的極多，不是代代世襲一種事業的。」中國沒有如西洋一樣的世襲制度，人民職業和生活比較自由，所以並不重視平等。

三、眞平等

中山先生在《民權主義》第三講中，曾由人爲的不平等，與要求聰明才力相等的假平等，講到政治上立足點的眞平等。

㈠不平等：人類天生本是不平等，加上人爲的力量，於是更趨於不平。中山先生說：「天地間所生的東西總沒有相同的，既然都是不相同，自然不能夠說是平等。自然界既沒有平等，人類又怎麼有平等呢？天生人類本來也是不平等的，到了人類專制發達以後，專制帝王尤其變本加厲，弄到結果比較天生的更是不平等了。這種由帝王造成的不平等，究竟是怎麼情形？現在可就講壇的黑板上，繪一個圖表來表明，請諸君細看第一圖，便可明白。因爲有這種人爲的不平等，在特殊階級的人，過於

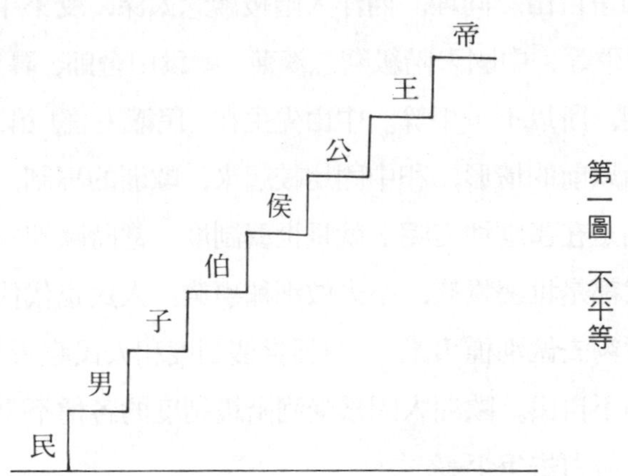

第一圖 不平等

暴虐無道；被壓迫的人民，無地自容，所以發生革命的風潮來打不平。」這裡我們要解釋的是，這個不平等圖中所列舉的帝王公侯伯子男民，與古代班爵祿有關。有人問孟子曰：「周室班爵祿也，如之何？」孟子對曰：「天子一位，公一位，侯一位，伯一位，子男同一位，凡五等也。」(〈萬章篇〉) 中山先生在五等爵之外，加上帝、王、民，便成了八等級。

㈡假平等：平等本不是天生的，有些學者爲了要平等，爲了要推翻君主專制，特創天賦平等說以爲號召，由於深信這種學說，又產生了一種假平等。中山先生說：「天下的事情，的確是行易知難，當時歐洲的民

衆都相信帝王是天生的，都是受了天賦之特權的，多數無知識的總是去擁護他們，所以少數有知識的學者，無論是用什麼方法和力量，總是推不倒他們。到了後來，相信天生人類都是自由平等，爭平等自由，是人人應該有的事。然後歐洲的帝王，便一個一個不推自倒了。不過專制帝王推倒以後，民衆又深信人人是天生平等的這一說。便日日去做工夫，想達到人人的平等。殊不知這種事是不可能的。到了近來，科學昌明，人類大覺悟了，才知道沒有天賦平等的道理。假如照民衆相信的那一說去做，縱使不顧眞理，勉強做成功也是一種假平等，像第二圖一樣，必定要把位置高的壓下去，成了平頭的平等。至於立脚點還是彎曲線，還是不能平等。這種平等，不是眞平等，是假平等。」

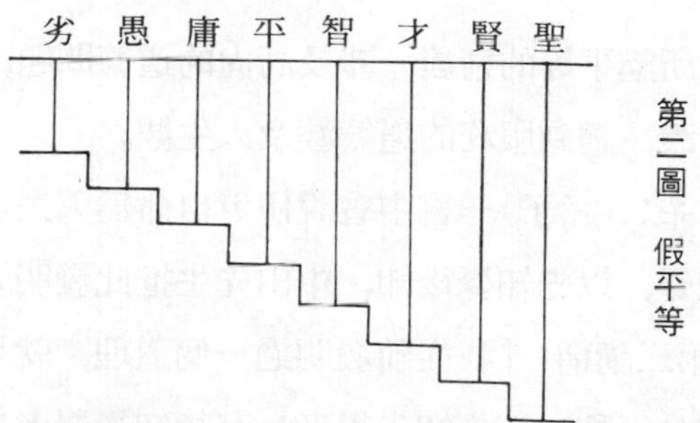

第二圖　假平等

㈢眞平等：不平等有天生的，有人爲的。眞平等乃是人爲的，不是天生的。中山先生所講的眞平等，是要求立足點平等，不是齊頭平等，是政治地位平等，不是天賦才智的平等。《民權主義》第三講稱：「說到社會上的地位平等，是始初起點的地位平等。後來各人根據天賦的聰明才力，自己去造就，因爲各人的聰明才力有天賦的不同，所以造就的結果，當然不同，造就既是不同，自然不能有平等，像這樣講來，才是眞正平等的道理。如果不管各人天賦的聰明才力，就是以後有造就高的地位，也要把他們壓下去，一律要平等，世界便沒有進步，人類便要退化，所以我們講民權平等，又要世界有進步，是要人民在政治上的地位平等。

因為平等是人為的，不是天生的，人造的平等，只有做到政治上的地位平等。故革命以後，必要各人在政治上的立足點都是平等，好像第三圖的底線，一律是平的，那才是眞平等，那才是自然之眞理。」

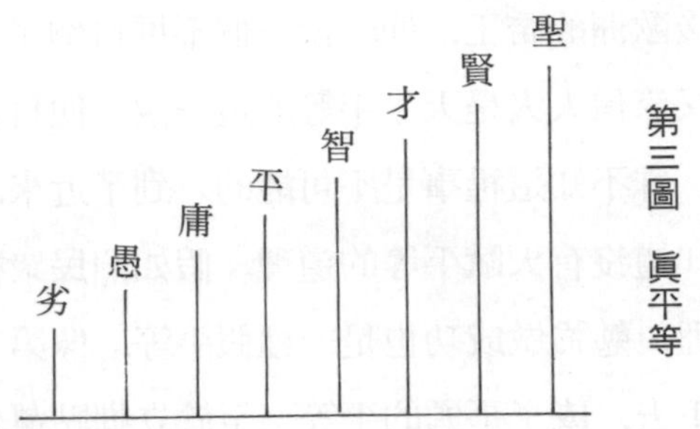

四、平等的精義

中山先生所講平等的精義，涉及高尚的道德問題，他自人類三系、利己與利他主義，講到服務的道德觀及人生觀。

㈠人類三系：《孟子》一書中曾說伊尹自命為天民之先覺者，而且主張以先覺覺後覺，以先知覺後知，中山先生推此發明人類三系說。他在《民權主義》第三講稱：「我從前發明過一個道理，就是世界人類，其得之天賦者，約分三種：有先知先覺者；有後知後覺者；有不知不覺者。先知先覺者為發明家，後知後覺者為宣傳家，不知不覺者為實行者。此三種人互相為用，協力進行，則人類之文明進步，必能一日千里。天之生人，雖有聰明才力之不平等，但人心則必欲使之平等，斯為道德上之最高目的，而人類當努力進行者。」按人類三系說，中山先生在《孫文學說》中早已講過，《孫文學說》出版於民國八年，三民主義講演是在民國十三年，這裡所謂「我從前發明過一個道理」的「從前」，是指民八以前而言。

㈡利己與利他主義：西洋倫理哲學與人生哲學中均有利己主義與利他主義兩個相對的派別。中山先生曾引此兩派以釋如何達到高尚的服務道德。他闡釋說:「要到達這個最高之道德目的,到底要怎麼樣做法呢?我們可把人類兩種思想來比對,便可以明白了。」那兩種思想呢?一種就是利己,一種就是利人。重於利己者,每每出於害人,亦有所不惜。此種思想發達,則聰明才力之人,專用彼之才能去奪取人家之利益,漸而積成專制之階級,生出政治上之不平等,此民權革命以前之世界也。重於利人者,每每到犧牲自己,亦樂而爲之。此種思想發達,則聰明才力之人,專用彼之才能,以謀他人的幸福,漸而積成博愛之宗教、慈善之事業。惟是宗教之力有所窮,慈善之事有不濟,則不得不爲根本之解決,實行革命,推翻專制,主張民權,以平人事之不平了。」由天賦才智的三系與天賦德性的兩點,說明天生的不平,講到以「人爲補天演」,而求彌補這不平的鴻溝。

㈢平等的精義:人類的天賦不平的鴻溝,如何彌補呢?中山先生提倡服務的人生觀和道德觀,以平人事之不平。他說:「從此以後,要調和這三種人使之平等,則人人當以服務爲目的,而不以奪取爲目的,聰明才力愈大者,當盡其能力而服千萬人之務,造千萬人之福,聰明才力略小者,當盡其能力以服十百人之務,造十百人之福,所謂『巧者拙之奴』,就是這個道理。至於全無聰明才力者,亦當盡一己之能力,以服一人之務,造一人之福,照這樣做去,雖天生的聰明才力有三種不平等,而人類由於服務的道德心發達,必可使之成爲平等了,這就是平等的精義。」(《民權主義》第三講)這裏要實現「平等的精義」,就是要提倡服務的人生觀和道德觀。而服務的人生觀和道德觀,亦就是利他主義的人生觀和道德觀。

第三節　權能區分

權能平衡與下列三個問題有關:一、權能區分學說的發明,二、權能區分原理，三、權能如何平衡。

一、權能區分學說的發明

西方的民權學說，發生了很大的困擾，無法解決。中山先生發明權能區分辦法，即爲解決此一難題。

㈠民權學說的困擾：西方民權學說發生何種困擾呢？即「所欲」與「所怕」的問題。中山先生引一位美國學者的話說：「現在講民權的國家，最怕的是得到了一個萬能政府，人民沒有方法去節制他；最好的是得到一個萬能政府，完全歸人民使用，爲人民謀幸福。」「這一說是最新發明的民權學理。但所怕所欲，都是在一個萬能政府。第一說是人民怕不能管理的萬能政府，第二說是爲人民謀幸福的萬能政府。要怎麼樣才能夠把政府變成萬能呢？變成了萬能政府，要怎麼樣才聽人民的話呢？」(《民權主義》第五講）西洋人民既欲政府爲人民做事，又怕不能管理政府，這是很難解決的難題。

他又引一位瑞士學者的話說：「各國自實行了民權以後，政府的能力便行退化。這個理由，就是人民恐怕政府有了能力，人民不能管理。所以人民總是防範政府，不許政府有能力，不許政府是萬能。所以實行民治的國家，對於這個問題，便應該想方法去解決。想解決這個問題，人民對於政府的態度，就應該要改變。」這位瑞士學者主張人民要改變對政府的態度，想挽救這個流弊，亦沒有提出具體的解決辦法。

㈡權能區分學說的發明：西洋民權發生民權的困擾，是民主與制衡問題，瑞士學者未提出解決方法，中山先生便發明權能區分原理，來解決了這個問題。他說：「歐美學者只想到人民對於政府的態度，應該要改變。至於如何改變，還沒有想出。我們革命，主張實行民權，對於這個問題我想到了一個解決的方法。我的解決方法，是世界上學理中第一次的發明。……我的辦法，就是像瑞士學者近日的發明一樣，人民對於政府要改變態度。近日有這種學理的發明，更足以證明我向來的主張是不錯。這是什麼辦法呢？就是權與能要分別的道理。」（同上）權能區分原理是世界學理中的一大發明，對政府與人民權力無法平衡問題，提供最佳的解決方法，在民主政治史上，爲之大放異彩。

二、權能區分原理

要明白權能區分的原理，先要研討權能兩字的意義，次要介紹權能分開的比喻，再後講到權能區分的辦法。

㈠權能區分的意義：什麼是「權」與「能」呢？簡單的說：「權」便是管理政府的力量，「能」便是政府本身的力量，管理政府的力量，叫做「政權」（選舉權、罷免權、創制權、複決權）。政府本身的力量，叫做「治權」（立法權、司法權、行政權、監察權、考試權）。中山先生說：「現在要分開權與能，……根本上還是要從政治上的意義來研究：政是衆人之事，集合衆人之事的大力量，便叫政權，政權可說是民權；治是管理衆人之事，集合管理衆人之事的大力量，便叫做治權，治權可說是政府權。」（《民權主義》第六講）西洋所以發生「所欲與所怕」的困擾問題，就是權能沒有分開，如將政權與治權分開，使人民有權管理政府，便不怕政府萬能；政府變成萬能後，便可爲人民謀幸福。又美國約翰霍浦金斯大學林白樂教授，曾在〈孫逸仙的政治理論〉一文中，解釋過「權」與「能」的意義，他認爲「權」字在應用於個人時，是「力量」或「權利」；應用於政治活動時，是「主權」或「政治的所有權」。「能」字在應用於個人時，是「勝任」、「能力」或「治事才能」的意思；應用到這政治活動時，是「行政能力」的意思。這種解釋，簡單明瞭，而且切合中山先生權能區分的原義。

㈡權能區分的比喻：中山先生恐怕大家不瞭解權能區分的意義，特別列舉五個比喻，加以說明。

1. 阿斗有權諸葛亮有能　「阿斗與諸葛亮是權能區分的最好例證，阿斗是君主，無能而有權，諸葛亮是大臣，有能而無權，阿斗知道自己無能，把國家全權託給諸葛亮，要他去治理國事，結果政治清明，西蜀能夠成立很好的政府，與吳、魏鼎足而立。現在成立共和政體，以民爲主，四萬萬人像是阿斗，是有權的，政府是有能的，好像是諸葛亮。」(《民權主義》第五講) 阿斗有權而無能，諸葛亮有能而無權，以阿斗比作人民，諸葛亮比作政府，說明權能區分的道理，深入淺出使人容易領悟。

2. 富豪有權印度巡捕有能　「我們現在主張要分開權與能，再拿古時和現在的事實，比較的來說一說。在古時能打的人，大家便奉他做皇帝，現在的富豪家庭，也請幾位打師來保護，好像上海租界上的軍閥官僚，在各省剷了地皮，發了大財之後，搬到上海的租界內去住，因爲怕人打他和他要錢，便請幾個印度巡捕（看門的警察），在他的門口保護。照古時的道理講，能保護人的人便可以做皇帝，那末保護那些官僚軍閥的印度巡捕，便應該做那些官僚軍閥的皇帝。……那些官僚軍閥不把他當作皇帝，只把他當作奴隸，那種奴隸有了槍，雖然很有能力，那些官僚軍閥只能夠在物質一方面給些錢，不能夠在名義上叫做皇帝。像這樣講，古時的皇帝，便可以看作現在守門的印度巡捕；現在守門的印度巡捕，就是古時的皇帝。」這是說富豪是有權的，巡捕是有能的，有能的要聽有權的指揮。

3. 股東有權經理有能　「現在有錢的那些人組織公司開辦工廠，一定要請一位有本領的人來做總辦（經理）去管理工廠，這種總辦是專門家，就是有能的人，股東就是有權的人，工廠內的事，只有總辦能講話，股東不過監督總辦罷了。現在民國的人民便是股東，民國的總統便是總辦。我們人民對於政府的態度，應該要把他們當作專門家看，如果有了這種態度，股東便能夠用總辦，整頓工廠，用很少的成本，出很多的貨物，可以令那個公司發大財。」這是說股東是有「權」的人，經理是有「能」

的人。民國的人民便是股東，總統便是公司的經理，這就是要人民改變對政府的態度。

4.車主有權司機有能　「到了現在的新時代，權與能是不能分開的，許多事業一定是要靠專門家的，是不能限制專門家的。像最新發明在人生日用最便利的東西，是街上的汽車。……國家就是一輛大汽車，政府中的官吏就是一些大車夫。……就這個比喻，更可以分別駕駛汽車的車夫是有能而無權的，汽車主人是無能而有權的，這個有權的主人便應該靠有能的專門家，去代他駕駛汽車。民國的大事，也是一樣的道理。國民是主人，就是有權的人；政府是專門家，就是有能的人。」從前買了汽車的人，多要自己去駕駛和修理，現在有錢的人，可以請人來駕駛。由是駕駛的人是有能的，車主是有權的。這也是權能區分的好比喻。

5.工程師有權機器有能　「現在還是用機器來比喻，機器裏頭各部的權和能，是分得很清楚的。那一部是做工，那一部是發動，都有一定的界限。譬如就船上的機器說，現在最大的船，有五六萬噸，運動這樣大船的機器，所發出的力量，有超過十萬匹馬力的機器，只用一個人，便可以完全管理。那一個管理的人，要全船怎麼樣開動，便立刻開動，要全船怎麼樣停止，便立刻停止。」這是說機器是有能的，其開動與停止，完全決定在有權管理機器的人的手裡。這個比喻，也很容易使人瞭解。

三、權能如何平衡

依據中山先生的意見，權與能是應予分開的，一方面使人民有充分的權，一方面使政府有充分的能，必須如此，才能實現人民有權政府有能的政治目的。他說：「在我們的計畫中想造成新的國家，是要把國家的政治大權，分開成兩個；一個是政權，要把這個大權完全交到人民的手裡，要人民有充分的政權，可以直接去管國事，這個政權就是民權。一個是治權，要把這個大權完全交到政府的機關內，要政府有很大的力量，治理全國事務，這個治權便是政府權。」(《民權主義》第五講)又說：「我們在政權一方面，主張四權；在治權一方面，主張五權，這四權和五權，各有各的統屬，各有各的作用，要分別清楚，不可紊亂。」並以機器的比喻，來說明這個道理。(詳前)又以中外政情爲例，分別闡明其理論。外國人爲什麼總是反抗政府？因爲「就是由於權和能沒有分開」，且指出中國實行這個制度，較易使人瞭解而便於實踐：「中國不要再蹈歐美的覆轍，應該要照我所發明的學理，把權與能畫分清楚，人民分開了權與能，才不反對政府，政府才可望發展。中國分開權與能是很容易的事，因爲中國有阿斗和諸葛亮的先例可援，如果政府是好的，我們四萬萬人便把他當做諸葛亮，把國家的全權都交到他們；如果政府是不好的，我們四萬萬人可以實行皇帝的職權，罷免他們，收回國家的大權。」(同前)

以上遺敎，都是說明權能區分要畫分清楚，各有其界限和統屬，不容紊亂。中山先生逝世後，美國所推行的市經理制，市經理由市參議會就市政專家選任，卽經理有能，市參議會有權，只要市參議會對經理不滿意，隨時都可以更換，美國的這種經理制，很可以印證中山先生權能區分的理論。

第四節　五權憲法

講五權憲法應講那些問題呢？其重要者計有：一、憲法的意義和種類，二、三權憲法，三、五權憲法。

一、憲法的意義和種類

下面要答覆什麼叫憲法，可分那幾類？

㈠憲法的意義：甚麼是憲法？依據中山先生的見解，包含下列三種意義：

1.憲法是一種根本大法　一般憲法學者認爲憲法是一種根本大法，根據它以建立國家的政府，以協調個人與國家的關係。所謂根本法，就是比普通法律更具有最高權威的法律，一切中央的或地方的法令，都不得與它衝突，若與之牴觸者無效。中山先生亦有相同的見解，他認爲憲法是「一個治國的根本大法」。(《五權憲法》)

2.憲法是政府的組織法　耶令芮特❸認爲「憲法是決定國家各級機關的組織，規定它們創立的方式，相互的關係，權力範圍，以及對於國家所佔的根本地位的一組織法規。」(耶令芮特著《近代國家之權利》, *Recet des Modernen States,* P.35) 所謂政府組織法，包括中央和地方的政治制度，以及兩者之間的關係。中山先生說得更明白:「憲法就是把一國的政權分作幾部分，每部分都是各自獨立，各有專司的。」

3.憲法是人民權利保障書　憲法是保障人民權利的母法，如憲法規定人民有各種自由，即不能以普通法律加以限制。中山先生說:「憲法者國家之構成法，亦卽人民權利之保障書也。」(〈中華民國憲法史前編序〉) 政府與人民的關係，都由憲法來規定，但一經規定後，除修改憲法外，人民的權利與義務，不得任意侵犯。

㈡憲法的種類: 憲法種類甚多，這裏講兩種，即成文憲法與不成文憲法。

1.成文憲法　美國的憲法是成文憲法，又稱剛性憲法。中山先生說:「世界各國成立憲法最先的，就算是美國。當美國革命，脫離英國，成立共和之後，便創立一種三權憲法，世人都叫他做成文憲法，把各種國利民福

❸耶令芮特(George Jellinek, 1851-1911)
德國的法律和政治哲學家。出生在猶太家庭卻改信基督教。在維也納(1879-1889)、巴塞爾(1890-1891)和海德堡(1891-1911)等地的大學中，他是傑出的學者，也是出色的教師。主要著作有《人權和公民權宣言》(*Die Erklärung der Menschen und Bürgerrechte*)、《國家概念》(*Allgemeine Staatslehre*)。

的條文，在憲法之內訂得非常嚴密。以後各國的憲法，都是效法他這種憲法來作立國底根本大法。……美國的人民，自從憲法頒行之後，幾乎衆口一詞，說美國的憲法是世界中最好的。就是英國政治家，也說自有世界以來，只有美國的三權憲法，是一種很完全的憲法。」(《五權憲法》) 據中山先生的看法，美國的憲法，「不完備的地方還是很多，而且流弊也很不少」，並不是眞正最完善的憲法。

2.不成文憲法　英國的憲法是不成文憲法，又稱柔性憲法。中山先生說：「英國的憲法並沒有甚麼條文，美國的憲法有很嚴密底條文。所以英國的憲法，可以說是活動的憲法，美國的憲法，是呆板的憲法，此中因爲是由於英國是以人爲治，美國是以法爲治的。英國雖然是立憲的鼻祖，但是沒有成文憲法，英國所用的是不成文憲法。」當然，現代各國所訂的憲法，多爲成文憲法，不能再摹倣英國了。

二、三權憲法

這裏要講到：㈠西洋的三權憲法，㈡中國的三權獨立，㈢西洋三權憲法的缺點。

㈠西洋的三權憲法：西洋的三權憲法，以孟德斯鳩的政治學說爲基礎。中山先生說：「憲法是從英國創始的，英國自經過了革命之後，把皇帝的權利，漸漸分開，成了一種政治的習慣，好像三權分立一樣。當時英國人並不知道三權分立，不過爲政治上便利起見，才把政權分開罷了。後來有位法國學者孟德斯鳩(Baron de Monte

❹孟德斯鳩(Charles Secondat Baron de la Brède Montesquieu, 1689-1755)
1689年1月18日生於法國波爾多附近的拉布雷德，1755年2月10日卒於巴黎。攻讀古代語言文化和法學，以後當法官，1716-1726年任波爾多議會議長；先後數次出國旅行，1729-1731年旅居英國；任許多科學院的院士。
孟德斯鳩是政治社會學的創立者，地位僅次於廸爾凱姆。孟德斯鳩對於政治社會學的意義首先在於他所運用的方法：他試圖在對政治制度進行考察的基礎上將其加以比較，從而得出政治制度的各種歷史類型。他認爲，一個民族的「法律精神」通過多種影響因素同整個社會相聯繫；一個民族的地理和氣候的特點、人口數量以及該民族在法律、宗教和道德、經濟等方面的特點，都反映在一定類型的憲法之中。他以對專制制度社會結構所進行的分析，來取代抽象推論出的國家組織。此外，孟德斯鳩關於以憲法規定三權分立的思想也具有重要意義，對後來的民主運動產生了強烈影響。這一思想的基本要點是：鑒於社會秩序由各種不均衡的勢力所構成，均衡地分配權力必然有助於維持政治統治的穩定。孟德斯鳩深信人的天性是傾向墮落，所以他強調：爲了維護以人人平等爲基礎的民主，必須行使政治權力。

squieu 1689-1755)❹，著了一部書叫做《法意》(*The Spirit of Laws*)，有人把它叫做《萬法精義》，這本書是根據英國政治的習慣，發明三權獨立的學說，主張把國家的政權分成立法、司法和行政三種，所以三權分立，是由於孟德斯鳩所發明的。」(《五權憲法講詞》) 美國獨立後首先依孟德斯鳩的政治學說，制訂三權分立的成文憲法。以後日本、德國及其他國家，都是拿美國的憲法做藍本，分別去訂立憲法。這是西洋三權憲法的來源及發展的經過。

㈡中國的三權獨立：中山先生認爲「拿英國的不成文憲法來比較，中國專制時代亦有不成文的三權憲法，像下面第一圖所列。

第一圖　比較憲法

中國憲法		外國憲法
考試權	立法權	立法權—兼—彈劾權
君　權—兼	行政權	行政權—兼—考試權
彈劾權	司法權	司法權

他說：「照這樣看起來，可見中國也有憲法，一個是君權，一個是考試權，一個是彈劾權。不過中國的君權，兼有立法權、司法權和行政權。這三個權裏頭的考試權，原來是中國一個很好的制度，也是一件很嚴重的事。從前各省舉行考試的時候，把試場的門都關上，監試看卷的人，都要很認眞，不能夠通關節，講人情。大家想想是何等鄭重。」其次，講到監察權，中山先生云：「說到彈劾權，在中國君主時代，有專管彈劾的官，像唐朝諫議大夫和淸朝御史之類，就是遇到了君主有過，也可冒死直諫。這種御史，是梗直得很，風骨凜然。」他強調「中國從前的考試和彈劾權，都是很好的制度，憲法裏頭是決不可少的。」

㈢西洋三權憲法的缺點：西洋三權憲法有什麼缺點呢？就是監察權與考試權不能獨立行使：

1.監察權不能獨立的缺點　西洋三權憲法中的監察權（糾察權）是由立法院兼有的，這樣容易造成議會專制，弄到行政機關動輒得咎，中山先生說：「現在立憲各國，沒有不是立法機關兼有監察權限，那權限雖然有強有弱，總是不能獨立，因此生出無數弊病。比方美國糾舉權，歸議會掌握，往往擅用此權，挾制行政機構，使它不得不俯首聽命，因此常常成爲議會專制。除非有雄才大略的大總統，如林肯、麥哲尼、羅斯福等，才能達到行政獨立之目的。」(〈三民主義與中國民族之前途〉)

中山先生又引美國哥倫比亞大學教授喜斯羅之言：「國會有了彈劾權，那些狡猾的議員，往往利用這個權來壓制政府，弄到政府一舉一動，都不自由，所謂『動輒得咎』。」(《五權憲法》講詞) 世人認爲英國的國會是萬能的，除男變女，女變男之外，什麼事都可以做得出來。

2. 考試權不能獨立的缺點　在三權憲法的政府，考試權與用人權，由行政院兼有，這亦是有其流弊的。其流弊安在？一爲不能達到選賢與能的目的，二爲造成黨的分贓制度(Spoils System)，三爲行政權太大。

中山先生說：「美國官吏，有由選舉得來，有由委任得來的。從前本無考試制度，所以無論是選舉、委任，皆有很大的流弊。就選舉上說，那些略有口才的人，便去巴結國民，運動選舉，那些學問思想高尙的人，反都因爲訥於口才，無人去物色他，所以美國代議院中，往往有愚蠢無知的人，夾雜在內，那歷史實在可笑。就委任上說，凡是委任官，都是跟著大統領進退，美國共和黨、民主黨，向來是以選舉爲興廢，遇著換了大統領，由內閣至郵政局長，不下六七萬人同時俱換。」(〈三民主義與中國民族之前途〉) 以上是就選舉不當與分贓制度而言。

中山先生又說：「考試權如果屬於行政部，那權限未免太廣，流弊反多。」(同上) 行政院操考試用人之大權，很可能以行政干涉考試，以考試便利行政，亦可能接受請托，甚至濫用私人。

三、五權憲法

我們在下面要講到：⑴五權憲法之創立，⑵五權憲法的政治機構，⑶五權憲法的優點。

㈠五權憲法之創立：中山先生在西方三權憲法之外，加入中國原有的考試權和彈劾權，創立了五權憲法，如第二圖所示：

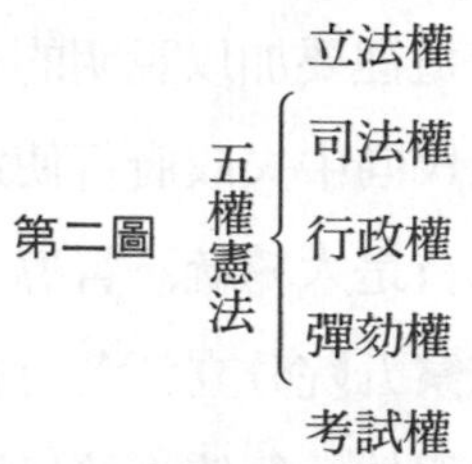

「這個五權憲法，把全國憲法，分作立法、司法、行政、彈劾、考試五個權，每個權都是獨立的。……這個五權憲法不過是上下反一反，去掉君權，把其中所包括的行政、立法、司法三權，提出做三個獨立的權，來施行政治，在行政權一方面，另行立一個執行政務的大總統。立法機關就是國會，司法人員就是裁判官，和彈劾與考試兩個機關，同是一樣獨立的。」(同前)

㈡五權憲法的政治機構：中山先生講過五權憲法之後，進一步設計中央政府組織與省縣行使政權系統圖。五權憲法就好像一部大機器，要想治一個新國家，就不能不用這個新機器的五權憲法。(同上)下面的第三圖，便是五權憲法的政治構造制度。

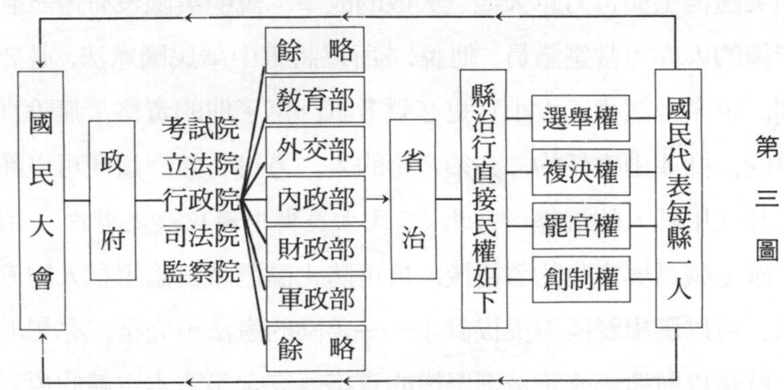

上面這個圖，就是治國的機關。除了憲法上規定五權分立外，最重要的就是縣自治，行使直接民權。能夠有直接民權，才算是眞正民權。

直接民權共有四個：一個是選舉權，一個是罷官權，一個是創制權，一個是複決權。「五權憲法，好像是一架大機器，直接民權，便是這架大機器中的掣扣。」（同前）這裡要加以說明的有五：一、國民大會是人民權力的最高機關，代表人民向中央政府行使選舉、罷免、創制、複決四個政權。二、國家最高元首是大總統，督導五院，執行政務。三、立法、司法、行政、考試、監察五院分立，各自獨立行使職權，使之相互分工合作。四、以縣爲自治單位，行使直接民權。五、以人民的四個政權，管理政府五種治權，使權能平衡，不會造成暴民政治，亦不會變成專制政府。

㈢五權憲法的優點：三權憲法的缺點，其反面卽爲五權憲法的優點。又三權憲法的缺點，卽民主政治的缺點，如放任自由，議會專制，政府無能，行政權並有考試權的流弊，已在第一節第二項歐美民主政治的缺點中評介過，這裡專講五權憲法的優點，計有下列五項。

1. 考試權獨立的優點　考試權有何優點呢？其重要優點有二：一是可以防止濫選議員與濫用私人，二是可以選出賢能與提拔眞才。

甲、防止濫選議員與濫用私人——中山先生在《五權憲法》講詞中，曾引用美國博士與苦力車夫競選失敗的故事，說明美國沒有考試制度，不學無術的人亦可當選議員。他說：「所以將來中華民國憲法，必要設獨立機關，專掌考試權。大小官吏必須考試，定了他的資格，無論官吏是由選舉的，抑或由委任的，必須合格的人，方得有效，這便可以除却盲從濫選及任用私人的流弊。」（見〈三民主義與中國民族之前途〉）用考試辦法，確定議員與官吏的資格後，自可防止濫選議員濫用私人的流弊。

乙、可以選出賢能與提拔眞才——美國的憲法不完全，亦想辦法去補救，就是以財產來確定被選舉權的資格，完全是資本主義的色彩。美國實行文官制度，用考試來決定資格，可惜範圍太小，亦是美中不足。中山先生說：「最好的補救方法，只有限制被選舉權。要人人都有選舉權，……依兄弟看來，當議員官吏的人，必定是要有才有德，或者有什麼能幹。……我們又是怎樣可以斷定他們是合格呢？……就是考試。」(《五權憲法》講詞) 這是說要經過考試，要限制被選舉權，才可選到賢能，提拔眞才。

2.監察權獨立的優點　監察權獨立，可以防止國會專制，可以澄淸吏治。

甲、可以防止國會專制——把監察權自國會分出來，國會便不能挾制政府。中山先生說：「照正理上說，裁判人民的機關，已經獨立，(指司法權言) 裁判官吏的機關，仍在別的機關之下，這也是理論上說不過去的，故此這機關也要獨立。」(同上)

乙、可以澄淸吏治——監察權獨立，可以自由發揮力量，可以發揮御史的精神。因爲中國古代的御史，風骨凜然，不畏權勢。旣能犯顏諫諍，亦能懲貪除暴。故監察權能獨立，對於澄淸吏治，是大有裨益的。

3.五權分立可以造成萬能政府　人民有權，政府有能，人民行使四權，以控制政府，可以獲得充分的民權。政府行使五權，可以發揮無限的威力，以造成萬能政府。中山先生說：「有了這種政權和治權，才可以達到美國學者的目的，造成萬能政府，爲人民謀幸福。中國能夠實行這種政權和治權，便可以破天荒在地球上造成一個新世界。」(《民權主義》第六講)

4.五權分立可以造成專家政治　由於實行考試制度的關係，議員與政府官吏，都是有道德有能幹的人才，可以「選賢與能」，使「賢者在位，能者在職」。中山先生說：「現在歐美人無論做甚麼事，都要用專門家。譬如練兵打仗，便要用軍事家。開辦工廠，便要用工程師。對於政治，也知道用專門家。」(《民權主義》第五講) 蔣中正先生說：「一方面人民要有充分的控制政府管理國家的『權』；一方面政府要有萬能的治理政事造福全民的『能』；……然後可以推進政治，增進效能，而實現『專家政

治』的理想。(見《國父遺教概要》)

5.五權分立可以造成分工合作的政體　中山先生認爲如能實行五權，便能分工合作。「蓋機關分立，相待而行，不致流於專制，一也。分立之中，仍相聯屬，不致孤立，無傷統一，二也。」(〈中華民族建設之基礎〉)，戴季陶先生對五權分立合作制度，有所說明。他說：「其實五權政治眞正完全施行，一定要各院、部相互爲用，在分工中兼收合作之效。他仍舊是相互連鎖的。我們不論從事實來證明，從理論來推考，我們要認定我們中國的五權政治，在運用的時候，是應該相互爲用，相互幫忙的。」(民國十八年十月中央紀念週〈考試院的籌備和五院制的運用〉講詞）他強調五權政治是一個分工合作制度，在運用上相互爲用，才可收到「分工中兼收合作之效」。

第五節　全民政治

自某一方面看，全民政治與直接民權是異名而同義的名詞。中山先生在《民權主義》第六講講過四個政權（選舉、罷免、創制、複決）後，曾提示欲知此中詳細情形，可參考廖仲愷君所譯之《全民政治》（按係美人威爾確斯著作)。該書係詳介美國西北部各州、瑞士、澳大利亞、紐西蘭等處行使選舉、罷免、創制、複決等直接民權的實際情形。本文據此研討下列各問題：一、全民政治的含義，二、全民政治與直接民權，三、全民政治的最高理想。

一、全民政治的含義

甚麼是全民政治？依據中山先生的看法，全民政治便是國民全體的政治，沒有種族、宗教、性別、職業、階級以及黨派的分別，只要是國民，都可享有同等的民權，都有資格來做國家的主人翁。他在《民權主義》第六講中說：「全民政治是什麼意思呢？就是用四萬萬人來做皇帝。」「因爲中國自古以來，有志向的人，是想做皇帝。大家若是有了想做皇帝的心理，一來同志就要打同志，二來本國人更要打本國人，全國長年相爭相打，人民的禍害，便沒有止境。」如果中國人民，個個具有皇帝的尊貴與權利，便不會爲爭皇帝而發生內戰，阻礙國家的安全和進步。

二、全民政治與直接民權

全民政治即行使直接民權，與歐美所實行代議政治的間接民權，有其密切關係，亦有重大的區別。

㈠間接民權：所謂「間接民權」，就是人民不能直接過問國事，由人民選舉的議員，組成議會，代表人民去議論國政，並選舉官吏負責處理國家事務。中山先生說：「間接民權，就是代議政治，用代議士去管理政府，人民不能直接去管理政府。」因爲人民只有選舉權，不能直接過問國政，只能委託其所選出的議員，間接去管理政府，所以「人民對於政府的權力，只能發出去，不能收回來。」（《民權主義》第六講）這種間接民權制度，使民主政治有名無實，議會流於專橫，而爲資本家或軍人所操縱，以及政府懦弱無能，不能大有作爲等流弊。我們要取法乎上，不可再步其後塵。過去代議政治搬來中國實施，好處一點未學到，「所學到的壞處，却是百十倍，弄到國會議員，變成『猪仔議員』，污穢腐敗，是世界各國自古以來所沒有的，這眞是代議政體的一種怪現象。所以中國學外國的民權政治，不但學不好，反而學壞了。」（同上）可見代議政體到了中國，其流弊較外國更多。

㈡間接民權與直接民權：間接民權與直接民權有何區別？簡單的解釋，代議政體所行的民權，人民只有選舉權，在選舉議員官吏之後，不再過問國事，叫間接民權。人民在選舉權外，還能夠實行罷免權、創制權與複決權，才是直接民權。中山先生對此有所提示，他說：「代議制度還不是眞正民權，直接民權才是眞正民權。美國、法國、英國雖然都是行民權主義，但是他們還不是直接民權，是間接民權的主義。……直接民權共有四個，卽選舉權、罷免權、創制權和複決權，這四個權，便是具體的民權，像這樣具體的民權，才是眞正的民權主義。」(〈三民主義之具體辦法〉) 又說：「從前沒有充分民權的時候，人民選舉了官吏議員之後，便不能夠再問，這種民權，是間接民權，間接民權，就是代議政體，用代議士去管理政府，人民不能直接去管理政府。要人民能夠直接管理政府，便要人民能夠實行這四個民權。」(《民權主義》第六講) 由此可知間接民權是有限度的民權，直接民權才是充分的民權。

不過有一點要說明白，民權主義所提倡的直接民權，主要是行使於自治單位的縣，〈中國國民黨民十三年政綱〉對內政策第三條載：「確定縣爲自治單位，自治之縣，其人民有直接選舉及罷免官吏之權，有直接創制及複決法律之權。」〈建國大綱〉第九條載：「一完全自治之縣，其國民有直接選舉議員之權，有直接罷免議員之權，有直接創制法律之權，有直接複決法律之權。」以上是說明直接民權行使於自治單位。

〈中國革命史〉稱：「人民對於本縣之政治，當有普通選舉之權，創制之權，複決之權，罷免之權。而對於一國政治，除選舉權之外，其餘之同等權，則付託於國民大會之代表以行之。」所謂「其餘之同等權」，係指創制、複決、罷免諸權而言，卽「付託於國民大會之代表以行之」，便是「間接民權」。〈建國大綱〉二十四條規定：「憲法頒布之後，中央統制權卽歸於國民大會行使之，卽國民大會對於中央政府官員有選舉權，有罷免權，對於中央法律有創制權，有複決權。」可知國民對中央所行使的四權，叫間接民權；縣（市）自治單位所行使的四權，叫直接民權。

㈢全民政治與直接民權：全民政治與直接民權有何關係呢？中山先生說：「全民政治是什麼意思呢？就是從前所講過了的，用四萬萬人做皇帝，四萬萬人要怎樣才可以做皇帝呢？就是要有四個民權，來管理國家大事。」(《民權主義》第六講) 又說:「人民能夠直接管理政府, 便要人民能夠實行四個民權, 人民能夠實行四個民權, 才叫做全民政治。」威爾確斯著《全民政治》一書, 其內容是專講直接民權的, 中山先生對此書甚爲推崇, 要大家去硏究, 因爲《全民政治》是以直接民權爲內容的。繼在《民權主義》第四講說明他所主張的民權, 與歐美的民權不同;「我們國民黨提倡三民主義來改造中國, 所主張的民權, 是和歐美的民權不同。我們拿歐美以往的歷史來做資料, 不是要學歐美, 步他們的後塵, 是用我們民權主義, 把中國改造成一個全民政治的民國, 要駕乎歐美之上。」又在〈國民要以人格救中國〉講詞中說:「民國是以四萬萬人爲主, 我們要想是眞正以人民爲主, 造成一個駕乎萬國之上的國家, 必須國家的政治, 做成一個全民政治。」亦可以說全民政治是直接民權的理想, 直接民權是全民政治的實行。

三、全民政治的最高理想

威爾確斯在其所著《全民政治》序文中說:「對於林肯格言三語 Government of the people, by the people and for the people.之中語, 所謂政府者治於人民一事, 則議論激越, 各有所主。雖各黨各派, 靡不自命與林肯見解爲一, 然若輩群中, 於林肯所語意義, 與夫林肯假能生於斯世, 其對於黨派現時論爭之態度, 果當何若, 則彼此所見, 不相侔也。」強調全民政治以實行林肯的民有民治民享爲最高理想。

中山先生所主張的全民政治, 亦持相同的觀點。他說:「世界上把全民政治說到最完全最簡單的, 莫過於美國大總統林肯所說的 of the people, by the people and for the people,這個意思譯成中文, 便是民有、民治、民享。」又說:「眞正的全民政治, 必須先有民治, 然後才能說, 眞有民有, 眞有民享。」(〈國民要以人格救國〉) 因爲「人民必要能夠治，才能夠享，不能夠治，便不能夠享。如果不能夠享，就是民有都是假的。」(《五權憲法》講詞) 我們須知中山先生所領導的國民革命，是以全民爲基礎，同時也以全民共治爲依歸。他在解釋三民主義時說:「吾黨之三民主義卽民族、民權、民生三種，此三主義之內容，亦可謂之民有、民治、民享，與自由、平等、博愛無異，故所向有功。」(〈黨員須宣傳革命主義〉) 我們用三民主義的口號，和林肯所主張的民治、民有、民享來比較，其意義是相同的。因爲民族主義要做到國家爲人民所共有，民權主義要做到政治爲人民所共管，民生主義要做到利益爲人民所共享，由此可知全民政治，是以民有民治民享爲理想的。

總之，我們認爲全民政治，是以直接民權與充分民權爲內容，以全民參與爲目的，以民有民治民享爲理想。

附錄說明三：革命民權與天賦人權

㈠天賦人權的含義與目的——中山先生說:「盧梭一生民權思想最要緊的著作是《民約論》，《民約論》中立論的根據，就是說人民的權利是生而自由平等的。各人都有天賦的權利，不過人民後來把天賦的權利放棄罷了。所以這種言論，可以說民權是天生出來的。」(《民權主義》第一講) 盧梭❺爲什麼要提倡天賦人權說呢？其目的是要推翻君權，並推翻「君權神授說」。因爲歐洲在盧梭的學說發表以前，盛行著一種「君權神授說」。「佔了帝王地位的人，每每假造天意，做他們的保障，說他們所處的特殊地位，是天所授予的，人民反對他們，便是逆天。

❺盧梭(Jean-Jacques Rousseau, 1712-1778)
1712年6月28日生於日內瓦，1778年7月2日卒於巴黎附近的埃爾默農維爾。在他於1742年去巴黎之前，曾在都靈當僕役，在洛桑和納沙特爾當音樂教師，在尙貝里當土地測量助理，在里昂當家庭教師。到巴黎後又當家庭教師、私人秘書，寫過小歌劇，跟百科全書派的人物有過交往，以後又斷交；靠抄寫樂譜艱難度日。1754年返回日內瓦。1766年因其論著具有「危險性」而被迫逃到國外，在英國逗留數年，1770年返回巴黎。
通過他的著作，特別是1750年題爲《論科學和藝術的復興是否有助於敦風化俗？》的獲獎論文、1755年《論人類不平等的起源和基礎》以及1762年的《社會契約論》，盧梭對哲學和教育學、法國革命的政策直至今天的政治學都起了很大影響。他對頽靡腐朽的洛可可式上流社會進行了批判，得出了從「自然狀態」到「文明」這一歷史變遷的思想。進步到此中止，但盧梭同時指出了可以發生革命的變革，這正是他思想中的自相矛盾之處。這種基於公民絕對和眞正平等的共同體的思想，符合他自己關於個人的絕對自由與社會相一致這種極端的思想。盧梭關於建立同質性的建議是從道德教育出發的。他關於文無知識的民衆，不曉得研究這些話是不是合理，只是盲從附合，爲君主爭權利，來反對有知識的人民去講平等自由。因此贊成革命的學者，便不得不創天賦人權的平等自由這一說，以打破君主專制。」(《民權主義》第二講)可知盧梭提倡「天賦人權說」的目的，在打破「君權神授說」。

㈡天賦人權的流行及其功效——天賦人權既爲時代所需要，又爲人民所歡迎，故不脛而走，流行於歐美各國。美國的獨立宣言，法國革命的人權宣言，皆以人生而自由平等爲骨幹。也可以說美國獨立之所以成功，法國革命之所以成功，都得力於盧梭的天賦人權說。

㈢中山先生對天賦人權說之批評——盧梭的學說，雖有其時代需要，雖獲得相當成功的效果，然而是不是有事實作根據？中山先生對此曾有所批評。《民權主義》第一講載：「《民約論》中立論的根據，是說人民的權利是生而自由平等的，這種言論，可以說民權是天生出來的。但就歷史上進化的道理說，民權不是天生出來的，是時勢和潮流所造就出來的。故推到進化的歷史上，並沒有盧梭所說的那種民權事實，這就是盧梭的言論沒有根據。」中山先生認爲自由是因奮鬥而得來的，平等是人爲的，民權是時勢和潮流所造成的，也就是說自由平等不是天生的，民權也不是天賦的。

㈣革命民權的含義與目的——民權主義中只批評天賦人權說，未詳言革命民權說的內容。〈中國國民黨第一次全國代表大會宣言〉載：「蓋民國之民權，唯民國之國民，乃能享之，必不輕授此權於反對民國之人，使得藉

明的墮落作用的論點成爲浪漫派的主導思想。他在社會學史上所起的作用是間接的：孔德由於他的人民主權概念而斷然否定了他。不過，盧梭似乎是用以人民主權爲基礎的共同意志的概念來理解現代的社會概念，儘管共同意志包括了所有個人意志，但二者並不一致。社會不是其各個單位、群體和個人的總和，而是一個具有自己生命的、天才地相互作用的聯合體，它超越於相互矛盾的個人利益而得到實現，決定著整體的任何結構和趨向。盧梭把「立法機關」、教育者和新的「市民宗教」視爲培養人民的共同意志、創設主權人民共和國新制度的機構。盧梭認爲，人與人之間不平等的根源在於私有制，這個思想對後來的階級論產生了一定影響。

以破壞民國。詳言之，凡眞正反對帝國主義之團體及個人，均得享有一切自由及權利，而凡賣國罔民以効忠於帝國主義及軍閥者，無論其爲團體或個人，均不得享有此等自由及權利。」分析起來說，積極方面：必須忠於民國參加革命反對帝國主義者，方得享有民國之民權；消極方面：凡背叛民國，忠於帝國主義及軍閥者，均不得享有民國之民權。推而言之，賣國漢奸，顚覆民國之復辟運動者及叛國黨派，均不得享有民國之民權。美國公民必須宣誓服從合衆國及其憲法，亦有此意，很多國家禁止含有顚覆黨派之活動，亦含有此意。

㈤蔣中正先生對革命民權的補充意見——蔣中正先生講《總理遺敎》六講時說：「總理所主張的民權，不能隨便賦予不了解革命主義以及沒有誓行革命主義決心的一切人，並不是國家對於民權有所靳而不予，乃是爲實現眞正的民權而設定此必要之條件以爲之保障。所以本黨所主張的革命民權，不是天賦人權。」這裡所謂「誓行革命主義」，擴大一點講，兼涉及宣誓服從民國而言。

㈥革命民權與天賦人權之異同——普通只講兩者的區別，我們這裏還講兩者的相同點。

1.關於相同者：兩種學說相同之處，計有下列二點：

⑴同是爭平等　革命民權爲民權主義的特點之一，民權主義的目的在求國民的政治地位平等，天賦人權主張人生而自由平等，其目的也是爲人民爭平等。

⑵同是反對君權　盧梭提倡天賦人權，志在打破君權神授說，以求實現民權；中山先生的提倡民權主義，提倡革命民權，也是順應世界潮流，反對君主專制。

2.關於相異者：兩種學說不同之處，計有下列三項：

⑴民權來源的看法不同　盧梭的天賦人權說，是認爲人類生而自由平等，就是說民權是天生的。中山先生則說：「民權不是天生出來的，是

時勢和潮流所造就出來的。」而且自由不是天生，是由人民奮鬥而得來的，平等亦不是天生的，是人為的。

⑵民權享有的看法不同　盧梭認為民權是天賦的，故任何人，任何團體，或任何黨派，均得享有此項民權。中山先生的革命民權說，乃指出「唯民國之國民，乃能享之。」「唯誓行革命主義者，乃能享之。」反之，凡反對民國與顛覆民國之人或團體黨派，均不得享受之。

⑶革命的對象不同　天賦人權說的革命對象，為歐洲的君主。革命民權的對象，在中山先生逝世前為滿清專制及軍閥，中山先生逝世後為軍閥、漢奸及顛覆中華民國之黨派。

第三章　民權主義的政治制度

第一節　地方政府

一、地方政府意義及其行政組織

何謂地方政府？地方政府與地方自治有何關係？地方政府有那些行政組織？地方自治以何者爲單位？地方自治與直接民權有何關係？都是研究的範圍，玆分別闡述於下：

㈠地方政府與地方自治：地方政府係指中央政府之對比而言，中央政府爲國家行使統治權的最高機關，基於實際政治推行的需要，便將國內畫分爲省（市）、縣（市）、鄉（鎭）等行政區域，分別建立機關，各自管理其區域內行政事務。以上省、縣、鄉各級機關，統稱地方政府。

講到地方政府，不能不講地方自治，因爲後者是前者的礎石，建國亦猶建屋，應從最低處的基礎做起。地方自治是什麼？中山先生說：「將地方上的事情，讓本地方人民自己去治，政府毫不干涉。」（〈辦理地方自治是人民之責任〉講詞）詳言之，在一定區域內的人民，依據法律所賦予的自治權，在中央與省政府督導之下，由人民自定法規，選舉議員與職員，分別成立立法與執行機關，以處理其公共事務，這種政治制度，謂之地方自治。

㈡省、縣、鄉三級行政組織：地方政府包括省政府、縣政府、鄉公所三級行政系統，省轄縣，縣轄鄉，鄉下設有里鄰(保甲)，是負責推行政令的最基層單位。與省政府地位相等有院轄市，與縣政府地位相等有省轄市，與鄉公所地位相等有鎭公所。在抗戰前後，又在省與縣之間設立專員公署（清代的府)，縣與鄉之間設區公所，名稱甚多。爲簡便計，僅講省、縣、鄉三級行政組織。

1.省政府　抗戰勝利後，中央將全國畫分爲三十六行省，省設省政府，以省主席爲行政長官，下設民政、財政、建設、教育四廳及其他局、處，分別辦理省政。省議會是民意最高機關，代表人民向省政府行使政權，省政府主席須向省議會提出施政報告，省議員對省主席及各廳局處長有質詢之權，省議會對省政府重要政策與各種提案有決議權，與立法院對行政院職權相似。中央在省設高等法院，負責民刑案件覆判。審計部在省設審計處，負責省預算執行及決算審查。省是介於中央與縣之間，負責轉達政令並督導政令執行的中間機關，使上令下行，下情上達，以收政治聯絡的功效。

2.縣政府　縣設縣政府，以縣長爲行政首長，下設民政、財政、建設、教育四科（局）及其他處所，分別辦理各種縣政。以縣議會爲最高民意機關，代表人民向縣政府行使政權，對縣政府握有質詢、決議、審查等權。中央與省在縣設有地方法院、審計、稅收、郵電、銀行等分支機關。縣政府是介於省與鄉之政令執行機關，又是地方自治單位，國家政治的基礎在縣，政治的推行亦在縣，是地方政府中的最主要一環。

3.鄉公所　鄉設鄉公所，以鄉長爲行政首長，下設民政、財政、建設、戶籍、衛生、兵役等課所，分別辦理各種鄉政。以鄉民代表大會爲民意機關，代表人民向鄉公所行使政權，其職權與縣議會相似。鄉下再分里鄰（保甲)，是政令執行最基層單位。

㈢地方自治以縣爲單位：中山先生說：「地方自治之範圍，當以一縣爲充分之區域，如不得一縣，則聯合數村，而附有縱橫二三十里之田野者，亦可爲一試辦區域。」(〈地方自治開始實行法〉) 他何以要選擇以縣爲單位，其所持理由是：「吾國舊有地方自治，前日克強先生詳言之，本舊礎石而加以新法，自能發揮數千年之美性。……今假定民權以縣爲單位。吾國不止二千縣，如蒙藏亦能漸進，則至少可爲三千縣。三千縣之民權，猶三千塊之石礎，礎堅則五十層之崇樓，不難建立。建屋不能猝就，建國亦然，當有極堅毅之精神，而以極忍耐之力量行之。竭五年十年之力，爲民國築此三千之石礎，必可有成。」(〈民國五年七月十八日在上海對兩院議員講演詞〉) 中山先生所以確定以「縣爲自治單位」，因爲縣的區域不大，人口亦不太多，交通便利，便於實行直接民權；同時一縣之人，都愛其生長所在的故鄉，對地方事業，容易博得多方支持，故實行地方自治，以縣爲單位，最爲適宜。

㈣自治縣行使直接民權：中山先生主張以縣爲自治單位，並行使直接民權，「在訓政時期，政府當派曾經訓練考試合格之員，到各縣協助人民籌備自治。其程度以全縣人口調查清楚，全縣土地測量完竣，全縣警衛辦理妥當，四境縱橫之道路修築成功；而其人民曾受四權使用之訓練，而完畢其國民之義務，誓行革命之主義者，得選舉縣官以執行一縣之政事，得選舉議員以議立一縣之法律。始成爲一完全自治之縣。」(〈建國大綱〉第八條) 人民有些什麼直接民權呢？「一完全自治之縣，其國民有直接選舉官員之權，有直接罷免官員之權，有直接創制法律之權，有直接複決法律之權。」(〈建國大綱〉第九條) 這是強調地方自治之縣的國民，直接行使民權，對官吏有選舉與罷免之權，對法律有創制與複決之權，實行眞正的直接民權。

二、地方自治中心工作

依據中山先生著〈地方自治開始實行法〉，地方自治中心工作有六項 (六事)：一、清戶口，二、立機關，三、定地價，四、修道路，五、墾荒地，六、設學校。

㈠清戶口：中山先生主張每年清查戶口一次，將老年少年中年分類登記，並註明變更情形。「不論土著或寄居，悉以現居是地者爲準，一律造册，列入自治之團體。」凡自治人民要先盡義務，才能享受權利。「悉盡義務同享權利。其本爲土著，而出外者，其家族當爲之代盡義務，回家時乃能立享權利；否則於回家時以客籍相待，必住滿若干年，盡過義務，乃得同享此自治團體之權利。」與現行戶籍法實行社會福利與衛生工作等普惠原則，頗有區別。

下列四種人得免盡義務而享權利。「地方之人，有能享權利而不必盡義務者：其一則爲未成年之人，……此等人悉有享受地方教育之權利；其二爲老年之人，……此等人悉有享受地方供養之權利；其三爲殘疾之人，有享受地方供養之權利；其四爲孕婦，……。其餘人人則必當盡義務，乃得享權利，不盡義務者，停止一切權利。」這就是老年人和少年人、孕婦等無力盡其能，有權取其利。中年人或壯年人應多盡義務，要少享權利。這樣以有餘補不足，社會的權利義務的總和，才能作合理的分配，國家社會的行政和福利經費才有著落。

㈡立機關：「戶口旣清之後，便可從事於組織自治機關，凡成年之男女，悉有選舉權、創制權、複決權、罷免權。而地方自治草創之始，當先施行選舉權，由人民選舉職員，以組織立法機關，並執行機關。」

又在執行機關設立後，其下「設立多少專局，隨地方所宜定之，初以簡便爲主。而其首要，在糧食管理局，量地方之人口，儲備至少足供一年之糧食。地方之農業，必先供足地方之食，然後乃准售之外地。故糧食一類，當由地方公局買賣。對於人民需要之食物，永定最廉之價，使自耕自食之外，餘人得按口購糧，不准轉賣圖利。地方餘糧，則由公局轉運，售賣之後，其溢利歸諸地方公有，以辦公益。」「其餘衣、住、行三種需要之生產製造機關，悉當歸地方之支配，逐漸設局管理。」對糧食工業、衣服工業、居住工業、交通工業等，都要次第興建，逐步進行。

㈢定地價：地價如何去定？「其法：以地價之百分抽一，爲地方自治之經費；如每畝值十元者，抽其一角之稅，值百元者抽其一元之稅，值千元者抽十元之稅等是也。此爲抽稅之一方面，隨地主報多報少，所報之價，則永以爲定，此後凡公家收買土地，悉照此價，不得增減。而此後所有土地之買賣，亦由公家經手，不能私相授受。原主無論何時，只能收回此項所定之價；而將來所增之價，悉歸於地方團體之公有。如此則社會發達，地價愈增，則公家愈富。由衆人所用之勞力以發達之結果，其利益亦衆人享有之；不平之土地壟斷，資本專制，可以免却，而社會革命，罷工風潮，悉能銷弭於無形。此定地價一事，實吾國民生根本之大計，無論地方自治，或中央經營，皆不可不以此爲著手之急務也。」這種定地價的方法，就是平均地權的方法，今日我們在臺灣大致已在進行，惟有一事尚未辦到，就是「土地買賣由公家經手」，如能做到這一著，公價與黑市價之懸殊，便可消除，漲價歸公之目的，才可實現。

㈣修道路：自治區內，公家可以自由規劃其交通。人民的義務勞力，當首先用於築道路。道路宜分幹路支路兩種，幹路以同時能往來通過四輛自動車爲度，支路以同時能往來通過兩輛自動車爲度，此等車路，宜縱橫徧佈於境內，並連接於鄰境。築就之後，宜分段保管，時時修理，不得稍有損壞。目前臺灣交通發達，郊區與農村，亦公路縱橫，利於各種車輛行駛，已合乎中山先生設計的規模。

㈤墾荒地：「荒地有兩種，其一爲無人納稅之地，此種荒地，當由公家收管開墾。其二爲有人納稅而不耕之地，此種荒地，當課以值百抽十之稅，至開墾完竣爲止，如三年後仍不開墾，則當充公，由公家開墾。」對無地主之荒地，由公家收管開墾，至有主之荒地，則課徵荒地稅，限期開墾，雙管齊下，務使荒地盡墾，地盡其利，變爲生產之良田，以裕民食。

又墾荒地外,「凡山林、沼澤、水利、礦場,悉歸公家所有,由公家管理開發。開墾後支配之法,亦分兩種:其爲一年收成者,如植五穀菜蔬之地,宜租於私人自種;其數年或數十年乃能收成者,如森林果藥之地,宜由公家管理。開荒之工事,則由義務勞力爲之,如是,數年或數十年之後,自治區域,當可變成桃源樂地,錦繡山河矣。」

㈥設學校:「凡在自治區域之少年男女,皆有受教育之權利,學費、書籍、與夫學童之衣食,當由公家供給。學校之等級,由幼稚園、而小學、而中學,當陸續按級而登,以至大學而後已。教育少年之外,當設公共講堂、書庫、夜學,爲年長者養育智識之所。」其所講教育內容,包括學校教育(公費教育),成年教育,義務教育多種,現在世界各國,仍未完全做到。

以上自治開始之六事,如辦有成效,當逐漸推廣,及於他事。今後之要務,爲地方自治團體所應辦者,則「農業合作」、「工業合作」、「交通合作」、「銀行合作」、「保險合作」等事。此外更有對於自治區域以外之運輸交易,當由自治機關設專局以經營之。

第二節　中央政府

現行中央政權與治權機關有三:一是國民大會,二是總統,三是五院。五院中的立法院與監察院,本是治權機關,由於憲法賦予職權與五權憲法不同,兼有政權機關性質。

一、國民大會

依據《中華民國憲法》第二十五條規定:「國民大會是代表人民行使政權機關」。〈建國大綱〉二十四條規定:國民大會是行使「中央統治權」的機關。「政權」與「統治權」有無區別,亦有不同的解釋。其實,「政權」與「統治權」，都是「人民管理政府之權」，由國民大會代表以行之。可見國民大會是政權機關，代表全國人民行使政權，以管理中央政府。

二、總統

憲法規定總統由國民大會選舉之，位居五院之上。至其重大職權，計有下列九項：一、代表國家元首權，二、統率軍隊權，三、公布法令權，四、外交權，五、宣布戒嚴權，六、赦免權，七、任免官員權，八、緊急命令權，九、院際紛爭調和權。較法國總統權力爲大，比美國總統權力爲小。因此，五權憲法的總統，其職權介於總統制總統與內閣制虛位元首之間，是具有相當的實際職權，這種設計，頗合五權憲法的精神。

三、五院

五院分立的中央政府，其組織與職權，已在現行憲法中論及，茲再簡述各院的權位如下：

㈠行政院：行政院是五院的中心，因爲所主管的政務是行政，最能表現政府的功能，凡國計民生之事，都與行政院有關。且直接向立法院負責，有似內閣制的總理，並顯示其地位重要。其院長副院長由總統提名，徵求立法院同意任命之；政務委員及各部會首長，由院長提名，報請總統任命之；並對院長負責，院長獨掌行政大權。

㈡立法院：五權憲法的立法院，屬於治權機關，本來與民主國家的國會不同。現制立法委員由各省選區選舉，其行使職權範圍，則大致與歐美國會相似，計有制定法律權、議決法案權、議決預算權、質詢權、同意權、修憲提案權。其中「議決法案權」，包括戒嚴案、大赦案、宣戰案、媾和案、條約案等。

㈢司法院：司法院爲國家最高司法機關，依照現行憲法，其院長、副院長、大法官，由總統提名經監察院同意任命之。憲法規定其職權是：

「民事、刑事、行政訴訟之審判，憲法與重要法令之解釋，及公務員之懲戒。」以上職權概由司法院獨立行使。

㈣考試院：考試院爲國家最高考試機關，與各院並立，構成中央政府的主要一環。政府要選賢與能，建立萬能政府，必須採行公開的考試制度以爲選拔，而要採行考試制度，自非尊重行使考試權的考試院不可。它的主要職權爲考試與銓敘。中山先生說：「國民大會及五院職員，與夫全國大小官吏，其資格由考試院定之。」（〈孫文學說〉）〈建國大綱〉第十五條規定：「凡候選及任命官員，無論中央與地方皆需經中央考試銓定資格者乃可。」現制考試的對象，應包括各級候選人，全國大小官員，專門技術人員，乃至醫師、律師、會計師等等，此項規定，甚合遺教精神。至考試院院長、副院長，考試委員的產生，係由總統提名經監察院同意任命之，與司法院院長及副院長的任命相同。

㈤監察院：現代一般民主國家的議會掌握監察權，往往擅用此權，挾制行政機關，使其不得不俯首聽命，成爲議會專制。中山先生有鑒於此，主張把它從議會中分出，成立監察院，獨立行使此權，其作用在協助行政，以整肅政風，補助行政監督之不足。現行憲法規定，監察委員由各省議會選舉之，監察院院長與副院長則由委員中互選之。其重要職權爲彈劾、糾舉、糾正、審計、同意、調查等項。內中同意權、彈劾權與糾舉權，是對「人」而言；糾正權是對「事」而言；調查權是對「人」與「事」而言；審計權是對「財」而言。凡政府機關有關「人」、「事」、「財」的案件，都是監察院行使職權的對象，其權力的廣大，實駕乎歷代監察制度之上。

四、現制中央政府與五權憲法

五權憲法有兩大基本精神，一是權能區分，二是政權與治權分開。「五五憲草」係根據此項原則制定，故與五權憲法出入不大。現行憲法所建立的中央政府，因透過政治協商會議的關係，有違五權憲法的基本原則，故研究中國憲法者，多建議修改，但在未修改以前，我們應予遵行。

第三節　均權制度

均權制度又叫均權主義，是修正中央集權或地方分權制度的一種折衷主張，爲中山先生所創建，應包含下列幾個問題：一、均權制度的由來與含義，二、中央與地方職權畫分的標準，三、均權制度的優點。

一、均權制度的由來與含義

歐美國家通常實行兩種制度，一是中央集權，便是把國家權力完全集中於中央政府，二是地方分權，將地方政務歸之於地方政府，中央僅保留監察指揮之權。換言之，中央集權是中央之權多於地方，地方分權是地方之權多於中央，這兩種制度都有其缺點。就中國政制來說，自古以來，即有內輕外重或強幹弱枝的主張，但過分中央集權的政制，往往引發地方勢力的武裝反抗；而地方分權的結果，又易造成割據的形勢。現今各國，凡是單一國多採中央集權制，聯邦國多採地方分權制，各有利弊，均非完善制度，因此中央集權之法國，發生地方分權運動；地方分權之美國，又從事於立法統一運動。我國雖爲單一國，然廣土衆民，各地形勢不同，即不可實行中央集權制，亦不可採用地方分權制。中山先生爲補偏救弊，調整中央與地方政府的權力關係，乃提出適合國情的均權制度。他說：「關於中央及地方之權限，採均權主義，凡事務有全國一致之性質者，畫歸中央，有因地制宜之性質者，畫歸地方，不偏於中央集權或地方分權制。」(〈中國國民黨第一次全國代表大會宣言〉)〈建國大綱〉第十七條也有如此規定，不過將「均權主義」易爲「均權制度」

而已。由此可知均權制度，是鑑於中央集權制與地方分權制的缺點而創立的。

蔣中正先生對均權制度有精闢的解釋。他說：「本條所謂『均權』，乃是指由國家最高機關，按事務之性質而將各種事權分別畫歸中央與地方政府，所謂不偏於中央集權或地方分權，這是　總理從事實上解決中央與地方政府間一切不應有的爭議之具體辦法，可說是最合理的一種調整。」（《總理遺教》六講）研讀此項後，更可明白均權制度是一種非常完善的政治體制。

二、中央與地方職權畫分的標準

下分中山先生的主張與現行憲法的規定。

㈠中山先生的主張：中央與地方權力的畫分標準，不是採概括主義，即採列舉主義，或概括與列舉同時採用。中山先生則以事務的性質爲權力畫分的標準。他說：「權力之分配，不當挾一中央與地方之成見，而惟以其本身之性質爲依歸，事之非舉國一致不可者，以其權屬於中央，事之應因地制宜者，以其權屬於地方，易地域的分類，而爲科學之分類，斯爲得之。」（〈中華民國之基礎〉）又說：「權之分配，不當以中央或地方爲對象，而當以權之性質爲對象，權之宜屬於中央者，屬之中央可也，權之宜屬於地方者，屬之地方可也，例如軍事外交，宜統一不宜分歧，此權宜屬於中央者也。教育衛生，隨地方情況而異，此權之宜屬於地方者也。更分析以言，同一軍事也，國防固宜屬中央，然警備隊之設，豈中央所能代勞，是又宜屬於地方矣。同一教育也，濱海之區，宜側重水產，山谷之地，宜側重礦業或林業，是故宜予地方以措置之自由。然學制及義務教育年限，中央不能不爲畫一範圍，是中央亦不能不過問教育事業矣。是則同一事業，猶當於某種程度以上屬之中央，某種程度以下屬之地方。」

㈡現行憲法的規定：中華民國憲法以均權制度爲原則，採用列舉主義，對中央、省、縣三級政府權限之畫分，明白而具體，使此一制度更能發揮其高度效果。

甲、中央政府之權限：憲法第一〇七條，規定左列事項，由中央立法並執行之：

1.外交。

2.國防與國防軍事。

3.國籍法及刑事、民事、商事之法律。

4.司法制度。

5.航空、國道、國有鐵路、航政、郵政及電政。

6.中央財政與國稅。

7.國稅與省稅、縣稅之畫分。

8.國營經濟事業。

9.幣制及國家銀行。

10.度、量、衡。

11.國際貿易政策。

12.涉外之財政經濟事項。

13.其他依本憲法所定關於中央之事項。

乙、省市政府之權限：憲法第一〇九條，規定左列事項由省立法並執行之，或交由縣執行之。

1.省教育、衛生、實業及交通。

2.省財產之經營及處分。

3.省市政。

4.省公營事業。

5.省合作事業。

6.省農林、水利、漁牧及工程。

7.省財政及省稅。

8.省債。

9.省銀行。

10.省警政之實施。

11.省慈善及公益事業。

12.其他依國家法律賦予之事項。

前項各款，有涉及二省以上者，除法律別有規定外，得由有關各省共同辦理。各省辦理第一項各項事務，其經費不足時，經立法院議決，由國庫補助之。

丙、縣市政府之權限：憲法第一一〇條規定左列事項，由縣立法並執行之。

1.縣教育、衛生、實業及交通。

2.縣財產之經營及處分。

3.縣公營事業。

4.縣合作事業。

5.縣農林、水利、漁牧及工程。

6.縣財政及縣稅。

7.縣債。

8.縣銀行。

9.縣警衛之實施。

10.縣慈善及公益事項。

11.其他依國家法律及省自治法賦予之事項。

前項各款，有涉及二縣以上者，除法律別有規定外，得由有關各縣共同辦理。

㈢未列舉權限之發生與解決：中央與省市，省與縣市之間，有甚多權限，無法一一列舉。如發生未列事項時，究應如何處理？憲法第一一一條有明白規定:「除第一〇七條, 第一〇八條, 第一〇九條及第一一〇條列舉事項外, 如果有未列舉事項發生時, 其事務有全國一致之性質者屬於中央, 有全省一致之性質者屬於省, 有一縣之性質者屬於縣, 遇有爭議時, 由立法院解決之。」上項規定, 對未列舉事項發生爭議, 便可獲得合理與合法的解決。

三、均權制度的優點

中央集權制有優點亦有缺點, 其優點是: 一、法律政令劃一, 二、中央政府對外對內均能表現統一制度的權力, 三、中央對地方易於控制。其缺點則爲: 一、政令不能適應各地情勢與需求, 二、削弱地方政府的自治權力, 三、地方政府難於應付緊急事變。地方分權制的優缺點正與中央集權制相反。而均權制度則取兩者之所長, 而去其所短, 調整中央與地方政府的權限, 且有下列優點:

㈠適合中國國情: 中國歷代以來, 中央與地方的權力關係, 調劑得宜, 則國泰民安, 天下太平; 反之便兵連禍結, 戰亂頻仍, 陷國家於危殆的局面。因爲過度的中央集權, 容易流於專制政治, 引發地方的軍事反抗; 過分的地方分權, 又常造成割據分裂之局。欲使中央與地方關係調劑得宜, 均權制度, 自然是合理的原則, 最適合中國國情。

㈡避免極端政治: 中央集權與地方分權制, 其優缺點前已言之, 均權制度兼有兩者的優點:「不偏於中央集權或地方分權」, 執兩用中, 不走極端, 既不會造成專制政治, 亦不會演變爲地方割據, 使中央與地方的權限, 相互爲用。中山先生說:「畫分中央與省之權限, 使國家統一與省自治各遂其發達, 而不相妨礙, 同時確定縣爲自治單位, 以深植民權之基礎。」(〈北上宣言〉) 可見地方自治與均權制度, 在實施上是相得益彰, 互爲表裡。

㈢富有彈性: 中山先生對中央與地方政府的權限, 未作詳細畫分,主張按事務性質爲畫分的標準,「凡事務有全國一致之性質者,畫歸中央,有因地制宜之性質者,畫歸地方。」這個原則,非常富有彈性,可以針對情勢需要,採取適當措施,以應付新的變化。高納教授亦贊成此項原則。他說:「因爲任何列舉的權力,雖然在當時很適當,但情境改變之後,即生困難,而有正式的修改或斟酌情形的解釋的必要了。」(Gerner 原著,顧敦鍒譯,《政治學大綱》,第十六章〈各體政府的優點和缺點〉)這是說列舉主義不能適應新的情勢變化,不如按事務性質畫分權限,富有彈性。

第四節 政黨政治

政黨政治要研討的問題甚多,擇其與中山先生民權思想有關者,計有下列各項:一、政黨的意義與功用和類型,二、中山先生對於政黨政治的重要主張。

一、政黨的意義與功用和類型

講到政黨政治,不能不先研究政黨的意義。又政黨在政治上所發生的功用,非常重大,亦應列入探討,現先講第一個問題:

㈠政黨的意義:什麼是政黨?其定義如何?各家的解釋不同。茲介紹四種定義如下:

1.政黨以實行主義爲目的 政黨是民主政治的政治集團,以實現某種主義爲目的。英人柏克(E. Bwrke)便持這種看法。他說:「政黨爲一羣人基於某種主義,以共同努力去促進國家利益而造成的結合。」

2.政黨是實踐政治原則的組織 政黨組織的理想,其目的在實踐其所信仰的政治原則。誠如模爾(A.D. Moroe)所說:「政黨是信仰某種政治原則的若干選民的組織,其目的在企求由他們所信仰的官吏,採納其政治原則以執行其任務。」

3.政黨是政治性團體　政黨以實行其政治主張爲目的，或說國家政策往往因政黨不同而轉變。鄒文海先生認爲「政黨是一種政治性團體，因爲它以推行某種特殊政策爲目的，而以爭取政治權力爲手段。」（鄒著《政治學》一六三頁）

4.政黨是實現共同政治主張的政治團體　政黨是有組織有紀律的政治團體，又具有共同的政治主張。如張金鑑先生說：「政黨就是一部分人要以集體的努力與奮鬥，去爭取民衆、控制政府，藉以實現其共同的政治主張時，依志願結合成功的一種有組織有紀律的政治團體。」（張著《現代政治學》一八二頁）

㈡中山先生對政黨之定義的看法：中山先生認爲政黨是部分人的政治組織，他說：「今日政黨的黨字，在英語名詞爲 Party，……與古時所用之黨字大有區別。」其組黨的目的，在於「爲國家造幸福，爲人民謀樂利。」（〈政黨之要義在爲國家造幸福爲人民謀樂利〉）又說：「是故有優秀特出者焉，有尋常一般者焉，而優秀特出者視尋常一般者常爲少數，雖在共和立憲國，其直接發動其合成心力之作用，而實際左右其統治權力者，亦常在優秀特出之少數國民，在法律上，則由此少數優秀特出者組織爲議會與政府，以代表全部之國民；在事實上，則由此少數優秀特出者集合爲政黨，以領導全部之國民。而法律之議會與政府乃不過藉法律，俾其意志與行爲，爲正式有效之器械，其眞能發縱指示爲議會或政府之腦海者，則仍爲事實上之政黨也。」（民元：〈國民黨宣言〉）綜合中山先生對政黨的看法，可歸納下列定義：一、政黨由少數優秀份子集合而成。二、成立政黨之動機在取得政權，組織議會與政府，以領導全國國民。三、現代議會或政府之主腦爲政黨。四、組黨之目的，應「爲國家造幸福，爲人民謀樂利」。

㈢政黨的功用：政黨旣是一部分人民爲其政治目的而形成之組織，對於國是意見，必須依法律規定程序，求在政治上發生作用。就政黨本身言，其組黨的動機，在於政治權力的奪取，至少亦應對統治權行使，直接或間接產生巨大的影響力。就一般民衆言，政黨有集中民衆意見，形成輿論，促進國民政治認識，提高選民參政興趣，無形中給予民衆以政治教育的功用。就議會或政府言，民主政治的常規，在位黨是組成議會或政府的骨幹，也是推動國家政治的原動力，即在野黨亦代表人民利益，監督政府行政，如獲得多數信仰，便可起而代之，變爲在位黨。

中山先生非常重視政黨政治的功用，認爲政黨有教育民衆的作用：「政黨的作用，以養成多數者政治上之智識，而使人民有對政治之興味。」(〈國民黨改爲中華革命黨致壩羅同書〉)又說：「凡一黨秉政，不能事事皆臻完善，必有在野黨從旁觀察以監督其行動，可以隨時指明。國民見在位黨政策不利於國家，必思有以改絃更張，因而贊成在野黨之政策者必居多數。在野黨得到多數之信仰，即可起而代握政權，變爲在位黨。」(〈政黨之要義爲國家造幸福爲人民謀樂利〉）這是說明在位黨主政，在野黨負責監督政府，及其輪主國政的道理。政黨的另一作用，在防止專制政治復活：「凡一國政治之善良，純恃強有之政黨以擁護憲制，而抵抗少數者之專制。故政黨之作用：一以養成多數者政治上之智識，而使人民有對於政治上之興味，二組織政黨內閣，執行其政策，三、監督或左右其政府，以使政治之不溢乎正軌，此皆共同活動之精神也。」(〈通告海外國民黨各支部改組函〉）這裡所講政黨作用是綜合性，概括下列各項：一、防止專制政治，二、教育民衆，三、實行政黨內閣，四、監督政府，五、協調政見。

㈣政黨的類型：國家的法制，不能影響政黨的數目，但政黨的數目，卻可決定國家的法制，如一黨制易造成專制政治(〈現在非洲各國亦有實行一黨民主制者〉)，兩黨制或多黨制雖同爲民主政治，可是制度的實質，大不相同。可見政黨的數目與國家法制關係之大。現代政黨，就數目可分爲一黨制、兩黨制、多黨制、大黨兼容小黨制四種。如就性質分，可分爲民主政黨，革命政黨，革命民主政黨三種。

中山先生在民初，希望實行兩黨制，這對袁世凱言，等於對牛彈琴，故以後亦不常講。多年來我國實行大黨兼容小黨制，解嚴後更步向多黨制，而中國國民黨則爲革命民主政黨。

二、中山先生對於政黨政治的重要主張

中山先生有關政黨政治的主張，可分爲：一、以政黨爲實行民權的基礎，二、視黨爭爲政黨之手段，三、政黨應具備之條件，四、以黨治國。

㈠以政黨爲實行民權的基礎：民主政治本是政黨政治，中山先生說：「無論世界之民主立憲國，君主立憲國，固無不賴政黨以成立者。」民主政治亦賴政黨以維持：「若無政黨則民權不能發達，不能維持國家，亦不能謀人民之幸福，民受其毒，國受其害。是故無政黨之國，國家有腐敗人民有失敗之患。」（民元講詞：〈國民黨當以全力贊助政府〉）他又認爲政黨是代表各階層人民的公意，亦爲實行民權政治的基礎。「是故政黨政治雖非政治之極則，而在國民主權之國，則未有不賴之爲唯一之常軌者。其所以成爲政治之中心勢力，實國家政治進化自然之理。」（民元：〈國民黨宣言〉）

㈡視黨爭爲政黨之手段：黨見與黨爭是有區別的。中山先生說：「謀以國家進步，國民幸福而生之主張，是爲黨見。因此而生之競爭，是謂黨爭。」（《民權主義》第四講）中國人鑒於朋黨爲患，最怕發生黨爭；但在民權時代，則不能不有黨爭。誠如中山先生所說：「一國之政治，必賴有黨爭，始有進步。」（民二講詞：〈政黨宜重黨綱黨德〉）又說：「立憲之國，時有黨爭，爭之公理法律，是爲文明之爭，圖事進步之爭也。若無黨爭，勢必積成亂禍，爲無規則之行耳。」（〈中華革命黨宣言〉）不過，民主時代的黨爭，有一個先決條件，必以文明手段出之，不可使用暴力。

如袁世凱之派人刺死宋教仁，又出兵攻打南方各省，便談不上民主的政黨之爭。

㈢政黨應具備之條件：政黨要從事黨爭，必須健全黨的組織，應具備下列條件：

1.黨綱　黨綱是政黨的奮鬥目標，亦爲黨員言行的準則，非常重要。中山先生說：「政黨出與人爭，有必具之要素，一黨綱，一黨員之正當行爲。」(〈政黨宜重黨綱黨德〉)又說：「國民之所以贊同者，信仰吾黨之人乎？非也，以吾黨所持之政綱能合乎公理耳。」(〈國民月刊出世辭〉)所以各國政黨競選，多藉黨綱以爲號召。

2.黨德　國有國格，人有品行，黨亦有黨德。中山先生說：「政黨之性質非常高尙，宜重黨綱，宜重黨德。」(〈政黨宜重黨綱黨德〉)什麼是黨德呢？即「黨爭有一定之常軌，苟能嚴守文明，不爲無規則之爭，便是黨德。」(〈黨爭乃代流血之爭〉)又黨德關係政黨的發展，「政黨的發展不在乎一時勢力之強弱以爲進退，全視乎黨人智識道德之高下，以定結果之勝負。」(〈政黨宜重黨綱黨德〉)假設黨德低落，黨員往往見利忘義，叛黨賣黨，則黨的聲勢雖大，亦不維持長久，總有崩潰的一天。

3.黨紀　國有國法，軍有軍紀，黨更應有黨紀，才能產生力量。中山先生說：「凡人投身革命黨中，以救國救民爲己任，則當先犧牲一己之自由平等，爲國民謀自由平等，故對於黨魁則當服從命令。」又說：「曩同盟會、國民黨之組織，徒以主義號召同志，但求主義之相同，不計品流之純雜，故當時黨員雖衆，聲勢雖大，而內部分子意見紛歧，步驟凌亂，旣無團結自治之精神，復無奉命承教之美德，致黨魁有似於傀儡，黨員有類於散沙。迨夫外侮之來，立見摧敗患難之志，疏於路人。」(〈致南洋同志書〉)所以沒有黨紀的政黨，不僅不能從事於黨爭，即退而求其次——維持現狀，亦不可能。

㈣提倡以黨治國：中山先生在民國初年，鼓吹政黨政治，不遺餘力。

嗣因看到國內的政黨政治始終未上軌道，乃提倡以黨建國與以黨治國的主張。同時以黨治國，並非以黨員治國，乃是以黨的主義與方略來治國。中山先生說：「所謂以黨治國，並不是黨員都做官，然後中國方可以治。是要本黨的主義實行，全國人都遵守本黨的黨義，中國然後才可以治。簡言之，以黨治國並不是用本黨的黨員治國，是用本黨的主義治國。」(〈黨員不可存心做官〉) 後來，中國國民黨把建國三程序加以比較，即爲：

甲、軍政時期——以黨救國，

乙、訓政時期——以黨治國，

丙、憲政時期——以黨建國。

就建國三程序比較言，可知「以黨治國」的重點，是在訓政時期。

第二編

五權憲法
與
中華民國憲法

第四章　「權能區分」說的爭議

第一節　基本觀念的釐清

一、「權能區分」說的辯正

過去研究中山思想的學者多認爲「權能區分」是中山先生思想上的獨創發明，並無前例可循❶。批評中山思想的學者❷，則認爲此一學說混淆了「權利」(right)及「權力」(power)兩項觀念。依照權能區分說，所謂「權」，亦即民權、政權，實係人民之權力(people's power)。而「能」，則係政府本身之權力。但是這兩者均忽略了人民的基本權利內涵，包括集會、結社、言論、信仰、遷徙、居住……等各項權利的保障。由於在西方的民主觀念中，權利與自由爲一體之兩面，因此權能區分說過分側重對政治權力的控制，也就相對的忽略了對自由權的保障。

上述的批評並非無的放矢。吾人細觀中山先生的言論，的確會存有「中國人享有自由太多，成爲一盤散沙」的印象，而以爲中山思想對自由權故意有所抑低。但是如果我們進一步檢視相關的文獻與言論，卻會了解到這

❶例如姚立明氏指出，國民大會是中山先生權能區分理論下之產物，既無西方學理可資學習，亦無其他實務借鏡。參見：姚立明〈論國民大會之改革〉，《中華民國憲政改革論文研討會論文》，(臺北，民國 79 年 12 月)。

❷參見，楊泰順、鄒篤麒，〈內閣制體制下國民大會的角色與功能〉，《中華民國憲政改革論文研討會論文》，(臺北，民國 79 年 12 月)；及楊泰順，〈民權主義與當代民土精神〉，《中山學說與國家發展論文集》，(臺北：民主基金會，民國 80 年 6 月)。

樣的印象事實上是有所偏頗的。

在《民權主義》第三講中，中山先生指出：

「歐洲在一兩百年以來，本是爭平等自由，但是爭得的結果，實在是民權。因爲有了民權，平等自由才能夠存在，如果沒有民權，平等自由不過是一種空名詞。」

另外中山先生也特別注意到美國的民權發展史，他指出：「六十年前（指一八六〇年代）美國解放黑奴，打破奴隸制度，實行人類的平等以後，在現在的共和國家以內，才漸漸有眞平等自由的希望。但是眞平等自由是在什麼地方立足呢？要附屬到什麼東西呢？是在民權上立足的，要附屬於民權。民權發達了，平等自由才可以長存。」（《民權主義》第三講）

由此可見，中山先生的「民權」概念，事實上已包涵了西方民主發展史上的「民權」(civil rights)觀念，而不只是專指「人民權力」而已，亦即兼顧了「權利」與「權力」問題。

另外，在〈中國國民黨第一次全國代表大會宣言〉中，中山先生也在「國民黨之政綱」的「對內政策」一項中，明揭指出「確定人民有集會、結社、言論、出版、居住、信仰之完全自由權」，另外他也考慮到經濟人權、男女平權及勞工權利等問題，因此明白的列出下列的權利保障條款：

㈠「實行普通選舉制、廢除以資產爲標準之階級選舉。」

㈡「注意改善下級軍官及兵士之經濟狀況，並增進其法律地位。」

㈢「改良農村組織，增進農人生活。」

㈣「制定勞工法，改良勞動者之生活狀況，保障勞工團體，並扶助其發展。」

㈤「於法律上、經濟上、教育上、社會上確認男女平等之原則，助進女權之發展。」

(六)「勵行教育普及，以全力發展兒童本位之教育，整理學制系統，增高教育經費，並保障其獨立。」

(七)「企業之有獨占的性質者，及爲私人之力所不能辦者，如鐵道、航路等，當由國家經營管理之。」(以上均引自民國十三年〈中國國民黨第一次全國代表大會宣言〉)

由以上的引文可知，中山先生的「權能區分」學說，雖然強調「政權」(即「民權」) 包括了選舉、罷免、創制、複決等四項，但同時卻也廣泛的包涵了各種自由平等權利，其中包括一般西方民主國家的「民權」內涵，以及在當代不斷擴張成長的男女平權、經濟人權及社會人權等概念。這也說明了中山先生雖然認爲中國人過去像一盤散沙，太過自由，但卻呈現自由內涵不足，仍有待擴展成長的缺憾。由此可知「權能區分」的本質，並不只是在「人民權力」與「政府權力」之間做一釐清，而係以人民爲權利之主體，享受廣泛之自由權利的保障，同時能主動的運用選舉、罷免、創制、複決等四項參政權，以節制政府的五權（即「治權」）行使。

二、「權能區分」說的先例

如前所述，過去許多學者均認爲「權能區分」說係中山先生的獨創發明，並無前例可循。但是近來的研究成果卻顯示，中山先生的「權能區分」說，實與十九世紀英國政治思想家約翰・彌爾(John Stuart Mill)❸的「權能區分」說，有相當重要的關係，而他的「國民大會」的設計，也與彌爾氏的「人民議會」制度，若合符

❸約翰彌爾，(John Stuart, Mill, 1806～1873)
英國哲學家、心理學家、國民經濟學家和社會學家；1806 年 5 月 20 日生於倫敦，1873 年 5 月 8 日卒於阿維尼翁。哲學家詹姆斯・彌爾之子；16 歲時組織了「功利主義學會」；1865—1868 年爲激進的自由黨下院議員；支持爭取婦女權利的活動，探討當時的經濟政策和殖民政策。
彌爾是英國實證主義的創始人和精神領袖，是除孔德之外 19 世紀最重要、最有影響的實證主義者。他繼承了英國哲學的古典經驗主義，認爲認識的唯一源泉是經驗，唯一允許的科學的認識方法是歸納法。科學認識的目的不是把握事物的原因，而是把握事物的普遍規律性，即得出現象的經驗性定律。所有認識都是概括。彌爾在他的《邏輯學》（兩卷本，1843 年、1875 年）中最先提出一種實驗自然科學的精密理論和一般實驗研究的方法論。他甚至想把歷史科學提升爲一種自然科學，這種科學應當研究各民族生活的自然規律。彌爾堅決要求對於所有科學，包括社會科學都只有一種研究的邏輯。對於社會科學，他建議採用綜合的方法，因爲社會現實是複雜的。
彌爾的社會倫理學建立在徹底的功利主義基礎之上，但並不是把人理解爲純粹利己的生物；他不

節❹。

綜而言之，約翰・彌爾的權能區分說與孫文學說之間有下列的異同點：

㈠彌爾氏將「權」定義爲人民的主權或對政府的最高控制權。中山先生則將其定義爲「政權」或「民權」，亦即人民管理政府或國事之權，兩者十分接近。

㈡彌爾氏將「能」定義爲管理與處理衆人之事的能力。中山先生則定義爲「治權」或「政府權」，即政府本身做事之權。兩者性質亦頗類同。

㈢彌爾氏將國會定名爲「人民議會」(popular house)，由於人數衆多，不擔負立法職權，但擁有通過或拒絕法律草案的權利。中山先生則將政權機構定名爲「國民大會」(英譯爲 National Assembly)，行使四權。

㈣彌爾氏主張立法功能由「立法委員會」承擔，其成員係少數受過高度訓練的政治專才。在「人民議會」決定制定某一法律後，始由「立法委員會」接續，擔負起立法任務。中山先生則主張由立法院行使治權中五權(行政、立法、司法、考試、監察)之一的立法權，立法委員需由經過考試及格的專家擔任，其職掌亦係「專家立法」之性質。

㈤彌爾氏受英國自由主義之影響，主張代議民主、有限政府及專家政治。中山先生則兼受早期英國自由主義及十九、二十世紀之交的美國進步主義之雙重影響，主張直接民權、萬能政府及專家政治。但彌爾氏雖主張「有限政府」，卻也在十九世紀的時空背景下，預見工業化及社會變遷的影響，而強調政府角色將與日俱增。中

同意像孔德所主張的那樣爲公衆幸福犧牲個人，而是把平衡個人、社會和國家之間的利益與需要視爲改造社會的主要問題。

彌爾應被看作是英國政治科學和政治社會學的創始人之一。他的著作《論自由》就含有這些學科的基本論點，並且提出了自由激進主義的體系，這個體系被稱爲19世紀的政治福音。此外還有《政治經濟學原理》，他在這部著作中發揮了亞當・斯密和李嘉圖的經濟和社會學說，並且接近馬克思主義以前的社會主義；最後還有《論文與探討，政治、哲學和歷史》四卷本。

彌爾的實證主義社會學影響十分廣泛，明顯地反映在19世紀和20世紀第一季紀英國、俄國和美國的社會學思想的基本觀點上。

❹有關約翰・彌爾的「權能區分」說，參見張明貴，《約翰彌爾》，(臺北：東大圖書公司，民國75年)，第6、7章。

李酉潭，〈約翰彌勒與中山先生權能區分理論之比較研究〉，《中山社會科學譯粹》，(高雄：中山大學中山學術研究所)，第三卷第三期。

山先生則在目睹西方議會政治的腐化之餘，特別強調萬能政府及人民直接行使政權、監督政府的重要性。可是國民大會本身卻是由國民代表代行直接民權，因此本身仍是行使「間接民權」的機構。

附表一　約翰・彌爾與中山先生「權能區分觀」之比較

	約翰・彌爾	孫中山
「權」之定義	人民的主權或對政府的最高控制權	即「政權」,「民權」。人民管理政府及國事的權。
「能」之定義	管理與處理衆人之事的能力	即「治權」,「政府權」。政府做事之權。
機構名稱	人民議會(popular house)	國民大會(national assembly)
機構功能	人數衆多不適合立法,但擁有通過或拒絕法律草案的權利。	行使政權，即選舉、罷免、創制、複決四權。
立法機構名稱	立法委員會	立法院
立法機構功能	由少數受過高度訓練的政治人才組成,在國會決定制定某一法律時,由其負起立法任務。但本身不具備通過或拒絕法案的權利。	本身即爲「國會」。行使治權中五權之一的立法權。立法委員需經考試及格方能就任。
政府職能	有限政府(但政府角色將因工業化與社會變遷而與日俱增)	萬能政府
民主形式	代議民主與專家政治	直接民權與專家政治(但中央政府層面之直接民權卻由國民大會間接行使)
中央與地方權力關係	地方分權(權力儘量分散，情報儘量集中)，充分自治	均權制(凡事務有全國一致性質者，劃歸中央；有因地制宜性質者，劃歸地方)，不偏於中央集權或地方分權

三、「權能區分」說的特性

中山先生在民國十一年的〈中華民國建設之基礎〉一文中，明白指出，「政治之權在於人民或直接以行使之，或間接以行使之；其在間接行使之時，爲人民之代表者，或受人民之委任者，只盡其能，不竊其權，予奪之自由仍在於人民，是以人民爲主體，人民爲自動者。」

他又進一步指出：

「分縣自治。……全民政治……二者，皆爲直接民權，前者行於縣自治，後者行於國事。……五權分立……國民大會……二者，皆爲間接民權。其與官治不同者，有分縣自治，全民政治，以行主權在民之實。……且爲人民代表與受人民之委任者，不但須經選舉，尤須經考試，一掃近日金錢選舉、勢力選舉之惡習，可期爲國家得適當之人才，此又庶政清明之本也。……綜上四者，實行民治必由之道，而其實行之次第，則莫先於分縣自治，蓋無分縣自治，則人民無所憑藉，所謂全民政治，必末由實現。無全民政治，則雖有五權分立，國民大會，亦終末由舉主權在民之實也。」

由以上的引文，我們可以確知，中山先生的「權能區分」說，實具備下列幾項重要特性❺：

㈠人民爲「政權」之主體，人民之代表者，或受其委任者，只盡其「能」，不竊其「權」，最後決定之權，仍由人民主控。因此「權能區分」仍是以「權」爲主。

㈡分縣自治（即地方自治）及全民政治（即人民行使選舉、罷免、創制、複決四項政權）爲直接民權。五權分立及國民大會，則爲間接民權。但民權主義的實施必須以前二者，即分縣自治和全民政治的實施爲前提，無此二者爲前提，而空有五權分立及國民大會，則無「主權在民」之實。換言之，直接民權爲間接民權行使之前提。

㈢國民大會雖係政權機構，卻係實施間接民權。因此，國民大會若欲實施選舉、罷免、創制、複決四權，必須以直接民權之先行使為前提。如果民權的主體者——國民，本身未充分實施全民政治，尤其是尚未行使創制、複決二權，則國民大會實無越權，先代行此二項民權之理❻。

㈣「權能區分」既然是以「權」為主體，則政權機構與治權機構之間就不是對等的關係，也就不存在所謂的制衡關係。換言之，國民大會（政權機構）與五院（治權機構）之間，也不存在制衡關係❼。

㈤在治權方面，五院之間基於分工需要，存在相輔相成之合作關係。但五院之中，卻只有立法院扮演著「國會」之功能，因此其他四院基於對民意之負責，必須受到立法院的監督，並獲得立法院的同意而任命。但為了避免國會權力獨大，中山先生乃將一般西方議會中的監察、彈劾權抽離出，並繼承中國傳統的御史監察制度，特別設立監察院，負責三權以外對政府官員的糾舉、彈劾之責。另外則繼承中國獨立的考試（科舉）制度的精神，設立考試院，負責全國官員（包括民意代表）的考試、檢定工作。但是，西方的行政、立法、司法三權之間，係依事權而做分工，是對「事」的制衡。中山先生所增列的考試、監察二權，是秉持中國傳統政治制度的特性，乃係對「人」的監督及考核。因此五權之間，並不存在完全的制衡關係，而係一種分工合作的立場。基於此，中山先生強調在治權（「能」）方面，係「五權分立」，而非「五權制衡」。五權之間，也不可能完全平衡。

❺有關權能區分的討論，可參見傅啓學，〈權能區分理論的研究〉，《中華學報》，第一卷第二期。張世賢，〈從公共政策觀點闡述民權主義政治平等〉，《中華學報》，第十一卷第一期。

❻但亦有評論者指出，即使是「全民政治」已充分實現，亦即人民已行使創制、複決等權，國民大會仍不應行使此二權力，因為創制（initiative）和複決（referendum）兩權，原本即為必須由人民直接行使的「直接民權」，絕無假手國大代表代為行使，變為「間接民權」之理。基於此，國民大會自始即不應擁有創制、複決二權。

❼過去有不少人誤以為五院與國民大會之間彼此制衡，這實為對權力關係的嚴重誤解。按五權之間，彼此雖名為「分工合作」，但在運作時彼此可能相互制衡。但五院及國民大會之間，卻分屬「政權」、「治權」之不同範疇，而且實以「政權」為主體，斷無以「治權機構」（五院）制衡「政權機構」（國民大會）之理，反之亦然。

監察、考試二權職權較爲有限，亦係順理成章之安排。（參見附表二、附表三）

附表二　權能區分說的內涵

<table>
<tr><td rowspan="2">1.分類</td><td rowspan="2">2.內容</td><td colspan="2">3.行使方式</td></tr>
<tr><td>I.直接民權</td><td>II.間接民權</td></tr>
<tr><td>一、權（政權）</td><td>選舉
罷免
創制
複決 } 四項政權
（並包涵各種自由權利及基本人權）</td><td>分縣自治（地方自治）
全民政治（人民直接行使四權）</td><td>國民大會（國大代表代行四權）</td></tr>
<tr><td>二、能（治權）</td><td>行政
立法
司法
考試
監察 } 五種治權</td><td></td><td>五權分立</td></tr>
</table>

附表三　權能區分說的基本制度性架構

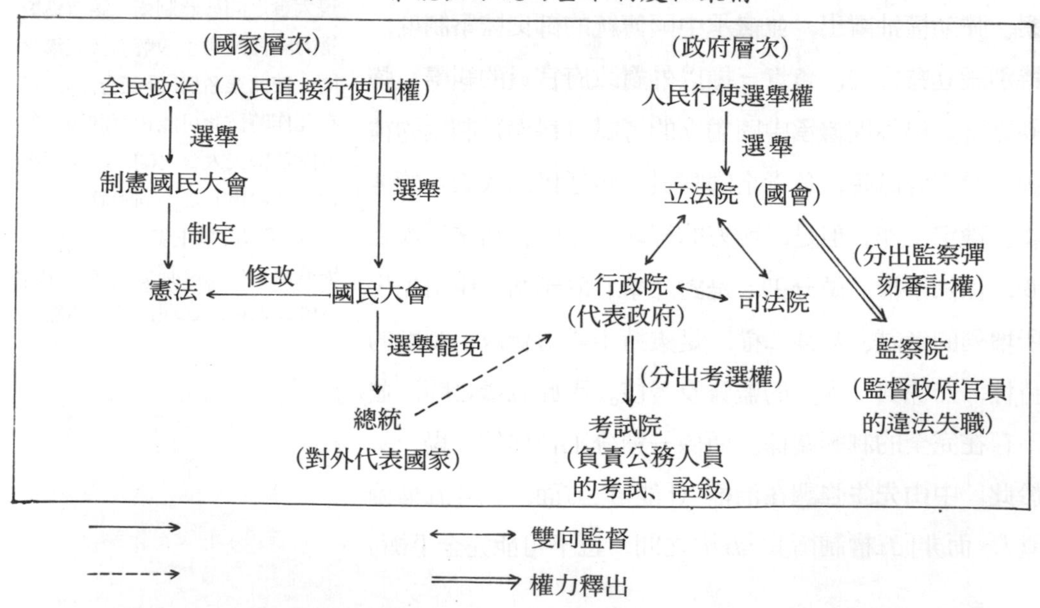

第二節 制憲背景與五五憲草

一、制憲背景

自清末以來，我國即已展開制憲運動，但眞正制憲成功，卻一直遲至民國三十五年年底，才終告底定。在漫長的四十餘年間，滿清與民國政府一共制定了八部憲法或憲法性法律❽：

㈠光緒三十四年八月一日頒發的「憲法大綱」。

㈡宣統三年九月十三日頒發的「十九信條」。

㈢民國一年一月十二日公布的「中華民國臨時政府組織大綱」。

㈣民國一年三月十一日公布的「中華民國臨時約法」。

㈤民國三年五月一日公布的「中華民國約法」，亦稱「袁（世凱）氏約法」或「新約法」。

㈥民國十二年十月十日的「中華民國憲法」，亦稱「曹錕憲法」或「賄選憲法」，係根據民國二年底定的「天壇憲草」修訂完成。（此係第一部正式憲法，但旋即在十三年冬爲段祺瑞的臨時政府所廢棄）。

㈦民國二十年六月一日公布的「中華民國訓政時期約法」。

㈧民國三十五年十二月二十五日通過，民國三十六年一月一日公布的「中華民國憲法」。

其中以施行至今的第八部「中華民國憲法」最爲重

❽各部憲法原文及相關內容的討論，參見：荊知仁，《中國立憲史》，（臺北：聯經出版事業公司，民國 73 年）；劉瀚宇，《中華民國憲法導論》，（臺北：三民書局，民國 76 年）；胡春惠編，《民國憲政運動》，（臺北：正中書局，民國 67 年）；陳荷夫編，《中國憲法類編》，（北京：中國社會科學出版社，1980）；中國人民大學法律系編，《中外憲法選編》，（北京：人民出版社，1982）。

要。但是在制定這部憲法之前，先制訂了下列多部憲法草案：

㈠民國二十五年五月五日公布之「中華民國憲法草案」。亦稱「五五憲草」。

㈡民國二十九年四月通過之「國民參政會憲政期成會憲草修正草案」❾。亦即對「五五憲草」之修正草案。

㈢民國三十五年一月三十一日通過之「政治協商會議修改五五憲草原則及憲法草案」。

㈣民國三十五年十一月二十二日通過之「中華民國憲法草案」。

多次修憲草案提出的原因，一方面固然是因時空變遷，制憲工作因爲國家面臨戰亂而一再拖延，民意亦因而變動。另一方面則是由於由中國國民黨一黨主導的「五五憲草」，不能爲其他各黨派所充分接受，因此對於憲法內容提出許多不同的修正意見。最後才歷經多次折衝協商，商定對憲法內容的共通意見，使制憲任務終告完成❿。

二、五五憲草的特性

「五五憲草」受到中山先生後期的憲政主張影響甚鉅。在民國十三年四月十二日手書的〈建國大綱〉中，中山先生明白指出：

「憲法頒布之後，中央統治權則歸於國民大會行使之，即國民大會對於中央政府官員有選舉權，有罷免權；對於中央法律有創制權，有複決權。」⓫

基於此一設計，「五五憲草」賦與國民大會極大的權

❾此一名稱係根據胡春惠編，前揭書，頁923。在荊知仁，前揭書中，名稱則爲「國民參政會憲政期成會憲法草案」。

❿有關制憲工作的背景細節，參見：張君勱，《中華民國民主憲法十講》，（上海：商務印書館，民國36年）；荊知仁，前揭書，第三篇。

⓫此係根據「建國大綱」第廿四條。

限，憲草中第三十二條規定：

「國民大會之職權如下：

一、選舉總統、副總統、立法院院長、副院長、監察院院長、副院長、立法委員、監察委員。

二、罷免總統、副總統、立法、司法、考試、監察各院院長、副院長、立法委員、監察委員。

三、創制法律。

四、複決法律。

五、修改憲法。

六、憲法賦與之其他職權。」

根據此一規定，國民大會的職權將極爲膨脹。茲特列表示之。

附表四　國民大會基本職權

1	選舉	總統、副總統 立法院院長、副院長、立法委員 監察院院長、副院長、監察委員
2	罷免	總統、副總統 立法院院長、副院長、立法委員 監察院院長、副院長、監察委員 司法院院長、副院長 考試院院長、副院長
3	創制	法律
4	複決	法律
5	修改	憲法

由此可知，在「五五憲草」中，國民大會此一「間接民權」的機構，已取代了全民實施選舉、罷免、創制、複決的「全民政治」，成為「權能區分」說的主體。換言之，「間接民權」機構已取代了「直接民權」的行使。嚴格說來，這是有違「權能區分」說的本意的。

更嚴重的問題是，在「五五憲草」中對國民大會的召開做了相當嚴格的限制，第三十一條對此做了具體的規定：

「國民大會每三年由總統召集一次會期一月必要時得延長一月。

國民大會經五分之二以上代表之同意得自行召集臨時國民大會。

總統得召集臨時國民大會。

國民大會之開會地點在中央政府所在地。」

從上述的規定可知，國民大會每三年才召開一次，每次只有一個月的會期(必要時可再延一個月)，開會時間實在太短。而若要召開臨時會，除非是由總統主動召集，否則要五分之二以上的代表同意方得召開，以中國的幅員之大，國大代表人數之多(多達二、三千人)，實在不易完成召集工作。但相對的，國民大會卻有如此複雜的任務得完成，尤其對立法委員、監察委員的選舉權之行使，更需要對候選人背景有充分的了解，方得勝任，因此若要在短暫的會期中完成上述各項重任，恐怕終將流於形式，眞正的主控者則轉為總統及行政系統。基於此，除非將國大任期大幅度延長，扮演西方國家議會之功能外，否則斷斷無以擔負起「政權主體」之重任⑫。

⑫但若將「國民大會」視為國會，又將使立法院的國會功能面臨衝突之困境。

由於上述的制度安排之困境，薩孟武先生在「五五憲草」通過後不久，即著文指出，「五五憲草」若付諸實施，將造成「總統獨裁」⓭。這非但不合「權能區分」之原旨，更將使「政權」的眞正主體——國民，失去了對國事之主導權。基於此，在日後的修憲草案中，都將國民大會職權的安排視爲一項要務。在國民黨方面，對於強化國民大會職權，一向頗爲堅持，因此多強調「國民大會實權化」。但其他的在野黨派，包括中國靑年黨、民主社會黨、民主同盟及中國共產黨，則頗有不同之意見。此中最爲徹底的一項異見，則爲民國三十五年一月召開之政治協商會議憲法草案組所協定的憲草修改原則，其中規定：「全國選民行使四權，名之曰國民大會」，換言之，國民大會將完全「虛位化」。另外修改原則中也規定：「創制複決兩權之行使，另以法律定之」，換言之，若創制複決行使法未制定，此二權將無法實施。

⓭見薩孟武，〈中華民國憲法草案的特質〉，《東方雜誌》，第三十三卷第十二號。引自胡春惠編，前揭書，頁854-866。

再者，在此一修定原則中，也規定憲法修改權，屬於立監兩院聯席會議，修改後之條文，應交選舉總統之機關複決，而不再歸「國民大會」（業已虛位化）掌理。

至於治權機構的權力安排，也與「五五憲草」的設計迥然不同，立法院改由選民直接選舉，職權相當於民主國家的議會（此與中山先生的原意相同）。而監察院則改由省級議會選舉，並包括議會性質的同意權，而不僅是「五五憲草」所規定的彈劾、懲戒等權⓮。嚴格而論，此時對監察權的安排已非中山先生之原意，尤其是監委的選舉方式及同意權的增列，更與西方兩院制國家的參議院、上議院的情況相仿，而非「五權分立」說中將議

⓮「五五憲草」中規定的監察院職權包括：彈劾、懲戒、審計，並對國民大會負責。在政協的憲草修定原則中，則改爲：同意、彈劾及監察權。亦即增列「同意權」，刪除「審計權」，另將「懲戒權」改爲「監察權」。

會代議職權分出，單獨行使彈劾、監察權之原旨。

除了立法院及監察院的職掌差異外，行政權、立法權之間的關係也做了重大的調整。「五五憲草」中原規定（第五十九條），「行政院院長、副院長、政務委員、各部部長、各委員會委員長，各對總統負其責任」，在政協的憲草修改原則中，則改爲「行政院對立法院負責」，而行政院的主要人事任命（包括院長、副院長、部長、委員長等），也由「五五憲草」原規定的「由總統於政務委員中任命之」，改爲「行政院長由總統提名，經立法院同意任命之」。無寧唯是，在憲草修改原則中，更採取了西方責任內閣制之精神，(而不再是「五五憲草」的總統制)，明白規定「如立法院對行政院全體不信任時，行政院長或辭職，或提請總統解散立法院，但同一行政院長，不得再提請解散立法院。」但此一饒富內閣制精神的安排，在最後的制憲過程中又做了修正，而降低了內閣制的色彩。

最後，是關於總統權限，「五五憲草」所賦與總統的人事任命權，在憲草修改原則中，已大幅度萎縮。至於原先「五五憲草」第四十四條的規定，「國家遇有緊急事變，或國家經濟上有重大變故，須爲急速處分時，總統得經行政會議之議決，發布緊急命令，爲必要之處置，但應於發布命令後三個月內提交立法院追認。」在憲草修改原則中，則改爲：「總統經行政院決議，得依法發布緊急命令，但須於一個月內，報告立法院。」時間由三個月減爲一個月，足見總統的緊急處分權，也已大幅度縮小了。

⑮「五五憲草」中另外還對地方自治、國民經濟、社會政策，做了重要的安排，但因本節側重其中的「權能區分」關係，無法論列。相關的研究參見：張亞澐，〈五權憲法與其他憲法之比較研究〉，《中華學報》，第二卷，第一期；高旭輝，〈五權憲法中國民大會的幾個問題〉，《中華學報》，第五卷第二期；喬寶泰著，《中華民國憲法與五五憲草之比較研究》。

⑯「中華民國憲法」的起草者張君勱先生特別就「無形國大」做了說明：「我人以爲國大代表的性質，應側重直接民權。即令暫時不能以選民全體構成國民大會，至少應以此項直接民權，推廣於全國的鄉縣議會，所以政協會中決定無形國大之制，其用意即在於此。惟有如此，乃可將國大置於直接民權的基礎上，自成一個系統。至於立法委員直接由人民選出，其所行使的職權與各民主國的國會相等。然後立法院乃能代表民意，不致成爲政府的附屬機關。國大與立法院兩機關系統分明，自能各盡其責。」參見：張君勱，《中華民國民主憲法十講》，第四講〈國民大會問題〉，(上海：商務印書館，民國 36 年)，頁 49。

由以上的對比，吾人可知，原來「五五憲草」所規定的「國大實權化」及「強勢總統」的制度化安排，在政協的修改原則中，已完全變質，並轉化而爲「國大虛位化」、「立法院國會化」、「監察院參議院化」，並饒富責任內閣制之精神。其間的「權能區分」關係，更是南轅北轍⑮。

第三節　中華民國憲法的制度性安排

一、國民大會的基本職權

由於政協的憲草修改原則將國民大會「虛位化」（即「無形國大」）⑯，與「五五憲草」的國大「實權化」針鋒相對，最後的制憲工作乃折衝協調，儘量取其中線。由於國民黨堅持必須保留國民大會這一機構，而在野黨派則主張大幅度縮減其功能⑰。「中華民國憲法」的最後定稿乃出現了高度的妥協色彩。亦即：

憲法第廿七條：「國民大會之職權如下：

一、選舉總統、副總統。

二、罷免總統、副總統。

三、修改憲法。

四、複決立法院所提之憲法修正案。

關於創制、複決兩權，除前項第三、第四兩款規定外，俟全國有半數之縣市曾經行使創制、複決兩項政權時，由國民大會制定辦法並行使之。」

此外，則是憲法第四條所規定之「國土變更」決議

⑰對於此點，張君勱亦有清楚之說明：「二中全會之後，政府要求改無形國大爲有形國大。於是政協憲草小組中決定國民大會在總統選舉之日召集，此爲國大的職權一。修改憲法的權，亦爲國大所當行使，此爲國大的職權二。但除此選舉總統修改憲法之外，國大並無其他職權。換詞言之，國大任期與總統同，總統期滿之年，即爲國大召集之年，除此以外國大並無其他會期，此其三。」（前揭書，頁 52）。但後來在制憲時，仍然加進了召開國大臨時會的要求。亦即憲法第三〇條：「國民大會遇有左列情形之一時，召集臨時會：

一、本憲法第四十九條之規定，應補選總統、副總統時。

二、依監察院之決議，對於總統副總統提出彈劾案時。

三、依立法院之決議，提出憲法修正案時。

四、國民大會代表五分之二以上請求召集時。

國民大會臨時會如依前項第一款或第二款應召集時，由立法院院長通告集會。依第三款或第四款應召集時，由總統召集之。」嚴格說來，在上述四項召集臨時會的要件中，除了第四項外，都未偏離張君勱所定的職權範圍。

權。

換言之，國民大會雖然並未「虛位化」，卻成爲職權十分有限的機構。除了六年一次的總統、副總統選舉外，只有甚少行使的罷免權、修憲權、複決修憲案權和變更國土的權限。此外頗受爭議的創制、複決二權則因特別規定而形同虛設。由於選舉以外的權限甚少行使，乃有不少學者將其比擬爲美國的總統「選舉人團」(electoral college)⑱。

二、國民大會與美國「選舉人團」之異同

但是國民大會與選舉人團之間，有關總統、副總統之選舉權行使，仍有許多重要的分野。首先，國民大會是以縣市爲單位的代表(蒙古則爲盟、旗之代表)，再加上邊疆地區民族代表、僑民代表、職業婦女團體代表等合併組成。而美國的選舉人團則係由州代表所構成。這是由於依照中山先生的理念，縣爲自治單位，因之國民大會乃以縣市代表爲其主體。而美國則係聯邦制國家，故以州爲單位⑲。

其次，國民大會代表總額並不固定，隨人口增長而增加。憲法第廿六條即規定「每縣市及其同等區域各選出代表一人，但其人口逾五十萬者，每增加五十萬人，增選代表一人。」至於美國的選舉人團，人數則較爲固定，每一州的選舉人人數是該州的聯邦參議員和衆議員人數之合。由於每一州有兩位參議員和衆議員至少一人(多則不一定，視人口多寡決定，但衆議員之總額則固定爲四百三十五人)，故依美國現有之五十州計算，再加上首

⑱張君勱氏即承認:「我人以爲國大的地位如此，則國大等於一選舉機關，與美國兩院的相等人數合組而成的總統選舉人會(案:即「選舉人團」)略相類似。」(前揭書，頁52)。

⑲但依照民國三十五年十一月二十二日立法院通過之「中華民國憲法草案」，國大代表的組成，卻包括了省之代表，其第廿六條規定:「國民大會以左列代表組織:

一、由各省區及蒙古各盟西藏直接選出之立法委員。
二、由各省議會及蒙古各盟西藏地方議會選出之監察委員。
三、由各縣及相當於縣之其他地方區域選出之代表。
四、由僑居國外國民選出之代表。」

但是，在最後定稿的「中華民國憲法」中，剔除了上述第一、二項有關立委、監委得兼任國大代表之規定，另外則增加了職業及婦女代表，使國大代表爲縣市代表之屬性增強。

都華盛頓(哥倫比亞特區)⑳，共計有五百三十八位選舉人。(其計算方式爲：100（參議員名額)+435（衆議員名額)+3（哥倫比亞特區三席)=538(總額))。除非美國增加新州，或改變配額，否則選舉人團之總數乃係固定的。

第三，國民大會係在中央政府所在地集會（依據憲法第三十一條)。而選舉人團則係在各州集會，計算總統候選人之得票數後，再由國會兩院於選舉過後第一年的一月六日在首都華盛頓計票。此時總統選舉（在前一年的十一月第一個星期一過後的第一個星期二舉行）結果雖早已揭曉，但選舉人團的最後投票結果，才被視爲最後的勝敗依據。

第四，國民大會代表行使的係「法定職權」，亦即依據己意行使投票權，而非人民之「委任代表」（根據民意之委託而行使投票權)。憲法第三十二條並規定：「國民大會代表在會議時所爲之言論及表決，對會外不負責任。」由此益可見對其投票權之行使，實享有充分之自由。至於美國之選舉人團，原先在美國制憲之初係有「法定代表」之性質，但後來逐漸演變爲某種形式之「委任代表」(選民投票給選舉人，而選舉人則事先聲明他支持那一位總統候選人)，但此種「委任代表」性質卻非強制性，亦曾發生過多次選舉人違背選前承諾，改投其他總統候選人之情事。因此嚴格而論，總統選舉人仍係「法定代表」，但受慣例之影響，常有濃厚之「委任代表」色彩㉑。

⑳美國首都華盛頓特區(District of Columbia)原無總統選舉人。一九六一年三月廿九日批准之憲法第廿三條修正案規定：「美國政府所在地的特區，應依國會規定方式選派：
一定數目的總統副總統選舉人，其人數如同特區是一個州一樣，等於它在國會有權擁有的參議員和衆議員人數的總和，但決不得超過人口最少之州的選舉人人數。他們是在各州所選派的選舉人以外增添的人，但爲選舉總統和副總統，應被認爲是一個州選派的選舉人；他們應在特區集會，履行第十二條修正案所規定的職責。」
根據上述規定，華盛頓市（哥倫比亞特區）事實上至多可以有三席總統選舉人名額（因爲人口最少的州只有一席衆議員和兩席參議員，共計三名選舉人)，此係原先之選舉人團總額四百三十五名之外的三名，合爲四百三十八名。

㉑有關選舉人團之研究，參見：Martin Diamond, *The Electoral College and the American Idea of Democracy*, (Washington: American Enterprise Institute, 1977); A. M. Bickel, *Reform and Continuity: The Electoral College, the Convention and the Party System*, (New York: Harper & Row, 1971)。

三、國民大會及總統的角色及功能

由於「中華民國憲法」將國民大會的職權大幅度削弱，而憲政體制中的政府的架構又係按照「修正式內閣制」方式安排㉒，總統雖非完全之「虛位元首」，但大部份的權限均係象徵性之權力，實與中山先生的原初設計大相逕庭㉓。基於此，在「中華民國憲法」(不包括「動員戡亂時期臨時條款」)的憲政結構下，總統與國民大會均成爲實質權力十分有限的國家主權象徵。亦即成爲「國家」與「政府」分立下的「政權」代表者。換言之，在此種制度設計下的「權能區分」，已與「國家」及「政府」之區分相疊合，而形成一種具備「內閣制」精神的權力架構(參見附表五)。其最主要之特色係使國民大會及總統超然於政府權力及政黨政治的運作之上，成爲國家(而非「政府」)象徵權力的代表者。在這樣的架構下，政黨政治的運作以及五院之間的關係，均係「治權」之行使，卻須以對「國家」效忠、對「政權」負責爲其前提。而反對黨派的政治運作，也必須僅限於「反對政府」(即反對執政黨)，卻必須「忠於國家」，並向政權及民權負責。這樣的制度性安排，固然大幅度減縮了國民大會的職權，而且也增強了國民大會及總統的「非黨派性」色彩，對於政治的安定性及國家主權的維護，卻有安定之功。尤其對於政黨政治的發展及國家認同的強化，更有積極之意義。

㉒此係根據張君勱氏之解釋。參見：張君勱，前揭書，第五講〈行政權〉。

㉓在《五權憲法》中，中山先生主張「行政首領就是大總統」。在《孫文學說》中，則指出「各縣人民投票選舉總統，以組織行政院，……國民大會職權，專司憲法之修改，及制裁公僕之失職。」若根據此一引文，總統具實權，當非「虛位元首」，而國民大會的職權也甚爲有限，與〈建國大綱〉所賦與國大之廣泛權限，迥然不同。

附表五　中華民國憲法架構下的權能關係及國大職能

分　類	I.政權（權）	II.治權（能）
基本功能	代表「國家」(State)	代表「政府」(Government 或 Regime)
機構及職權	一、總統 （對外代表國家，爲象徵性之國家元首，不負責實際政治成敗） 象徵性權力包括： 1.統率全國陸海空軍 2.對外代表中華民國 3.依法公布法律、發佈命令（須經行政院長或/及有關部會首長副署） 4.依憲法規定，締結條約、宣戰、媾和 5.依法宣布戒嚴（須經立法院之通過或追認）、解嚴（須經立法院之通過或追認） 6.依法大赦、特赦、減刑、復權 7.依法任免文武官員 8.依法授與榮典 9.發佈緊急命令（得經行政院會議之決議，並在一個月內提交立法院追認，否則無效） 10.調解解決五院間之爭執	一、五院職能 1.行政院（代表狹義之政府，負責實際之政治成敗，即「內閣」，並對立法院負責） 2.立法院（即「國會」或「衆議院」） 3.司法院（負責釋憲及獨立之司法審判） 4.考試院（負責考選及銓敍等工作） 5.監察院（負責議會之監察、彈劾、糾舉、審計等工作，並承擔上議院或參議院之部分功能）
		二、五院間之制衡關係 1.對「事」制衡： a.行政① b.立法 c.司法 2.對「人」制衡： a.考試② b.監察③
	二、國民大會 （代表全國人民行使政權） 職權包括： ①選舉總統、副總統 ②罷免總統、副總統 ③修改憲法 ④複決立法院所提之憲法修正案 ⑤創制、複決權（須以全國過半數縣市曾經行使此二項政權爲前提）❶ ⑥變更領土之決議權	小註： ①在動員戡亂體制下，總統得設置動員戡亂機構，決定有關之大政方針，並調整中央政府之行政機構，因而限制並取代了部分之行政權。 ②在動員戡亂體制下，總統得調整人事機構，並在行政院下設置人事行政局，剝奪了考試院的人事權限。 ③在憲法規定之權限中，監察院負擔了屬於議會功能的同意權，以及屬於對「事」監督的糾正權，與監察權的原初設計不符。
	小註： ❶在動員戡亂體制下，國民大會得行	

	使創制、複決二權，不受過半數縣市行使之前提限制。但此項權限之行使係以總統認爲有必要爲前提。實際上則從未行使過。 另外在動員戡亂體制下，國民大會在閉會期間得設置研究機構，研討憲政有關問題。此一機構（國民大會憲政研討會）業已隨動員勘亂時期的結束而廢除。	

基於上述的分析，雖然在現行憲政架構下，國民大會的職權與中山先生的制度設計並不相符，但這種將「國家」與「政府」分立的內閣制設計，卻又與中山先生「權能區分」說的原旨相似。尤其與《民權主義》第五講中的君權（國家權力）、相權（政府權力）之劃分，若合符節：

「在君權時代，君主雖然沒有才幹，但是很有權力，像三國阿斗和諸葛亮，便可以明白。諸葛亮是有能沒有權的；阿斗是有權沒有能的。阿斗雖然沒有能，但是他什麼政事都付諸諸葛亮去做，諸葛亮很有能，所以在西蜀能夠成立很好的政府，並且能夠六出祁山，和魏、吳鼎足而三。」

阿斗有權無能，諸葛亮有能無權。這意味著政府的權力來自人民(即國民大會及全民政治）的賦與，人民的權力在民主的時代亦即國家的權力（在君主時代之國家權力則爲「君權」)，因此國家的權力乃係「有權無能」，而政府本身則「有能無權」，它的權力完全來自國家，亦即人民的授與。如果政府本身的表現是「無能」，則國家(亦即人民的集體代表)自可收回是項權力，交給有能力的人行使。在政黨政治的時代中，這也就意味「無能」的執政黨必須將政府交還給人民（即國家)，由其他的政黨執政。因此，輪流執政的政黨政治，就扮演著「諸葛亮」式的角色，若「諸葛亮」有能，則繼續執政，若無能，則將政府交還給「阿斗」(即「人民」或「國家」)，由「阿斗」透過政權的行使選擇其他有能者執政。

這樣的權力關係的確凸顯了「國家」與「政府」分立的必要性，以及阿斗式的虛君（國家的代表者）和有能的諸葛亮（即行政院長）之間的實質關係。換言之，透過內閣制和虛位元首的政制安排，的確可以彰顯中山先生的政制設計中，所未能充分發揮的「權能區分」效果。其具體關係亦可以下表闡明之。

附表六　「阿斗」與「諸葛亮」：權能區分說的引申

體制　分類	阿斗（權）	諸葛亮（能）
I 君主體制	「君」權	「相」權
特徵	有權無能	有能無權
II立憲君主體制	虛君（元首）	內閣（首相）
特徵	代表國家	代表政府
III立憲共和體制*	虛位元首（「總統」或「主席」）	內閣（總理）
特徵	代表人民與國家	代表政府
IV議會內閣制	總統（虛位元首）	總理（行政首長）
特徵	代表人民與國家	代表政府
V五權憲法體制	全民政治與國民大會	總統及五院
特徵	代表政權	代表治權
VI中華民國憲法（修正式內閣制）	總統及國民大會（總統代表國家）	五院（以行政院爲政府之主體，行政院長相當於內閣總理）
特徵	代表國家，統而不治	代表政府，治而不統

※小註：此處之立憲共和體制，不包括採「總統制」之國家，有關「總統制」、「內閣制」的討論，詳見本書第六章。

基於此，在中華民國憲法的制度設計下，國民大會乃成爲主要行使國家象徵權力的民權主體，而向國民大會負責的總統，也就成爲國家的代表者，既不承擔實際的行政責任，也不對政治成敗負責，卻成爲超越政黨政治及五權運作的國家權力象徵。由於國大的職權十分有限，總統的職權亦多僅具象徵性，因此國民大會及總統乃超越治權運作，亦即儘量不涉及五權間之權力關係，而僅就高層次的國家大政方針做一籌謀。其中諸如國大之修憲權，變更國土決議權，總統、副總統之選舉、罷免權等之行使，以及總統之各項儀式性權力（如統率三軍，公布法律，發布命令，宣布大赦、特赦，任免官員，授與榮典），調解五院間爭執等權限，都有位高崇隆、客觀超然的特性。在這樣的政制設計下，總統及國民大會乃可視爲單純的國家主權象徵，亦可視爲幾乎「不爲非」的職位或機構，但也因此而成爲國家長治久安的權威來源。至於政府主體最高行政機關之行政院，卻必須對實際政治成敗（亦即有「能」或無「能」）負責，甚至可能因爲立法院的拒絕同意（憲法第五十六條）或重要政策上之不贊同(憲法第五十八條)，而被迫去職。因此在五權之間因制衡關係而形成的權力轉承和政黨競爭，勢將成爲常態，內閣垮臺之情事亦將無法禁絕，但由於「政府」與「國家」之間已預做劃分，因此儘管政府會爲有「能」、無「能」而負責，甚或去職，國家卻將維持高度的穩定。而在野的黨派儘可「反對政府」，卻必須「忠於國家」（Oppose the Government, but Loyal to the State），也可使政局在權力轉承中維持穩定，又不致發生重大的憲政危機或國家認同危機。

因之，現行中華民國的憲政制度，雖然與「權能區分」及五權憲法的原初設計理念不盡相合，卻透過「內閣制」的政制安排，使總統及國民大會成爲國家主權的象徵以及政權行使的主體，相對的釐清了「國家」與「政府」的關係，而且促成政局穩定化，不但有利於民主的成長，也使「權能區分」說，得到了另一種版本的制度化闡明。

第四節 國民大會的憲政定位問題㉔

一、各種主要憲改擬議的比較

民國八十年，動員戡亂時期結束，「臨時條款」廢除，國民大會全面改選，並開始著手修憲工作。在各種不同的修憲擬議中，對於國民大會的定位問題，討論殊多，意見亦頗不一致。茲謹就其中各種主要憲改方案，做一比較與闡析。

㈠國民大會無形化。亦即仿政治協商會議之擬議，將四項政權之行使，定位為「國民大會」。換言之，使國民大會虛位化、無形化，並取消整個有形的國民大會機構。持此種看法與立場者，許多也同時主張廢除監察、考試兩院，將監察權、彈劾權移交立法院，將考試院改為獨立之「考試委員會」或「文官委員會」。但是，這種徹底否定五權體制的憲政改革主張，事實上卻無法透過「修憲」手段完成（因其修改之憲法條文過多，憲法基本面貌已不復見。）因此，除非採取憲政革命的「制憲」手段，否則將無以為功。但「制憲」卻又非民意所允許，而「修憲」主張，也已獲得民主程序的肯定㉕。因此，將國民大會完全取消的憲改主張，並無現實可行的立足點。除非今後民意發生鉅幅變動，支持重新制憲，否則此種主張將不易實現。

㈡維持現狀。亦即維持現行中華民國憲法的規定。而且依然因為現實情況的限制，不實施創制、複決二權

㉔有關國大定位問題的文獻，參見：胡佛，〈當前政治民主化與憲政結構〉，《改革憲政》，（臺北：國家政策研究資料中心，民國79年），頁11-48；陳春生，〈國民大會研究〉，《臺大社會科學論叢》，第39輯，（民國80年），頁53-82；姚立明，〈論國民大會之定位與改革〉，《中華民國憲政改革學術論文研討會論文》；〈國民大會與憲政專輯〉，《中山社會科學季刊》，第四卷第四期；朱湛，〈從「分權理論」詮釋五權憲法與中華民國憲法〉，《「國父思想」在我國現階段社會發展中之定位研討會論文》，（臺北：三民主義教學研究會，民國79年9月16日）。

㉕在民國八十年十二月廿一日的國民大會代表選舉中，主張「修憲」的中國國民黨，獲得了近四分之三的選票和議席，而主張重新「制憲」的民主進步黨，則只獲得近四分之一的選票和五分之一的議席。因此，採取「修憲」而非「制憲」手段，已是民意主流所趨。

（見憲法第廿七條）。換言之，憲法中有關國民大會職權的基本安排，將不做更動，唯有將憲法第廿六條及一百三十五條有關國大代表產生方式的規定，依臺澎金馬地區的現實處境，做一調整（參見「中華民國憲法修正條文」第一條、第四條）㉖。

㈢擴增權限，行使創制、複決二權。此亦係過去部分國民大會代表中「兩權派」之主張，要求取消憲法第廿七條對行使創制、複決權的限制㉗，提前在各縣市未行使此二權限前，先由國大逕行實施。但是此種主張卻頗易引發爭議。因爲一旦國大實施兩權，勢將對立法院之職權構成嚴重之挑戰。其結果國大不但可以將立法院所通過之法律以「複決」方式加以否定，亦可以「創制」方式制定立法院本身所未通過（或已否定）之法律，因而架空立法權之行使。在這樣的情況下，國大將變爲立法院之上的另一個「太上國會」，進而造成兩者之間的對立緊張關係，這當非「權能區分」說之本意。另外，國大在各縣市未行使此二政權之前先「越位」著手行使兩權，也有違五權憲法之基本原理，更與中山先生所強調的程序先後原則（先由地方

㉖「中華民國憲法增修條文」第一條，對國大代表名額，做了新的規定。而第四條則特別規定了過去所無的「比例代表制」產生方式，並載明「僑居國外國民及全國不分區名額，採政黨比例方式選出之。」

㉗憲法第二十七條的規定，是：「關於創制、複決兩權，……俟全國有半數之縣、市，曾經行使創制、複決兩項政權時，由國民大會制定辦法並行使之。」

㉘所謂「制衡」(checks & balances)原係指立法、行政、司法三權之間的互相監視與牽制，目的是使各個權力部門分權而互相牽制，權力平衡而不致於濫權，以便形成「有限政府」(limited government)。以美國爲例，總統（行政權）對國會（立法權）有否決權，除非是國會兩院以三分之二的多數堅持原案，並強制其接受。而總統對司法系統又有提名最高法院大法官及高階法官之權。在立法權方面，參議院有權批准行政系統所提出之條約，對司法系統的最高法院大法官及行政系統的高級人事(如部長)，也有決定是否同意之權；而衆議院則有權彈劾(impeach)總統及其他官員，以及提出財政法案的廣泛權力。至於司法系統的最高法院，則可對立法系統的立法，以及行政系統提出之法案，做是否違憲的判決。在上述的制衡關係中，行政、立法、司法三者之間，乃處於一種分權與對立的關係，彼此箝制，而立法系統的兩院之間，則係採分工之立場。兩院之間，儘管可能有不同的意見及運作程序，但卻只是爲了使其職權之行使，更爲慎重而已，因而使權力的行使，更加節制。但是在任何合理的憲政制度中，卻不會故意製造兩個職權嚴重重疊，但權力卻不平衡，後者可以輕易否定前者的對立機構，並引發憲政危機。但是立法院的職權及國民大會的創制、複決權之間，卻極易因黨派之爭或門戶之見而發生嚴重衝突，這已非分權制衡之本意。另外，必須強調的是，中山先生所主張的是「萬能政府」而非「有限政府」。因此他只強調「五權之間的分工合作」，而不是「五權制衡」。因此，強以「國民大會與立法院之間的制衡」解釋「權能區分」說，事實上也已悖離了民權主義及五權憲法之本意。

行使兩權，再由國大著手實施)，完全不符。因此，儘管有不少論者指出，新當選的國大代表本身的素質不低，亦不妨對兩權的行使做嚴格的限制，結果卻可藉兩權之行使而「制衡」一院獨大之立法院，但這些說法實與「制衡」的本意不合㉘，更有違「權能區分」說之基本精神，並不足取。

㈣將國大代表定位為「委任代表」或部分之「委任代表」，依據民意而行使職權。此一主張是為了使總統選舉完全符合民意，亦即使國大代表選舉權之行使，與「選民直選」的效果相同，而設想出的一種特殊安排。其具體作法有兩種，第一種是將國大代表選舉改為完全之比例代表制，亦即選民投票時只選政黨，不選個別候選人，再依據各黨得票數的比例，由各政黨依選票而分配應得之議席，並指派該黨之當選人（可在選前指派並在選票上公布預定之名單，亦可在選後才公布名單），擔任國大代表㉙。而當選之國大代表則需依據選民委任之意旨，並在本黨指示之下選舉總統、副總統。由於選民在投票時已表明將支持某一政黨，而國大代表又係由個別政黨指派產生，因此此一選舉結果，將可

㉙一般民主國家的選舉有三種不同的計票方式，即相對多數(plurality)、絕對多數或過半數(majority)，及比例代表(proportional representation)。其中以比例代表制之下的選票(votes)及席次(seats)之差距最小，與選民的意願最為接近，而為大多數民主國家所採納。全世界最早實施比例代表制選舉的是比利時的國會選舉(1899年)，隨後歐洲各國（英、法除外）均採取了此一制度，但大英國協系統的國家，以及美國，仍多採相對多數制，結果也保障了大黨的發展，進而鞏固了兩黨體制。相對的，在比例代表制之下，小黨的權益受到保障，也因而有利於多黨競爭體制的形成。

比例代表制基本上又有兩種支類型：政黨名單制(party list)及單一可轉移投票(single transferable vote)。本段所指的「完全之比例代表制」，係指前者，選民只可選政黨，無法選個別之候選人。此一制度曾施行於德國及以色列。但與德國現制不同的是，除了比例代表制之外，不再設一般的相對多數或絕對多數之選區，即完全採比例代表制，不再有區域代表選舉。由於比例代表制的計票方式十分複雜，又有不同的計票公式，其影響層面亦頗廣泛，此處無法盡述。請參看：駱志豪，〈政黨比例代表制〉，《憲政時代》，第十七卷第三期，頁19-51；V.Bogdanor, *What is Proporational Representation*？(Oxford:Robertson,1984)； V.Bogdanor and D.E.Butler eds., *Democracy and Elections:Electoral Systems and their Political Consequences*, (Cambridge:Cambridge University Press,1983)；D.W.Rae, *The Political Consequences of Electoral Laws*, (New Haven:Yale University Press,1971).

確保與民意完全符合，亦即投票效果與「直選」無異。此一方式既保留了國大此一有形機構，又與選民的意願無違。可說是透過「間接民權」的形式，而達到「直接民權」的效果。

至於第二種作法，則係由選民投票給個別之國大代表候選人，而該候選人又必須在選票上表明自己支持那一組總統、副總統候選人。一旦此位國大代表候選人當選後，就必須依選前之承諾行使「委任代表」之職權，選舉總統、副總統。若有違逆，則其當選資格即被依法註銷。基於此，選民的眞正意願將可在此種委任方式下充分表達，亦可達到「直選」的效果。但是，此種投票方式卻並不如前一種之「完全比例代表制」來得精確。因爲所有的選舉在得票數和議席比例之間，始終會存在不易彌補的差距。例如某一政黨得票總數是45%，但最後分配到的席次卻可能只有30%，而另一政黨得到了51%的總選票，卻可能會得到68%或更多的席次❸⓪。因此，若採取此種選舉方式，雖然不必然會造成嚴重的不公平現象，但卻不如前一項的選舉方式，更能精確而落實的充分反映民意的趨向。

但是，無論是採取上述那一種選舉方式，「委任代表」的性質卻都只是局部性的。因爲選民在總統選舉的投票時只表達了他對總統、副總統候選人的可否意見，卻未對國大代表的其他職權（如修憲或複決立法院的修憲案等），表達可否之意見。因此，在國大代表行使其他權限時，就必然回復到「法定代表」的角色，並可按照自己的意思或主觀的判斷行使法定職權了。基於此，國大代

❸⓪根據荷裔美國政治學者李普哈特(Arend Lijphart)的分析，若實施比例代表制選舉，則在得票率與席次之間的差距，將十分有限，通常在5%以內，很少會超過10%。但是在相對多數或絕對多數的選舉制度中，卻可能差到10%至20%。至於在「勝者全得」(all-or-nothing)的美國總統大選中，誤差則可高達46%。因此就選舉公平性而言，比例代表制乃是最佳的選舉制度。參見：Arend Lijphart, "Presidentialism and Majoritarian Democracy: Theoretical Observations," draft chapter prepared for Juan Linz & Arturo Valenzuela eds., *Democracy, Presidential or Parliamentary: Does it Make a Difference?* (forthcoming).

表的「委任」性質將只是局部的。在總統、副總統選舉之外的職權，仍是「法定代表」的性質。

㈤大幅度的擴張國大之職權，回復到「五五憲草」所規定的狀況。亦即使國民大會成爲眞正的「國會」，不但可以選舉總統、副總統，而且可以選舉立法委員、監察委員及該二院之院長、副院長。此外，並可行使廣泛的罷免權、創制權、複決權等權限（其職權詳見第四章第二節）。在這樣的制度設計下，立法委員將不再具「國會議員」的角色，而轉爲具備專業立法素養的專門人員，監察委員亦不再具備「參議員」或「上議員」之屬性，成爲專業的監察人員，並擔負起彈劾、糾舉等「準司法」職權。換言之，此種性質之立法院將頗類似約翰・彌爾所設計的「立法委員會」，國民大會的職能也頗近似他所勾劃的「人民議會」，其代表之人數雖然衆多，無法實際承擔立法職能，但卻可就某一法律草案決定可否，再交由立法院的立法專家進行實際的立法工作，並藉「專家立法」而確保立法品質的優異。這也合乎立法權歸於「治權」之初衷。

但是，若採取此種憲改方式，則五院職掌及總統角色均需大幅度更動，修憲範疇亦將十分龐大。而且一旦國民大會享有如此廣泛之職權，則其會期勢將大幅度延長，否則若以每三年短短的兩個月會期，欲承擔諸多艱鉅之任務，恐將只會是敷衍了事、流於形式。甚至還可能會在總統、副總統、立委、監委等選舉、罷免過程中出現要脅、賄賂等舞弊情事，造成金權腐化、「豬仔議員」等現象的重演。因此，在上述問題無以根本解決之前，若僅從擴張國民大會職權著手，而不考慮如何改變政治現實和進行有效的監督，則非但無以彰顯五權憲法及「權能區分」說的眞蘊，更可能造成五權憲法因實踐上的失敗而信譽淪喪。基於此，簡單的擬議回復「五五憲草」的制度設計而不考慮實踐上的困難，在現階段的憲改工作中，可能是不切實際的。

㈥局部增加國民大會之選舉權或同意權，規定監察、司法、考試三院的同意權改由國民大會承担。此項擬議是以改革監察權的運作為前提，亦即一方面將監察委員自目前憲法規定之由省、市議會間接選舉產生方式，改為由總統提名，經國民大會同意而產生；另一方面，則取消監察院目前所行使之同意權，規定司法院院長、副院長、大法官及考試院院長、副院長、考試委員等之產生，均需經由總統提名、國民大會同意，方得任命。此一制度改革之安排，的確可以使監察院的「準司法」功能和超黨派性特色，更為凸顯，但却也無異將使國民大會的政權角色，益加混淆。尤其是「同意權」之行使，本係五院之間的制衡性權力運作，與「政權」中之「選舉權」，並不相同。因此如果一定要以此一方式擴張國大之職權，就應該正本清源，將「同意權」改為「選舉權」，亦即，將大法官、考試委員，以及司法、考試兩院院長、副院長，統統交由國民大會「選舉」產生，而不僅是由總統提名，國大行使「同意權」而已。但是，若係由國大行使選舉權，則以臺澎金馬地區的幅員、人口及交通狀況衡量，實無捨「直接民權」而就「間接民權」之理，這種捨棄直接民權而牽就國民大會的作法，恐將更加引人物議，結果則可能掀起「廢除國大」的另一波爭議。

(七)將四項政權之行使一律改為通過完全之比例代表制及委任代表制而實現。亦即，使國大代表如同美國之選舉人一般，只行使形式性的職權，一旦其個別任務完成，即不再具備國大代表之職務。其中具體的做法是，將國大代表的各項職權行使，一律委由選民直接投票授權委任行使，譬如若國大著手實施罷免權、創制權或複決權，其前提是有若干選民（如規定五十萬人或選民總數之百分之三）的連署，當連署完成後，即可交付選民投票，選民對罷免案、創制案或複決案，均以「可」、「否」方式表達，同時亦仿總統選舉之完全比例代表制之行使方式（參見上述之憲改擬議第四項），間接選舉國大代表，再由國大代表依完全委任代表方式，依民意而行使間接民權。但此時國大代表已變成為「完全之委任代表」（而非前述第四項之「部分委任代表」），不再具有任何「法定代表」之職權。因而亦不再有「任期」可言，只不過是在形式上擔負一種國大代表的功能，但選民既無需對其個人有個別之認識，國大代表本人亦無需特別的專門學識，他只不過是一種完全由人民委任的代表而已。在這樣的制度安排下，國民大會將變成「完全之民意委任機關」，代理人民在形式上行使四項政權，而且是只具其形式，卻完全不竊其權。這種設計雖然與中山先生原先擬議之「一縣市一代表」的主張不盡相同，但卻切合臺灣地區之現況需要，亦可使國大的四項政權提前行使㉛。

但是，反對是項擬議者仍會質疑：既然罷免、創制、複決等權是直接民權，爲什麼還要委諸一個僅具形式的國民大會代爲行使政權呢？即使這樣的國民大會是完全委任，不竊人民之權，但僅僅爲了「國父遺教」的理由，繞這樣一大圈，設計出這種累贅的制度，到底有什麼意義呢？更何況，與其功能相似的美國選舉人團制，早已被人們認爲是「多此一舉」，亟應及早廢除，我們爲什麼要再去學美國憲政體制下的過時制度，引起「尾大不掉」的可能麻煩呢？

上述的質疑的確言之成理。若將國民大會此一機構，根據政治協商會議時的擬議，改爲四權行使之代稱，使其完全虛位化，實可泯除不少爭議。但是吾人若參考目前美國及芬蘭等國所保留的「選舉人團」制度，當可發現維持一個有形的國民大會，並根據完全之比例代表制及委任制方式運作，實有下列幾項重要優點：

㉛當然，仍有不少人會質疑，創制、複決權本來就是「直接民主」的參與方式，根據其定義，此二權非由人民直接行使不可，即使僅是形式上由某一代議機構代行，亦已偏離其原意。基於此一理由，創制、複決二權，是無論如何都不應由國民大會此一「間接民權」機構代行的。

另外，特別應強調的是，雖然創制、複決權的實施已成爲當代民主國家的新趨勢，但廣泛實施於全國層次(national level)的卻不多，據統計，只有瑞士、澳洲、丹麥、紐西蘭、法國等五國曾實施過十次以上全國範圍的複決權(referendum)，美國、印度、荷蘭等國則根本無此一全國性制度(只在地方實施)。根據李普哈特的統計，在一九四五至一九八〇年間，在全球廿一個民主國家中，共實施過244次複決權，其中單單瑞士一國，就實施了169次，約佔全部的三分之二強。至於創制權(initiative)的實施，就更具地域性，瑞士及義大利是全球僅有的兩個國家，曾在全國範圍實施此制。至於美國，則有23州及哥倫比亞特區實施創制權。由此可見在全國範圍實施創制、複決二權，仍是較爲罕見的。參見：A.Lijphart, *Democracies*, (New Haven: Yale University Press,1984)；A.Ranney ed., *The Referendum Device,*

第一，採取國民大會間接選舉總統的方式，可以減少總統選舉的次數，並保證「多數總統」的產生。目前世界各民主國家，均認爲總統當選人若獲得過半數選民支持，其權威性必較「少數總統」(僅獲得相對多數支持，卻未獲得過半數之支持）爲強，而如果係透過「直接民選」方式產生，則當總統候選人中無任何一人獲得過半數支持時，勢必採取第二輪選舉（通常是在兩週至三個月之內舉行），將第一輪中得票最多的兩位候選人挑出，再決選一次，以便產生最後的「多數總統」。但是在「直接民選」的制度下，第二輪仍有可能只產生「相對多數」的總統，例如甲候選人得到45%支持，乙候選人得到40%支持，其餘15%則爲廢票。但是如果係透過委任的國大代表間接行使，則可在選舉法中硬性規定，當舉行第二輪選舉時，得票第三位以下之候選人所屬的政黨(或支持該候選人的政黨)，得決定將該黨之國大代表之選票，轉投給得票第一組或第二組的總統、副總統候選人，換言之，在第二輪投票時，將會出現一種「政黨聯盟」，進而選出「多數總統」㉜。而這種透過間接方式而進行的第二輪選舉，將只會牽動數百名、近千名的國大代表，卻不必再動員全國千千萬萬的選民在短期內舉行第二次全國大選，因而也減少選務的負擔和社會治安的可能成本。這均係採取國大間接選舉的優點。

第二，採取比例代表制的選舉方式，可以加速政黨政治走向制度化，也使選民對各政黨的政策主張，有更清晰的認識，對民主化的發展，將有具足而積極的影響。同時，各政黨也可藉比例代表制而強化黨紀，培養全國

(Washington D.C.,:American Enterprise Institute, 1981);T.E.Cronin, *Direct Democracy,*(Cambridge Mass:Harvard University Press,1989).

㉜芬蘭的總統選舉人團，即規定必須選出「多數總統」。其運作方式如下：由人民選出301位的選舉人團(electoral college),再由選舉人選出總統。如果沒有任何一位總統候選人獲得過半數的多數票(majority)，即可進行政黨聯盟，俾使產生「多數總統」，此時原居後位的政黨，就可與居前位的政黨協商，以便將其選票轉給居前位的候選人。但是在1988年後，此制又改爲在第二輪選舉時仍由人民直接投票(direct ballot)，而且規定，如果選民給某位候選人的總票數超過一半時，此時選舉人團就無需再行投票，該位候選人即已當選，亦即以直選結果爲主。此一安排可以防杜選民票居少數，而選舉人團票數卻居多數的情事發生（在美國的選舉人團制度下，即曾多次發生這種缺憾)。參見：R. Taagepera & M.S. Shugart, *Seats and Votes,*(New Haven:Yale University Press,1989).

威望的政黨領袖，卻不必再事事牽就地方派系或個別的政治人物，造成政黨內部派系鬥爭、山頭林立的現象。而政黨內部的民主化及權力整合，也可保障國家整體的民主化進展，對於中華民國目前正在努力的民主改革任務，也有穩定及促進的效果。

第三，在臺海兩岸仍處於政治對峙的現實處境下，直接民選的總統只能反映臺灣地區二千萬的民意趨向；而採取比例代表制的選舉，卻可照顧到海外中國人的民意趨向（比例代表制中有「海外代表」之名額），使中華民國的總統，能代表海內外的中國人，成爲包容性更廣的國家主權之象徵。

第四，維持有形的國民大會，比較合乎中華民國憲政體制的慣例，而且符合憲政主義(Constitutionalism)的憲政成長的理念。如果完全背離憲政慣例及傳統，根本廢除國大，固然可收「快刀斬亂麻」的激進效果，卻與憲政民主的基本理念不符，而且勢必造成幅度極大的憲政改革，使修憲工作益發困難。

基於此，保留有形的國民大會，並以完全之比例代表制及委任制規範之，雖然看來頗爲繁瑣，卻不無正面的積極作用。

二、國民大會與憲政成長

根據以上的比較與分析，在上述七項方案中，以第二、第四、第六及第七等四項較爲可行，其中尤以第二項「維持現狀」及第六項「局部擴張同意權（選舉權）」最易實現。至於第四、第七兩項（改爲部分委任代表或完全之比例代表）則需更動選舉辦法，但牽動幅度不大，亦不難實現。至於第一項之「根本取消國大」及第三項之「擴增兩權」及第五項之「回復五五憲草之規定」，則勢必造成大幅度的修憲，且缺乏政治共識，除非民意發生重大變化，否則在短時期將無可能實現。而且根據一般民主國家憲政成長之成規，一個機構的取消或大幅度的擴張其權力，一定是基於某種特別的需要。但是國民大會此一機構，業已存在四、五十年，既無非取消不可的重大理由，也無非使其大幅度擴權不可的現實需要。因此，在現行憲法基礎之上有限度的調整其權限，或者維持現狀不做更動，都比較合乎現實的需要。

但是，無論國民大會此一機構將如何有限度的調整其權限，吾人卻必須強調此一機構及制度，在五權憲法及權能區分學說中，實有其特殊之重要性。中山先生雖然曾在不同時期賦與國民大會職權甚爲懸殊的不同制度安排，但是國民大會做爲政權主體的觀念設計，卻是中山思想及三民主義中的一項重要成就。這項制度性安排，雖然並非無前例可循，但結合五權分立及權能區分學說後，卻成爲一項中西立憲史上的重要創見。因此，儘管後人曾爲國民大會的職權究竟應擴大或減少，而引發不同的論辯或討論，但以國民大會做爲政權主體、扮演國家象徵性權威的共同理念，卻普遍受到肯定。基於此，吾人必須以國民大會爲核心，了解權能區分說及五權憲法的基本原理，並藉此而認識中華民國憲法與憲政體制的權力架構及制度安排。而憲法將國民大會列爲第三章，置於總統與五院之前，其重要性亦正在此凸顯。這也是本書在討論五權憲法及中華民國憲法之異同時，將國民大會列爲首要的原因。

第五章　三權憲法與五權憲法

第一節　三權體制及五權體制的基本分野

一、三權分立體制的源流❶

關於三權分立的理論，一般學界討論頗多。有的學者將其追溯至希臘時代的亞里斯多德(Aristotle, 384-322 B.C.)。亞氏將政府權力分爲三項：㈠討論(deliberative)、㈡行政(administrative)和㈢司法(judicial)，此爲「權力分立論」之始。至於近代民主分權理論，則首推英國思想家洛克(John Locke, 1632-1704)，洛克認爲，政府的目的是保護財產，並保護和擴大自由。爲了實現此一目的，最合適的政府形式，在當時的君主時代，乃是實施君主立憲並配合分權原則，將立法權和執行權（行政權）分立，此外則進一步將執行權劃分爲對內的行政權和對外的外交權。洛克認爲，在一個國家內，立法權是最高的、神聖的、不可變動的權力。而在當時的英國，他所講的立法權和執行權分別是指國會和英王。立法權又應高於執行權，立法權乃是國家裡的最高權力來源，其他權力皆隸屬於此。另外，

❶有關之中文資料，參見：林詩輝，〈中西「分權與制衡說」之研究〉，《中華學報》，第八卷第一期，頁129-143；佐藤功著，許介麟譯，《比較政治制度》，（臺北：正中書局，民國70年），第一章、第二章。相關之歷史文獻，參見：James Madison, Alexander Hamilton & John Jay, *The Federalist Papers* 中文譯本，謝叔斐譯，《聯邦論》，（香港：今日世界社，1985）。

他也考慮到以國民的直接立法方式，抑制立法權的濫用。一般認爲，洛克的分權學說乃是一種兩權分立論，而由於立法權（國會）優於執行權（國王），因此其中的強烈的民主屬性，十分明晰。

至於眞正的三權分立學說，則在法國思想家孟德斯鳩(Charles de Montesquieu, 1689-1755)手上完成。孟氏將政府權力劃分爲立法、行政、司法三權，並且主張三者應相互制衡(checks and balances)，亦即權力彼此平衡，而且起互相監視、牽制的作用。

與洛克的兩權分立學說相比較，孟德斯鳩的三權分立說有幾項重要分野：

㈠孟氏將執行權劃分爲行政權和司法權(裁判權)。前者係依照法律而具體執行，後者則根據法律處罰犯罪或裁判犯人。換言之，裁判權已自執行權中區分開來。至於洛克的權力分立學說，則係將行政權(對內)和外交權（對外）做一區分，但卻未將裁判權（司法權）做一分殊處理。後世的憲政學說多採孟氏之說而未將獨立的外交權看成一項獨立的分權項目。這也是孟氏三權分立說的重大成就。

㈡洛克強調立法權優於執行權，孟氏則強調三權之間的平衡作用，並且得互相牽制。洛、孟二氏的學說影響所及，美國是依據孟氏三權分立學說制定憲法，並且採取權力儘量分立的政府形態。英國卻受洛氏學說的影響，對權力分立採取調和形式，而且使立法權與執行權緊密結合（至於司法權則爲獨立行使），並將執行權（內閣）置於立法權（議會）的監督之下。這也就造成了三權分立的總統制(presidentialism)與國會監督政府的議會內閣制(parliamentarism)之間的分野。

㈢就民主屬性而言，洛氏主張立法權優於執行權，孟氏則主張三權平衡，互相制衡，故洛氏學說的民主屬性較高。但是如果立法權(議會)過度集中權力，則會造成「議會專政」、「弱勢政府」(weak government)的現象。相對的，在三權制衡體制下，總統的權力來自人民的直接或間接授與，並有牽制國會之權（如行使否決權及諮文權），因而強化了政府行政系統的權威，也增強了行政的效能。就此而論，三權分立說實應具較高的行政效能。

二、強勢元首與三權分立制

美國制憲時期的理論家漢彌爾頓(Alexander Hamilton, 1757-1804)❷即特別發揮孟氏三權分立學說的精神，強調行政權效能充分發揮的重要性，他在《聯邦論》一書中指出：

「一個軟弱的行政元首暗示一種軟弱的行政工作。行政工作軟弱就是說行政工作的表現很壞。一個管理不當的政府，不拘其在理論上的根據如何，事實上必然是一個壞政府。」「因此，若是我們認爲一切有常識的人都會同意，一個精明強幹的元首爲政府所必須，則剩下要研究的唯一問題是構成這種個人能力的要素是什麼？……構成行政元首個人能力的要素是：唯一性、持久性；適當的支持；充足的權力。」❸

「有些人會認爲行政元首屈意順從社會上或議會中的主要潮流，是一件最值得稱讚的事情。但是，這些對於設立政府的目的和增進大衆幸福的眞正手段的看法，都太粗淺。共和主義的原理要求受人民之託管理大衆事務的人的行爲，應該受愼重的社會輿論的支配；但是並未要求他對每一種感情傾向或是每一種暫時性的衝突，都要無條件的順從。野心家常會利用詭計激動人民感情，利用他們的偏見來出賣他們的利益。……」

「不拘我們如何地堅持，行政元首應無條件的順從

❷亞歷山大・漢密爾頓(Alexander Hamilton)(1757—1804)是美國建國初期的政治家、憲法學家，聯邦黨的領袖。

漢密爾頓出生於西印度群島的乃威斯島。父親爲蘇格蘭商人。1772年入紐約的國王學院讀書。曾任炮兵隊長、華盛頓總司令的副官和軍事秘書、聯邦國會議員、紐約州議會議員、華盛頓政府財政部長等職。1787年作爲紐約州的代表出席費城的制憲會議，是美國1787年聯邦憲法的主要制定者之一。1804年7月同政敵阿倫・伯爾決鬥時死去。他的憲法思想集中反映在《聯邦論》中，該書是他同麥迪遜(1751—1836)、杰伊(1745—1826)結成「聯邦黨人」，並以「普布利烏斯」爲筆名發表的一系列關於美國憲法的論文，1788年由他編輯出版。

漢密爾頓根據三權分立的理論，提出了牽制與平衡的原則。認爲三種權力並不是絕對分開，而是相互聯繫、相互牽制及平衡。主張國會實行兩院制，即設立參議院（上議院）和衆議院（下議院），參議院的地位應高於衆議院，其議員資格也應有更嚴格的限制；行政機關應有極大的權限，行政部門的權力應集中於一人，各部部長由總統任命，並對總統負責；中央政府任命的州長應有極大的權力，並有權否決州的一切法律；

民意，但若主張他應同樣地順從議會的意向，則是一種不妥當的意見。後者的立場有時可能和前者相反，而有時人民又可能完全採取一種完全中立的態度。不管是在那種情形之下，我們都一定希望行政元首具有敢於獨行獨斷的勇氣和決心。」❹

由以上的引文可知，在美國的三權分立制之下，行政權與司法權雖需服從法律，卻不需完全依賴議會。而行政首長則應擁有充足的權力和適當的支持，再加上權力集中的「唯一性、持久性」，使其能強勢的展現行政領導效能，卻不必受某些暫時性、感情衝動的民意箝制，更不必受與民意發生悖離的議會的支配。此種觀點可說是完全擺脫了議會主導的弱勢政府的觀點，與中山先生的「萬能政府」論，實頗爲接近❺。

但是，中山先生卻在民前六年（一九〇六年）演講「三民主義與中國民族之前途」中，指出：「兄弟歷觀各國的憲法，成文憲法，是美國最好；不成文憲法，是英國最好。英是不能學的，美是不必學的。」

「英是不能學的」，這是由於英國的憲政體制係由長期的歷史演進而來，夾雜著許多不成文的成規或慣例，自然是不能學、無法學的。至於「美是不必學的」，則有兩項不同層面的理由。

第一，美國的三權體制，是結合美國聯邦制的特殊背景而形成的。在立憲之初（自一七七六年制定「獨立宣言」至一七八七年制定「聯邦憲法」），美國的十三州各擁其主權，而中央政府的大陸會議卻在邦聯條款(Articles of Confederation)約束之下，對各州無絲毫

司法獨立，法官終身制，並有權審查立法機關制定的法律。

❸《聯邦論》，前揭書，頁387。

❹《聯邦論》，頁396—397。

❺有關萬能政府學說的討論，參見：彭文賢〈萬能政府的眞義〉，《中華學報》，第八卷第二期。

的統制權，亦無通商規則的制定及課稅等權限，而在地方分權(decentralization)的理念主導下，軟弱、無權的中央政府，才被視為是理想的政府，其目的則在於破壞過去殖民者（英國政府）的權威，在這樣的背景下，有權有勢的中央政府，即被視為「民主」的反義。但是，為了工商業的繁榮發展，也為了削弱各州之間關稅壁壘的局面，以強勢政府取代弱勢政府、以中央集權(centralization)取代地方分權、以聯邦主義(federalism)取代州權論的想法，乃甚囂塵上，漢彌爾頓、麥廸遜等人的《聯邦論》主張，就是在此一背景下孕生的。基於此，一個強而有力的聯邦體制(federation)的出現，取代過去中央政府十分虛弱的邦聯體制(confederation)，以及將行政權力集中，使其不受議會過度箝制，甚至可與其分庭抗禮的三權分立制度，實有其形成的特定歷史條件及客觀背景。而相對的，在清末民初中國當時缺乏構成聯邦制條件的處境下，中山先生乃認為，美國的體制是不必學的❻。

❻此點係作者個人之研究推論。

第二，中山先生認為，每一國家都有其特殊的憲政發展條件及歷史背景。既然英國的憲政體制是隨歷史條件演進而來，美國的三權分立制度也有其特定的經濟社會條件及歷史背景。中國的憲政體制，也一定要結合中國具體的歷史條件及時空背景，而不可簡單的抄襲西方制度與學說，或只想透過移植的方式來建立自己的憲政制度。基於此，他一方面根據中國的政治傳統而強調在三權之外，應增加具傳統特性的考試權及監察權(御史制度)，以強化五權分工，並矯治西方議會濫權之弊。另一方面，他則根據中國長期以來以「縣」為政制單元的傳統，而強調必須以縣、市為地方自治之主體，先實施四項政權，完成全民政治，從落實地方自治的基礎著手，逐步建立民主規模。因此，民權主義的五權憲法主張，實不同於英國式的兩權分立或美國式的三權分立，而深具中國本身的地方特性，這也是中山先生所謂「美是不必學」的另一層背景。

基於上述理由，吾人乃可了解，雖然同樣是強調強勢元首及強勢政府，三權分立制與五權分立制實有不同的歷史條件及時空背景。而儘管三權與五權體制都係一種民主體制的設計理念，但卻奠立在相當不同的分權理念上。此種不同的分權理念，不僅是因爲其背後的設計者（孟德斯鳩與孫中山）的憲政理念不同，而且也是因爲具體的政治環境及社會經濟條件不同所致。如果我們不能了解「憲政制度不能光靠抄襲、移植，而且必須結合歷史傳統及現實需要」的原理，就不能眞正的了解，爲何美國的憲政制度不同於英國，中國的憲政體制又不同於英、美，以及中山先生爲何要設計出獨特的五權憲法了❼。

三、兩權、三權與五權分立

中山先生的五權憲法，就形式而言，是在行政、立法、司法三權之外，增加了監察、考試兩權。就內涵而言，則是自行政權中分出考試權，自立法權中分出了監察權。就功能而言，則是在事權的分工（三權分立）之外，增加了對人（官員的考試任用及糾舉、彈劾）的監督與考核。

但是，除了上述的特性之外，我們必須特別注意，在中山先生設計的「權能區分」學說下，五權均係一種政府權、治權的行使。換言之，不僅行政、考試、司法是政府權，連立法、監察權，也是一種政府權。根據本書第四章的分析，中山先生的「權能區分」說與約翰·彌爾的相關學說頗爲類似，亦即兩者均將「立法權」之性質，規範爲「專家立法」，而不是單純的「代議」功能。基於此，五權分立之下的立法院，並非純粹的「國會」

❼許多人認爲，中山先生的「五權憲法」，不過是「異想天開」、「多此一舉」。如果以同樣的思想論式看待美國的憲政制度，恐怕也要認爲美國採取不同於英國式分權理念的憲政制度，不過是「多此一舉」罷了。

❽但是中山先生仍然在《五權憲法》中將立法院稱之爲「國會」，只是此種「國會」係由具專門知能的立法專家所組成，與西方的「代議士」所構成的「國會」（其成員只反映民意，不一定具備專門資格），並不相同。

❾但亦有學者指出，雖然中山先生強調政府各部門之間應彼此合作，而反對制衡，認爲會削弱政府權力，甚至形成僵局，但有限度的制衡，中山先生亦應不致反對。因爲現在政府事務繁多、責任重大，難免會犯錯，爲糾正錯誤，防範失察情事，制衡仍是必要的。因此適度的制衡雖然會在某種程度內降低效率，卻可能會增進政策效果，實有積極的意義。參見：呂亞力，〈民權主義與政治現代化〉，《中華學報》，第八卷第二期，頁107。

或「代議機構」，而係由專業的立法專家（而非代議士）所構成的立法機構❽。同樣的，澄清吏治、職司風憲的監察院，也不是由代議士所構成，而係由具備專業司法素養的專家所組成，並行使調查、糾舉、彈劾、監察等「準司法」職能。

基於上述的分析，吾人可以用下表凸顯兩權、三權與五權分立體制的異同。

附表一　兩權、三權與五權分立的基本性質

分類	兩權分立	三權分立	五權分立
分權項目	立法（包含行政） 司法	立法 行政 司法	行政 立法 司法 考試 監察
彼此關係	1.立法權主導行政權 2.司法權獨立	三權彼此制衡	五權分工合作
政府特性	1.國會主治 2.弱勢政府(實際上卻因議會與內閣之間並不制衡，政府效能反而較高)	1.強勢元首（但國會兩院與總統不同黨時可能形成跛脚總統） 2.分權制衡	1.萬能政府 2.專家主政
民主屬性	高	中度	中度
代表國家	英	美	中華民國

根據上述的分類表，我們可以以分項的方式，將五權分立制度的特性，做一比較分析：

㈠五權之間係分工合作，而非彼此制衡❾。因此和三權分立制之下，立法、行政、司法三權之間的權力平衡關係不同，五權之間的權力並不完全均等。尤其是考試權的性質單純，監察權也可以僅是備而不用（只有發生官員操守不正、行政怠忽等情事時才行使監察權、調查權、彈劾權)，因此五權之間，有的職權繁重（如行政權)，有的則較輕簡，本係常態。基於此，有的論者以為，由於考試院職權不大，應改為「考試委員會」或「文官委員會」，藉以取消「五權」，實是一種誤解五權分立本質的皮相之見。「五權分立」的特性，並不在「五權均等」，而係五種權力必須獨立行使，彼此分工。事實上，即使勉強將考試院改為「考試委員會」，則考試權仍須獨力運作，依然無違「五權分立」之理念，只是改成為另一種行使權力的形式罷了。

㈡五權均是治權、政府權的一部分，五院共同構成廣義的「政府」。而五權分工的目的，在形成有效的權責關係、分工合作，進而促成「萬能政府」的實現。而所謂「萬能政府」，當非為所欲為，或無所不用其極的「專制政府」或「極權政府」，而是在人民合法授權下，使民意進行有效監督、政府發揮充分效能，制訂良好政策，而政府各部門間，又能夠彼此合作，卻不致發生事權重疊、一權獨大（或濫權)、造成矛盾衝突、功能不彰等現象。但是，在實際的制度設計及權力運作上，「萬能政府」畢竟只是一種理想，需要不斷的修正制度、調整政策、改善效能，才能使此一理想，接近於（但卻不會是「全盤」的）實現。因此，在兩權分立或三權分立的制度下，「弱勢政府」此一特性頗易成為事實；但在五權分立制度下，「萬能政府」固然可以是一項特色，卻往往只是不易實現的理想。

㈢在五權分立制度之下，立法院依五權憲法之理念，並不是完全的民意機構，而係由專門立法專家組成的「專業國會」。因此，並不是所有國民都得參選或當選為立法委員，相對的，只有少數具備專業知能的精英得通過立委考試，取得資格，進而參選而當選為立法委員。由此可知，中山先生的五項治權，實有相當濃厚的「專家治理」色彩。為了補充這種精英政治、專家掌政的缺憾，他乃強調應以人民行使直接民權，尤其是罷免、創制、複決等權來體現「直接民主」之精神，並補救精英政治的可能缺陷。基於此，五權的運作必須受到四項政權的箝制，而且在權、能之間，應以四項政權爲主體，這才合乎「萬能政府」只盡其「能」，不竊其「權」的本意。

㈣在五權分立制度之下，行政系統同時受到立法、監察及考試三種權力的監督。立法權監督它的事權運作，要求它依法行政，不得越權、濫權；監察權監督它的行政效能及官員操守，遇違法失職、怠忽民意、貪污腐化等情事，則以彈劾、糾舉等手段澄清吏治，實施「人」之監督；而考試權則以公平、公正之考試制度，確保官員之良好素質，藉以避免因黨派之私、裙帶關係等因素，而造成政府用人不當、官員知能不足，不適任其位等現象，這也是從「用人」之監督的立場，保證「萬能政府」實現的一種分權設計。但從上述的分析亦可知，五權之中，仍以行政權之運作爲主體，立法、監察、考試權等之行使，乃在以從旁監督之角度，促使「萬能政府」之理想，得以實現。因此，在分權制度的設計上，五權之間個別權力之行使，均是平等與對等的，但實際的權力運作結果，卻有簡有繁、有輕有重、有忙有閑，並不可能完全一致。但這並不妨礙五權「分立」之理念。

㈤五權體制乃是一整體的、有機的憲政設計，而不只是三權之外另加二權的拼湊組合。關於五權體制下立法權與三權體制之下立法權的異同，前已敍述。至於監察、考試二權之運作，西方民主國家也有類似之設計。例如，英、美等國的「文官委員會」，即受到傳統中國獨立之文官考試制度之影響，特別獨立於行政權、司法權、立法權之外而運作。因此，考試權（人事權）之獨立行使，並非無前例可循。但是，中山先生卻在獨立的文官考試（或任用）制度之外，強調立法委員、監察委員等均需經考試及格，方得擔任，這就與一般兩權或三權分立國家的憲政理念不同，而且也使國會的「專家政治」（而不僅是「民意政治」）性質大爲提昇，同時也使獨立的考試權特別顯得必要。至於監察權之行使，在北歐及大英國協地區，亦早有一種監察長(ombudsman)的制度設計，而且在第二次世界大戰後日漸普及於西方各國(詳見本章第三節)。但是其中監察長之職權，多僅及於建議改善性質，希望藉以促進行政效能之提昇，但卻不具備我國監察權所掌有的彈劾、糾舉、糾正、懲戒等實質權限，更無強制執行之效力。而且西方的監察長多隸屬於行政系統或國會之下，兼有隸屬於司法系統者，但卻無法像五權分立制度一樣，使監察權成爲一項獨立的分權體制，不受其他三權的羈絆。基於此，儘管過去幾十年間，由於威權體制及金權政治的影響，造成監察權成效不彰，但是我們卻不能因此而否定五權憲法的制度設計，或進而要求揚棄監察權，甚至裁撤監察院。相對的，我們唯有從五權分工合作的角度，深入的了解五權之間的有機關係，方能掌握五權憲法的精蘊。

從下一節起，我們將進一步檢討五權之間的互動關係，並單獨就監察院及考試院的定位問題，做憲改方案的比較性探討。

第二節　五院關係

在五權憲法的理念下，五院之間彼此分工合作，向政權共同負責，形成了效能良好的萬能政府。但是這畢竟只是一種理想，實際上五權憲法的理念如何落實運作，一直是憲法學界爭議的問題。其中的主要問題，有下列幾項：

㈠總統是否應兼任行政院長。中山先生在《五權憲法》中主張總統兼爲行政首長，而且也說過「選舉總統，以組織行政院」的話。但他也說過：「授意總統，任命閣員，成立責任內閣」❿。如果總統兼任行政院長或閣揆，這將使總統與五院間的關係變得相當複雜。一方面，. 他是國民大會選出的總統，要對代表「政權」的國民大會負責；另一方面，他又是代表「治權」的行政院長，在五院之間，要受到立法院以及監察院、考試院等之監督。換言之，他一方面對外代表「國家」，另一方面又對內代表「政府」，既係國家元首，又係政府行政首長，兩項重要任務集於一身，極易造成權力過於龐大，而且也容易因爲承擔過鉅的政治責任，而造成政局不穩⓫。基於此，比較合理的安排，應係將總統與行政院長，分由兩人擔任，各司其職，不相重疊⓬。（關於「總統制」、「議會內閣制」的問題，將於下章中另做分析）。

㈡立法院的「國會」屬性問題。立法委員既係由具備專業學養的立法專家擔任，是否仍應擁有西方民主議會中的預算審核權、倒閣權、任命同意權、質詢權等。如果立法院本身就是「國會」，則上述的權力自然必須一律保有（監察權分出的項目除外）。但是，如果立法院只是一個「專家立法」的機構，是否應該立法則須交由其他機構先做決定，則此一「其他機構」是否就是指國民大會，還是另有其他機構？但是以政府立法事務及國會監督事務的龐雜，如果由「國民大會」承擔此一責任，則國民大會會期勢必需要大幅度延長。而且，國民大會在四項「政權」之外勢必需要擴增新的權限，否則將無以承擔如此繁重的責任。但誠如在前章中所指出的，創制、複決二權之行使，在全球各民主國家中，除了瑞士一國外，很少有經常行使者（指全國性而非地區性的創制、複決權），如果我國以國大這一個「間接民權機構」，經常性或日常性的行使此二項「直接民權」，實有違「直接民主」之本意⓭。基於此，惟有賦與立法院充分的國

⓾參見：朱湛，前揭文，頁 11。

⓫身兼總統與閣揆的企圖，在其他國家亦出現過。1991 年秋波蘭舉行國會大選後，原執政的團結工聯聲望大幅度下落，團結工聯的領導人，也是波蘭總統的華勒沙（正確音譯係「華文沙」），曾企圖自兼總理，以挽回頹勢，最後卻因國會強烈反對，波蘭國內亦憂心出現新的獨裁而作罷。

⓬民國三十五年三月參政會第四屆第二次大會，就基於此一考慮，對「五五憲草」提出修正觀點，「爲避免總統與國大直接發生衝突，應以不兼任行政院長爲宜」。

⓭在前一章中，我們已明白指出，「五五憲草」賦予國民大會廣泛的權力，但卻只有每三年共兩個月的短暫會期，實係甚不合理之安排，但如果將國民大會改爲一經常開會之機構，則又將變成「太上國會」，則立法院職權必將大幅度萎縮，並使實質的國會監督權移向國民大會，此又有違「五權分工」、「權能區分」之原旨。

會權限(監察權、彈劾權等除外)，另外強調立法委員的專家資格，以提昇立委的專業立法職能，才是五權憲法下對立法院職權的合理設計。

㈢立法院與行政院之關係。如果立法院係完全之國會，則行政院與立法院之間勢必需要以某種制衡機制，形成有效監督，否則非但不足以造成「萬能政府」，反而會因權力配置不當，而衍生頻繁的政爭。基於此，在行政院及立法院之間，勢需以西方民主體制中之內閣及國會制衡權限，做一規劃設計。儘管基於「五權分工合作」之立場，過度的制衡關係不足以取，但完全無制衡機制，實質上只會造成行政權獨大，釀成更嚴重的弊端，實有違強化效能、萬能政府之旨。因此，現行之中華民國憲法，根據「修正式內閣制」之精神，賦與立法院有限之「倒閣權」，亦相對的賦與行政院「移請覆議權」⑭，實係一項必要之制衡設計。儘管此一設計曾被許多論者批評爲「以三權制衡取代五權分工」,「以內閣制取代五權體制」，但是在國民大會擴權問題有其實質困難的前提下，我們卻無法想像，在行政院與立法院之間，若無任何之制衡機制(即使是相當有限的)，將如何使五權之間形成有效的運作關係，並使五權體制發揮分工合作之效能。因此，儘管「修正式內閣制」並非唯一可考量的制度設計方案，其他如「總統制」、「雙重首長制」，亦有其可行性，但立法院與行政院之間卻必須維持某些制衡機制，並釐清權力關係，遇政爭時得順暢運作，卻是無可怠忽的。

㈣監察院的職掌及定位。監察院自立法機構獨立出

⑭中華民國憲法第五十七條規定:「行政院依左列規定，對立法院負責:
一、行政院有向立法院提出施政方針及施政報告之責。立法委員在開會時，有向行政院院長及行政院各部會首長質詢之權。
二、立法院對行政院之重要政策不贊同時，得以決議移請行政院變更之。行政院對於立法院之決議，得經總統之核可，移請立法院覆議。覆議時，如經出席立法委員三分之二維持原決議，行政院院長應即接受該決議或辭職。
三、行政院對於立法院決議之法律案、預算案、條約案，如認爲有窒礙難行時,得經總統之核可，於該決議案送達行政院十日內，移請立法院覆議。覆議時，如經出席立法委員三分之二維持原案，行政院院長應即接受該決議或辭職。」
根據上項條款之規定，立法院之「倒閣權」已提高到三分之二多數（而不是二分之一的過半數)，因此「倒閣」的機會已大爲減低。而行政院因受到「三分之二」規定的保障，當其未能得到「二分之一」多數支持時，得提請覆議，此時行政院只要再得到三分之一強立委的支持，就可安渡難關。但是，如果完全取消上述規定，兩院之間若發生歧見及職權衝突時，就不知將如何處理。如果將「解決衝突」的權限交付總統，

來，一般認爲有兩項優點⓯：第一，立法機構若行使監察權，容易引起黨派間之政爭，以致無法客觀的監察行政部門⓰。如果改由獨立而且不受政黨政治宰制的監察院單獨行使，將可發揮超然而積極的功能，並澄清吏治，改善政府效能；第二，立法機構往往以立法爲其主要功能，對於附帶之監察權，容易忽略，尤其對國會議員本身之重大行爲缺失，往往充耳不聞，或僅以內部規章，警告了事，卻無法使其因彈劾方式去職。基於此，若依五權憲法之理念，監察院行使彈劾權、糾舉權之對象，應上至總統、副總統、各級議員、乃至政府各階層官員，均應包羅在內。但是，彈劾權若經常行使，其行使對象又廣及一般之民選官員及議員，則其實施之效果，實與人民行使之罷免權無異，換言之，實有以彈劾權（治權）侵犯罷免權（政權）之爭擾。如果監察權之行使有任何疏失，更易引發訾議，因此如何確保監察委員公正廉明、監察院本身公平無私，實係獨立之監察權的成敗關鍵。此外，監察院本身的職掌也因儘量使其純正，即局限爲對「人」之監督，而不應包括對事之監察權（如糾正權）及民意性質的同意權，否則斷難使監察院承擔起職司風憲、澄清吏治、不受政黨政治羈絆等重大任務。

㈤考試院的職掌及定位。根據五權憲法的設計，治權機構必須由「有德有能」者在其位，監察院的職掌可以保證使貪腐無德者去職，確保官箴。而考試院的職掌，則可選賢與能，使政府官員及民意代表均具備任事的資格與能力。基於此，獨立的考試機構，實屬必要。唯有擺脫行政系統的牽制，才可確保政府人員之甄拔不致循

則總統本人就將介入政爭，並承擔政事成敗之責。這實有違「阿斗有權無能，諸葛亮有能無權」的「權能區分」原理。

⓯參見：呂亞力，前揭文，頁104。

⓰例如美國參議院就很少批准對總統的彈劾。而僅有的兩次成功例子，一次是一八六八年對江森總統（President Andrew Johnson）的彈劾（impeachment）。另一次則是一九七四年對尼克森總統（President Richard Nixon）提出責難（arraignment），尚未提出彈劾前，尼克森就已自行去職。因此，嚴格說來，美國國會對總統的彈劾權只成功的使用過一次。但江森總統的彈劾去職，也與當時國會中的黨爭有關，因此一般認爲此一權力的行使，必須超然公正擺脫政黨之爭，否則將破壞憲政下的制衡原則。由此益可見五權憲法將監察權、彈劾權獨立出來，實係一項明智的安排。

私苟且，造成結黨營私、冗員充斥等積弊。但是，考試院本身的職掌究竟應該有多大，是負責所有與考選相關的工作，還是僅僅負責考試這一項工作即可，卻不無可爭議之處。若將「考選」工作做廣義解釋，則舉凡公務人員之考試、甄拔、銓敍及一般人事職權，均係交由考試院掌理，另外民選官員、議員之選舉工作，亦應自行政系統中移轉至考試院，方得確保選務工作的公正無私，不受政黨政治之影響。這也比較合乎「考」、「選」之本意。但若將「考選」做狹義之解釋，則僅負責政府官員之考試、甄拔，亦非無道理。至於人事權限，則回歸各行政機構，由其依實際需要做裁量，只要確定所有官員都具備適任資格，考試院即不必多管，這也是另一種合理之解釋。但在這兩種解釋之間，考試院的職掌大小卻相異甚夥，而與其他四院之關係也頗不相同，仍有不同之主張，迄今並無定論。

㈥司法院的職掌及定位。司法工作性質頗爲明確，必須獨立行使，爭論自少。但是司法院之下應否包括檢察系統，以及檢察系統若設置在司法院之外，則應隸屬於行政院之下，或應隸屬於具「準司法」職能的監察院，則頗有爭議（詳見本章第三節）。另外，負責憲法解釋的機構，究應係目前憲法所規定之「大法官會議」，還是美國式的「最高法院」，也不無爭論。而各級法院究竟應採「三級制」（地方法院、高等法院、最高法院），還是「四級制」（最高法院之上另設「憲法法院」），也有不同意見。另外，司法院在立法院與行政院之間是否應積極扮演公正裁量之角色，例如是否可主動審查立法院通過之法案是否違憲，還是採「不告不理」之被動原則，亦牽涉到對五院關係及制衡機制的整體解釋⑰。這均是值得吾人重視的問題。

從下一節開始，我們將就五院關係中爭議最大、性質亦最爲特殊的監察院、考試院定位問題，提出憲改方案的探討。另外在下一章中，也將就「總統制」及「議會內閣制」做一釐淸，並據此探討憲政體制下的

⑰關於司法院的「違憲審查」功能，參見：林子儀，〈司法護憲功能之檢討與改進——如何健全違憲審查制度〉，《改革憲政》，（臺北：國家政策研究資料中心，民國79年），頁193—288。

總統、行政院、立法院之關係。

第三節　關於監察院的修憲及定位問題

關於當前有關監察院的修憲問題，主張維持現制，只做部分調整者有之；主張全面廢除者，亦不少見；至於主張維持監察院，但將其職權大幅度修正者，則係多數之意見。

在本節中，吾人將就監察院的定位問題，提出幾種不同的修憲方案，以期凸顯此一制度在三權體制與五權體制之下可能之各種不同面貌。其中包括：㈠五權憲法理念下的監察院，㈡基於兩院制國會設計之監察院，㈢基於西方監察長制度而調整之監察院。進一步，則據此而擬定兩項修憲方案。

一、五權憲法理念下的監察院

若根據中山先生的憲政理念探討監察權的內涵及其運作規定，則在此一原則下，權（政權）與能（治權）之間應有明白之劃分。監察權本身不但應與罷免權做一劃分，又應與立法權做一區隔。在上述兩項前提下，五權憲法之下合理的監察權設計，應該是：

㈠僅包括目前憲法中所規定的調查權、彈劾權、糾正權、審計權，卻不應包括屬於議會權力（由立法機構行使）的同意權。換言之，在當前監察權中部分類似西方上議院或參議院職權的同意任命權，應該廢除，而統一由立法院行使該項權力。

㈡應釐清「政權」中之罷免權與「治權」中之彈劾權的異同，而不應混淆。換言之，應該將彈劾權的行使對象縮小範圍，儘量只及於非民選之官員。因為民選官員本係因人民選舉權之行使而使其在位，若監察院動輒根據彈劾權迫使其下臺，實有以「彈劾權」侵犯「罷免權」行使之嫌。基於此，在未來修憲方案中，應具體規定：彈劾權之行使，除非係當事人犯內亂、外患罪及情節嚴重之刑事罪，否則對象應以非民選官員爲限。關於「情節嚴重之刑事罪」一項，則另以法律訂之。

㈢監察院不應再繼續被視爲「國會」之一部分，而應定位爲職司風憲，揭發官員不法、違規、怠忽等行爲，並實施準司法職權之特別機構。

㈣監察委員之候選（或候任）資格應大幅度提高，由於監察院應非國會，而且必須擺脫政黨政治之影響，因此其專業知能及法學素養，應列爲首要考慮，基於此，監委之資格應嚴格規定爲下列各項：

第一，曾擔任法官或檢察官十年以上，卓富清廉令譽，無任何不良紀錄者。

第二，曾擔任大學法律、政治、經濟、會計、商學等科教授十年以上，並有專門著作，無任何不良紀錄者。

第三，曾擔任律師、會計師、精算師、建築師、土木技師等專業工作十年以上，卓富令譽，無任何不良紀錄者。

第四，曾擔任簡任以上官員十年以上者，卓富清廉令譽，且無任何不良紀錄者。

除上列四項以外，均不應列爲監委之候選或候任資格。唯有如此，才能大幅度提昇監委之專業水準，維繫其應有之清廉風範⑱。

⑱在中國國民黨的修憲方案中，擬議比照大法官或考試委員之資格，提高監察委員之資格，亦係一項值得參照之方案。

㈤關於監委之政黨色彩，依據監察權之設計原意，應係超越政黨政治，尤其應擺脫當前「金權政治」之污染，爲了貫徹此一目標，監委選舉辦法應全盤更改，可以從下列二途中擇一行之：

第一，將監委改爲由總統提名，經立法院同意任命之。並仿照憲法第八十八條對考試委員超黨派之規定，明訂「監察委員須超出黨派以外，依據法律獨立行使職權」。

第二，將監委改爲由人民直接選舉，但在選舉辦法中，應剔除「政黨比例代表制」，而一律採行由各地區普選，以降低政黨政治之色彩。

(六)關於監委之員額，若係由總統提名，經立法院同意任命之，則員額可減少，仿照司法院大法官會議，定額爲十七人即可，但院內之委員會相關設計，則需縮減。若採納上述之第二案，即採直選，則定額爲五十名左右，應爲合理。

(七)關於監委之任期，若係由總統提名，經立法院同意任命之，則任期應延長，仿大法官任期，訂爲九年。若係採取直選，則可比照立法委員，訂爲三年。

(八)取消監察院之同意權後，考試、司法二院人事之同意權，應改由立法院行使。

上列各項，係基於權能區分與五權分工之理念而提出之相關設計。下文將另就西方二院制國會之經驗，提出將監察院改爲西方式上議院之設計方案。

二、基於兩院制國會設計之監察院

根據抗戰結束後的政治協商會議之制憲理念，監察院已滲入了一些西方兩院制國會中上議院（參議院）之職權。其中諸如同意權之行使，省市議會間接選舉監委等辦法，均類同美國過去之參議院設計。若今後修憲方向係以兩院制國會爲藍本，則監察權勢必擴張，其具體作法如下：

(一)除目前所擁有之各項權力外，監察院應增加法案審議權，唯其行使範圍需與立法院有所區分。

(二)政府預算案應經立法、監察兩院聯席會議議決通過。

(三)由於監察院單獨擁有了彈劾權、糾正權、糾舉權、調查權等，因此法案審議權之行使範圍，應較立法院爲小。基於一般西方國家行使兩院制之基本原則，往往係以「地區代表」性質規劃參議院，因此凡牽涉中央地方關係之法案，應在立法院通過後，再交由監察院審查，若兩院意見不一，則交由兩院聯席會議審查，並以多數決方式決定是否通過。

㈣監委應改爲普選，但員額應另作調整，而且應根據「地區代表」之性質訂定各地區同等之員額，亦即各縣市及各院轄市員額應規劃一致。

㈤由於監委之性質已類同西方上議院議員，且係國會議員，因此必定具民意代表色彩，爲減輕政黨政治包袱，除了候選資格如前節所規定，應大幅度提昇外，並另應立法規定，監委行使彈劾、糾舉、糾正等權限時，應超越政黨政治。

㈥由於監委之同意權在此處已保留，因此考試院及司法院必須對監察院負責。但考試院及司法院目前與立法院間之關係，勢須另作調整。

三、基於西方監察長制度而調整之監察院

西方之監察長(ombudsman)制度，首創於瑞典(1809年)，芬蘭在1919年亦設置此一制度。1953年，丹麥承繼此一制度，並推廣至大英國協及其他英語系國家，後來經聯合國人權委員會的大力推動，截至一九八〇年代初，全球已有三十餘國實施九十餘種不同之監察長制度⑲。

但是監察長制度雖已是當代民主國家之共同新趨勢，但就其職能而論，卻僅及調查權及部分之糾舉權及糾正權，而且監察長對行政誤失及怠忽職守情事，只有建議改正之權，卻無強制改正、糾彈、懲戒、及正式制裁之權力。因此就其法定職權而論，並不如我國憲法有關監察權規定之完整。

但是若就監察長制的實際運作，卻顯有我國監察制

⑲關於西方監察長制之分析，請參見：張劍寒，〈中國監察制度與歐美監察長制度之比較〉，《中華學報》，第一卷第一期，民國63年。陶百川，《比較監察制度》，（臺北：三民書局，1978），pp. 495～501。
G.E. Caiden ed., *International Handbooks of the Ombudsman*, (Greenwood Press, 1983)；周陽山譯，〈監察員制度的意識型態基礎〉，《憲政思潮》，頁47-50。

所不及之處。茲舉其重要之處論列之：

㈠西方之監察長制不但監督一般行政體系之違紀失職情事，也對一些特殊機構，如監獄、軍隊進行特別行政監督。另外，此制度也對當代許多新生事務（如消費者權益、環境保護）進行監護。相對的，我國監察權之行使卻過於籠統，而且監委專業知能不足，因此今後應特別強調監委之專業知識背景，並對不同行政領域進行分工，以強化行政監督之成效。

㈡監察權雖然自中央至地方均屬其職權行使範疇，但難免失之過於寬泛，過去雖有監察委員地區分署之設置，但因目前僅限於臺灣地區，故未再分設。但以西方監察長制之實施經驗，或則在地方機構行使，或則對中央單一機構行使，對象單純並非無所不包。而依目前我國輿論建議，亦多主張縮小監察對象之範圍，亦即將部分權限改為僅以中央機構為監察對象。尤其是縣市之審計權，應歸由縣市議會行使⑳。

㈢西方之監察長人數雖然有限（如瑞典僅設四人），但有充分之助理幕僚協助其工作，並且常能對人民申訴速作反映，以掌握時效。相對的，我國監察權卻往往缺乏時效觀念，延誤時機，失去了監察行政缺失、糾察風紀的積極效能。有時甚至拖延至當事人退休或離職後才做出懲處決定，但卻已時過境遷，實有違監察權設計之初衷㉑。

基於以上之分析，今後之監察權運作應朝加強行政監督、監委專業化，彼此分工合作、縮減對象範圍、爭取時效等方向進行改革。

⑳此係傅啓學先生之議，轉引自朱武獻〈監察、考試兩權之檢討〉，輯入《民間國建會特輯之一：改革憲政》(臺北，國家政策研究資料中心，1990)，頁139。

㉑但是我國之監察權設計，亦有西方監察長制所不及之處，其中主要有下列幾項：
㈠我國監察權，包括彈劾、糾舉、糾正，具強制性；而西方監察長制則只能以告誡、勸誨、建議及輿論制裁等非強制之方式實施。
㈡我國監察權係根據五權分立原則獨立行使，而西方監察長卻多附屬於國會立法權之下，多由國會選任，所受之法律保障及其獨立職權之行使，實遜於我國之監察委員。
㈢有些國家（如英國）之監察長，不能直接受理人民申訴，管轄範圍太小，難有作為。我國當前監察權雖然績效不彰，但其法定職權若充分發揮，仍可產生積極之澄清吏治及改善行政之良效。
基於此，本書並不贊成廢除監察權之議，而主張從制度改良方式著手，使監察院重現成效。

四、關於監察院職權擴張的兩項擬議方案

上文所述，除了「雙元國會」一項可能會擴張監察院之職權外，其他的討論多係以縮減職權，精簡監察權行使之對象爲考慮基點。下文的討論，則將在廢除「同意權」的行使之外，提出一項較富爭議性的擬議，亦即將檢察權自行政院轉移至監察院之下。

衆所周知，世界各民主先進國家均將檢察與司法劃歸於不同的兩個系統。在三權分立體制下，檢察歸行政權掌管，通常受司法部（或法務部）指揮監督，而司法權則獨立由法院行使職權㉒。我國立憲時，亦仿此制，將檢察系統交由行政系統掌管。但在政黨政治加速發展的今天，檢察權的行使不斷受到在野黨派的質疑，認爲檢察權的獨立運作，已受到政治力量的過度干預，而司法威信又一再受到民意抨擊。因此爲求釜底抽薪，正本清源，最適宜的作法，應係將檢察系統自行政院之下改隸於監察院。但其前提必須是：使監察院重新發揮應有之準司法功能，並擺脫金權政治的羈絆；亦即，使監察院成爲不受政黨政治控制，眞正職司風憲而富清譽的機構。

㉒有關檢察制度之中外實施經驗，參見：黃東熊《中外檢察制度之比較》，（臺北：中央文物供應社，1986）。

或許會有論者以爲，監察權係代表政府，揭舉政府官員的違紀失職，而檢察權則係代表國家，起訴人民的違法亂紀，此二職權性質不同，對象亦異，怎可合爲同一機構。但是，我們若考慮到行政權與檢察權之關係，當可發現，在由政黨政治主導的行政院之下，檢察權的獨立行使，即使表面受到法律的保障，但仍難免不受到行政系統的實際干擾，而如果將其劃歸爲具準司法職能，以擺脫政黨影響爲特色的監察院之下，至少在檢察權的公正獨立方面，將較目前體制更加受到保障。更何況，檢察權歸行政系統主導，乃係歷史因緣的發展結果，在西方三權分立的架構下，自屬無可選擇的必然舉措。但西方各國的檢察權，仍必須強調其獨立性，以免淪爲政爭工具。但在我國司法威信未立，而法治精神尚未

彰著的今天，若將其置於監察院之下，實較其他四院更爲適合。這乃是五權制度之下方得實現的較佳設計。

基於此，在修憲方案中，吾人實可考慮將檢察系統劃歸監察院，其具體作法則如次：

㈠將整個法務部，包括檢察系統，劃歸監察院。

㈡僅將檢察系統劃歸監察院，法務部仍留在行政院內。

上述二方案，各有其理由，若依第一案，則監察院下，將下轄審計部及法務部二部。若係第二案，則下轄審計部及檢察總署二機構。

無論係上列兩項方案之中的那一項，均不牽涉憲法中有關行政權（第五章）條款之修改問題，因爲憲法第五十四條僅規定：「行政院設院長、副院長各一人，各部會首長若干人，及不管部會之政務委員若干人」。另外，若係採取第一案，即整個法務部改隸監察院，則「法院組織法」亦無需更易。但如係採第二案，即僅將檢察總署改隸監察院，則需將該法第八十七條後項第一款改爲：

「檢察總長（按：原係「法務部長」）監督各級檢察機關。」

至於改隸監察院之法務部長，自應比照審計長，由總統提名，經立法院同意任命之。若僅爲檢察系統改隸，則依現況，檢察總長則不需經由立法院同意任命。

五、小結

無論在上述三項修憲方案中選擇何者，吾人必須強調，監察權的提振和合理的權能區分及五權分工，必須通過下列的制度及程序設計方能完成，亦即：

㈠監察權的行使必須與人民政權的行使做一區分，因此對民選官員的彈劾權行使範圍必須縮減，亦即彈劾要件必須嚴格化，這必須透過修憲方能完成。

㈡爲彰顯五權憲法之精神，區分立法權與監察權之分際，監察院不應再行使同意權，而應改由立法院行使，此亦須透過修憲方能達成。

㈢爲提昇監察委員的專業知能及清廉風範，在候選或候任資格上必須大幅度提高，此可於監察院組織法中規定之。

㈣爲提高監察權行使之績效及加強行政溝通，必須縮減部分職權（如對縣市政府之審計權），並加強查案之效能。此可通過修訂監察院組織法、監察法、審計法等方式爲之。

㈤將檢察權移入監察院之下，係值得考慮的修憲措施，但因牽涉較廣，質疑之意見可能較多。但此舉對於改善檢察效能與司法獨立、建立法治及強化五權分工，應有積極效果。

㈥改變監委選舉或任命辦法，是重振監察權的關鍵所在。若採直接選舉，較能滿足民意需求；若採總統提名，立法院同意任命，較能發揮監察權之基本精神。此二措施均可透過簡單之修憲工作而完成。

第四節　關於考試院的修憲及定位問題

由於考試院的職權較爲單純，與其他機構相較，爭議亦較少，本節中僅就人事行政權之歸屬，以及選舉監督問題，提出有關憲政定位的分析㉓。其中包括：㈠回歸憲政的考試院，㈡監督選舉事務的考試院。進一步，則據此提出具體之修憲方案。

一、回歸憲政的考試院

有關考試院職權的主要爭議，是究竟人事行政權應否歸屬於考試院。民國五十五年三月十九日，國民大會修正之「動員戡亂時期臨時條款」第五條規定：「總統爲適應動員戡亂需要，得調整中央政府之行政機構及人事機構」。總統根據此一授權，於民國五十六年七月二十七日公布「行政院人事行政局組織規程」，在行政院之下設立人事行政局。許多論者認爲此舉實爲侵犯考試權之「違憲」措施㉔。政府在設立人事行政局時，亦慮及設立此一機構將侵犯考試院之職權，乃於其組織規程第二條規定：「人事行政局有關人事考銓業務，並受考試院之指揮監督」。換言之，監督人事行政局的實有兩個機構，即行政院與考試院。此一設計，無庸諱言，是十分特異的。但也凸顯了考試院職權與人事行政局職權嚴重重疊的事實。

但是，在民國八十年動員戡亂時期結束，「臨時條款」廢除後，考試院職權能否「回歸憲政」，仍然成爲爭議之焦點。根據中國國民黨修憲策劃小組研擬的修憲方案㉕，改進方案共有三項：

㈠方案甲：依據憲法第八十三條之精神，確定考試院爲最高考試及人事行政機關，掌理考試、任用、銓敍、考績、級俸、陞遷、保障、褒獎、撫卹、退休、養老等事項。（其中「保障」、「褒獎」、「撫卹」等項係憲法原文中所未規定者，而原憲法規定之「薪給」，則改爲「級俸」。）並將人事行政局併入考試院。至於如何「併入」，是在考試院之下另設「人事行政局」還是裁撤人事行政局，將其職權及人員轉入考試院，則未做具體規定。

㈡方案乙：維持現行制度，行政院設人事行政局，考試院之職權擬作如下之調整：

第一，修訂憲法第八十三條，規定考試院爲國家最高考試機關（而非人事行政機關），掌理下列事項：

1. 考試。

2. 公務人員之銓敍、保障、撫卹、退休。

㉓相關之研究，參見：朱武獻，〈監察、考試兩權之檢討〉，前揭文，頁115-133），及朱武獻〈有關考試院問題〉，「中華民國憲政改革學術論文研討會」，民國79年12月23日至25日。

㉔根據憲法第八十三條規定：「考試院爲國家行使考試權之最高機關，掌理考試、任用、銓敍、考績、薪給、陞遷、退休、養老等事項。」上述之職權中包括了廣義之人事權。

㉕刊載於《中央日報》，第三版，民國81年1月12日。

3.公務人員任免、考績、級俸、陞遷、褒獎之法制事項。

第二，公務人員任免、考績、級俸、陞遷之執行，由各用人及有關機關分別主管。

第三，公務人員待遇、養老事項，由行政院主管。

換言之，考試院之職權部分調整，有關公務人員任免、考績、級俸、陞遷、褒獎等之法制規定，仍歸考試院負責，執行則歸各機關自行掌管，而行政院則主管待遇、養老等事項。此一分工方式，既保留了考試院的基本職權，而且也使各機關有其人事任用之彈性。而行政院主管公務人員之待遇，係因牽涉到政府預算之運用；而主管養老事項，則係整體之社會福利政策之一部分，歸於行政院，亦係合理之安排。但考試院的直接職掌權限，則頗見萎縮。

㈢方案丙：劃分考試權及人事行政權，以修憲方式，將人事行政權自考試院移轉至行政院。並規定考試院爲掌理考試之「全國最高機關」，至於任用、銓敍、考績、級俸、陞遷、保障、褒獎、撫卹、退休、養老等事項之職權，則由各用人及有關機關分別主管。在此一方案下，考試院職權將大幅度萎縮，銓敍部可能被迫裁撤。此不符「回歸憲政」之旨，並將大幅度擴增行政系統之權限，實不合宜。

上列三方案中，基於五權憲法的分權理念，我們認爲第一、第二項方案（方案甲、乙）均可考慮，至於第三項之方案丙則勢將使考試院職掌大幅度削弱，並不符憲政傳承，亦與五權分立理念相違，因此不應採納。

除了上述有關考試院職權的爭議外，另外還有兩項重要的爭議問題：

㈠考試院應否自目前之「合議制」，改爲「首長制」？而考試委員的產生方式，應係維持目前由監察院行使同意權，還是改交由其他機構行使？

㈡憲法第八十五條規定：「公務人員之選拔，應實行公開競爭之考試制度。並應按省區分別規定名額，分區舉行考試。非經考試及格者，不得任用。」其中「按省區分別規定名額，分區舉行考試」，頗不合臺灣地區之現實環境，應否作一調整？

先就第二項討論。憲法第八十五條之「按省區分別規定名額」，原係基於大陸之廣大幅員而作之設計，現在應用在臺灣地區，實不合宜。而且此一規定更造成在臺人口稀少的偏遠省分人士倖進之機會，完全違反考試公平之精神，實應在憲改過程中凍結此一部分條款之適用性。但該條文中「公務人員之選拔，應實行公開競爭之考試制度。……非經考試及格者，不得任用」，係合理之規定，仍應保留。

至於考試委員的產生方式及「合議制」或「首長制」的問題，則牽涉較廣，異議亦較多。首先，「合議制」之規定，係源於民國三十五年政治協商會議之修憲十二原則㉖，其中第五項規定：

「考試院用委員制，其委員由總統提名，經監察院同意任命之。其職權著重於公務人員及專業人員之考試。考試院委員須超出於黨派以外。」

根據「考試院組織法」之規定，考試委員共有十九人，任期六年㉗。而考試院院會又係一人一票之「合議制」。上述之規定，行之有年，原較無爭議。但由於在憲改方案中，監察院可能將會停止行使同意權，改交由立法院行使。在立法院決定考試院人事的前提下，若仍採「委員制」或「合議制」，難免會引起考試院將如何對立法院負責之爭議問題。亦即，在「合議制」的條件下，

㉖在此之前，自民國十九年考試院成立至行憲之前，考試院則採「首長制」。性質類同行政院，由院長進行決策。改爲「合議制」（即「委員制」）後，院長與各委員之間決策權力相等，重大事項由院會投票多數進行決策。

㉗目前考試院院會之構成，除院長、副院長外，另包括十九位考試委員，及考選、銓敍兩部部長，共廿三人。院會爲全國最高考試及人事行政政策決定會議，考選部及銓敍部事實上僅爲考、銓業務之執行機關而已。院會係每周舉行一次。參見：朱武獻，〈監察考試兩權之檢討〉，頁125。

考試院長將無法行使獨立決策之權限，更將不易面對立法院之監督。

關於此點，吾人可分爲下列三項討論之：

第一，憲法第八十八條規定，「考試委員須超出黨派以外，依據法律獨立行使職權」，基於此，考試院理應不受立法院之政黨政治之影響。基於此，在民國三十五年十一月通過的「中華民國憲法草案」中，第九十二條規定，「考試院關於所掌事項，提出法律案時，由考試院祕書長出席立法院說明之」。此一規定，在稍後的中華民國憲法第八十七條中改爲：「考試院關於所掌事項，得向立法院提出法律案」。雖然原憲草中的「考試院祕書長」幾字已在正式憲法條文中刪去，但是在實際憲政運作上，無論是法律案之審議或預算之審議，考試院院長、副院長、考試委員等都一律不到立法院備詢，僅由考試院祕書長或考、銓兩部人員到立法院說明。由此可知，立法院實可藉法律案或預算之審議，監督考試院。但考試院長、副院長、考試委員等之獨立職權，仍應尊重。而無需改爲「考試院長對立法院負責」。事實上，行政院與立法院之制衡關係，實不同於考試院與立法院之關係。因此，爲了立法院對考試院行使同意權，就要強將考試院比同行政院，並改爲「首長制」，實無必要。

第二，當監察院不再行使同意權後，考試及司法兩院之高層人事，均由立法院行使其同意權。但即使司法院院長、副院長、大法官等係由立法院行使同意權後產生，司法院院長仍然不可能對立法院負責，司法院依然不可能改爲「首長制」。而法官超出黨派以外，依法獨立審判，以及大法官會議的「合議制」等特性，也不可能因此有所變更。既然法官是「超出黨派以外」，則考試委員的「超出黨派以外」，就應享有同樣的法律地位保障。而「大法官會議」之「合議制」特性既然無需變更，則考試院的「合議制」特性，也自無變更之必要。

第三，立法院對考試、司法兩院之同意權的行使，應以考試委員、司法院院長、副院長、大法官等之適任資格爲限。卻不應以候選人之政治立場、黨派屬性做爲考量標準㉘。基於此，即使司法院、考試院的同意權歸於立法院，其性質也與對行政院長的同意權不同。立法院對行政院院長之同意權，係一種政黨政治的信任表徵，也是一種對執政者的信任授權，而對司法、考試兩院的同意權，則係一種「適任資格的審查」，卻不是政黨政治的信任表徵。基於此，行政院的首長制，絕不可因爲同意權的行使，就勉強的移轉至考試、司法兩院。這種「形式移轉」的想法，是不適切的。

㉘最近十幾年美國參議員對大法官任命所做的許多刁難，已引起美國社會極大爭議。一般認爲，如果參議員要求大法官有充分的法學素養、較高的德行標準，自屬正當，但如果僅因政治立場或意識型態的取向不同，而橫加刁難，則殊爲不合理，也有違尊重司法獨立之精神。

不但「首長制」的「形式移轉」不適切，任期長短亦不應一視同仁。立法委員的任期是三年，考試委員是六年，大法官是九年。現在後兩者改由經立委同意而產生，是否應該也將他們的任期一律改爲三年呢？答案應該是否定的。

主要原因是，大法官及考試委員必須不受政黨政治之影響，任期必須較長（甚至有論者主張應改爲「終身制」），強調任期的安定性，如果像立委一樣改爲「每三年一任」，就難免變爲黨派政治的代言人了。這與考試權、司法權應公正、獨立行使的特徵，絕不相符。

基於上述的分析，考試院應繼續維持「合議制」，而考試委員的任期也無需調整。

二、監督選舉事務的考試院

除了「回歸憲政」的考試院定位方向外，在當前衆多的修憲方案之外，還有一項較爲特殊的憲改擬議，即在考試院的執掌中，增列一項：「監督選舉事務」。此係基於選舉事務本身極易受到政黨利益之影響，而且選舉公正問題一直是一項爭擾問題。事實上，只要選舉事務是由行政院主持，行政院又扮演政黨政治下之內閣角色，選舉公正問題就必然會受到質疑。在野黨派很容易將選舉失利歸咎於執政黨的偏私、舞弊，而執政黨又一定會強調選務公正、公平，政府則會強調「行政中立」、「不黨不私」及「黨政分離」。

但是，在三權分立體制下，選舉卻必須由行政系統負責，而法院則擔任選務糾紛的仲裁者角色。至於立法機構，則會定期的基於政黨勢力消長的考量，經常性的重劃選區，一方面反映人口變遷的事實，一方面則規劃出對某些政黨最爲有利的選區，在選舉中得到特別的便利。這乃是西方三權分立體制下的常態運作。

但在五權分立制度下，選舉事務卻可藉考試院的公正、獨立、超出黨派之角色，而得到更公平、合理的制度性安排。基於此，將選舉事務的監督工作，委由合議制、超出黨派、獨立行使職權的考試委員負責，實比交由行政院承擔，更爲適當。

至於其具體作法，則有下列幾項：

㈠將「中央選舉委員會」改隸於考試院之下。

㈡在選舉期間，各選務機關及負責選務之民政機構，受考試院之監督。

㈢在選舉期間，監督選務之檢察機關及警察機關，配合考試院之指揮運作。其性質類似國家考試期間之運作情況。

換言之，除了將中央選舉委員會自行政院移往考試院外，無需專門爲考試院的選舉事務別立機構，增加新的行政人員，只要將職權指揮問題，做一釐清即可。但在將選舉監督事項移向考試院後，卻有幾項原先所無的優點：

第一，考、選眞正合一，達到「選賢與能」的目的。

第二，考試院對選舉候選人的資格審定，將更爲確實、具體。並可研擬候選人資格考試方案，規定學歷條件不足的候選人，得在通過資格考試後獲得參選資格，藉以增加參選機會㉙。

第三，考試院的超黨派特性，有助於增強選務之中立性、公正性。

基於此，吾人以爲，由考試院監督選舉事務，雖然看來較爲特殊，亦爲三權制度下所不可能出現之制度設計，卻正係彰顯五權分立之優異性，並促進選舉公正性的一項重要修憲擬議，是值得積極考慮的。

㉙譬如說，失學者若參加選舉，往往會因學歷條件不合而失去參選機會。現若由考試院監督選舉事務，即可專門爲參選資格不符者舉辦考試，考試及格後即可獲得參選資格。

三、修憲方案

無論是回歸憲政或增加選舉事務之監督權，有關考試權修憲幅度均不大。若採前一方案，將憲法第八十三條之職掌，做一調整即可，另外八十四條中，「經監察院同意任命之」，改爲「經立法院同意之」即可。此外，則是取消或凍結第八十五條中，「並應按省區分別規定名額，分區舉行考試」等規定，即可完成修憲任務。

若採第二案，即增加選舉事務之監督權，則需在第八十三條中，增添而爲「考試院爲國家最高考試及選舉監督機關，掌理考試……選舉監督等事項」。另外則需就選舉事務，在「考試院組織法」中，增訂一些條款。如中央選委會的設立、選務監督工作的施行等，均應列入。但在憲法中則無需就這些細節問題做任何規範。

綜上所述，考試院的職權並不需要做太大的調整，亦無需按照某些論者所強調的，由於其職權不多，必須廢止或取消。事實上，即使是縮減考試院職掌，甚至是改爲「考試委員會」或「文官委員會」，還是必須強調它的獨立性。這時五權分立的理念仍然受到肯定，只是改換成稍爲不同的形式罷了。

在下一章中，我們將進一步比較總統制與議會內閣制的異同，並就行政、立法兩院與總統之關係，做一檢討。

第六章　總統制與議會內閣制

第一節　總統制、議會內閣制及中間類型

一、總統制的定義及特性

所謂「總統制」(presidentialism)，是指總統由民選（間接選舉或直接選舉）產生，任期固定，身兼行政大權，而且除非遭受彈劾或主動請辭，不因國會不信任而去職的制度。在此一制度之下，行政、司法、立法三權之間，各有清晰職掌，彼此制衡。行政權與立法權相互獨立，不相統屬。其優點是總統任期固定，不因政爭而去職(但偶有例外)，行政權不受立法權宰制，可使總統充分發揮行政效能。其缺點則係總統權力極大，容易導致獨裁，甚至使憲政秩序受到摧殘。另一方面，如果國會和總統分屬不同黨派，國會也可以經常運用制衡機制，阻撓行政權運作，造成「跛脚總統」，導致政府效能低落。但又因總統任期固定，無法以「倒閣」或「解散國會」方式逕行改選，重新訴諸民意，以解決僵局，因此其彈性較不如議會內閣制❶。

總括而言，總統制有下列各項特性：

❶參見：高朗，〈憲政改革方向——內閣制與總統制之比較〉，《中華民國憲政改革學術論文研討會論文》，臺北，民國 79 年 12 月 23-25 日；周陽山，〈憲政體制與政黨體系的互動關係〉，《九○年代國民黨的挑戰與回應學術研討會論文》，臺北，民國 79 年 6 月 8 日。

㈠三權分立清晰，相互制衡，各權之間擁有彼此箝制之權，權責分明。但制衡本身則係依賴複雜之制度設計。其中以美國體制設計最爲著名。

㈡總統係國家元首，兼任行政首長，對人民負責，而且大權在握，旣係國家主權象徵，亦負責實際政治成敗。但因任期固定，除任期屆滿不再當選連任外，一般而言，民意無法迫其提前去職（因違法失職而受國會彈劾者除外）。

㈢閣員僅對總統負責，亦不得兼任國會議員。一般而言，總統有充分權力任命閣員，閣員不對國會負責，但其任命在有些國家則須經由國會的同意。

㈣總統可由間接選舉或直接選舉產生，但是與國會議員選舉分開舉行，總統本人亦非國會之一員。

㈤總統無權解散國會，但可否決(veto)國會所提法案，國會除非以特別多數（通常係三分之二）再行通過，否則無法推翻總統的否決。

㈥總統任期通常不超過兩任。在拉丁美洲國家，多限制爲一次一任，不得連續連任。有的國家甚至規定終身均不得連任。

總統制在實際的實踐經驗上，往往不是出現強權總統，威脅到憲政民主的成長；就是因國會掣肘，造成「跛脚總統」，形成政府效能不張的現象。因此除了總統制的創始國美國外，其實際實踐經驗多不成功。在拉丁美洲國家中，僅有中美的哥斯大黎加一國表現較佳，其他均不理想。目前除了拉丁美洲國家外，實施總統制的國家還包括菲律賓、南韓及部分亞、非國家等。一般學界多

❷參見：Guillermo O'Donnell & Philippe C. Schmitter, *Transitions from Authoritarian Rule: Tentative Conclusions about Uncertain Democracies*,（Baltimore: The Johns Hopkins University Press, 1986), pp. 60～61.

❸在一九七〇年代中，南美各國的總統制面臨嚴重挑戰，除了哥倫比亞和委內瑞拉兩國外，文人政府均被推翻，並建立起軍人政權。直至一九八〇年代初，才逐漸展開民主化歷程，但軍人政變仍未能終止。一九九二年二月初，委內瑞拉即爆發了流產的軍事政變。

認爲，總統制比較不利於民主體制的鞏固與發展❷。這主要是因爲下列的原由：

第一，總統制較不具彈性，遇行政權與立法權相持不下時，無法以倒閣或解散國會方式訴諸民意解決，而只有將僵局拖延下去，直至任期屆滿爲止。但在此一過程中，極易引發民怨，或招致軍方及情治系統的不滿，進而造成政治動盪局面，或者導致民主體制的崩潰及逆退❸。

第二，總統選舉是一種「零和」(zero-sum)式的競爭，而不似內閣制下的國會大選，失敗的黨派仍可在國會中擁有一定比例的議席，不會「全盤皆輸」，並可繼續扮演制衡、監督之角色。但在總統制之下，總統選舉失敗的黨派及其候選人，卻只有在數年之後捲土重來，很可能會因再次失敗而輸掉整個政治生命。因此總統制下的總統大選往往形成極激烈的對決局面，而各方候選人更不惜以「全國式總動員」方式，爭取群衆的支持，結果極易引發政治動亂或社會失序的危機，比較不利於民主體制的穩定及成長❹。

第三，總統制是一人當政，集全國民衆之期望於一身。而且總統當選人往往也深具個人魅力。如果執政政績不佳，則易造成選民寄望的幻滅，甚至引發政治動盪或軍人干政。

第四，總統制對政黨組織的發展與黨紀的維繫，較爲不利。總統制之下的國會議員，其選舉往往並非與總統選舉同時舉行，而且國會與總統常係由不同政黨控制，總統又無法解散國會，提前大選，因此國會議員黨紀束

❹根據美國學者鮑維爾(G. Bingham Powell)的分析，在總統制之下動盪發生的比例及造成死亡的人數，遠比議會內閣制之下的情況嚴重，其具體數據是：

(一)a. 1958 年—1967 年，暴動中間值比例是（總統制：多數決議會內閣制：比例代表議會內閣制）：0.14：0.07：0.01

b. 1967 年—1976 年，上項之比例是：0.15：0.03：0.02

(二)a. 1958 年—1967 年，暴動造成死亡人數中間值比例(總統制：多數決議會內閣制：比例代表議會內閣制)：0.18：0.01：0.03

b. 1967 年～1976 年，比例是 0.53：0.30：0.00

上述之多數決(majoritarian)議會內閣制是指議員係以單一選區，過半數得票數而當選的。而比例代表(proportional representation)議會內閣制，則是指議員似依政黨得票比例而獲選的。根據上列數據，在總統制下發生暴動的比例最高，造成死亡的人數比例亦最高。議會內閣制的兩種支類型的比例則要低得多。換言之，總統制的政治及社會安定性較低。參見：G. Bingham Powell, Jr., *Contemporary Democracies: Participation, Stability and Violence*, (Cambridge: Harvard University Press, 1982), pp. 61-62.

縛較小，自主性高。一位議員往往只要盡心照顧本選區的選民利益，而無須黨的全力支援，即可當選，因此造成黨紀不彰的現象，亦不利政黨組織的發展。由於政黨黨紀維持不易，導致政黨政治不易制度化，也較不利於民主成長。

第五，如果總統個人威望甚隆，又得到國會同黨議員全力支持，則其權力將極大無比，甚至使制衡機制無法落實運作，造成獨裁局面，進而壓抑反對力量，形成民主的倒退。這在許多拉丁美洲國家尤為常見之現象❺。

二、議會內閣制的定義及特性

嚴格來說，「內閣制」(parliamentalism)應稱之為「國會制」或「議會內閣制」。議會內閣制是以議會（國會）為權力核心，行政系統受議會的節制，行政權與立法權合一，政府（內閣）則對議會負責。而且不同於總統制的制衡(checks and balances)理念，議會內閣制的基本原則是責任政府(responsible government)，不但個別之閣員需對議會負責，內閣整體亦需對議會負責。如果議會對某位閣員或整體內閣不信任，個別閣員或整體內閣便需要辭職以示負責。

綜合言之，議會內閣制有下列幾項特性：

㈠行政、立法合一，而非明顯之三權分立，而且無總統制式的制衡機制。

㈡國家元首與行政首長分由兩人擔任。因為歷史傳統與個別制度差異，其名稱並不固定。國家元首有的稱之為國王，有的稱為總統，也有的稱為大公(如盧森堡)

❺最著名的例子，厥為阿根廷的培倫(Juan Peron, 1894~1974)。一九四六年，培倫當選阿根廷總統，在他當政期間，鼓勵工業發展，並引進社會福利制度，將銀行、運輸事業、公共設施改為國營，得到工人階級廣泛支持，成為民粹主義(populism)的領袖。後來經濟情況惡化，工業擴張走下坡，培倫乃藉機鎮壓異己，壓制民權活動，並將反對者送入監獄。一九五五年，他在教會與地主階級的反對下，被軍方發動政變推翻。一九七三年，培倫獲准返國，九月間再度當選總統，次年七月逝世，由他的妻子伊沙貝兒(Isabel Peron)繼任總統，一九七六年因軍事政變而下野。

❻荷蘭係議會內閣制國家，但規定國會議員不得兼任閣員。我國憲法亦具內閣制特性（一般稱之為「修正式內閣制」），憲法第七十五條亦規定：「立法委員不得兼任官吏」。

❼議會內閣制之下國家元首的產生方式，有下列兩種特殊類型：
㈠由人民直選產生總統。如冰島、愛爾蘭、葡萄牙、奧地利。
㈡由選舉方式產生國王。如馬來西亞，國王係由各邦世襲蘇丹互選產生，（共九邦），任期五年，不得連任。至於其他國家，多係以世襲君主或間接選舉總統方式，產生國家元首。
至於總統制之下總統的產生方

或親王(如列支敦士登)。至於行政首長則多稱之爲首相或總理。

㈢行政首長的產生是建立在議會的同意之上，並對議會負責。行政首長及閣員通常可兼任議員，(但有些國家規定不得兼任)❻，並得因議會的不信任而去職。因此閣揆的任期較不固定。

㈣元首發布命令時，需經行政首長或有關閣員副署(countersigning 或 countersignature)，以明權責，其責任則由副署者承擔。無副署者，則元首之政令不生效力。因此元首的角色實係「統而不治」(reign but not govern)。

㈤國家元首平常主要承擔儀式性任務。但是當國家發生緊急危難或憲政危機時，元首則扮演憲政制度守護者的角色，得超越黨派，任命新的行政首長，或宣布行使緊急權力，保護國家渡過危難。因此國家元首雖然不經常行使權力，卻仍擁有象徵性權力(symbolic power)或保留之權力(reserved power)。

㈥行政首長係由間接方式產生。通常係由人民選舉國會議員，再由國會議員選舉產生行政首長。至於國家元首產生方式，則多係以君主繼承(立憲君主國家)，或間接選舉（共和體制國家）方式產生，但亦有採取直接選舉者❼。

㈦議會通常有「倒閣權」，內閣通常也有「解散國會權」，但亦有特例❽。此二權限使議會內閣制下的議員黨性較強，黨紀亦較易維持。因爲如果執政黨議員對內閣決策不表贊同，導致「倒閣」，議員即需重新面對大選。

式，則有下列三種：

㈠由人民直選產生。如巴西(1985年以後)、玻利維亞。

㈡由選舉人團間接選舉產生。如美國、阿根廷等。

㈢由議會間接選舉產生。如黎巴嫩、蘇利南。

❽例如挪威內閣即不得解散國會，國會任期四年，中途不得解散。另外挪威也有相當特殊的「一院（兩院）」制。在國會大選時係採一院選舉，（共選出 157 名），當選後在第一次國會會議上，按政黨比例代表制選出四分之一的議員（39 名）組成上議院，另外的四分之三議員則組成下議院。上議院議員一般較具立法經驗，年齡稍長。下議院通過的議案，必須送上議院審議，若通過，該議案即被通過。若反對，則送回下議院複議，下院或予撤銷，或予修改，或原封不動再送上院。若同一議案被上院否定兩次，就交兩院全體會議討論，獲三分之二多數始得通過。唯有上院通過或兩院全體會議通過之法案，才可報國王批准。另外，下院如對內閣成員提出彈劾案，上院部分議員和最高法院法官需合組憲法法院進行審理，上院院長則擔任該法院院長。此種由一院制劃分出的兩院制，確保立法程序及彈劾過程更爲審愼。而上院的職權，又比許多國家（如英國、日本）的上院職權，更爲充分而重要，而不僅具形式意義而已。

若在野黨議員不支持本黨之決策，轉而支持執政黨，則無異將使本黨失去執政機會，同時也可能因選民背棄而遭致落選。基於此，議會內閣制通常有較強之黨紀及較完善之政黨組織。

儘管議會內閣制將立法權與行政權結合，減低了內閣與國會間衝突的機會，而且有較總統制爲佳的黨紀及政黨組織，全球的民主國家，也多係實行議會內閣制。但議會內閣制本身卻不一定能確保政府施政效能良好，也不一定能杜絕獨裁、濫權的情事發生。這主要是因爲下列幾項原因：

第一，不同的選舉制度影響到政黨體制的歧異發展，也造成政府穩定與不穩定的差異結果。一般而言，採取單一選區(single-seat constituency)，一選區只選一席，並採多數決(majoritarian)的選舉制度，有利於兩黨制的發展（如英國、紐西蘭)。採取中選區（每一選區選出二至五席）或大選區（每選區選六席以上）❾，或者採比例代表制的國家，則較易形成多黨制(如歐陸各國)。其中政黨體制發展爲溫和多黨制(moderate multi party-system)的國家，有德國、瑞典等；發展爲分歧多黨制(polarized multi-party system)的，則有義大利、芬蘭、荷蘭等❿。政黨體系成員越多的國家⓫，其內閣組成就越爲不易，而內閣維持的時間相對的也就越短。其中尤以二次大戰以後的義大利最爲著名，平均每一屆內閣的壽命只有七、八個月的時間。相對的，採取兩黨制的英國，柴契爾夫人的保守黨任閣，則連續執政十一年之久，最後雖因黨內異見而被迫下臺，保守黨卻仍繼

❾採中、大選區選舉，事實上就是只取相對多數(plurality)的前幾席。這與過半數的多數決(majority)選舉，頗不相同。前者容易使小黨獲得生存空間，並形成多黨體制，後者則只爲大黨保留競爭機會，進而導致兩黨或三黨體制。

❿上述各國的主要政黨有：

㈠德國：社會民主黨、自由民主黨、基督教民主（社會）聯盟。（三個主要政黨）

㈡瑞典：社會民主工黨、溫和聯合黨、中央黨(舊稱「農民聯盟」)、人民黨、左翼（共產）黨。(五個主要政黨)

㈢義大利：天主教人民黨、共產黨(左翼民主黨)、共和黨、自由黨、社會黨、社會民主黨、社會運動（全國右派)。(七個主要政黨)

㈣芬蘭：民族聯合黨、中間黨(舊稱「農民聯盟」)、農村黨、社會民主黨、基督教民主黨、瑞典人民黨(瑞典裔爲主)、共產黨。(七個主要政黨)

㈤荷蘭：工黨、基督教民主聯盟、自由民主工黨、和平社會黨、政治激進黨、國家改良主義黨、六六年民主黨。(七個政黨)

值得注意的是，主要政黨數目超過三個以上的國家，政黨體系多不穩定，因此只要時間一長，超過十年以上，其主要成員即會發生變化，政黨成員的數目也會有所出入。

續當政。但是執政時間的長短，並不是政府安定與否的唯一指標。在內閣更迭頻仍的國家(如義大利)，只要文官體制保持中立，不介入政爭，並形成優良的行政自主傳統，政府仍能保持高度效能，不受政黨政治擺布，也使政爭及倒閣的影響減至最低程度。但是，一般而論，倒閣機會越少，政局越為穩定，則係事實⑫。

第二，在採取比例代表制的國家，政府多係由多黨聯合組成，政局容易出現不穩現象，已如前述。但在採取多數決制度的國家，如果某一政黨長期掌握國會多數，則易發生濫權情事。在民主發展穩定的國家，如瑞典，社會民主工黨自一九三二年起，連續執政達四十四年之久，一九八〇年代後，又繼續執政近十年，該黨的社會福利政策，雖聞名國際，但長期一黨執政的結果，卻也造成官僚主義橫行，資源浪費，福利國家政策尾大不掉等現象，最後終因經濟不景氣，民怨四起，而在一九九一年大選中為選民所唾棄。另外，在民主政治比較不上軌道的國家，如印度及牙買加，都發生過暫停選舉，中止民主憲政的不利情事⑬。

⑪此處所指的「政黨成員」，係指在政黨體系中有實質影響力的政黨。譬如荷蘭登記的政黨共有七十多個，但在議會中有席次的政黨有九個，扮演較具體的參政角色的主要政黨則有七個，因此其眞實的政黨成員則只有七個或九個。此一「成員」之鑑別標準，並非一成不變，而有若干主觀成分。譬如以民國八十一年的臺灣為例，登記之政黨雖有六十餘個，但眞正的政黨成員只有三、五個，但確切數目，則並不完全固定。亦有人認為，眞正的政黨成員，僅有國民黨、民進黨這兩黨而已。不過，最簡單的一項標準，則是以參與國會與否為準，只要能跨過門檻（一般定為獲得總選票1%至5%），在國會有其議席，即係政黨體系之有效成員。

⑫舉例而言，二次大戰後，西德只行使過兩次倒閣權，而且只有一次成功（一九八二年由柯爾取代施密特，出任總理）。西德規定，倒閣時必須提出繼任閣揆人選，以示負責。這對政局安定及減少倒閣機會，頗有助益。參見：高朗，前揭文，頁11。

⑬其中以印度的例子最為著名。1975年6月12日，印度阿拉哈巴德市高等法院宣布，當時的印度總理英迪拉·甘地在1971年議會選舉中有營私舞弊行為，判決她當選議員資格無效。按印度憲法規定，總理必須具有衆議員資格。法院判決後，印度各反對黨領導人紛紛要求甘地夫人立即辭去總理職務，並且在全國掀起大規模倒甘地的政治浪潮。面對這一形勢，甘地政府於6月26日在全國實行大逮捕，一天內逮捕了數百名反對黨領導人。6月27日，印度總統艾哈邁德根據憲法第三百五十二條規定，宣布全國處於緊急狀態。接著，政府又根據緊急狀態法修改印度國內安全法，實行全面新聞檢查，禁止罷工和5人以上集會等措施。按憲法規定，宣布緊急狀態後兩個月內必須獲得議會批准，否則停止生效。同年7月23日，甘地的國大黨占多數議席的印度議會批准了緊急狀態法，並通過了第38個憲法修正案，禁止法院審理任何反對緊急狀態法令的起訴案件。同年8月7日，印度議會又通過了第39個憲法修正案，使甘地當選議員和就任總理的1971年大選的選舉手續合法，並且規定賦予總統、副總統和總理免受法院審判的特權。

基於此，議會內閣制雖然比總統制較有利於民主制度的穩定發展，但卻不能絕對保證專政、獨裁現象不致發生。單純的想以採行議會內閣制，建立起穩定的民主制度的作法，乃是不切實際的。民主憲政的成長，以及民主制度的穩定的發展，實包涵其他更爲複雜的文化、經濟、社會及政治因素，而制度選擇因素只是其中一項成因，卻非充分條件⑭。

三、委員制及其變體

除了總統制及議會內閣制之外，還有幾種特殊的民主體制，其中最著名的是瑞士的委員制(council system)，以及法國第五共和的半總統制(semi-presidential system)。但是，嚴格說來，這兩種制度仍可歸類爲上述兩種基本體制之一，只是它們離總統制或議會內閣制的原始模型較遠罷了。有的學者將這種中間類型的制度稱之爲「折衷制」或「混合制」，但因此種制度的發展並不穩定，亦非折衷之產物，因此本書僅以「中間類型」稱之，而不採用「折衷制」的命名。

瑞士的委員制是一種特殊歷史及環境下的產物。瑞士的中央政府稱之爲聯邦委員會(Federal Council)，由七名委員組成。這七位委員是每四年一任，由聯邦議會（包括兩百位議員組成的「衆議院」及由四十六位議員組成的「參議院」兩部分）⑮從衆議員中選出，每州之當選人不得超過一人。衆議院改選後，這七位委員全部改選。議員若當選委員後，則需辭去議員之職。當委員出缺時，則由聯邦議會補選。

⑭參見：周陽山,《自由與權威》,（臺北，三民書局，民國79年），第三輯〈自由化與民主化〉。

⑮瑞士是聯邦制國家，人口約六百五十萬人，領土四萬一千三百平方公里。全國共有二十三個州，其中有三個州實施分治，形成六個「半州」。議會採兩院制，衆議院亦稱國民議會，共有兩百名議員，係由普選產生，任期四年。參議院亦稱聯邦院，有四十六名議員，每州選派二名，每「半州」則選派一名。選派議員的方式由各州自行決定，有的由公民普選，有的由州議會選舉，有的則由公民大會直接選舉。每州議員任期一至四年不等。衆議院與參議院合稱爲聯邦議會。聯邦議會負責憲法的制定和修改、審議各州州憲、審議和批准國際條約、制定預算、通過決算、宣戰、媾和、發布動員令、宣布大赦特赦，並選舉聯邦委員會委員及聯邦主席、副主席，戰時並選舉一名將軍任全軍統帥。因此聯邦議會本係瑞士的實權機構。

這七位委員之間互不統屬、權利平等，實行集體領導，其主席即為聯邦主席，亦即國家元首，任期一年，不得在次年連任。任滿後則由副主席升任。而聯邦議會則再從七位委員中選一位擔任副主席。這七位均可繼續連任委員。自一九五九年以來，七位委員一直由瑞士的四個主要政黨：基督教民主黨、社會黨、激進民主黨和中間民主聯盟依 2：2：2：1 的比例分配。其中前三者各得二席，中間民主聯盟則分配一席。此一分配方式使得瑞士政府長期以來一直是維持多數黨政府統治，而且不僅是多黨聯合和多數黨當政，且為各黨的大聯合(grand coalition)型態，政局自然十分穩定⑯。

瑞士的委員制雖然與總統制及議會內閣制均不相同，但究實而論，此一體制實較接近議會內閣制。其理由如次：

㈠國家元首每年一任，不得連任，其權力與其他委員相等，實係象徵角色的元首，而非行政權集於一身的總統，此實較接近議會內閣制之下國家元首的角色。

㈡議會決定政府委員的任免，亦即政府建立在國會同意的基礎之上。此亦係議會內閣制之特質。

㈢政府委員的政黨分布反映了議會內部政黨分配的現實，政府委員必須先當選衆議員，才能擔任委員⑰，這亦符合議會內閣制的特性。

但委員制之下的集體領導型態，卻與議會內閣制的閣揆一人領導方式，相當不同。而議會內閣制的特色之一，國家元首與行政首長分由兩人擔任，在集體領導體制下，亦不復見，這也可視為委員制之獨特之處。另外，

⑯大聯合(grand coalition)是指政府包羅了國會中的各個主要政黨。此種聯合政府型態十分罕見，通常只在戰時出現，象徵全國團結一致，停止黨爭，一切對外。瑞士的這種大聯合政府型態，尤為特殊。至於一般國家的聯合政府，只要有過半數的國會席次即可，因此參與政府的黨派數目不會太多，而在野黨也會繼續保留相當的席次和運作空間。

⑰但是當選聯邦委員後，又需辭去議員之職。此一規定與荷蘭相似，後者亦規定同一人不得同時在國會兩院占有席位，且不得兼任大臣、國務祕書等職。

議會不得以不信任投票方式推翻聯邦委員會，亦係特色之一。但若視「委員制」爲議會內閣制的某種變體，亦無不可。

採取委員制的國家，除了瑞士之外，還包括南美的烏拉圭和東歐的南斯拉夫。

根據一九五一年的烏拉圭憲法，爲防止總統獨裁，以「聯合執政」制替代總統制。並成立一個由九人組成的「國務委員會」，委員任期四年，其中六人由大選的多數黨成員擔任，另三人由第二大黨的成員擔任。這九位委員各由一位國務祕書協助，處理有關各部之工作。國務委員會主席，即國家元首，由多數黨六名委員中得票最多的前四位委員輪流擔任，每人任期一年。但是此一制度只實施到一九六六年，即重新爲總統制所取代⓲。

至於南斯拉夫的委員制則只是一個象徵性領導機構，其實權則由共黨（名稱爲共產主義聯盟）掌握，並非眞正的民主體制。根據一九七四年的南國憲法，聯邦主席團由南國境內的六個共和國及兩個自治省各派一位代表⓳，再加上南共聯盟主席一人，共九人組成，每屆任期五年，任何人不得連任兩屆以上。南

⓲一九六六年十一月，烏拉圭舉行公民投票，通過新憲法，規定國家行政權由總統行使，立法權由參衆兩院行使。由副總統擔任兩院議長。總統、副總統均由人民直選產生。任期五年。但一九七三年六月發生政變，憲政民主停止運作，到一九八四年底才恢復選舉，選出總統和議會，執掌政權。

⓳南斯拉夫由六個共和國和兩個自治省組成，分別是：斯洛文尼亞、克羅地亞（亦譯「克羅埃西亞」）、波斯西亞一黑塞高維那、塞爾維亞、門的內哥羅（亦稱「黑山」）和馬其頓共和國，以及柯索夫和伏伊伏丁那兩自治省。一九九〇年起，柯索夫、斯洛文尼亞、克羅地亞及馬其頓等地，均發生獨立風潮，並導致內戰，南斯拉夫已形同分裂。

⓴狄托（Josip Broz Tito, 1892-1980），係南斯拉夫共產聯盟終身主席和南斯拉夫聯邦共和國終身總統，也是不結盟運動的主要創始人之一。他出生於克羅地亞一個貧農之家，一九一〇年起擔任五金工人並加入社民黨。

國共黨領導人狄托在世時⑳，聯邦主席團主席一直由其擔任。在他逝世後，主席團主席、副主席每年改選一次，由主席團九位成員輪流擔任。主席團的工作必須遵循集體決定、集體負責及協商一致的原則。對內對外代表國家，統率武裝力量和管理國防事務，並有立法提案權，頒布議會通過的法律和法令，也有權建議聯邦議會通過某項對內對外政策。但是主席團做爲一集體並不直接對議會負責，主席團個別成員卻需對選舉它的個別議會負責（主席團主席係由各共和國或自治省的議會選出）。而且在主席團之下，還有以總理爲核心的政府行政機構。因此南斯拉夫的主席團制和瑞士、烏拉圭的委員制均不相同，它並非行政（執行）機構，而僅係一集體性的國家元首的制度性安排，而且此一制度也已在一九九一年南斯拉夫內戰爆發後，失去了功效。

四、半總統制及雙重首長制

所謂半總統制(semi-presidential system)㉑，是指總統經由直選產生，而總理及內閣係對國會負責，並將兩者結合於一的制度。根據此一定義，民主國

一九一三年應徵加入奧匈帝國軍隊服役。一九一五年同沙俄軍隊作戰時被俘，被俘期間受到馬列主義的影響加入國際赤衛隊和共產黨。一九二〇年回到南斯拉夫，並加入南國共黨，一九二八年起積極加入共黨革命活動，不久被捕入獄，一九三四年出獄，先後擔任南共克羅地亞省省委和南共中央委員及政治局委員，並被派駐莫斯科，參加共產國際之工作。一九三六年，擔任南共中央組織書記，祕密回國發展共黨組織。一九三七年出任南共中央總書記。一九四一年二次大戰爆發後，南斯拉夫爲納粹及法西斯軍隊所佔領，狄托擔任南國解放游擊隊總司令，領導武裝鬥爭。一九四五年納粹戰敗後，出任聯邦政府主席及國防部長，一九四八年，狄托與史達林絕裂，退出共黨情報局。一九五二年，南國共黨改名「南斯拉夫共產聯盟」，狄托繼續擔任總書記，一九五三年起擔任南國總統。一九七四年當選南共聯盟終身主席及南國終身總統，至一九八〇年辭世爲止。狄托是南斯拉夫共和國的主要創建者，對內實施自治社會主義，改善人民生計，並推動工業民主和代表團選舉制度，對外則拓展不結盟運動，使南國得縱橫於美蘇兩強之間，成爲第三世界的主要領導人之一。但狄托個人的獨斷專制作風，也導致南斯拉夫空有工業民主而無政治民主，而他一生所致力的多民族協商體制，也僅因他個人的高度權威而得倖存，但在他死後卻終於失敗而破滅，南斯拉夫也面臨了內戰與分裂的命運。有關狄托及南斯拉夫的討論，參見：鄭學稼著，《南斯拉夫史》(二卷)，(臺北，帕米爾書店)；趙旭青譯，《狄托一鐵蹄逃兵》，(臺北，北辰文化公司，民國 77 年)。

㉑「半總統制」此一名稱係法國學者杜瓦傑(Maurice Duverger)所首倡，參見：M. Duverger, "A New Political System Model: Semi-Presideutial Government", *European Journal of Political Research*, (1980) pp. 168-183.中文資料參見：芮正皋，《法國憲法與「雙頭政治」》，(臺北；中法比瑞文經協會，民國 76 年)；劉嘉寧，《法國憲政共治之研究》，(臺北，商務印書館，民國 79 年)。

㉒威瑪共和的憲法係於一九一九年七月三十一日由德國國民會議通過。一九三三年，希特勒上臺後，此一憲法實際上被廢除。由於國民會議在威瑪(Weimar)城召開，故名威瑪憲法，此一時期(1919-1933)亦稱爲「威瑪德國」，或「威瑪共和」。威瑪憲法全文共181條。規定：「德國爲一共和國，一切權力來自人民」。實行聯邦制。外交、國防、殖民、貨幣、關稅、財政、郵電等歸中央政府管轄。聯邦有權變更各邦疆域或設立新邦。各邦如有不依德國憲法和法律盡其職守者，總統得以壓力迫其遵守。各邦也設有憲法、議會和政府，有掌握警察之權以及在教育和某些稅收方面的權利。各邦之間發生爭端由最高法院裁決。憲法規定實行議會民主制。國會議員由年滿20歲的男女公民，按比例代表制，通過普遍、平等、直接和祕密的選舉產生。國會行使立法權，並有權任命內閣。總理和各部部長必須向國會負責。參議院由各邦政府選派的代表組成，是一個咨詢性機構。總統是國家元首，由普選產生，任期7年，可連選連任。總統在任期內，可由國會2/3多數提請全民投票予以免職。總統有權任命總理和部長，有權解散國會和下令舉行改選。總統還擔任全國武裝力量的統帥。可以在他認爲「公共安寧和秩序遭到擾亂或危害」時使用武力，並宣布公民基本權利停止生效。憲法規定「法官地位獨立並只服從法律」。由最高法院解釋法律，裁決各種爭端，並推荐下屬國務法院、勞工法院等機構的法官人選。憲法還規定，「所有德國人民在法律面前平等」；廢除等級特權及貴族稱號；公民人身自由、住宅和通訊自由不得侵犯；公民有不攜帶武器舉行和平集會的權利，但露天集會須予以申報，直接危害公共治安者，得禁止之。規定選舉自由和選舉祕密受到保障，人民有同等受教育的權利。規定人民有工作自由、結社（指結成勞工團體）自由、契約自由、經營工商業自由、財產自由（私人財產不容侵犯）等等。此外，憲法中還包括實行所謂「經濟民主」和「社會主義」的內容。威瑪憲法被憲法學界視爲一部相當先進的憲法。參見：E. Hucko ed., *The Democratic Tradition: Four German Constitutions*, (N.Y.: Berg, 1987)；林紀東，《比較憲法》，(臺北，五

家中一共有七個合乎此一制度的例子，分別是：

㈠威瑪共和時期（一九一九——一九三三）的德國㉒，及當前的：

㈡奧地利

㈢冰島

㈣愛爾蘭

㈤葡萄牙

㈥芬蘭

㈦法國

但誠如前文（註❼）所指出的，總統直選並非議會內閣制的常態。但實施總統直選的三個國家（奧地利、冰島、愛爾蘭）基本上仍係實施議會內閣制，並不因總統係採直選方式，就使其失去議會內閣制的特質。而且在這些國家中，總統的行政權力甚爲有限，有時甚至只扮演儀式性角色而已。尤其是當總統與總理爲同一黨籍，而總統又非該黨領袖時，總統個人的角色並不重要，因此總統民選與否，實在無足輕重。更不可能僅僅因爲是由直選產生，就想逾越憲法所賦與的職權，而獲得行政大權。基於此，一般憲政學者，均將此三國列爲「議會內閣制」，而非「半總統制」㉓。

至於芬蘭的總統，則因一九一九年

憲法規定其與國會共享立法權，與國務委員會共享政權，並擁有廣泛的外交權，情況較為特殊。在立法方面，總統有權發布議會選舉命令，解散議會；有權向議會提出法案，或對現行法律提出修改、解釋或廢止之建議。政府擬訂的法案也需經總統批准才能提交議會討論，若法案送交總統後三個月內未被批准，則被視為否決。

在行政方面，總統擁有最高行政權，有權任命內閣總理，內閣雖需得到國會的信任，但若係總統與議會間對信任問題發生歧見時，總統有權解散國會。但是總統的命令卻必須在內閣會議中通過，並由有關部長副署，方得生效，此又與議會內閣制的規定相符。在外交方面，總統負責對外政策，委任駐外使節，徵得國會同意後，可與外國締約、宣戰或媾和。在司法方面，總統可徵得最高法院同意，宣布特赦或減刑。

但在實際運作上，芬蘭總統的最重要權限實係外交權。由於芬蘭係分歧的多黨制國家（參見註❿），內閣更動頻仍，而芬蘭又地處北隅，與蘇聯為鄰，特別需要充分而靈活的外交權運作才能在國際生存。因此，相對於變動不居的內閣總理職位，總統就扮演著一股持久穩定的力量，持續的以「積極的和平中立」政策，發揮芬蘭的國際角色。芬蘭不但對東西強權保持一定的距離，而且還積極的運用它的中立地位，承擔國際仲裁、禁武、廢核等重要任務。這實與芬蘭總統的外交權運用，關係密切。從一九四六至一九八一這三十五年間，芬蘭內閣平均壽命只有十三個月，但總統卻只有巴錫基威（J. K. Paasikivi）和克克寧（Urho kekkonen）這兩位擔任過。

南出版公司，民國 78 年），第二編第四章。

㉓例如李普哈特（Arend Lijphart）就將其列為議會內閣制，另外 *The Blackwell Encyclopedia of Political Institutions* 也將其實際運作視為議會內閣制。（由 Vernon Bogdanor 撰寫），參見：A. Lijphart, *Democracies*, (1984)（前引書）p. 70.及 *Encyclopedia*, (1987) pp. 561 562.

在這三國之外，葡萄牙也採取類似之制度，但因葡國實施民主的期間不長，尚未列入「穩定民主國家」，因此有關之國際比較分析多不將該國列進。

因此，芬蘭的總統每任任期雖然只有六年，但實際擔任的期間卻遠超過於此。而芬蘭總統雖然多係由政治人物出身，但一當選總統後，卻均能超越黨派囿見，保持超然立場，追求國家整體利益，因此，芬蘭的選舉人團也一再選舉他們續任總統㉔。

相對於總統的外交權運作，芬蘭的內閣總理則將注意集中於內政事務。此種內、外分工的「半總統制」，實係總統制與議會內閣制之間的一種特例。

至於法國第五共和的政制安排，一般多認為，其主要特色實係總統制，而非總統制與議會內閣制之折衷。因此在實踐上並非眞正的「半總統制」㉕。

依據一九五八年制定的法國第五共和憲法，總統任期七年，由總數達八萬人的選舉人團選舉產生（一九六二年修憲改為直選產生）㉖。而國會任期則為五年，並採責任內閣制，總理及其政府須對國會負責。但是總統本人則擁有龐大的權限，其權力甚至超過實行總統制的美國總統，但卻又不對國會負行政責任，享有違反「責任內閣制」原則的個人權限。在戴高樂總統執政十年間，他曾運用此一憲法所賦與之權力，四度舉行公民複決投票，兩度解散國會，三度撤換總理，並曾一度行使緊急措施特權。結果不但使得總理成為總統之屬員，而且使第五共和憲法成為一部實質的超級總統制憲法㉗。

根據第五共和的憲法規定及憲政運作，總統可不經由副署任命總理（不需經國會信任投票之程序）、使用緊急權力、舉行公民複決、解散國民議會、提請憲法委員會解釋未公布之法律是否違憲，對國會兩院提出咨文、

㉔芬蘭總統每一任任期六年，連選得連任。選舉總統係直接間接混合，由三〇一位選舉團選舉。原規定係第一輪選舉中得票過半數者當選總統，否則就要進行第二、第三輪選舉。第二輪中得票前兩位的候選人才有資格進入第三輪選舉。但在一九八八年後重新規定，第二輪改由選民直接投票。而如果任何一位候選人得到超過百分之五十的直接選票，選舉人團就無需再行投票，得過半數選民支持的候選人自然當選。參見：R. Taagepera & M.S. Shugart, *Seats and Votes*, (New Haven: Yale University Press, 1989), p. 45.

㉕著名的法國學者阿宏（Raymond Aron）即認為，法國第五共和的總統，只要掌握國會多數，就成為總統制之下的總統，否則權力便會移給總理，而變為議會內閣制。因此此一制度實係在總統制與議會內閣制之間的轉換，而非折衷。參見：Raymond Aron, "Alternation in Government in the Industrialited Countries", *Government and Opposition,* Vol. 17, No. 1, (Winter 1981), pp. 3-21.

㉖這八萬多名的選舉人，包括國會議員、省議會議員、海外領地議會議員，以及各市鎮議會選出的代表。訂定此一規定的目的，

實施特赦、任命國家文武官員、擔任三軍統帥並主持國防最高會議、主持最高司法會議、擔任部長會議之主席、派任大使或特使駐節外國。此外，根據一九六四年公布的行政命令，總統還擁有「核子使用權」。這些廣泛的權力顯示法國的總統權力遠較芬蘭爲大，不僅限於外交、國防範圍，而且成爲「行政的泉源」。戴高樂個人並曾指出，「總統必須成爲行政權的眞正首腦，……由他眞正的指派政府並主持會議，眞正的任命民政、軍政、司法各項職務，眞正的統率三軍；總之，一切重要決策及權力自總統衍生。」㉘

在實際的權力運作上，由於自一九五八年至一九八六年間，法國總統與總理均爲同一黨籍，而總統又係該黨之實際領袖，因此總理一直成爲其僚屬。在此二十八年間，戴高樂、龐畢度、季斯卡和密特朗四位總統，均享有超級的總統大權，他們由民選產生，在國會中擁有絕對多數議員的支持，當其政績受到議會或選民抨擊時，又有總理及內閣可爲替罪羔羊，並以更換總理方式解決。當總統與總理之間發生歧見時，也是以總理辭職方式解決㉙。基於此，許多人將第五共和的雙重首長制體制比擬爲「強勢總統制」、「超級總統制」。

但是，如果總統和國會多數黨爲不同黨派時，總統的「憲法權力」就將面臨到國會實質的「多數權力」的箝制，儘管他仍然可以任命他自己所屬意的總理候選人，但國會卻可以「不信任案」的方式，拒絕他所任命的總理人選（見第五共和憲法第五十條），形成「倒閣」及「跛脚總統」的局面。在這樣的處境下，總統只有以接受國

在強化總統的民意基礎，並降低國會議員的影響，但四年之後就廢除此制，而改爲直選。

㉗見芮正臬，前揭書，頁 34-36。

㉘同上，頁 38。

㉙例如在一九七六年右派執政期間，當時任總理的席哈克要求總統季斯卡強化總理權力，惟遭季斯卡拒絕，席哈克乃於七月間辭去總理之職。另外在戴高樂期間，一九六二年總理戴布瑞亦因對阿爾及利亞政策見解不同，而以總理辭職收場。參見：劉嘉寧，前揭書，頁 64。

會多數黨的領袖出任總理，或解散國會、重新大選（但一年內只能改選一次）的方式，解決僵局。由於總統任期爲七年，國會任期爲五年，因此每隔五年，就有一次發生上述僵局的可能機會。所幸在第五共和的最初二十八年間，上述的情況並未發生。

可是在一九八六年三月的國會大選後，上述的僵局卻終於出現了。執政已五年的社會黨總統密特朗（任期至一九八八年屆滿），由於該黨在國會中失去多數席次，被迫任命右派「自由共和聯盟」領袖之一的席哈克出任總理(席哈克曾在季斯卡總統時代出任過總理)。進而展開了爲期兩年兩個月（自一九八六年三月至一九八八年五月）的「左右共治」(Cohabitation)。

在這兩年多的期間裡，「超級總統」已不復存在。但總統依然可以運用憲法賦與的各種權力發揮他在外交、國防及人事任命等方面的優勢性角色。而總理也可運用國會多數的優勢，實質的限制了總統的行政權力㉚。儘管密特朗和席哈克兩人都小心翼翼的處理權力互動問題，並儘量避免發生憲政危機，但仍然出現了多次權力衝突。譬如，密特朗總統曾經三次拒絕席哈克政府施政的條例草案，但席哈克政府都將其改寫成法律草案，送交國會通過，完成立法程序，而使其實質上獲得通過。但這已證明密特朗總統即使是以「少數總統」在任，卻並非「虛位元首」。另外，密特朗總統也否決了右派政府原先所提的外交、國防、司法三部部長人選，迫使席哈克重新提名黨派色彩較淡的人選。但即使如此，席哈克政府仍大幅度的介入外交與國防事務，使此二權限不再

㉚例如外交部長雷蒙即下令駐外大使儘可能將重要電訊呈報總理府或外交部，而密特朗總統所得知的外交情報，則經過外交部的篩檢，使密特朗的外交權限，大受影響，亦不易掌握外交全盤情勢。另外，在國防權限方面，密特朗的權限除核武使用權未受影響外，其他的國防主動權均爲總理席哈克所掌握。席哈克政府並命令「對外安全總署」主管縮減其與密特朗總統的合作事項。而在當時非洲查德危機中的法國軍事行動，以及在伊朗危機中法國戰艦的調遣，亦由席哈克所掌握。由此可見，密特朗總統雖然仍擁有憲法所賦與的外交與國防權力，但實權卻已大受影響。參見：劉嘉寧，前揭書，頁 127-129。

僅歸總統獨掌。再者，密特朗與席哈克兩人共同出席東京的七國高峯會議、海牙的歐市高峯會議、魁北克的法語國家高峯會議等，均凸顯了外交權不再由總統所獨掌，以及一個國家有兩位行政領袖的事實。

基於在「共治」時期法國的確出現雙重行政首長的事實，有些學者認爲此二年的共治期，才是眞正的「半總統制」或「折衷制」出現的年代。但也有學者認爲，這實係「議會內閣制」體現的年代❸❶。因爲此時的權力核心是國會與政府，而不再是總統。但是無論如何，共治期間的強勢總統的確已不再存在，也並非「總統制」當道的時候了。

不過，如果我們將法國的第五共和和芬蘭的「半總統制」相比較，當可發現兩者之間的重要歧異：

㈠芬蘭總統的任期相當長，而且係超越黨派政治而實施其權力。法國總統任期相對較短，卻並未擺脫黨派政治而運作其權力。因此芬蘭的總統具有眞正的全國性威望，公正無私的實施外交、國防等權限，法國總統卻依然是爲其權力的鞏固做考量，而且深深的介入權力爭奪的黨派鬥爭。因此，在芬蘭，總統可以扮演一股安定、持久的政治穩定力量。在法國，總統卻常是政爭的泉源和憲政危機的焦點。

㈡芬蘭的總統不輕易介入內政事務，亦不涉及黨爭。而法國的總統卻主導行政大權，並且當其與國會多數同黨時，更主導該黨的權力佈局，涉及國內政治、經濟、財政等公共事務。不過由於有總理爲其分擔責任，因此總統常常可在政治責任上置身事外，而形成「有權無責」

❸❶杜瓦傑即認爲，這兩年「共治」期，使第五共和憲法有了眞正實踐的機會。阿宏則認爲，由於決策中心已轉移到國會和總理，因此應係議會內閣制。李卜哈特也持後一種看法。參見：Arend Lijphart, "Presidentialism and Majoritarian Democracy: Theoretical Observations," Juan Linz & Arturo Valenzuela ed., *Democracy, Presidential or Parliamentary: Does it Make a Difference?* (forthcoming).但另外還有一種折衷性的意見，是美國學者蘭尼(Austin Ranney)所提出的。他認爲，就提名席哈克一事而言，密特朗的表現殊無異於議會內閣制的國家元首。但是由於他仍可依照憲法規定，行使多項權力，這證明法國第五共和制度實係總統制與議會內閣制的結合。參見：Austin Ranney, *Governing*,中譯本，由胡祖慶譯，《政治學》，(臺北，五南出版公司，民國 79 年) 頁 284。

的局面。

㈢由於第五共和體制的權責不清、設計不當，每五年即有可能出現因總統與總理不同黨籍而形成的憲政危機，頗不利於民主的穩定成長㉜。而且由於總統係直選產生，又擁有廣泛的憲法權力，因此不易扮演公正無私的仲裁者的角色，國會也頗難對總統的權力加以實質的限制。相對的，芬蘭的憲政體制卻無此一缺陷，而且由於總統和總理一樣都是由間接選舉產生，也免除了大權在握，國會無法約制的缺憾。

㉜亦有人認為總統與總理不同黨籍，彼此制衡，互相箝制，沒有什麼不好。但這實係誤解了制衡(checks and balances)的真正意涵。詳見本書第四章注㉘。

基於此，自一九一八年以來，芬蘭的憲政體制並無實際的運行困難，也無強權總統或超級總統、尾大不掉的困境。但法國的第五共和體制，卻被視為一套不易運作，而且可能為民主帶來危機的制度。在總統制、議會內閣制、委員會制、半總統制及其他中間類型裡，法國第五共和也不被視為一種憲政制度的理想類型，更非其他新興民主國家的憲政楷模。

綜合上述各種體制，在附表一中，吾人列出世界各主要民主國家的基本權力架構如次。

附表一　全球主要民主國家的憲政體制

國家元首產生方式 ╲ 體制名稱	一、君主繼承	二、間接選舉(由國會或選舉人團選出)	三、直接民選
一、議會內閣制	澳大利亞、比利時、加拿大、丹麥、日本、盧森堡、荷蘭、紐西蘭、挪威、瑞典、英國、西班牙	德國、以色列、義大利、法國（第四共和)、印度	奧地利、冰島、愛爾蘭、葡萄牙

二、總統制		美國	法國(1962-1986) (1988-1992) 哥斯大黎加
三、委員制		瑞士 烏拉圭(1951-1966)	
四、半總統制			芬蘭 法國(1986-88)

第二節　修正式內閣制與總統權力

在第一節中，我們就總統制、議會內閣制、委員制、半總統制及其他中間類型，做了比較分析。這幾種不同的憲政設計，在中國近代政制史中，都可找到類似的先例。例如，民國元年的「臨時約法」，頗具議會內閣制精神。民國三年的「袁氏約法」（中華民國約法），則係採總統制。南方軍政府的七總裁制，具某種「委員制」之色彩（雖然稱不上是一種「憲政體制」，而僅係一種權宜的權力安排）。至於民國二十五年的「五五憲草」，則可稱係一種「強勢總統」的設計。民國三十六年公布的「中華民國憲法」，則係採「修正式內閣制」。而在民國三十七年制定的「動員戡亂時期臨時條款」，以及其後新增添的條款內容，則爲總統增添了「有權無責」的權力內涵，亦接近「強權總統制」。

但是在實際的政治運作上，自行憲以來，除了在國家動盪期間，實際的憲政民主無法運作外，大部分的時間都係「強權總統制」。只有在嚴家淦先生擔任總統、蔣經國先生擔任行政院長期間，回歸到憲法精神的「內閣制」。民國七十七年一月蔣經國總統逝世後，實際的憲政運作則較接近於「雙重首長制」或「半總統制」。

可是如果吾人回溯憲法本題，撇除動員戡亂體制所引發的混淆，並以「回歸憲政」的精神具體的研究中華民國憲政體制，當可清楚的了解，中華民國憲法的特色實係「五權式的內閣制」或「修正式內閣制」，卻絕非「強勢總統制」或「雙重首長制」。吾人可以從憲法本文中看出這樣的權力設計原理。

一、總統的權力——憲法的規定

憲法第四章關於總統權力的設計，即完全係基於議會內閣制精神而安排。總統僅具象徵性權力及有限的保留權力，此可從下列的憲法有關條文中看出。

憲法第三十七條規定，「總統依法公布法律、發布命令，須經行政院長之副署，或行政院院長及有關部會首長之副署」，即係典型的責任內閣制設計，總統僅具象徵地位，不對法令負實際責任，此亦係「副署制」之基本精神㉝。

憲法第三十八條規定，「總統依本憲法之規定，行使締結條約及宣戰、媾和之權」。在第五章「行政」的第五十八條中則規定，「行政院院長、各部會首長，須將應行提出於立法院之法律案、預算案、戒嚴案、大赦案、宣戰案、媾和案、條約案及其他重要事項，或涉及各部會共同關係之事項，提出於行政院會議議決之」。由此可知，總統之締約、宣戰、媾和等權，是本於行政院會議的議決而行使的，而非總統本人主動行使的。

同理，第三十九條規定，「總統依法宣布戒嚴，但須

㉝副署制普遍見之於議會內閣制國家。譬如義大利憲法第八十九條即規定：「共和國總統之任何法令，如未經提出此項法令並對其負責的各部部長之簽署，均無效。」

經立法院之通過或追認。立法院認為必要時，得決議移請總統解嚴。」若與上引之第五十八條合而觀之，可知戒嚴案也係由行政院會議議決，再由總統依法宣布的。而立法院若認為無戒嚴之必要，也得決議請總統宣布解嚴，這均是須由行政院院長或相關部長副署的命令，而非總統可獨斷行使的。

第四十條規定，「總統依法行使大赦、特赦、減刑及復權之權」，若與第三十八條相對照，也可看出類似上一條文之特性㉞。此處雖然只有「大赦案」一項列入行政院之職權，但實已包括其他之相關內涵。(見「赦免法」第六條)。

第四十一條，「總統依法任免文武官員」，但由於均須經行政院長副署(包括任免行政院長本身)，此權實不在總統本身，自不待言㉟。

第四十二條，「總統依法授與榮典」。此係典型之儀式性權力。

第四十三條，「國家遇有天然災害、癘疫、或國家財政經濟上有重大變故，須為急速處分時，總統於立法院休會期間，得經行政院會議之決議，依緊急命令法，發布緊急命令，為必要之處置。但須於發布命令後一個月內，提交立法院追認。如立法院不同意時，該緊急命令立即失效。」此係保留之權力，凡議會內閣制國家之元首，多擁有急難時之處分權力，但條文中卻明白規定「得經行政院會議之決議」，足見決定權仍在行政院。而且緊急命令期效只有一個月，一個月內若未經立法院同意，則即失效，足見其條件規定得十分嚴格，絕非總統個人所

㉞類似的規定均可見之於一般之議會內閣制國家。例如日本戰後憲法第七條即規定:「天皇根據內閣的建議與承認，為國民行使下列有關國事的行為:……(六)認證大赦、特赦、減刑、免除刑罰執行及恢復權利。」義大利憲法第八十七條亦規定，總統「得宣布免罪減刑和修改刑事判決。」

㉟類似的規定也見之於議會內閣制下之「虛位元首」。日本戰後憲法第七條規定：天皇「認證國務大臣和法律規定其他官吏的任免、全權證書以及大使、公使的國書」，但這並不意味天皇享有外交實權或任免之權。義大利憲法第八十七條亦規定，總統（在法律有規定的場合下得任命國家公務人員」。此均係象徵性權力。

得輕易行使。

第四十四條,「總統對於院與院間之爭執,除本憲法有規定者外,得召集有關各院院長會商解決之。」此一條文常被解釋爲「賦與總統實權」。但實際上,憲法第五十三條明白規定「行政院爲國家最高行政機關」,而立法、監察、考試三院均爲合議制,院長所能個別決定的事項十分有限,而司法院長又不可能干涉法官獨立審判之職權㊱。基於此,總統對於院與院間之爭執,只有形式上,象徵意義的協調之權,至於協調之後所做的決定,並不表示係總統之實權。我們試比較採取議會內閣制的義大利,其憲法第八十八條亦規定:「共和國總統在聽取各該院議長之意見後,得解散兩院或兩院之任何一院」。雖然義大利總統得解散議會,但這不表示總統有解散議會之實權。而中華民國憲法雖規定總統「得召集有關各院院長會商解決之」,亦僅表達總統係國家元首,係國家統一之象徵,具有「統而不治」的領導地位,但卻並不意味此係統治之實權。

根據以上有關總統職權之分析,若再回溯檢討憲法第三十五條「總統爲國家元首,對外代表中華民國」,及第三十六條「總統統率全國陸海空軍」,這兩條條文,亦均係象徵性權力,與一般議會內閣制國家總統的權力殊無二致㊲。基於此,中華民國憲法之下的總統,應係議會內閣制之下的總統,迨無疑問。

二、動員戡亂體制下的總統權力

但是如果我們將「動員戡亂時期臨時條款」所賦與

㊱中華民國憲法第八〇條規定:「法官須超出黨派以外,依據法律獨立審判,不受任何干涉」。第八十一條規定:「法官爲終身職,非受刑事或懲戒處分或禁治產之宣告,不得免職。非依法律,不得停職、轉任或減俸。」基於此,司法院長依憲法很難對其所屬法官發揮政治影響力,也很難代表司法院對其他四院做出具體之承諾。

㊲義大利憲法(第八十七條)即規定:「共和國總統爲國家元首並象徵國家的統一。……(總統)統帥武裝部隊,擔任依法成立的國防最高委員會的主席,根據兩院決議得宣佈戰爭狀態。」

的總統權力，做一比較，則情況迥然不同。此一時期總統的權力已大幅擴張，絕非議會內閣之下的國家元首所可比擬，而且由於總統「有權無責」，且任期不受限制，因此他的權力不僅比總統制之下的總統要大，而且還要比法國第五共和的超級總統權力更大。

臨時條款第一條規定:「總統在動員戡亂時期，爲避免國家或人民遭遇緊急危難，或應付財政經濟上重大變故，得經行政院會議之決議，爲緊急處分，不受憲法第三十九條或第四十三條所規定程序之限制」。由於不受第三十九條之限制，總統宣布戒嚴，就不再須要經過立法院的通過或追認，而立法院認爲必要時，也無權決議移請總統解嚴。至於不受四十三條之限制，則表示原規定行政院發布緊急命令後一個月內，須提交立法院追認，立法院不同意時，該緊急命令立即失效。現在不再受此一條文規定的限制，則表示立法院已無權使此緊急命令失效了。

換言之，一旦解除了憲法第三十九條及四十三條規定的程序限制，總統即可長期或無限期的宣布戒嚴或發布緊急命令，而不受立法院的箝制。但如果我們孤立的看待此一條文(即不與其他臨時條款條文相對照)，尙可解釋此僅能表達行政院長不受立法院箝制，因此，仍有可能是行政院長本人獨擅大權，不受代表國會之立法院的制衡。因此，光看此一條文，僅能證明總統或行政院長的權力伸張，不受立法部門約束，卻無法確定究竟是總統權力較大或行政院長權力較大。

但臨時條款第二條規定:「前項緊急處分，立法院得依憲法第五十七條第二款規定之程序變更或廢止之。」而依憲法第五十七條第二款之規定，「立法院對於行政院之重要政策不贊同時，得以決議移請行政院變更之。行政院對於立法院之決議，得經總統之核可，移請立法院覆議。覆議時，如經出席立法委員三分之二維持原決議，行政院院長應即接受該決議或辭職。」換言之，如果有三分之二多數的出席立委要求行政院變更或廢止緊急處分，行政院長只有接受此一要求，否則只有辭職。但總統卻依然安於其位，不受影響（總統只對國民大會負責）。這顯示臨時條款賦與總統的權力保障較大。行政院長則有可能因緊急處分不爲立法委員三分之二多數之支持，而不得不變更決定，或辭職以示負責。

臨時條款第三條進一步規定：「動員戡亂時期，總統副總統得連選連任，不受憲法第四十七條連任一次之限制」。㊳這顯示臨時條款進一步擴張了總統的任期。並解除了總統制國家限制總統任期（僅有一任或兩任），以防杜強人專政的制度性防杜措施。此一規定，無疑將使強權總統出現的可能機會，大爲增加。

臨時條款第四條更進而規定：「動員戡亂時期，本憲政體制授權總統得設置動員戡亂機構，決定動員戡亂有關大政方針，並處理戰地政務」。根據此一條文，設置國家安全會議，總統爲主席，行政院長及有關部長皆爲會議成員，總統得指揮行政院長及有關部長，這使得原爲責任內閣制下之閣揆的行政院長，轉變而爲總統之僚屬㊴。此時原憲法精神之議會內閣制實已完全轉爲總統獨任制。而且由於動員戡亂時期民主政治之運作受到多方限制，集會結社及組織政黨之自由亦受到戒嚴及緊急命令之箝制，因此總統選舉也受到非民主因素的干擾。在這樣的處境下，總統所面臨的民意監督實較正常民主體制下之總統爲小，相對的，則形成實權遠超過總統制下總統之「強權總統」，而且是「有權無責」的強權總統。此時，正常的憲政民主運作實已不易進行。即使五院與國民大會均仍存在，但基本的憲政設計均不再發揮應有的功能。而原具內閣制精神的憲政體制，亦已失去其應

㊳在議會內閣制國家，總統因不具行政實權，多無任期限制。半總統制國家（如芬蘭、法國）亦然。但是在總統制國家，爲約束總統權力行使，多限制其任期爲至多一任或兩任。美國原已有憲政慣例，總統任期最多兩任，結果因爲羅斯福（Franklin Roosevelt）總統連任三次，破壞了此一慣例，美國人民乃於一九五一年通過第二十二條憲法修正案，規定「無論何人，當選擔任總統職務不得超過兩次；無論何人，在他人當選總統任期內擔任總統職務或代理總統兩年以上，不得當選擔任總統職務一次以上。」

㊴但國家安全會議的實際功能則隨總統之喜好而強弱不同。在蔣中正總統時代，此一機構甚爲重要。在嚴家淦、蔣經國總統時代，漸趨萎縮，目前更是功能不振。

有之法治權威。憲法擔負「國家根本大法」的功能，則已不復見。相反的，動員戡亂時期臨時條款卻超越了位階最高的憲法，而成爲奇特的國家權力的至高來源❹⓪。

在這套特殊的臨時憲政制度下，總統還可適應動員戡亂需要，調整中央政府之行政機構及人事機構（見臨時條款第五條），亦即調整原先的五權制度，造成五權憲法的嚴重變貌。其中，尤以行政院設立人事行政局，對考試院職權的影響至爲鉅大（參見本書第五章），亦頗不符合五權分工合作之原理。

但是，非常體制的憲政運作終非常態，而在憲法之上另立一套「非常憲法」的作法，更不符憲政主義及民主憲法之原則。因此，這套違憲的臨時條款，終於在國人的民主要求下，於民國八十年七月隨動員戡亂時期的結束而廢除，也使中華民國憲法得以重現天日。

三、動員戡亂時期結束後的總統權力

不過，爲了使動員戡亂時期設立之機構得繼續存在，並獲得法源依據，在動員戡亂時期結束前，國民大會特別在「中華民國憲法增修條文」第九條中規定：「總統爲決定國家安全有關大政方針，得設國家安全會議及所屬國家安全局。行政院設人事行政局。」

若就此一條文探討動員戡亂時期結束後之總統權力，無疑的，總統權力已較原先憲法本文中所規定者爲大。而且由於「中華民國憲法增修條文」本身具「合憲性」❹①，與臨時條款性質完全不同，因此，總統之權力擴張實係合憲之舉。但是，總統權力的擴張究竟是使總統

❹⓪「動員戡亂時期條款」是以「制訂」而非「修訂」方式通過，但通過時卻又引用了「修憲」的程序（國民大會代表總額五分之一提議、三分之二出席、出席代表四分之三的決議）。其合憲性問題，頗引人爭議。相關之討論，參見，胡佛，前揭文，頁40-41。

❹①「合憲」意指合乎憲法的規定，或合乎憲法本身規定之程序。相對的，違憲(unconstitutional)則是指違反了憲法的內涵或規定之程序。在一般民主國家，多有專設機構處理違憲爭議之問題，在美國、日本係最高法院，在法國係憲法委員會，在德國、義大利係憲法法院，在我國則爲司法院(大法官會議)。憲法第七十八條即規定：「司法院解釋憲法，並有統一解釋法律及命令之權。」

成爲「半總統制」之下的總統，還是依然係「議會內閣制」之下的國家元首，則不無爭議。此一問題，可從下述的幾個方向探討之。

第一，總統若係實際操控國家安全會議及國家安全局，則可解釋爲總統已實際掌握國家安全事務，而廣義之國家安全事務，則可包羅國防、外交、治安、兩岸關係及情報等事項。相對的，其他國內事務若統由行政院長掌管，則此種事權劃分方式，的確使總統兼具實權，不再是「統而不治」的國家元首，而且還兼具部分行政職權。此種制度實與芬蘭式的「半總統制」頗爲接近，卻與一九五八至一九八六年間法國第五共和下的強權總統制相距甚遠。因此，吾人可以將此比擬爲「半總統制」。

第二，總統若僅係在名義上督導國家安全會議及國家安全局，卻不眞正涉入國家安全事務，則總統依然只是「統而不治」，亦即扮演議會內閣制之下的國家元首角色，而不是半總統制下之總統。

第三，總統若與行政院長同一黨籍，且係該黨領袖，而總統又不同於芬蘭總統的中立角色(不介入政黨活動)，而實際領導著政黨政治之運作，則在總統兼爲黨領袖，行政院長及立法委員同受其領導及指揮的處境下，總統將有可能成爲法國第五共和體制之下的強勢總統。此種「強勢總統」與動員戡亂時期「強權總統」之最大區別，在前者（「強勢」）具合憲地位，後者（「強權」）卻有違憲之嫌，且非民主運作之常規。

第四，總統若與行政院長不同黨籍，而依議會內閣制之特性，行政院長實係立法院多數黨之領袖，則總統之權力將僅限於國家安全會議及國家安全局此兩機構，而行政院勢將儘量架空此二機構之職權，使總統之實際權力甚爲有限。此時，依憲法規定而論，雖係「半總統制」之下的總統，但實際權力卻可能與一般「議會內閣制」之下的總統無異。而且此一處境與法國第五共和在一九八六至一九八八年「共治」時期的情況亦頗爲不同，因爲法國總統可藉擔任部長會議主席、主持國防最高會議及委員會、向國會兩院提出咨文等方式，發揮實質之影響力。而在中華民國的憲政體制下，總統卻無這些權力及機會。同時，行政院長亦可藉指揮國防部、外交部、大陸委員會、情治系統等方式，使黨籍不同的總統在指揮國家安全會議及國家安全局時，不易發揮實際效力。基於此，若眞正發生不同黨籍的情況時，總統將成爲「統而不治」的象徵性元首。

基於此，在動員戡亂時期結束後的總統權力，實有半總統制、強勢總統制及議會內閣制這三種可能方向。具體的情況則視政黨政治的發展實況而定。

第三節 修正式內閣制與總統、行政、立法三者關係

一、修正式內閣制的內涵

中華民國憲法體制，依憲法主要起草人之一的張君勱先生的解釋，係一種「修正式的內閣制」。這種修正式內閣制㊷，具備下列各項基本內涵：

㈠行政院長由總統提名，經立法院同意而任命之(見憲法第五十五條)。此項規定合乎議會內閣制「同意權」設計之精神，亦合乎議會中政黨政治運作之常規。而總統儘管有提名權(nominating power)，卻無任命權(appointing power)，因此總統惟有尊重立法院多數之意見，才能使其提名權受到尊重。反之，如果他根據個人好惡而提名，他的提名權必將面臨立法院的否決。這說明總統之提名權實係象徵性權力，立法院之同意權才是實質之權力。

㊷依照民國三十五年政協之「五五憲草」修改原則第六項規定：「行政院爲國家最高行政機關，行政院長由總統提名，經立法院同意任命之。行政院對立法院負責。」此實已根本改變「五五憲草」之原初設計，而饒富「議會內閣制」之色彩。「五五憲草」第五十九條之規定是：「行政院院長副院長政務委員各部部長各委員會委員長各對總統負其責任。」由對總統負責改爲對立法院負責，足見憲法基本精神已從五五憲草之「強勢總統制」變爲「責任內閣制」或「議會內閣制」。

㈡憲法第五十七條第二款、第三款規定,「立法院對於行政院之重要政策不贊同時,得以決議移請行政院變更之。行政院對於立法院之決議,得經總統之核可,移請立法院覆議」。另外,相對的,「行政院對於立法院決議之法律案、預算案、條約案,如認爲有窒礙難行時,得經總統之核可,於該決議案送達行政院十日內,移請立法院覆議。」但上述這兩種覆議,「如經出席立法委員三分之二維持原案,行政院院長應即接受該決議或辭職。」有人認爲此種覆議方式,與美國總統之「覆議權」相若,因此我國憲法實具美國總統制憲法之形式及精神。但是在美國總統制之下,總統所否決之法案若被國會三分之二多數所否決,則總統只要接受該法案或決議即可,絕無辭職之理㊸。但是在我國的憲政設計中,卻變爲一種「信任權」之行使,而且具有部分的「倒閣」效果。此顯爲立憲者爲求政治穩定,以三分之二的特別多數(而非二分之一的簡單多數)保障內閣不會被輕易推翻而安排的,但卻反映了責任內閣制的議會「信任權」之精神。

㈢憲法第三十七條規定,「總統依法公布法律,發布命令,須經行政院院長之副署,或行政院院長及有關部會首長之副署。」此種「副署權」之行使,係責任內閣制之基本內涵㊹(參見本書第六章第一節有關議會內閣制之界定),使總統成爲一僅具象徵權力,不對實際權力運作負責的國家元首。而副署之行政院長或部會首長,卻需負實際責任。此一副署制度,也使得總統依個人意願卻缺乏相關人員副署之法律或命令,不具效力。由此也可印證憲法的內閣制精神。

㊸美國憲法第一條第七款對此做了具體的規定,其原文爲:

「所有徵稅議案應首先在衆議院提出,但參議院得像對其他議案一樣,提出或同意修正案。

衆議院和參議院通過的每一議案,在成爲法律前應送交合衆國總統。總統如批准該議案,即應簽署;如不批准,則應將該議案連同其反對意見退回最初提出該議案的議院。該院應將此項反對意見詳細載入本院議事錄並進行複議。如經複議後,該院三分之二議員同意通過該議案,該議案連同反對意見應一起送交另一議院,並同樣由該院進行複議,如經該院三分之二議員贊同,該議案即成爲法律。但在所有這種情況下,兩院表決都應由贊成票和反對票決定;對該議案投贊成票和反對票的議員姓名分別載入各院議事錄。如任何議案在送交總統後十天內(星期日除外)未經總統退回,該議案即成爲法律,如同總統已簽署一樣,但因國會休會而使該議案不能退回者除外;在此種情況下,該議案不能成爲法律。

凡必須由參議院和衆議院一致同意的每項命令、決議或表決(關於休會問題除外),都應送交合衆國總統,該項命令、決議或表決在生效前應由總統批准;如總統不批准,應按照關於議案所規定的規則和限制,由參議院和衆議院三分之二議員重新通過。」

㈣憲法第五十七條第一款規定:「行政院有向立法院提出施政方針及施政報告之責。立法委員在開會時，有向行政院院長及行政院各部會首長質詢之權。」此爲行政院向立法院負責之表示。而質詢權本係議會內閣制之特色，顯示主權在於國會。在美國的參、衆兩院中，均無質詢制度，行政系統之官員無需到院備詢㊺。我國將質詢明白列入憲法中，也凸顯了議會內閣制的高度色彩。

㈤在政協修改「五五憲草」的十二原則中，曾規定（第六項第二款）:「如立法院對行政院全體不信任時，行政院長或辭職，或提請總統解散立法院，但同一行政院長，不得再提請解散立法院。」但此一原則並未在憲法中成爲條文。許多人根據此點而強調我國憲政體制並非眞正的議會內閣制，而只是形似而已。但這種解釋，只能說明我國憲政體制並非完全之議會內閣制，但仍係一種「修正式內閣制」。其具體理由是：在「倒閣權」方面，立法院並非完全無「倒閣權」，只是倒閣要件變爲三分之二的特別多數，行使時較爲艱難(見前述第二項)。至於行政院雖無解散立法院之權限，但「解散議會」，並非構成議會內閣制之絕對要件。在本章第一節中，我們即曾舉例指出，北歐之挪威即規定，國會任期四年，中途不得解散，但挪威仍爲議會內閣制國家。由此可見，不具「解散議會權」，仍然可以是議會內閣制國家，我國憲政體制並不因此就不具備議會內閣制之特性。

㈥憲法第七十五條規定:「立法委員不得兼任官吏」。此一規定顯與議會內閣制的通例不合。但亦有內閣制國家，如荷蘭，規定議員不得兼任閣員。而法國第五共和

㊹副署權是責任內閣制的一項重要內涵，顯示權在內閣，此制源始於英國。自從一七〇七年女王安妮(Ann)拒絕批准蘇格蘭民團法案(the Scotish Militia Act)以來，迄今二百多年，英王對法令規章從未批駁或拒絕公布。也就是對國會及內閣的決定，皆予尊重，不作否定。英王的這種名義上的核定公布權實質上已成爲義務，後來很多國家的憲法仿效英制，均概括地規定內閣的副署權。引自：胡佛，〈當前政治民主化與憲政結構〉，《改革憲政》，(臺北，國家政策研究資料中心，民國 79 年)，頁 31。

㊺質詢大略可分爲兩種，第一種稱爲國會詢問(parliamentary question)可以以口頭(oral)或書面(written)兩種方式行之。詢問目的是確保政府提供充分的資訊並對國會負責。第二種質詢則稱爲 interpellation，在議員與行政官員就政府某一政策或行動進行辯論後，往往就伴隨著信任投票(vote of confidence)，結果很可能導致倒閣。
另外，在美國總統制之下，參衆兩院院會雖然均無總質詢制，但在衆議院的常設委員會(standing committee)中，則可進行對政府官員的詢問。

亦規定政府閣員不得兼任國會議員[46]。由此可見，我國立委不得兼任官吏之規定，並非內閣制設計下的唯一特例。

由以上六項分析，我國憲政制度實深具內閣制之特色，雖非典型之英國式內閣制，但若稱之為「修正式內閣制」或「五權式內閣制」[47]，實非過當之辭。

二、從修正式內閣制到議會內閣制

上文已就中華民國憲法的修正式內閣制做一分析。如果吾人要進一步探討，如何將此一修正式內閣制轉變為典型的議會內閣制，使行政、立法兩權之互動關係更為清晰，也使權責關係更為相稱，則應做下列的憲政調整工作。

第一，修改憲法第七十五條，改為：「立法委員得兼任政務官」。但這並不意味所有的政務官均應由立法委員出任，而僅係立法委員亦得出任政務官。這將使得議會內閣制的特性更為凸顯，但卻不會完全阻斷非立法委員出任政務官的機會。

第二，按照政協修改五五憲草之原則，規定「如立法院對行政院全體不信任時，行政院長或辭職，或提請總統解散立法院，但同一行政院長，不得再提請解散立法院」。換言之，行政院長在其每一任上，只能解散立法院一次，這樣的安排，可以減少國會被解散的機會。但設置「倒閣權」及「解散國會權」，卻可使議會內閣制的權責關係，更為明晰。

第三，若為求政治穩定，避免倒閣頻仍的現象出現，

[46]雖然第五共和是「半總統制」或「強勢總統制」，但在憲法草擬時，仍是按照「責任內閣制」設計政府與議會之關係。基於此，雖然法國政府的部會首長多係國會議員出身，但由於憲法二十三條規定政府閣員不得兼任國會議員，當選閣員後即辭去議員之職。

[47]一般較少使用「五權式內閣制」一辭。其原因是五權憲法雖可順利的結合議會內閣制，但中山先生本人在其著述中，曾極力抨擊導致政府無能的議會內閣制。當辛亥革命成功，他自海外返回抵滬後，曾明白表示不贊成內閣制。但是後來為了限制袁世凱的權力，中山先生又同意宋教仁氏所擬的臨時政府組織法草案（富內閣制色彩），並公布了內閣制精神的臨時約法。基於此，議會內閣制雖然並非中山先生設計五權憲法的初衷，卻也不是五權體制的真正敵體。將兩者結合，在現實上仍是可行的。參見，荊知仁，《中國立憲史》，（臺北，聯經出版公司，民國73年），頁231。

造成政局動盪，可參考德國憲政體制的「建設性倒閣權」之設計㊽，規定立法院在對行政院行使不信任投票時，必須提出繼任之行政院長人選，以示負責。並可避免倒閣後政府無法立即賡續的缺憾。

第四，爲了使立法院充分發揮國會功能，應將監察院改爲職司風憲、澄清吏治的準司法機構，不再兼掌同意權。因此，應修改憲法第九十條、第九十四條，取消監察院之同意權，轉移給立法院。另外憲法第七十九條、第八十四條，有關司法院院長、副院長及大法官，以及考試院院長、副院長、考試委員之同意權行使之規定，亦應自監察院轉移至立法院。則立法院之國會功能，將更爲完備。（執政黨擬將此同意權自監察院移往國民大會，完全破壞「權能區分」原則，實不合理，相關之探討請參見第四章第四節及第五章第三節）。

經由上述四項之修憲方式，當使議會內閣制更爲確實，而且因修憲幅度不大，修憲程序亦不複雜，因此在現實上亦不難運作。

三、總統、行政、立法三者關係——修憲擬議的比較分析

根據民國八十一年一月間，中國國民黨修憲策劃小組研擬的修憲方案，共有三種不同的修憲擬議。茲分別就此三方案做一比較分析。

(一)方案甲　現制改良案

第一　行政院院長依慣例於新任總統就職前向總統辭職。

第二　總統與行政院權限劃分（憲法第四章、第五章及

㊽「建設性倒閣權」亦稱「建設性不信任投票」。根據戰後德國基本法之規定，聯邦議會必須根據多數議員的意見，選出一名繼任人，並請聯邦總統罷免總理時，才可對聯邦總理表示不信任，導致倒閣。此一規定，可以減少倒閣的機會，而且可以使反對黨不經大選就可把執政黨趕下臺，並取而代之，組織新政府。一九七二年五月，在野的基民聯盟曾對社民黨的布蘭德政府提出不信任案，結果失敗。一九八二年十月，反對黨基民一基社聯盟結合自民黨，再次對社民黨的施密特政府提出不信任案，結果成功，由柯爾組聯合政府，取代社民黨執政。這是戰後德國惟一成功的一次倒閣。

增修條文各條規定）原則上維持不變。包括總統爲國家元首，對外代表中華民國(第三十五條)，總統公布法律、發布命令應經行政院長副署（第三十七條，但酌加修正），行使締結條約及宣戰、媾和之權(第三十八條)，宣布戒嚴、發布緊急命令，均應經行政院會議之決議及立法院之通過或追認（第三十九條，增修條文第七條），行使大赦、特赦、減刑及復權之權（第四十條），依法任免文武官員（第四十一條），依法授與榮典（第四十二條），統率三軍(第三十六條)，總統下設國家安全會議及國家安全局，決定國家安全有關大政方針(第三十六條，增修條文第九條)，就院際爭議有召集會商解決之權（第四十四條）等，原則上均不予修正。

第三　行政院爲國家最高行政機關(第五十三條)，立法院爲國家最高立法機關(第六十二條)，二院職掌及相互關係，除改進意見外，原則上均不予修正。

第四　行政院院長副署範圍加以改進，總統發布任免行政院院長之命令，無須經行政院院長之副署。

第五　立法院每會期開議，行政院院長向立法院提出施政方針及施政報告後，立法委員之口頭質詢應於一定期間內完成。

第六　覆議案經立法院維持原決議（原案）時，行政院院長除依原規定接受該決議或辭職外，得經總統核可解散立法院，重新辦理立法委員選舉。

根據此一方案之規定，總統之權限將較原憲法之規定增加三項，亦即：㈠決定國家安全有關之大政方針，並指揮督導國家安全會議，及國家安全局；㈡任免行政院長時無須經行政院長之副署，則總統提名行政院長之權力將大爲擴增。總統可在立法院多數黨領袖中多人擇一擔任，而不必繼續提名現任之行政院長；㈢當覆議案經立法院決議維持原案時，總統可核可解散立法院。此一核可權並非完全之形式權力。總統亦可基於政治安定或其他之考慮，不解散立法院。此無異將增加總統在政爭時之仲裁角色㊾。

㊾總統之仲裁角色，可以是被動的，亦可能是相當主動性的。譬如說，如果行政院長失去大多數（三分之二）立委的支持，而多數立委心目中又無共同的行政院長繼任人選，則總統可以要求，惟有當繼任人選出現後，才接受現任行政院長的辭職。另外，如果立法委員才剛剛改選完畢，立刻就出現倒閣危機，總統也可拒絕解散立法院，而從適任的行政院長候選人中擇一接任，卻不再舉行立委改選。

基於此，若採取方案甲，則總統實質權力將頗有增加，並朝芬蘭之半總統制及法國第五共和之強勢總統制發展，（相關之分析，見本章第二節）。但如果總統與立法院的多數黨爲不同黨籍，或總統並非執政黨之實際領袖，則這些新增添的權力亦有可能僅維持爲形式性，而使總統繼續扮演著議會內閣制下國家元首之角色。

㈡方案乙　朝向總統制調整案

第一　總統直接民選，對外代表國家，對內爲最高行政首長。總統之下設各部會，由總統主持（國務或內閣）會議。

第二　總統發布命令、公布法律無需副署，宣告戒嚴、發布緊急命令等均歸總統行使。

第三　總統每年至立法院發表國情咨文，但立法委員無質詢權。

第四　總統對立法院通過之法律案或預算案，認爲窒礙難行，得移請覆議。

第五　須修改頗多憲法條文。

在此一方案下，總統將自兼行政院長，或者根本就取消行政院長一職，由總統兼任最高行政首長。因之，總統旣係國家元首，對外代表國家，對內又成爲行政中樞，集大權於一身。相對的，立法院的質詢權、信任權均將取消，原屬議會內閣制的副署權、解散議會權，亦均將不再維持。相對於議會內閣制下的行政體系，在總統制之下的行政體系，將可擺脫國會（立法院）的許多箝制，而維持更大的自主性。尤其是總統握有覆議權，只要得到三分之一立委的支持，就可保障其政策主張獲得實現，因此頗有利於行政權的推展。而且由於總統任期不受立委任期影響，亦不受立委信任權之箝制，而行政官員亦相對獨立於立法院之外，因此較不受立法院的利益政治的羈絆，這均可使五權憲法的「萬能政府」理想，較易於實現㊿。但是由於朝向總統制修憲，修憲幅度過大，因此此一方案在現實上的可行性甚低，並不易眞正被採納。

㈢方案丙　朝向內閣制調整案

第一　總統應提名立法院多數黨所支持之人選爲行政院院長，且無免職權。

第二　立法委員得兼任政務官，多數政務官應具有立法委員身分。

第三　行政院院長掌理行政實權，總統「統而不治」成爲虛位元首，國家安全會議裁撤。

第四　立法院與行政院互有不信任投票與解散立法院之權。

第五　須修改頗多憲法條文。

此一方案與本節第二部分之分析，頗爲接近，亦最接近「回歸憲政」的理想，在現實上的可行性頗高。至於修憲幅度，亦相當有限（與上述方案中第五要點所言頗有出入）51。如果此一方案得以實現，中華民國憲政體制將從「修正式內閣制」趨向「純粹內閣制」，頗有利於黨紀之維繫及政黨政治之發展。而且在目前的政黨體系下（一大黨和少數幾個反對黨），多黨內閣將不易出現，

㊿「萬能政府」的理想，若從憲政形式上探討，應該較易在總統制之上體現。但這是基於兩項前提：㈠國大選出的總統眞正是有德有能之士；㈡總統不受政黨政治的羈絆，不致成爲「跛脚總統」。如果這兩項前提不具備，則「萬能政府」的理想非但無以體現，反而會造成「濫權政府」或「弱勢政府」。因此，總統制的行政體系雖然較不受國會羈絆，但卻容易造成濫權及腐化，這是必須愼慮的。

51朝向內閣制所需修改的憲法條文並不多，正如本節第二部分所分析的，約須調整下列各條文：五十七條（行政院對立法院的負責方式）、七十五條（立法委員得兼任政務官）、七十九條（司法院院長、副院長、大法官之同意改由立法院行使）、八十四條（考試院院長、副院長、考試委員之同意改由立法院行使），另增一條係有關解散立法院的規定條文。

政府亦不易倒閣，因此中山先生所憂心的「政府無能」、「議會專權」等現象亦不易出現。同時只要目前的選舉制度（中、大選區及部分之比例代表制）繼續維持，小黨仍將獲得發展之機會及空間，亦頗有利於民主政治的成長。因此，在目前的時空條件下，採取此一方案，對政黨政治及民主憲政的發展，最爲有利。

如果採取此一方案，使憲政體制成爲純粹之議會內閣制，則對總統任期之限制實可取消（憲法第四十七條）。因爲總統既然是「統而不治」的虛位元首，其任期越長，越有利於國家的政治穩定，而且由於總統位高崇隆，又不負現實的政治責任，因此總統將可在政爭或危難發生之際，以其象徵性權威，穩定政局，使國家迅速恢復秩序。民國三十六年制憲完成之後，蔣中正先生曾本於憲法之內閣制傾向，而有意自任行政院長，請頗富衆望的學界領袖胡適之先生出任總統[52]。惟因當時國民黨領導階層之反對而作罷。如果當時此一擬議成爲事實，則民國三十七年蔣總統下野，全國群龍無首，李宗仁副總統（代總統）又遠走美國的危局，恐將不致發生。雖然中共之叛亂仍將無以避免，但當時中樞洞空、國家乏人領導的亂局，應可由總統的權威領導而得到相當的補救。雖然歷史已不可能再重演，任何回溯性的推測均無絕對之定論。但若將國家元首與行政首長做一區分，分由不同的人士擔任，使虛位元首的「統而不治」及行政首長的「治而不統」，各安其位，這實已掌握到絕大部分民主國家的民主傳統及政治智慧。因此，當今天許多亞洲、東歐及拉丁美洲的新興民主國家，由於採取總統制而陷

[52]參見：蔣勻田，《中國近代史的轉捩點》，（香港：友聯出版社，1976），頁251-252。

入強人專政、政治動盪及民主逆退等困局之際❺❸，吾人實應仔細思索議會內閣制之所以有利於民主發展的成因，並且根本的否棄強權總統「有權無責」的窠臼，從而建立有權有責、權責清晰的責任民主制。

❺❸亞洲、東歐及拉美的新興民主國家，由於民意渴望直選總統，多實施總統制，但也多因強人當政，使總統制不是因總統執政能力不足，而造成嚴重的黨爭、政爭及社會動盪，就是因總統獨攬大權，威行專制，而演爲違憲或戕害民主的「強權總統」制，結果反而造成民主的逆退。這些國家包括：俄羅斯、喬治亞、摩達維亞、波蘭、捷克、保加利亞、羅馬尼亞(以上係東歐地區)；巴西、玻利維亞、智利、烏拉圭、阿根廷、委內瑞拉、蓋亞那、蘇利南等（以上係拉美地區)；南韓、菲律賓、印尼、緬甸、斯里蘭卡等(以上係亞洲地區)。至於採取議會內閣制的國家，如東歐的匈牙利、南歐的西班牙及東南亞的馬來西亞等，民主化的進程遠較總統制的國家更爲順利。

第七章　憲政主義與憲政改革

第一節　憲法與憲政主義

在前面三章中，我們已就中華民國憲法與五權憲法之間的主要分歧，以及民權主義的特殊憲政內涵，做了分項的檢討。但是若就中華民國憲法的具體內涵而論，則有三大部分尚未進行探討，亦即：㈠人民之權利與義務；㈡中央與地方之權限以及地方制度；㈢基本國策。關於第二部分之中央與地方關係問題，由於牽涉到地方自治法制化工作，須待立法方式解決，而修憲時憲法本文需更動之處甚少，因此本書暫不論列。而第三部分基本國策問題，凡涉及公共政策及民生主義理論的部分，將在本書第三册「民生主義」部分進行討論。至於人民之權利與義務部分，以及相關的國策問題，則關係到憲政主義及憲政傳統問題，亦涉及基本的憲法及人權解釋，將在本章中進行研討。此外，憲政改革問題及修憲體例的整體分析，亦將附入本章，做爲全書的結尾。

一、民權主義與自由主義的憲法觀

所謂憲法，是規範人民之主要權利義務，國家之基本政府組織及基本國策的根本大法。中山先生說：「憲法者國家之構成法，亦即人民權利之保障書也。」此一界定，大抵上是基於自由主義及憲政主義的傳統，強調對人民自由權利的保障。但是，古典自由主義及憲政主義還有另一項重要觀點，卻未被中山先生所採納，那就是「有限政府」(limited government)。

十八、十九世紀的自由主義者及制憲者普遍接受洛克的觀念，認爲人生而自由，政府則係人爲之組織，是人民自由之敵，必須善加監督❶。但是古典自由主義者卻深知無政府的弊害，不但自由無以保障，反而將造成社會的紛亂。基於此，他們認爲唯有以憲法和法律限制政府的權力，使政府能維持基本的法律及秩序，而不致戕害人民的自由與權利。此外，政府也應依分權(division of power)方式相互制衡❷，節制權力的運作，才能使「有限政府」的觀念落實。基於此，憲法乃成規範人民主要權利義務，以及規定基本組織的根本大法。一方面既要保障人權，另一方面則要節制政府權力，使其成爲「有限政府」。

但是，十九世紀末葉以後的美國，由於議會腐化，代議政治無法眞實反映民意，乃興起進步主義(progressivism)運動❸，要求以直接民主方式，賦與人民直接的監督管道，也使政府在民意的支持下，能獲得自主的執政能力，而不受議會的無謂干擾。中山先生受到

❶洛克認爲，國家之成立，始於社會契約，設置國家的目的，在保障人民的權利與自由。故絕對不允許政治權力超過此一必要之限度，侵害到人民的權利與自由。因此，必須以法律規定及限制政府的權力運用，避免濫權，而立法的方針又要依國民意志而決定。基於此，立法權與執行權必須分立，分由不同的機關掌理。由此可知，民主政治的體現，必須以實行法治爲前提，亦即使政府依法行政，而所有的法律又必須遵循憲法之規定，才得樹立憲政權威。民主、法治、分權與憲法之關係，於此可見。參見：林紀東，《比較憲法》，第一編第四章，李鴻禧，〈當前憲政問題〉，《改革憲政》(前揭書)頁 94-95。

❷法國人權宣言 (1789 年) 第十六條即明白指出：「凡權利無保障和分權未確立的社會，就沒有憲法」。由此可知，保障人民權利，對政府權力予以限制，做分權之設計，實係民主憲法之要件。

❸進步主義運動是指興起於本世紀之交，受到盎格魯・薩克森(Anglo-saxon)後裔及新教徒(Protestant)廣泛支持的運動。持續時間約有二十年之久。進步主義基本上乃是針對美國內戰結束以來，政黨政治腐化、政治爲商業利益操縱等現象，起而自覺的一項改革運動。其主要內涵包括：
㈠要求以政府管制及法律約束等方式，限制大企業的發展，尤其是反托拉斯(anti-trust)及管制鐵路事業，最爲著稱。
㈡要求實現社會正義，尤其是對貧民、婦女、兒童、勞工的基本福祉，加以重視。對都市貧民窟的生活改善，也甚表關心。
㈢要求直接民主(direct democracy)。將聯邦參議員改爲直選（原係間接由各州州議會選舉，一九一三年通過憲法第十七號修正案，改爲人民直選)。實施初選制(pri-

此一潮流的影響，乃強調直接民權的重要性，並希望以民權的直接行使，配合五權的分工合作，藉以實現「權能區分」的理想，並促成「萬能政府」之實現。

「萬能政府」與「有限政府」表面上雖係敵體，但實際上「萬能政府」卻非無所不為、戕害民權的「無限政府」或「極權政府」。相反的，「萬能政府」仍然繼承了某些「有限政府」的基本前提，諸如人權保障、政府分工、民意監督等。但是「萬能政府」論對政府功能與角色的解釋，卻與「有限政府」論十分不同。前者強調政府改善民生、促進社會進步及國家富強的積極角色。後者則受到自由放任(laissez faire)說的影響❹，而強調政府只須維持最基本的職能，對人民自由的限制越小越好。因此，管得越少的政府，就是越好的政府。

中山先生的「萬能政府」學說，在他生時並未受到普遍肯認，但在他過世之後卻與西方福利國家的發展若合符節。一九三〇年代，歐美各國面臨經濟大恐慌(Great Depression)，「有限政府」的理論面臨挑戰，古典自由主義亦受到質疑，逐漸取而代之的是國家職能擴張，介入人民生活並保障人民基本生

mary election)、市經理制(city manager，聘請非黨派性、專業的市經理管理市政，藉以避免政黨分贓及腐化)；並行使罷免(recall)、創制(initiative)、複決(referendum)等權。

(四)掀起新聞界的「扒糞運動」(muck-raking)、保護消費者運動、社會改革運動等。

在老羅斯福(Theodore Roosevelt)總統執政期間(1901-1909)，進步主義到達最高潮，原屬共和黨的羅斯福總統甚至自組進步黨(Progessive Party)參與一九一二年的大選。一次大戰爆發後，進步主義漸趨式微。但進步主義的主張，卻在小羅斯福(Franklin D. Roosevelt)執政期間，為「新政」所接納，而改變了自由主義的基本面貌。有關中山先生與美國進步主義之研究，參見：習賢德，〈美國進步主義改革運動(1890-1920)及其對孫中山先生的影響〉，《全國三民主義研究所第三屆研究生學術討論會論文》，(臺北，民國79年)。

❹自由放任(laissez-faire)，係法文「自由放任」之意。主張國家對經濟事務的管制越少越好。國家應將其角色限制在保護個人及財產、國防及少數的公共設施（如道路、港埠等）上。此一學說認為，經濟活動是自然、和諧、無害的，應讓人們不受管制的自由追求利益。主張自由放任的英國學者亞當・斯密(Adam Smith, 1723-1790)即認為，每個人依其利己心的作用，追求幸福，則社會整體亦必得到幸福。而那個人應投資那一種事業，那一種事業能產生最大的價值，此種問題，與其委託政治家或立法者判斷，不如由各人自做決定，結果更佳。但反對自由放任說的人卻認為，對私人經濟活動加以節制，乃是必要的。例如公用事業(如水力、電力、電話、公共運輸工具）皆需實施公營，或由政府加以管制，而企業若規模過大，有壟斷之虞時，也應以反托拉斯方式加以管制。自由放任學說原為古典自由主義主要內涵之一，當代自由主義受到福利國家學說影響後，自由放任學說成為「自由是尚主義」(libertarianism，或譯放任主義）堅持之立場。

活品質的福利國家學說。美國總統羅斯福採取一連串的「新政」(New Deal)❺措施，擴大政府職能，介入人民的經濟與社會生活，由於成效良好，普受多數自由主義者肯定。自由主義乃改弦更張，並分化而爲新自由主義(new liberalism)與保守主義(conservatism)。新自由主義接納了進步主義的觀點，強調國家與社會對人群福利的重要性，並修正了古典自由主義的個人主義觀點，而強調國家應提供必要的教育設施、物質資源與福利措施，並改善窮人和受壓抑者的基本生計。至於人權與自由的理念，也從政治範疇擴張到社會與經濟的領域，而有所謂的經濟人權與社會人權。羅斯福總統倡導「免於飢饉與免於恐懼的自由」❻，即代表著人權與自由觀念的擴張，此已非古典自由主義所能規範。

因此，自由主義在一九三〇年代以後，已加進了福利國家的政策內涵，主張除了個人自由的保護與發展之外，政府也應在生活、保健、教育與就業上保障個人的基本權利。但從古典自由主義者（此時已變成「保守主義」者）的角度看來，新自由主義實已爲社會主義及進步主義所滲透，而有太多的福利國家、大政府的色彩，對個人自由實已造成嚴重妨礙。

但是，新自由主義對政府角色的觀點，卻與中山先生的民權主義及民生主義，趨於接近。而在這種增進政府職能、擴大國家角色、促進社會福利、保障經濟人權的思潮影響下，新興民主國家的憲法中，也添進了新的內涵，亦即在保護個人基本人權與自由、規範政府結構及限制政府權力等傳統內涵之外，特別強調國家對人民

❺新政(New Deal)是一九三三至一九三九年間，美國總統羅斯福(Franklin D. Roosevelt)爲解決經濟大恐慌而採取的一連串經濟與社會改革措施。在這次大恐慌中，有一千五百萬人失業。羅斯福總統初期的新政措施（尤其是在一九三三年三月到六月間），是致力於恢復經濟，包括銀行復興法案、全國（工業）復興法案、農業調節法案等，使銀行免於破產、提高產業價格、增加就業機會。此外還設立田納西管理局，實施區域改革計劃。在一九三五年到一九三六年間，又推動了社會安全法案、勞工關係法案，使新政擴大到人民社會生活的領域，也大幅度的擴張了政府的職權，及中央政府的權限範圍。但在新政實施過程中，最高法院曾多次裁決政府新法案違憲。但在一九三六年大選，羅斯福大獲勝利，象徵選民普遍支持新政措施後，最高法院才逐漸改取合作態度。一九三九年，羅斯福宣布新政業已結束，美國應面對新的大戰情勢。但新政的影響卻持續至今，仍然影響美國人民生活的許多層面。

參見：K. Louchheim, *The Making of the New Deal,* (Cambridge, Mass.: Harvard University Press, 1984); H. Zinn, *New Deal Thought,* (New York: Bobbs-Merrill, 1966).

經濟人權、社會人權等之保障，並且將基本國策帶入憲法本文之中。

基於此，吾人試觀本世紀初葉以後的憲法，如德國的威瑪憲法（一九一九年）、法國的第四共和憲法（一九四六年）、義大利憲法（一九四七年）、日本憲法（一九四六年），均有相當多的條文或篇幅規定社會及經濟權利❼，並強調國家的保障及政府職能的介入。中華民國憲法制定於一九四六年，在第二章「人民之權利與義務」及第十三章「基本國策」部分，就對人民之基本福利，多所規定，也反映了此一憲政思潮。

綜合以上之分析，我們乃可歸納出當代憲法的基本特性及內涵：

㈠規範國家的整個統治結構，包括中央政府、議會、司法體系、地方政府等。此外，並提出分權之設計，而權責之劃分、制衡之設計，亦應列入其中。此即政府內部之關係。

㈡保障人民之權利及自由，並對政府權力之行使，加以明文之限制。其中，政府的權力(power)係列舉的，列舉之外的權力皆非人民之授權，不得行使。而人民之權利(right)則除特別規定者外，皆不受限制❽。此即人民與政府之關係。

㈢規範國家之基本政策，藉以保障並增進人民的福祉和自由，改善國民的生活，促進經濟、社會、文化的進步。此係當代憲法新增添之內涵。本世紀初以前之憲法多無此一規定。

在上述三項中，前二項乃是民主憲法之要件，如缺

❻一九四一年八月九日至十二日，美國總統羅斯福和英國首相邱吉爾在紐芬蘭灣邊的軍艦上密秘會晤，會後發表大西洋憲章(Atlantic Charter)，並聲明：譴責侵略戰爭、支持全球人民有權選擇自己的政府、免於飢饉及免於恐懼的自由、海上自由航行及侵略者解除武裝等。大西洋憲章後來成為聯合國設立的主要藍本之一。而免於恐懼、免於飢饉的自由，也代表著自由權利的擴張。

❼例如在義大利憲法第一篇「公民的權利與義務」中，就有「社會倫理」和「經濟」兩章，共十七條，專門規定人民的經濟與社會權利。

❽中華民國憲法第二十二條規定：「凡人民之其他自由及權利，不妨害社會秩序公共利益者，均受憲法之保障」。即係此意。

乏此二要件，即稱不得上係憲法。即使有憲法之名，仍無憲法之實。例如許多共產黨國家，在所謂的憲法中明訂共產黨的統治不容挑戰❾，共產黨是國家惟一的統治力量的泉源，不容人民推翻。此即完全違反保障人權、限制統治結構權力行使之憲法基本特質，並非眞正的民主憲法。而此類共黨政權也算不上是「憲治政府」(constitutional government)。

二、憲政主義與法治

憲政主義(constitutionalism)的主要內涵是法治(rule of law)。所謂法治，依照英國憲法學者狄西(Albert Venn Dicey, 1835-1922)❿的解釋，其中包括三項基本內涵：

第一，法律享有至高的地位，只有違法才受懲罰，但法律絕不可受到蠻橫的強權或君王的特權的影響，而政府也不可以自由裁量的方式影響法律的行使。如果是因特權或官僚任意裁決而對人民施以懲罰，那就違背了法治的原則。

第二，法律之前人人平等。不管是官員或百姓，也不論階級出身，都應在普通法庭受公平之審判。這也就意味著，不得因官員犯法而網開一面，或因官員涉身司法案件，就爲其開設特別的法庭(tribunal)。

第三，英國的憲法，即不成文法，是個人權利的歸結(consequence)，而不是個人權利的來源(source)，因此憲法乃是普通法的結果。

關於上述三原則，第三項係英國針對特別情境下的

❾前蘇聯憲法(一九七七年通過)第六條規定:「蘇聯共產黨是蘇聯社會的領導力量和指導力量，是蘇聯社會政治制度以及國家和社會組織的核心。」類似規定普遍存在各共黨國家的憲法中，此實明顯違反人權宣言（一七八九年）第三條:「整個主權的本源主要是寄託於國民。任何團體，任何個人都不得行使主權所未明白授予的權力。」

❿狄西(Albert Venn Dicey, 1835-1922)，英國法學家，以研究憲法著稱。著《憲法研究導論》(*Introduction to the Study of the Law of the Constitution,* 1885)、《十九世紀英國法律與輿論關係演講集》(*Lectures on the Relation between Law and Public Opinion in England during the Nineteenth Century,* 1905)。狄氏畢業於牛津大學，曾執業律師，並在一八八二年擔任英國法講座教授。他的憲法著作至今仍受到學界重視。

⓫許多人認爲狄西過度重視法之權威，卻忽略了在英國議會至上的處境下，無限主權的國會可能會通過任何形式或內涵的法律，導致政府濫權，或對人民的不公。參見：articles "rule of law" both in *The Blackwell Encyclopedia of Political Institutions,* (New York: Basil

分析，較不具普遍性。至於前二項，雖然亦有不少爭議⓫，但大抵上已被一般民主國家所接受。而在一般成文憲法之國家，法治原則首在肯定憲法的優位性(supremacy)，不同於狄西的上述的第三項原則，所有的法律都必須無違於憲法。一般民主國家多在憲法中規定違憲審查或司法審查(judicial review)制度，使有違憲爭議的法律問題得以解決或排除。因此「憲法優位性」以及「所有法律不得違背憲法」乃成為法治原則，亦即憲政主義的首要原則。

Blackwell, 1987) & *The Blackwell Encyclopedia of Political Thought*,(1987).

上述的「憲法優位性」原則，也是「法治」與「法制原則」(principle of legality)之間的主要區別所在。法制原則意味著政府的施政必須完全依據法律，如果違法則人民可以訴請法院裁決。但是法律本身是否侵犯憲法或基本人權，卻非法制原則所在意。但是法治卻是以憲法及基本人權為規範的，因此也否認了「惡法亦法」的權威性。此一原則實係憲政主義的體現。誠如在前文中指出的，憲法必須無違保障人權、限制統治結構權力行使之原則，因此違背此一原則的所謂「憲法」，自然也有違「法治」之原則（但卻有可能是合乎「法制原則」的)。

法治原則的另一項重要內涵，是程序正當(due process)原則。在美國憲法修正案中，就有許多有關程序正當的規定。我們可以舉其中第四、第五及第十四條一款這三項為例。

第四條修正案

人民的人身、住宅、文件和財產不受無理搜查和扣押的權利，不得侵犯。除依可能的理由，以宣誓或代誓宣言證實，並詳細寫明搜查地點和扣押的人或物，不得發出搜查和扣押狀。

第五條修正案

無論何人，除根據大陪審團的報告和公訴書，不得以死罪或其他重罪案受審，但發生在陸、海軍中或發生於戰時或出現公共危險時服現役的民兵中的案件除外。任何人都不得因同一犯罪行為而兩次遭受生命或身體的危險；不得在任何刑事案件中被迫自證其罪；不依正當法律程序，不得被剝奪生命、自由或財產。私有財產不給予公平賠償，不得充作公用。

第十四條修正案

第一款　所有在合衆國出生或歸化合衆國並受其管轄的人,都是合衆國和他們居住州的公民。

不論何州，都不得制定或實施剝奪合衆國公民的特權或豁免權的任何法律；不經正當法律程序，不得剝奪任何人的生命、自由或財產；在州管轄範圍內，也不得拒絕給予任何人以平等法律保護。

上述三項條文旨在使人民受到正當的法律程序的保護，藉以避免政府或執法人員違法濫權，造成對人民權益及自由的侵害⓬。

在中華民國憲法中,亦在第八條中做了適當的規定:

第八條（人身自由之保障）

人民身體之自由應予保障，除現行犯之逮捕由法律另定外，非經司法或警察機關依法定程序，不得逮捕拘禁。非由法院依法定程序，不得審問處罰。非依法定程序之逮捕、拘禁、審問、處罰，得拒絕之。

人民因犯罪嫌疑被逮捕拘禁時，其逮捕拘禁機關應將逮捕拘禁原因，以書面告知本人及其本人指定之親友，並至遲於二十四小時內移送該管法院審問。本人或他人亦得聲請該管法院，於二十四小時內向逮捕之機關提審。

法院對於前項聲請，不得拒絕，並不得先令逮捕拘

⓬在「人權宣言」中，亦有類似對適當程序之規定，如:

第七條　除非在法律所規定的情況下並按照法律所指示的手續，不得控告、逮捕或拘留任何人。凡動議、發布、執行或令人執行專斷命令者應受處罰；但根據法律而被傳喚或被扣押的公民應當立即服從；抗拒則構成犯罪。

第九條　任何人在其未被宣告爲犯罪以前應被推定爲無罪，即使認爲必須予以逮捕，但爲扣留其人身所不需要的各種殘酷行爲都應受到法律的嚴厲制裁。

由此可見「程序正當」原則已普遍爲一般民主憲法所肯認。

⓭社會主義國家通常會強調他們的法制是「社會主義法制」，而非一般民主國家的「資本主義法制」或「資產階級法制」。但是這種社會主義法制卻不是建立在人生而平等、保護人權及有限政府等觀念之上。相反的其中卻採取階級歧視政策（工農階級優先於其他階級）、出身等差待遇(「紅」、「專」出身比「黑」、「富」出身優秀)，並賦與共產黨員種種特權；強調共產黨是唯一合法的統治力量，而鞏固共產黨的領導是全民的責任等等。中共的「四個堅持」，就是此種法制下的產物。

禁之機關查覆。逮捕拘禁之機關，對於法院之提審，不得拒絕或遲延。

人民遭受任何機關非法逮捕拘禁時，其本人或他人得向法院聲請追究，法院不得拒絕，並應於二十四小時內向逮捕拘禁之機關追究，依法處理。

根據此一條文，吾人可知過去有些法律實與此一憲法規定之精神相違背。例如民國六十九年司法院大法官會議即做出釋字第一六六號解釋，指出「違警罰法」中規定，由警察官署裁決之拘留、罰役，係關於人民身體自由所為之處罰，實有違憲法第八條第一項之本旨，應迅速改由法院依法定程序為之。換言之，不應再由警察官署承擔裁決之權。此一解釋即說明了正當程序及法治原則的重要性。

基於上述的分析，吾人可以充分了解，憲政主義必須以法治原則為其內涵，亦即肯定憲法優位性及程序正當之原則。但法治卻不同於法制原則，因為法治必須合憲，而憲法又必須合於保護人權及限制政府權限之原則。因之，所謂的憲政民主必須是：

㈠憲法的內涵必須以保護人權、限制政府權力之行使為前提。

㈡所有的法律必須無違於憲法的規定，並合於「法治」原則（而不只是「法制」原則）行使法律。

㈢政府依照憲法規定及法治原則實施民主政治，並定期選舉，反映眞實的民意。

由此看來，近代的許多政治體制，如納粹、法西斯、君主專制、共產政權及威權政體，雖然有其個別之憲法，也可能在一定範圍內實施「法制」（如納粹德國及解體前的蘇聯）⓭，但卻非憲政民主國家。而他們的憲法，更非眞正民主意義的憲法。

在下一節中，我們將進一步根據憲政主義的原則，探討憲法與人權的關係，以及中華民國憲法中的人權規定。

第二節　憲法與人權

一、自由、民權與人權

何謂自由,「人權宣言」(一九八九年)第四條寫道:「自由就是指有權從事一切無害於他人的行爲。因此,人的自然權利的行使,只以保證社會上其他成員能享有同樣權利爲限制。此等限制僅得由法律規定之。」

此一定義,實係古典自由主義對自由(freedom)⑭之基本界定。亦係一種消極(negative)之自由。此即強調個人的不受干涉及獨立不倚。相對於此種消極之自由,當代修正論的自由主義者與福利國家論者,則進一步主張另一種積極(positive)的自由。亦即,充分意義的個人自由應包含著擁有自我實現的機會,因此,如果某些資源、能力或才能是有效地達成自我實現所必須的,那麼擁有這些條件,就必須被視爲自由本身的構成部分⑮。基於此,自由的核心意義應該是:擁有實現人們理想生活,並促成自我實現的各種條件或機會。而現代國家實有義務爲其國民提供這些必備的條件或機會。這也是本章上一節所述,當代民主憲法所增添的新內容,亦即對人權與自由的擴張性解釋。

相對於上述兩種自由的觀點,中山先生的看法如何呢?在《民權主義》第二講中,他說:

「現在中國人還不懂自由是甚麼,……從前歐洲在民權初萌芽的時代,便主張爭自由;到了目的已達,各

⑭相對於“freedom”,另一個自由的英文字彙“liberty”,則係指法律上所界定的自由權利,如行動自由、言論自由、政治參與等。

⑮參見傅鏗、姚欣榮譯,約翰·格雷(John Gray)著,《自由主義》,(臺北,桂冠圖書公司,1991),第七章。另外自由還有「內在自由」與「外在自由」之分,相關的討論,參見:周陽山,《自由與權威》,(臺北,三民書局,民國79年)。

人都擴充自己的自由，於是由於自由太過，便生許多流弊。所以英國有一個學者叫做彌勒氏的，便說一個人的自由，以不侵犯他人的自由爲範圍，才是眞自由；如果侵犯他人的範圍，便不是自由。……由此可知彼中學者已漸知自由不是一個神聖不可侵犯之物，所以也要定一個範圍來限制他了。」

從這段引文看來，他的自由觀實接近古典自由主義者的消極觀點，亦即以不侵犯他人的自由爲範圍，並且和「人權宣言」的解釋相近，認爲自由與法治是一體之兩面，不可侵犯到他人的自由，這才是眞自由。

但是，在《民權主義》第三講中，他又說到：

「說到社會上的地位平等，是始初起點的地位平等，後來各人根據天賦的聰明才力，自己去造就，因爲各人的聰明才力有天賦的不同，所以造就的結果，當然不同；造就既是不同，自然不能有平等，像這樣講來，才是眞正平等的道理。如果不管各人天賦的聰明才力，就是以後有造就高的地位，也要把他們壓下去，一律要平等，世界便沒有進步，人類便要退化。所以我們講民權平等，又要世界有進步，是要人民在政治上的地位平等。因爲平等是人爲的，不是天生的；人造的平等，只有做到政治上的地位平等。……必要各人在政治上的立足點都平等，……那才是眞平等，那才是自然之眞理。」

此處所指的「立足點平等」，實與積極的自由所指的「促成自我實現的條件與機會」均等的理念，相當接近。只是中山先生所強調的是政治地位上的立足點平等，而積極自由論者所強調的則廣及經濟、社會、文化等方面，所有能促成自我實現的條件和機會的均等。不過，此處所指的機會和條件，並非每一層面均相同，而應和中山先生所強調的一樣，是指最基本的立足點相同，否則便成爲「齊頭式的平等」，反而有害於社會的進步了。

由此看來，中山先生的自由觀實包含了消極自由與積極自由這兩個層面，只是他在針對前者時，使用「自由」一辭；而他所指的「眞平等」，則與積極的自由相類。

但是，究竟什麼才是積極自由的內涵呢？亦即，究竟有那些機會和條件必須具備，才能促進人們的自我實現，才能達到所謂的「眞平等」呢？無疑的，不同的時空、不同的歷史條件、不同的意理解釋，會有不同的看法。

針對此一問題，著名的當代政治思想家洛爾斯(John Rawls)⑯在其名著《正義論》(*A Theory of Justice*)一書中提出了兩項檢證原則：

㈠每一個人都有權利擁有最高度的自由，而且大家擁有的自由在程度上是相等的。一個人所擁有的自由要與他人擁有同等的自由能夠相容。

㈡社會與經濟上的不平等將以下列的原則來安排：第一，對處於最不利地位的人是最有利的(to the greatest benefit of the least advantaged)；第二，它們是隨附於職位與工作的，而這些職位與工作都是在機會公平均等(fair equality)的條件下對所有人們開放的⑰。

上述的第一項原則，常被視爲積極自由的定義⑱，乃是基於古典自由主義的傳統而設立的，亦被稱之爲「最大的均等自由原則」(the greatest equal liberty principle)，它所指涉的主要是政治上的自由(liberty)權利，如參政權、言論自由、結社自由等。但是洛爾斯了解到，這些自由權利的實際價值(value)大小實與每個人擁有的物質資源多少關係甚大，因此，他強調的是自由本身，

⑯洛爾斯(John Rawls, 1921～)哈佛大學教授，一九七一年出版《公正論》, *A Theory of Justice,* (Cambridge: Harvard University Press, 1971)，成爲當代最重要的政治哲學家之一。本書在倫理學上提出一套有別於功利主義（utilitarianism，亦譯「效益主義」）的解釋體系，並將傳統上由洛克、盧梭、康德等所代表的社會契約論普遍化，且將它推到更高的抽象層次。並自憲法所根據的公正原則提昇到更高的抽象的哲學層次，深入探討公正原則的奠立。全書無論是篇幅或論點，都相當冗長複雜，相關的研究論述頗多，據統計，已有超過一千篇的論文專門探討本書。相關的基本參考資料，英文部分有：Brian Barry, *Theories of Justice,* (Berkeley: University of California Press, 1989)；N. Daniels ed., *Reading Rawls,* (Oxford: Blackwell, 1975)；R. P. Wolff, *Understanding Rawls,* (Princeton: Princeton University Press, 1977)。中文之研究，參見：石元康，〈從原初的境況到公正的社會：洛爾斯的契約論〉，周陽山編，《當代政治心靈》，(臺北，正中書局，1991)，頁110-137。

⑰參見：石元康，前揭文，頁125-126。但本書在譯文上做了一些修正。

而非價值，應平等的分配。而且他特別強調，此一「最大的均等自由原則」應優先於第二項原則，亦即自由本身應擺在首要地位。

第二項原則，亦被稱之爲「差異原則」(the difference principle)，一般學界多認爲，其中頗有平等主義的意味(egalitarian flavor)，亦常被福利國家論者及新自由主義者視爲重要的理論基礎。而其中所細分出的第一項原則，是要求改善社會不平等的狀況，使處於最不利地位的人，獲得最大可能的利益。換言之，要使在社會中地位最低、收入最微薄、財富最少的人們獲得地位上最大的改善。而在實踐上這也就意味著政府應運用賦稅調節、社會福利等手段，使地位最不利的人得到最有利的改善。但是由於洛爾斯堅持第一原則（最大的均等自由原則）應放在首要的地位，因此此一差異原則的運用實有其極限，亦即，雖然最不利地位的人得到了最有利的改善，但前提卻是不得破壞自由之原則。因此，如果在改善的過程中妨礙了基本的自由與人權（例如以革命或流血方式達成財富重分配），這樣的作法本身就已違反了公正的原則，是不足取的。

至於「差異原則」的第二項，亦即機會公平均等的開放原則，洛爾斯則與自由主義者的觀點頗不相同。自由主義者雖然承認平等的重要性，但他們所指的平等只是機會的平等，卻不主張社會、經濟地位的平等，因爲要求平等的同時必然會戕害自由的原則⑲，但是社會、經濟地位的不平等，卻造成了階級及社會地位的差異，也造成了教育、認知等方面的機會不平等，甚至可能影

⑱參見：林毓生,《思想與人物》,（臺北：聯經出版公司，1983），頁 92。林著採用之譯文與本書所使用者，略有文字上之出入。

⑲左派理論家多主張經濟或社會平等，但這勢必威脅到財產權及自由市場的運作，甚至造成基本自由的萎縮。因此，當代自由主義者往往費許多精力解釋，爲什麼政治自由及基本人權的保障應列爲首要，經濟上的平等卻是不必要的。而福利國家論者則站在折衷的立場，強調自由的優先性，但也強調機會平等的重要性。不過無論如何調和，自由與平等之間的互斥緊張關係，仍是存在的。這也成爲當代政治與社會哲學的爭論主題之一。

響到人們的聰明才智，(因爲聰明才智有很大部份是由社會環境所型塑的)，並影響到實質的參政機會及參政能力。因此，在自由與平等之間，實存在著密切連結而又對立緊張的關係。洛爾斯卻認爲，如果工作或職位是對有能力的人開放，這仍有其缺陷，因爲個人的能力往往是先天及後天的社會因素造成的。因此，民主的平等，是要儘量的將社會及自然環境對人造成的不平等狀況，降低到最低的程度，使大家在競爭的出發點上平等(亦即立足點平等)。但是，不僅如此，政府或國家還應以一些社會福利及教育上的特殊措施，使出發點上較落後的人儘量的趕上。此外，他也將聰明才智視爲一種集體擁有的資產，唯有在不平等對大家均有利時，此一不平等才被允許。

由此看來，洛爾斯的觀點實較中山先生的「眞平等」觀點更進一層，他所強調的立足點平等，不僅是機會的平等，而且還將聰明才智本身的高低，視爲社會與自然環境影響下的一種條件因素，而聰明才智的改善，也成爲政府促進眞平等的一項目標。相對的，中山先生的觀點則較接近自由主義者的論證，認爲只要機會均等即可，卻不可能使聰明才智亦均等，否則就等於是使聰明才智較高者反被「壓下去」，造成「假平等」了。由於這項觀點的差異，中山先生的立足點平等主要局限在政治層面，亦即對政治權利的保障。而洛爾斯卻將聰明才智視爲自然與社會環境影響下的一項條件（而非中山先生所看做的「天賦條件」)，應以社會、經濟環境的改善，促使其日趨平等。基於此，洛爾斯的差異原則，實預設了保障更徹底的經濟與社會人權的必要性。

自由觀念的分析，到此處實已進入了人權(human rights)的範疇。爲了區別起見，一般接受的是兩種分類，第一項概念是公民自由(civil liberty)，意即由憲法所保障的人身自由、言論自由、財產權、宗教自由、遷徙自由等，同時也以限制政府權力行使爲要件。

第二項概念則是公民權利(civil rights)，亦即由憲法或法律所保障人民受政府提供的各項福利，換言之，它是政府積極性的義務，亦即保障積極性自由的必備條件。其中包括義務教育、改善弱勢人口的社會經濟條件、社會安全制度、醫療保險等⑳。

上述第一項的公民自由，各民主國家多已有基本共識，內涵大致相同。而第二項的公民權利，則較受不同政見及意識型態的政黨政治之影響，例如在民主社會主義政黨執政的國家，福利的照顧範圍較廣，政府之積極性角色較爲廣泛；而在保守黨或右派政黨當政的國家，福利範圍較爲有限，政府功能亦較爲縮減。但是，無論如何，由於福利國家業已是普遍爲當代各民主國家接納的原則，因此即使是在右派或保守主義當政的國家，也不可能再堅持古典自由主義或自由是尙主義(libertarianism)㉑的立場，僅以最小幅度的國家(minimal state)自限。而正如本章上一節所述，在本世紀初葉以後訂定的新憲法中，已將許多福利國家的公民權利明白列入憲法，成爲人民具體權利的一部分。因此，不管是那一政黨執政，都不能違背憲法所設定的基本人權和福利政策，而走回自由放任時代的老路了。由此看來，二十世紀的憲政民主，的確是以人權的擴張、國家職能的擴展爲其特色。換言之，有限政府的理念雖然依舊是憲法的主要原則之一，但大政府(great government)的理念，也與其相結合，並行不悖的成爲當代民主體制的主要特徵。

如果我們回顧中山先生在《民權主義》第五講中所講的一段話，當可看出「有限政府」與「大政府」兩者

⑳此一分類引自蘭尼，前揭書，頁364。

㉑自由是尙主義(libertarianism)，亦譯放任主義，是一種極端的自由主義，主張將國家角色縮減到最小程度，只要維持一種「夜警」(nightwatchman)的功能即可。它認爲如果國家的權力超過了「夜警」的功能，就一定會侵害到個人的自然權利，也就違犯了道德的原則，而形成了對自由的威脅。另外它也強烈主張國家在經濟事務上採取自由放任的資本主義政策，並反對福利國家論及新自由主義擴大國家職能的觀點，認爲政府不應介入人們的社會及經濟生活，更不應爲了社會福利措施而擴充政府規模，造成國家機器及官僚體系的膨脹。

另外也有人將無政府主義(anarchism)列爲自由是尙主義的一支。嚴格說來，此二者仍有相當的區別，實不宜混淆。當代最著名的自由是尙主義的著作是哈佛大學教授諾錫克(Robert Nozick)的《無政府、國家與烏托邦》(*Anarchy, State, and Utopia,* 1974)。另外，也有人將海耶克(Friedrich Hayek)及弗瑞德曼(Milton Friedman)列爲此一思潮的代表人物，但他們實係古典自由主義的承繼者，雖然其主張與自由是尙主義相近，但卻並未眞正加入自由是尙主義的運動行列。有關諾錫克的中文

所以結合的奇特之處。他說：

「有一位美國學者說：『現在講民權的國家，最怕的是得到了一個萬能政府，人民沒有方法去節制他，最好的是得一個萬能政府，爲人民謀幸福。』這一說是最新發明的民權學理，但所怕、所欲都是在一個萬能政府。」

但是當代的人權與憲法理論，基本上卻解決了上述「旣怕又欲」的困局。其具體解決方式則是：

㈠以公民自由，即憲法所保障的人身自由，限制政府權力的行使，此即「有限政府」的體現。

㈡以憲法保障的公民權利，要求政府實現其義務，改善人民的社會、經濟、文化等條件，促進人群間之平等，藉以擴增人民的積極性自由。在此一過程中，「萬能政府」乃逐漸出現。

當然，誠如前述，「萬能政府」並非無所不爲的政府，因爲人民才是主權之所在，因此當人民透過直接民權或間接民權的方式，限制政府權力運作之際，政府就必須將權力交還給人民，這才合乎「只盡其能，不竊其權」的眞諦㉒。

繼續，我們將就中華民國憲法中的人權保障，透過比較的途徑，做一具體之分析。

二、中華民國憲法與人權

美國學者蘭尼，曾經將各主要民主國家憲法中有關人權的重要規定，做一列舉㉓，並得出附表一中所列出的項目。其中大部分的項目在中華民國憲法中都可找到相關的內涵，且多集中於中華民國憲法的第二章「人民

研究，參看：石元康，〈自然權利、國家與公正：諾錫克的極端自由主義〉，周陽山主編，前揭書，頁172-205。

㉒如果有人繼續追問：政府如果不將權力交回給人民怎麼辦？這意味政府正走向專制，亦即憲政民主面臨危機。到目前爲止，人類的經驗與智慧尙無法根本解決此一問題。譬如一九三三年希特勒透過民主選舉而執政，但上臺後不久即廢除了威瑪憲法，走向納粹極權。類似的現象，也在全球許多地區出現過。關於民主的成長及其逆退，參見：Juan Linz & Alfred Stepan, *The Breakdown of Democratic Regimes in Latin America,* (Baltimore: Johns Hopkins University Press, 1978)；Hannah Arendt, *The Origins of Totalitarianism,* (1951) Reprint (Cleveland: Meridan, 1966)；J. L. Talman, *The Origins of Totalitarian Democracy,* (New York: Praeger, 1961)；K. D. Bracher, *The German Dictatorship,* (London: Penguin, 1973)；摩爾(Barrington Moore)著，拓夫譯，《民主與獨裁的社會起源》，(臺北，桂冠出版公司，1991)。

㉓引自，蘭尼前揭書，頁367-370。

之權利及義務」及第十三章「基本國策」。這也印證了我們在前文中的說法，中華民國憲法中的人權規定，包羅了消極自由與積極自由兩種層面，也包含了公民自由與公民權利兩種內容。其中尤以「基本國策」一章，包容了人權的內涵，更凸顯了當代憲法的特性。

附表一　各國憲法的人權規定與我國憲法的比較

一、對政府權力的限制

㈠對信仰自由和意見自由的保護	我國憲法相關條款
宗教信仰	七、十三
言論自由	十一
出版自由	十一
通信保密自由	十二
維護少數民族的語言與文化	一六八、一六九
㈡行動保障	
集會自由	十四
請願自由	十六
投票權利	十七、一三〇
祕密投票自由	一二九
禁止蓄奴	另以法律定之
職業自由	十五、一五二
住宅隱私權	十
遷徙自由	十
組織工會和商會的自由	十四(一五三)
罷工自由	(一五三)、(一五四)
集體談判自由	(一五三)、(一五四)

㈢保障個人免於非法起訴	
禁止非法扣押	八
法律不溯及既往	另以法律定之
禁止連坐	(二十二)
禁止非法搜索和逮捕	八
非經合法起訴不得審判	八
一罪不二罰	無
禁止刑求逼供	八
保釋金和罰金不得過高	另有規定
禁止酷刑	(八)
政治犯不予引渡	另以法律定之
廢止死刑	無
不因債務而判處徒刑	另有規定
人身保護令㉔	八
保障正當法律程序	八
保障迅速公平審判	八
保障審判公正	八十
保障舉證權利	另以法律定之
被告有權不做對自己不利的供詞	另以法律定之
提供法律服務	另有規定
保障法律平等	七
㈣對財務的保障	
徵收民產應做適當補償	(一四三)
保障專利權和版權	另以法律定之
保障契約義務的履行	另以法律定之

㉔人身保護令(Habeas Corpus Act)，是英國在1679年頒布的保護人身權利的法律。

1642年英王查理一世宣布討伐國會，但因資產階級得到廣大農民和城鄉手工業者的支持，打敗了英王的軍隊。1649年1月處死了英王查理一世，建立了共和國，由克倫威爾執政。後來由於資產階級害怕英國人民的力量，又和封建勢力妥協，立查理二世爲英王。斯圖亞特(Stuart)王朝復辟之後，大肆迫害新教徒和反王權派。爲反對斯圖亞特王朝任意逮捕並無限期監禁，「輝格黨」(Whig Party爲自由黨前身)援引舊例，通過議會而制定《人身保護令》，迫使英王查理二世簽署，法案雖遭到「托利黨」(Tory Party，爲保守黨前身)把持的貴族院的拒絕；但懾於羣衆運動的壓力，國王查理二世不得不於1679年5月26日批准。

《人身保護令》共20條，主要內容是：除叛國犯、重罪犯和戰時或遇緊急狀態外，任何人非依法院簽發並載明緣由的逮捕證，不受逮捕羈押；已依法逮捕者應視里程遠近，定期移送法院審理；經被捕人或其代理人申請，法院可簽發人身保護狀，得令逮捕機關或人員申訴逮捕理由，解送、保釋或釋放被捕人，違者可處罰金；不得以同一罪名再度拘押准予保釋的人犯；英格蘭的居民罪

二、政府的義務

㈠提供經濟協助	我國憲法相關條款
保障工作權	十五
保障同工同酬	(一五三)
保障最低工資	(一五三)
規定最高工時	(一五三)
失業救濟	一五〇
社會安全	一五二、一五五
㈡提供社會服務	
教育	一五八、一五九 一六〇、一六一 一六四、一六七
禁止童工	一五三、(一五六)
保障家庭和親子關係	一五六
維護古蹟	一六六
休閒及文化	一六五、一六六

說明:「另以法律定之」,是指另有明文之法律規定此一權利。「另有規定」,是指在其他法律中有相關之規定。引號(　)則表示此一憲法條款在實質上已包含了此一權利內涵,雖然並非一字一句做了具體之規定。

犯不得押送其他地區拘禁。

《人身保護令》形式上淵源於英國普通法中傳統的法院令狀之一的人身保護狀。早在大憲章頒布以前,人身保護令狀制度就已存在,該狀由王座法院發出,命令有關官吏將監禁的罪犯交出,並說明監禁該人的緣由。「大憲章」(Magna Carta,1215)確認對有關殺人或傷人致殘的案件,王座法院當及時無償地簽發「人身保護令狀」。在亨利四世(公元1485年至1509年)時代,人身保護令狀曾成爲防止王權之不當行使而設立的主要救濟手段。

《人身保護令》頒布之後,曾經過幾度修改,1862年擴大了《人身保護令》的適用範圍;1960年又作了進一步的修改。英國刑事訴訟法中,至今仍以簽發人身保護狀作爲審判監督程序之一,由高等法院王座庭主司其事。相關之研究著作,參見:William F. Duker, *A Constitutional History of Habeas Corpus*, (Westport: Greenwood Press, 1980)

在上述的人權規定中,我國的法制規定約可分爲下列幾種狀況:

㈠憲法已明白規定者。大部分人權規定均屬此類。如憲法第十二條規定:「人民有秘密通訊之自由。」第十三條規定:「人民有信仰宗教之自由。」均是。

㈡憲法有相關規定,另以法律明白規定者。例如憲法第一百五十三條規定國家應制定保護勞工之法律。第十四條則規定，人民有集會及結社之自由。此實已保障組織工會之自由。但明文之規定，則見於「工會法」。

㈢憲法無相關規定，但法律有明白規定者。例如「禁止蓄奴」之規定，見之於「刑法」第二百九十六條。政治犯不予引渡之規定，見之於「引渡法」第三條（不過附有但書）。而法律不溯及既往之規定，見之於「民法總則施行法」第一條。保證舉證之權利，亦見之於「民事訴訟法」第二百七十七條。此類人權保障之規定頗多，不一一列舉。

㈣憲法無相關規定，亦不爲我法制體系所採納者。例如我國並未廢除死刑。而頗受爭議的「一罪不二罰」的原則，在我國刑法第十二章中，訂定了「保安處分」，規定「有犯罪之習慣或以犯罪爲常業或因游蕩或懶惰成習而犯罪者，得於刑之執行完畢或赦免後，令入勞動場所，強制工作。」（刑法第九十條），此一規定顯然與「一罪不二罰」原則不符，因此亦可視爲我國並不採納此一原則。

㈤我國憲法規定特別詳盡者。例如有關婦女權益之保障（見憲法第一百三十四條，第一百五十六條）；人民教育權之規定（見憲法第一百五十八條至一百六十七條）；少數民族權益之保障（見憲法一百三十五條、一百六十八條、一百六十九條）等。

若從比較憲法角度分析，我國憲法之人權規定還有幾項特色：

第一，我國憲法對人民權利之明文限制較少。譬如德國威瑪憲法第一〇九條規定：「國家不得頒給勳章及榮典。德國人民不得領受外國政府給與之御稱或勳章」。我國憲法即無類似之規定，但是相對的，對人民其他權利（憲法明文規定以外之權利）之保障，亦較含混。憲法第二十二條所載「凡人民之其他自由及權利，不妨害社會秩序及公共利益者，均受憲法之保障」。但是如何才不妨害到「社會秩序及公共利益」，界限則較爲模糊。換言之，此將使立法者及執法者的解釋空間過大，容易戕害到人民的基本權益。

第二，我國憲法對婦女之權利特別重視。世稱最先進的民主國家之一的瑞士，因傳統之束縛，遲至一九七〇年才修改憲法第七十四條，賦與婦女投票權，至一九七一年二月才使其成爲事實。但我國雖亦爲傳統深厚之國家卻早在本世紀中葉，即已規定婦女在法律上享有平等地位，而且還規定婦女在選舉上享有保障名額，（見憲法第一三四條）。此實爲一般民主國家所少見㉕。若以美國爲例，倡議多年的「男女平權法案」（Equal Rights Amendament），至今尚未通過，亦未成爲憲法修正案的一部分，由此可見我國憲法在婦女人權上的先進地位。

第三，我國憲法對教育權特別重視。雖然德國威瑪憲法在第二編第四章中，專列了八條有關學校及教育的條款，內容十分詳細；戰後義大利憲法亦在第三十三、三十四條中對教育權做了相當具體的規範。但均未如同我國憲法第一六四條之規定：「教育、科學、文化之經費，在中央不得少於其預算總額百分之十五，在省不得少於其預算總額百分之二十五，在市、縣不得少於其預算總額百分之三十五，其依法設置之教育文化基金及產業，應予以保障」。此種具體而翔實之預算規定，實爲世界各國所罕見。

第四，我國憲法對社會福利、社會安全十分重視。一方面此係承繼威瑪憲法以來之憲政傳統，另一方面則凸顯了三民主義與民生主義的基本精神。憲法十三章第四節「社會安全」一節，明白規定了充分就業（一五二條）、勞工及農民之保護（一五三條）、勞資關係及糾紛之處理（一五四條）、社會保險及社會救濟之實施（一五五條）、婦女及兒童福利政策（一五六條），及衛生保健事業與公醫制度（一五七條），均具體呈現了福利國家與民生主義的特徵。尤其有關「公醫」制度之規定，亦爲一般民主憲法所少有。

第五，我國憲法中對「國民經濟」之規定，帶有濃厚之民生主義的

㉕婦女參政權利最受保障的地區，爲北歐各國。冰島國會中有百分之二十的女性議員，瑞典國會則有高達百分之三十七的女性議員。北歐最大的十個政黨均規定了婦女保障名額（通常是百分之四十）。在一九七〇年代初，挪威首都奧斯陸市議會的議員多數爲女性。一九八〇年，冰島選出首位女性總統（Vigdis Finnbogadottir）；在挪威，一九八一年和一九八六年起的內閣，首相均由女性政治家 Gro Brundtland 擔任。資料來源：P.J. Taylor ed. *World Government*,（New York: Oxford University Press,1990）,p. 90.

學說色彩。其中一四四條關於發展國家資本、第一四五條關於節制私人資本、鼓勵合作事業、第一四六條促成「農業之工業化」等規定，均具體而微，凸顯了民生主義及當代福利國家之特性。但卻與「自由放任」的古典自由主義憲政思想，頗不相同。此亦說明我國憲法對「公民權利」及政府義務之重視，確爲一大特色。

第六，我國憲法有關基本國策之規定，係著重與基本人權（尤其是「公民權利」）有關的部份，但對具體之政策內涵，較不在意。相對的，許多國家的憲法則在具體政策內涵上做了細緻之規定。例如瑞士憲法第二十五條規定：「㈠聯邦有權制定關於漁獵的法律」；「㈡特別禁止不預先麻醉宰殺牲畜」；第三十二條規定：「特許合作社及其他私人企業經營蒸餾酒精的工業製造。……現有的本國或循環蒸餾室有權用水果、壞水果、蘋果汁、葡萄酒、葡萄皮、酒渣、龍膽根以及相同的原料製造非商業的蒸餾酒精……」。如此詳細的規定，實超越了憲法爲「國家根本大法」的基本任務，亦未被我國憲法所接納。

總結上述各項分析，我國憲法有關人權之規定，實具有下列基本特徵：

㈠對基本之「公民自由」之限制規定較少，亦較含混，但對「公民權利」之規定則較詳實、具體。

㈡強調福利國家學說及積極性自由，而與古典自由主義的自由放任學說，頗不同調。

㈢對基本國策之規定，著重人權保護相關之內涵，對其他公共政策，規定較少。

㈣強調立足點之平等，尤其是著重教育機會之均等，以及文化之發展、倫理之維繫，以期從根本改善國民之品質。此實與洛爾斯所強調之公正原則，若合符節。

但是，在具體的人權實施工作上，由於我國目前正經歷著民主化、自由化的改革事業,「動員戡亂時期」剛結束不久,「回歸憲政」的工作也才正開展，因此在具體的人權與自由維護工作上，還有相當多的任務有待完成。因之，近年來有關人權保障及自由維護的改善成果，雖已是舉世所共見，但離完善之境界，卻仍相當遙遠，也有待國人之繼續努力。在下一節中，我們將就憲政改革的背景、目標及實踐之手段，做進一步之探討。在附表二中，則列出全球各國目前（一九九一年底）的自由指標，以供參考。

附表二　一九九一年世界各國自由程度

**引自 *Freedom Review*,（New York: Freedom House,）Vol.23, No.1, 1992, p.23.

I FREE 自由

1

Australia 澳洲
Austria 奧地利
Barbados 巴巴多斯
Belgium 比利時
Belize 百利斯
Canada 加拿大
Costa Rica 哥斯達黎加
Cyprus(G)（希裔）塞浦路斯
Denmark 丹麥
Finland 芬蘭
Iceland 冰島
Ireland 愛爾蘭
Italy 義大利
Luxembourg 盧森堡
Malta 馬耳他
Marshall Islands 馬紹爾群島
Micronesia 麥克羅尼西亞
Netherlands 荷蘭
New Zealand 紐西蘭
Norway 挪威
Portugal 葡萄牙
St. Christopher-Nevis(St. Kitts-Nevis)
聖克里斯多福
Solomon Islands 索羅門群島
Spain 西班牙
Sweden 瑞典
Switzerland 瑞士
Trinidad and Tobago 千里達和多巴哥
Tuvalu 土瓦魯
United States of America 美國

1.5

Botswana 波札納
Dominica 多米尼加聯邦
France 法國
Germany 德國
Greece 希臘
Grenada 格林納達
Japan 日本
Kiribati 卡里巴地
Mauritius 毛里求斯
Nauru 瑙魯
St. Lucia 聖露西亞
St. Vincent and the Grenadines 聖文森
United Kingdom 英國
Uruguay 烏拉圭

2

Argentina 阿根廷
Chile 智利
Cyprus(T) (土裔) 塞浦路斯
Czechoslovakia 捷克
The Gambia 干比亞
Hungary 匈牙利
Israel 以色列
Jamaica 牙買加
Poland 波蘭
Venezuela 委內瑞拉
Western Samoa 西薩摩亞

2.5

Bahamas 巴哈馬
Bangladesh 孟加拉
Benin 貝寧
Bolivia 玻利維亞
Brazil 巴西
Bulgaria 保加利亞
Cape Verde 佛得角羣島
Dominican Republic 多明尼加共和國
Ecuador 厄瓜多爾
Estonia 愛沙尼亞
Honduras 宏都拉斯
Korea, South 南韓
Latvia 拉托維亞
Lithuania 立陶宛
Mongolia 蒙古
Namibia 那米比亞
Nepal 尼泊爾
Papua New Guinea 巴布亞新幾內亞
Sao Tome and Principe 聖多米
Vanuatu 瓦那度
Zambia 贊比亞

II PARTLY FREE 部分自由

3

Antigua & Barbuda 安提瓜
Colombia 哥倫比亞
Nicaragua 尼加拉瓜
Panama 巴拿馬
Paraguay 巴拉圭
Philippines 菲律賓
Taiwan(Rep. of China) 臺灣(中華民國)
Tonga 東加
Turkey 土耳其
Ukraine 烏克蘭

3.5

Comoros 柯馬魯
El Salvador 薩爾瓦多
Gabon 加彭
India 印度
Senegal 塞內加爾

4

Albania 阿爾巴尼亞
Algeria 阿爾及利亞
Guatemala 瓜地馬拉
Jordan 約旦
Madagascar 馬拉加西
Mexico 墨西哥
Peru 秘魯
Singapore 新加坡
Suriname 蘇里南
USSR 蘇聯

4.5

Guyana 蓋亞那
Malaysia 馬來西亞
Nigeria 奈及利亞
Pakistan 巴基斯坦
South Africa 南非
Sri Lanka 斯里蘭卡
Zimbabwe 津巴布韋

5

Angola 安哥拉
Congo 剛果
Egypt 埃及
Fiji 斐濟
Ivory Coast(Cote D'Ivoire)象牙海岸
Lebanon 黎巴嫩
Lesotho 賴索托
Mali 馬里
Morocco 摩洛哥
Mozambique 莫三鼻克
Romania 羅馬尼亞
Thailand 泰國
Tunisia 突尼西亞

5.5

Bahrain 巴林

Bhutan 不巴

Central African Republic 中非共和國

Ethiopia 依索比亞

Guinea-Bissau 圭亞那

Indonesia 印尼

Niger 尼日

Sierra Leone 獅子山

Swaziland 史瓦濟蘭

Yemen 也門

III NOT FREE 不自由

5.5

Brunei 婆羅乃

Burkina Faso 布基那法索

Guinea 幾內亞

Iran 伊朗

Kuwait 科威特

Maldives 馬爾地夫羣島

Tanzania 坦桑尼亞

Togo 多哥

United Arab Emirates 阿拉伯聯合大公國

Yugoslavia 南斯拉夫

Zaire 薩伊

6

Cambodia 高棉

Cameroon 喀麥隆

Chad 查得

Djibouti 吉布地

Ghana 加那

Kenya 肯亞

Oman 阿曼

Qatar 卡塔爾

Seychelles 塞吉爾

Uganda 烏干達

6.5

Burundi 蒲隆地

Laos 寮國

Liberia 賴比瑞亞

Malawi 馬拉威

Mauritania 摩里塔尼亞

Saudi Arabia 沙烏地阿拉伯

7

Afghanistan 阿富汗

Burma(Myanmar)緬甸

China(P.R.C) 中共

Cuba 古巴

Equatorial Guinea 赤道幾內亞

Haiti 海地

Iraq 伊拉克

Korea, North 北韓

Libya 利比亞

Somalia 索馬利亞

Sudan 蘇丹

Syria 敍利亞

Vietnam 越南

第三節　憲政改革與憲政傳統

民國七十六年，政府宣布解除戒嚴，開放黨禁、報禁，一時之間，新興政黨林立㉖，言論市場亦大爲開拓。民國八十年，政府宣布「動員戡亂時期」結束，「臨時條款」廢除，國民大會通過「中華民國憲法增修條文」，同年底，國民大會、立法院及監察院的資深民代一同退職，全國選民選出第二屆國民大會代表，由其著手進行在臺四十多年來最重要的修憲工作；此一修憲工作，將對現行憲法做較大幅度的增修，以期符合此時此地的環境需要及民意需求。

㉖截至民國八十一年初，臺灣地區已有逾六十五個政黨正式辦理登記。但正式參選，扮演眞正政黨角色者，則不足十個。

在本節中，我們將就修憲與制憲之爭、修憲體例的選擇，以及相關的憲政主義問題，做一綜合分析。

一、修憲與制憲之爭

憲政改革面臨的首要問題，是究竟應以「修憲」還是「制憲」方式進行。但此一爭論實已誤解了憲政改革的本意。

所謂「憲政改革」，即是透過「改革」途徑進行憲法內容的調整。通常每一部成文的民主憲法，包括中華民國憲法，都規定了修憲的程序㉗，但卻並未規定如何得推翻本憲法，另外制定一部新憲法。因此，「憲政改革」本身就預設了「修憲」的必然性，而「制憲」途徑卻已被排除在外了。這乃是因爲「制憲」並非憲政「改革」，而實係憲政「革命」。

㉗憲法第一七四條規定：「憲法之修改，應依左列程序之一爲之：

一、由國民大會代表總額五分之一之提議，三分之二之出席，及出席代表四分之三之決議，得修改之。

二、由立法院立法委員四分之一之提議，四分之三之出席，及出席委員四分之三之決議，擬定憲法修正案，提請國民大會複決。此項憲法修正案，應於國民大會開會前半年公告之。」

由此可知，修憲途徑有二，或由國民大會提議，或由立法院發動，但最後均由國民大會決定是否通過。

至於「憲政革命」其實現途徑有許多種，約略可分爲下列三類：

㈠發生暴力革命，舊政權被推翻，新政權成立，爲鞏固革命成果，體現新的政治意識形態，乃制定新憲法，當憲法完成後，交付公民複決，以獲取民意基礎。公民複決通過後，再按照新憲法本身的規定，實施大選，組成新政府及國會，使憲法成爲眞正的民主憲法。

㈡國家發生嚴重的政爭或政治、社會危機，政府被迫下臺，由反對派或中間人士接掌臨時政權。新接掌政權的領導人，爲徹底泯除政治動盪的根源，乃全盤改造舊憲法，重新安排政府權力架構，釐清權責關係（譬如說由「總統制」改爲「議會內閣制」)，然後再將新憲法交付人民公決，通過後，重新舉行大選，由新的國會及政府接掌政權。此時如果臨時政權的領導人再獲民意肯定，將繼續執政，否則應將政權交出給選舉獲勝的政黨及其領導人。

㈢在野政黨在總統大選或國會選舉中獲得勝利，接掌政權。由於該黨之政治見解及意識形態觀點與原執政之政黨完全不合，乃決意重新制憲。當憲法完成後，交付公民複決，通過後依新憲法之規定，重新舉行大選，組成新政府，如果選舉結果該黨依然獲勝，則繼續執政，新憲法亦獲得民主基礎。如果大選失敗，則轉由其他政黨執政。

在上述三種途徑中，第一種是暴力革命成功，以新憲法取代舊憲法的例子，普通出現在左派或共黨革命成功的國家。中共在一九四九年制定具備憲法功能的「共同綱領」，一九五四年制定第一部「憲法」，即是明顯的例子。另外，一九五九年古巴建立了革命政府後，也旋即在二月間制定憲法性質的「根本法」，但直至一九七六年才正式制定「憲法」。

第二種情況則是在政治危機出現時發生的。著名的例子是法國第五共和的憲法。在第四共和(1946-1958)期間，法國政局因小黨林立，政潮迭生，以致對外應變無方。一九五八年三月，駐北非的法軍抗衡中央政府，要求由退隱田園的前法軍領袖戴高樂出掌政局，否則威脅政變。法國政府格於情勢危急，不得不邀戴高樂出任總理。戴氏於六月間上任後，立即組織憲法起草委員會，訂定新憲，大幅度擴增總統職權、縮減國會權力。同年九月底，新憲法交付公民複決，結果獲得通過。「第五共和」乃告誕生。並根據新憲法選舉總統與國會，戴高樂當選總統，其憲法至今仍爲法國所沿用。

至於第三種情況，亦即在承平時期因政黨交迭執政而實施「憲政革命」，以新憲法取代舊憲法，情況則甚罕見。民主國家中似無先例。因此如何透過「和平途徑」以實現「憲政革命」，恐非憲政民主國家之常態。在西方民主國家中，連續執政最久的政黨是瑞典的社會民主工黨，自一九三二年起連續執政四十四年，至一九七六年才因反對黨聯手而下野。新上臺的保守政黨聯盟，雖然對過去長期執政的社會民主工黨不滿，但卻無任何「制憲」或「憲政革命」的舉措。(但在一九七一年，一九七五年，瑞典國會卻進行了兩度「修憲」任務) ㉘。因此，通常民主國家可以因爲民主選舉結果而進行「修憲」，不過卻絕少有因政黨交替執政而進行「制憲」或「憲政革命」的。此種「和平的憲政革命」，在理論上或許可自圓其說，但卻甚少有發生的可能。

但是，究竟憲政民主國家爲何率多採取「修憲」而非「制憲」的途徑，其理由則較複雜，吾人可從下列幾個方向分析。

首先，如果不同的執政黨僅因爲該黨意識形態或政策立場差異，就要求進行「制憲」，將該黨之主張載入憲法，則「憲法」與「黨綱」何異？憲法又如何能負擔保

㉘瑞典並無一部單獨名爲「憲法」的文件。而憲法在該國是指四部憲法性法律：㈠政府組織法；㈡王位繼承法；㈢新聞自由法；㈣議會法。一九七一年的修憲（修改「議會法」），將國會由兩院制改爲一院制，議員任期三年，共有349席，由普選產生。一九七五年再行修憲，改變國王職權，原先規定國王有最高行政權，與議會共同行使立法權，修憲後(修改「政府組織法」)，瑞典雖仍係君主立憲國家，國王卻不得再干預行政工作，首相及大臣只對議會負責，由議會任命，立法權亦由議會單獨行使；國王雖具最高軍銜，但軍隊則由內閣指揮。國王已成完全之虛位元首。
另外瑞典社會民主工黨在一九八二年捲土重來，又繼續執政達十年之久，直至一九九一年秋才再度下野，由保守派政黨聯盟接掌。自一九三〇年代以來，社會民主工黨執政時間共計已超過半世紀之久。資料來源，*World Government*，前揭書，頁 88-95；*New York Times*（紐約時報）1992 年 2 月 23 日，E 3 版。

護人權、限制政府權力、伸張公民自由與權利的重任？此種「憲法」又何得以稱之為「根本大法」或「權利保障書」，而不成為一黨之私的產物？

其次，如果甲黨在大選獲勝，獲得執政機會，並逕行制憲，則一旦乙黨亦在隨後之選舉中獲勝，是否可如法炮製，另行來一次制憲？如此一來，制憲工作頻仍，豈不是將憲法視為奪權工具和執政者的護身符？憲法既然隨時可以更換，又如何得以樹立憲政權威，延續憲政傳統呢？

再者，所謂「憲政主義」（亦譯為「立憲主義」），並非憲法訂定得越多越好㉙，相反的，尊重憲法的權威，不輕易更動憲法的內涵（因此憲法多將修憲程序規定得十分嚴謹），使憲法成為法治及政治權威的泉源，才是憲政主義的真諦。

基於此，在近來有關憲政改革的擬議中，有些人提議「多階段制憲」或「多次制憲」，甚至提出第一次將憲法修改為「總統制」，第二次再改回「內閣制」或「混合制」。這些權宜式的主張，都已完全誤解了憲法及憲政主義的特性，而只將憲法視為「最有利於奪權爭利的工具」。在此種意圖下所提出的「制憲」主張，自然也不願受到憲政主義原則的規範。因此也稱不上是以民主憲政為依歸。

但是，在另外一些具體的憲改主張中，卻有一些實質的憲改理念值得探討，吾人試歸納為以下兩種：

第一，以「三權」取代「五權」。因此必須裁撤考試、監察兩院（兼有主張裁撤國民大會者）。而由於修憲幅度

㉙以中共為例，一九五四、一九七五、一九七八、一九八二，共制定了四部憲法，有的憲法壽命短到只有三年，完全成為統治集團的「御用」權力工具。此種制憲頻率，完全非制憲主義原則所可規範，更非民主憲政國家之應有作法。因此，制憲頻繁的國家，通常亦非實施憲政民主，或穩定的憲政民主之國家。

過大，因之最好能以制憲方式爲之。

對於此一主張，我們願具體做逐項分析。首先，裁撤考試院之理由，是考試權權限過簡，不足以和行政、司法、立法等權抗衡。因此應改爲「考試委員會」或「文官委員會」，並取消「院」之名稱。

我們試以法國第五共和憲法與中華民國憲法做一形式對證，以回答此一詰難。

法國第五共和憲法，共分十五章，依序是：㈠主權；㈡共和國總統；㈢政府；㈣議會；㈤議會和政府的關係；㈥國際條約和協定；㈦憲法委員會；㈧司法機關；㈨特別最高法院；㈩經濟與社會委員會；(十一)領土單位；(十二)共同體；(十三)參加的協定；(十四)憲法的修改；(十五)過渡條款。

中華民國憲法，共分十四章，依序是：㈠總綱；㈡人民之權利義務；㈢國民大會；㈣總統；㈤行政；㈥立法；㈦司法；㈧考試；㈨監察；㈩中央與地方之權限；(十一)地方制度；(十二)選舉、罷免、創制、複決；(十三)基本國策；(十四)憲法之施行及修改。

我們將兩者並列的理由是，考試權的大或小，並不能影響考試院應否存在的問題。例如，在法國憲法中，第七章憲法委員會，第九章特別最高法院及第十章經濟與社會委員會，此三章之條文均甚少，其職權規定亦遠不如第二章總統、第三章政府、第四章議會等來得複雜，但由於此三者之功能特殊，即使其內部組織編制不大，職權單純，依然得列爲單章，並成爲獨立之機構。同理，中華民國憲法中的考試、監察兩章即使條文較少，其職權亦較有限，但依然應依其功能之特殊性，列爲單章，並成爲獨立之機構。如果有人堅持認爲，「五院」之名稱不順耳，必須改爲「三院加兩委員會」，自無不可。但如果只是爲了換一個名稱，結果卻是「換湯不換藥」，則又何需藉「修憲」或「制憲」之名，並引起複雜的憲改程序爭議？

其次，是關於監察院存廢的問題，本書在第六章已有相關檢討。但其中有一項現實之理由，並未深入討論，在此應做較詳細之分析。此即監察權不彰，金權當道，監委日趨腐化的問題。

目前國人均有共識，監委之產生辦法必須根本調整，或改爲人民直選，或改爲由總統提名，並由立委行使同意權，意見不一而足；但不再維持間接選舉方式(間接由省、市議員選出)，以泯除賄選可能，則係普遍之意見。另外，監委之資格應大幅度提高，亦係普遍之共識。但是目前卻有另一種意見，主張監察權既然成效不彰，最好是將此一權力移往立法院，並根本廢除監察院，以達釜底抽薪之效。但此種說法卻忽略了一個嚴重的事實，那就是金權政治本亦係立法院的特徵之一，而立法委員之選舉亦普遍出現賄選傳聞。既然監察院的金權問題在立法院依然存在著，則將監察權一體移往立法院，豈不會造成「權上加權」、「金權加金權」，使問題更爲嚴重？在此一情況下，到底是採更多的分權設計，以減少權力集中，避免腐化現象的惡化好些呢？還是將五權改爲三權，使權力更爲集中，腐化現象更爲惡化，來得更爲理想呢？因此，眞正合理的根本設計，是提昇監委資格，改變選舉或提名辦法，並改善監察權的行使方式，這才是眞正解決問題（而不是使問題更形嚴重）的辦法[30]。

基於此，將五權改爲三權的修憲或制憲擬議，在目前的時空環境下，乃是缺乏說服力的。

第二，恢復「五五憲草」的設計，將國大變爲實權機構，享有充分之選舉、罷免、創制、複決權。另外「兩權派」亦主張恢復創制、複決權之行使，藉以「制衡」立法院。

關於此種主張之實際不可行，本書第四章已有詳細討論，此處不贅述。不過，我們必須強調，此種修憲主張如果眞的付諸實施，恐將造成更嚴重的憲政危機。而且也將使中華民國憲法起草者當年的努力，付諸流水[31]。實不相宜。

在檢討了上述兩種修憲或制憲擬議後[32]，我們將具體的分析，在中華民國憲法中，到底有那些條文是非改不可的。我們檢討的答案是：

㈠憲法第二十六條、六十四條、九十一條，有關國大代表、立法委員、監察委員之員額及選舉辦法等規定，必須調整。

㈡憲法第七十五條，立法委員不得兼任官吏之規定，若朝「議會內閣制」方向修憲，應予更改，但若維持現狀，不予更動，亦無不可。（立委若需擔任政務官，辭去立委之職即可）。

㈢憲法第八十五條中段，有關公務人員之選拔，應取消有關省區名額之規定。

㈣憲法第九十條，監察院之同意權，應予取消，宜轉至立法院，（而非擬議之國民大會）。而憲法第七十九條及第八十四條，有關司法院院長、副院長、大法官，以及考試院院長、副院長、考試委員等同意權之行使，亦應做相應之調整。

㈤憲法第一百六十四條，有關教育科學文化經費在預算中之比例，應予調整或凍結。但亦有論者指出，此一規定僅係建議性質，應不具強制力，不調整亦可。在上述兩種觀點中，似以應調整或凍結之理由，說服力較為充分。

㈥憲法第一百六十八條、一百六十九條有關邊疆地區民族權益保障之條文，應做文字更動（取消「邊疆」等字眼），並加進對台灣地區原住民之保障內容。

㈦憲法第二十二條、二十三條有關人民權利之保障，應做文字修正，明確規定根據那些項目始得限制權利與

㉚金權政治及賄選問題，當然必須徹底解決，但如果認為只要將「五權改為三權」或裁撤某一機構，即可解決問題，無寧是太過簡單的想法。此一問題，牽涉到文化、制度、選民結構等複雜層面，有待多方面之探討，絕非局部片面的改革所能奏效，更不是將問題簡單化，所能解決的。

㉛中華民國憲法起草人張君勱先生當年曾指出：「此稿之立脚點在調和中山先生五權憲法與世界民主國憲法之根本原則；中山先生為民國之創造人，其憲法要義自為吾人所當尊重，然民主國憲法之要義，如人民監督政府之權，如政府對議會負責，既為各國通行之制，吾國自不能自外。」因此，現行憲法中「修正式內閣制」的憲政設計雖然與五權憲法的理念及架構不盡相合，卻有效的結合了五權憲法的基本理念及一般民主憲法的權責相符原則，仍是值得吾人肯定，並善自珍攝的。更何況，中華民國憲法業已成為一項重要的憲政傳統，捨此成果而遷就其他未經實踐檢證的憲法學說，是否合宜，也是值得反省的。

㉜其他主張制憲或大幅度修憲之主張，如總統直選，國民大會虛位化等，在本書前面各章中多已有探討，不再一一贅述。

自由之行使；另外則應增加一些具體之人權保障內涵，如「一罪不二罰」、「禁止連坐」等之規定。

綜合上述內容，必須修憲之條文，不過十數條而已，透過小幅度之修憲即可達成。因此，既然小幅度修憲即可完成任務，就無須以大規模的「制憲」爭擾，而使問題日趨複雜了。

繼續我們將就修憲的體例問題，亦即應採取何種形式修憲，做具體之分析探討。

二、修憲體例的探討與比較

目前有關修憲體例的看法，大致上可以區分爲下列各種類型：

㈠依照美國修憲案，在憲法正文後逐條列出。隨憲政成長而逐條增加。現階段的修憲可以一次先通過許多條款，以後再視情況增列。

㈡廢除臨時條款後，以「自由地區修憲條款」或類似的名義取代相關之內容。和前項不同的是，此種修憲方式強調修憲條款僅係針對臺灣當前情況而設計，在國土統一後將再做調整。

㈢直接修改憲法本文，將不適用之憲法條款直接改動，舊條款將不再列出，而憲法條款的次序亦將調整。

㈣仿照法國第五共和憲法，將不適用之條款直接修正，但條款次序不予變動。(如法國憲法第六條、第七條修訂情況)。

在上述四種類型中，優劣互見，茲分述之。

㈠若依美國修憲案方式，憲法之本文無需修訂，頗合「回歸憲政」及「回歸憲法」之初旨，也與政府過去之承諾「將憲法完整帶回大陸」，頗相符合。除此之外，還有下列優點：

第一，合乎憲政主義尊重憲法傳統之原則，而且對於人民的憲政教育與民主素養之培養，亦有積極功能。以美國憲法爲例，在憲法第一條第二項中，雖然列出十三州的議員名額，早已不合目前實況，其他類似情況亦多。但保留這些條款甚至是已被廢除的條款在憲法之中，卻使美國人民清楚的體認到自己國家的憲政成長過程。因此，吾人在閱讀美國憲法的同時，也看到了一部鮮活的憲政發展史。另外，像是在第一條中所明白列出的「五分之三非公民」(即美國立國之初黑人每五人只能當三人計算)㉝，至今仍然保留於憲法，也凸顯了美國歷史上存在著黑奴與人權不平等的事實，這也可使美國人民警覺到自己國家歷史上曾經存在的不合理現象。因此，美國憲法的修正方式確是一項值得參考的修憲體例。

第二，在美國憲法中，雖然某些條款，如第十八條修正條文(禁止販賣或轉運酒類)，早已不合時宜，但卻可以經由正當的修憲程序，以後法優於前法的原則，藉新訂條文否定前法之效力（如以第二十一條增修條文取代第十八條)，採取這樣的方式，雖然可能會使憲法全部條文變得較長，但同樣達到了取消不合適之前法的目的㉞。此種修憲方式，也使人民清楚的了解到：修憲過程即使十分審慎，但難免會因時過境遷而需再做修正，這也是憲政成長中不可避免的事實。如果採取此種修憲方式，今後只要民意要求再度修憲，透過適當程序，仍可再度修憲。以美國爲例，自一九五一年起，已經五度通過新的修憲條文（分別係一九五一年、一九六一年、一九六四年、一九六七年，及一九七一年)，即第二十二、二十三、二十四、二十五及二十六條。相較之下，我國過去四十年間，雖然經國民大會多次修訂「動員戡亂時期臨時條款」，但卻遲遲未能直接修憲。如果現階段修憲工作

㉝美國憲法第一條第二款中，提到「衆議名額和直接稅稅額，應在可屬于本聯邦的各州中，按各自人口比例進行分配。各州人口數，應按自由人總數加上所有其他人口的五分之三予以確定。自由人總數包括必須服一定年限勞役的人，不徵稅的印地安人除外。」此處之「五分之三」，即指黑人。而印地安人被排除在公民人口之外，亦有明文規定。足見美國早期對有色人種的歧視態度。

㉞美國憲法廿一條修正案規定：
「第一款　美利堅合衆國憲法修正案第十八條現予廢除。
第二款　在合衆國任何州，准州或屬地內，凡違反當地法律爲在當地發貨或使用而運送或輸入致醉酒類，現予禁止。
第三款　本條除非在國會將其提交各州之日起七年以內，由各州制憲會議依本憲法規定批准爲憲議修正案，不得發生效力。」
此即依「後法優於前法」之原則，推翻了第十八條修正案的適用性。

在廢除臨時條款之外，直接以增修條文方式進行修憲，未始不是一項佳例。

第三，如果採取美國的修憲方式，將使我國的修憲工作較具「階段性」。例如，美國總統只連任一次的「慣例」，雖然持續了一百多年，但卻爲羅斯福總統所破壞，直到一九五一年二月，經各州批准生效，才以憲法修正條文第二十二條，正式規定總統任職不得超過兩任。由此看來，如果有論者以爲目前憲法必須大幅度更改，則不妨採取漸進作法，先推動較小幅度的修憲，再根據民意趨勢及環境變遷，考慮其他後續的修憲工程，而不必「畢其功於一役」。

由此看來，採取美國式的修憲體例，將可使修憲工程分批進行，也較富漸進精神，而且日後還可再度更改修憲條款，不但具彈性，也不會造成憲法原始面貌的支離破碎。

㈡和美國修憲方式體例相近，內涵卻相當不同的修憲方式，是以「自由地區修憲條款」(或類似名稱)爲名的修憲擬議。過去曾有人主張將「動員戡亂時期臨時條款」改以此一名稱重新出現，但因輿論反對，目前堅持此一主張者已不復見。

但是另一種主張採取「自由地區修憲條款」主張的理由，卻與前一種完全不同。這種看法認爲，由於國家當前處於分裂狀態，而且臺海兩岸交流頻仍，政治對峙的局面又不是短期所可化解。爲解決中華民國憲法對大陸同胞的適用性問題，必須以「自由地區修憲條款」方式，規範兩岸人民關係，並強調修憲條款僅以臺灣地區人民爲對象。因此，在此種修憲體例下，應以前言或序言說明修憲條款對象的局部性，亦即大陸人民不得以「中華民國國民」之理由要求受到憲法之保障，唯有臺澎金馬地區人民才是權利之主體。

除了上述的功能外，以「自由地區」爲範圍，亦可有效解決原以全中國爲幅員的許多憲法問題。例如憲法中有關立委、監委、國大選舉辦法之規定（分別爲第六十四條、第九十一條及第二十六條），即可凍結，而改以臺灣地區之幅員另做規劃，並明訂於修憲條款之中。此外，如國大職權中的創制、複決權，亦可不受全國過半數縣市曾行使此二權限做爲先決條件，亦即可規定先在臺灣地區實施地方（以縣、市爲單位）的創制、複決權。至於國大是否適宜行使此二權限，則可另做考量。

「自由地區修憲條款」的另一方便之處，是可以針對臺灣地區的實際需要，而做較大幅度的憲政調整，由於國家統一之後，此條款即失去效力，也不像美國式的修憲條文將持續留在憲法之中，因此只要修憲方案不違反憲法之基本架構及制度或精神，則「自由地區修憲條款」的實質修憲內涵，可能較爲寬廣。這乃是由於美國式的修憲條文較具持久性，（雖然它亦可能再度被後法所修正），而「自由地區修憲條款」的名稱卻是自始就預設了它的暫時性、局部性。

不過，雖然「自由地區修憲條款」和「動員戡亂時期臨時條款」性質及立意完全不同。可是，國內的現實情況，卻有可能使兩者變得相當近似。其中主要理由是：

第一，過去輿論界以及學界所呼籲的「回歸憲政」，意指「回歸憲法」，亦即回歸偏重「內閣制」精神的「中華民國憲法」，而賦與總統實權的「臨時條款」，卻被認爲違背立憲精神的「憲政怪獸」，並受到各方的指責。但是，近期有關修憲（以及制憲）的主張中，卻多主張賦與總統實權，並反對回歸憲法主旨的「內閣制」或「修正式的內閣制」。在上述的處境下，如果係根據這些修憲觀點而修訂「自由地區修憲條款」，勢必會在許多政制權力安排上接近「臨時條款」。否則的話，總統依憲法將只具備某些象徵性權力，卻不可能成爲「實權總統」。但是，這樣的作法，勢必將讓人們懷疑：歷經艱辛終於「回歸憲法」、「回歸憲政」，結果卻竟然是繞了一個大圈，最後卻回到接近原點，只不過從「臨時條款」換成「修憲條款」的不同名目罷了。

第二，表面看來，「自由地區修憲條款」的適用對象及地區界定與暫時性色彩，都很明顯。而某些主張以「自由地區基本法」或「中華民國基本法」爲修憲形式的人士，可能也較易接受此種體例，並期望將其預設的大幅度修憲計劃，納入其中。但是，我們卻不能忽略，即使是適用此一名稱，修憲的幅度仍有其極限。譬如說，五權體制仍然必須保留，國民大會亦然(但職權、功能及適作方式則可調整)。這恐怕就不是主張大幅度修憲者所能接受與感到滿意的了。這也是「修憲條款」在實質上只會與「臨時條款」趨近，卻無法成爲「基本法」替代品的一項理由。由此看來，除非「回歸憲政」與「回歸憲法」的共識重建，亦即回復到「內閣制」或「修正式內閣制」，否則「自由地區修憲條款」將與「動員戡亂時期臨時條款」面貌甚爲接近，這也是極易引人詬病的。

㈢如果採取第三案，亦即直接修正憲法條文，將使修憲技術工作變得較爲簡單。凡是在現階段不合用的條款均可直接更改，而且條文次序亦可調整，條文總數亦可增減，這的確是一種直截了當的作法。但是，這種作法卻有下列的顧慮：

第一，修憲後的憲法面貌與當前憲法可能十分不同，亦即與「回歸憲政」、「回歸憲法」的初旨相異。此種修憲方式能否爲民意機構（不管是國民大會或立法院）所接受，亦無法確定。而且如果當前憲法經修正後面貌全非，則對政府之大陸主權立場，亦可能有所影響。

第二，此種修憲方式，對於尊重憲法的立憲主義精神，可能會構成某些負面影響。其理由在前文討論美國修憲體制之優點時，已有陳述，此處不贅。

㈣若採第四案，即修訂條文，但不變更條文次序，也不增減憲法條文總數，必要時甚至可將新舊條款同時並列，亦即雷同法國第五共和憲法，其優點與第三案相同。但是，由於受到憲法條文結構的限制，因此修憲幅度必定受限。但採取此一方式卻最合乎「修」憲之原意（即只修正條文本身，而不是「增」列條文)。採取此一方式的另一項好處，是可以就修憲條文逐條表決，而且每一條文都可直接經由民意測驗反映支持與反對之比例，甚至在必要時可以採取人民直接複決形式。

另外，由於此種修憲體例可以分批逐條進行，在修憲程序上較具彈性。如果朝野各方對修憲有不同看法，亦可以進行協商，了解修憲的共識程度後，再依共識程度高低，決定何者應先修訂，何者應暫緩議，若經由漸進的實施步驟，將修憲大政分批推動，而不必勉強倉促進行，或企圖經由一次修憲而解決所有的問題。而且此種修憲方式至少可以先拿出一些憲改的具體成果(即使只是整體修憲計劃的一小部分)，卻不會因各方不同意見，爭擾不休，一事無成，而使國人失望。

在初步比較優劣後，我們將依修憲幅度的寬窄，探討修憲體例的實際可行性。

㈠若採第一案(即美國式)，則修憲之幅度，可以小至一次僅通過一條或數條修憲條文，而如果修憲爭議不大，亦可能大至一次就通過十數條條文。以後則再視實際情況，另行提出修憲案。由於對修憲方案不同意見甚多，此處無法提出具體修正條文，但若依「最小幅度修憲」之原則，亦即根據前文所列十數條之修憲項目再做篩檢，則至少有下列兩條，應予列入，其格式如次：

第一條：關於國大代表、立法委員、監察委員之員額及選舉辦法，另以法律定之。不受憲法第二十六條、六十四條、九十一條規定之限制。

第二條：關於教育、科學、文化之經費，在中央與地方政府所佔預算比例，另以法律定之。不受憲法第一百六十四條規定之限制。

至於其他需修憲之條文，因各界需求及主張不一，無法在此一一論列。但吾人卻絕不贊成某些人所主張，要修憲就必須一次修九十條，上百條的擬議，否則乾脆不要修。我們必須了解，修憲本身是一項關係全民的大政，而不是少數專家學者或政治人物將本身的見解強加於民意的過程。因此，儘管每個人都可以宣揚自己的修憲理念，但最後卻必須在衆多的意見之中尋求「公分母」，亦即共同接受肯定的「最低共識」。這也是「最小幅度的修憲」原則必須提出的理由。

㈡若採第二案，即以「自由地區修憲條款」的體例出現，則修憲工作必須提出較爲完整的一整套條款。其形式可能與「動員戡亂時期臨時條款」相近，但爲了減少引發爭議的可能，無論在條款的內容、文字的引用等方面，均需將兩者做較大之區分，方能避免「換湯不換藥」之譏評。

如果採行此案的原則確定，則在民意機構審理修憲案時，應以各種不同的成套的修憲條款做爲表決及採擇之對象。亦即以第一案、第二案、第三案……分別討論及表決。而不應不顧這些成套條款本身內部的有機關係，硬將其打散，單獨討論或表決其中個別之條文。然後再將數項條文勉強湊合於一。這是採行此案時需特別顧及的。

㈢若採第三案，即採逐條修正，條文次序亦可調整之修憲方式。則修憲工作將可分批進行，每次以一整章或一整節爲對象，逐條檢討，並根據各種修憲擬議逐一討論，再以表決方式，決定採取何種修憲案。此一修憲體例在程序上最爲單純，但因費時可能較久，宜由專職的修憲機構負責較爲適宜，(即不適合由立法院提出)。

㈣方案四係只更動條文，不調整前後次序，亦即縮小修憲之幅度，而且不可更動整個條文結構。其實施程序類同前項，但因其更動幅度較小，較合乎「最小幅度修憲」之原則。

爲了使現階段修憲工作及早順利完成，同時將不同意見分批整合，在上述四方案中，實以第一及第四案，即美國式與法國式，最爲適宜。採取第一案的最大優點，是修憲案可以不斷增加。只要通過民主程序的檢驗，修憲工作可以一直持續進行下去。而現階段的修憲工作，只需提出一些基本而必要的修憲條文。如果這些條文還是未能得到多數人的認可，則可予以擱置，最後則以衆人皆認可的「最小幅度修憲」做爲共識標準，即可完成現階段的修憲任務。但是其他主張較大幅度修憲任務的人，卻可以繼續鼓吹，爭取民意支持，在條件成熟時繼續推出其他的修憲案。

採取第四案的優點，亦是縮小歧見，減少修憲爭論。同時也合乎尊重現行憲法的憲政主義原則。對於人民的法治教育，亦不無積極之啓迪功能。

至於第二方案及第三方案，則因牽涉幅度較廣，勢必引發較大爭議，因此應列爲次優先。除非第一方案及第四方案被否棄，否則不應以此二方案爲優先考慮。

至於具體之修憲程序，亦即應先經立法院提修憲案，再交國民大會複決，或逕由國民大會修憲，一般討論已多，本節則針對修憲體例與程序之關係，做一綜論：

㈠若採第一方案，可由立法院就修憲案逐條進行審議，再交由國民大會複決。此一方式不僅可適用於本次修憲工作，而且可繼續應用於其他後續之修憲案。

㈡若採第二方案，因係全案表決，因此仍以立法院提修正案，提請國民大會複決較佳。

㈢若採第三方案，則採逐條修正，若修憲幅度甚大，勢需由專職機構進行，以立法院負擔審議法案任務艱鉅，實以選舉專職修憲之國民大會（如日前之安排），較爲適宜。

㈣若採第四方案，即採幅度較小之條文修正，則可由立法院提修正案，亦可由國大直接修憲。

綜合上述各項分析，在修憲程序及機構的選擇方案中，實以立法院提修憲案，國大複決一案最爲理想；如果實在不得已，則按現況選舉以修憲爲主要任務之「修憲國大」，進行直接修憲亦可。

綜上所述，若從立憲主義傳統及法治教育的整體角度分析，吾人認爲實以美國式的修憲體制，最爲合乎當今國家環境之需要。至於以「自由地區修憲條款」方式進行修憲，則難免會面臨民意之質疑，即使內涵及意旨不同，但恐亦難避免「動員戡亂時期臨時條款」藉機重現之批評。基於此，不動憲法本文，只以後列方式增列的兩方案中，實以前者（第一案）爲佳。

至於直接修正條文的第三、第四兩案，則以修正幅度較小，而且只改動條文內文，卻不更動條文次序的第四案爲佳。這不但是因爲此種修憲體例較易建立共識，而且也可維持現行憲法之基本面貌，而不至於造成憲法本文支離破碎的情況。這也比較合乎「回歸憲法」及「回歸憲政」之基本原則㉟。

㉟本節部份內容，採自作者所撰〈修憲體例的探討與比較〉，《中華民國憲政改革學術論文研討會論文》，（臺北，民國79年12月23日至25日）。

第八章
憲政改革與憲法增修條文

民國七十九年七月，李登輝總統邀集海內外各界人士舉行國是會議，商討動員戡亂時期結束後的憲政改革問題。隨後並在國民黨內部達成「一機關、兩階段」的修憲共識，亦即由國民大會此一機關進行修憲，而排除了憲法第一百七十四條第二款規定，由立法院修憲的可能性。另一方面，亦確定由資深國代為主的第一屆國大負責第一階段程序性修憲，決定先廢除「動員戡亂時期臨時條款」，並通過憲法增修條文十條，完成第一階段修憲工作。然後再由新選出的第二屆國大代表進行第二階段的實質性修憲，通過憲法增修條文八條。但是由於執政黨內部對總統民選方式並未達成共識，民國八十三年八月，又進行了第三次修憲。隨後六年時間，憲政體制日趨紛亂，在李登輝總統的主導下，又推動了另外三次修憲，總計進行了六次修憲的重大改造工程，造成憲政體制的嚴重紊亂，也使得憲法作為「國家根本大法」及「社會共識重心」的基本要旨，面臨了根本的挑戰。在本章中，將從憲政主義 (constitutionalism) 與自由民主 (liberal democracy) 的學理出發，針對此六階段的修憲背景與過程、以及各條條文的具體內容，作逐條之批判分析，以期掌握憲政改革的基本歷程以及為何如此紛亂、歧出之背景。

第一節　第一階段的修憲內容

第一階段的修憲係於民國八十年四月完成，於四月二十二日由第一屆國民大會第二次臨時會通過增修條文

第一條至第十條。前言中規定「爲因應國家統一之需要」，乃增修憲法條文。其具體內容如次。

第一條　國民大會代表依左列規定選出之，不受憲法第二十六條及第一百三十五條之限制：

一、自由地區每直轄市、縣市各二人，但其人口逾十萬人者，每增加十萬人增一人。

二、自由地區平地山胞及山地山胞各三人。

三、僑居國外國民二十人。

四、全國不分區八十人。

前項第一款每直轄市、縣市選出之名額及第三款、第四款各政黨當選之名額，在五人以上十人以下者，應有婦女當選名額一人，超過十人者，每滿十人應增婦女當選名額一人。

依據憲法第二十六條第一款之規定，每縣市及其同等區域各選出代表一人，但其人口逾五十萬人者，每增加五十萬人增選代表一人。依此一規定，臺灣地區國大代表名額將顯然不合現況需要。因此增修條文第一條乃增加名額爲自由地區各直轄市、縣市各二人，其人口逾十萬人，每增加十萬人增一人。其員額在第二屆國大選舉時共計爲二百一十九名。❶

憲法第二十六條第二、三、四款中亦規定，由蒙、藏地區及邊疆選出國大代表，由於目前國家統治範圍未及於這些地區，而臺灣地區則有少數民族山地同胞（原住民），增修條文中乃列出平地山胞及山地山胞各三人，

❶其名額分配如次：臺灣省一百七十三人，臺北市廿八人，高雄市十七人，金門縣二人，連江縣二人，共計二百十九人。另外再加上山胞六人，全國不分區名額八十人，僑居國外國民二十人，總計爲三百廿五人。第二屆國大代表選舉結果，國民黨得到兩百五十四席（區域及山胞一百七十九席，不分區六十席，僑選十五席），民進黨六十六席（區域四十一席，不分區二十席，僑選五席），無黨籍五席（均爲區域）。在選票方面，國民黨爲百分之七十一點一七，民進黨百分之廿三點九四，其餘爲社民黨及無黨籍所獲得，共百分之四點八九。

合計六人。此外，依憲法第二十六條第五款之規定，需選出「僑居國外之國民」代表，憲法增修條文中亦列出定額爲二十人。

至於憲法第二十六條第六、七款中所列的職業團體及婦女代表兩部分，在修憲過程中乃決定取消，但另規定婦女保障名額，爲當選人名額在五人以上十人以下者，應有婦女保障名額一名，超過十人者，每滿十人應再增加一名。但山胞名額中，則不受此一限制。因此，即使在山胞當選人六人之中，無任何一位女性當選人，亦不受限制。

在此次修憲過程中，另有一項重要規定，即增加所謂的「全國不分區名額」，在國大代表部分，規定爲八十人。此一規定原係爲保障臺灣地區的外省籍人士的權益而設計，目的在保障其參政機會，以補充地方選舉所可能出現的人口比例不符的缺憾。但在實際政治運作上，此一原意並未充分體現。❷爲了避免強化省籍意識與政治對立，無論是執政的中國國民黨或在野的民主進步黨，均未以省籍作爲提名不分區代表的主要考量。

❷據統計，在國民黨六十席不分區國大代表中，有三十四位本省籍，二十六位外省籍。參見：李炳南〈統獨意識與臺灣的政治發展〉，《中華民國民族主義學會第二屆論文》，民國八十二年三月十四日。

第二條　立法院立法委員依左列規定選出之，不受憲法第六十四條之限制：

一、自由地區每省、直轄市各二人，但其人口逾二十萬人者，每增加十萬人增一人；逾一百萬人者，每增加二十萬人增一人。

二、自由地區平地山胞及山地山胞各三人。

三、僑居國外國民六人。

四、全國不分區三十人。

前項第一款每省、直轄市選出之名額及第三款、第四款各政黨當選之名額，在五人以上十人以下者，應有婦女當選名額一人，超過十人者，每滿十人應增婦女當選名額一人。

此一條文的訂定原則與第一條相仿。但立委的名額較國大代表爲少，則體現在下列三方面：

㈠地區選舉當選員額較少。依憲法第六十四條立法委員係由各省及直轄市選出，與國大代表由各縣市選出情況不同。因此在名額上亦規定較嚴，其人口逾二十萬人者，每逾十萬人才增加一名（國大代表是人口逾十萬人者，每逾十萬人即增加一名）。另外人口逾一百萬人者，每逾二十萬人方得增加一名。依此規定，在民國八十一年十二月第二屆立委選舉時，全國地區選舉出的立委總額是一百一十九名，比國大代表地區選舉總額二百一十九名，剛好少了一百名。❸

㈡僑居國外國民代表名額較少。國大代表部分爲二十名，立委部分則僅有六名，約佔其三分之一弱。

㈢不分區名額亦較少。國大部分爲八十名，立委部分則爲三十名，約佔其三分之一強。

在民國八十一年第二屆立委選舉中，各項立委選舉名額總額爲一百六十一席。❹

第三條　監察院監察委員由省、市議會依左列規定選出之，不受憲法第九十一條之限制：

❸依據此條文之規定，立法委員選區並非以縣、市爲單位，而係以省及院轄市爲名額計算基準範圍。但是爲了使各縣市皆能產生立法委員，中央選舉委員會在選區劃分時乃依照縣、市爲劃分單元，使人口較少的縣分，如澎湖、花蓮、臺東、連江、金門等，至少可以選出一席立法委員。但憲法本身的規定，仍是以省及院轄市爲單元。

❹第二屆立委選舉結果是：中國國民黨獲得一百零一席，佔總席次百分之六十二點七（含自行參選）；民主進步黨獲得五十一席，佔總席次百分之三十一點七；中華社會民主黨及無黨籍獲得九席，佔總席次百分之五點六。在得票率方面，國民黨是百分之六十一點七(含自行參選)，民進黨是百分之三十六點一（含自行參選）。但上述的數字因花蓮選舉弊案及中央選委會公告黃信介（民進黨籍）當選，而有所變更。

一、自由地區臺灣省二十五人。

二、自由地區每直轄市各十人。

三、僑居國外國民二人。

四、全國不分區五人。

前項第一款臺灣省、第二款每直轄市選出之名額及第四款各政黨當選之名額，在五人以上十人以下者，應有婦女當選名額一人，超過十人者，每滿十人應增婦女當選名額一人。

省議員當選為監察委員者，以二人為限；市議員當選為監察委員者，各以一人為限。

監委名額一向較立委名額為少，此次修憲決定以定額方式訂定名額，而非比照國大或立委部分，依人口增減而予調整。依此一設計，監委採定額，共為五十二人。除非新增設直轄市，此一名額將不隨人口變化而調整。但是此一條文在第二階段修憲中被擱置。在增修條文第十五條中，監察院被改制為非代議機構，不再具備國會功能，監委亦不再由省、市議會選出，而改由總統提名，經國民大會同意任命之。因此此一條文已不再具實質效力，是憲法修正條文中時效最短的一條條文。依「後法優於前法」的原則，本條文業已失其效力。（參見第十五條）

第四條　國民大會代表、立法院立法委員、監察院監察委員之選舉罷免，依公職人員選舉罷免法之規定辦理之。僑居國外國民及全國不分區名額，採政黨比例方式選出之。

關於國大、立委、監委的選舉罷免，另以選罷法規定實施細節。憲法本身不做過爲細瑣的規定。至於僑居國外國民及全國不分區名額，則依政黨比例方式選出。換言之，在選民以「選人」方式選出地區代表或民代之外，還依政黨得票比例分配全國不分區及國外國民代表名額。關於政黨比例的實施方式，依據各國實施經驗，約略可分爲下列三種：

㈠一票制：選民只投一票，選出地區性民意代表。再以此選票加總，算出各政黨所得之總票數與所佔之比例，扣除未達到「最低門檻」的政黨所得之票數，以及無黨籍或獨立候選人之票數，算出各政黨應分得之政黨比例，以比例分配政黨席次。目前中華民國即採取此制。政黨得分配政黨議席之「最低門檻」，則訂爲總選票的百分之五。

㈡兩票不得轉換制：選民分別投兩票，第一票投給地區候選人，第二票投給各政黨。亦即一票「選人」，另一票「選政黨」。通常在投給各政黨的第二票中，會將各政黨安排之政黨代表名單依次列出，但選民對此一次序無法再做選擇，只能選政黨，而無法影響到政黨代表名單本身的排行次序。目前德國的選舉制度即採此制。❺

㈢比例代表可轉換制：在政黨代表名單這一張選票上，選民不但可以選政黨，而且可以在政黨代表名單的次序上，選擇自己偏好的次序。因此，選民無論是對地區候選人或政黨代表名單，均可表達自己的偏好，但此

❺參見：謝復生著，《政黨比例代表制》，（臺北：理論與政策雜誌社，民國八十一年），第七章。

❻義大利的選舉制度極爲複雜，以國會議員選舉爲例，全國分爲三十一個選區，每一選區席次自兩席至五十三席不等，選舉分爲二階段。第一階段係根據各政黨在每一選區中的得票，依比例分配議席。第二階段再將比例代表分配後剩餘之議席（在一九八七年大選時，在六百三十席國會議員席次之中，共有九十席係第一階段分配後剩餘之議席），依各政黨在全國之總得票數，做一分配。不過各政黨至少必須在全國共得到三十萬票，並至少在某一選區中獲得一個議席，始能分配此一全國性名額。在上述的選舉中，選民可以表示個人對候選人的偏好。他可以將某些候選人的名字

一制度在實行上較為複雜，選民亦較不易適應，實施此一制度的國家有義大利。❻

㈣一票可轉換制：選民可投給一位或多位候選人，而且在多位候選人中，可依據選民個人偏好，決定其優先次序。目前愛爾蘭即實施此一制度。在國會選舉中，全國分為四十一個選區，每一選區可選出三至五位候選人。透過此種制度，亦可達到部分的比例代表制的效果。

目前我國實施的是一票制，今後則可能朝兩票制方向做修正。至於政黨得票的「最低門檻」，也有可能會降低，以利新興小黨的發展。❼

第五條　國民大會第二屆國民大會代表應於中華民國八十年十二月三十一日前選出，其任期自中華民國八十一年一月一日起至中華民國八十五年國民大會第三屆於第八任總統任滿前依憲法第二十九條規定集會之日止，不受憲法第二十八條第一項之限制。

依動員戡亂時期臨時條款增加名額選出之國民大會代表，於中華民國八十二年一月三十一日前，與國民大會第二屆國民大會代表共同行使職權。

立法院第二屆立法委員及監察院第二屆監察委員應於中華民國八十二年一月三十一日前選出，均自中華民國八十二年二月一日開始行使職務。

劃掉，或對某些候選人表示特別的偏好。參見：Francis Jacobs, "Italy," in *Western European Political Parties: (A Comprehensive Guide*, Longmanpub 1989)。但是上述之選舉制度，在一九九三年四月以後，可能將面臨重大變革。在四月十八日舉行的公民複決中，將決定改變比例代表制，並規定每一政黨在一選區內只能推出一位候選人，而且在參議院選舉中，四分之三的席次將由跨過得票門檻而獲得最高票的候選人當選，其餘四分之一席次則仍由比例代表制產生。如果上述方案獲得通過，義大利國會兩院的選舉制度均將改變。見《聯合報》，臺北，民國八十三年四月二日，第九版。

❼部分論者主張應維持百分之五得票率的「政黨最低得票門檻」，有的則主張應降至百分之一，有的則認為降為百分之二點五應為合理。但是朝野二大主要政黨，國民黨與民進黨多主張應維持較高之門檻，其他在野小黨則力主大幅度降低。若參考註❻中有關之義大利經驗，並參考臺灣地區之人口數，此一門檻數字應可定為十五萬人左右，亦即得票率百分之一點五至百分之二之間。但若係基於穩定兩黨制，杜絕多黨制的考量，則可能需提高此一門檻標準。

由於第一階段修憲是由資深國大着手，爲顧及其代表之民意不足，乃界定爲「程序修憲」，至於「實質修憲」，則應由新選出的第二屆國大着手。修憲條文第五條乃規定第二屆國大代表應於民國八十年年底前選出，任期自民國八十一年一月一日起，至第三屆國大選出，並集會時爲止。但因修憲時準備工作相當倉促，本條文第一段文字不通，文字亦過於冗長，「其任期自中華民國八十一年……集會之日止」，全句長達五十七字，但語意仍未充分表達，今後若有第三階段修憲，此段文字宜重組修正之。

本條文第二段是規定增額國大之任期，至民國八十二年一月三十一日爲止，過了此日之後，就完全由新選出的第二屆國大代表行使職權。

本條文第三段則明訂第二屆立委與監委均應於民國八十二年一月底之前選出，並自民國八十二年二月一日起開始行使職務。換言之，中華民國的政治體制自民國八十二年二月一日起，已進入正式的民主新紀元。所有的資深民代、增額民代，均不再執行其職權，而完全由第二屆的中央民代，代表全新的民意，並擔負起監督國家與政府的職責。

第六條　國民大會爲行使憲法第二十七條第一項第三款之職權，應於第二屆國民大會代表選出後三個月內由總統召集臨時會。

本條文係爲確保第二階段修憲得以順利召開，乃規定國民大會爲行使憲法第二十七條第一項第三款之職權，亦即完成修憲任務，應於第二屆國大代表選出後三個月內由總統召集臨時會。而此項任務，已在民國八十一年五月二十七日完成，並通過八條憲法增修條文。

上述六條條文均係程序性之修憲條文，亦合乎資深國大代表只做「程序修憲」之原旨。但從第六條以下，修憲性質卻有所不同，也引發較多之爭議。

第七條　總統爲避免國家或人民遭遇緊急危難或應付財政經濟上重大變故，得經行政院會議之決議發布緊急命令，爲必要之處置，不受憲法第四十三條之限制。但須於發布命令後十日內提交立法院追認，如立法院不同意時，該緊急命令立即失效。

依據憲法第四十三條之規定，「國家遇有天然災害、癘疫，或國家財政經濟上有重大變故，須爲急速處分時，總統於立法院休會期間，得經行政院會議之決議，依緊急命令法，發布緊急命令，爲必要之處置。但須於發布命令後一個月內，提交立法院追認，如立法院不同意時，該緊急命令立即失效。」此一條文明白指出，發布緊急命令，須經行政院會議之決議，同時亦須獲得立法院之同意。憲法第六十三條亦規定，立法院有議決戒嚴案及國家其他重要事項之權。憲法第五十七條第二款亦規定，立法院對於行政院之重要政策不贊同時，得以決議移請行政院變更之。依上述各條文規定，行政院發布緊急命令或戒嚴令，均需尊重立法院之意願。但若係立法院休會期間所發布之命令，則須在發布命令後一個月內，提交立法院追認。若立法院不同意，則該緊急命令立即失效。

增修條文第七條，則排除上述憲法條文之限制，規定即使是在立法院開會期間，行政院仍得經行政院會議之決議，發布緊急命令。而無須立即得到立法院之同意。但是在發布命令後十日內，仍須提交立法院追認，如立法院不同意，該緊急命令依然無效。此一新規定，一方面賦與行政院較大的緊急命令處分權，另一方面仍將此一期間界定爲十日，不致造成民主監督過程中斷太久。但究係實質修憲內涵，而非程序規定而已。

第八條　動員戡亂時期終止時，原僅適用於動員戡亂時期之法律，其修訂未完成程序者，得繼續適用至中華民國八十一年七月三十一日止。

此條文係程序性規定。規定僅適用於動員戡亂時期的法律，必須在民國八十一年七月底以前完成修訂程序，否則均將喪失法律效力。這是徹底根絕僅適用於動員戡亂時期法律規範效力的一項新規定。

第九條　總統爲決定國家安全有關大政方針，得設國家安全會議及所屬國家安全局。

行政院得設人事行政局。

前二項機關之組織均以法律定之，在未完成立法程序前，其原有組織法規得繼續適用至中華民國八十二年十二月三十一日止。

在動員戡亂時期所設置的國家安全會議、國家安全局及行政院人事行政局，原不具備法定地位，並被批評爲「違憲機關」，但在修憲之後，正式列入憲法中，因而獲得了法定地位，不再係違憲的設施了。但國安會與國安局的組織法，必須在民國八十二年年底以前立法完成，換言之，雖然此二機構並不對立法院負責，但仍需受到立法院的立法規範。至於其實際組織配置及具體職權，則視立法院的運作情況而定。❽

第十條　自由地區與大陸地區間人民權利義務關係及其他事務之處理，得以法律爲特別之規定。

此係第一階段修憲中的一項特色，即明白規定自由地區與大陸地區人民受到不同的法律規範的保護。民國八十一年七月三十一日，並據此而制定公布「臺灣地區與大陸地區人民關係條例」。其中規定，大陸地區係指「臺灣地區以外之中華民國領土」，而大陸地區人民則係指「在大陸地區設有戶籍或臺灣地區人民前往大陸地區居住逾四年之人民」。另外在「施行細則」中亦規定，「大陸地區，包括中共控制之地區及外蒙地區」。換言之，大陸地區之指涉，仍以憲法原先之規範爲準據。❾

❽關於國安會的職掌，目前有三種不同的界定，第一是定位爲決策機構，第二是定位爲幕僚機構，第三則係行政機構。其中以支持第一種者居多，第三種支持者最少。但若將其定位爲決策機構，其成員又包括總統、副總統、行政院長及國防、外交、內政等部部長，則一旦總統與行政院長爲不同黨籍時，此一機構將難以發揮實際功能。若總統與行政院長爲同一黨籍，則行政院長是否又必須聽命於總統及國安會的指令，因而轉變爲總統個人的幕僚長，而不再是「最高行政首長」，這亦是引人爭議的問題。由此可以看出設置此一機構的爭議性及複雜性。

❾在憲法中新添入此一條文的目的之一，是規範臺灣地區與大陸地區人民的不同法律地位，使兩者享有之權利與義務皆有不同之規範，這亦是一方面既保持中華民國憲法對大陸地區的主權宣示，另一方面又得以特別顧及臺灣地區民衆權益的一項措施。

第二節　第二階段的修憲內容

在上述十條條文修訂完成後，第一階段憲政改革工作即告終了。民國八十年年底，資深民代集體退職，第二屆國大代表選出，繼續着手第二階段的憲政改革工作，並完成了八條修憲條款。由於在此一階段政府本身的態度、輿論與民意變化甚大，直選總統的呼聲甚高，因此對於國民大會、監察院等機構職權均做了重大調整，也因而導致修憲條文的內容益趨複雜，而且部分條文的規定，已推翻了第一階段修憲條文的原先規定。由此也體現了政治情勢的變動實況。以下將做逐條之分析。

第十一條　國民大會之職權，除依憲法第二十七條之規定外，並依增修條文第十三條第一項、第十四條第二項及第十五條第二項之規定，對總統提名之人員行使同意權。

前項同意權之行使，由總統召集國民大會臨時會爲之，不受憲法第三十條之限制。

國民大會集會時，得聽取總統國情報告，並檢討國是，提供建言；如一年內未集會，由總統召集臨時會爲之，不受憲法第三十條之限制。

國民大會代表自第三屆國民大會代表起，每四年改選一次，不適用憲法第二十八條第一項之規定。

由於總統選舉方式將朝直選方式修正，國民大會職權乃面臨根本調整。經過政治協商結果，乃決定將原屬監察院的同意權，轉交給國民大會，亦即將原先對考試院院長、副院長、考試委員，以及司法院院長、副院長、大法官等之同意權，自監察院移轉至國民大會，由總統提名，經國民大會同意而任命。而爲行使上述各項同意權，憲法第三十條之規定，必需做一修正。因此修憲乃規定，「不受憲法第三十條之限制」。

爲了獲取國大代表的支持，使其允諾自行修憲取消選舉總統的權利，使總統藉由全民直選產生，在此條文中，乃加入了國大集會時「聽取總統國情報告，並檢討國是，提供建言」的權利。此外，國大集會也改爲每年至少一次，不再受憲法第三十條規定之限制。

另外，爲使總統、副總統、國大代表等任期一致，本條文中亦將國代任期自六年縮短爲四年。但係自第三屆國代開始實施。

國民大會職權在經過上述的修正後，其具體法定職權包括下列各項：

㈠國土變更決議權。（根據憲法第四條）

㈡修改憲法。（根據憲法第廿七條）

㈢複決立法院所提之憲法修正案。（根據憲法第廿七條）

㈣被凍結之創制、複決兩權。（根據憲法第廿七條）

㈤對司法院院長、副院長、大法官之任命行使同意權。（根據增修條文第十一條及十三條）

㈥對考試院院長、副院長、考試委員之任命行使同意權。(根據增修條文第十一條及十四條)

㈦對監察院院長、副院長、監察委員之任命行使同意權。(根據增修條文第十一條及十五條)

至於憲法第二十七條規定的選舉、罷免總統、副總統的權利，則因修憲工作尚未完成，總統選舉方式尚未定案，因此國大代表是否仍具選舉、罷免權利，目前並不明朗。

雖然國大代表的任期縮短為四年，而且選舉總統的權利亦可能取消，但國民大會改為每年至少集會一次，並對司法、考試、監察三院高層人事行使任命同意權，卻將造成幾項制度性的困擾：❿

第一，國大原係「政權」機關，其原屬職權如修憲，選舉、罷免總統、副總統，領土疆域之變更等，均係牽涉到「國家」層次的重大事務，與負責「政府」事務的「治權」機關並不相同。因此在修憲中增列國大對司法、考試、監察三院高層人事的同意權，實不相宜。一方面這已混淆了「政權」、「治權」的分際，另一方面則使國民大會的任務複雜化，負擔了過多的「國會」功能。此三項人事同意權，實應交由立法院負責，始能發揮民意監督的實質功能。

第二，國民大會實係「國民代表大會」，嚴格而論，它並非政府的一部分，亦非「第二國會」。因此，以國大的職權及屬性而論，實不宜經常性的召開，更不宜檢討國是，侵害到立法院的基本權限。如果國民大會經常召開，並進行修憲、變更領土疆域、或行使同意權，則意

❿參見：陳春生〈國民大會是不是國會〉，《自立晚報》，民國八十二年二月三日。董翔飛〈國大職能變遷與國大定位之互動關係〉，《政治評論》六〇三期，民國八十二年三月號，頁十至十一。

味著國家基本體制經常面臨著調整，這絕非憲政常態，反而意味著「國無寧日」。事實上，國大目前甚至有設置「議長」的擬議，如果眞的使國民大會變成常態運作的議會，這勢將造成體制性的嚴重紛擾，並形成立法院與國民大會彼此對立的現象。

第三，國大代表原應係「無給職」，只有在開會期間得領取部分報酬，但在修憲之後，由於國大需經常集會，不少國大代表要求給予固定的薪酬，並比照立法委員、監察委員的待遇，結果引致社會強烈的反彈。司法院大法官會議特別就此做了解釋，規定應爲「無給職」，始平息此一爭議。

綜上所述，修憲之後國民大會的定位及角色問題已日趨複雜，如果國大本身還要透過修憲方式進一步擴張其職權，或變成一經常性開會的議會，則憲政體制就將出現嚴重的紛擾了。

第十二條　總統、副總統由中華民國自由地區全體人民選舉之，自中華民國八十五年第九任總統、副總統選舉實施。

前項選舉之方式，由總統於中華民國八十四年五月二十日前召集國民大會臨時會，以憲法增修條文定之。

總統、副總統之任期，自第九任總統、副總統起爲四年，連選得連任一次，不適用憲法第四十七條之規定。

總統、副總統之罷免，依左列規定：

一、由國民大會代表提出之罷免案，經代表總額四分之一之提議，代表總額三分之二之同意，即爲通過。

二、由監察院提出之彈劾案，國民大會爲罷免之決議時，經代表總額三分之二之同意，即爲通過。

副總統缺位時，由總統於三個月內提名候選人，召集國民大會臨時會補選，繼任至原任期屆滿爲止。

總統、副總統均缺位時，由立法院院長於三個月內通告國民大會臨時會集會補選總統、副總統，繼任至原任期屆滿爲止。

在第二階段修憲中，最受爭議的一項問題，即是總統應該如何選舉產生？其中主要有三種見解：第一種見解係主張採取「委任直選」方式，由選民投票給國大代表，再由國大代表依選民委任之意旨投給總統、副總統候選人。其中規定，國大代表候選人應在選舉前應先公佈他個人支持那一組總統、副總統候選人，而且在實際進行總統選舉時，亦依照此一承諾而投票，否則其投票將視爲無效。此種見解亦可簡稱爲「委選」。

第二種見解則主張採取公民直選，而不接受由國大代表行使委任投票的主張，此外亦不接受美國式或芬蘭式的「選舉人團」設計。此種主張亦與一般盛行於拉丁美洲的直選總統無異。此種見解亦簡稱爲「直選」。⓫

第三種見解則係保留原憲法之規定，由國民大會代

⓫持直選主張者，往往誤解美國之總統選舉係直接選舉，並且以爲美國透過選舉人團(electoral college)選舉總統，實與直選無異。事實上，美國總統採「選舉人團」間接選舉方式，其結果之性質及意義與直選完全不同。參見周陽山〈選舉人團與美國總統選舉〉，《美國月刊》，第八卷第二期，民國八十二年二月，頁四十二至五十二。

表依其個人意願，行使法定職權。此亦可稱之爲「回歸憲政」。

在上述三種見解中，多數國大代表原以支持第一種「委選」者最多，主張實施「直選」者次之，支持第三種「回歸憲政」者較少。但因「委任選舉」的規定較爲複雜，且當代採取「委任投票」的制度設計亦不多見，因此執政的國民黨中央在修憲前決定放棄，改採人民直選方案。但因黨內反對意見頗衆，在修憲時無法達成一致共識，乃決議拖延至民國八十四年五月二十日以前，再召集臨時會，商議解決。但由「中華民國自由地區人民選舉」，則無庸置疑。只是究竟是採「委任直選」或「人民直選」，則尙未定案。換言之，「回歸憲政」的第三案主張已經不可能實現。未來將在第一及第二種主張間做一選擇，或決定一折衷方案採擇之。

除了總統選舉的方式已確定改變外，總統任期亦自過去的六年一任縮短爲四年一任，得連任一次。

至於對總統的罷免規定，則將其嚴格化。憲法第一百條規定：「監察院對於總統、副總統之彈劾案，須有全體監察委員四分之一以上之提議，全體監察委員過半數之審查及決議，向國民大會提出之。」而「總統副總統選舉罷免法」第九條則規定，對上述之罷免案，國民大會採無記名投票，需達國大代表總額過半數，方得通過，並罷免之。至於國大代表本身提出罷免案，則需由國大代表總額六分之一以上，簽名、蓋章，方得提出。通過條件則亦爲總額過半數，方得通過。

在此次修憲中，則將上述兩種罷免方式的條件均規定得更嚴格，由國民大會代表提出之罷免案，需經代表四分之一之提議（原法律規定是「六分之一」），經代表總額三分之二之同意（原規定是「過半數」），方得通過。另外監察院對於總統、副總統的彈劾案，須經全體監察委員過半數之提議（原憲法之規定是「四分之一」），全體監察委員三分之二以上之決議（原憲法之規定是「過半數」），向國民大會提出。（參見憲法修定條文第十五條）而且當國民大會為罷免之決議時，需經代表總額三分之二之同意（原規定是「二分之一」），方得通過。由此可以看出彈劾及罷免的要件，均轉趨嚴格。

第十三條　司法院設院長、副院長各一人，大法官若干人，由總統提名，經國民大會同意任命之，不適用憲法第七十九條之有關規定。

司法院大法官，除依憲法第七十八條之規定外，並組成憲法法庭審理政黨違憲之解散事項。

政黨之目的或其行為，危害中華民國之存在或自由民主之憲政秩序者為違憲。

由於監察院性質轉變，不再具備同意權，司法院院長、副院長及大法官的同意權，轉交由國民大會行使。（參見修憲條文第十一條）

在此次修憲中，特別規定，應由大法官組成憲法法庭，審理政黨違憲之解散事項。由於此一規定，則使政黨是否違憲的爭議，得由行政機構轉移至司法機構，強化了其中的公正性與客觀性。至於政黨違憲的定義，則明白定爲「政黨之目的或其行爲，危害中華民國之存在或自由民主之憲政秩序者」，⓬定義雖然十分清晰，但由於事實上存在著以「終結中華民國」爲目的之政黨，因此將此一違憲定義直接明定在憲法條文之中，似有強制解散意味，也使憲法法庭在裁量時，較缺乏彈性。

⓬此條文與德國基本法之規定雷同。德國基本法第二十一條載明：「政黨依其目的及其黨員之行爲，意圖損害或廢除自由、民主之基本秩序或意圖危害德意志聯邦共和國之存在者，爲違憲。其有無違憲問題由聯邦憲法法院決定之。」引自：張世賢編，《比較憲法與政府資料選輯》，（臺北：臺灣省公共行政學會，民國七十八年），頁九〇。

第十四條　考試院爲國家最高考試機關，掌理左列事項，不適用憲法第八十三條之規定：

一、考試。

二、公務人員之銓敘、保障、撫卹、退休。

三、公務人員任免、考績、級俸、陞遷、褒獎之法制事項。

考試院設院長、副院長各一人，考試委員若干人，由總統提名，經國民大會同意任命之，不適用憲法第八十四條之規定。

憲法第八十五條有關按省區分別規定名額，分區舉行考試之規定，停止適用。

關於考試權的爭議，在本書前章有關考試權的憲改爭議中，已有詳述。修憲的結果，是簡化考試院的權限，其中保留了對考試、銓敍、保障、撫卹、退休等事項的掌理，取消了有關養老的權限。另外公務人員的任免、考績、級俸、陞遷、褒獎等事項，則僅保留其中有關法制部分的權限，至於實際的執行權限則不再歸考試院掌理。

至於考試院院長、副院長、考試委員的同意權行使，因監察院職權的改變，改由國民大會行使。(參見修憲條文第十一條)

此外，倍受爭議的國家考試按省區分別規定名額的第八十五條部分條文，也在此次修憲中決定停止適用。

第十五條　監察院爲國家最高監察機關，行使彈劾、糾舉及審計權，不適用憲法第九十條及第九十四條有關同意權之規定。

監察院設監察委員二十九人，並以其中一人爲院長、一人爲副院長，任期六年，由總統提名，經國民大會同意任命之。憲法第九十一條至第九十三條、增修條文第三條，及第四條、第五條第三項有關監察委員之規定，停止適用。

監察院對於中央、地方公務人員及司法院、考試院人員之彈劾案，須經監察委員二人以上之提議，九人以上之審查及決定，始得提出，不受憲法第九十八條之限制。

監察院對於監察院人員失職或違法之彈劾，適用憲法第九十五條、第九十七條第二項及前項之規定。

監察院對於總統、副總統之彈劾案，須經全體監察委員過半數之提議，全體監察委員三分之二以上之決議，向國民大會提出，不受憲法第一百條之限制。

監察委員須超出黨派以外，依據法律獨立行使職權。

憲法第一百零一條及第一百零二條之規定，停止適用。

在修憲過程中，監察院的屬性、定位及選舉方式，變動甚大。在第一階段修憲中，決定了監察委員的名額及選舉方式(見增修條文第三條)。但在第二階段修憲中，決定廢止是項規定，將監察委員改由總統提名，經國民大會同意任命之。增修條文第三條、第四條及第五條有關監察委員之規定，在公布一年之後，即告失效。(第一階段修憲後於民國八十年五月一日由總統令公布十條條文，第二階段則於民國八十一年五月二十八日，由總統令公布八條條文，兩者相距僅一年又二十八日。)

而監察院的職權，也做了重大調整，同意權部分完全取消，並移轉由國民大會行使。而彈劾權的行使，也出現幾項的主要改變：

㈠憲法第九十八條規定，「監察院對於中央及地方公務人員之彈劾案，須經監察委員一人以上之提議，九人以上之審查及決定，始得提出」。在修憲後改爲「須經監察委員二人以上之提議，九人以上之審查及決定，始得提出」。

㈡增列監察院對監察院人員失職或違法彈劾之規定。換言之，監察權之行使，不僅包括行政院及其各部會(見憲法第九十五條、九十六條)、司法院及考試院(見憲法第九十九條)，以及中央及地方公務人員(見憲法第九十七條、九十八條），而且亦及於監察院本身。

㈢憲法第一百條規定，「監察院對於總統、副總統之彈劾案，須有全體監察委員四分之一以上之提議，全體監察委員過半數之審查及決議，向國民大會提出之」。修憲後將彈劾條件規定得更為嚴格，改為「須經全體監察委員過半數之提議，全體監察委員三分之二以上之決議，向國民大會提出，不受憲法第一百條之限制」。這是為了對應監察委員人數銳減之後，原彈劾條件可能過於簡易，而改變規定的新條件。

在監察院調整職權的同時，憲法第一百零一條、一百零二條有關監察委員言論免責權及不受逮捕或拘禁（現行犯除外）的規定，亦停止適用。換言之，在修憲之後，監察委員將不再保有國會議員的言論免責權及免受逮捕拘禁的特權。而監察委員行使職權時也必須以保密為原則，不必再以公開會議方式進行。⓭

在本條文中，將監察委員名額設定為二十九人，也是其他憲法條文中少見的規定。例如憲法第七十九條規定「司法院設大法官若干人」，第八十四條亦規定「考試委員若干人」，再由相關之組織法規定詳細名額。若在憲法本文中做具體規定，不但喪失彈性，而且遇缺員時必須補齊。例如在民國八十二年初國民大會行使監察委員同意權時，即有四位候選人未獲同意，由於監委定額已明文載入憲法，因此必須由總統再行提名，補足餘額，送請國民大會第二度行使同意權。這亦可視為此次修憲時在文字處理上的一項特別安排。⓮

⓭關於監察委員言論免責權的取消問題，以及監察院改制的爭議，陶百川、胡佛、文崇一等十六位專家學者，在民國八十一年三月八日發表〈修憲前夕我們對憲政體制與權力之爭的看法〉，強烈質疑此一修憲趨向，並指出：「設若監察院不再是國會，監察委員就不能再享有那些保障國會議員的言論免責權，亦不能適用人身保障的規定。請問，那些大官惡吏誰敢去糾舉他們，誰又敢去彈劾他們」。此外，這一聲明也反對將監委改由總統提名，取消選舉人的規定。

⓮此一安排，係為了避免監察委員反彈，因此乃放棄以修定監察院組織法，在組織法中明定員額的舊規，而採取以憲法明文規定這一方式。

第十六條　增修條文第十五條第二項之規定，自提名第二屆監察委員時施行。

第二屆監察委員於中華民國八十二年二月一日就職，增修條文第十五條第一項及第三項至第七項之規定，亦自同日施行。

增修條文第十三條第一項及第十四條第二項有關司法院、考試院人員任命之規定，自中華民國八十二年二月一日施行。中華民國八十二年一月三十一日前之提名，仍由監察院同意任命，但現任人員任期未滿前，無須重新提名任命。

本條係就監察院改制與監察委員產生方式改變後的程序性問題，做一規範，並規定就職的日期及法條生效日期。另外則規定司法院、考試院人員之任命，不溯及既往，現任人員任期未滿前，無須重新提名任命。

第十七條　省、縣地方制度，應包含左列各款，以法律定之，不受憲法第一百零八條第一項第一款、第一百十二條至第一百十五條及第一百二十二條之限制：

一、省設省議會、縣設縣議會，省議會議員、縣議會議員分別由省民、縣民選舉之。

二、屬於省、縣之立法權，由省議會、縣議會分別行之。

三、省設省政府，置省長一人，縣設縣政府，置縣長一人，省長、縣長分別由省民、縣民選舉之。

四、省與縣之關係。

五、省自治之監督機關爲行政院，縣自治之監督機關爲省政府。

本條係此次修憲中重要的法制規範之一，亦即「地方自治法制化」的相關規定。

依據憲法第一百零八條第一項第一款，「省縣自治通則」應由中央立法並執行之，或交由省縣執行之。但是由於「省縣自治通則」始終未能制定，地方自治的實施受到法條規定的囿限，因此在修憲時乃決議不受憲法第一百十二條、一百十三條、一百十四條、一百十五條、一百二十二條等之限制，亦即在不召開省民代表大會及未制定省自治法的情況下，逕行開放省長民選。縣的情況亦同。在上述新的規範下，省、縣議會議員的選舉，省、縣的立法權，省、縣長的民選，以及省與縣的關係，均將以法律定之。據此，政府乃正在着手「省縣自治法」的草擬工作，同時根據憲法第一百十八條，亦同時着手「直轄市自治法」的草擬。

在本條文中，另外特別規定，省自治之監督機關爲行政院，縣自治之監督機關爲省政府。確定了省、縣自治必須受到上級機關的監督，以免造成下級政府獨行其是，上級政府無權置喙的現象。

第十八條　國家應獎勵科學技術發展及投資，促進產業升級，推動農漁業現代化，重視水資源之開發利用，加強國際經濟合作。

經濟及科學技術發展，應與環境及生態保護兼籌並顧。

國家應推行全民健康保險，並促進現代和傳統醫藥之研究發展。

國家應維護婦女之人格尊嚴，保障婦女之人身安全，消除性別歧視，促進兩性地位之實質平等。

國家對於殘障者之保險與就醫、教育訓練與就業輔導、生活維護與救濟，應予保障，並扶助其自立與發展。

國家對於自由地區山胞之地位及政治參與，應予保障；對其教育文化、社會福利及經濟事業，應予扶助並促其發展。對於金門、馬祖地區人民亦同。

國家對於僑居國外國民之政治參與，應予保障。

本條文主要係對憲法第十三章「基本國策」中第三節「國民經濟」、第四節「社會安全」、第五節「教育文化」、第六節「邊疆地區」等相關內容之補充。由於國民大會不願讓增修條文的條文數增加太多，因此乃將各種不同的基本國策內涵合併於同一條文中。其中包含下列幾種不同的內容：

第一，在國民經濟方面，包括：㈠獎勵科學技術發展及投資，促進產業升級；㈡推動農漁業現代化；㈢重視水資源之開發利用；㈣加強國際經濟合作；㈤經濟及科學技術發展，應與環境及生態保護兼籌並顧。此係對憲法第十三章第四節之補充。

第二，在社會安全方面，包括：㈠推行全民健康保險；㈡促進現代和傳統醫藥之研究發展；㈢維護婦女之人格尊嚴，保護婦女之人身安全；㈣消除性別歧視，促進兩性地位之實質平等；㈤對於殘障者之保險與就醫、教育訓練與就業輔導、生活維護與救濟，應予保障，並扶助其自立與發展。此係對憲法第十三章第四節之補充。

第三，在少數民族及特殊地區方面，包括：㈠對於自由地區山胞之地位及政治參與，應予保障；㈡對於山胞的教育文化、社會福利及經濟事業，應予扶助並促進其發展；㈢對於金門、馬祖地區人民亦如同山胞，應予保障與扶助。上述三點，均係原憲法中所無之規定，乃針對自由地區的特定情況而增列。但臺灣原住民領袖中，不少人對於增修條文中未能使用「原住民」一詞，而仍延用舊稱「山胞」，則頗有不滿，並要求政府應採納「原住民」此一稱呼。⑮

第四，在海外僑民方面，憲法第一百五十一條原已就發展僑民經濟，做了規範。本條文中，則進一步明文保障其參政權利及機會。使得僑民參政權，獲得正式的憲法位階。

⑮原住民(aboriginal)，亦即土著居民，如加拿大的愛斯基摩人、美國的印地安人、紐西蘭的毛利人，意指在主體民族遷入前即居於該地的土著民族。臺灣地區的原住民，係指在漢人大量移居前，即已居住甚久的土著民族。包括平埔、泰雅、賽夏、布農、曹、魯凱、排灣、卑南、阿美、雅美、泰魯閣等族，其中平埔族早已漢化。原住民各族總人口約三十萬人，其中以雅美族人口最多。

第三節　第三階段的修憲內容

民國八十三年八月一日，總統公布了第三階段修憲的條文。由於第一階段已完成了十條憲法增修條文，第二階段又已完成了八條憲法增修條文，在短短兩年間即已完成了十八條，其中第一、第二、第三、第四、第五條均因憲改方向的轉變而失效；另外第六、第八、第十六條則屬程序條款，也因時效原因而成具文。因此，國民黨修憲小組乃否定了原先所採取的「美國式修憲」的原則，亦即逐次增加新的增修條文，自第十九條起增加新的修憲條文。相反的，修憲小組卻將第一、第二兩階段的十八條一筆勾銷，重整爲新的十條，並從零開始計算。換言之，在第三階段修憲之後，原先的十八條增修條文已不存在，而改爲新的十條。以後若有新的增修條文，到底是從第十一條算起，還是再併入這現有的十條條文，則未可知。

這種詭異的修憲方式，在民主憲政國家並無先例可循，既違反了「美國式修憲」——逐條增列的原則；亦不同於「法國第五共和式修憲」——直接修正不適用之憲法條款。而且此種對修憲條文再重新修正、統整的修憲方式，只要多實施幾次，修憲的過程即會趨於混淆，也會造成國人對憲法變遷的內容及歷史沿革不易捉摸。而造成此種修憲方式的成因，則主要在於下列幾項理由：

㈠憲改方向不明確。由於三個階段的修憲目的各不相同，事前並無具體、確定的修憲方向，使得前一階段的修憲條文，不到一兩年時間即已變得不合時宜，這也是何以在兩次修憲後，十八條增修條文之中，即已有七條條文出現瑕疵或失效的主因；爲了彌補此一缺憾，修憲小組才有取消十八條，另以新十條取代的決議。

㈡爲特定政治人物與政治目的而修憲。在第一階段修憲時，原係以「回歸憲法」、「結束動員戡亂體制」爲目的，因此除了有關國民大會、立法院、監察院等選舉之規範，以及國家安全會議、國家安全局與人事行政局之設置法源外，並無太多與原憲法條文衝突之規定。但是到了第二階段修憲時，卻爲了總統選舉與罷免問題，以及國民大會職權之調整，而造成整個憲政體制的混亂。其中尤以彈劾與罷免總統條件之嚴格化、監察院性質的調整、國民大會選舉權之取消，以及同意權之增加等項，最受爭議。這些新增添的規範不但造成「權能區分」理念的混淆、制衡機制的錯亂，而且也造成總統「有權而無責」，這些均係十分不合憲政主義原理的制度規劃。但是，在上述的修憲任務完成後，修憲工作卻如脫韁之馬，難以駕馭。目前已有國大代表和朝野政黨進一步主張應將憲政體制修正爲「總統制」，並取消國民大會，或將其改爲「第二院」，此外，還有根本取消監察院、考試院之擬議。這些修憲建議和第二階段的修憲任務一樣，均不脫爲特定政治人物或政治目的修憲之嫌，結果則造成修憲工作前後失據，也造成修憲條文迅速失去時效性，而且必須一修再修，最後乾脆全部重組，重新開始。

㈢朝野政黨共識未立，修憲過程一再出現變數。由於朝野各主要黨派對憲政體制、國家定位、兩岸關係均有迥異的看法，而國民黨內也對憲政改革的幅度出現紛歧，導致修憲過程中不斷出現暴力衝突和武打場面。在此種混亂不安的情勢下，許多應形諸規範的憲改擬議，只有暫時擱置，留到下一階段再視情勢修正。其中尤以立法委員的任期(維持一任三年或比照總統、國大代表，改爲一任四年)，最爲明顯，但終因國大代表間的共識未立，而未能成爲修憲之內容，但也造成「選舉頻仍」現象無法改變的困境。

但是，儘管在修憲內容與體例上，第二、三階段的修憲出現了重大的瑕疵，但新修正的十條條文卻有其法制上的正當性，也必須爲國人所遵循。茲現就各條之條文，做逐一的解析。

第一條　國民大會代表依左列規定選出之，不受憲法第二十六條及第一百三十五條之限制：

一、自由地區每直轄市、縣市各二人，但其人口逾十萬人者，每增加十萬人增一人。

二、自由地區平地原住民及山地原住民各三人。

三、僑居國外國民二十人。

四、全國不分區八十人。

前項第三款及第四款之名額，採政黨比例方式選出之。第一款每直轄市、縣市選出之名額及第三款、第四款各政黨當選之名額，在五人以上十人以下者，應有婦女當選名額一人，超過十人者，每滿十人應增婦女當選名額一人。

國民大會之職權如左，不適用憲法第二十七條第一項第一款、第二款之規定：

一、依增修條文第二條第七項之規定，補選副總統。

二、依增修條文第二條第九項之規定，提出總統、副總統罷免案。

三、依增修條文第二條第十項之規定，議決監察院提出之總統、副總統彈劾案。

四、依憲法第二十七條第一項第三款及第一百七十四條第一款之規定，修改憲法。

五、依憲法第二十七條第一項第四款及第一百七十四條第二款之規定，複決立法院所提之憲法修正案。

六、依增修條文第四條第一項、第五條第二項、第六條第二項之規定，對總統提名任命之人員，行使同意權。

國民大會依前項第一款及第四款至第六款規定集會，或有國民大會代表五分之二以上請求召集會議時，由總統召集之；依前項第二款及第三款之規定集會時，由國民大會議長通告集會，國民大會設議長前，由立法院院長通告集會，不適用憲法第二十九條及第三十條之規定。

國民大會集會時，得聽取總統國情報告，並檢討國是，提供建言；如一年內未集會，由總統召集會議爲之，不受憲法第三十條之限制。

國民大會代表自第三屆國民大會代表起，每四年改選一次，不適用憲法第二十八條第一項之規定。

國民大會第二屆國民大會代表任期至中華民國八十五年五月十九日止，第三屆國民大會代表任期自中華民國八十五年五月二十日開始，不適用憲法第二十八條第二項之規定。

國民大會自第三屆國民大會起設議長、副議長各一人，由國民大會代表互選之。議長對外代表國民大會，並於開會時主持會議。

國民大會行使職權之程序，由國民大會定之，不適用憲法第三十四條之規定。

此一條文中包括了下列各項主要內容：

㈠國民大會代表選舉之相關規範。

㈡國民大會之職權規範。

㈢國民大會集會程序之規範。

㈣國民大會集會時，總統應做國情報告，並檢討國是。

㈤國民大會之任期，改為四年一任（原憲法規定為六年一任）。

㈥規定第二屆國大代表及第三屆國大代表之任期。

㈦國民大會自第三屆起，將設立議長、副議長。

㈧國民大會行使職權之程序，由國民大會自定之，不受憲法三十四條之限制，亦即不再由立法院以法律方式定之。

㈠

在上列各項內容中，第一項有關國民大會代表選舉之規定，與第一階段修憲時第一條之規範基本上相同。依照此一規定，全國各地選出之第二屆國大代表名額爲二百一十九人，再加上全國不分區名額八十人，以及僑居國外國民二十人，總額爲三百一十九人。另外對於婦女保障名額之規定，每五人以上保障一位，亦無不同。此外，本次修憲特別明文規定，「僑居國外國民」代表及「全國不分區」代表，均應採政黨比例方式選出，此係第一階段修憲條文中所無之規範。至於「原住民」一詞，則爲第一階段修憲條文中所無。但對於原住民團體及輿論之要求，將原住民代表名額增加爲「一族一人」，亦即原住民「十族共十人」，此一擬議則未被採納，仍然規定爲「平地、山地原住民各三人」，共六人。

㈡

第二項國民大會之職權規範，係因應總統改爲民選而增列之新內容。其中規定包括下列各端：

㈠當副總統缺位時，由總統於三個月內提名候選人，召集國民大會補選之，繼任至原任期屆滿爲止。換言之，國民大會雖然已無選舉總統、副總統之職權，但副總統出缺時，仍由國民大會補選之。

㈡對於總統、副總統之罷免案，須經國民大會代表總額四分之一之提議，三分之二之同意後提出，並經中華民國自由地區選舉人總額過半數之投票，有效票過半數同意罷免時，才算通過。基於此，對總統、副總統之罷免，已變成分兩階段進行，第一階段須得到國大代表三分之二之同意；第二階段須有全國選民過半數以上之參與投票，其中同意罷免之有效票又應占全部投票者之過半數。換言之，對總統、副總統之罷免條件已變成十分嚴格，而國大代表只有「罷免之提議權」，最後決定者則係全體選民。

㈢監察院向國民大會提出之總統、副總統彈劾案，經國民大會代表總額三分之二同意時，被彈劾人應即解職。而監察院對總統、副總統彈劾之要件，則係「全體監察委員過半數之提議，全體監察委員三分之二以上之決議」。換言之，和國大所提出之罷免案相仿，監察院對總統之彈劾案亦採兩階段方式進行。唯有在監察委員及國大代表各三分之二多數同意時，始能對總統進行罷免。爲了區別本項與前項之分野，有的學者將本項界定爲「彈劾性罷免案」，前項則爲「政治性罷免案」。本項係由監察院發動，由國民大會行使同意權；前項則由國民大會發動，由全體選民行使同意權。

㈣修憲權，仍依照原先憲法之規定，由「國民大會代表總額五分之一之提議，三分之二之出席，及出席代表四分之三之決議得修改之」，並無改變。

㈤複決立法院所提之憲法修正案，亦無改變，係「由立法院立法委員四分之一之提議，四分之三之出席，及出席委員四分之三決議，擬定憲法修正案，提請國民大會複決。此項憲法修正案，應於國民大會開會前半年公告之。」

㈥新增加之同意權，係對總統提名任命之人員，行使同意權。其中包括：(甲)司法院院長、副院長及大法官。(乙）考試院院長、副院長及考試委員。(丙）監察院院長、副院長及監察委員。此均爲原先憲法所無之規定。而設置同意權之背景，則係基於兩項原因：其一，在修憲之後，將監察院的國會屬性取消，監委不再由選舉產生，而改爲由總統提名並任命之。連帶的，監察院的同意權亦應取消，而對司法院院院長、副院長、大法官，以及考試院長、副院長、考試委員之同意權，則自監察院轉移至國民大會。至於對監察院院長、副院長及監察委員同意權，亦交由國民大會所掌握。其二，上列之同意權行使，本應交由立法院行使，可是由於對總統之選舉權已從國民大會手中轉交全體選民，爲了對國民大會有所「補償」，乃將同意權交由國民大會行使。

但是，一旦國民大會掌握了對司法、考試、監察等三院之高層人員的同意權，原先憲法中之「權能區分」原則，乃面臨嚴重的戕害。因爲國民大會乃是「政權機關」，而五院則是「治權機關」，彼此應採分工合作方式。基於此，五院間之互動關係與基本職掌，實不宜由國民大會此一政權機關涉入，但是國民大會現在卻可藉同意權之行使而干預五院之運作，則無異造成「權能不分」，實係對憲政基本精神的妨害。而在國民大會同意權的行使上，的確也出現了嚴重瑕疵，其中尤以國大代表張川田對考試院院長邱創煥的「掌摑」事件，最受人非議。基於此，上述之各項人事之同意權，實應改由立法院行使，立法院則可藉經常性之國會職權之運作，監督上述各院之人事，此亦較符合「制衡」與民主之精神，並無違「權能區分」之規範。

㈢

第三項係有關國民大會集會之規範。憲法第三十九條規定:「國民大會於每屆總統任滿前九十日集會，由總統召集之。」在修憲之後，總統改由選民直選產生，因此前述之規定，將行失效。

憲法第三十條規定，國民大會在下列情形之一時，得召集臨時會，其中包括：一、補選總統、副總統時；二、依監察院之決議，對於總統、副總統提出彈劾案時；三、依立法院之決議，提出憲法修正案時；四、國民大會代表五分之二以上請求召集時。在前述四種情形中，若依第一、第二種情形召集臨時會，應由立法院院長通告集會。若係第三、第四種情形，則係由總統召集。在修憲之後，國民大會將自第三屆起設置議長、副議長，因之在本項中規定「由國民大會議長通告集會，國民大會設議長前，由立法院院長通告集會」。但此類之集會，係指對「總統、副總統罷免案」(第二項第二款)及「議決監察院提出之總統、副總統彈劾案」(第二項第三款)。至於因「補選副總統」(第二項第一款)、「修改憲法」(第二項第四款)、「複決立法院所提之憲法修正案」(第二項第五款)及「對總統提名任命之人員，行使同意權」(第二項第六款)，以及國大代表五分之二以上請求召集會議時，仍由總統召集之。

綜合上述分析，雖然在修憲之後，國民大會最重要的職權之一——選舉總統、副總統，業已取消，但是國民大會集會的機會卻頗有增加。這實係一種基於「權力交易」考量而做的憲政安排，但卻很可能因此而造成國民大會藉集會而自行擴權，甚至造成「尾大不掉」的現象。

㈣

第四項規定「國民大會集會時，得聽取總統國情報告，並檢討國是，提供建言；如一年內未集會，由總統召集會議為之，不受憲法第三十條之限制」。根據是項規定，國民大會似乎已具備了一般國會「檢討國是，提供建言」之權，而總統須對國民大會做國情報告，似乎總統係對國民大會負責。但是這卻並非憲政制度之基本精神。因為在修憲之後，總統不再由國民大會選舉產生，自然也不對國民大會負責。更何況，我國憲政體制偏向「議會內閣制」，總統並非行政首長，而行政首長——行政院院長，又應對立法院負責。因此，總統每年對國民大會做國情報告，只是一項儀式性舉措，總統既然是由選民直選產生，當然是對選民而非國民大會直接負責。

至於國民大會對國是的建言之權，也不具實際的效力。因為國民大會並不具備眞正的國會權力——如預算權、質詢權、調查權等。而且平常一年只召集會議一次，根本無法對政府做日常性之有效監督。基於此，前述之「國是建言權」，仍然只能視為在國民大會選舉總統權被刪除之後，一項形式性的補償。除非日後國民大會進一步掌握其他實質性的國會權力，並改成經常性集會，否則這一新增的權限，不過是「聊備一格」而已，並不因此而發揮實質之「國會」效力。基於此，雖然國民大會一直與立法院力爭國會主導地位，但由於立委主控預算權，連國民大會召開的預算經費也由立法院全權決定，因此，實際上連國民大會每年召開的時日多寡也是由立法院所決定。由此看來，眞正的國會事實上只有立法院一機關而已。國民大會並不因爲修憲後新增之「國是建言權」而增加太多實質之權力。

㈤

第五項規定國大代表任期是「四年一任」，不再是過去的「六年一任」。這是配合總統任期改變，所做的一項調整。

㈥

第六項是一程序性條款，規定第二屆國大代表任期至民國八十五年五月十九日止。這是爲了配合總統之任期。自民國八十五年五月二十日起，即爲第三屆國民大會。

㈦

第七項規定「國民大會自第三屆起設議長、副議長各一人，由國民大會代表互選之。議長對外代表國民大會，並於開會時主持會議」。表面看來，國民大會設置議長，說明了在形式上國大已成「國會」的一部分，並且設立了「常設職」的議長，更可視爲國民大會「擴權」的一種表現。但是，如果只是增設議長、副議長，則僅說明國民大會已有對外代表該機構的議長一職，卻並不意味國民大會因此而成爲一「實權機關」。如果國大權力並未因此而擴增，國民大會仍是一個權力十分有限，非經常開會之機構，也不是一個正規的國會部門。因此，是否設立議長，與國民大會本身是否「常設化」，以及是否具備廣泛之實權，並無必然的關係。

㈧

第八項規定，國民大會行使職權之程序，由國民大會自定之，不受憲法第三十四條之限制，而三十四條中則規定「國民大會之組織、國民大會代表之選舉罷免及國民大會行使職權之程序，以法律定之」。現在取消了上述的限制，國民大會將可自行決定行使職權之程序，這無異是實質之擴權規定。與前述各項不同，此項所增添之權限乃是實質性的，並可藉此而擺脫立法院對國民大會之約束。因之，國民大會確實可透過此項修憲之規定，大幅度的爲自己擴權。不過，相對的，立法院仍可透過預算權之行使，而限制國民大會之擴權行動。因此，立法院與國民大會之間的爭權、對立，仍然難以化解。不過，國民大會本身的擴權行動，則因本項之修憲條文，而獲得了法理的基礎。

第二條　總統、副總統由中華民國自由地區全體人民直接選舉之，自中華民國八十五年第九任總統、副總統選舉實施。總統、副總統候選人應聯名登記，在選票上同列一組圈選，以得票最多之一組爲當選。在國外之中華民國自由地區人民返國行使選舉權，以法律定之。

總統發布依憲法經國民大會或立法院同意任命人員之任免命令，無須行政院院長之副署，不適用憲法第三十七條之規定。

行政院院長之免職命令，須新提名之行政院院長經立法院同意後生效。

總統爲避免國家或人民遭遇緊急危難或應付財

政經濟上重大變故，得經行政院會議之決議發布緊急命令，為必要之處置，不受憲法第四十三條之限制。但須於發布命令後十日內提交立法院追認，如立法院不同意時，該緊急命令立即失效。

總統為決定國家安全有關大政方針，得設國家安全會議及所屬國家安全局，其組織以法律定之。

總統、副總統之任期，自第九任總統、副總統起為四年，連選得連任一次，不適用憲法第四十七條之規定。

副總統缺位時，由總統於三個月內提名候選人，召集國民大會補選，繼任至原任期屆滿為止。

總統、副總統均缺位時，由行政院院長代行其職權，並依本條第一項規定補選總統、副總統，繼任至原任期屆滿為止，不適用憲法第四十九條之有關規定。

總統、副總統之罷免案，須經國民大會代表總額四分之一之提議，三分之二之同意後提出，並經中華民國自由地區選舉人總額過半數之投票，有效票過半數同意罷免時，即為通過。

監察院向國民大會提出之總統、副總統彈劾案，經國民大會代表總額三分之二同意時，被彈劾人應即解職。

本條文共分為十項：

(一)有關總統、副總統直選之程序規定。

(二)有關行政院院長副署權之設限。

(三)有關行政院院長免職令之生效問題。

(四)有關總統緊急權力之有關規定。

(五)有關國家安全會議與國家安全局之法定地位。

(六)有關第九屆總統、副總統之任期規定。

(七)有關副總統缺位時之補選規定。

(八)總統、副總統均缺位時的補選規定及代理問題。

(九)有關總統、副總統罷免之程序規範。

(十)有關總統、副總統之彈劾規定。

(一)

第一項規定，民國八十五年起第九任總統、副總統將由中華民國自由地區全體人民直選產生。「總統、副總統應聯名登記，在選票上同列一組圈選，以得票最多之一組爲當選」。根據此一規定，總統選舉將不採「絕對多數」當選方式，而係由「相對多數」方式產生。換言之，只要得到相對多數之選民支持，而非過半數之「絕對多數」，即可當選。據此，總統選舉亦無所謂之「兩輪選舉」，而只要經「一輪選舉」，獲得相對多數的候選人，即告當選。

是項條文中，另規定「在國外之中華民國自由地區人民返國行使選舉權，以法律定之。」根據此一規定，擁有中華民國國籍之僑民，可返國行使投票權。這乃是一種「權宜性」之規範。原先的擬議之一，則是倣傚許多西方民主國家之規範，得在海外之領使館中行使投票權，但爲顧及海外投票之公信力問題，並避免技術上的困難，乃規定須「返國行使選舉權」，以減少是類爭議。

㈡

依據憲法第三十七條之規定，行政院院長副署權之行使，乃是普遍性的，此原係本於「議會內閣制」之精神，意指行政院院長須對所有之命令負責，總統則是「儀式性之國家元首」，不負實際責任。在修憲之後，則將行政院院長之副署權範圍縮小，規定「總統發布依憲法經國民大會或立法院同意任命人員之任免命令，無須經行政院院長之副署」。換言之，包括行政院院長，監察院院長、副院長、監察委員，司法院院長、副院長、大法官，考試院院長、副院長、考試委員等之任命，均由總統負責，亦即掌有實質之任免權，而不再由行政院院長副署⓰。這亦可視爲總統權力之擴增與行政院院長權力之縮減。

㈢

第三項係一項重要的憲改新內容，規定「行政院院長之免職命令，須新提名之行政院院長經立法院同意後生效」。換言之，如果新提名之行政院院長，未能得到立法院之同意，則原任行政院院長將繼續留任，其免職令則不生效。此一規範，係根據二次大戰之後，德國（西德）基本法之「建設性倒閣權」規定而增設，旨在避免倒閣之後，因政爭而使新閣揆遲遲無法產生，造成政權動盪、政府領導階層眞空的情事發生。基於此，乃規定必須在「新提名之行政院院長經立法院同意後」，原任行政院院長方得免職，藉以避免上述之「權力眞空」情事發生⓱。此一規定，對於日後政黨交替執政，亦可收安

⓰在德國基本法中，雖採取「議會內閣制」，並規定「聯邦總統之命令，須經聯邦總理，或聯邦主管部長副署始生效力。」但是亦有但書存在，其中第五十八條即規定，此項規定「不適用於聯邦總理之任免」、「聯邦議會之解散」，另外在新總理未產生時，原任總理必須繼續執行其職務至繼任人任命爲止，副署權在此亦不適用。但相較於修憲後我國行政院院長副署權之設限，德國總理之副署權範圍，實較我國行政院院長爲廣。

⓱在德國基本法第六十九條第三項中規定，「聯邦總理經聯邦總統之要求，聯邦閣員經聯邦總理或聯邦總統之要求，應繼續執行其職務至繼任人任命爲止。」即係我國修憲後採取類似規範的主要藍本。

定之效。

(四)

依據憲法第四十三條之規定,「總統於立法院休會期間,得經行政院會議之決議,依緊急命令法,發布緊急命令,爲必要之處置,但須於發布命令後一個月內提交立法院追認。如立法院不同意時,該緊急命令立即失效。」在修憲之後,此一規定業已放寬,即使在立法院集會期間,總統「得經行政院會議之決議,發布緊急命令,爲必要之處置。」但是此一緊急命令「須於發布命令後十日內提交立法院追認,如立法院不同意時,該緊急命令立即失效。」

上述兩項規範間之主要差異,是原先憲法第四十三條規定,緊急命令只有在「立法院休會時」,得由總統「經行政院會議之決議」,依法發布緊急命令,爲必要之處置。此一憲法規範之基本精神,係「國會主權論」。換言之,緊急命令之決定者,係立法院,只有在立法院休會時,總統才能以情況特殊,以及行政院會議之決議爲由,實施此一特別權力。

但是在動員戡亂時期,卻凍結了此一部分的憲法條文,將此一緊急命令的決定權,轉交給總統與行政院,因之,依據「動員戡亂時期臨時條款」第一條之規定,「總統在動員戡亂時期,爲避免國家或人民遭遇緊急危難,或應付財政經濟上重大變故,得經行政院會議之決議,爲緊急處分」,至於緊急處分之時限,卻未做規範。這顯示原先憲法規範「國會主權」之精神,實已嚴重受損。基於此,在動員戡亂時期結束後,此一憲政瑕疵實應力謀補救。但是執政黨中央仍然認爲總統與行政院仍應掌握「緊急處分權」，因此力主保留此一條款，不過在程序上則有所讓步，改爲「發布命令後十日內提交立法院追認，如立法院不同意時，該緊急命令立即失效」。換言之，「國會主權」之精神雖然未能恢復，但立法院仍保留了「十日內的否決權」，亦即仍然掌有被動的否決之權力。

不過，此一修憲後之規範，若與先進民主國家的相關憲法規範相比較，顯然有其缺憾之處。以法國第五共和憲法爲例，第十六條中即規定：「當共和制度、國家獨立、領土完整或國際義務之履行，遭受嚴重且危急之威脅，致使憲法上公權力之正常運作受到阻礙時，總統經正式諮詢總理、國會兩院議長及憲法委員會後，得採取應付此一情勢之緊急措施。」同條文中規定「此項措施須出自保障憲法公權力在最短時間達成任務之意願，此項措施應諮詢憲法委員會之意見。國會應自動集會。國民議會在總統行使緊急權力期間不得解散。」換言之，在法國的憲政制度下，總統一旦行使緊急權力，國會則自動集會，並且在此期間不得解散。而我國當前的憲政規範則賦與總統與行政院爲期十天的「特別權力空窗期」。十天雖然不長，但卻足以變更政治秩序，甚至可能會對立法院本身造成相當程度的影響。就此而論，我國修憲條文中的新規範，並不是一項保障「國會主權」的充分設計，而且仍然保留了「動員戡亂體制」下的基本特色，係以行政體系之便利爲優先之考量，此顯與西方以「議會民主」爲核心的憲政主義概念，仍存在著差距。

㈤

在動員戡亂時期，總統爲適應動員戡亂需要，「得調整中央政府之行政機構、人事機構及其組織」(臨時條款第五條)，此外，亦「授權總統得設置動員戡亂機構，決定動員戡亂大政方針，並處理戰地政務」(第四條)。基於上述之規定，政府乃設置隸屬於總統之國家安全會議及所屬之國家安全局。另外行政院之下則另設人事行政局。嚴格說來，這些機構之設置，均係爲配合動員戡亂之需要，但亦屬「違憲」之設計。國家安全會議與國家安全局之職掌，與行政院多所重疊，而行政院人事行政局又與考試院之職掌多所扞格。基於此，此三機關的「合憲性」問題，長期以來一直引人詬病。在動員戡亂時期結束後，此三機關原應裁撤，但爲了使此三機關得以持續存在，並解決「合憲性」問題，民國八十年第一次修憲時乃於憲法增修條文第九條中，將國家安全會議、國家安全局與行政院人事行政局三機關一併合法化，賦與其法源依據。在第三階段修憲時，進一步將其列入本項。

㈥

憲法第四十七條規定，「總統、副總統之任期爲六年，連選得連任一次」。修憲後任期調整爲四年一任，連選得連任一次。故於本項中做出新規定。

㈦

憲法第四十九條規定，「總統缺位時，由副總統繼任，至總統任期屆滿爲止。」民國七十七年一月，蔣經國總統逝世，李登輝副總統繼任總統，任期至民國七十九年五月爲止，即是依據本條文之規定。憲法第四十九條並規定,「總統、副總統均缺位時，由行政院院長代行其職權，並依本憲法第三十條之規定，召集國民大會臨時會，補選總統、副總統，其任期以補足原任總統未滿之任期爲止。」修憲之後，總統、副總統改由人民直選產生，不再由國民大會代表選舉。但是，本項中特別規定，當「副總統缺位時，由總統於三個月內提名候選人，召集國民大會補選，繼任至原任期屆滿爲止。」換言之，國民大會仍保留了副總統缺位時的補選權。

(八)

本項規定,「總統、副總統均缺位時，由行政院院長代行其職權，並依本條第一項規定補選總統、副總統，繼任至原任期屆滿爲止。」換言之，當總統、副總統均出缺時，必須由人民直選產生新的總統、副總統，而非由國民大會補選產生。此與前引之憲法第四十九條之規定不同。

(九)

總統、副總統之罷免，憲法第二十七條僅做權限之規定:「國民大會之職權如左：一、選舉總統、副總統。二、罷免總統、副總統。」實際上之細節規範，則係依據總統、副總統選舉罷免法之規定。其中之規定如次：

(一)由國民大會代表總額六分之一以上代表提出罷免聲請書。

(二)立法院院長接到罷免書後，於一個月內召開國民大會臨時會。

(三)由國民大會代表以無記名投票法表決罷免案，以代表總額過半數之贊成票通過之。

㈣國民大會代表，對就任未滿十二個月之總統，不得聲請罷免。罷免案一經否決，對於同一總統，原聲請人不得再爲罷免之聲請。

在修憲之後，上述之罷免規範業已取消，而罷免之要件亦已趨於更爲嚴格。本項中規定「罷免案須經國民大會代表總額四分之一之提議，三分之二之同意後提出，並經中華民國自由地區選舉人總額過半數之投票，有效票過半數同意罷免時，即爲通過。」換言之，在修憲之後，國民大會僅有罷免案之「發動權」，而且必須有三分之二的特別多數同意方得提出，再交由全民投票。而全民行使罷免之同意權時，須合乎「選舉人總額過半數」之要件，而且有效票應過半數。此與總統選舉採「相對多數」當選之規範相較，尤爲嚴格。由此可見對總統之罷免將十分嚴格，也極難通過。

㈩

憲法中對於總統彈劾之規定，見於第一百條：「監察院對於總統、副總統之彈劾案，須有全體監察委員四分之一以上之提議，全體監察委員過半數之審查及決議，向國民大會提出之。」修憲後，此一規定凍結，改以更嚴格的要件規範之。依據修憲條文第六條之規定，「監察院對於總統、副總統之彈劾案，須經全體監察委員過半數之提議，全體監察委員三分之二以上之決議，向國民大會提出，不受憲法第一百條之限制。」除此之外，在本項中進一步規定，監察院對總統、副總統之彈劾案，須再經「國民大會代表總額三分之二同意，被彈劾人應即解職」。根據此一修憲後之新規範，對總統之彈劾要件不再是過半數之「普通多數」，而是監察委員與國大代表的雙重「特別多數」。由此可見彈劾案成立的要件亦已日趨嚴格。

第三條　立法院立法委員依左列規定選出之，不受憲法第六十四條之限制：

一、自由地區每省、直轄市各二人，但其人口逾二十萬人者，每增加十萬人增一人；逾一百萬人者，每增加二十萬人增一人。

二、自由地區平地原住民及山地原住民各三人。

三、僑居國外國民六人。

四、全國不分區三十人。

前項第三款、第四款名額，採政黨比例方式選出之。第一款每省、直轄市選出之名額及第三款、第四款各政黨當選之名額，在五人以上十人以下者，應有婦女當選名額一人，超過十人者，每滿十人應增婦女當選名額一人。

關於立法委之人數及分配，因顧及自由地區之需要，在本條中做了新的規範。根據此一規定，民國八十一年底選出之立法委員總額爲一百六十一位，以後總額還會隨人口增減而調整。與憲法第六十四條之規定相較，除了自由地區應選名額增加，並增列原住民、僑民代表及全國不分區名額外，則以取消「職業團體」代表爲其特色。另外蒙古、西藏及邊疆地區少數民族的保障名額亦不再列入。至於婦女保障名額則已做出新的規定，凡是地區立法委員應選名額在五人以上，十人以下者，包含一位婦女保障名額，超過十人時，每滿十人應再增婦女保障名額一位。

第四條 司法院設院長、副院長各一人，大法官若干人，由總統提名，經國民大會同意任命之，不適用憲法第七十九條之有關規定。

司法院大法官，除依憲法第七十八條之規定外，並組成憲法法庭審理政黨違憲之解散事項。

政黨之目的或其行為，危害中華民國之存在或自由民主之憲政秩序者為違憲。

本條文分為三項：

(一)同意權行使主體之改變。

(二)有關憲法法庭設立之規範。

(三)政黨違憲之規定。

(一)

由於監察院在修憲後不再掌有同意權，對司法院院長、副院長及大法官之同意權行使，改由國民大會掌有。在本項中亦做出了相應之規定。

至於大法官之總額，仍依照原先憲法之規定，不在憲法中定出總額。僅在司法院組織法中，規定「司法院置大法官十七人」。

(二)

修憲後有關司法院職掌規範之調整，以本項最為重要。依據憲法第七十八條規定，「司法院解釋憲法，並有統一解釋法律及命令之職」。在本項中，則另增列司法院大法官「組成憲法法庭審理政黨違憲之解散事項。」根據此一規定，民國八十二年二月總統公布「司法院大法官審理案件法」，第三章即規範「政黨違憲解散案件之審理」。其中重要規定如次：

第十九條：「政黨之目的或其行爲，危害中華民國之存在或自由民主之憲政秩序者，主管機關得聲請司法院憲法法庭解散之。」

第二十條：「憲法法庭審理案件，以參與審理之資深大法官充審判長，資同以年長者充之。」

第二十一條：「憲法法庭應本於言詞辯論而爲裁判。但駁回聲請而認無言詞辯論之必要者，不在此限。」

第二十四條：「憲法法庭行言詞辯論，須有大法官現有總額四分之三以上出席，始得爲之。未參與辯論之大法官不得參與評議判決。」

第二十五條：「憲法法庭對於政黨違憲解散案件判決之評議，應經參與言詞辯論大法官三分之二之同意決定之。評論未獲前項人數同意時，應爲不予解散之判決」。

由上述之法律規定可知，憲法法庭設立之主旨係審理政黨違憲之解散事項，因此「憲法法庭」並非「大法官會議」的代稱，兩者之專責並不相同。而憲法法庭應本於「言詞辯論」而爲裁判，「未參與辯論之大法官不得參與評議判決」，均凸顯了憲法法庭對於政黨違憲案件之裁定，程序十分愼重。若未能得到參與辯論大法官三分之二的同意，即不得解散該政黨，這顯示憲法法庭對於違憲爭議的審理態度，是相當審慎的。

㈢

本項規定「政黨之目的或其行爲，危害中華民國之存在或自由民主之憲政秩序者爲違憲」。其主要參考之憲政規範，爲德國基本法第二十一條第二項：「政黨依其目的及其黨員之行爲，意圖損害或廢除自由、民主之基本秩序，或意圖危害德意志聯邦共和國之存在者，爲違憲。其有無違憲問題由聯邦憲法法院決定之。」另外，也根據德國基本法之規範，將有無違憲交由憲法法庭（法院）裁決之。就此而言，本項可說是一項重要的「憲政移植」規範。

第五條　考試院爲國家最高考試機關，掌理左列事項，不適用憲法第八十三條之規定：

一、考試。

二、公務人員之銓敍、保障、撫卹、退休。

三、公務人員任免、考績、級俸、陞遷、褒獎之法制事項。

考試院設院長、副院長各一人，考試委員若干人，由總統提名，經國民大會同意任命之，不適用憲法第八十四條之規定。

憲法第八十五條有關按省區分別規定名額，分區舉行考試之規定，停止適用。

本條分爲三項內容：

㈠有關考試院職掌之規範。

(二)考試院高層人事同意權之行使。

(三)分區考試規定之停用。

(一)

依據憲法第八十三條之規定，考試院「掌理考試、任用、銓敘、考績、級俸、陞遷、保障、褒獎、撫卹、退休、養老等事項」。但是由於「動員戡亂臨時條款」第五條規定，「總統爲適應動員戡亂需要，得調整中央政府之行政機構、人事機構及其組織」，並據以設置行政院人事行政局。在動員戡亂時期結束後，人事行政局依然獲得「合憲」之地位，因之，考試院之職掌必須予以調整，以免發生杆格。其中最重要的調整方向，是考試院僅掌理公務人員之任免、考績、級俸、陞遷、褒獎等之「法制事項」，而人事行政局則負責執行。因此透過本項之修正，考試院與行政院人事行政局之間事權分工，得以釐淸。

(二)

考試院院長、副院長及考試委員，過去依憲法第八十四條之規定，係由總統提名，經監察院同意任命之，現因監察院不再掌有同意權，因此同意權改交由國民大會行使。

至於考試委員之名額，則仍依照憲法之原先規定，未予定額之規範。但在「考試院組織法」第三條中，則明定「考試委員名額定爲十九人」。

(三)

憲法第八十五條規定：「公務人員之選拔，應實行公開競爭之考試制度，並應按省區分別規定名額，分區舉行考試，非經考試及格，不得任用」。其中「按省區分別規定名額」的規定，原係保障各省人士擔任公職之權益，但在臺灣實施時顯有「過度保障少數」的不公平情況出現，因此近年來已不再對大陸特定省籍人士採取保障名額措施。本項則進一步將其載入憲法修正條文，以奠立合憲之基礎。

第六條　監察院爲國家最高監察機關，行使彈劾、糾舉及審計權，不適用憲法第九十條及第九十四條有關同意權之規定。

監察院設監察委員二十九人，並以其中一人爲院長、一人爲副院長，任期六年，由總統提名，經國民大會同意任命之。憲法第九十一條至第九十三條之規定停止適用。

監察院對於中央、地方公務人員及司法院、考試院人員之彈劾案，須經監察委員二人以上之提議，九人以上之審查及決定，始得提出，不受憲法第九十八條之限制。

監察院對於監察院人員失職或違法之彈劾，適用憲法第九十五條、第九十七條第二項及前項之規定。

監察院對於總統、副總統之彈劾案，須經全體監察委員過半數之提議，全體監察委員三分之二以上之決議，向國民大會提出，不受憲法第一百條之限制。

監察委員須超出黨派以外，依據法律獨立行使職權。

憲法第一百零一條及第一百零二條之規定，停止適用。

本條文共分六項：

㈠監察院職掌之調整。

㈡監委名額、任期及對監委同意權之行使。

㈢彈劾權行使之要件。

㈣對監察院人員彈劾之規範。

㈤對總統、副總統彈劾權之行使。

㈥監察委員獨立職權行使之規範。

㈠

修憲後監察院不再是民意機關(國會)，同意權取消，改由國民大會行使，參見前文第一條第二項第六款之分析。

㈡

「監察院設監察委員二十九人」，此係第二階段修憲時憲法修正條文第十五條之規定。當時將監委名額明定於憲法中的主因（不同於「大法官若干人」、「考試委員若干人」之規定），是顧忌當時在任之監委，對監察院體制變革可能產生反彈，不願修正「監察院組織法」，將監委名額規定在該法之中，可能導致憲政工作發生新的變數。基於此，在五院之中，只有監察院這一院是將監委總額明定在憲法之中。其他如行政院政務委員、司法院大法官、考試院考試委員，憲法中均規定爲「若干人」，再由相關組織法做出定額之規範。至於立法委員，則隨選區之劃分與人口數之調整而增減，並無定額之規範。基於此，監察委員人數總額之規定，實不應再繼續列入憲法條文之中。由於此一缺憾，一方面將因此而使憲法失去安定性，可能會因情勢變遷而被迫一修再修監委之總額。另一方面，如果監委發生缺額情況，又因「違憲」之顧忌，而必須召開國民大會，行使同意權，以補足監委名額。由此觀之，在第四階段修憲時，允宜將此項中之監委名額改爲「若干人」，然後在「監察院組織法」中，明定監委總額。若要修正監委總額，只要修訂「監察院組織法」即可。這才是合乎憲政規範之設計。

除了監委名額的規定外，監委任期定爲一任六年，得連任。此一規定，曾引起學界與輿論界之不同反應。一般認爲，在修憲之後，監察委員不再具備「國會議員」之身分，非由民選產生，而且須經總統提名，國民大會同意產生。而監委職司風憲、糾彈百官，對總統、副總統又有彈劾之權，必須超出黨派之外。因此，監察委員應心無旁鶩，不受黨派與政治偏見之影響，一往直前，勇於監察之責。基於此，監委的任期必須延長，而且不應連任，以免爲連任而心存顧忌。至於任期究竟應多長，有的主張比照司法院大法官，任期一屆九年。有的則主張爲十年，甚至延長爲十二年。但是監委不得連任，則爲共同之主張。

本項中另規定，監委由總統提名，經國民大會同意任命之。不再由省、市議會間接選舉產生，以杜絕長期以來監委選舉發生賄選之爭擾。但監察院也因監委產生方式之改變，而發生基本性質之改變。

㈢

憲法第九十八條規定:「監察院對於中央及地方公務人員之彈劾案，須經監察委員一人以上之提議，九人以上之審查及決議，始得提出。」在本項中，則改爲「監察委員二人以上之提議」，換言之，彈劾權之行使將趨於嚴格。

㈣

依據憲法第九十七條第二項之規定,「監察院對於中央及地方公務人員，認爲有失職或違法情事，得提出糾舉案或彈劾案，如涉及刑事，應移送法院辦理。」第九十九條規定,「監察院對於司法院或考試院人員失職或違法之彈劾，應適用本憲法第九十五條、第九十七條及第九十八條之規定。」在上述兩條文中，獨對監察院人員之彈劾，未做規範。基於此，在修憲時，乃加入本項之規定，將「監察院人員失職或違法之彈劾」，列入憲法修正條文之中，使此一規範趨於完整。

但是本項中之「監察院人員」,究竟何指？是否包括監察委員本身，則不甚清楚。若依司法院大法官會議釋字第十四號之解釋,「在制憲者之意，當以立、監委員爲直接或間接之民意代表，均不認其爲監察權行使之對象。至立監兩院其他人員與國民大會職員，總統府及其所屬機關職員，自應屬監察權行使範圍。」由此可知，監察委員本身，應非屬監察權行使之對象。但是，在修憲之後，監委不再具民意代表之屬性，因此，上述之解釋文是否仍然適用，仍有待斟酌之處。不過，如果監察權得以監委本身爲行使對象，則監察權很可能會淪爲監委間之政爭工具；且對監委本身之令譽，有嚴重之妨礙。因此本項中之「監察院人員」，似應依釋字第十四號之解釋，以監委以外之監察院人員爲範圍。

㈤

此項規定對總統、副總統之彈劾，須經「監委過半數之提議，全體監察委員三分之二以上之決議，向國民大會提出」。再依憲法增修條文第二條第十項之規定，「監察院向國民大會提出之總統、副總統之彈劾案，經國民大會代表總額三分之二同意時，被彈劾人應即解職」。上述之彈劾要件，已較憲法原先之規範，嚴格甚多。而且由於監察委員不再係由民選產生，而係由總統提名，經國民大會同意產生，因此，「由總統提名之監委」，是否能大公無私的彈劾總統，實頗啓人疑竇。解決此一困境之方法，應係如前文所述（第六條第二項），延長監委之任期爲九年（比照大法官），並規定不得連任，使其得不受連任因素之影響，肩負職司風憲之重任。

㈥

本項規定「監察委員須超出黨派以外，依據法律獨立行使職權」。此係因監委不再由間接民選產生，不代表任何黨派，自應超出黨派以外。但是本項中亦規定「憲法第一百零一條及第一百零二條之規定，停止適用」，則意味著監委的「言論免責權」及「不受逮捕之特權」，均已取消。上述二權，均係保障國會議員之特權，一旦取消，監委將可能因爲監察權之行使，而面臨當事人「興訟」、「纏訟」等困擾。而監察院之會議，也因不再受「免責權」之保障，必須改爲祕密會議，不得對外公開，使民意及輿論之監督，受到限制。此外，監委也因不再有「不受逮捕之特權」，在對政府重要官員行使監察權時，也會有所顧忌，難以發揮「大無畏」之精神，充分彰顯監察權獨立、無私之特性。基於此，上述二項國會議員特權之取消，實係對監察權行使的一大妨礙。在未來進一步修憲時應予更正，以謀救濟。

第七條　國民大會代表及立法委員之報酬或待遇，應以法律定之。除年度通案調整者外，單獨增加報酬或待遇之規定，應自次屆起實施。

本條是參考一九九二年通過的美國憲法第二十七條修正案而訂定。該修正案規定:「國會議員們通過的加薪法案，必須等過一次選舉之後的下一屆會期才能生效。」此一修正案早在美國立國之初，即由開國元勳麥迪遜(James Madison)提出，但未通過。一九九二年五月，由於此案得到超過四分之三——三十八個州議會的支持，而成爲正式的憲法修正案。此案宗旨是在節制國會議員任意自我加薪，浪費公帑的情況。在我國修憲之中倣效訂定之，亦可收同樣的功效。本條亦可視爲外國憲政規範移植的另一案例。

第八條　省、縣地方制度，應包含左列各款，以法律定之，不受憲法第一百零八條第一項第一款、第一百十二條至第一百十五條及第一百二十二條之限制:

一、省設省議會，縣設縣議會，省議會議員、縣議會議員分別由省民、縣民選舉之。

二、屬於省、縣之立法權，由省議會、縣議會分別行之。

三、省設省政府，置省長一人，縣設縣政府，置縣長一人，省長、縣長分別由省民、縣民選舉之。

四、省與縣之關係。

五、省自治之監督機關爲行政院，縣自治之監督機關爲省政府。

依據憲法第一百零八條第一項第一款，「省縣自治通則」應由中央立法並執行之，或交由省縣執行之。由於「省縣自治通則」並未完成立法，而民意趨向又是強烈要求省、市長民選。基於此，第二階段修憲時，即在憲法增修條文第十七條中，訂定有關省、縣自治的規範，本條即係承襲自該一條文，賦與「地方自治」之合憲地位。內容解釋請參照本書前節中有關上述第十七條之解釋。

第九條　國家應獎勵科學技術發展及投資，促進產業升級，推動農漁業現代化，重視水資源之開發利用，加強國際經濟合作。

經濟及科學技術發展，應與環境及生態保護兼籌並顧。

國家對於公營金融機構之管理，應本企業化經營之原則；其管理、人事、預算、決算及審計，得以法律爲特別之規定。

國家應推行全民健康保險，並促進現代和傳統醫藥之研究發展。

國家應維護婦女之人格尊嚴，保障婦女之人身安全，消除性別歧視，促進兩性地位之實質平等。

國家對於殘障者之保險與就醫、教育訓練與就業輔導、生活維護與救濟，應予保障，並扶助其自立與發展。

國家對於自由地區原住民之地位及政治參與，應予保障；對其教育文化、社會福利及經濟事業，應予扶助並促其發展。對於金門、馬祖地區人民亦同。

國家對於僑居國外國民之政治參與，應予保障。

本條文承襲自第二階段修憲之憲法增修條文第十八條。但第三項有關公營金融機構之管理，則係新增之條文。強調「應本企業化經營原則；其管理、人事、預算、決算及審計，得以法律爲特別之規定」。增列此條之目的，在賦與相關之公營銀行及金融機構之法源基礎。其他各項之解釋，請參照本書前節中對上述第十八條條文之解釋。

第十條　自由地區與大陸地區間人民權利義務關係及其他事務之處理，得以法律爲特別之規定。

本條條文係承襲自第一階段修憲之憲法增修條文第十條。據此並制訂「臺灣地區與大陸地區人民關係條例」，藉以區分自由地區與大陸地區人民之分際。所謂「大陸地區」，係「包括中共控制地區及外蒙地區」，「大陸地區人民」，則是「在大陸地區設有戶籍或臺灣地區人民前往大陸地區居住逾四年之人民」。訂定此一條文之目的，在規範臺灣地區與大陸地區人民的不同法律地位，並保障臺澎金馬自由地區之人民權益。

第四節　第四階段的修憲內容

民國八十五年二月一日，立法院舉行院長選舉，執政黨提名的劉松藩委員，僅以八十二比八十一的一票之差險勝在野黨提名的施明德委員，突顯出一個「剛剛過半」的多數黨的實質困境。隨後一、兩年間，包括立法院對行政院院長同意權的行使、核四預算案的朝野攻防戰，以及許多關鍵性法案的投票，都讓執政黨費盡苦心，深感「維持絕對多數」已是力不從心。基於此，李登輝總統乃在當選總統後不久，亟力尋思如何得透過第四次修憲，直接擴張總統、副總統的權力，削弱立法院的職權，取消立法院對行政院院長的同意權，同時並簡化地方政府組織層級，藉此取消地方基層選舉。透過上述的修憲途徑，一方面可以讓執政黨在失去立法院內實質多數支持的情況下，繼續維持執政地位；另一方面，也可將地方基層「黑金政治」的腐化現象，得到某種程度的遏制。於是，在民國八十五年冬，總統府邀請政府官員，執政之國民黨、在野之民主進步黨、新黨及無黨籍人士，召開「國家發展會議」，商討憲政改革議題。會中，新黨籍人士因爲憲政理念不符，宣布退出國家發展會議。但國民黨與民主進步黨兩大政黨，仍然在會中達成協議，並形成修憲基本共識，決定以「改良式雙首長混合制」爲修憲之基本原則。

民國八十六年七月十八日，第三屆國民大會在逾千位憲政學者強烈反對，新黨籍國大代表全力杯葛的處境下，完成了第四階段修憲任務，通過中華民國憲法增修條文十一條。此次修憲，係自民國八十年四月第一次修憲以來，包括憲政結構、修憲幅度及政府機制，變動範圍最大的一次。其中主要特色有五：

1. 將原先憲法之「議會內閣制」(parliamentarianism)精神，大幅度轉型爲以總統爲權力核心、行政院長爲其實質之幕僚長、執行長的「半總統制」(semi-presidentialism)。換言之，行政院院長不再是眞正的「最高行政首長」，而變爲總統個人的主要僚屬。

2. 取消立法院對行政院長的同意權，由總統直接任命行政院院長，一方面藉以擺脫立法院的有效制衡；另一方面，也因行政院院長失去立法院同意權的「背書」，而削弱了行政院院長的民意基礎。相對於總統直選所肩負的強勢民意基礎，行政院院長則顯得處處掣肘，既要面對總統的強勢領導，又要面臨立法院的政策、預算及立法監督，此外內閣閣員任命權也多操於總統、副總統之手，使行政院院長難以統整內閣團隊，發揮「責任內閣」之一體精神。換言之，原先修憲時所規劃的「改良式雙首長混合制」，在實際的憲政運作上，已變為混亂的「惡質化三頭馬車領導制」，此實為舉世所罕見。

3.修憲時所參考的主要憲政範例，是法國第五共和的半總統制，但是，在法國憲政運作時配套設計，藉以化解內閣、國會對立的「安全閥」機制：倒閣權（即「不信任投票」）與解散國會權，卻在修憲後被曲解為政局紛亂之根源。因之，在法國第五共和體制下，依慣例新任總理赴國會第一次報告後即應由國會議員行使「不信任案」投票，藉以檢測閣揆的民意基礎。但在我國修憲後卻未能實施，使得行政院院長的民意基礎不足，亦無力解決各種憲政僵局與政治危機。這實係外國憲政移植經驗的一次嚴重挫敗。

4.原先依照憲法之規範，監察院職掌彈劾權，但在本次修憲後，卻將監察院對總統、副總統的彈劾權移交立法院，而彈劾權行使之範圍，則局限為「內亂外患罪」。換言之，總統、副總統若涉及貪污、詐欺、偽證、知情不報、申報不實，乃至其他個人重大官箴違失，均無任何機關可予監督或制裁。此一缺憾業已因連戰副總統個人涉及對伍澤元先生三千六百二十八萬元的私人借貸而引起國人高度關注，但也突顯出修憲所創造的機制——「總統、副總統有權無責，不受監督」。這實係修憲設計者因人設制、有意造就特權體制的重大困境。

5.除了中央政府體制的改變之外，修憲的另一項目的，是藉廢除臺灣省省長及省議員之選舉，以達成「精簡省府」的目標。至於廢除基層（鄉、鎮）選舉的國發會共識，則因國民黨內的意見紛歧，目前尚未載入修憲條文中，有待下一次的修憲，方能落實。

綜上所述，第四階段修憲乃是一次違背民主憲政主義基本原理（包括「審愼修憲」、「權責相符」、「有限政府」與「民主監督」等）的憲政任務。此次修憲不但造成「有責者無權、有權者無責」的現象，而且也造成憲政體制紛亂、內閣團隊精神不足與行政倫理淪喪。所幸的是，在修憲條文實施逾半年後，各項憲政瑕疵均已逐一呈現，無論輿論、民意、專家乃至原先支持修憲的在野人士，均已了解修憲之嚴重錯誤。可預見的是，第五階段之修憲勢將展開，望我國人以第四階段之修憲錯誤爲借鑒，並培養尊重自由憲政主義之基本精神，敬重行之有年的民主憲政規範與分權制衡機制，切毋再因個別政治人物之師心自用，因人設制，因人誤事，而斷送憲政百年大業之根基。

第一條　國民大會代表依左列規定選出之，不受憲法第二十六條及第一百三十五條之限制：

一、自由地區每直轄市、縣市各二人，但其人口逾十萬人者，每增加十萬人增一人。

二、自由地區平地原住民及山地原住民各三人。

三、僑居國外國民二十人。

四、全國不分區八十人。

前項第一款每直轄市、縣市選出之名額，在五人以上十人以下者，應有婦女當選名額一人，超過十人者，每滿十人，應增婦女當選名額一人。第三款及第四款之名額，採政黨比例方式選出之，各政黨當選之名額，每滿四人，應有婦女當選名額一人。

國民大會之職權如左，不適用憲法第二十七條第一項第一款、第二款之規定：

一、依增修條文第二條第七項之規定，補選副總統。

二、依增修條文第二條第九項之規定，提出總統、副總統罷免案。

三、依增修條文第二條第十項之規定，議決立法院提出之總統、副總統彈劾案。

四、依憲法第二十七條第一項第三款及第一百七十四條第一款之規定，修改憲法。

五、依憲法第二十七條第一項第四款及第一百七十四條第二款之規定，複決立法院所提之憲法修正案。

六、依增修條文第五條第一項、第六條第二項、第七條第二項之規定，對總統提名任命之人員，行使同意權。

國民大會依前項第一款及第四款至第六款規定集會，或有國民大會代表五分之二以上請求召集會議時，由總統召集之；依前項第二款及第三款之規定集會時，由國民大會議長通告集會，不適用憲法第二十九條及第三十條之規定。

國民大會集會時，得聽取總統國情報告，並檢討國是，提供建言；如一年內未集會，由總統召集會議爲之，不受憲法第三十條之限制。

國民大會代表每四年改選一次，不適用憲法第二十八條第一項之規定。

國民大會設議長、副議長各一人，由國民大會代表互選之。議長對外代表國民大會，並於開會時主持會議。

國民大會行使職權之程序，由國民大會定之，不適用憲法第三十四條之規定。

增修條文第一條包括了下列各項主要內容：

⑴國民大會代表選舉之相關規範，以及人數之設定。

⑵婦女保障名額及政黨比例選舉方式之相關規範。

⑶國民大會職權之相關規範。

⑷國民大會集會程序之相關規範。

⑸國民大會集會時，總統國情報告之相關規範。

⑹國民大會代表任期之規定。

⑺國民大會設置議長、副議長之規範。

⑻國民大會行使職權之程序，由國民大會自行決定。

1.在上列各項內容中，第一項有關國民大會代表選舉之規定，與第一階段修憲時第一條之規範基本上相同。依照此一規定，全國各地選出之第二屆國大代表再加上全國不分區名額八十人，以及僑居國外國民二十人，總額爲三百三十四人。另外，「僑居國外國民」代表及「全國不分區」代表，均應採政黨比例方式選出，此係第一階段修憲條文中所無之規範。至於「原住民」一詞，則爲第一階段修憲條文中所無。但對於原住民團體及輿論之要求，將原住民代表名額增加為「一族一人」，亦即原住民「十族共十人」，此一擬議則未被採納，仍然規定為「平地、山地原住民各三人」，共六人。

2.在本項中，明文規定各直轄市、縣市所選出之名額，在五人以上十人以下者，應有婦女當選名額一人，超過十人者，每滿十人應增婦女當選名額一人。此一規定與第三階段修憲之規範相同。但是新增另一項規定：在僑居國外國民和全國不分區部分，每滿四人，應有婦女當選名額一人。換言之，在此二部分合計共一百人的名額中，應有婦女保障名額至少二十五人。

由本項之規定可知，第四階段之修憲對婦女保障已有更為明晰之規定，但是由於各直轄市及縣市當選名額之規定，仍未達婦女保障名額亦佔四分之一之理想，由此可知，在未來修憲中，仍有待更進一步之保障，方能使婦女權益之鞏固，更為落實。

3.第三項國民大會之職權規定，係因應總統改為民選而增列之新內容。其中規定包括下列各端：

(1)當副總統缺位時，由總統於三個月內提名候選人，召集國民大會補選之，繼任至原任期屆滿為止。換言之，國民大會雖然已無選舉總統、副總統之職權，但副總統出缺時，仍由國民大會補選之。

(2)對於總統、副總統之罷免案，須經國民大會代表總額四分之一之提議，三分之二之同意後提出，並經中華民國自由地區選舉人總額過半數之投票，有效票過半數同意罷免時，才算通過。基於此，對總統、副總統之罷免，已變成分兩階段進行，第一階段須得到國大代表三分之二之同意；第二階段須有全國選民過半數以上之參與投票，而其中同意罷免之有效票又應占全部投票者之過半數。換言之，對總統、副總統之罷免條件已變成十分嚴格，而國大代表只有「罷免之提議權」，最後決定者則係全體選民。

⑶此係新增之規定，立法院向國民大會提出之總統、副總統彈劾案，經國民大會代表總額三分之二同意時，被彈劾人應即解職。而立法院對總統、副總統彈劾之要件，則係「立法院對於總統、副總統犯內亂或外患罪之彈劾案，須經全體立法委員二分之一以上之提議，全體立法委員三分之二以上之決議，向國民大會提出」。換言之，和國大所提出之罷免案相仿，立法院對總統之彈劾案亦採兩階段方式進行。唯有在立法委員及國大代表各三分之二的特別多數同意時，始得對總統進行罷免。為了區別本項與前項之分野，有的學者將本項界定為「彈劾性罷免案」，前項則為「政治性罷免案」。本項係由立法院發動，由國民大會行使同意權；前項則由國民大會發動，由全體選民行使同意權。

⑷修憲權，仍依照原先憲法之規定，由「國民大會代表總額五分之一之提議，三分之二之出席，及出席代表四分之三之決議得修改之」，並無改變。

⑸複決立法院所提之憲法修正案，亦無改變。係「由立法院立法委員四分之一之提議，四分之三之出席，及出席委員四分之三決議，擬定憲法修正案，提請國民大會複決。此項憲法修正案，應於國民大會開會前半年公告之。」

⑹係對總統提名任命之人員，行使同意權。其中包括：(甲) 司法院院長、副院長及大法官。(乙) 考試院院長、副院長及考試委員。(丙)監察院院長、副院長及監察委員。此均爲原先憲法所無之規定。而設置同意權之背景，則係基於兩項原因：其一，在修憲之後，將監察院的國會屬性取消，監委不再由選舉產生，而改爲由總統提名並任命之。連帶的，監察院的同意權亦應取消，而對司法院院長、副院長、大法官，以及考試院院長、副院長、考試委員之同意權，則自監察院轉移至國民大會。至於對監察院院長、副院長及監察委員之同意權，亦交由國民大會所掌握。其二，上列之各項同意權，本應交由立法院行使，可是由於對總統之選舉權已從國民大會手中轉交給全體選民，爲了對國民大會有所「補償」，乃將同意權交由國民大會行使。

但是，一旦國民大會掌握了對司法、考試、監察等三院之高層人員的同意權，原先憲法中之「權能區分」原則，乃面臨嚴重的戕害。因爲國民大會乃是「政權機關」，而五院則是「治權機關」，彼此應採分工合作方式。基於此，五院間之互動關係與基本職掌，實不宜由國民大會此一政權機關涉入，但是國民大會現在卻可藉同意權之行使而干預五院之運作，則無異造成「權能不分」，實係對憲政基本精神的戕害。基於此，上述之各項人事之同意權，實應改由立法院行使，立法院則可藉日常性國會職權之運作，監督上述各院之相關人事，此實較符合「制衡」與民主之精神，並無違「權能區分」之規範。

4.第四項係有關國民大會集會之規範。憲法第三十九條規定：「國民大會於每屆總統任滿前九十日集會，由總統召集之。」在修憲之後，總統改由選民直選產生，因此前述之規定，業已失效。

憲法第三十條規定，國民大會在下列情形之一時，得召集臨時會，其中包括：一、補選總統、副總統時；二、依監察院之決議，對於總統、副總統提出彈劾案時；三、依立法院之決議，提出憲法修正案時；四、國民大會代表五分之二以上請求召集時。在前述四種情形中，第二項現已改爲「依立法院之決議」。若依第一、第二種情形召集臨時會，應由立法院院長通告集會。若係第三、第四種情形，則係由總統召集。但目前已有國大議長、副議長之設置，依規定對總統、副總統之罷免案，以及議決立法院提出之總統、副總統彈劾案，應由國大議長通告集會。至於「補選副總統」、「修改憲法」、「複決立法院所提之憲法修正案」及「對總統提名任命之人員，行使同意權」，以及國大代表五分之二以上請求召集會議時，則仍由總統召集之。

綜合上述分析，雖然在修憲之後，國民大會最重要的職權之一——選舉總統、副總統，業已取消，但是國民大會集會的機會卻頗有增加。這實係一種基於權宜考量而做的憲政安排。

5. 第五項規定「國民大會集會時，得聽取總統國情報告，並檢討國是，提供建言；如一年內未集會，由總統召集會議爲之，不受憲法第三十條之限制」。根據是項規定，國民大會似乎已具備了一般國會「檢討國是，提供建言」之權限；而總統須對國民大會做國情報告，似乎意味總統係對國民大會負責。但是這卻非目前憲政制度之基本精神。因爲在修憲之後，總統不再由國民大會選舉產生，自然也不對國民大會負責。更何況，我國憲政體制偏向「議會內閣制」，總統並非行政首長，而行政首長——行政院院長，又應對立法院負責。因此，總統每年對國民大會做國情報告，只是一項例行性之舉措，總統既然是由選民直選產生，當然是對選民而非國民大會直接負責。

至於國民大會對國是的建言之權，則不具實際效力。因爲國民大會並不具備眞正的國會權力——包括立法權、質詢權、調查權等。而且平常一年只召集會議一次，根本無法對政府做日常性之有效監督。基於此，前述之「國是建言權」，仍然只能視爲在國民大會選舉總統權被刪除之後，一項形式性的補償。除非日後國民大會進一步掌握其他實質性的國會權力，並改成經常性集會，否則，並不會因此一規定而發揮實質之「國會」監督效力。基於此，雖然長期以來部分國民大會代表一直與立法院力爭國會主導地位，但由於立委主控預算審查權，連國民大會每年召開的預算經費也由立法院決定，因此，實際上連國民大會每年召開的時日多寡也是由立法院所決定。由此看來，眞正的國會事實上只有立法院一機關而已。國民大會並不因爲修憲後新增之「國是建言權」而變成眞正的「國會」。

6.第六項規定國大代表任期是「四年一任」，不再是過去的「六年一任」。這是配合總統任期改變，所做的一項調整。

7.第七項規定「國民大會設議長、副議長各一人，由國民大會代表互選之。議長對外代表國民大會，並於開會時主持會議」。表面看來，國民大會設置議長，象徵著在形式上國大已成「國會」的一部分，並且設立了「常設職」的議長，更可視爲國民大會「擴權」的一種表現。但是，如果只是增設議長、副議長，則僅能說明國民大會已有對外代表該機構的議長一職，卻並不意味國民大會因此而成爲一「實權機關」。如果國大權力並未同步而擴增，國民大會仍是一個權力十分有限之機構，並不是一個正常的國會部門。因此，設立議長與否，與國民大會本身是否「常設化」，以及是否因此而具備廣泛之國會實權，實無必然的關係。

8.第八項規定，國民大會行使職權之程序，由國民大會自定之，不受憲法第三十四條之限制，而三十四條中則規定「國民大會之組織、國民大會代表之選舉罷免及國民大會行使職權之程序，以法律定之」。現在取消了上述的限制，國民大會將可自行決定行使職權之程序，這乃係實質性之擴權規定。與前述各項不同，此項新增添之權限乃是實質而具體的，並可藉此而擺脫立法院對國民大會之約束。因之，國民大會確實可透過此項修憲之規定，大幅度的爲自身擴權。不過，相對的，立法院仍可透過預算權之行使，局部限制國民大會之擴權行動。

第二條　總統、副總統由中華民國自由地區全體人民直接選舉之，自中華民國八十五年第九任總統、副總統選舉實施。總統、副總統候選人應聯名登記，在選票上同列一組圈選，以得票最多之一組爲當選。在國外之中華民國自由地區人民返國行使選舉權，以法律定之。

總統發布行政院院長與依憲法經國民大會或立法院同意任命人員之任免命令及解散立法院之命令，無須行政院院長之副署，不適用憲法第三十七條之規定。

總統爲避免國家或人民遭遇緊急危難或應付財政經濟上重大變故，得經行政院會議之決議發布緊急命令，爲必要之處置，不受憲法第四十三條之限制。但須於發布命令後十日內提交立法院追認，如立法院不同意時，該緊急命令立即失效。

總統爲決定國家安全有關大政方針，得設國家安全會議及所屬國家安全局，其組織以法律定之。

總統於立法院通過對行政院院長之不信任案後十日內，經諮詢立法院院長後，得宣告解散立法院。但總統於戒嚴或緊急命令生效期間，不得解散立法院。立法院解散後，應於六十日內舉行立法委員選舉，並於選舉結果確認後十日內自行集會，其任期重新起算。

總統、副總統之任期爲四年，連選得連任一次，不適用憲法第四十七條之規定。

副總統缺位時，由總統於三個月內提名候選人，召集國民大會補選，繼任至原任期屆滿爲止。

總統、副總統均缺位時，由行政院院長代行其職權，並依本條第一項規定補選總統、副總統，繼任至原任期屆滿爲止，不適用憲法第四十九條之有關規定。

總統、副總統之罷免案，須經國民大會代表總額四分之一之提議，三分之二之同意後提出，並經中華民國自由地區選舉人總額過半數之投票，有效票過半數同意罷免時，即爲通過。

立法院向國民大會提出之總統、副總統彈劾案，經國民大會代表總額三分之二同意時，被彈劾人應即解職。

本條文內容共分十項：

⑴有關總統、副總統選舉之程序性規定。

⑵有關行政院院長副署權之限制。

⑶總統行使緊急處分權之要件。

⑷有關國家安全會議及其所屬國家安全局之規定。

⑸總統解散立法院之程序規定。

⑹總統、副總統任期之規定。

⑺有關副總統缺位之補選規定。

⑻總統、副總統均缺位時，行政院長代行職權及補選程序之規定。

⑼有關總統、副總統罷免案行使之規定。

⑽立法院彈劾總統、副總統之規定。

1.第一項規定，民國八十五年起第九任總統、副總統將由中華民國自由地區全體人民直選產生。「總統、副總統應聯名登記，在選票上同列一組圈選，以得票最多之一組為當選」。根據此一規定，總統選舉將不採「絕對多數」當選方式，而係由「相對多數」方式產生。換言之，只要得到相對多數之選民支持，而非過半數之「絕對多數」，即可當選。據此，總統選舉亦無所謂之「兩輪選舉」，而只要經「一輪選舉」，獲得相對多數的候選人，即告當選。

是項條文中，另規定「在國外之中華民國自由地區人民返國行使選舉權，以法律定之。」根據此一規定，擁有中華民國國籍之僑民，可返國行使投票權。這乃是一種「權宜性」之規範。原先修憲的擬議之一，則是倣效許多西方民主國家之規範，僑民得在海外之領使館中行使投票權，但為顧及海外投票之公信力問題，並避免技術上的困難，乃規定須「返國行使選舉權」，以減少是類爭議。

2.依據憲法第三十七條之規定，行政院院長副署權之行使，乃是普遍性的，此原係本於「議會內閣制」之精神，意指行政院院長須對所有之命令負責，總統則是「儀式性之國家元首」，不負實際責任。在修憲之後，則將行政院院長之副署權範圍縮小，規定「總統發布行政院長與依憲法經國民大會或立法院同意任命人員之任免命令及解散立法院之命令，無須經行政院院長之副署」。換言之，包括行政院院長，監察院院長、副院長、監察委員，司法院院長、副院長、大法官，考試院院長、副院長、考試委員等之任命，均由總統單獨負責，亦即掌有實質之任免權，而不再由行政院院長副署❶。另外，

❶在德國基本法中，雖採取「議會內閣制」，並規定「聯邦總統之命令，須經聯邦總理，或聯邦主管部長副署始生效力。」但是亦有但書存在，其中第五十八條即規定，此項規定「不適用於聯邦總理之任免」、「聯邦議會之解散」，另外在新總理未產生時，原任總理必須繼續執行其職務至繼任人任命為止，副署權在此亦不適用。但相較於修憲後我國行政院院長副署權之設限，德國總理之副署權範圍，實較我國行政院院長為廣為大。

解散立法院之決定亦由總統個人決定。這均應可視爲總統權力之擴增與行政院院長權力之萎縮。

3.依據憲法第四十三條之規定,「總統於立法院休會期間,得經行政院會議之決議,依緊急命令法,發布緊急命令,爲必要之處置,但須於發布命令後一個月內提交立法院追認。如立法院不同意時,該緊急命令立即失效。」在修憲之後,此一規定業已放寬,即使在立法院集會期間,總統「得經行政院會議之決議,發布緊急命令,爲必要之處置。」但是此一緊急命令「須於發布命令後十日內提交立法院追認,如立法院不同意時,該緊急命令立即失效。」

上述兩項規定間之主要差異,是原先憲法第四十三條規定,緊急命令只有在「立法院休會期間」,得由總統「經行政院會議之決議」,依法發布緊急命令,爲必要之處置。此一憲法規範之基本精神,係「國會主權論」。換言之,緊急命令是否必要之決定者,應係立法院,只有在立法院休會時,總統才能以情況特殊,以及行政院會議之決議爲由,單獨行使此一特別權力。

但是在動員戡亂時期,卻凍結了此一部分的憲法條文,將此一緊急命令的決定權,轉交給總統與行政院。因之,依據「動員戡亂時期臨時條款」第一條之規定,「總統在動員戡亂時期,爲避免國家或人民遭遇緊急危難,或應付財政經濟上重大變故,得經行政院會議之決議,爲緊急處分」,至於緊急處分行使之時限,卻未做規範。這顯示原先憲法所規範「國會主權」之精神,實已嚴重受損。基於此,在動員戡亂時期結束後,此一憲政瑕疵實應迅予補救。但是，執政黨中央依然認為總統與行政院必須掌握「緊急處分權」，因此力主保留此一條款，不過在程序上則有所讓步，改為「發布命令後十日內提交立法院追認，如立法院不同意時，該緊急命令立即失效」。換言之，「國會主權」之精神雖然未能完全恢復，但立法院仍保留了「十日內的否決權」，亦即掌有被動的否決權。

不過，此一修憲後之規範，若與先進民主國家的相關憲法規範相比較，顯然有其缺憾之處。以法國第五共和憲法為例，第十六條中即規定：「當共和制度、國家獨立、領土完整或國際義務之履行，遭受嚴重且危急之威脅，致使憲法公權力之正常運作受到阻礙時，總統經正式諮詢總理、國會兩院議長及憲法委員會後，得採取應付此一情勢之緊急措施。」同條文中另規定，「此項措施須出自保障憲法上公權力在最短時間達成任務之意願，此項措施應諮詢憲法委員會之意見。國會應自動集會。國民議會在總統行使緊急權力期間不得解散。」換言之，在法國的憲政制度下，總統一旦行使緊急權力，國會應自動集會，而且在此期間不得解散。而我國當前的憲政規範則賦與總統與行政院為期十天的「特別權力空窗期」。十天雖然不長，但卻足以變更政治秩序，甚至可能會對立法院之職權造成相當程度的限制。就此而論，我國修憲條文中的新規範，並不是一項保障「國會主權」的憲政設計，而且仍然保留了「動員戡亂體制」下行政專權的特色，係以行政體系之權宜便利為優先之考量，此顯與西方先進民主國家以「議會民主」為核心的憲政主義原則，存在著相當的距離。

4.在動員戡亂時期，總統爲適應動員戡亂需要，「得調整中央政府之行政機構、人事機構及其組織」（臨時條款第五條），此外，亦「授權總統得設置動員戡亂機構，決定動員戡亂大政方針，並處理戰地政務」（第四條）。基於上述之規定，政府乃設置隸屬於總統之國家安全會議及其所屬之國家安全局。另外在行政院之下則另設人事行政局。嚴格說來，這些機構之設置，均係爲配合動員戡亂之需要，但實屬「違憲」之設計。國家安全會議與國家安全局之職掌，與行政院多所重疊，而行政院人事行政局又與考試院之職掌多所扞格。基於此，此三機關的「憲政正當性」問題，長期以來一直引人詬病。在動員戡亂時期結束後，此三機關原應裁撤，但爲了使此三機關得以持續存在，並解決「合憲性」問題，民國八十年第一次修憲時乃於憲法增修條文第九條中，將國家安全會議、國家安全局與行政院人事行政局三機關一併合法化，賦與其法源依據。在第三階段修憲時，進一步將其列入本項。第四階段修憲時則繼續維持不變。

5.自第四次修憲起，行政院院長不再由立法院同意產生，但立法院得對行政院行使不信任投票（其規範見增修條文第三條）。一旦不信任案通過後，十日內總統得經諮詢立法院院長後，宣告解散立法院。但若係在戒嚴期間或緊急命令生效期間，則不得解散立法院。

本項之規定，係一般西方議會內閣制國家「信任制」與「解散國會」之配套性設置，一旦國會倒閣成立，則立即由國家元首宣布解散國會，訴諸選民之公決。

立院解散後，應於六十日內重新舉行選舉，並重新起算另一屆之立法院。

6.憲法第四十七條規定,「總統、副總統之任期爲六年，連選得連任一次」。修憲後任期調整爲四年一任，連選得連任一次。故於本項中予以規範。

7.憲法第四十九條規定,「總統缺位時，由副總統繼任，至總統任期屆滿爲止。」民國七十七年一月，蔣經國總統逝世，李登輝副總統繼任總統，任期至民國七十九年五月爲止，即依據本條文之規定。憲法第四十九條並規定,「總統、副總統均缺位時，由行政院院長代行其職權，並依本憲法第三十條之規定，召集國民大會臨時會，補選總統、副總統，其任期以補足原任總統未滿之任期爲止。」修憲之後，總統、副總統改由人民直選產生，不再由國民大會代表選舉。但是，本項中特別規定，當「副總統缺位時，由總統於三個月內提名候選人，召集國民大會補選，繼任至原任期屆滿爲止。」換言之，國民大會雖無權選舉總統，但仍保留了副總統缺位時的補選權。

8.本項規定,「總統、副總統均缺位時，由行政院院長代行其職權，並依本條第一項規定補選總統、副總統，繼任至原任期屆滿爲止。」換言之，當總統、副總統均出缺時，必須由人民直選產生新的總統、副總統，而非由國民大會補選產生。此與前引之憲法第四十九條之規定，已完全不同。

9.有關總統、副總統之罷免，憲法第二十七條僅就其範圍予以規範:「國民大會之職權如左：一、選舉總統、副總統。二、罷免總統、副總統。」實際上之程序性規範，

則係依據總統、副總統選舉罷免法之規定。其中之規定如次:

①由國民大會代表總額六分之一以上代表提出罷免聲請書。

②立法院院長接到罷免書後，於一個月內召開國民大會臨時會。

③由國民大會代表以無記名投票法表決罷免案，以代表總額過半數之贊成票通過之。

④國民大會代表，對就任未滿十二個月之總統，不得請聲罷免。罷免案一經否決，對於同一總統，原聲請人不得再為罷免之聲請。

在修憲之後，上述之罷免規定業已取消，而罷免之要件則趨於嚴格。本項中規定「罷免案須經國民大會代表總額四分之一之提議，三分之二之同意後提出，並經中華民國自由地區選舉人總額過半數之投票，有效票過半數同意罷免時，即為通過。」換言之，在修憲之後，國民大會僅有罷免案之「發動權」，而且必須有三分之二的特別多數同意方得提出，再交由全體公民投票。而全民行使罷免之同意權時，須合乎「選舉人總額過半數」之要件，而且有效票亦應過半數。此與總統選舉採「相對多數」即當選之規定相較，更趨嚴格。由此可見，對總統之罷免規定比當選之要件更屬嚴格，也極難成立。

10.原先憲法中對於總統彈劾之規定，見於第一百條:「監察院對於總統、副總統之彈劾案，須有全體監察委員四分之一以上之提議，全體監察委員過半數之審查及決議，向國民大會提出之。」修憲後，此一規定凍結，在第四階段修憲時更將此權移交立法院行使。改以更嚴格的要件規範之，亦係此次修憲之一大爭議焦點。

第三條　行政院院長由總統任命之。行政院院長辭職或出缺時，在總統未任命行政院院長前，由行政院副院長暫行代理。憲法第五十五條之規定，停止適用。

行政院依左列規定，對立法院負責，憲法第五十七條之規定，停止適用：

一、行政院有向立法院提出施政方針及施政報告之責。立法委員在開會時，有向行政院院長及行政院各部會首長質詢之權。

二、行政院對於立法院決議之法律案、預算案、條約案，如認爲有窒礙難行時，得經總統之核可，於該決議案送達行政院十日內，移請立法院覆議。立法院對於行政院移請覆議案，應於送達十五日內作成決議。如爲休會期間，立法院應於七日內自行集會，並於開議十五日內作成決議。覆議案逾期未議決者，原決議失效。覆議時，如經全體立法委員二分之一以上決議維持原案，行政院院長應即接受該決議。

三、立法院得經全體立法委員三分之一以上連署，對行政院院長提出不信任案。不信任案提出七十二小時後，應於四十八小時內以記名投票表決之。如經全體立法委員二分之一以上贊成，行政院院長應於十日內提出辭職，並得同時呈請總統解散立法院；不信任案如未獲通過，一年內不得對同一行政院院長再提不信任案。

國家機關之職權、設立程序及總員額，得以法律爲準則性之規定。

各機關之組織、編制及員額，應依前項法律，基於政策或業務需要決定之。

本條文內容包括下列各項:

(1)行政院院長產生方式之規定。

(2)行政院與立法院之關係。

(3)有關國家機關之法律規定。

(4)機關組織、編制、員額之相關規定。

1.第四階段修憲中，最重要的一項制度性變動，即爲行政院院長的產生方式，由原先的經立法院同意產生，改爲「由總統任命之」。換言之，總統不僅擁有原來憲法所規定之對行政院院長的「提名權」，而且進一步擴展爲實質的「任命權」。基於此，行政院院長不再須經立法院過半數之同意產生，而變成由總統個人任命。這無疑是憲法之基本精神——議會內閣制(parliamentarism)之「同意權」的一項嚴重逆退。一旦行政院院長不再經由立法院同意產生，他所肩負的民意基礎立即滑落，同時行政院院長也將轉型而爲體現總統個人意旨的「執行長」，卻不再是眞正的「最高行政首長」。嚴格說來，本條文的修憲幅度確實過大，並與憲法原先的基本精神

——行政院院長應爲最高行政首長,亦即行政權之中樞,產生嚴重之扞格,並且形成「總統有權無責,行政院院長有責無權」的憲政扭曲,實係此次修憲的一大敗筆。

在具體的實踐經驗上,本項條文在實施逾半年之後,確已造成憲政危機。民國八十七年四月,行政院院長蕭萬長在內閣人事問題上,即因未獲得總統充分授權,而面臨「有責無權」的困境,包括交通部長蔡兆陽、法務部長廖正豪的辭職事件,以及稍早之外交部長擬議人選之一簡又新的人事風波,均凸顯了「閣揆權威不足」以及「跛腳行政院院長」的嚴重局限。除非行政院院長的任命權重歸於立法院,使行政院院長得到絕大多數立法委員的支持,否則此一權責不符,而且違背基本憲政主義精神的錯誤設計,終將引發無止盡的人事紛擾與權責之爭,甚至衍發「政府無能」的困境,實屬不智。

2.在行政院與立法院的關係方面,原先憲法五十七條之規定有三項,其中第一項與本項第一款規定相同,亦即「行政院有向立法院提出施政方針及施政報告之責。立法委員在開會時,有向行政院院長及行政院各部會首長質詢之權」。據此界定了行政院和立法院之間的基本關係,以及立法委員所具備的質詢權。

憲法五十七條第二、三項係有關覆議權(veto)之界定,「立法院對於行政院之重要政策不贊同時,得以決議移請行政院變更之。行政院對於立法院之決議,得經總統之核可,移請立法院覆議。覆議時,如經出席立法委員三分之二維持原決議,行政院院長應即接受該決議或辭職。」以及,「行政院對於立法院決議之法律案、預算案、條約案，如認爲有窒礙難行時，得經總統之核可，於該決議案送達行政院十日內，移請立法院覆議。覆議時，如經出席立法委員三分之二維持原案，行政院院長應即接受該決議或辭職。」換言之，只要行政院院長得到至少三分之一立法委員的支持，就可推翻立法院原先的多數決決議，拒絕執行他所認爲窒礙難行的政策決議。但是，如果行政院院長連這三分之一的立法委員都掌握不到，他就必須執行立法院的決議，否則只有總辭一途。事實上，如果連這三分之一強的立委都不肯支持行政院院長，行政院院長也實在是做不下去，通常也只有離職一途。❷

但是，此一憲政規範在第四階段修憲後卻已徹底改變。新的規定是：

一、「行政院對於立法院決議之法律案、預算案、條約案，如認爲有窒礙難行時，得經總統之核可，於該決議送達十日內，移請立法院覆議。」與憲法第五十七條相對照，此次修憲已刪去了「重要政策」一項。考量修憲之意圖，這乃是因爲顧及立法院對「核四案」這一類重要政策之決議可能對行政院造成羈絆，爲了避免此類問題再發生，乃求從根拔除，乾脆將「重要政策」一項刪除，僅保留「法律案、預算案、條約案」等三項。❸

二、「立法院對於行政院移請覆議案，應於送達十五日內作成決議。如爲休會期間，立法院應於七日內自行集會，並於開議十五日內作成決議。覆議案逾期未議決者，原決議失效。」此係新增之期限規定。增設此一規定的目的是使行政院得因立法院之拖延逾期而失去覆議之

❷「覆議」(veto)係指行政機關對立法機關所通過之決議或法案，於一定法定期間內，送請立法機關，再爲審議表決。如果立法機關在覆議後再度通過該決議或法案，稱之「拒絕覆議」(veto override)。在美國，自二次大戰結束以來，平均每年總統會提出八件覆議案。我國則甚少實施。民國七十九年十月十七日，立法院針對勞動基準法第八十四條修正案行使覆議，結果以一六八票對廿五票，行政院推翻了立法院所提的修正案，恢復第八十四條原條文，此爲政府遷臺以來首度行使之覆議案。

❸但是將「重要政策」一項刪除，亦可解釋爲「對於立法院有關重要政策之決議，不可移請立法院覆議」，換言之，行政院只有照立法院之決議執行下去，無權拒絕，亦不可尋求覆議。果如上述之解釋，修憲起草者的意圖爲何，難實以論斷。

機會。但是，其中有關「立法院休會期間應自行集會」的規定，則係因修憲起草者對立法程序掌握不足，而作出「畫蛇添足」的贅筆。事實上，法律必須由總統公布始行生效，若係正值立法院休會期間，則行政院反而有較長之緩衝期，不必執行立法院之決議。若因此一新設之規定，而必須增開立法院臨時會，實在是勞民傷財，浪費公帑，並無必要。❹

三、「覆議時，如經全體立法委員二分之一以上決議維持原案，行政院院長應即接受該決議。」原先憲法之規定，若立法院維持原決議，則行政院院長必須接受該決議或辭職，現因行政院院長不再係經由立法院同意而產生，亦無須因立法院拒絕覆議而辭職。連帶的，覆議的門檻也就從原先的三分之二降爲二分之一。❺

在第四階段修憲中，雖然取消了立法院對行政院院長的同意權，但卻也增加了由行政院院長呈請總統解散國會權，亦即立法院對行政院院長的不信任案，以及相對的解散立法院之權。修憲條文第三條第二項第三款規定，「立法院經全體立法委員三分之一以上連署，對行政院院長提出不信任案」。不信任案「如經全體立法委員二分之一以上贊成，行政院院長應於十日內辭職，並得同時呈請總統解散立法院」。此與一般議會內閣制國家的規定相仿。但是，不信任案的提出卻有一定的時間設限，亦即，「不信任案提出七十二小時後，應於四十八小時內以記名投票表決之。」，此一特殊之規定，是襲自法國第五共和憲法第四十九條，該條規定：

「國民議會得依不信任案之表決以決定政府之去留，

❹依據美國總統覆決權行使之規範，總統在收到國會通過的法案十日內(星期天除外)，如果既不簽署也不提覆議，則此法案自行生效。但是，如果在此十日結束之前國會業已休會，則總統將失去提出覆議之機會，因此只有當總統簽署後此法案才算生效。此一情況提供了總統在國會會期結束時未經正式之覆議，卻能讓某一法案胎死腹中的機會，一般稱之爲「口袋覆議」(pocket veto)。在我國，憲法第七十二條中規定，「立法院法律案通過後，移送總統及行政院，總統應於收到後十日內公布之」。如果行政院經總統之核可向立法院提出覆議，則總統就不會公布該法律，自無該法律生效之問題，亦不致發生前述之「口袋覆議」之情事。

❺在美國，聯邦總統的覆議門檻是國會兩院議員的三分之一。在各州中，有六州規定，州長提出之覆議門檻是州議員的二分之一。

此項不信任案須經國民議會至少十分之一議員之連署，始得提出。動議提出四十八小時之後，始得舉行表決。」

但是，此一時間之設限卻容易造成混淆。所謂「不信任案提出七十二小時後」，究竟是以不信任案送交立法院秘書處時起算，還是送達立法院院會時起算，並不明晰。至於此七十二小時（三天），是否包括假日（或連續假日）在內，亦不明確。若不包括在內，則將可能發生正常休假日卻必須加開院會，處理不信任案的特例，實有違正常作息之常規，並不妥適。

另外，在不信任案提出七十二小時後，「應於四十八小時內以記名投票表決」之規定，實無異變相鼓勵立法委員阻礙議事程序（filibuster），藉以拖延表決，以保護行政院院長免於倒閣之威脅。這實非一正當之憲政運作方式，不足爲訓。

更重要的是，本款最後規定「不信任案如未獲通過，一年內不得對同一行政院院長再提不任信任案」，這亦非一般議會制國家實施民主制衡之常態。試想：如果立法院與行政院之間處於焦灼、對立之狀態，則解散立法院，重新訴諸最新之民意，並進行國會改選，原係解決僵局之良方。但若因議事程序拖延導致不信任案未通過，結果卻要讓立法、行政兩院的惡性對立持續達一年之久，才能再度提出不信任案，則此種勉強而僵化之規定，實係政局紛亂動盪之源，絕難收穩定憲政秩序之效。

由此可知，此次修憲中有關倒閣權（即不信任案）與解散國會（立法院）權之設計，均已出現嚴重瑕疵，亟應再次修正，方可解決憲政僵局。

3.第三項有關「國家機關之職權、設立程序及總員額，得以法律爲準則性之規定」。訂定此項之目的，係針對中央法規標準法第五條規定：「左列事項應以法律定之：一、憲法或法律有明文規定，應以法律定之者。二、關於人民之權利、義務者。三、關於國家各機關之組織者。四、其他重要事項應以法律定之者。」

基於此一條文之規範，國家機關組織必須以法律定之，政府深感立法院立法效率不彰，且政府組織之職權、設立程序及員額，又常受立法院制衡機制之羈絆，而中央法規標準法之修法又曠日廢時，且不易修正通過。因此，政府乃採取釜底抽薪之計，乾脆從修憲著手，透過執政黨與反對黨民主進步黨之合作，在國民大會以居於多數之優勢，訂定此項修憲條文。據此並提出「中央政府機關組織基準法」及「中央政府機關總員額法」兩項草案，讓政府機關組織及員額保持高度彈性。根據此二法之草案規定，今後各部會之三級機關❻，如經濟部之國際貿易局、工業局等之組織、員額等，均不必再以法律定之，並將以行政命令取代，不再須經過立法院之嚴格立法程序，以保持政府之高度彈性及自主性。但是，相對的，此亦凸顯政府本身便宜行事之權變心態，並不足取。

❻依照中央政府機關組織基準法草案之規定，五院、總統府、國家安全會議等爲「一級機關」；部、委員會、總署爲「二級機關」；局、處、署、委員會爲「三級機關」。

4.第四項係前述第三項之補充，進一步賦與各機關更大之自主權，並得基於政策或業務之需要，自行調整組織、編制及員額，不受立法院之監督及約制。

前述第三、第四兩項之規定，充分反映了在現階段修憲中行政權擴張、立法權式微的基本意圖，以及行政、立法兩權之間逐漸失衡的大趨勢。此種修憲心態，乃是將憲法本身視爲一種政治權謀的便宜工具，卻不是民主憲政主義所強調的，應將憲法視爲「社會的總構成」，是「國家的根本大法」，亦即「民主政治的穩定基石」。基於此，第四階段之修憲，實係自由民主與憲政主義基本精神之逆反，亦可視爲民主憲政秩序之逆退。修憲起草者❼，甘爲政治權謀之馬前卒，並將憲法降格爲政府奪權之工具，置制衡原則與民主規範於不顧。實難辭其咎，亦難免歷史最後之審判。

第四條　立法院立法委員自第四屆起二百二十五人，依左列規定選出之，不受憲法第六十四條之限制：

一、自由地區直轄市、縣市一百六十八人。每縣市至少一人。

二、自由地區平地原住民及山地原住民各四人。

三、僑居國外國民八人。

四、全國不分區四十一人。

前項第三款、第四款名額，採政黨比例方式選出之。第一款每直轄市、縣市選出之名額及第三款、第四款各政黨當選之名額，在五人以上十人以下者，應有婦女當選名額一人，超過十人者，每滿十人應增婦女當選名額一人。

立法院經總統解散後，在新選出之立法委員就職前，視同休會。

總統於立法院解散後發布緊急命令，立法院應於三日內自行集會，並於開議七日內追認之。

❼第四階段修憲的主導者，係李登輝總統，連戰副總統，及民主進步黨主席許信良。主要起草者及幕僚群，包括：蕭萬長、吳伯雄、饒穎奇、蔡政文、黃主文、謝瑞智、田弘茂、彭錦鵬、朱新民等人。民主進步黨方面，主要配合修憲的人士，包括李文忠、張俊宏、張川田等。

但於新任立法委員選舉投票日後發布者，應由新任立法委員於就職後追認之。如立法院不同意時，該緊急命令立即失效。

立法院對於總統、副總統犯內亂或外患罪之彈劾案，須經全體立法委員二分之一以上之提議，全體立法委員三分之二以上之決議，向國民大會提出，不適用憲法第九十條、第一百條及增修條文第七條第一項有關規定。

立法委員除現行犯外，在會期中，非經立法院許可，不得逮捕或拘禁。憲法第七十四條之規定，停止適用。

本條文包括下列各項：

⑴立法委員員額及組成之相關規定。

⑵有關政黨比例及婦女名額之規定。

⑶立法院經總統解散後視同休會。

⑷總統緊急命令之相關規定。

⑸立法院對總統、副總統彈劾權之規定。

⑹立法委員不受逮捕或拘禁之特權。

1.由於第四階段修憲的主要目的之一，是使臺灣省「省虛級化」，並取消省長民選及省議會選舉。同時爲了解決省議會停止選舉後省議員的政治出路問題，乃決定將立法委員員額從第三屆的一百六十四人，擴增爲第四屆的二百廿五人。究實而論，立法委員之員額實已過多，若再增添六十餘位立委，無論立法效率、委員會組織、編制及員額，乃至立法院整體之軟、硬體設施，均將面臨嚴重之挑戰。但是，由於擴增員額乃係執政黨之政治性決定，受困於現實政治之壓力，在本條文中不得不作出相應之規定。

與第三階段修憲條文相比較，直轄市及縣市之立法委員擴增爲一百六十八人，每縣市至少一人。平地原住民及山地原住民各由三人增爲四人。僑居國外國民由六人增爲八人。全國不分區則由三十人增爲四十一人。後三者合計共增加十五人。區域立法委員則增加四十六人，合計共增加六十一人。

2.此項規定，僑居國外國民及全國不分區均採政黨比例方式選出。另規定婦女保障名額，在五人以上十人以下者，應有婦女當選名額一人；超過十人者，每滿十人應增婦女當選名額一人。

區域選出之立法委員，其婦女保障名額之規定，同前。

3.爲配合修憲條文第三條第二項第三款有關總統解散立法院之規定，在本項中進一步規定，立法院經總統解散後，在新選出之立法委員就職前，視同休會。

4.在增修條文第二條第三項中，規定總統發布緊急命令後十日內應提交立法院追認，如立法院不同意時，該緊急命令立即失效。在本項中則特別針對立法院解散後之相關規範作一規定:「總統於立法院解散後發布緊急命令，立法院應於三日內自行集會，並於開議七日內追認之」，以符合原先「十日內」之規定。

至於新選出之立法委員就職前所發布之緊急命令，則因前述之第二項業已規定，視同休會，只有在新任立法委員就職後再行追認。如立法院不同意時，該緊急命令立即失效。

5.在本次修憲中，對總統、副總統之彈劾權自監察院移至立法院，但僅限於內亂或外患罪。憲法第九十條、第一百條及增修條文第七條第一項有關規定，均停止適用。換言之，監察院對總統、副總統之彈劾權，業已取消。立法院對於總統、副總統犯內亂或外患罪行使彈劾權，嚴格說來，與憲法第五十二條之規定，實有扞格之處，第五十二條的規定是：

「總統除犯內亂或外患罪外，非經罷免或解職，不受刑事上之追究。」

換言之，總統犯內亂或外患罪，應受刑事上之追究，此本屬司法權之範疇。現在修憲卻將立法院對總統之彈劾權，局限於內亂或外患罪，這實係將彈劾權的行使範圍作極度之減縮，將「彈劾權」與「司法權」之範圍等同於一，實係對彈劾權的嚴苛設限。果如是，彈劾權已無單獨設置之意義了。

6.立法委員不受逮捕或拘禁之特權，原係以立法委員的整個任期爲時間範圍，基於此，憲法第七十四條規定：「立法委員，除現行犯外，非經立法院許可，不得逮捕或拘禁。」

但是，由於部分涉及司法案件的立委，藉此一條文之保護而拒絕出庭接受審理，亦因不受逮捕之特權而使法院無法令其拘提到案。因此，國民大會乃將立法委員不受逮捕與拘禁之特權，從「任期」縮減爲「會期」，亦即在每一會期之間，仍可對其逮捕或拘禁。如此一來，涉案的立法委員在每一會期之間的休會期，就難免於囹圄之災了。

第五條　司法院設大法官十五人，並以其中一人爲院長、一人爲副院長，由總統提名，經國民大會同意任命之，自中華民國九十二年起實施，不適用憲法第七十九條之有關規定。

司法院大法官任期八年，不分屆次，個別計算，並不得連任。但並爲院長、副院長之大法官，不受任期之保障。

中華民國九十二年總統提名之大法官，其中八位大法官，含院長、副院長，任期四年，其餘大法官任期爲八年，不適用前項任期之規定。

司法院大法官，除依憲法第七十八條之規定外，並組成憲法法庭審理政黨違憲之解散事項。

政黨之目的或其行爲，危害中華民國之存在或自由民主之憲政秩序者爲違憲。

司法院所提出之年度司法概算，行政院不得刪減，但得加註意見，編入中央政府總預算案，送立法院審議。

本條文分爲六項：

⑴司法院院長、副院長及大法官之組成。

⑵司法院大法官之任期。

⑶民國九十二年提名之大法官，有關任期之特別規定。

⑷憲法法庭之相關規定。

⑸政黨違憲之規定。

⑹有關司法概算之規定。

1.憲法第七十九條規定:「司法院設大法官若干人」。司法院組織法第三條規定:「司法院設大法官會議, 以大法官十七人組織之, 行使解釋憲法並統一解釋法律命令之職權。」第五條規定:「大法官之任期, 每屆爲九年。」上述之各項規定, 在本次修憲中均已作了大幅度的改變。首先, 大法官人數自十七人改爲十五人, 而且「以其中一人爲院長、一人爲副院長, 由總統提名, 經國民大會同意任命之」, 換言之, 院長、副院長均係大法官, 此係過去所無之規定。由於目前大法官的任期至民國九十二年終止, 因此特規定, 本項「自中華民國九十二年起實施」。

2.3.司法院大法官之任期原先定爲九年, 本次修憲將其減爲八年, 而且「不分屆次, 個別計算, 並不得連任」。作此一規定的目的, 是因本條第三項規定, 大法官應由總統每四年任命其中之八位, 至於另外七位則係舊任, 藉以維續其經驗傳承, 避免每次任命大法官時出現新人經驗不足、青黃不接的困境。基於此, 在第三項中進一步規定,「中華民國九十二年總統提名之大法官, 其中八位大法官, 含院長、副院長, 任期四年, 其餘大法官任期爲八年。」換言之, 院長、副院長及其餘六位法官任期均爲四年。由於院長、副院長不受任期保障, 總統將可主動更換司法院的首長、副首長, 此實係本次修憲另一項特異之處。❽

❽以美國爲例, 最高法院大法官共九人, 均爲終身職, 最高法院院長（具大法官身分）係由總統任命, 但總統卻不可令其去職。但在我國第四次修憲後, 司法院大法官受任期之保障, 同具大法官身分的司法院院長、副院長卻無此一保障, 總統得隨時令其去職, 這實係不合理之設計, 也賦與了總統過大的任命權、干預最高司法機關之運作, 對司法獨立有不良之影響。

4.依據憲法第七十八條規定,「司法院解釋憲法, 並有統一解釋法律及命令之職」。在本項中, 則另增列司法院大法官「組成憲法法庭審理政黨違憲之解散事項。」根據此一規定, 民國八十二年二月總統公布司法院大法官審理案件法, 第三章即規範「政黨違憲解散案件之審理」。其中重要規定如次:

第十九條:「政黨之目的或其行爲, 危害中華民國之存在或自由民主之憲政秩序者, 主管機關得聲請司法院憲法法庭解散之。」

第二十條:「憲法法庭審理案件, 以參與審理之資深大法官充審判長, 資同以年長者充之。」

第二十一條:「憲法法庭應本於言詞辯論而爲裁判。但駁回聲請而認無言詞辯論之必要者, 不在此限。」

第二十四條:「憲法法庭行言詞辯論, 須有大法官現有總額四分之三以上出席, 始得爲之。未參與辯論之大法官不得參與評議判決。」

第二十五條:「憲法法庭對於政黨違憲解散案件判決之評議, 應經參與言詞辯論大法官三分之二之同意決定之。評論未獲前項人數同意時, 應爲不予解散之判決」。

由上述之法律規定可知, 憲法法庭設立之主旨係審理政黨違憲之解散事項, 因此「憲法法庭」並非「大法官會議」的代稱, 兩者之專責亦不相同。而憲法法庭應本於「言詞辯論」而爲裁判,「未參與辯論之大法官不得參與評議判決」, 均凸顯了憲法法庭對於政黨違憲案件之裁定, 程序十分愼重。若未能得到參與辯論大法官三分之二的同意, 即不得解散該政黨, 這顯示憲法法庭對於違憲爭議的審理態度，是相當審愼的。

5.本項規定「政黨之目的或其行爲，危害中華民國之存在或自由民主之憲政秩序者爲違憲」。其主要參考之憲政範例，爲德國基本法第二十一條第二項：「政黨依其目的及其黨員之行爲，意圖損害或廢除自由、民主之基本秩序，或意圖危害德意志聯邦共和國之存在者，爲違憲。其有無違憲問題由聯邦憲法法院決定之。」另外，也根據德國基本法之規範，將有無違憲交由憲法法庭裁決之。就此而言，本項可說是一項重要的「憲政移植」規範。

6.爲了保障司法獨立，改善司法人員待遇，本次修憲特別增訂本項規定，今後行政院不得刪減司法院所提之年度司法概算，但得加註意見，編入中央政府總預算案，送立法院審議。依照憲法第五十九條之規定，「行政院於會計年度開始三個月前，應將下年度預算案提出於立法院」。憲法第五十八條亦規定：「行政院院長、各部會首長，須將應行提出於立法院之……預算案……提出於行政院會議議決之」。由於本次修憲新增了本項之規定，無異將憲法原規定行政院之職權作了若干限制，以凸顯重視司法預算的精神。

在實際實施經驗上，在民國八十八年度中央政府總預算中，司法院及其所屬各機關預算，在歲出方面，共計爲一百廿九億五千餘萬元，約占中央政府總預算案的百分之一，較八十七年度法定預算增加三十五億二千餘萬元，增加幅度約爲百分之三十七點四。但是，其中包括增列司法法務官預算一億一千餘萬元，卻引起甚大爭議，因爲法務官法草案尚未完成立法，但卻由司法院爲其預先編列預算，實有違法之嫌。另外，各級法院增購車輛過多(共一億六千餘萬元)，也引人詬病。不過，基於尊重司法之精神，立法院仍然對司法預算獨立編列，表達了基本敬重與肯定的態度。

第六條　考試院爲國家最高考試機關，掌理左列事項，不適用憲法第八十三條之規定：

一、考試。

二、公務人員之銓敘、保障、撫卹、退休。

三、公務人員任免、考績、級俸、陞遷、褒獎之法制事項。

考試院設院長、副院長各一人，考試委員若干人，由總統提名，經國民大會同意任命之，不適用憲法第八十四條之規定。

憲法第八十五條有關按省區分別規定名額，分區舉行考試之規定，停止適用。

本條分爲三項內容：

⑴有關考試院職掌之規範。

⑵考試院高層人事同意權之行使。

⑶分區考試規定之停用。

1.本條文在此次修憲中並無改變。依據憲法第八十三條之規定，考試院「掌理考試、任用、銓敘、考績、級俸、陞遷、保障、褒獎、撫卹、退休、養老等事項」。但是由於「動員戡亂臨時條款」第五條規定，「總統爲適應動員戡亂需要，得調整中央政府之行政機構、人事機構及其組織」，並據以設置行政院人事行政局。在動員戡亂時期結束後，人事行政局依然獲得「合憲」之地位，因之，考試院之職掌必須予以調整，以免發生扞格。其中最重要的調整方向，是考試院僅掌理公務人員之任免、考績、級俸、陞遷、褒獎等之「法制事項」，而人事行政局則負責執行。因此透過本項之修正，考試院與行政院人事行政局之間事權分工，得以釐清。

2. 考試院院長、副院長及考試委員，過去依憲法第八十四條之規定，係由總統提名，經監察院同意任命之，現因監察院不再掌有同意權，因此同意權改交由國民大會行使。

至於考試委員之名額，則仍依照憲法之原先規定，未予定額之規範。但在考試院組織法第三條中，則明定「考試委員名額定爲十九人」。在本次修憲中，並未將名額增訂於條文之中，仍維持「考試委員若干人」之規定。

3. 憲法第八十五條規定：「公務人員之選拔，應實行公開競爭之考試制度，並應按省區分別規定名額，分區舉行考試，非經考試及格，不得任用」。其中「按省區分別規定名額」的規定，原係保障各省人士擔任公職之權益，但在臺澎金馬地區實施時顯有「過度保障少數」的不公平情況出現，因此近年來已不再對大陸特定省籍人士採取保障名額措施。本項則進一步將其載入憲法修正條文，使其具備合憲之基礎。

第七條　監察院爲國家最高監察機關，行使彈劾、糾舉及審計權，不適用憲法第九十條及第九十四條有關同意權之規定。

監察院設監察委員二十九人，並以其中一人爲院長、一人爲副院長，任期六年，由總統提名，經國民大會同意任命之。憲法第九十一條至第九十三條之規定停止適用。

監察院對於中央、地方公務人員及司法院、考試院人員之彈劾案，須經監察委員二人以上之提議，九人以上之審查及決定，始得提出，不受憲法第九十八條之限制。

監察院對於監察院人員失職或違法之彈劾，適用憲法第九十五條、第九十七條第二項及前項之規定。

監察委員須超出黨派以外，依據法律獨立行使職權。

憲法第一百零一條及第一百零二條之規定，停止適用。

本條文共分六項：

(1)監察院職掌之調整。

(2)監察委員名額、任期及對監察委員同意權之行使。

(3)彈劾權行使之要件。

(4)對監察院人員彈劾之規定。

(5)監察委員獨立職權行使之規定。

(6)憲法相關條文停止適用之規定。

1. 修憲後監察院不再是民意機關(國會)，同意權取消，改由國民大會行使，參見修憲條文第一條第三項第六款相關之說明分析。

2.「監察院設監察委員二十九人」，此係第二階段修憲時憲法修正條文第十五條之規定。當時將監委名額明定於憲法中的主因（不同於「考試委員若干人」之規定），是顧忌當時在任之監委，對監察院體制變革可能產生反彈，不願修正監察院組織法，將監委名額規定在該法之中，進而導致憲改任務發生變數。基於此，在五院之中，過去只有監察院這一院是將監委總額明定在憲法增修條文之中。但在本次修憲後，司法院大法官名額也已在增修條文中明定爲十五人。其他如行政院政務委員和考試院考試委員，則仍規定爲「若干人」，再由相關組織法作定額之規範。至於立法委員及監察委員人數總額之規定，平情而論，實不應明文列入憲法條文之中。由於此一明文規定，一方面將因此使憲法失去彈性，可能會因情勢變遷而一修再修監委之總額規定。另一方面，如果監委發生缺額情況，則因「違憲」之顧忌，又必須另開國民大會，行使同意權，以補足監委名額。由此觀之，未來修憲時，允宜將此項中有關監委名額之規定回復改爲「若干人」，然後在「監察院組織法」中，再明定監委名額。以後若要修正監委名額，只要修訂監察院組織法即可。這才是合乎憲政常態之合理規範。

除了監委名額的規定外，監委任期定爲一任六年，得連任。此一規定，曾引起學界與輿論界之不同反應。一般認爲，在修憲之後，監察委員不再具備「國會議員」之身分，非由民選產生，而且應經總統提名，國民大會同意產生。而監委職司風憲、糾彈百官，必須超出黨派之外。因此，監察委員應心無旁騖，不受黨派與政治偏見之影響，一往直前，勇於監察之責。基於此，監委的任期必須延長，而且不應連任，以免為連任而心存顧忌，造成瞻前顧後，難以放手去做。至於任期究竟應多長，有的主張比照司法院大法官，任期一屆八年。有的則主張改為十年，甚至延長為十二年。但是監委不得連任，則係共同之主張。

本項中另規定，監委由總統提名，經國民大會同意任命之。不再如憲法第九十一條之規定，由省、市議會間接選舉產生，以杜絕長期以來監委選舉發生賄選之爭擾。但監察院也因監委產生方式之改變，而發生基本性質之變革。

3.憲法第九十八條規定:「監察院對於中央及地方公務人員之彈劾案，須經監察委員一人以上之提議，九人以上之審查及決議，始得提出。」在本項中，則改為「監察委員二人以上之提議」，換言之，彈劾權之行使已愈趨於嚴格。

4.依據憲法第九十七條第二項之規定，「監察院對於中央及地方公務人員，認為有失職或違法情事，得提出糾舉案或彈劾案，如涉及刑事，應移送法院辦理。」第九十九條規定，「監察院對於司法院或考試院人員失職或違法之彈劾，應適用本憲法第九十五條、第九十七條及第九十八條之規定。」在上述兩條文中，獨對監察院人員之彈劾，未做規範。基於此，在修憲時，乃加入本項之規定，將「監察院人員失職或違法之彈劾」，列入憲法修正條文之中，使此一規範趨於完整。

但是本項中之「監察院人員」，究竟何指？是否包括監察委員本身，則不甚清楚。若依司法院大法官會議釋字第十四號之解釋，「在制憲者之意，當以立、監委員爲直接或間接之民意代表，均不認其爲監察權行使之對象。至立監兩院其他人員與國民大會職員，總統府及其所屬機關職員，自應屬監察權行使範圍。」由此可知，監察委員本身，不應爲監察權行使之對象。但是，在修憲之後，監委不再具民意代表之屬性，因此，上述之解釋文是否仍然適用，仍有待斟酌之處。不過，監察院已基於本項之規定，對涉案判刑確定的監委蔡慶祝，做出彈劾之處分，創下監察院彈劾監委之先例。

5.6.項規定「監察委員須超出黨派以外，依據法律獨立行使職權」。此係因監委不再由間接民選產生，不代表任何黨派，自應超出黨派以外。但是第六項中亦規定「憲法第一百零一條及第一百零二條之規定，停止適用」，則意味著監委的「言論免責權」及「不受逮捕之特權」，均已取消。上述二權，實係保障國會議員之特權，一旦取消，監委將可能因爲監察權之行使，而面臨當事人「興訟」、「纏訟」等困擾。而監察院之會議，也因不再受「免責權」之保障，必須改爲秘密會議，不得對外公開，使民意及輿論之監督，受到限制。此外，監委也因不再有「不受逮捕之特權」，在對政府重要官員行使監察權時，也會有所顧忌，難以發揮「大無畏」之精神，充分彰顯監察權獨立、無私之特性。基於此，上述二項國會議員特權之取消，實係對監察權行使的一大妨礙。

在未來進一步修憲時應予回復，才係正本清源之道。

在本次修憲中，決議將監察委員對總統、副總統之彈劾權取消，並移往立法院，交由立委行使。因此，在本條文中原先有關彈劾總統、副總統之規定，亦一併取消。

第八條　國民大會代表及立法委員之報酬或待遇，應以法律定之。除年度通案調整者外，單獨增加報酬或待遇之規定，應自次屆起實施。

本條是參考一九九二年通過的美國憲法第二十七條修正案而訂定，在本次修憲未予更動。該修正案規定：「國會議員們通過的加薪法案，必須等過一次選舉之後的下一屆會期才能生效。」此一修正案早在美國立國之初，即由開國元勳麥迪遜(James Madison)提出，但未通過。一九九二年五月，由於此案得到美國超過四分之三——三十八個州議會的支持，而成爲正式的憲法修正案。此案宗旨是在節制國會議員任意自行加薪，造成民代自肥、浪費公帑的情況。在我國修憲之中倣效訂定之，亦可視爲外國憲政規範移植的另一範例。

第九條　省、縣地方制度，應包括左列各款，以法律定之，不受憲法第一百零八條第一項第一款、第一百零九條、第一百十二條至第一百十五條及第一百二十二條之限制：

一、省設省政府，置委員九人，其中一人爲主席，均由行政院院長提請總統任命之。

二、省設省諮議會，置省諮議會議員若干人，由行政院院長提請總統任命之。

三、縣設縣議會，縣議會議員由縣民選舉之。

四、屬於縣之立法權，由縣議會行之。

五、縣設縣政府，置縣長一人，由縣民選舉之。

六、中央與省、縣之關係。

七、省承行政院之命，監督縣自治事項。

第十屆臺灣省議會議員及第一屆臺灣省省長之任期至中華民國八十七年十二月二十日止，臺灣省議會議員及臺灣省省長之選舉自第十屆臺灣省議會議員及第一屆臺灣省省長任期之屆滿日起停止辦理。

臺灣省議會議員及臺灣省省長之選舉停止辦理後，臺灣省政府之功能、業務與組織之調整，得以法律爲特別之規定。

本條文包括下列各項：

(1)省縣地方制度之調整。

(2)省議員及省長選舉之停止。

(3)省政府功能、業務與組織之調整應以法律規範。

1.第四階段修憲的主要目的之一，是凍結臺灣省省長及省議員選舉，並將省府組織精簡化，最後達到「省虛級化」之目的。在本條文中，將憲法中第一百零八條、第一百零九條、第一百十二條至第一百十五條，以及第一百二十二條等相關之規範予以凍結，並作出下列規定：

一、「省設省政府，置委員九人，其中一人爲主席，均由行政院院長提請總統任命之。」換言之，省長不再經由民選產生，而重行改回過去由總統任命的省主席制。這意味著過去十年來的民主化趨勢，已有倒退之趨勢。民主化(democratization)係指參政管道與參政機會的擴增。基於此，省長改爲民選，總統改爲直選，均係民主化進展之具體例證，但現在乾脆從修憲手段上根本取消省長民選，本條第二項則進一步規定取消省議員選舉，實係民主參政機會銳減之明證。相對的，總統及行政院院長的人事權卻愈見增長，足見民主化進程確已萎縮倒退。

二、在省議員選舉取消之後，省議會改爲省諮議會，「置省諮議會議員若干人，由行政院院長提請總統任命之。」至於省諮議會的職掌及功能，則須視「省虛級化」的具體步驟及立法措施而定。

三、縣議會之地位不變，議員仍維持由民選產生。

四、屬於縣之立法權，由縣議會行之。

五、縣政府之地位不變，縣長仍維持由民選產生。

六、由於「省虛級化」，中央與省、縣之關係丕變，中央與縣（市）之關係立即拉近，並須直接處理縣（市）的預算及資源分配問題。

七、省承行政院之命，監督縣自治事項。

2.本項規定從民國八十七年十二月二十日，臺灣省省長及臺灣省議會議員之任期截止後，不再舉行省長及省議員選舉，省不再實施自治，省長及省議員就此亦將成爲絕響。

3.在省長、省議員選舉停止辦理後，省政府之功能、業務與組織之調整，其範圍究竟如何，得以法律爲特別之規定。其中尤以「省是否仍係公法人」的爭議，最爲引人注目，尙有待司法院大法官會議之釋憲，才能作一定論。由於本條文規定「省虛級化」，並將省長、省議員選舉停辦，在修憲完成前後，已造成臺灣省省長宋楚瑜與總統李登輝、副總統連戰、行政院院長蕭萬長等人之間持續的鬥爭、紛擾，並引發執政黨內部及朝野政黨之間一連串的政爭。截至民國八十七年五月初爲止，行政院尙未就臺灣省政府調整後之功能、業務與組織，提出任何確定的改造方案，至於省政府員工近五萬六千餘人的未來出路，也因持續的政爭而曖昧不明、懸而未決。此實係修憲造成的嚴重後遺症之一。

第十條　國家應獎勵科學技術發展及投資，促進產業升級，推動農漁業現代化，重視水資源之開發利用，加強國際經濟合作。

經濟及科學技術發展，應與環境及生態保護兼籌並顧。

國家對於人民興辦之中小型經濟事業，應扶助並保護其生存與發展。

國家對於公營金融機構之管理，應本企業化經營之原則；其管理、人事、預算、決算及審計，得以法律爲特別之規定。

國家應推行全民健康保險，並促進現代和傳統醫藥之研究發展。

國家應維護婦女之人格尊嚴，保障婦女之人身安全，消除性別歧視，促進兩性地位之實質平等。

國家對於身心障礙者之保險與就醫、無障礙環境之建構、教育訓練與就業輔導及生活維護與救助，應予保障，並扶助其自立與發展。

教育、科學、文化之經費，尤其國民教育之經費應優先編列，不受憲法第一百六十四條規定之限制。

國家肯定多元文化，並積極維護發展原住民族語言及文化。

國家應依民族意願，保障原住民族之地位及政治參與，並對其教育文化、交通水利、衛生醫療、經濟土地及社會福利事業予以保障扶助並促其發展，其辦法另以法律定之。對於金門、馬祖地區人民亦同。

國家對於僑居國外國民之政治參與，應予保障。

本條文共分下列十一項：

(1)獎勵科技發展，促進產業升級。

(2)經濟與科技發展，應兼顧環境及生態保護。

(3)對中小企業之保障。

(4)公營金融機構應本企業化之原則經營管理。

(5)全民健康保險之相關規定。

(6)婦女保障及兩性平權之相關規定。

(7)身心障礙者之權益保障。

⑻教育、科學、文化預算之相關規定。

⑼多元語言文化之保障。

⑽原住民族及金門、馬祖地區人民權益之保障。

⑾僑民參政權之保障。

本條文主要係對憲法第十三章「基本國策」中第三節「國民經濟」、第四節「社會安全」、第五節「教育文化」、第六節「邊疆地區」等相關內容之補充。由於國民大會不願讓增修條文的條文數增加太多，因此乃將各種不同的基本國策內涵合併於同一條文中。其中包含下列各種不同的內涵，特分類做一整體分析。

1.2.3.本條文之前三項係針對國民經濟方面做一補充規定。包括：①獎勵科學技術發展及投資，促進產業升級；②推動農漁業現代化；③重視水資源之開發利用；④加強國際經濟合作；⑤經濟及科學技術發展，應與環境及生態保護兼籌並顧。⑥國家對於人民興辦之中小型經濟事業應扶助並保護其生存與發展。這些規定均係對憲法第十三章第四節之補充，其中有關「中小企業保障」(第三項)，則是本次修憲中新增之規定，旨在保障目前處於弱勢的中小企業，促進其生存與發展。

4.為了改善公營金融機構的經營效率，使其符合企業化之管理原則，特制定本項。為了使其更具彈性與競爭力，則明定「其管理、人事、預算、決算及審計，得以法律為特別之規定」，使其不受一般政府法規之束縛。

5.6.7.此三項係針對社會安全及弱勢者人權所作之規範。內容包括：①推行全民健康保險；②促進現代和傳統醫藥之研究發展；③維護婦女之人格尊嚴，保護婦女之人身安全；④消除性別歧視，促進兩性地位之實質平等；⑤對於身心障礙者之保險與就醫、無障礙環境之建構、教育訓練與就業輔導、生活維護與救助，應予保障，並扶助其自立與發展。此係對憲法第十三章第四節之補充。

其中「身心障礙者」一辭，過去均稱之爲「殘障者」，現改用「身心障礙者」，以彰顯較高的敬意。此三項之內容基本上與前一階段修憲時規定者相仿，但在第七項中，增列「無障礙環境之建構」，使身心障礙者在公共環境中能得到較大的行動保障。另外，原先之「生活維護與救濟」一辭，亦改爲「生活維護與救助」，以示敬重。

8.本項是在此次修憲過程中，較引起爭議的一項新規定。增列之目的，是取消對教育、科學、文化預算的最低比例限制。憲法第一百六十四條的規定是：「教育、科學、文化之經費，在中央不得少於其預算總額百分之十五，在省不得少於其預算總額百分之二十五，在市縣不得少於其預算總額百分之三十五，其依法設置之教育文化基金及產業，應予以保障。」

由於憲法中有此一明文規定，歷年來各級政府在編列預算時往往費盡苦心，將許多與教育、科學、文化無關的預算勉強列入此一範疇，以免違憲，但實質上則是「摻水虛編」。現在則索性透過修憲，將憲法第一白六十四條之規定予以凍結，以袪除此一心頭之患。由於本項之規定乃係一種「權謀性」的憲政設計，通過之後曾引起許多教育、文化團體與人士的強烈抨擊，立法委員中亦有多人不表贊同，政府在民意壓力之下，被迫承諾將按照原先憲法之規定，使教育、科學、文化得維持最低比例的預算經費。

9. 10.此二項係特別針對原住民及特殊地區民衆之權益而訂定。包括：①肯定多元文化，並積極維護發展原住民族語言及文化❾；②對於自由地區原住民族之地位及政治參與，應予保障；③對於原住民族的教育文化、交通水利、衛生醫療、經濟土地、社會福利事業，應予保障扶助並促進其發展；④對於金門、馬祖地區人民亦如同原住民族，應予保障與扶助。上述四點，均係原憲法中所無之規定，乃針對自由地區的特定情況而增列，過去幾次修憲，均沿用舊稱「山地同胞」一辭。本次修憲則接納其族群之要求，改用「原住民族」此一敬重之稱謂。❿

❾爲了保障並發展原住民族的語言與文化，立法院已於民國八十七年五月完成「原住民族教育法」的初審工作，即將完成三讀之立法任務。

❿原住民(aboriginal people)，亦即原著居民，如加拿大的愛斯基摩人、美國的印地安人、紐西蘭的毛利人，意指在外來之主體民族遷入前即居於該地的土著民族。臺灣地區的原住民，係指在漢人大量移居前，即已居住數千年至數百年不等的土著民族。包括平埔、泰雅、賽夏、布農、曹、魯凱、排灣、卑南、阿美、雅美、泰魯閣等族，其中平埔族已漢化。原住民各族總人口約三十六萬人，其中以雅美族人口最多。

11.在海外僑民方面，憲法第一百五十一條原已就發展僑民經濟，做了規範。本條文中，則進一步明文保障其參政權利及機會。使得僑民參政權，獲得正式的憲法位階之保障，僑民得返國行使投票權（參見增修條文第二條第一項）。

由於本條文所規範者，均係「基本國策」，隨著時空環境之轉變，國民大會代表勢必會不斷反映民意，要求增添新的內容。因之，今後修憲時本條文之內容勢將與時俱新，不斷調整。但究實而論，「基本國策」畢竟不同一般之「公共政策」，而憲法係國家根本大法，亦不同於一般的法律；因之，本條文之規定，實不應過於瑣細，或受時空環境之影響而變動過速，否則，憲法之安定性頓失，而「基本國策」之規定也僅止於宣示性之意義，實非所宜。

第十一條　自由地區與大陸地區間人民權利義務關係及其他事務之處理，得以法律爲特別之規定。

本條條文係承襲自第一階段修憲之憲法增修條文第十條。據此並制訂「臺灣地區與大陸地區人民關係條例」，藉以區別自由地區與大陸地區人民之分際。所謂「大陸地區」，係「包括中共控制地區及外蒙地區」，「大陸地區人民」，則是「在大陸地區設有戶籍或臺灣地區人民前往大陸地區居住逾四年之人民」。訂定此一條文之目的，在規範臺灣地區與大陸地區人民的不同法律地位，並保障臺澎金馬自由地區之人民基本權益。

第五節　第五階段的修憲內容

民國八十八年九月三日，國民大會在輿論強烈反對之下，以驚濤駭浪之勢，冒著全民斥責的逆流，勉強的通過了第五階段的修憲條文。這是從民國八十年第一次修憲以來，最受社會訾議的一次修憲。其中主要原因，是國大代表違背了「利益迴避」原則，不顧民意反對，主動將自身的任期延長達兩年之久，此不僅有違一般憲政民主國家「國會不得爲自身謀利或延長任期」的基本原理，也公然違背憲法增修條文中第八條明文的規定：「國民大會代表及立法委員之報酬或待遇，應以法律定之。除年度通案調整者外，單獨增加報酬或待遇之規定，應自次屆起實施。」國大代表雖號稱爲「無給職」，實質上近年平均之收入（待遇）則高達每人每年新臺幣兩百七十餘萬元（根據政府預算編列平均計算）。❶基於此，國大代表將自身任期延長達兩年的作法，實係一種「單獨增加報酬或待遇之規定」，實應從「次屆」國大起方得適用。但國民大會卻在民主進步黨黨團和部分國民黨代表私相授受之下，由國民大會議長蘇南成護航，以強渡關山之勢，將上述違背民意及基本正義原則的規定，硬闖過關，並從本屆起適用，結果，造成全民震愕、輿論譁然。

❶國大代表有兩位付薪之助理（每月共十萬元），以及其他選民服務費用、出國考察經費，開會期間另有開會津貼，每月平均可支領新臺幣十七萬元以上之津貼。

在上述的處境之下，執政的國民黨不得不順應民情，採取斷然的處置措施。一方面否認此一修憲的正當性（legitimacy），並且繼在野的民主進步黨及新黨立法委員之後，由國民黨籍立委領銜，連名向司法院大法官會議提請釋憲。另一方面，則採取黨紀懲處措施，將國民大會議長蘇南成（係國民黨籍不分區國大代表）開除出黨，蘇南成也因不再具國民黨籍，而喪失了國大代表資格，同時被迫辭去國大議長之職。此種因「國大自肥」而造成的憲政亂象，確實爲舉世所罕見，也充分凸顯了修憲本身的荒謬性。

在修憲案通過之後，學術界有廿六位大學校長，由臺大校長陳維昭領銜，聲明譴責國大自肥。而參與此一修憲案的部分民進黨籍國大代表，則公然聲援被國民黨懲處的蘇南成議長，並強調他們的修憲延任，是一種「必要之惡」，目的則在「終結國大」，逐年減縮國大代表的名額，最後則乾脆「廢除國大」。但是，既然國大代表可以修憲自肥，甚至主動延長自己的任期，又有誰能保證日後他們不會再「修正」現階段的「承諾」，主動修出更嚴重的自肥條款？英國思想家愛克頓(Lord Acton)曾言：「權力造成腐化，絕對的權力造成絕對的腐化」，國大此一機關獨享修憲大權，不受箝制，正是藉「修憲大權而造成腐化」。在司法院大法官會議接受各黨籍立委聲請之釋憲案後，部分民進黨籍國大代表公然威脅大法官不得作出對他們（國大代表）不利的舉動，否則將再度動用修憲權，「甚至連大法官會議一齊修掉」。這樣粗鄙的語言暴力，更凸顯了部分國大代表的素質低劣和格局偏狹，也反映了「絕對的修憲權力勢將造成絕對的腐化。」

但是，國大的修憲自肥雖然以政治鬧劇告終，在其背後的政治權謀及運作過程，卻反映出主導修憲者本身的幽黯性格。

《聯合報》的一篇社論，正點出了這樣的困境❷：「國大延任案，表面看起來是風雨漸歇，高潮已過，但個中內情卻是漸漸才抽絲剝繭，逐一顯現。民進黨本來頗以延任案的原始提案人而沾沾自得，如今發現延任案受全民唾棄，遂亦漸漸噤聲不語；詎料，就在此時，大家發現延任案的原始版本居然是由三位國民黨籍國代彭錦鵬、謝瑞智、柯三吉所執筆草擬，再交由民進黨提案。國民黨員爲反對黨擬出這麼一個舉國唾罵的修憲提案，本來已令人難以思議，何況這三人都具教授頭銜。❸當初以『學者』身分受提名出任不分區國代，本應具有國民黨內的清流作用，卻可能成爲考紀會所擬懲處的對象。

❷見《聯合報》社論，民國八十八年九月十一日，第二版。

❸三位學者分別爲：彭錦鵬，臺大政治系副教授兼中央研究院歐美研究所副研究員；謝瑞智，中央警官大學校長兼教授；柯三吉，中興大學副校長兼教授。

現在延任案儼然已成『全民公敵』，學術界有二十六位大學校長，由臺大校長陳維昭領銜聯署聲明譴責國大自肥；遂使這三位『學者』和二十六位大學校長，呈現出當前知識份子風範的對比，耐人尋味。」

「國大延任案在中華民國憲政發展史上值得記下一筆，不僅因其造成『憲法破毀』而已，更因爲它赤裸裸地揭示了臺灣政壇不同力量之間形似對立、實則暗通款曲，相互爲用、成則唱和、敗則拆橋的虛僞面貌。在國民黨內的不同派系、不同管道之間的勢力如此；國民黨和民進黨之間如此；政治人物和『學者』之間的互利互惠關係更是如此。政客之間惟利是圖本不足怪，但以『學者』頭銜而甘爲政治附庸，一方面與傳統文化對知識份子的期望不相符合，另方面卻又不幸而爲當今常見的政學界奇譚寫照。」

在前節〈第四階段修憲條文的解析〉中，我們曾痛切的指出：第四階段的修憲違背了民主憲政主義基本原則，包括修憲程序必須公正審愼、權責必須相符、政府權力必須受到限制、以及政府施政必須受到民意監督等等。但是，修憲的結果卻是「有責者無權，有權者無責」，而且也造成憲政體制紛亂、內閣團隊精神不足與行政倫理淪喪。但是，在第五階段的修憲任務完成後，我們並未看到上述各項問題有任何的調整與改善，相反的，我們卻看到了一個完全不受箝制的修憲怪獸，在政治倫理與社會正義逐漸隱沒的時代裡，將憲政的基本權威摧殘殆盡，也讓國家的民主發展，籠罩著腐化與幽黯的陰影。所幸的是，社會輿論與清譽的鞭策，終於讓全民有機會看到政客的眞正面貌，而「憲法破毀」的結果，也讓社會大衆逐漸體會到憲政民主的呵護不易。從第五階段的修憲中，我們再一次看到一段反面的歷史教材，但也更清楚的體認到「光有選舉並不能帶來眞正的民主」，惟有當我們正確體認到「有限政府」、「民主制衡」、「權責相符」等基本憲政主義原則並促其落實之後，憲政民主的基石才可能逐漸奠定。

第五階段修憲中的自肥與荒謬，正凸顯了上述憲政民主原則的正當性、迫切性與必要性，這也是另一次的歷史教訓。

第一條　國民大會代表第四屆爲三百人，依左列規定以比例代表方式選出之。並以立法委員選舉，各政黨所推薦及獨立參選之候選人得票數之比例分配當選名額，不受憲法第二十六條及第一百三十五條之限制。比例代表之選舉方法以法律定之。

一　自由地區直轄市、縣市一百九十四人，每縣市至少當選一人。

二　自由地區原住民六人。

三　僑居國外國民十八人。

四　全國不分區八十二人。

國民大會代表自第五屆起爲一百五十人，依左列規定以比例代表方式選出之。並以立法委員選舉，各政黨所推薦及獨立參選之候選人得票數之比例分配當選名額，不受憲法第二十六條及第一百三十五條之限制。比例代表之選舉方法以法律定之。

一　自由地區直轄市、縣市一百人，每縣市至少當選一人。

二　自由地區原住民四人。

三　僑居國外國民六人。

四　全國不分區四十人。

國民大會代表之任期爲四年，但於任期中遇立法委員改選時同時改選，連選得連任。第三屆國民大會代表任期至第四屆立法委員任期屆滿之日止，不適用憲法第二十八條第一項之規定。

第一項及第二項之第一款各政黨當選之名額，在五人以上十人以下者，應有婦女當選名額一人。第三款及第四款各政黨當選之名額，每滿四人，應有婦女當選名額一人。

國民大會之職權如左，不適用憲法第二十七條第一項第一款、第二款之規定：

一　依增修條文第二條第七項之規定，補選副總統。

二　依增修條文第二條第九項之規定，提出總統、副總統罷免案。

三　依增修條文第二條第十項之規定，議決立法院提出之總統、副總統彈劾案。

四　依憲法第二十七條第一項第三款及第一百七十四條第一款之規定，修改憲法。

五　依憲法第二十七條第一項第四款及第一百

七十四條第二款之規定，複決立法院所提之憲法修正案。

六　依增修條文第五條第一項、第六條第二項、第七條第二項之規定，對總統提名任命之人員，行使同意權。

國民大會依前項第一款及第四款至第六款規定集會，或有國民大會代表五分之二以上請求召集會議時，由總統召集之；依前項第二款及第三款之規定集會時，由國民大會議長通告集會，不適用憲法第二十九條及第三十條之規定。

國民大會集會時，得聽取總統國情報告，並檢討國是，提供建言；如一年內未集會，由總統召集會議爲之，不受憲法第三十條之限制。

國民大會設議長、副議長各一人，由國民大會代表互選之。議長對外代表國民大會，並於開會時主持會議。

國民大會行使職權之程序，由國民大會定之，不適用憲法第三十四條之規定。

增修條文第一條包括了下列各項主要內容：

⑴第四屆國民大會代表的名額分配與產生方式。

⑵第五屆國民大會代表的名額分配與產生方式。

⑶國民大會代表任期與立法委員一致之規範。

⑷婦女當選名額之規範。

⑸國民大會職權之相關規範。

⑹國民大會集會程序之規範。

(7)國民大會集會時，總統國情報告之規範。

(8)國民大會設置議長、副議長之規範。

(9)國民大會行使職權之程序，由國民大會自定之。

㈠從第四屆起，國民大會代表將改爲三百人（第三屆爲三百三十四人），同時全部國大代表均改爲由政黨比例代表方式產生，而不再經由地區選舉。換言之，所有的國大代表均係由政黨推出之比例代表，無黨籍人士將無法出任國大代表。有不少憲政學者認爲，此一規範顯然與憲法第二十五條的規定不符，該條規定：「國民大會——代表全國國民行使政權」，現在修憲後卻規定國民大會代表必須是「政黨代表」，非政黨（無黨籍）代表卻排除於「國民」之外，顯然與憲法精神相違。此一疑義，確實值得國人深入思考，大法官會議亦應作出適當之解釋，以厘清其是否違背前述憲法條文之規範。

至於第四屆國大代表的名額分配，在本項中則作出十分特異的規範。雖然所有的國大代表均係由政黨比例代表名單產生，而且係依附於立法委員選舉中各政黨在地區候選人得票數的比例，但在本項中卻又細分爲「地區性名額」（共一九四人）、「原住民」（共六人）、僑民（共十八人）及「全國不分區」（共八十二人）等四項。換言之，雖然第四屆國大代表均係「政黨代表」，但卻依然有「地區代表」與「全國不分區代表」之分。此一規範，究竟如何落實，還要看未來立法院所通過的具體法律規範而定。

㈡第五屆國民大會代表，名額將再次縮減，改爲總額一百五十人，其中「地區性名額」一百人，「原住民」

四人，「海外僑民」六人，「全國不分區」四十人。依照此一規定，「地區性代表」所佔比例將高達三分之二，「海外僑民」名額和「全國不分區」名額均將大幅度降低。至於具體之規範，仍有待立法院修法決定。

㈢國大代表的任期維持爲四年，立法委員的任期則自三年延長爲四年。但是由於自第四次修憲起，行政院院長不再由立法院同意產生，而立法院得對行政院行使不信任投票(倒閣權)，一旦不信任案通過後，十日內總統得經諮詢立法院院長後，宣告解散立法院。換言之，立法委員的任期變爲不固定，在四年任期中隨時可能有被提前解散的機會。基於此，一旦立法院被解散，重新選舉產生新的立法院，則席次分配乃依附於立法委員選舉的國民大會，亦將隨之解散與改組。此一規定，實爲舉世民主國家所罕見。尤其是國民大會這樣一個「政權機關」竟然要依附在立法院這樣一個「治權機關」的選舉之上，在憲政法理上更是難以解釋。修憲至此，眞可說是「既無理也說不清」。憲政根本大法已亂，夫復何言！

至於本項後段所規定，「第三屆國民大會代表任期至第四屆立法委員任期屆滿之日止」，則是此次修憲中最引人詬病之處。依照本次修憲條文第四條第三項之規定，「第四屆立法委員任期至中華民國九十一年六月三十日止」，第三屆國大代表自行修憲將任期延至此日爲止，比原先規定之任期「中華民國八十九年六月三十日」，足足延長達兩年之久。這種「延任自肥」的修憲措施，竟然還想假託係一種「必要之惡」，乃「國會改革」與「憲政改革」的必要舉措，這種強辯的說法，眞是要讓國人慨嘆，世人不齒！

㈣在婦女保障名額方面，則延續第四階段修憲之規範，在「地區性代表」及「原住民代表」方面，係「五人以上十人以下者，應有婦女當選名額一人」。依此規定，「地區性代表」中應有婦女當選名額約爲三十八人，「原住民代表」中，則至少應爲一人。至於「海外僑民」及「全國不分區代表」部分，則因「每滿四人應有婦女一人」的規定，則分別應至少有四人及二十人，總計至少應有婦女名額六十三人。在總額三百人當中約佔五分之一強。

㈤在國民大會職權行使部分，此次修憲未有改變，此處不再贅述，請參考上節之說明。

㈥關於國民大會集會之相關規範，亦無改變，請參考上節第一條第四項之說明。

㈦關於國民大會集會時，總統國情報告之規範，悉如舊章。請參考上節中第一條第五項之說明。

㈧關於國民大會設置議長、副議長之規範，亦無改變，請參考上節中第一條第七項之說明。

㈨關於國民大會行使職權之程序，由國民大會自定，在上節中第一條第八項中已有說明，請參閱。

在國民大會選舉方式改變後，有關職權行使的規範，較受爭議者係關於「同意權」之行使。由於國大代表係依附立法委員選舉產生，且均爲「政黨代表」，基於此，國民大會對司法院大法官、考試院考試委員及監察院監察委員所行使之同意權，理應轉交由立法院行使，此係「民意代表」之本職，亦較符合「民意監督」之本意。

至於立法院如何行使這三項同意權，則可考慮由立法院推派代表，邀請社會賢達、學術界及專業界人士，成立三個具代表性之專業評審委員會，分別代表立法院進行專業性之實質審查，對被提名人進行逐一的面談，過程不對外公開，但其審查結果則報請立法院備查。此種兼顧專業性與代表性的審查方式，遠較目前國民大會具高度政治性的同意權行使程序，更符合專業精神，對同意權行使對象之被提名人，亦較爲尊重。這也是未來憲政改革應思考的另一項改革方案。

第二條　總統、副總統由中華民國自由地區全體人民直接選舉之，自中華民國八十五年第九任總統、副總統選舉實施。總統、副總統候選人應聯名登記，在選票上同列一組圈選，以得票最多之一組爲當選。在國外之中華民國自由地區人民返國行使選舉權，以法律定之。

總統發布行政院院長與依憲法經國民大會或立法院同意任命人員之任免命令及解散立法院之命令，無須行政院院長之副署，不適用憲法第三十七條之規定。

總統爲避免國家或人民遭遇緊急危難或應付財政經濟上重大變故，得經行政院會議之決議發布緊急命令，爲必要之處置，不受憲法第四十三條之限制。但須於發布命令後十日內提交立法院追認，如立法院不同意時，該緊急命令立即失效。

總統爲決定國家安全有關大政方針，得設國家安全會議及所屬國家安全局，其組織以法律定之。

總統於立法院通過對行政院院長之不信任案後十日內，經諮詢立法院院長後，得宣告解散立法院。但總統於戒嚴或緊急命令生效期間，不得解散立法院。立法院解散後，應於六十日內舉行立法委員選舉，並於選舉結果確認後十日內自行集會，其任期重新起算。

總統、副總統之任期爲四年，連選得連任一次，不適用憲法第四十七條之規定。

副總統缺位時，由總統於三個月內提名候選人，召集國民大會補選，繼任至原任期屆滿爲止。

總統、副總統均缺位時，由行政院院長代行其職權，並依本條第一項規定補選總統、副總統，繼任至原任期屆滿爲止，不適用憲法第四十九條之有關規定。

總統、副總統之罷免案，須經國民大會代表總額四分之一之提議，三分之二之同意後提出，並經中華民國自由地區選舉人總額過半數之投票，有效票過半數同意罷免時，即爲通過。

立法院向國民大會提出之總統、副總統彈劾案，經國民大會代表總額三分之二同意時，被彈劾人應即解職。

本條在第五階段修憲時並未修正，請參考第四階段

修憲條文之解釋，此處不贅。

第三條　行政院院長由總統任命之。行政院院長辭職或出缺時，在總統未任命行政院院長前，由行政院副院長暫行代理。憲法第五十五條之規定，停止適用。

行政院依左列規定，對立法院負責，憲法第五十七條之規定，停止適用：

一　行政院有向立法院提出施政方針及施政報告之責。立法委員在開會時，有向行政院院長及行政院各部會首長質詢之權。

二　行政院對於立法院決議之法律案、預算案、條約案，如認爲有窒礙難行時，得經總統之核可，於該決議案送達行政院十日內，移請立法院覆議。立法院對於行政院移請覆議案，應於送達十五日內作成決議。如爲休會期間，立法院應於七日內自行集會，並於開議十五日內作成決議。覆議案逾期未議決者，原決議失效。覆議時，如經全體立法委員二分之一以上決議維持原案，行政院院長應即接受該決議。

三　立法院得經全體立法委員三分之一以上連署，對行政院院長提出不信任案。不信任案提出七十二小時後，應於四十八小時內以記名投票表決之。如經全體立法委員二分之一以上贊成，行政院院長應於十日內提出辭職，並得同時呈請總統解散立法院；不信任案如未獲通過，一年內不得對同一行政院院長再提不信任案。

國家機關之職權、設立程序及總員額，得以法律爲準則性之規定。

各機關之組織、編制及員額，應依前項法律，基於政策或業務需要決定之。

本條文亦未修正，請參考第四階段修憲條文之解釋說明。

第四條　立法院立法委員自第四屆起二百二十五人，依左列規定選出之，不受憲法第六十四條之限制：

一　自由地區直轄市、縣市一百六十八人。每縣市至少一人。

二　自由地區平地原住民及山地原住民各四人。

三　僑居國外國民八人。

四　全國不分區四十一人。

前項第三款、第四款名額，採政黨比例方式選出之。第一款每直轄市、縣市選出之名額及第三款、第四款各政黨當選之名額，在五人以上十人以下者，應有婦女當選名額一人，超過十人者，每滿十人應增婦女當選名額一人。

第四屆立法委員任期至中華民國九十一年六月三十日止。第五屆立法委員任期自中華民國九十一年七月一日起為四年，連選得連任，其選舉應於每屆任滿前或解散後六十日內完成之，不適用憲法第六十五條之規定。

立法院經總統解散後，在新選出之立法委員就職前，視同休會。

總統於立法院解散後發布緊急命令，立法院應於三日內自行集會，並於開議七日內追認之。但於新任立法委員選舉投票日後發布者，應由新任立法委員於就職後追認之。如立法院不同意時，該緊急命令立即失效。

立法院對於總統、副總統犯內亂或外患罪之彈劾案，須經全體立法委員二分之一以上之提議，全體立法委員三分之二以上之決議，向國民大會提出，不適用憲法第九十條、第一百條及增修條文第七條第一項有關規定。

立法委員除現行犯外，在會期中，非經立法院許可，不得逮捕或拘禁。憲法第七十四條之規定，停止適用。

本條文第三項係本次修憲中新增，其餘各項悉如第四階段修憲條文，此處不贅。

新增的第三項係「延任條款」的一部份，將立法委員之任期延長五個月，自「民國九十一年一月三十一日」延至「民國九十一年六月三十日」，並將第五屆立法委員之任期延為「四年一任」。據此，國民大會代表之任期則延長達兩年之久。

此項條文引發的爭議，除立委延任是否具備正當性外(許多立委均持反對意見)；另一爭議，則係此一規定是否可凍結增修條文第三條第二項第三款及第二條第五項之規定，亦即究竟總統能否行使對立法院之「解散權」。如果第四屆的立法委員任期確定是到「民國九十一年六月三十日止」，此一任期保障條款就具備憲法的約束力，則第四屆立法委員的任期就具備「剛性」的約束力。依照此一原理，立法委員在此期間將不得對行政院行使「倒閣權」，否則憲政制衡上的配套措施(立法院的「倒閣權」對行政院的「解散國會權」) 就將失衡。但是，如果上述的解釋是合理與正當的話，民國八十九年總統大選之後若出現新的政治情勢，又將如何化解？如果第五階段的修憲已將第四屆立委的任期確定爲「三年又五個月」，而且不受「解散權」的約束，而立法院也無法行使「倒閣權」，則一旦出現行政院、立法院對峙不下的憲政僵局，就沒有解決憲政僵局的工具 (「倒閣」與「解散國會」的配套設計) 可資運用了。這樣的憲政解釋實在過於牽強，也有違憲政制衡的基本原理。

但是，如果「倒閣權」與「解散國會權」仍然保留，第四屆立法委員和第三屆國大代表的任期，仍然可能因立法院提前解散而必須提前改選，則本條中「任期至中華民國九十一年六月三十日止」的規定，也就可能形同具文，這樣的憲政解釋，雖然較爲合理，卻又凸顯了第五階段修憲本身的草率。如果修憲條文連這麼明顯的矛盾與扞格都無法顧及，又如何能考慮到整體的憲政權威與憲法的安定性？由上述的論辯分析，益加反映此次修

憲在文字著墨和法理分析上的嚴重缺憾，足爲來者戒之。

第五條　司法院設大法官十五人，並以其中一人爲院長、一人爲副院長，由總統提名，經國民大會同意任命之，自中華民國九十二年起實施，不適用憲法第七十九條之有關規定。

司法院大法官任期八年，不分屆次，個別計算，並不得連任。但並爲院長、副院長之大法官，不受任期之保障。

中華民國九十二年總統提名之大法官，其中八位大法官，含院長、副院長，任期四年，其餘大法官期爲八年，不適用前項任期之規定。

司法院大法官，除依憲法第七十八條之規定外，並組成憲法法庭審理政黨違憲之解散事項。

政黨之目的或其行爲，危害中華民國之存在或自由民主之憲政秩序者爲違憲。

司法院所提出之年度司法概算，行政院不得刪減，但得加註意見，編入中央政府總預算案，送立法院審議。

本條未修正。請參見第四階段修憲條文第五條之解釋說明。

第六條　考試院爲國家最高考試機關，掌理左列事項，不適用憲法第八十三條之規定：

一　考試。

二　公務人員之銓敍、保障、撫卹、退休。

三　公務人員任免、考績、級俸、陞遷、褒獎之法制事項。

考試院設院長、副院長各一人，考試委員若干人，由總統提名，經國民大會同意任命之，不適用憲法第八十四條之規定。

憲法第八十五條有關按省區分別規定名額，分區舉行考試之規定，停止適用。

本條文未修正。請參見第四階段修憲條文第六條之解釋說明。

第七條　監察院爲國家最高監察機關，行使彈劾、糾舉及審計權，不適用憲法第九十條及第九十四條有關同意權之規定。

監察院設監察委員二十九人，並以其中一人爲院長、一人爲副院長，任期六年，由總統提名，經國民大會同意任命之。憲法第九十一條至第九十三條之規定停止適用。

監察院對於中央、地方公務人員及司法院、考試院人員之彈劾案，須經監察委員二人以上之提議，九人以上之審查及決定，始得提出，不受憲法第九十八條之限制。

監察院對於監察院人員失職或違法之彈劾，適用憲法第九十五條、第九十七條第二項及前項之規定。

監察委員須超出黨派以外，依據法律獨立行使職權。

憲法第一百零一條及第一百零二條之規定，停止適用。

本條文未修正。請參見第四階段修憲條文第七條之說明。

第八條　國民大會代表及立法委員之報酬或待遇，應以法律定之。除年度通案調整者外，單獨增加報酬或待遇之規定，應自次屆起實施。

本條文並未修正。但國大代表修憲為自身延任兩年，為立法委員延任五個月的作法，是否即為「增加報酬或待遇」，仍有待大法官會議的解釋，方得定案。如果解釋確定為違憲的話，此次修憲的正當性就要面臨嚴峻的挑戰了。如果解釋為「不違憲」的話，本條規範的實質約束力就將大打折扣，日後各種類似「自肥」的新規定，也就難以遏止，政治亂象也就更無寧日了。

第九條　省、縣地方制度，應包括左列各款，以法律定之，不受憲法第一百零八條第一項第一款、第一百零九條、第一百十二條至第一百十五條及第一百二十二條之限制：

一　省設省政府，置委員九人，其中一人為主席，均由行政院院長提請總統任命之。

二　省設省諮議會，置省諮議會議員若干人，由行政院院長提請總統任命之。

三　縣設縣議會，縣議會議員由縣民選舉之。

四　屬於縣之立法權，由縣議會行之。

五　縣設縣政府，置縣長一人，由縣民選舉之。

六　中央與省、縣之關係。

七　省承行政院之命，監督縣自治事項。

臺灣省政府之功能、業務與組織之調整，得以法律為特別之規定。

本條文基本上與第四階段修憲條文第九條相同，惟因臺灣省省議員及臺灣省省長之選舉均已取消，原先第二項之規定已不具時效，故予刪除。其他相關之解釋及說明，請參見第四次增修條文第九條之文字。

第十條　國家應獎勵科學技術發展及投資，促進產業升級，推動農漁業現代化，重視水資源之開發利用，加強國際經濟合作。

經濟及科學技術發展，應與環境及生態保護兼籌並顧。

國家對於人民興辦之中小型經濟事業，應扶助並保護其生存與發展。

國家對於公營金融機構之管理，應本企業化經營之原則；其管理、人事、預算、決算及審計，得以法律為特別之規定。

國家應推行全民健康保險，並促進現代和傳統醫藥之研究發展。

國家應維護婦女之人格尊嚴，保障婦女之人身安全，消除性別歧視，促進兩性地位之實質平等。

國家對於身心障礙者之保險與就醫、無障礙環境之建構、教育訓練與就業輔導及生活維護與救助，應予保障，並扶助其自立與發展。

國家應重視社會救助、福利服務、國民就業、社會保險及醫療保健等社會福利工作；對於社會救助和國民就業等救濟性支出應優先編列。

國家應尊重軍人對社會之貢獻，並對其退役後之就學、就業、就醫、就養予以保障。

教育、科學、文化之經費，尤其國民教育之經費應優先編列，不受憲法第一百六十四條規定之限制。

國家肯定多元文化，並積極維護發展原住民族語言及文化。

國家應依民族意願，保障原住民族之地位及政治參與，並對其教育文化、交通水利、衛生醫療、經濟土地及社會福利事業予以保障扶助並促其發展，其辦法另以法律定之。對於澎湖、金門、馬祖地區人民亦同。

國家對於僑居國外國民之政治參與，應予保障。

本條係有關國家基本政策之條文，每次修憲時均有增添。第五次增修條文增加八、九兩項，前者(第八項)

係強調對社會救助、福利服務、國民就業、社會保險及醫療保健等社會福利工作的重視，以及相關預算應優先編列。後者（第九項）是強調對軍人貢獻的肯定，並對軍人退役後之就學、就業、就醫、就養等應予優惠與保障。兩項均屬社會福利及公共政策之範疇，對政府施政積極之宣示性意義。

第十一條　自由地區與大陸地區間人民權利義務關係及其他事務之處理，得以法律為特別之規定。

本條文自第一階段修憲起即未改變，請參照前文所作之解釋說明。

第六節　第六階段的修憲內容

在第五階段修憲中，國民大會不顧民意與輿論的強烈反對，強行通過了「自肥」與「延任」條款，在第五節中，對此已有清楚的說明與批判。儘管國民大會藉修憲程序使此一荒謬的規定「合憲化」，但終於面臨釋憲機構 — 司法院大法官會議的反制。大法官會議在民國八十九年三月廿二日公布的釋字三九九號解釋令中，認為國民大會在第五次修憲時自肥與延任的作法，違背了基本的「憲政民主」原則與「程序正當」原則，應屬無效。換言之，第五次修憲中的相關規定應失其效力。緊接著，中央選舉委員會根據此一解釋，認定第三屆國民大會自行延任兩年的修憲規定（見第五階段修憲條文第四條），已失其效力，進而公布國民大會應於民國八十九年四月廿九日進行改選，產生第四屆國民大會代表，並與新當選的總統、副總統，於五月廿日同時就任新職。

但是，想「延任」與「自肥」卻不成的第三屆國民大會代表，立刻對大法官會議的解釋產生了強烈的反彈，他們認為，「國民大會才是惟一合法的制憲者與修憲者」，除了國民大會之外，沒有任何其他機構可以改變此一憲政規範。換言之，國民大會「想怎麼修憲就可以這麼修憲」，「沒有任何其他憲政機關可以制衡國民大會」。基於此，第五階段修憲時「延任」與「自肥」的規範是不可能改變的，絕沒有所謂「失其效力」的問題。更有部分國大代表揚言要進一步修憲，廢掉大法官會議，甚至威脅大法官們，要讓最高法院取代大法官會議，成為新的釋憲機關。此外，他們也指責中央選舉委員會作了錯誤的決定，國民大會不應改選，他們延任兩年的規定應屬有效，可以延任至民國九十一年六月三十日為止。

但是，絕大部分的民意與輿論卻肯定大法官會議的釋憲，也支持中央選舉委員會依規定應改選國民大會的決定。國民大會代表在自知理虧而正當性又嚴重不足的處境中，乃急轉直下，轉而採取了另一項殺手鐧，在考慮到自身「延任不成」與「運任困難」的雙重現實壓力下，他們轉而要求「自廢國大」，將國民大會改為「非常設機關」。換言之，他們要從根本著手，再度修憲，取消國民大會的基本職權與定期集會之規範，讓過去五次修憲中為國大擴權的所有規定一筆勾銷，一切歸「零」。

因為，唯有讓國民大會變為「非常設機關」，才能讓中央選舉委員會被迫取消「改選國大」的決定，也才能避免他們自身在四月廿九日國大代表改選時，面臨被選民唾棄、否定、甚至落選的現實壓力。

但是，國民大會代表的修憲想法，卻再次受到輿論與公議的交相指責，其中主要的質疑論點如次：

第一，國民大會「自廢武功」、「自行削權」的作法，固然有其背景與理由，但這卻是國大代表在「擴權」、「延任」與「自肥」不成之後的激烈轉折，突顯出嚴重的情緒性與荒謬性。更何況，國民大會代表的任期即將在民國八十九年五月十九日結束，在任期結束前未滿兩個月之內要進行如此大幅度的修憲，是否合適，是否真能反映「真正的民意」，在「程序正義」上是否允當，也是有待深究的。

第二，中華民國總統剛剛在民國八十九年三月十八日完成了改選，陳水扁先生與呂秀蓮女士分別當選總統、副總統，即將在五月廿日就任。但是國民大會卻趕在總統、副總統就任之前（也是國大代表即將卸任之前），匆忙進行大幅度的修憲，卻不讓改選之後新選出的國大代表，根據最新的民意進行慎重的修憲，這實係修憲正當性不足的另一項惡例，實不足取。

除此之外，國民黨與民進黨兩黨國大代表，也深恐剛落選的總統候選人宋楚瑜（此時已成立親民黨），藉國民大會改選而成功地在政壇建立起新的橋頭堡，進而形成國、民、親三黨勢均力敵的態勢。這也是從政治現實與權謀角度出發，亟謀再度聯手修憲，停止國大改選的另一層考慮因素。

基於此，儘管民意與輿論對於國民大會再度修憲的正當性嚴重質疑，但國民大會依然強渡關山，趕在任期結束之前完成了第六次修憲，並且在第四屆國民大會代表選舉之前，從修憲途徑著手，根本取消了國民大會改選的憲政法源。因此，在一般憲政民主國家藉「定期改選」以反映民意、鑑別良窳的民主機制，也因國大代表的激烈轉折，而根本改弦易轍。

到底國民大會應否成為一常設的民意機構？若從六次修憲的過程與品質分析，國民大會代表的表現的確不佳，受人詬病，且與民意嚴重脫節。但此一困境同樣也出現在另一民意機構 — 立法院，而且後者為黑金政治污染的情況更為嚴重，問政品質也為社會大眾所訾議。基於此，光從國民大會代表的表現不佳，與民意脫節一項，實不足以構成「取消國大」或「廢除國大」的充分理由。

再就民主國家究竟應否設置「兩院制國會」分析，此實為見仁見智的問題，因為無論是「一院制」或「兩院制」，都有其成功與失敗的條件及背景。而且在實施「兩院制」的民主國家中，國會兩院的權力未必一般大，有時是一強一弱，有時甚至出現「一個半國會」的特殊現象（如挪威，在大選時先統一選出一院制的國會議員，在議員就任後再自行劃分為兩院，三分之一擔任上議院議員，另外三分之二為下議院議員）。

附表　全球三十六個民主國家的國會結構圖

1.強勢的兩院制：職權對稱但任期不一致 澳洲、瑞士、德國、美國、哥倫比亞（一九九一以後）
2.中度強勢的兩院制：職權對稱且任期一致 比利時、日本、義大利、荷蘭、哥倫比亞（一九九一以前）、丹麥（一九五三以前）、瑞典（一九七〇以前）
3.中度強勢的兩院制：職權既不對稱且任期不一致 加拿大、法國、印度、西班牙、委內瑞拉
4.在中度強勢與弱勢之間的兩院制 波札那、英國
5.弱勢的兩院制：職權不對稱但任期一致 奧地利、愛爾蘭、瑞典、巴哈馬、牙買加、紐西蘭（一九五〇以前）、巴貝多、千里達
6.一院半體制 挪威、愛爾蘭（一九九一以前）
7.一院制 哥斯大黎加、馬爾他、丹麥、芬蘭、毛里西斯、紐西蘭、希臘、巴布亞新幾內亞、以色列、葡萄牙、盧森堡、愛爾蘭（一九九一以後）、瑞典（一九七〇以後）

說明：1.兩院制國家的國會通常分為三種類型：

①採取聯邦制，分設「參議院」（代表各州或各邦）及「眾議院」（代表全國人民，採某一人口基數為其選區劃分標準，但各州或各邦人口無論多寡，至少均有一位眾議院議員）。美國、德國、澳洲為此一類型之代表。

②採取君主立憲制度，由傳統沿襲而來，分設「上議院」（過去稱為「貴族院」）及「下議院」（過去稱為「平民院」）。英國、日本為其代表。

③多民族國家，為解決多元族裔的代表問題，設置「聯盟院」（或「聯邦院」）及「民族院」（以各民族為單位，設置不同名額的「民族代表」，成為國會議員），如解體前的蘇聯及南斯拉夫。

2.採行一院制的民主國家，均為人口較少的小國家，其中人口數以希臘居首（一〇五〇萬人）、瑞典居次（八八〇萬人），其餘各國人數均少於前二者，人口居較我國為少。

本圖表分類資料，引自 Arend Lijphart 所著：前揭書，頁二一二。標題及說明文字為本書作者所加。

但是，根據美籍荷裔學者李帕特 (Arend Lijphart) 的分析❶，在全球三十六個民主國家中，絕大部分均採行「兩院制」國會（見附表），此一國際民主經驗的歸納，雖然不足以作為國民大會應否存在的判準，但卻可讓吾人進一步思索：對於中華民國這樣一個新興民主政體而言，究竟應該建立起何種健全、穩定的民主機制？對於未來的修憲者而言，這些國際民主發展的經驗與教訓，更是規劃未來憲政藍圖時不可忽略的參考方略。基於此，第三屆國民大會在任期結束前一、兩個月，因擴權、延任不成而急轉直下，匆忙將國民大會「虛位化」的作法，實可視為另一項憲政上的錯誤示範，實足為後來者所戒。

❶參見 Arend Lijphart, *Patterns of Democracy: Government Forms and Performance in Thirty-Six Countries*, (Yale University Press, 1999) 第十一章。本文附表見頁二一二。

第一條　國民大會代表三百人，於立法院提出憲法修正案、領土變更案，經公告半年，或提出總統、副總統彈劾案時，應於三個月內採比例代表制選出之，不受憲法第二十六條、第二十八條及第一百三十五條之限制。比例代表制之選舉方式以法律定之。

國民大會之職權如左，不適用憲法第四條、第二十七條第一項第一款至第三款及第二項、第一百七十四條第一款之規定：

一、依憲法第二十七條第一項第四款及第一百七十四條第二款之規定，複決立法院所提之憲法修正案。

二、依增修條文第四條第五項之規定，複決立法院所提之領土變更案。

三、依增修條文第二條第十項之規定，議決立法院提出之總統、副總統彈劾案。

國民大會代表於選舉結果確認後十日內自行集會，國民大會集會以一個月為限，不適用憲法第二十九條及第三十條之規定。

國民大會代表任期與集會期間相同，憲法第二十八條之規定停止適用。第三屆國民大會代表任期至中華民國八十九年五月十九日止。國民大會職權調整後，國民大會組織法應於二年內配合修正。

增修條文第一條包括了下列各項主要內容:

㈠國民大會代表的名額、產生條件及選舉方式。

㈡國民大會之職權。

㈢國民大會集會方式及集會期限。

㈣國民大會代表之任期及其他相關規範。

㈠在本次修憲後，國民大會不再是「常設化」的機關，只有當立法院提出憲法修正案、領土變更案、對總統、副總統的彈劾案等三項後，國民大會才會擇期召開。換言之，國民大會已由過去增設議長、副議長，每年至少集會一次，並聽取總統國情報告的民意機關，改為不定期、非常設，甚至可能歸於「虛位化」的備位機關。

關於國民大會產生之條件，分為三種:

⑴立法院提出憲法修憲案後，經公告半年，召開國

民大會。

⑵立法院提出領土變更案後，經公告半年，召開國民大會。

⑶立法院提出總統、副總統彈劾案後，三個月內召開國民大會。

至於上列三項通過之要件，則為：

⑴修憲案：依據憲法第一百七十四條第二款之規定，「由立法院立法委員四分之一之提議，四分之三之出席，及出席委員四分之三之決議，擬定憲法修正案，提請國民大會複決。」至於國民大會行使複決權通過之要件，則無特別之規定，依一般之通例，以過半數（總額之二分之一）之多數即為通過。

⑵領土變更案：依據增修條文第四條第五項之規定「中華民國領土，依其固有之疆域，非經全體立法委員四分之一之提議，全體立法委員四分之三之出席，及出席委員四分之三之決議，並提經國民大會代表總額三分之二之出席，出席代表四分之三之複決同意，不得變更之」。其通過之要件顯然比前一項嚴格。

⑶對總統、副總統之彈劾案：依據憲法增修條文第四條第七項之規定，「立法院對於總統、副總統之彈劾案，須經全體立法委員二分之一以上之提議，全體立法委員三分之二以上之決議，向國民大會提出」；至於國民大會通過的要件，依據憲法增修條文第二條第十項之規定，則為「國民大會代表總額三分之二同意」，被彈劾人應即解職。

關於國民大會代表選舉方式，依本項規定，係採「比例代表制」方式產生，換言之，係由各政黨推舉代表產生，至於選舉制度之相關規範，則另以法律規定。由於此一選舉法之規範尚未制定，其細節無從得知。但選舉採「比例代表」方式產生國民大會代表，則顯已違背憲法第二十五條之規定：「國民大會……代表全國國民行使政權」。因為各政黨之代表只能代表各自的政黨，甚至只是超過當選門檻的各主要政黨（而非所有政黨），但卻不可能代表「全國國民」，此實為採取「比例代表制」選舉方式的一大缺憾。

此外，由於憲法修正案、領土變更案及對總統、副總統的彈劾案均係由立法院所提出，而立法院本係政黨政治運作之中心，若此三案能得到絕大多數立委之同意，其間各主要政黨顯已形成共同認可之基本共識。若再要求國民大會代表「全國國民」，對此三案進行複決投票，以免立法院擅權與濫權，則非政黨代表之一般國民，實應在國民大會中有其適當之代表，否則「非政黨人物」若無法在國民大會中取得一定之席位，則國民大會行使複決投票時，將無異於立法院各主要政黨之橡皮圖章，不過是秉承政黨之命，虛應故事。如此一來，又何須召開國民大會，多此一舉？

凡憲政民主國家，無論是採取「雙國會制」或行使兩輪式之複決制（先由議會某院通過，再由另一院通過；或先由議會通過，再交公民複決通過。），無不希望藉助兩輪投票（或複決）之多樣民意及多重程序，使決策更趨穩健，以避免單一機關專權、擅權，甚至濫權。但在此次修憲中，卻採取了完全比例代表的選舉方式，實無異戕害了一般國民及非政黨人士的參政權與代議權，此誠屬嚴重之缺憾！

㈡依據前項規定之召開要件，國民大會之職權已萎縮為上述三項之單一任務，亦即對憲法修憲案，領土變更案及總統、副總統之彈劾案，行使複決權。

㈢國民大會於選舉結果確認後十日內自行集會，而無須由總統召集。但其任期僅為一個月，而非過去的「一任六年」或「一任四年」。這更確認國民大會「非常設機關」的基本特性。

㈣在第五階段修憲時，國民大會自行延長任期的規範已屬無效。任期至八十九年五月十九日為止。國民大會組織法也因其職權大幅度萎縮，而應於兩年內配合修正。目前國民大會人事將儘速精簡，其中部分人員擬轉往立法院任職。

第二條　總統、副總統由中華民國自由地區全體人民直接選舉之，自中華民國八十五年第九任總統、副總統選舉實施。總統、副總統候選人應聯名登記，在選票上同列一組圈選，以得票最多之一組為當選。在國外之中華民國自由地區人民返國行使選舉權，以法律定之。

總統發布行政院院長與依憲法經立法院同意任命人員之任免命令及解散立法院之命令，無須行政院院長之副署，不適用憲法第三十七條之規定。

總統為避免國家或人民遭遇緊急危難或應付財

政經濟上重大變故，得經行政院會議之決議發布緊急命令，為必要之處置，不受憲法第四十三條之限制。但須於發布命令後十日內提交立法院追認，如立法院不同意時，該緊急命令立即失效。

總統為決定國家安全有關大政方針，得設國家安全會議及所屬國家安全局，其組織以法律定之。

總統於立法院通過對行政院院長之不信任案後十日內，經諮詢立法院院長後，得宣告解散立法院。但總統於戒嚴或緊急命令生效期間，不得解散立法院。立法院解散後，應於六十日內舉行立法委員選舉，並於選舉結果確認後十日內自行集會，其任期重新起算。

總統、副總統之任期為四年，連選得連任一次，不適用憲法第四十七條之規定。

副總統缺位時，總統應於三個月內提名候選人，由立法院補選，繼任至原任期屆滿為止。

總統、副總統均缺位時，由行政院院長代行其職權，並依本條第一項規定補選總統、副總統，繼任至原任期屆滿為止，不適用憲法第四十九條之有關規定。

總統、副總統之罷免案，須經全體立法委員四分之一之提議，全體立法委員三分之二之同意後提出，並經中華民國自由地區選舉人總額過半數之投票，有效票過半數同意罷免時，即為通過。

立法院向國民大會提出之總統、副總統彈劾案，經國民大會代表總額三分之二同意時，被彈劾人應即解職。

㈠有關總統、副總統直選之程序規定。

㈡有關行政院院長副署權之設限。

㈢有關總統緊急權力行使之規定。

㈣有關國家安全會議與國家安全局之法定規範。

㈤總統解散立法院之程序規定。

㈥總統、副總統之任期規定。

㈦有關副總統缺位之補選規定。

㈧總統、副總統均缺位時，行政院長代行職權及補選程序之規定。

㈨有關總統、副總統罷免案之規定。

㈩有關總統、副總統彈劾案之規定。

㈠第一項規定，民國八十五年起第九任總統、副總統已由中華民國自由地區全體人民直接產生。「總統、副總統應聯名登記，在選票上同列一組圈選，以得票最多之一組為當選」。根據此一規定，總統選舉將不採「絕對多數」當選方式，而係由「相對多數」方式產生。換言之，只要得到相對多數之選民支持，而非過半數之「絕對多數」，即可當選。據此，總統選舉亦無所謂之「兩輪選舉」，而只要經「一輪選舉」，獲得相對多數的候選人（實際上是「少數總統」），即告當選。

是項條文中，另規定「在國外之中華民國自由地區人民返國行使選舉權，以法律定之。」根據此一規定，擁有中華民國國籍之僑民，可返國行使投票權。這乃是一種「權宜性」之規範。原先修憲的擬議之一，是倣傚許多西方民主國家之先例，僑民得在海外之領使館中行使投票權，但為顧及海外投票行使時之公信力問題，並避免技術上的困難，乃規定須「返國行使選舉權」，以減少是類爭議。

㈡中華民國憲法基於「議會內閣制」之精神，規定「總統依法公布法律，發布命令，須經行政院院長之副署，或行政院院長及有關部會首長之副署。」（憲法第三十七條）。換言之，副署者負實際責任。行政院長為最高行政首長，自應擔負公布法律與發布命令之全責。但經過歷次修憲之後，權力核心卻逐漸移向總統，尤其是總統對行政院院長，司法院院長、副院長及大法官，考試院院長、副院長及考試委員，以及監察院院長、副院長及監察委員等高層職位之提名權，均享有完全之實權。因此，總統「發布行政院院長與依憲法經立法院同意任命人員之任免命令」，無須「行政院長副署」。換言之，行政院長對於這些重要職位人員之任免，已無決定之權，而總統卻獨享這些人事任命之實權。❷

在民國八十一年第二次修憲時，由於取消了國民大會選舉總統、副總統之權，改由全民直選，為恐國大代表反彈，乃於憲法增修條文第十一條中規定，將司法、考試、監察三院的人事同意權移交國民大會行使。但在第六次修憲後，國民大會又改為非常設機關，因此上述三

❷在德國基本法中，雖採取「議會內閣制」，並規定「聯邦總統之命令，須經聯邦總理，或聯邦主管部長副署始生效力。」但是亦有但書存在，其中第五十八條即規定，此項規定「不適用於聯邦總理之任免」、「聯邦議會之解散」，另外在新總理未產生時，原任總理必須繼續執行其職務至繼任人任命為止，副署權在此亦不適用。但相較於修憲後我國行政院院長副署權之設限，德國總理之副署權範圍，實較我國行政院院長為寬。

院之相關人事同意權又轉交立法院行使。但詭異的是，在西方憲政民主國家國會所普遍行使的閣揆（行政院長）同意權，竟然非立法院所能掌握。這是因為在民國八十五年七月第四次修憲期間，國民黨與民進黨達成協議，民進黨同意取消立法院的閣揆同意權，而國民黨則同意取消臺灣省長選舉，並採取「精省」（將臺灣省政府虛級化）措施。在第六次修憲時，國、民兩黨的執政、在野地位互換，但仍然達成政黨協議，將國民大會「虛位化」，於是立法院取得了對司法、考試、監察三院高層人事的同意權，但卻獨缺原先掌有的對行政院院長的同意權。這均係由於修憲過程一波三折、修憲者師心自用所致。

如果今後還有第七次、第八次的修憲，撇開政治權謀與政黨交易不論，到底立法院應該掌控那些同意權呢？平情而論，立法院實係日常政黨互動與政治決策之重心，而行政院又必須對立法院負責，因之，為了落實行政院之「責任內閣」精神，並強化行政、立法兩院間之制衡關係，行政院長必須得到立法院的充分信任，因此立法院對行政院長的同意權應予恢復。

至於司法、考試、監察三院的高層人事，因其必須超脫政黨政治，強調公正中立及專業形象，則不宜由立法院對其直接行使同意權。立法院應選出若干公正專業人士，組成審查委員會，對被提名之三院人員進行審慎細密之資格審查，其過程不應公開，最後逐一進行可否之投票，再報請立法院同意。換言之，行政院長必須肩負起最高行政首長之職，立法院之同意權實不容或缺，而司法、考試與監察三院之高層人事，則必須超越黨派、公正廉明，且饒負專業知能，因此反而不宜由立法院對其直接行使同意權。由此看來，過去六次修憲的結果，顯然是另一項失當而歧出的轉折。

至於「解散立法院之命令」，亦應由行政院院長負其責。因此修憲取消行政院長對此命令之副署權，也違背了權責相符的民主制衡原則，亟應補救，迅予恢復。

㈢依據憲法第四十三條之規定，「總統於立法院休會期間，得經行政院會議之決議，依緊急命令法，發布緊急命令，為必要之處置，但須於發布命令後一個月內提交立法院追認。如立法院不同意時，該緊急命令立即失效。」在修憲之後，此一規定業已放寬，即使是在立法院集會期間，總統亦「得經行政院會議之決議，發布緊急命令，為必要之處置。」但是此一緊急命令「須於發布命令後十日內提交立法院追認，如立法院不同意時，該緊急命令立即失效。」

上述兩項規定之主要差異，是原先憲法第四十三條規定，緊急命令只有在「立法院休會期間」，得由總統「經行政院會議之決議」，依法發布緊急命令，為必要之處置。此一憲法規範之基本精神，係本於「國會主權論」。換言之，緊急命令是否必要之最後決定者，應係立法院。只有在立法院休會期間，總統才能以情況特殊、以及出於行政院會議之決議為由，單獨行使此一特別權力。

但是過去在動員戡亂時期，總統卻凍結了此一部分的憲法規範，將此一緊急命令的決定權，轉交由總統與行政院行使。因之，依據「動員戡亂時期臨時條款」第一條之規定，「總統在動員戡亂時期，為避免國家或人民遭遇緊急危難，或應付財政經濟上重大變故，得經行政院會議之決議，為緊急處分」，至於緊急處分行使之時限，卻未予規範。這顯示原先憲法所規範之「國會主權」精神，實已嚴重斲傷。基於此，在動員戡亂時期結束後，此一憲政瑕疵實應迅予補救。但是，當時執政的國民黨中央依然認為，總統與行政院必須掌握「緊急處分權」，因此力主保留此一條款。不過在程序上卻有所讓步，改為「發布命令後十日內提交立法院追認，如立法院不同意時，該緊急命令立即失效」。換言之，「國會主權」之原旨雖然未能恢復，但立法院仍保留了「十日之內的否決權」，亦即享有「被動性的否決權」。

不過，此一修憲後之規定，若與一般憲政民主國家的相關憲政規範相比較，仍然有其缺憾之處。以法國第五共和憲法為例，其中第十六條即規定：「當共和制度、國家獨立、領土完整或國際義務之履行，遭受嚴重且危急之威脅，致使憲法公權力之正常運作受到阻礙時，總統經正式諮詢總理、國會兩院議長及憲法委員會後，得採取應付此一情勢之緊急措施。」同條文中另規定，「此項措施須出自保障憲法上公權力在最短時間達成任務之意願，此項措施應諮詢憲法委員會之意見。國會應自動集會。國民議會在總統行使緊急權力期間不得解散。」換言之，在法國的憲政制度下，總統一旦行使緊急權力，國會應自動集會，而且在此期間不得被解散。而我國當前的憲政規範卻賦予總統與行政院為期十天的「特別權力空窗期」。這十天期間雖然不算長，但卻足以變更政治秩序，造成專權統治，甚至可能會對立法院之職權行使構成嚴重的限制。就此而論，我國修憲條文中的規範，終究不是一項保障「國會主權與民主制衡」的憲政設計，而且仍然沿襲著「動員戡亂體制」下行政獨大，總統專權的特色，實以行政體系之權宜便利為其優先之考量。此種制度設計，顯然與西方憲政民主國家以「議會民主」為核心的制衡原則，存在著相當的落差。

㈣在過去動員戡亂時期，總統為適應動員戡亂需要，「得調整中央政府之行政機構、人事機構及其組織」（臨時條款第五條），此外，亦「授權總統得設置動員戡亂機構，決定動員戡亂大政方針，並處理戰地政務」（第四條）。基於上述之規定，政府乃設置隸屬於總統之國家安全會議及其所屬之國家安全局。此外，在行政院之下則另設人事行政局。嚴格說來，這些機構之設置，均係為配合動員戡亂時期總統擴權之需要，但實屬「違憲」之設計。國家安全會議與國家安全局之職掌，與行政院多所重疊，而行政院之人事行政局又與考試院之職掌多所扞格。基於此，此三機關的「憲政正當性」問題，長期以來一直引發國人詬病。在動員戡亂時期結束後，此三機關原應裁撤，但為了維持總統與行政院的權力運作，使此三機關得以持續存在，並解決其中的「合憲性」問題，在民國八十年第一次修憲時，就將國家安全會議、國家安全局與行政院人事行政局三機關一併合法化，賦予其憲法法源依據。在第三階段修憲時，進一步將其列入本條文。第四、五、六等三階段修憲時則繼續維持不變。

㈤自第四次修憲起，行政院院長不再經由立法院同意產生，但立法院得對行政院行使不信任投票（參見增修條文第三條）。一旦不信任案通過後，十日內總統得經諮詢立法院院長後，宣告解散立法院。但若係在戒嚴期間或緊急命令生效期間，則不得解散立法院。

本項之規定，係參考西方議會內閣制國家「不信任投票」與「解散國會權」之配套性制度設計，一旦國會通過對內閣的不信任案，則倒閣成功，應立即由國家元首宣布解散國會，訴諸選民之公決，由掌控國會多數的政黨組成新政府，以符合最新之民意，藉以形成多數統治。

本項另規定，立法院一旦被解散後，應於六十日內重新舉行選舉，並重新起算另一屆之立法院。

㈥憲法第四十七條規定，「總統、副總統之任期為六年，連選得連任一次」。修憲後任期調整為四年一任，連選得連任一次。

㈦憲法第四十九條規定，「總統缺位時，由副總統繼任，至總統任期屆滿為止。」民國七十七年一月，總統蔣經國先生逝世，由李登輝副總統繼任總統，任期至民國七十九年為止，即係依據本條文之規定。憲法第四十九條並規定，「總統、副總統均缺位時，由行政院院長代行其職權，並依本憲法第三十條之規定，召集國民大會臨時會，補選總統、副總統，其任期以補足原任總統未滿之任期為止。」修憲之後，總統、副總統改由人民直選，不再由國民大會代表選舉產生。但是，本項中特別規定，當副總統缺位時，總統應於三個月內提名候選人，由立法院（取代原先之國民大會）補選繼任至原任期屆滿為止。避免為此舉行另一次的全民直選。

(八)本項特別規定，總統、副總統均缺位時，由行政院院長代行其職權，並依直選之程序，補選總統、副總統，繼任至原任期屆滿為止。換言之，當總統、副總統均出缺時，必須由人民直選產生，而非由民意機關代為補選繼任之。

(九)在第六次修憲中，原屬國民大會對總統、副總統之罷免權，移往立法院。這是立法院新增加的一項重要權限。由全體立法委員四分之一提議，全體立法委員三分之二同意後提出，交付全體選民投票。若經選舉人總額過半數之投票，有效票過半數同意罷免時，即為通過。此一程序規定十分嚴格，極不易通過。若選民通過罷免總統，依憲法第四十九條之規定，「總統缺位時，由副總統繼任，至總統任期屆滿為止。」若係副總統被罷免，則依本條文第七項規定，總統應於三個月內提名候選人，由立法院補選，繼任至原任期屆滿為止。若係總統、副總統均被罷免，則依本條文第八項之規定，應由選民直選，繼任至原任期屆滿為止。

(十)憲法本文對於彈劾總統之規定，見於憲法第一百條。「監察院對於總統、副總統之彈劾案，須有全體監察委員四分之一以上之提議，全體監察委員過半數之審查及決議，向國民大會提出之。」修憲後，此一規定凍結。在第四階段修憲時更將此一權限移往立法院行使，條件則益趨嚴格。規定由立法院全體立法委員二分之一以上之提議，全體立法委員三分之二以上之決議，向國民大會提出，若經國民大會代表總額三分之二同意，被彈劾人應即解職。（參見增修條文第三條第七項之說明）

第三條　行政院院長由總統任命之。行政院院長辭職或出缺時，在總統未任命行政院院長前，由行政院副院長暫行代理。憲法第五十五條之規定，停止適用。

行政院依左列規定，對立法院負責，憲法第五十七條之規定，停止適用:

一、行政院有向立法院提出施政方針及施政報告之責。立法委員在開會時，有向行政院院長及行政院各部會首長質詢之權。

二、行政院對於立法院決議之法律案、預算案、條約案，如認為有窒礙難行時，得經總統之核可，於該決議案送達行政院十日內，移請立法院覆議。立法院對於行政院移請覆議案，應於送達十五日內作成決議。如為休會期間，立法院應於七日內自行集會，並於開議十五日內作成決議。覆議案逾期未議決者，原決議失效。覆議時，如經全體立法委員二分之一以上決議維持原案，行政院院長應即接受該決議。

三、立法院得經全體立法委員三分之一以上連署，對行政院院長提出不信任案。不信任案提出七十二小時後，應於四十八小時內以記名投票表決之。如經全體立法委員二分之一以上贊成，行政院院長應於十日內提出辭職，並得同時呈請總統解散立法院；不信任案如未獲通過，一年內不得對同一行政院院長再提不信任案。

國家機關之職權、設立程序及總員額，得以法律為準則性之規定。

各機關之組織、編制及員額，應依前項法律，基於政策或業務需要決定之。

本條文內容包括：

㈠行政院院長產生之方式。

㈡行政院與立法院之關係。

㈢有關國家機關組織、編制及員額之法律規定。

㈣上項法律之相關規範。

㈠在民國八十六年七月的第四階段修憲中，最重要的一項制度性變動，即為行政院院長的產生方式，由原先的經立法院同意產生，改為「由總統任命之」。換言之，總統不僅擁有原來憲法所規定之對行政院院長的「提名權」，而且進一步擴展為實質的「任命權」。基於此，行政院院長不再經立法院過半數之同意產生，而變成由總統個人任命。一旦行政院院長不再經由立法院同意產生，他所肩負的民意基礎立即滑落，同時行政院院長也將轉型而為體現總統個人意志的「執行長」，卻不再是實質上的「最高行政首長」。嚴格說來，本條文修改後造成的影響十分深遠，並與憲法原先的基本精神 — 行政院院長應為法定之最高行政首長，亦即行政權之中樞 — 產生嚴重之扞格，並且造成「總統有權無責，行政院院長有責無權」的憲政扭曲，實與「有責者有權，有權者有責」的民主制衡原則不符。

在具體的實踐經驗上，本項條文在實施逾半年之後，即已形成憲政危機。民國八十七年四月，行政院院長蕭萬長在內閣人事問題上，即因未獲得總統充分授權，而面臨「有責無權」的困境，包括交通部長蔡兆陽、法務部長廖正豪的辭職事件，以及稍早因總統囑意外交部長由擬議人選簡又新出任所引發的人事風波，均凸顯了「閣揆權威不足」以及「跛腳行政院院長」的嚴重困境。除非行政院院長的同意權重歸於立法院，使行政院院長得到絕大多數立法委員的支持，否則此一權責不符，而且違背基本憲政民主精神的錯誤設計，終將引發無止盡的人事紛擾與權責之爭，甚至衍發「政府無能」的困境。

㈡在行政院與立法院關係方面，原先憲法五十七條之規定有三項，第一項與本項第一款之規定相同，亦即「行政院有向立法院提出施政方針及施政報告之責。立法委員在開會時，有向行政院院長及行政院各部會首長質詢之權」。據此規範了行政院和立法院之間的基本關係，以及立法委員所掌有的質詢權。

憲法五十七條第二、三項係有關覆議權 (veto) 之界定，其規範如次：「立法院對於行政院之重要政策不贊同時，得以決議移請行政院變更之。行政院對於立法委員之決議，得經總統之核可，移請立法院覆議。覆議時，如經出席立法委員三分之二維持決議，行政院院長應即接受該決議或辭職。」另外，「行政院對於立法院決議之法律案、預算案、條約案，如認為有窒礙難行時，得經總統之核可，於該決議案送達行政院十日內，移請立法院覆議。覆議時，如經立法委員三分之二維持原案，行政院院長應即接受該決議或辭職。」換言之，只要行政院院長得到至少三分之一立法委員的支持，就可推翻立法院原先的決定，拒絕執行他認為窒礙難行的政策決議。但是，如果行政院院長連這總額三分之一的立法委員都掌握不到，意味著他已是明顯弱勢，此時他就必須執行立法院的決議，否則只有辭職一途，亦即內閣總辭。事實上，如果連總額三分之一的立委都不肯支持行政院院長，行政院院長也實在是難以推動政務了，通常只有下臺一途。❸

但是，此一憲政規範在第四階段修憲後卻已徹底改變。新的規定是：

一、「行政院對於立法院決議之法律案、預算案、條約案，如認為有窒礙難行時，得經總統之核可，於該決議送達十日內，移請立法院覆議。」此一規定與憲法第五十七條相對照，其中刪去了「重要政策」一項。考量修憲者之意圖，這乃是因為顧及政治現狀，部分立委對「核四案」這一類重要政策之決議往往不予認同，並對行政院造成實質羈絆。為了避免是類問題一再發生，乃由修憲著手，乾脆將「重要政策」一項刪除，僅保留「法律案、預算案、條約案」等三項，以免對行政權構成過多的干擾。

❸「覆議」(veto) 係指行政機關對立法機關所通過之決議或法案，於一定法定期間內，送請立法機關，再為審議表決。如果立法機關在覆議後再度通過該決議或法案，稱之「拒絕覆議」(veto override)。在美國，自二次大戰結束以來，平均每年總統會提出八件覆議案。我國則甚少實施。民國七十九年十月十七日，立法院針對勞動基準法第八十四條修正案行使覆議，結果以一六八票對廿五票，行政院推翻了立法院所提的修正案，恢復第八十四條原條文，此為政府遷臺以來首度行使之覆議案。

二、「立法院對於行政院移請覆議案，應於送達十五日內作成決議。如為休會期間，立法院應於七日內自行集會，並於開議十五日內作成決議。覆議案逾期未議者，原決議失效。」此係新增之規定。其目的是使行政院得因立法院之拖延逾期而使原決議失效，旨在保障行政院。但是，其中有關「立法院休會期間應自行集會」的新增規定，則係一項贅筆，這係因修憲者對立法程序掌握不足，而造成了「畫蛇添足」的結果。事實上，法律必須由總統公布方得生效，若係在立法院休會期間，總統若未立即公布，則行政院正可藉此而享有較長之緩衝期，不必急於執行立法院之決議，待休會結束後才提出覆議案。現在卻因此一新增之規定，而必須加開立法院臨時會，這實在是勞民傷財，浪費公帑，行政院也未蒙其利，殊無必要。❹

三、「覆議時，如經全體立法委員二分之一以上決議維持原案，行政院院長應即接受該決議。」原先憲法規定，若立法院維持原決議，則行政院院長必須「接受該決議或辭職」，現因行政院院長不再經由立法院同意而產生，則無須因立法院的拒絕而辭職。連帶的，覆議的門檻也就從原先的三分之二降為二分之一。

在第四階段修憲中，雖然取消了立法院對行政院院長的同意權，但卻也增加了「解散國會」之權，此即立法院對行政院院長的「不信任投票」，以及相對的呈請總統解散立法院之權。修憲條文第三條第二項第三款規定，「立法院得經全體立法委員三分之一以上連署，對行政院院長提出不信任案」。不信任案「如經全體立法

❹依據美國總統覆決權行使之規範，總統在收到國會通過的法案十日內（星期天除外），如果既不簽署也不提覆議，則此法案自行生效。但是，如果在此十日結束之前國會業已休會，則總統將失去提出覆議之機會，因此只有當總統簽署後此法案才算生效。此一情況提供了總統在國會會期結束時未經正式之覆議，卻能讓某一法案胎死腹中的機會，一般稱之為「口袋覆議」(pocket veto)。在我國，憲法第七十二條中規定，「立法院法律案通過後，移送總統及行政院，總統應於收到後十日內公布之」。如果行政院經總統之核可向立法院提出覆議，則總統就不會公布該法律，自無該法律生效之問題，亦不致發生前述之「口袋覆議」之情事。

委員二分之一以上贊成，行政院院長應於十日內辭職，並得同時呈請總統解散立法院」。此與一般議會內閣制國家的規定相仿。但是，不信任案的提出卻有一定的時間設限，亦即，「不信任案提出七十二小時後，應於四十八小時內以記名投票表決之。」此一特殊之規定，移植自法國第五共和憲法第四十九條，該條文規定：

「國民議會得依不信任案之表決以決定政府之去留，此項不信任案須經國民議會至少十分之一議員之連署，始得提出。動議提出四十八小時之後，始得舉行表決。」

但是，此一時間設限之規定卻頗易造成混淆。所謂「不信任案提出七十二小時後」，究竟是以不信任案送交立法院秘書處時起算，還是送達立法院院會時起算，從文字分析並不明朗。至於此七十二小時（三天），是否包括假日（或連續假日）在內，亦不明確。若係不包括在內，則將可能發生正常休假日卻必須加開院會，特別處理不信任案的特例，此實有違政府運作之常規，並不妥適。

另外，在不信任案提出七十二小時後，「應於四十八小時內以記名投票表決」之規定，實無異變相鼓勵立法委員藉阻礙議事程序之手段 (filibuster)，以拖延表決時程，只要拖過時限，行政院院長即可免於倒閣之威脅。這亦非正當的憲政運作方式，實不足為訓。

更重要的是，本款在最後的文字中規定「不信任案如未獲通過，一年內不得對同一行政院院長再提不信任案」，這亦非一般議會民主國家運作之正軌。如果立法院與行政院之間處於僵化對峙之狀態，則解散立法院，重新訴諸最新之民意，並進行國會改選，方係解決政治僵局之正途。但若因議事程序拖延導致不信任案未能通過，結果卻要讓立法、行政兩院的惡性對峙持續延宕達一年之久，才可再度由立法院提出不信任案，則此種勉強且僵化之規範，反將成為政局紛亂、動盪之根源，絕難收穩定政局，保障憲政秩序之效。

由此可知，修憲後有關倒閣權（即不信任案）與解散國會（立法院）權之制度設計，實已出現嚴重瑕疵。修憲後蕭萬長、唐飛兩位行政院長所面臨的政治僵局，即為明證。今後只有再次修憲，回歸西方憲政國家之正軌，方可解決此一種困境。

㈢第三項有關「國家機關之職權、設立程序及總員額，得以法律為準則性之規定」。訂定此項之目的，係針對「中央法規標準法」第五條之規定：「左列事項應以法律定之：一、憲法或法律有明文規定，應以法律定之者。二、關於人民之權利、義務者。三、關於國家各機關之組織者。四、其他重要事項應以法律定之者。」

由於上述條文之規定，國家機關組織必須以法律（而非行政命令）定之。長期以來，政府深感立法院的立法效率不彰，且政府各種機關組織之職權、設立程序及員額編制，又常受到立法院制衡機制之羈絆，未能完全依照政府草案通過。但若要將「中央法規標準法」修訂，則又曠日廢時，且難料能否如行政院之意願修正通過。為了落實以「行政權為中心」的目標，政府乃採取釜底抽薪之計，乾脆從修憲著手，透過國民黨與民主進步黨之合作，在國民大會以穩居多數之優勢，訂定此項修憲條文。據此並提出「中央政府機關組織基準法」及「中央政府機關總員額法」兩項草案，使政府機關組織及員額能依照以行政院之旨意，自行調配，以保持高度彈性。根據此二法之草案規定，今後各部會之三級機關，如經濟部國際貿易局、工業局、法務部調查局等之組織、員額等，均不必再以法律定之，並將由行政命令取代，無須再受立法院之立法監督，藉以保持行政權之高度彈性與便宜性。此條文充分凸顯了政府行政當局便宜行事，不願接受民意制衡機關監督之權變心態。

㈣第四項係前述第三項之補充，進一步賦予政府各機關更大之自主權，並得基於政策或業務之需要，自行調整組織、編制及員額，卻不受立法院之監督及制衡。

前述第三、第四兩項之規定，充分反映了在現階段修憲中「行政權擴張、立法權式微」的基本傾向，凸顯出行政、立法兩權失衡的大趨勢。此種修憲傾向，乃是將憲政規範視為行政獨裁，不受制約的便宜工具，卻不是西方憲政主義所強調的，應將憲法視為「人民權利的保障書」、「社會共識的泉源」，以及「國家的根本大法」；亦即「民主政治的穩定基石」。基於此，修憲任務從第四階段之後，已成為自由民主與憲政主義基本精神之逆反，亦可視為民主憲政秩序的逆退。修憲起草者，甘為政治權謀之馬前卒，並將憲法降格而為執政者和行政當局擴權、奪權之工具，置民主制衡原則於不顧，這實係國人的大不幸。

第四條　立法院立法委員自第四屆起二百二十五人，依左列規定選出之，不受憲法第六十四條之限制：

一、自由地區直轄市、縣市一百六十八人。每縣市至少一人。

二、自由地區平地原住民及山地原住民各四人。

三、僑居國外國民八人。

四、全國不分區四十一人。

前項第三款、第四款名額，採政黨比例方式選出之。第一款每直轄市、縣市選出之名額及第三款、第四款各政黨當選之名額，在五人以上十人以下者，應有婦女當選名額一人，超過十人者，每滿十人應增婦女當選名額一人。

立法院於每年集會時，得聽取總統國情報告。

立法院經總統解散後，在新選出之立法委員就職前，視同休會。

中華民國領土，依其固有之疆域，非經全體立法委員四分之一之提議，全體立法委員四分之三之出席，及出席委員四分之三之決議，並提經國民大會代表總額三分之二之出席，出席代表四分之三之複決同意，不得變更之。

總統於立法院解散後發布緊急命令，立法院應於三日內自行集會，並於開議七日內追認之。但於新任立法委員選舉投票日後發布者，應由新任立法委員於就職後追認之。如立法院不同意時，該緊急命令立即失效。

立法院對於總統、副總統之彈劾案，須經全體立法委員二分之一以上之提議，全體立法委員三分之二以上之決議，向國民大會提出，不適用憲法第九十條、第一百條及增修條文第七條第一項有關規定。

立法委員除現行犯外，在會期中，非經立法院許可，不得逮捕或拘禁。憲法第七十四條之規定，停止適用。

本條文內容包括：

㈠立法委員員額及其組成之相關規定。

㈡有關政黨比例代表及婦女保障名額之規定。

㈢立法院聽取總統國情報告之規定。

㈣立法院經總統解散後視同休會。

㈤領土變更案之行使規範。

㈥總統緊急命令權之相關規定。

㈦立法院對總統、副總統彈劾權行使之規定。

㈧立法委員不受逮捕或拘禁之特權。

㈠由於第四階段修憲的主要目的之一，是使臺灣省「省虛級化」，並取消省長民選及省議會選舉。同時為了解決省議會停止選舉後省議員的政治出路問題，乃決定將立法委員員額從第三屆的一百六十四人，擴增為第四屆的二百二十五人。究實而論，立法委員員額本已過多，若再增添六十餘位立委，無論立法效率、委員會之組織、編制及員額，乃至立法院整體軟、硬體設施，均將面臨嚴重之挑戰。但是，由於擴增立法委員員額乃出自執政黨之政治考慮，受困於現實政治之壓力，在本條文中乃不得不作出相應之規定。

與第三階段修憲條文規定相比較，直轄市及縣市之立法委員擴增為一百六十八人，每縣市至少一人。平地原住民及山地原住民各由三人增為四人。僑居國外國民由六人增為八人。全國不分區則由三十人增為四十一人。後三者合計共增加十五人。區域立法委員則增加四十六人，合計共增加六十一人。

㈡此項中規定，僑居國外國民及全國不分區均採比例方式選出。另規定婦女保障名額，在五人以上十人以下者，應有婦女當選名額一人；超過十人者，每十人應增婦女當選名額一人。

區域選出之立法委員，其婦女保障名額之規定，同前。

㈢在第六階段修憲後，增列「立法院於每年集會時，得聽取總統國情報告」。這是一項十分奇特的規定。依據中華民國憲法之基本精神，總統和國民大會均屬「國家」層次，超越五院之上，代表著「政權」機制。而五院則屬「政府」層次，代表「治權」的運作。基於此，在憲法本文中，並無總統赴立法院作國情報告之規定。但是在民國八十三年第三階段修憲時，為了讓國民大會擴權，變成每年定期開會，乃於修憲條文第一條中增列「國民大會集會時，得聽取總統國情報告」。此一規定在第四、第五兩階段修憲時均予維持。但國民大會代表依法並無對總統質詢之權。換言之，總統的國情報告係形式意義大於實質意義。在第六階段修憲後，轉將總統之國情報告移至立法院，但仍無配套的質詢之權，總統亦不對立法院負責。相對的，總統任命的行政院長，卻必須接受立法院的質詢與監督，亦負政治成敗之責。基於此，本項條文的新增規定，並未改變基本的權責關係及制衡機制。

㈣過去憲法本文中並無解散立法院的機制，從民國八十五年第四階段修憲後，總統得應行政院長之請解散立法院，因此特別增加本項之規定，「立法院經總統解散後，在新選出立法委員就職前，視同休會」。

㈤在第六次修憲中，立法院新增了一項重要權限 — 領土變更之提議權。在憲法本文的規範中，此一權限本屬國民大會掌有。憲法第四條規定：「中華民國領土依其固有之疆域，非經國民大會之決議，不得變更之」。現因修憲後國民大會不再成為常設性之機關，領土變更之提議權遂轉移至立法院。經立法委員四分之一之提議，全體立法委員四分之三之出席，及出席立委四分之三之決議，領土變更案即告成案，經公告半年後，選出新的國民大會（會期最長只有一個月），對領土變更案進行複決。經國民大會代表總額三分之二之出席，出席代表四分之三之同意，此案即可通過。否則即告失敗。此一規定，凸顯領土變更問題的慎重性。

㈥在增修條文第二條第三項中，規定總統發布緊急命令後十日內應提交立法院追認，如立法院不同意時，該緊急命令立即失效。在本項中則進一步針對立法院解散後之相關規範作出規定：「總統於立法院解散後發布緊急命令，立法院應於三日內自行集會，並於會議七日內追認之」，據此方能合乎原先之「十日內」規定。

至於新選出之立法委員就職前所發布之緊急命令，則因本條文之第二項業已規定，係「視同休會」，只有在新任立法委員就職之後再行追認。如立法院不同意，該緊急命令仍然失效。

(七)在第四次修憲中，將對總統、副總統之彈劾權自監察院移至立法院，但卻又將彈劾權之範圍，僅限於總統、副總統之內亂、外患。至於內亂、外患以外之行為是否可予彈劾，則曖昧不明，曾引起輿論界及學術界之爭議。在第六次修憲後，取消了內亂、外患等條件限制，其他違法失職行為亦可列入彈劾權之範圍，解決了是項爭擾。

至於彈劾之程序，則採審慎原則。須經全體立法委員二分之一以上之提議，全體立法委員三分之二以上之決議，此彈劾案方才成立。在三個月內，選出新的國民大會，經國民大會代表總額三分之二之同意，被彈劾人即解職。如係總統被彈劾解職，依憲法第四十九條規定，「由副總統繼任，至總統任期屆滿為止」。若被彈劾人為副總統，則依憲法增修條文第二條之規定，應於三個月內由總統提名候選人，由立法院補選，繼任至原任期屆滿為止。

(八)立法委員不受逮捕或拘禁之特權，原係以立法委員的整個任期（三年）為範圍，基於此，憲法第七十四條規定：「立法委員，除現行犯外，非經立法院許可，不得逮捕或拘禁。」

但是，由於部分涉及司法案件的立法委員，藉此一條文之保障而拒絕出庭接受法院審理，同時亦因不受逮捕之特權，法院無法將其拘提到案。因此，國民大會乃將立法委員不受逮捕與拘禁之特權，從整個「任期」縮減為每一「會期」，亦即在每一會期之間的休會期間，仍可對其逮捕或拘禁。如此一來，涉案的立法委員在會期結束的休會期間，就無法再得到此一保護傘的庇護了。

第五條　司法院設大法官十五人，並以其中一人為院長、一人為副院長，由總統提名，經立法院同意任命之，自中華民國九十二年起實施，不適用憲法第七十九條之規定。司法院大法官除法官轉任者外，不適用憲法第八十一條及有關法官終身職待遇之規定。

司法院大法官任期八年，不分屆次，個別計算，並不得連任。但並為院長、副院長之大法官，不受任期之保障。

中華民國九十二年總統提名之大法官，其中八位大法官，含院長、副院長，任期四年，其餘大法官任期為八年，不適用前項任期之規定。

司法院大法官，除依憲法第七十八條之規定外，並組成憲法法庭審理政黨違憲之解散事項。

政黨之目的或其行為，危害中華民國之存在或自由民主之憲政秩序者為違憲。

司法院所提出之年度司法概算，行政院不得刪減，但得加註意見，編入中央政府總預算案，送立法院審議。

本條文分為六項:

㈠司法院院長、副院長與大法官之組成，以及產生之方式。

㈡司法院大法官之任期。

㈢民國九十二年提名之大法官，有關任期之特別規定。

㈣憲法法庭之相關規定。

㈤政黨違憲之規定。

㈥有關司法概算之規定。

㈠憲法第七十九條規定:「司法院設大法官若干人」。司法院組織法第三條規定:「司法院設大法官會議，以大法官十七人組織之，行使解釋憲法並統一解釋法律命令之職權。」第五條規定:「大法官之任期，每屆為九年。」上述之各項規定，在第四次修憲時已作了大幅度的改變，第六次修憲後再做調整。首先，大法官人數自十七人改為十五人，而且「以其中一人為院長、一人為副院長，由總統提名，經立法院同意任命之」，換言之，院長、副院長均係大法官，此係過去所無之規定。由於大法官的任期至民國九十二年終止，因此特別規定，本項「自中華民國九十二年起實施，不適用憲法第七十九條之規定。」此外，司法院大法官若非出自法官系統（例如學者或政務官出身），則不適用憲法第八十一條有關「法官終身職」之規範，亦不得享有法官之終身職待遇。此一規範，原無須列在憲法之中，但因部分國民大會代表對大法官釋字三九九號解釋難以釋懷，堅持將上述規定列入修憲條文中，遂出現此一項細之規定。

㈢司法院大法官之任期原先定為九年，第四次修憲時將其縮減為八年，而且「不分屆次，個別計算，並得連任」。作此一規定的目的，是因本條第三項規定，大法官應由總統每四年任命其中之八位，至於另外七位則係原任。藉新舊交錯，以維續其經驗傳承，避免出現新任大法官過多，經驗不足、青黃不接的困境。基於此，在第三項中進一步規定，「中華民國九十二年總統提名之大法官，其中八位大法官，含院長、副院長，任期四年，其餘大法官任期為八年。」換言之，院長、副院長及其餘六位法官任期均為四年。由於院長、副院長不受任期保障，總統將可主動更換司法院的首長、副首長，此實係五院中獨有之規範。

㈣依據憲法第七十八條規定，「司法院解釋憲法，並有統一解釋法律及命令之權」。在本項中，則另增列司法院大法官「組成憲法法庭審理政黨違憲之解散事項」。根據此一規定，民國八十二年二月總統公布「司法院大法官審理案件法」，第三章即規定「政黨違憲解散案件之審理」。其中重要規定如次:

第十九條:「政黨之目的或其行為，危害中華民國之存在或自由民主之憲政秩序者，主管機關得聲請司法院憲法法庭解散之。」

第二十條:「憲法法庭審理案件，以參與之資深大法官充審判長，資同以年長者充之。」

第二十一條:「憲法法庭應本於言詞辯論而為裁判。但駁回聲請而認為無言詞辯論之必要者，不在此限。」

第二十四條：「憲法法庭行言詞辯論，須有大法官現有總額四分之三以上出席，始得為之。未參與辯論之大法官不得參與評議判決。」

第二十五條：「憲法法庭對於政黨違憲解散案件判決之評議，應經參與言詞辯論大法官三分之二之同意決定之。評議未獲前項人數同意時，應為不予解散之判決。」

由上述之法律規定得知，憲法法庭設立之主旨係審理政黨違憲之解散事項，因此「憲法法庭」並非「大法官會議」的代稱，兩者之專責亦不相同。而憲法法庭應本於「言詞辯論」而為裁判，「未參與辯論之大法官不得參與評議判決」，凸顯出憲法法庭對於政黨違憲案件之裁定，程序十分慎重。若未能得到參與辯論大法官三分之二的同意，即不得解散該政黨，這顯示憲法法庭對於違憲爭議的審理態度，是相當審慎的。

㈤本項規定，「政黨之目的或其行為，危害中華民國之存在或自由民主之憲政秩序者為違憲」。其主要參考之憲政範例，為德國基本法，其中第二十一條第二項指出：「政黨依其目的及其黨員之行為，意圖損害或廢除自由、民主之基本秩序，或意圖危害德意志聯邦共和國之存在者，為違憲。其有無違憲問題由聯邦憲法法院決定之。」另外，它也參考德國基本法之規範，將有無違憲交由憲法法庭裁決之。就此而言，本項條文可說是一項沿襲自德國的「憲政移植」規範。

㈥為了保障司法獨立，改善司法人員待遇，第四次修憲時特別增訂了本項規定，行政院不得刪減司法院所提之年度司法概算，但得加註意見，編入中央政府總預算案，送立法院審議。依照憲法第五十九條之規定，「行政院於會計年度開始三個月前，應將下年度預算案提出於立法院」。憲法第五十八條亦規定：「行政院院長、各部會首長，須將應行提出於立法院之……預算案……提出於行政院會議議決之」。由於修憲後新增了本項規定，無異將憲法所規定行政院之職權作了若干限制，藉以凸顯重視司法預算的精神。

根據實際的實施經驗，在民國八十八年度中央政府總預算中，司法院及其所屬各機關預算，在歲出方面，共計為一百二十九億五千餘萬元，約占中央政府總預算案的百分之一，較八十七年度法定預算增加三十五億二千餘萬元，增加幅度約為百分之三十七點四。但是，其中包括增列司法法務官預算一億一千餘萬元，卻引起甚大爭議，因為當時「法務官法」草案尚未完成立法，是否設置尚未得知，卻由司法院為其預先編列預算，這實有違法之嫌。另外，各級法院增購車輛過多（共一億六千餘萬元），也引起輿論詬病。不過，基於尊重司法之精神，立法院仍然對司法預算的獨立編列，表達了基本的敬重與肯定。

第六條　考試院為國家最高考試機關，掌理左列事項，不適用憲法第八十三條之規定：

一　考試。

二　公務人員之銓敘、保障、撫卹、退休。

三　公務人員任免、考績、級俸、陞遷、褒獎之法制事項。

考試院設院長、副院長各一人，考試委員若干人，由總統提名，經立法院同意任命之，不適用憲法第八十四條之規定。

憲法第八十五條有關按省區分別規定名額，分區舉行考試之規定，停止適用。

本條分為三項內容:

㈠有關考試院職掌之規範。

㈡考試院高層人事同意權之行使。

㈢分區考試規定之停用。

㈠本條文自第三次修憲以來均無改變。依據憲法第八十三條之規定，考試院「掌理考試、任用、銓敘、考績、級俸、陞遷、保障、褒獎、撫卹、退休、養老等事項」。但是由於「動員戡亂時期臨時條款」第五條規定，「總統為適應動員戡亂需要，得調整中央政府之行政機構、人事機構及其組織」，並據以設置行政院人事行政局。在動員戡亂時期結束後，人事行政局依然透過修憲（見增修條文第二條第四項）獲得「合憲」之地位，因之，考試院之職掌相對的必須予以調整，以免發生事權扞格之處。其中最重要的調整方向，是考試院僅掌理公務人員之任免、考績、級俸、陞遷、褒獎等之「法制事項」，而人事行政局則負責執行任務。因此透過本項之修正，考試院與行政院人事行政局之間的事權分工，終於得以釐清。

㈡考試院院長、副院長及考試委員，過去依憲法第八十四條之規定，係由總統提名，經監察院同意任命之。修憲後因監察院不具同意權，則改交由國民大會行使。第六次修憲後再度因為國民大會已非常設之機關，遂改由立法院行使是項同意權。如前所述，考試委員本應超越黨派，獨立行使職權，則同意權實不宜由黨派色彩深厚的立委行使，這實非合宜的制度設計。

至於考試委員之名額，則仍依照憲法本文之規定，並未予定額之規範。但是在「考試院組織法」第三條中，則明定「考試委員名額定為十九人」，在歷次修憲中，均未將此名額列入修憲條文之中，繼續維持著「考試委員若干人」的規定。此係與監察院部分規定「監察委員定為廿九人」不同之處。

㈢憲法第八十五條規定：「公務人員之選拔，應實行公開競爭之考試制度，並應按省區分別規定名額，分區舉行考試，非經考試及格，不得任用」。其中「按省區分別規定名額」的規定，原係保障大陸地區各省人士擔任公職之權益，但在臺澎金馬地區實施時，卻會造成「過度保障少數」的不公平現象。近年來，考試院已不再對出身大陸特定省籍人士採取保障名額的措施。本項條文則進一步將其正式載入憲法修正條文中，使其具備憲政法理基礎。

第七條　監察院為國家最高監察機關，行使彈劾、糾舉及審計權，不適用憲法第九十條及第九十四條有關同意權之規定。

監察院設監察委員二十九人，並以其中一人為院長、一人為副院長，任期六年，由總統提名，經立法院同意任命之。憲法第九十一條至第九十三條之規定停止適用。

監察院對於中央、地方公務人員及司法院、考試院人員之彈劾案，須經監察委員二人以上之提議，九人以上之審查及決定，始得提出，不受憲法第九十八條之限制。

監察院對於監察院人員失職或違法之彈劾，適用憲法第九十五條、第九十七條第二項及前項之規定。

監察委員須超出黨派以外，依據法律獨立行使職權。

憲法第一百零一條及第一百零二條之規定，停止適用。

本條文共分六項:

㈠監察院職掌之調整。

㈡監察委員之名額、任期及同意、任命方式。

㈢彈劾權行使之要件。

㈣對監察院人員彈劾之規定。

㈤監察委員獨立職權行使之規定。

㈥憲法相關條文停止適用之規定。

㈠第二次修憲後監察院不再是民意機關（國會），其同意權取消，先是改由國民大會行使，在第六次修憲後再改交由立法院行使。目前監察院的主要職掌為彈劾權、糾舉權及審計權。此外，依憲法九十五條、九十六條、九十七條等規定，亦兼具糾正權、調查權及調閱權。

㈡「監察院設監察委員二十九人」，此係第二階段修憲時憲法修正條文第十五條之原有規定。當時將監委名額明定於憲法中的主要考慮（不同於前條文中「考試委員若干人」之規定），是顧忌當時仍然在任的部分監察委員，恐其對監察院體制變動產生反彈，不願修正「監察院組織法」，將監察委員名額規定在該法之中，進而導致修憲任務出現變數。基於此，乃將監委總額明定於修憲條文中。在五院之中，過去一直只有監察院這一部分是將委員名額明定在憲法增修條文內。但在第四次修憲後，司法院大法官的名額也已在增修條文中明定為「十五人」。至於行政院政務委員和考試院考試委員，則仍依舊規定為「若干人」，另由相關的政府組織法作定額之規範。究實而論，立法委員及監察委員總額之規定，實無須明文列入憲法條文之中。因為此種規範將使憲法規定過於細瑣，失去彈性，而且可能會因情勢變遷而被迫一修再修相關條文。另一方面，如果監察委員發生缺額狀況，則因恐「違憲」之顧忌，又必須重新提名，再度行使同意權，以補足缺額。由此觀之，今後若再修憲時，允宜將類似之名額規定，一體改為不定額之「若干人」，然後在相關之「組織法」中，再作定額之規範。這才是維繫憲法恆久性之合理安排。

除了監委名額的規定外，憲法第九十三條規定監委任期為一任六年，得連任，至今並未修正。此一規定，曾引起學術界與輿論界之不同看法。一般認為，在修憲之後，監察委員不再具備「國會議員」之身分，且非經民選，而係經總統提名，立法院同意產生。監察委員職司風憲、糾彈百官，必須心無旁鶩，不受黨派立場與政治偏見之影響。基於此，監委的任期應予延長，但不宜連任，以免為連任考慮而心存顧忌，導致瞻前顧後，難有作為。至於其任期究竟應定為幾年，有的意見認其應比照司法院大法官，定為八年。有的則主張改為十年，甚至延長為十二年，莫衷一是。但是監委只任一屆不宜連任，則係普遍之看法。

本項中另規定，監委由總統提名，經立法院同意任命之，而非憲法第九十一條之規定，由省、市議會間接選舉產生，此以杜絕過去監委選舉發生賄選等爭擾。

㈢憲法第九十八條規定：「監察院對於中央及地方公務人員之彈劾案，須經監察委員一人以上之提議，九人以上之審查及決議，始得提出。」在本項中，則改為「監察委員二人以上之提議」，換言之，彈劾權之行使要件已愈趨於嚴格。

㈣依據憲法第九十七條第二項之規定，「監察院對於中央及地方公務人員，認為有失職或違法情事，得提出糾舉案或彈劾案，如涉及刑事，應移送法院辦理。」第九十九條規定，「監察院對於司法院或考試院人員失職或違法之彈劾，應適用本憲法第九十五條、第九十七條及第九十八條之規定。」在上述兩條文中，獨對監察院人員之彈劾，未作規範。基於此，在修憲時，乃加入本項之規定，將「監察院人員失職或違法之彈劾」，列入憲法修正條文之中，此一規範已日趨完整。

但是，本項中所列之「監察院人員」，究所何指？是否也包括監察委員本身，則不甚明晰。若依司法院大法官會議釋字第十四號之解釋，「在制憲者之意，當以立、監委員為直接或間接之民意代表，均不認其為監察權行使之對象。至立、監兩院其他人員與國民大會職員，總統府及其所屬機關職員，自應屬監察權行使範圍。」由此可知，過去因監察委員係民意代表，不應成為監察權行使之對象。但是，在修憲之後，監委不再具民意代表之身分，則上述之解釋文是否仍然適用，則有待斟酌之處。不過，監察院本身已基於本項之新規定，對因涉案且判刑確定的監察委員蔡慶祝，做出彈劾處分，創下監察院彈劾監察委員之先例。

(五)(六)兩項規定「監察委員須超出黨派以外，依據法律獨立行使職權」。此係因監委不再由民選產生，既非任何黨派代表，自應超出黨派以外，獨立行使職權。但是，第六項中規定「憲法第一百零一條及第一百零二條之規定，停止適用」，則意味著監委之「言論免責權」及「不受逮捕之特權」，亦均已取消。上述二項權力，原係保障國會議員之特權，一旦取消，監察委員將可能因為各項監察權之行使，而面臨受彈劾、糾舉、調查之當事人興訟、纏訟等困擾。而且監察院內部之會議，也因監委不再受到「言論免責權」之保障，必須改為秘密會議，不便對外公布。這也使民意監督及媒體公開，受到限制。此外，監察委員也因不再具備「不受逮捕之特權」，在對政府重要官員行使各項監察權時，恐怕也會多所顧忌，難以發揮「擿奸發伏、職司風憲」之精神，並充分彰顯監察權獨立不倚、公正不阿之特性。基於此，上述兩項國會議員特權之取消，實係對監察權行使績效的一大限制。在未來進一步修憲時應考慮予以恢復，方係治本之道。

在修憲之後，監察院對總統、副總統之彈劾權均已取消，並移往立法院。在本條文中原先有關彈劾總統、副總統之規定，亦已一併取消。

第八條　立法委員之報酬或待遇，應以法律定之。除年度通案調整者外，單獨增加報酬或待遇之規定，應自次屆起實施。國民大會代表集會期間之費用，以法律定之。

本條文是倣傚一九九二年通過的美國憲法第二十七條修正案而制定。該修正案規定：「國會議員們通過的加薪法案，必須等過一次選舉之後的下一屆會期才能生效。」此一修正案早在美國立國之初，即由開國元勳麥迪遜 (James Madison) 提出，當時並未通過。一九九二年五月，由於此案得到美國五十州中超過四分之三 — 三十八個州議會的支持，到達修憲程序門檻，終於成為正式的憲法修正案。此案宗旨是在節制國會議員任意自行加薪，造成民代自肥、浪費公帑的情況。在我國修憲之中倣傚訂定之，亦可視為外國憲政規範移植的另一範例。

國民大會在第五次修憲時公然違背此一條文之規範，自行延任兩年，引起國人大譁，終於面臨大法官釋憲之裁判，最後被迫再行修憲，將國民大會改為非常設機關，即係此一條文效用之展現。

第九條　省、縣地方制度，應包括左列各款，以法律定之，不受憲法第一百零八條第一項第一款、第一百零九條、第一百十二條至第一百十五條及第一百二十二條之限制：

一、省設省政府，置委員九人，其中一人為主席，均由行政院院長提請總統任命之。

二、省設省諮議會，置省諮議會議員若干人，由行政院院長提請總統任命之。

三、縣設縣議會，縣議會議員由縣民選舉之。

四、屬於縣之立法權，由縣議會行之。

五、縣設縣政府，置縣長一人，由縣民選舉之。

六、中央與省、縣之關係。

七、省承行政院之命，監督縣自治事項。

臺灣省政府之功能、業務與組織之調整，得以法律為特別之規定。

本條文包括下列各項：

㈠省縣地方制度之調整。

㈡省議員及省長選舉之停止。

㈢省政府功能、業務與組織之調整應以法律規範。

㈠第四階段修憲時的主要目的之一，是凍結臺灣省長及省議員的選舉，並將省府組織精簡化，最後達到「省虛級化」之目標。基於此，第四階段修憲時規定，將憲法中第一百零八條、第一百零九條、第一百十二條至第一百十五條，以及第一百二十二條等相關之規範予以凍結，並作出下列規定：

一、「省設省政府，置委員九人，其中一人為主席，均由行政院院長提請總統任命之。」換言之，省長不再經由民選產生，而重新改為過去由總統任命的省主席。這意味著從一九八〇年代以來臺灣的民主化浪潮，已有逆退之趨勢。民主化 (democratization) 係指人民參政管道與參政機會的擴增。基於此，將省長由官派改為民選，將總統由間接選舉改為公民直選，均係民主化進展之具體表徵。但現在卻從修憲手段上根本取消省長的民選，本條第二項則進一步取消了省議員的選舉，此實係民主參政機會銳減之明證。相對的，總統及行政院院長不受立法院箝制的規範卻愈見增長，足見中華民國民主化的規範並未與時俱進。

二、在省議員選舉取消之後，省議會改為省諮議會，「置省諮議會議員若干人，由行政院院長提請總統任命之。」至於省諮議會的職掌及功能，則日趨萎縮。

三、縣議會之地位不變，議員仍維持由民選產生。

四、屬於縣之立法權，由縣議會行之。

五、縣政府之地位不變，縣長仍維持由民選產生。

六、由於臺灣省「虛級化」，中央與省、縣之關係丕變，中央與縣（市）之關係則立即拉近，中央政府必須直接處理各縣（市）的預算、資源及分配問題。

七、省承行政院之命，監督縣自治事項。

㈡本項規定從民國八十七年十二月二十日，臺灣省長及臺灣省議會之任期截止後，不再舉行省長及省議員選舉，省不再實施自治，省長及省議員就此均成歷史名詞。

㈢在省長、省議員選舉停止辦理之後，省政府之功能、業務與組織之調整，其範圍究竟如何，則以法律為特別之規定。其中尤以「省是否仍係公法人」的爭議，最引人注目，且難以定論。由於本條文規定「省虛級化」，並將省長、省議員選舉停辦，在修憲完成前後，已造成國民黨內主要政治人物，包括臺灣省長宋楚瑜與總統李登輝、副總統連戰、行政院院長蕭萬長等人之間持續的鬥爭、紛擾，並且引發執政黨內部及朝野各政黨之間持續的政爭。在精省之後一年內，行政院尚未就臺灣省政府調整後之功能、業務與組織，提出確定的改造方案，此實係修憲造成的另一項後遺症。

第十條　國家應獎勵科學技術發展及投資，促進產業升級，推動農漁業現代化，重視水資源之開發利用，加強國際經濟合作。

經濟及科學技術發展，應與環境及生態保護兼籌並顧。

國家對於人民興辦之中小型經濟事業，應扶助並保護其生存與發展。

國家對於公營金融機構之管理，應本企業化經營之原則；其管理、人事、預算、決算及審計，得以法律為特別之規定。

國家應推行全民健康保險，並促進現代和傳統醫藥之研究發展。

國家應維護婦女之人格尊嚴，保障婦女之人身安全，消除性別歧視，促進兩性地位之實質平等。

國家對於身心障礙者之保險與就醫、無障礙環境之建構、教育訓練與就業輔導及生活維護與救助，應予保障，並扶助其自立與發展。

國家應重視社會救助、福利服務、國民就業、社會保險及醫療保健等社會福利工作，對於社會救助和國民就業等救濟性支出應優先編列。

國家應尊重軍人對社會之貢獻，並對其退役後之就學、就業、就醫、就養予以保障。

教育、科學、文化之經費，尤其國民教育之經費應優先編列，不受憲法第一百六十四條規定之限制。

國家肯定多元文化，並積極維護發展原住民族語言及文化。

國家應依民族意願，保障原住民族之地位及政治參與，並對其教育文化、交通水利、衛生醫療、經濟土地及社會福利事業予以保障扶助並促其發展，其辦法另以法律定之。對於澎湖、金門及馬祖地區人民亦同。

國家對於僑居國外國民之政治參與，應予保障。

本條文共分下列十三項:

㈠獎勵科技發展，促進產業升級。

㈡經濟與科技發展，應兼顧環境及生態保護。

㈢對中小企業之保障。

㈣公營金融機構本企業化之原則經營管理。

㈤全民健康保險之相關規定。

㈥婦女權益保障及兩性平權之相關規定。

㈦身心障礙者之權益保障。

㈧重視社會救助、福利服務、國民就業及相關預算之規定。

㈨對退伍軍人之權益保障。

㈩教育、科學、文化經費不再受憲法一百六十四條規定之限制。

⑪對多元文化及原住民文化的重視。

⑫對原住民族及澎湖、金門、馬祖人民權益之保障。

⑬對於僑民參政權之保障。

本條文主要係對憲法第十三章「基本國策」中第三節「國民經濟」、第四節「社會安全」、第五節「教育文化」、第六節「邊疆地區」等相關內容之補充。由於國民大會不願讓增修條文的條文數增加太多，因此乃將各項不同的基本國策內涵合併於同一條文中，使本條文內容較為龐雜。其中包括下列各項不同的內涵，特分類做一整體分析。

㈠㈡㈢本條文之前三項係針對國民經濟方面做一補充規定。包括：①獎勵科學技術發展及投資，促進產業升級；②推動農漁業現代化；③重視水資源之開發利用；④加強國際經濟合作；⑤經濟及科學技術發展，應與環境及生態保護兼籌並顧；⑥國家對於人民興辦之中小型經濟事業應扶助並保護其生存與發展。這些規定均係對憲法第十三章第三節之補充，主要係宣示性之意義。

㈣為了改善公營金融機構的經營效率，使其符合企業化之管理原則，特制定本項。為了使這些機構更具經營彈性與競爭力，則明定「其管理、人事、預算、決算及審計，得以法律為特別之規定」，使其不受一般政府機關組織之法規束縛。

㈤㈥㈦此三項係對社會福利、社會安全及弱勢者人權所作之規範。內容包括：①推行全民健康保險；②促進現代和傳統醫藥之研究發展；③維護婦女之人格尊嚴，保護婦女之人身安全；④消除性別歧視，促進兩性地位之實質平等；⑤對於身心障礙者提供保險與就醫、建立起無障礙環境、提供教育訓練與就業輔導，並促進其生活之維護與救助措施，以扶助其自立與發展。此均係對憲法第十三章第四節之補充。

其中「身心障礙者」一詞，過去均稱之為「殘障者」，現為尊重起見，改用「身心障礙者」一詞。上列三項內容基本上與第三階段修憲時所規定者相仿，但在第四次修憲時，增列了「無障礙環境之建構」，期使身心障礙者在公共環境中的行動能得到較大的安全保障。另外，原先之「生活維護與救濟」一詞，則改為「生活維護與救助」，以示對身心障礙者人格之敬重。

㈧㈨在第五次修憲時，增列第八、九兩項條文。第八項係強調對社會救助、福利服務、國民就業、社會保險及醫療保險等社會福利工作的重視，並優先編列相關之預算。第九項則強調對軍人的權益保障，肯定軍人對社會之貢獻。並對軍人退役後之就學、就業、就醫、就養等予優惠與保障。

此二項新增之條文均係社會福利之範疇，與五、六、七等三項合併觀之，凸顯出國民大會代表對此類公共政策之高度重視。但若要求詳盡且能與時俱進，則勢將經常透過修憲途徑以變動調整，此實與憲法只對基本國策做「原則性規定」的原理不盡相符。

以美國修憲過程為例，一九一九年通過的修正案第十八條中規定，禁止「酒類之製造、銷售與運輸」，此即有名的「禁酒條款」，此本屬公共政策之範疇，以普通立法規範禁止即可。但在一九三三年憲法第二十一條修正案中，卻因此一禁令已時過境遷，不合時宜，卻又規定「憲法修正案第十八條自此廢止」。由此可見，在憲法條文（及修正條文）中，實不宜作具時效性，或過為細瑣之政策規範，以免一修再修。

㈩本項條文是在歷次修憲中，較引起爭議的一項規定。其增列之目的，是取消對教育、科學、文化預算的最低比例限制。依據憲法第一百六十四條的規定：「教育、科學、文化之經費，在中央不得少於其預算總額百分之十五，在省不得少於其預算總額百分之二十五，在市縣不得少於其預算總額百分之三十五，其依法設置之教育文化基金及產業，應予以保障。」

由於憲法有此一明文之規定，而政府經費又十分受限，歷年來各級政府在編列預算時往往費盡苦心，將許多與教育、科學、文化無關的預算勉強列入此一範疇，以免引起違憲之爭擾。但實質上則是「摻水虛編」。現在則乾脆透過修憲，將憲法第一百六十四條之規定予以凍結，以免除此一心頭之患。由於本項新增之規定乃出自「權變性」的考量，在通過之後立即引起許多教育、文化團體及人士的強烈抨擊。許多立法委員亦不表贊同。政府在強大的民意壓力下，承諾將依舊按照憲法本文之規定，繼續維持教育、科學、文化佔百分之十五預算比例之經費，不予刪減，但實質上的憲政規範，則已取消。

㈩㈪此二項係特別針對原住民及外島地區民眾之權益而訂定。其中包括：①肯定多元文化，並積極維護發展原住民族語言及文化；②對於自由地區原住民族之地位及政治參與，應予保障；③對於原住民族的教育文化、交通水利、衛生醫療、經濟土地、社會福利事業，應予保障扶助並促進其發展；④對於澎湖、金門、馬祖等外島地區人民亦如同原住民族，應予保障與扶助。上述四點，均係憲法本文所無之規定，乃針對臺澎金馬等自由地區的特定情況而增列。在過去幾次修憲中，均沿用舊稱「山地同胞」一詞，後改用「原住民」一詞，最後則接受其族羣之要求，改用「原住民族」此一稱謂。

㈫在海外僑民方面，憲法第一百五十一條原已就發展僑民經濟，做了規範。本條文中，則進一步明文保障其參政權利及機會。基於此，僑民之參政權，已獲得憲法位階之正式保障，僑民並得返國行使投票權（參見增修條文第二條第一項）。

在本條文前述各項中所規範者，均屬「基本國策」範圍。隨著時空環境之轉變，修憲者勢必會不斷地反映最新的民意，並增添新的內容。因之，今後修憲時本條文之內容勢將與時俱新，不斷增加。但究實而論，「基本國策」畢竟不同於一般施政之「公共政策」，而憲法實係國家根本大法，亦不同於一般之法律文件。因之，本條文之規範，實不應過於瑣細，或因時空環境之調整而變動過鉅。否則，憲法之安定性頓失，而「基本國策」之規定也僅止於宣示性之意義，形同具文，實非所宜。

第十一條　自由地區與大陸地區間人民權利義務關係及其他事務之處理，得以法律為特別之規定。

本條條文係承襲自第一階段修憲之憲法增修條文第十條。據此並制訂「臺灣地區與大陸地區人民關係條例」，藉以區別自由地區與大陸地區人民之分際。所謂「大陸地區」，係「包括中共控制地區及外蒙地區」，「大陸地區人民」，則是「在大陸地區設有戶籍或臺灣地區人民前往大陸地區居住逾四年之人民」。訂定此一條文之目的，在規範臺灣地區與大陸地區人民的不同法律地位，並保障臺澎金馬自由地區之人民基本權益。

結語——代跋

本書爲《中山思想新詮》之第二册，以民權主義、五權憲法及中華民國憲法之分析與比較爲主要內容。由於牽涉層面較廣，又觸及當前修憲問題，已非中山先生之原始主張所能完全規範。因此，讀者不難在本書許多章節中，發現許多立論並非針對中山先生本人之言論而發，但如果我們細察中山先生之觀點，當可知此種探索問題之方式，實有其因由。

在民國十三年的〈三民主義自序〉中，中山先生殷切的指出：「尚望同志讀者，本此基礎，觸類引伸，匡補闕遺，更正條理，使成爲一完善之書」。較早時，在《民權主義》中，他也指陳：「我們近來實行革命，改革政治，都是倣效歐美。」由此看來，研究中山先生的思想，不追溯其中的歐美制度及學說的源頭，不針對當前國際發展之實況，加以「觸類引伸，匡補闕遺，更正條理」，使之完善，乃是違背中山先生創建三民主義之原旨的。基於此，對中山先生思想的詮釋，應以思想背景及相關學說的探索爲範疇，而不必以他的某字某句的「文獻性詮釋」自限。本書以相當的篇幅探討歐美各國的憲政民主制度及人權學說，雖非對中山先生本人著述文獻之具體詮釋，但卻與五權憲法及民權主義時代精神之闡揚，甚爲相關，此自不待多言。

但是，在探索歐美憲政民主學說以及國際實施經驗之際，我們卻也必須切記，簡單的移植或模倣，是不足取的。中山先生即曾指出：「一種道理，在外國是適當的，在中國未必是適當。」如果不管中國的風土人情、歷史環境、現實條件，像學外國的機器一樣，硬把外國管理社會的政治搬進來，那便是大錯特錯。

目前有關「取消五權」、「實行三權」、「取消監察院，實施一院制」、「倣效法國第五共和之折衷制」等主張，的確都或多或少的陷入中山先生所講的大錯特錯之窠臼。而且陷入此種窠臼的原因，並不在論者已經眞正體會到歐美或西方憲政民主的精義，而是因其在形式上陷入了「西方中心論」以及「西方便是好」的思想謬誤。這種思想謬誤，夾雜著對西方民主制度一知半解的知識缺憾，就形成了「氣壯而理不直」的嚴重缺失。

我們且以舉例的方式呈現其中的謬誤。

㈠大部分指責「五權憲法不如三權憲法」的人，都忽略了三權之外的第四權（如監察權及 Ombudsman 制度）、第五權（新聞界、輿論界的監督）早已在西方民主國家普遍存在。他們也忽略了獨立的考試及文官制度(源自中國)，早已爲歐美國家所倣效及採納的事實。因此，儘管「五權憲法」的形式規定與權力的配置，以及其實踐成績，可以大加批評，但卻沒有理由否定三權以外的獨立權力、機構，實有善加維護的必要。尤其是，在當前行政權仍因政黨政治未上軌道而在在需要有形監督的今天，維持獨立於行政院之外的考試院，實有其客觀之必要。如果僅因「否定五權」的形式化理由，而要求將考試權納入行政院，這種作法，就更爲可議了。同理，僅因監察權不彰，金權政治橫行，就要求廢除監察院，甚至將監察權交付立法院，卻忽略了立法院同樣是功能不彰，金權橫行的事實。這種主張，也是有欠深思的。

㈡大部分主張廢除國民大會及監察院，以及主張國會一元化（一院制）的人，都不能了解到一個重要的事實：在全球二十三個最穩定的民主國家中，沒有任何一個採取「一院制」的國家，其人口數是超過一千萬人。換言之，所有人口超過一千萬人的主要民主國家，都採取「兩院制」。雖然在「兩院制」國家中，除美國以外，大部分都只有「一院獨大」，但保持兩院制卻仍有其事實之必要。

㈢大部分主張將憲法修訂爲「總統制」或「直選總統制」的人，都忽略採取總統制的國家，除美國及哥斯大黎加兩國以外，其憲政民主之發展皆不穩定。而美國總統制之所以成功，尤與其聯邦制之背景，密切關連，這也常爲相關論者所忽視。

㈣大部分主張「雙重首長制」及「折衷制」的人，都忽略此一制度有嚴重的「因人成事」、「權責不清」、容易「引發政爭」的缺點，但他們卻只從現實權力布局著眼，要等到憲政體制發生危機時，才願考慮到另一階段的修憲或憲改任務。

㈤大部分否定中華民國憲法爲「內閣制」設計的人，忽略了議會內閣制不只是英國、日本這一種，也忽略了挪威、荷蘭等國議會內閣制的特殊設計(如議員不得兼任閣員，議會不得被解散)。更重要的是，完全模倣歐美的「議會內閣制」之原始模型，並非中華民國憲政體制所必須，亦非憲政改革工作之第一要務。

㈥所有批評「中華民國憲法全不適用」的人，都忽略了憲政主義尊重憲法傳統的精義，以及憲政改革並非某人或某黨「一家之言」的實踐，而係高度折衷的民主程序之產物。

㈦大部分主張「臺灣民族主義」、「臺灣新文化」並要求制憲的人，都忽略了中山先生的一段話:「一般醉心新文化的人，便排斥舊道德，以爲有了新文化，便可以不要舊道德。不知道我們固有的東西，如果是好的，當然是要保持，不好的才可以放棄。」如果僅以「打擊圖騰」的理由要求「一切重來」，豈不是事倍功半，自亂陣脚？

㈧所有批評「權能區分」學說及國民大會制度是「異想天開的發明」的人，都忽略了此一學說，與英國自由主義大師彌爾的「權能區分」說及人民議會制度的密切相關性。不管此一學說及制度是否「異想天開」，但它在憲政思想史上的傳承及貢獻，卻是不容否定的。至於將國民大會強行比附於「受蘇聯蘇維埃制度之影響」的人，更忽略了國民大會的設計理念實早於蘇聯革命，而兩者之基本理念更全不相合，(國民大會肯定分權之設計，蘇維埃體制卻反對所謂「資產階級民主」的分權等說)。

我們舉出以上八種謬誤加以駁正，並不在否定一切對五權憲法及民權主義的批評，而旨在強調：中山思想實有其集思廣益、博學愼慮的精彩之處，想以簡單的思想論式及有限的經驗素材，加以全盤否定，乃是失之欠慮的。因此，儘管我們不願以「解讀聖經」的方式闡揚中山學說及其思想，而且在本書中也對「五五憲草」的支持論點，以及「國大兩權派」的相關主張，多所批評，但我們依然要指出，下列的重要事實：

第一，想以「解放論」的思想論式，全盤否定民權主義及五權憲法學說，將會在憲政主義的基點上，踩到自己的痛點。其中主要原因是，中山先生是在憲政主義及自由主義的大傳統中，對西方民主體制提出局部的、重要的批判與修正意見。從表面看來，此種修正之幅度頗大，但如果我們仔細檢證其內涵，卻依然可以確定，他的權能區分說、憲法理念、五權設計等主張，仍然是淵源於西方自由憲政傳統的。

第二，想以「過度中國本位論」批判中山思想的觀點，將因中山先生對歐美民主制度的高度肯定(雖然他亦不無批判意見)，以及對西方憲政民主制度的執著，而產生盲點。因此，儘管有人認爲中山先生對考試權、監察權的肯定，凸顯了他的「民族主義情緒」，但是這種觀點卻無法解釋，爲何獨立的考試權，亦普遍爲歐美各國所肯定；以及爲何在二次大戰以後，斯堪地那維亞國家及大英國協地區，紛紛設立獨立之監察長制度，以補充三權體制的不足？

第三，想以「雜燴」這樣的說詞，指責五權憲法及民權主義內容龐雜，設計理念不清的說法，將在衆多的歐美憲政民主學說中，找到同樣的「雜燴」。試想，洛克的三權分立說（執行、外交、立法三權分立）是否混淆了執行與外交兩權皆由行政系統負責，因此無法眞正分立的事實？而孟德斯鳩的三權分立學說，讓立法機關與行政機關相互對抗、制衡，是否也招來了頗多的政治混亂現象？至於議會內閣制本身特徵，更是混合了行政、立法兩權，而看不清彼此的錯綜複雜關係了。

我們指出以上三點，旨在強調：五權憲法與民權主義，本身的確有許多粗糙、不完善的內涵，需要重新「匡補闕遺」，但卻不是可以簡單的全盤否定或推翻的。在有關人權的討論中，我們指出中山先生的「立足點平等」理論，比當代思想家洛爾斯的相關論點，差了一截，應予補正。而中華民國憲法對於人權（尤其是公民自由）的規範上，也比許多西方憲政民主國家欠缺，有待修憲時補充。至於國民大會的角色，我們認爲現行憲法的「虛位式」或「有限權力」之設計，也較中山先生原先的制度設計，更爲適當，也更合乎民主憲政之要求。這均凸顯了我們對中山思想「既肯定又批判」的立場。這樣的立場，才是中山先生自己研究分析問題，以及他自己反省自己的研究成果時的寬容精神之所在。我們也願以這樣的立場和精神研究中山思想，並反省本書研究之結果。

在本書臨尾，我們要特別引用日本憲法學重鎮小林直樹教授在多年前訪臺時，接受我國憲法學者李鴻禧先生訪問時所講的一段話，小林直樹說：

> 在研究比較憲法學時，我很敬佩孫文先生，也常介紹他的五權憲法。日本的三權分立憲政體制，雖然形式上與五權憲法不同，但是實質上兩者隱然相脗合之處，卻不尠少。像日本的國會調查權、法官彈劾訴追委員會之設置、行政委員會之設立，以及會計院之職權相當獨立，都與貴國監察院之職權運作相類似。同時，日本總理府下相當超然獨立之人事院，也職司考試、任用等等人事行政業務，除了因權力分立不過問司法人員之考試外，幾與貴國考試院完全類似。雖然孫文先生的五權憲法體系，憑其所遺著述仍未能看出如何具體運作的細節，有待貴國人士發揚闡述，但是其理論結構，頗值得憲法學界研究吟味。設若貴國能在五權之外，加上教育權等，使之成爲「六權憲法」，可能會有相當的意義。

小林直樹的這一段話，說明五權憲法實有其不可磨滅的時代價值。

他本人甚至建議增加「教育權」，構成「六權憲法」，這更是值得吾人深思的觀點，也值得所有泥於三權分立之形式的人士，深切反省。

最後，我們必須強調，本書之研究，只觸及中山先生政治思想的一部分領域，其他如「軍政、訓政、憲政」三階段論、地方自治學說等，本書都未論列，實有待來日之補充。我們也以誠惶誠恐的心情，期待讀者們的建議與批判。

參考書目

一、中文圖書

石元康,〈自然權利、公正與國家〉, 周陽山編,《當代政治心靈》, (臺北: 正中書局)。

石元康,〈從原初的境況到公正的社會: 洛爾斯的契約論〉, 周陽山編,《當代政治心靈》, (臺北: 正中書局)。

朱武獻,〈監察、考試兩權之檢討〉, 輯入《民間國建會特輯之一: 改革憲政》(臺北: 國家政策研究資料中心, 1990)

朱武獻,〈有關考試院問題〉,《中華民國憲政改革學術論文研討會論文集》, (民國 79 年 12 月 23 日至 25 日。)

朱　諶,〈從「分權理論」詮釋五權憲法與中華民國憲法〉,《「國父思想」在我國現階段社會發展中之定位研究會論文集》, (臺北: 三民主義教學研究會, 民國 79 年 9 月 16 日)。

呂亞力,〈民權主義與政治現代化〉,《中華學報》, 第八卷第二期。

李酉潭,〈約翰彌勒與中山先生權能區分理論之比較研究〉,《中山社會科學譯叢》, (高雄: 中山大學中山學術研究所), 第三卷第三期。

李炳南,〈統獨意識與臺灣的政治發展〉,《中華民國民族主義學會第二屆論文》, 民國 82 年 3 月 14 日。

佐藤功著, 許介麟譯,《比較政治制度》, (臺北: 正中書局, 民國 70 年)。

芮正皋,《法國憲法與「雙頭政治」》, (臺北: 中法比瑞文經協會, 民國 76 年)。

林子儀,〈司法護憲功能之檢討改進——如何建全違憲審查制度〉,《改革憲政》, (臺北: 國家政策研究資料中心, 民國 79 年)。

周陽山,〈憲政體制與政黨體系的互動關係〉,《九〇年代國民黨的挑戰與回應學術研討會論文集》, (臺北: 民國 79 年 6 月 8 日)。

周陽山,《自由與權威》, (臺北: 三民書局, 民國 79 年)。

周陽山,《修憲體例的探討比較》,《中華民國憲政改革學術論文研討會論文集》, (臺北: 民國 79

年12月23日至25日)。

周陽山譯,〈監察員制度的意識型態基礎〉,《憲政思潮》。

周陽山,〈選舉人團與美國總統選舉〉,《美國月刊》,第八卷第二期,民國82年2月,頁42至52。

林詩輝,〈中西「分權制與制衡說」之研究〉,《中華學報》,第八卷第一期。

林毓生,《思想與人物》,(臺北:聯經出版公司,1983)。

林紀東,《比較憲法》,(臺北:五南出版公司,民國78年)。

姚立明,〈論國民大會之改革〉,《中華民國憲政改革論文研討會論文集》,(臺北,民國79年12月)。

姚立明,〈論國民大會之定位與改革〉,《中華民國憲政改革學術論文研討會論文集》。

姚立明,〈國民大會與憲政專輯〉,《中山社會科學季刊》,第四卷第四期。

胡　佛,〈當前政治民主化與憲政結構〉,《改革憲政》,(臺北:國家政策研究資料中心,民國79年)。

胡春惠編,《民國憲政運動》,(臺北:正中書局,民國67年)。

Austin Ranney, *Governing*,中譯本,胡祖慶譯,《政治學》,(臺北:五南出版公司,民國79年)。

高旭輝,〈五權憲法中國民大會的幾個問題〉,《中華學報》,第五卷第二期。

荊知仁,《中國立憲史》,(臺北:聯經出版事業公司,民國73年)。

高　朗,〈憲政改革方向——內閣制與總統制之比較〉,《中華民國憲政改革學術論文研討會論文集》,(臺北:民國79年12月23-25日)。

陶百川,《比較監察制度》,(臺北:三民書局,1978)。

陳春生,〈國民大會研究〉,《台大社會科學論叢》,第39輯,(民國80年)。

陳荷夫編,《中國憲法類編》,(北京:中國社會科學出版社,1980。)中國人民大學法律系編,《中外憲法選編》,(北京:人火出版社,1982)。

彭文賢,〈萬能政府的眞義〉,《中華學報》,第八卷第二期。

張民貴,《約翰彌爾》,(臺北:東大圖書公司,民國75年)。

張世賢,〈從公共政策觀點闡述民權主義政治平等〉,《中華學報》,第十一卷第一期。

張世賢編,《比較憲法與政府資料選輯》,(臺北:臺灣省公共行政學會,民國78年,頁90。

張君勱,《中華民國民主憲法十講》,(上海:商務印書館,民國36年)。

黃東熊,《中外檢察制度之比較》,(臺北:中央文物供應社,1986)。

傅啓學,〈權能區分理論的研究〉,《中華學報》, 第一卷第二期。

張亞澐,〈五權憲法與其它憲法之比較研究〉,《中華學報》, 第二卷第一期。

張劍寒,〈中國監察制度與歐美監察長制度之比較〉,《中華學報》, 第一卷第一期, 民國 63 年。

傅鑑、姚欣榮譯, 約翰・格雷(John Gray)著,《自由主義》, (臺北, 桂冠圖書公司, 1991)。

楊泰順、鄒篤麒,〈內閣制體制下國民大會的角色與功能〉,《中華民國憲政改革學術論文研討會論文集》, (臺北, 民國 79 年 12 月)。

楊泰順,〈民權主義與當代民主精神〉,《中山學說與國家發展論文集》, (臺北, 民主基金會, 民國 80 年 6 月)。

蔣匀田,《中國近代史的轉捩點》, (香港, 友聯出版社, 1976)。

摩爾(Barrington Moore)著, 拓夫譯,《民主與獨裁的社會起源》, (臺北, 桂冠出版公司, 1991)。

劉嘉寧,《法國憲政共治之研究》, (臺北, 商務印書館, 民國 79 年)。

劉瀚宇,《中華民國憲法導論》, (臺北, 三民書局, 民國 76 年)。

駱志豪,〈政黨比例代表制〉,《憲政時代》, 第十七卷第三期。

James Madison, Alexander Hamilton & John Jay, *The Federalist Papers* 中文譯文, 謝叔斐譯,《聯邦論》, (香港: 今日世界社, 1985)。

謝復生著,《政黨比例代表制》, (臺北, 理論與政策雜誌社, 民國 81 年), 第七章。

薩孟武,〈中華民國憲法草案的特質〉,《東方雜誌》, 第十三卷第十二號。

薩孟武,〈中華民國憲法草案的特質〉,《東方雜誌》, 第三十三卷第十二號。

二、英文圖書

A. Lijphart, *Democracies*, (New Haven: Yale University Press, 1984)

Arend Lijphart, "Presidentialism and Majoritarian Democracy: Theoretical Observations", Juan Linz & Arturo Valenzuela ed., *Democracy, Presidential or Parliamentary: Does it Make a Difference?*

A.M. Bickel, *Reform and Continuity: The Electoral College, the Convention and the Party System,* (New York: Harper & Row, 1971)

A. Ranney ed., *The Referendum Device* (Washington D.C., American Enterprise Institute, 1981)

Brian Barry, *Thories of Justice,*(Berkeley: University of California Press, 1989)

D.W. Rae, *The Political Consequences of Electoral Laws,*(New Haven: Yale University Press, 1971)

E. Hucko ed., *The Democratic Tradition: Four German Constitutions,*(N. Y.: Berg, 1987)。

Francis Jacobs, "Italy", in *Western European Political Parties: A Comprehensive Guide,*(Longman Pub. 1989)

G. Bingham Powell, Jr., *Contemporary Democracies: Participation, Stability and Violence,* (Cambridge: Harvard University Press, 1982)

G.E. Caiden ed., *International Handbooks of the Ombudsman,*(Greenwood Press, 1983)

Guillermo O. Donnell & Philippe C. Schmitter, *Transitions from Authoritarian Rule: Tentative Conelusions about Uncertain Democracies,*(Baltimore: The Johns Hopkins University Press, 1986)。

Hannah Arendt, *The Origins of Totalitarianism,*(1951), Reprint(Cleveland: Meridan, 1966)

H.Zinn, *New Deal Thought,*(New York: Bobbs-Merrill, 1966)

J.L. Talman, *The Origins of Totalitarian Democrary,*(New York: Praeger, 1961)

John Rawls, *A Theory of Justice,*(Cambridge: Harvard University Press, 1971)

Juan Linz & Alfred Stepan, *The Breakdown of Democratic Regimes in Latin America,*(Baltimore: Johns Hopkins University Press, 1978)

K.D. Bracher, *The German Dictatorship,*(London: Penguin, 1973)

K.Louchheim, *The Making of the New Deal,*(Cambridge, Mass.: Harvard University Press, 1984)

Martin Dianmond, *The Electoral College and the American Idea of Democracy,* (Washington: American Enterprise Institute, 1977)

M. Duverger, "A New Political System Model: Semi-Presidential Government", *European Journal of Political Research,*(1980)。

P.J. Taylor ed. *World Government,* (New York: Oxford University Press, 1990)

Raymond Aron, "Alternation in Government in the Industrialited Countries", *Goverment and Opposition,* Vol. 17, No.1,

R. P. Wolff, *Understanding Rawles,* (Princeton: Princeton University Press, 1977)

R. Taagepera & M.S. Shugart, *Seat and Votes,* (New Haven: Yale University Press, 1986)

T.E. Cronin, *Direct Democracy,* (Cambridge Mass: Harvard University Press, 1989)

The Blackwell Encyclopedia of Political Institutions, (New York: Basil Blackwell, 1987)

The Blackwell Encyclopedia of Political Thought, (New York: Basil Blackwll, 1987)

V. Boadanor, *What is Proporational Representation?* (Oxford: Robertson, 1984)

V. Bogdanor and D.e. Butler eds., *Democracy and Elections: Electoral Systems and their Political Consequences* (Cambridge: Cambridge University Press, 1983)

Willian F. Duker, *A Constitutional History of Habeas Corpus,* (Westport: Greenwood Press, 1980)

附　　編

一、原著選讀
二、憲法選編
三、文獻選編

原著選讀

三民主義

民國八年，一九一九年

革命方略之所以不能行者，以當時革命黨人不能眞知了解於革命之目的也。革命之目的，卽欲實行三民主義也。何謂三民主義？曰民族主義、曰民權主義、曰民生主義是也。中國革命何以必須行此三民主義？以在此二十世紀之時代，世界文明進化之潮流已達於民生主義也；而中國則尙在異族專制之下，則民族之革命以驅除異族、與民權之革命以推覆專制，已爲勢所不能免者也。然我民族、民權之革命時機，適逢此世界民生革命之潮流，此民生革命又我所不能避也。以其旣不能免、而又不能避之三大革命已乘世界之進化潮流催迫而至，我不革命而甘於淪亡，爲天然之淘汰則已；如其不然，則曷不爲一勞永逸之舉，以一度之革命，而達此三進化之階級也。此予之所以主張三民主義之革命也。夫世界古今何爲而有革命？乃所以破除人類之不平等也。孔子曰：「湯武革命，順乎天而應乎人。」革命之時義大矣哉。滿洲以一游牧部落之少數人，而征服漢族四萬萬人，壓制之至二百六十餘年之久，此天下之至不平之事；而漢族人民欲圖種族之生存，不得不行民族主義者也。專制君主，本弱肉強食之獸性，野蠻爭奪之遺傳，以一人而享有天下，視億兆爲臣僕，生殺予奪，爲所欲爲，此人類之至不平也；而人民欲圖平等自由，不得不行民權主義者也。自工業革命之後，用機器以代人工，生產之力陡增，而歐美工業發達之國，有富者日富、貧者日貧，遂生出資本家之專制。孔子曰：「天下不患貧，而患不均。」是今日歐美文明先進之國，其民族、民權兩問題皆已解決矣，惟民生問題則日陷於苦境。資主則日虞生產過盛，苦於消場；工人則俯仰不給，罷工要値，貧富懸殊，競爭日劇。是知欲由革命以圖國治民福者，不得不行民生主義也。

今請進而論民族主義。

中華民族者，世界最古之民族，世界最大之民族，亦世界最文明而最大同化力之民族也。然此龐然一大民族則有之，而民族主義則向所未有也。何爲民族主義？卽民族之正義之精神也。惟其無正義、無精神，故一亡於胡元，再亡於滿淸，而不以爲恥，反謂他人父，謂他人君，承命惟謹，爭事之恐不及。此有民族而無民族主義者之所謂也。夫民族主義之起源甚遠，而發達於十九世紀，盛行於二十世紀，日爾曼之脫拿破崙羈絆，希利尼之離土耳其而獨立，以大利之排奧地利以統一，皆民族主義爲之也。今回歐洲大戰，芬蘭離俄而獨立，波蘭乘機而光復，捷克士拉夫叛奧而建國，查哥士拉夫離奧而合邦於塞維爾亞，亦民族主義之結果也。民族主義之範圍，有以血統宗教爲歸者，有以歷史習尙爲歸者，語言文字爲歸者，夐乎遠矣；然而最文明高尙之民族主義範圍，則以意志爲歸者也。如瑞士之民族，則合日爾曼、以大利、法蘭西三國之人民而成者也。此三者各有血統、歷史、語言也，而以互相接壤於亞剌山麓，同習於淩山越谷，履險如夷，愛自由，尙自治，各以同聲相應，同氣相求，遂組合而建立瑞士之山國，由是而成爲一瑞士之民族。此民族之意志，爲共圖直接民權之發達，是以有異乎其本來之日、以、法三民族也。又美利堅之民族，乃合歐洲之各種族而鎔冶爲一爐者也。自放黑奴之後，則收吸數百萬非洲之黑種而同化之，成爲世界一最進步、最偉大、最富強之民族，爲今世民權共和之元祖；今出而維持世界之和平，主張人道之正誼，不惜犧牲無數之性命金錢，務期其目的之達者，此美利堅民族之發揚光大，亦民族主義之發揚光大也。我國人自漢族推覆滿淸政權，脫離異族羈厄之後，則以民族主義已達目的矣；更有無知妄作者，於革命成功之初，創爲漢、滿、蒙、回、藏五族共和之說，而官僚從而附和之。且以淸朝之一品武員之五色旗，爲我中華民國之國旗，以爲五色者，代表漢、滿、蒙、回、藏也，而革命黨人亦多不察，而捨去吾共和第一烈士陸皓東先生所定之中華民國之青天白日國旗，而採用此四分五裂之官僚旗；予爭之不已，而參議院乃以青天白日之旗爲海軍旗。嗚呼！此民國成立以來，所以長在四分五裂之中，而海軍所以有常常主持正義也。此民國之不幸，皆由不吉之五色旗有以致之也。夫淸朝之黃龍帝旗，我已不用，而乃反用其武員之五色旗，此無怪淸帝之專制可以推覆，而淸朝武人之專制難以滅絕也。天意乎？人事乎？

夫漢族光復，滿淸傾覆，不過只達到民族主義之一消極目的而已，從此當努力猛進，以達民族主義之積極目的也。積極目的爲何？卽漢族當犧牲其血統、歷史與夫自尊自大之名稱，而與滿、蒙、回、藏之人民相見以誠，合爲一爐而冶之，以成一中華民族之新主義，如美利堅之合黑白數十種之人民，而冶成一世界之冠之美利堅民族主義，斯爲積極之目的也。五族云乎哉。夫以世界最古、最大、最富於同化力之民族，加以世界之新主義，而爲積極之行動，以發揚光大中華民族，吾決不久必能駕美迭歐而爲世界之冠。此固理所當然，勢所必至也，國人其無餒。

今請進而論民權主義。

民權者民衆之主權也。世界進化由野蠻而至文明，心性進化由無知而至有知。天生聰明睿智先知先覺者，本以師導人羣，贊佐化育；乃人每多原慾未化，私心難純，遂多擅用其聰明才智，以圖一己之私，而罔顧人羣之利，役使羣衆，有如牛馬，生殺予奪，威福自雄，蚩蚩之民，畏之如神明，承命惟謹，不敢議其非者，由是履霜堅冰，積爲專制。我中國數千年來聖賢明哲，授受相傳，皆以爲天地生人，固當如是，遂成君臣主義，立爲三綱之一，以束縛人心，此中國政治之所以不能進化也。雖其中有「大道之行，天下爲公。」又有「天視自民視，天聽自民聽。」「民爲貴，君爲輕。」「國以民爲本」等言論；然此不過一隙之明，終莫挽狂流之勢。乃自近代民智日開，又值哥林巴士冒險航海，發見西半球之新大陸，由是歐洲之宗教名流、政潮志士，多與湖海俠客、無業游民，同冒險徙居於新地，以冀各遂生平之抱負也。以此富於冒險精神之人，不得志於本國，梯航萬里，而至於新天地，以抒其鬱勃不平、積久必申之氣，而興其拓殖事業，宜乎其結果爲開發一新政治思潮，而後卒成美洲之共和世界。此新世界之共和，則大異乎古昔希臘、羅馬之共和，與夫歐洲中世紀之共和也；蓋往昔之所謂共和者，亦不過多數人之專制而已，而美洲之共和乃眞民權之共和也。夫美國之開基，本英之殖民地而離母國以獨立，其創國之民，多習於英人好自由、長自治之風尚，加以採盧梭之民約，與孟氏之法意，而成其三權憲法，爲致治之本；此爲民憲之先河，而開有史以來未有之創局也。有美國共和，而後始有政府爲民而設之眞理出現於世。林肯氏曰：「爲民而有，爲民而治，爲民而享者，斯乃人民之政府也。」有如此之政府，而民者始眞爲一國之主也。國家之元首百官，始變而爲人民之公僕，服役於民者矣，此爲政治之革命也。美國獨立之後，旋而有法國之大革命，旋而有歐洲之大革命，此皆人類之智識日開，覺悟漸發，而乃知人者皆同類也；既爲同類，則人人皆當得平等自由也。其特出之聰明才智者，不得以詐以力以奪他人應有之自由權利而獨享之也。其佔據人類之優等地位而號爲君主王侯與及一切貴族，奪民以自享，皆爲不平等者也，故當推覆之，而平人類之不平。於是十八世紀之末，以至此二十世紀之初，百餘年來，皆君權與民權爭競之時代。從此民權日發達，君權日削亡，經此次歐戰之後，專制之國悉數敗亡，大陸之上幾無君主立足之地矣，此世界政治進化之潮流，而非人力所能抵抗者，卽古人所謂天意也。順天者昌，逆天者亡，此之謂也。繼美國之成文憲法，青出於藍而勝於藍者則有瑞士之憲法也。美國之憲法，雖以民權爲宗，然猶是代表之政治，而國民只得選舉之權而已。而瑞士之憲法，則直接以行民政，國民有選舉之權，有複決之權，有創制之權，有罷官之權，（其要領原理，當另著專書詳之。）此所謂四大民權也。人民而有此四大權也，乃能任用官吏，役使官吏，駕馭官吏，防範官吏，然後始得稱爲一國之主而無愧色也。予之定名中華民國者，蓋欲於革命之際，在破壞時則行軍政，在建設時則行訓政。所謂訓政者，卽訓練清朝之遺民，而成爲民國之主人翁，以行此直接民權也。有訓政爲過渡時期，則人民無程度不足之憂也。乃當日革命黨員多注重於民族主義，而鮮留心於民權主義，故破壞成功之後，官僚則曰人民程度不足也，而吾黨之士又從而和之，曰人民程度不足，不可以行直接民權也。嗚呼！是何異謂小孩曰：「孩子不識字，不可入校讀書也。」試問今之爲人父兄者，有是言乎？而革命志士自負爲先知先覺者，卽新進國民之父兄，有訓導之責任者也；乃有以國民程度太低，不能行直接民權爲言，而又不欲訓練之以行其權，是眞可怪之甚也。彼輩旣承認此革命後之新國爲中華民國矣，而又承認中華民國之主權在於國民全體矣，是卽承認四萬萬之人民將必爲此中華民國之主人矣；而今之行政首長，凡百官吏與及政客、議員者，皆卽此四萬萬人民之臣僕也。旣爲其臣僕，而又敢公然曰：「吾之主人知識幼稚，程度太低，不可直接以行其主權也。」以是故也，予所以有訓政時期之主張；而此輩又羣起而反對之。予又試問：今之所謂志士黨人、官僚政客者將欲何爲也？旣不甘爲諸葛亮、文天祥之鞠躬盡瘁以事其主，又不肯爲伊尹、周公之訓政以輔其君，則其勢必至大者爲王莽、曹操、袁世凱之僭奪。而小者則圖私害民爲國之賊也。此非民國所宜有，當歸於天然淘汰之列也。觀歐洲百餘年來之政治進化，人權競爭，其始也，少數聰明才智之人以自由平等爲號召，而革獨頭專制君主之命；及其成功也，則此少數人又從而行專制，其爲禍更烈於君主之專制也；而大多數人又起而革此少數人之命，必至政權歸於平民而後已。今之武人官吏乘革命之賜，倖而得有高位，而不盡心民事者，勿以人民可欺，而能久假不歸也。世界潮流，天然淘汰，必無倖免者也。民國之主人，今日雖幼稚，然民國之名有一日之存在，則顧名思義，自覺者必日多，而自由平等之思想亦必日進，則民權之發達終不可抑遏，此蓋進化自然之天道也。順天則昌，逆天則亡，此之謂也。

今請進而論民生主義。

民生主義者，卽社會主義也。貧富不齊，豪強侵奪，自古有之，然不若歐美今日之甚也。歐美自政治革命而後，人人有自由平等，各得肆力於工商事業，經濟進步，機器發明，而生產之力爲之大增，得有土地及資本之優勢者，悉成暴富，而無土地及資本之人，則轉因之謀食日艱，由是富者愈富，貧者益貧，則貧富之階級日分，而民生之問題起矣。此問題在歐美今日，愈演愈烈，非循此而往，至發生社會之大革命不止也。俄國已發其端，德國又見告矣，英、美諸國將恐不免也。惟中國之於社會革命也，則尙未種其因，如能思患預防，先爲徙薪曲突之謀，則此一度之革命，洵可免除也，此民生主義之所以不得不行也。中國之行民生主義，卽所以消弭社會革命於未然也。夫社會革命之因，何從而來也？曰從機器發明而來也。歐美自機器發明而後，萬般工業皆用機器代之。夫用機器以羈勒自然之力，如汽力、電力以代人工，本可減省人之勞力，應爲造福於人間，而何以反生出社會之痛苦？所以然者，則機器之發明而施用於工業也，乃突如其來，而社會之舊組織一時不能爲之變更，亦不知爲之變更，故無從應付也。爲資本家者，只知機器之爲利，而不恤社會之被其害也。今試以織業言之：當昔用人工以織布，每人日織不過一丈，使有資本家，日僱千人爲之織，日出千丈之布，其所給工値，假設爲每人一元，此一元之工値，當與織工獨立自織之價値相若也；倘所差太甚，則織工必不願受資主之僱，而必自織其布也。蓋以人工作業之時，則工人容易自行獨立以營業，而資主不能爲之壟斷也。惟一旦以機器代人工，則生產至少可加十倍，前以千人日只出布千丈，今則用百人而出布千丈矣。倘使銷場如故也，則用手工生產之時，資主當僱千人，日給工値千元，乃能出千丈之布。今用機器生產，則布仍爲千丈也，而工則減去九百人，只用百人而已足。此百人之工値，若仍其舊也，則資主前費千元者，今費百元已足矣。或更有甚者，則前用手工生產之時，工人能退而自營其業，不專靠資主之僱以謀生活也；惟今失業之九百人，若退而自營其業，則彼手工之生產，必不及機器生產價値之廉，是工人萬不能與資主競爭，則惟有仰給資主以爲生活，資主所需一百之工，則有千人砭（疑係「貶」字之誤）價以爭僱，前之工値一元者，今或半元而已有受僱者矣。由此觀之，用手工生產之時，所出千丈之布，工人日所得工値爲千元，資主日獲之利亦設爲千元；今用機器生產，所出布千丈，工人所得之値不過百元，甚或至五十元，而資主今之獲利，每日增加九百元至九百五十元矣。如是則工人立形困苦，其不遷徙流離，則必坐以待斃而已。倘若銷場擴大，則資主所僱，仍不減千人，工資如故也，而機器之生產，則人加十倍，前之每日出布千丈者，今可出布萬丈，而資主每日之利則九千元。倘市場更增，資主能僱用萬人者，則日能獲利九萬元，而工人亦不過日獲一元而已。一家如是，家家如是，一業如是，業業如是，市場愈大，機器愈精，則資本家之勢力愈宏厚，而工人則生產愈多，而工値愈微。此機器代手工而生產，泰西學者所謂工業革命者也。

工業革命之後，資本膨脹，而地價亦因而大增，蓋機器之生產事業利於集中，故城市首先發達，以易致工人也。其次則煤鐵之場，製造事業亦以繁興，蓋便於取材也。其三則交通之地，工廠亦隨而林立，以便於運輸也。凡有此三要素之地，工業必從而發達，人口則爲增加。此等工業繁盛之城市，其地價之增加，有畝至十百萬元者。而地主多有承先人之遺業，不耕不織，無思無維，而陡成巨富者，是地主以地增價而成資本家，資本家以工業獲利而成大地主；城市之地，固盡爲此輩所壟斷，而附廓之田，亦爲之所收買，漸而至於郊外之沃野荒原，亦陸續爲此輩佔有。由是地價則日增，而工値則日賤，蓋工人欲退而歸農，亦無田可耕，則耕亦不能償其租值，於是更不得不全靠僱工爲活矣。工業愈進步，商業愈發達，則資本家與地主之利愈大，而工人則窮苦矣。此歐美工商發達，經濟進步後所生出社會貧富階級之情形，而社會革命之所以不能免也。中國近代進步雖遲，似有不幸；然若能取鑑於歐美之工業革命、經濟發達所生出種種流弊而預爲設法以杜絕之，則後來居上，亦未始非一大幸也。顧思患預防之法爲何？即防止少數人之壟斷土地、資本二者而已。中國自廢井田而後，土地雖歸私有，然因向以手工爲生產之具，而資本尙未發達，地價亦尙未增加，故尙少大地主，及今而整頓土地，猶易爲力。故同盟會之主張，創立民國後，則繼之以平均地權，倘能達此目的，則社會問題已解決過半矣。平均地權者，卽井田之遺意也。井田之法，旣板滯而不可復用，則惟有師其意而已。中國今工商尙未發達，地價尙未增加，則宜乘此時定全國之地價。其定價之法，隨業主所報以爲定；惟當範圍之以兩條件：一、所報之價，則以後照價年納百分之一或百分之二以爲地稅。二、以後公家有用其地，則永遠照此價收買，不得增加；至若私相賣買，則以所增之價，悉歸公有，地主只能得原有地價，而新主則照新地價而納稅。有此二條件，則定地價毫無煩擾欺瞞之弊，蓋此二條件，爲互相牽制者也。倘使地主有瞞稅之心，將現値之地價，以多報少：假使在上海市之地，有値萬元至十萬元一畝者，地主以値十萬元一畝之地而報價萬元，則値百抽一之稅爲百元。若十萬元一畝，則値百抽一，其稅爲千元矣。如此於瞞稅方面，地主則得矣；惟政府可隨時範圍之以第二條件備價而收買其地，其原値十萬元一畝，今照彼所報納稅之價萬元而收買之，則地主食虧九萬元矣。又倘地主有投機之心，預測公家他日必需其地，將現在所値百元一畝之地，而報其價至十萬者；如此則於公家未收買其地之先，每年當納千元之稅，如此則利未見而本先虧矣。故於兩條件範圍之中，地主當必先自訟而後報其價値，則其價値必爲時下當然之價矣。此辦法較之英國數年所行之法，利便多矣。英國自議院通過地價稅案之後，政府特設估價衙門，以定全國地價；而又設控訴衙門，以理控訴。倘地主有不以估價衙門所定之價爲公平，可控訴之，由控訴衙門復加裁判以爲定，其煩擾爲如何耶。夫照價抽稅，較之現行之照畝抽稅，其公平與不公平，眞有天壤之別矣。照畝抽稅，只分上中下三等而已。設有郊外田一畝，其價一元，而抽其下稅若干；又有市內地一畝，其價一萬，而抽其上稅若干。上稅與下稅之所差，不能過十倍也，而其價値之差，卽一與萬之比也，使農民之負擔賦稅，比之市民重一千倍矣。是照價抽稅者，質而言之，卽減輕農田之稅耳。且先定地價，而待經濟之發達，則公共之事容易舉辦，而能收大利矣。今以一事證之：如中國交通運輸之事業發達，則凡於鐵路集中之地，水陸交會之區，大市鎭必從而生焉。以中國之大，此種新市鎭，當必得百數十處也。如國家爲之經營，照現價以收買其地，闢以廣大之衢，設備公用之具，如自來水、煤氣、電燈、電話等事，則數元一畝收來之地，一轉瞬間，其值必加至千倍或至萬倍矣，此等所謂不勞而獲之利。倘公家不收之以爲公用，則必入於私人之手；一入於私人之手，則必生出社會之不平均，而害隨之矣。經濟家之言，生財之元素有三：土地、人工、資本是也。中國今日地大人衆，倘知採民生主義之計畫，以謀工業之發展，則資本易致也。資本與民生主義之計畫，下章繼續論之。

中國土地之問題，自廢井田而後，以至於今，無甚大變者也。雖農民之苦，較井田時或有加重，然人人得爲小地主，則農民之勤儉者，均有爲小地主之希望，而民生之路未盡絕也。惟歐風東漸，我之實業革命，工商發達，亦勢所必至，則以後亦成爲有者益有，而無者益無，此時而欲由小農而成小地主，欲由小工而成小資本家，爲萬不可能之事矣，如此則民生之路絕矣。歐美各政治先進之國，而經濟革命之風潮則澎湃鼓盪而來者，此也。所幸者，我中國今日尚未經實業革命、資本發達之階級，未雨綢繆，時哉勿失。土地問題之解決方法，其簡便易行，既而如上章所述矣；今專就資本之問題，以求解決之方。歐美資本之問題，激爭數十年，而未能得良法以解決者，初以資本之發達，爲世人所不及料，故由不知不覺而盡入於少數人之手；是猶政治發達之初，而政權歸於少數人之手同一理也。而其平之之法，則必待多數人之覺悟，而決心爲大犧牲，不惜殺人流血，始能達自由平等之目的也。今歐美之苦工農民，已全數覺悟矣，而猶未能解決經濟問題者，何也？以此問題之解決，其煩難當有百十倍於政治問題也。爲此故也，則我當懍歐美前車既覆之鑑，爲我之曲突徙薪，不可學俄人之焦頭爛額也。夫惟我之資本尙未發生也，則我防患於未然自易，此中國之後來居上，將必爲世界第一富強安樂之邦之大希望也。道在今日之仁人志士、先知先覺知之行之而已。

今請進而論資本。

經濟家之言曰：資本者，勞力之所獲，以給其需要之餘，而用之以爲生利之需者，則爲資本也。如農之餘粟，工之餘布，用以交易其需要之外，而復用之以廣其田園，增其器械；此農之田園，工之器械，則謂之資本也。以此田園、器械能多生其粟、多出其布也。倘此農工以其所餘，而易肥馬輕裘以自娛，此農工之肥馬輕裘，則不得謂之爲資本也。是故如家中之飯，設備以自給者，不得爲資本，而飯店之飯設備以應沽，卽爲資本矣。由此例推，筐中之衣服，富室之汽車，皆不得爲資本；而縫店之衣服，車店之汽車，卽皆爲資本也。夫資本者，生產三大元素之一。其始也，凡勤儉之小工，以其餘財而再圖生利者，皆能爲資本家；及機器之興也，則以一人而用機器，可做百十人之工，則不獨小工永絕爲資本家之希望，而小資本家亦難以自立，而見併於大資本家，而大資本家又見併於更大之資本家，由是大魚食細魚，遂生出歐美等國資主與工人之兩階級，貧富之懸殊，乃以日而甚矣。歐美資本發達後，其爲患於社會如此其大者，以歐美土地問題，未能於資本未發達之前而先爲之解決，故地主與資本家二者合而爲一，如虎加翼，其橫暴遂不可制止矣。今各國政治家之解決社會問題者，亦必先從土地問題著手，雷佐治之於英國施行土地照價抽稅之法是也。然英國資本發達，已百有餘年矣，而全數早已悉落於私人之手；故當民國建元之前後，已施行土地照價抽稅之法，而七、八年來，社會競爭之問題依然激烈也，同盟罷工之風潮依然不止也。惟當此次歐戰發生之後，英國曾爲社會突飛之進步，鐵路海運，俱收歸國有，而一切製造工廠，亦收歸官辦，以供給軍用品也。惟今後戰後經營，英國其能力排資本家之優勢，以順世界之潮流，而進英國爲一集產之國家乎？抑仍受資本家之握制，而退歸私人之所有也？此今後之一大問題也。

原著選讀

五權憲法

民國十年（一九二一年）七月在中國國民黨特設辦事處演講

今天的講題是五權憲法。五權憲法是兄弟所獨創，古今中外各國從來沒有講過的。諸君知道近來一二百年世界上的政治潮流，都是趨重立憲。立憲兩個字，在近來一二十年內，我們都聽慣了。到底甚麼叫做憲法呢？簡單的說：憲法就是把一國的政權分作幾部份，每部份都是各自獨立，各有專司的。各國的憲法，只有把國家的政權分作三部，叫做三權，從來沒有分作五權的。五權憲法是兄弟創造出來的。兄弟創出這個五權憲法，大家都有點不明白，以爲這個五權憲法有甚麼根據呢？五權憲法的根據，老實說起來，就是我研究各國憲法，獨自思想出來的。至於講到五權憲法的演講，十數年前，只有在東京同盟會慶祝《民報》週年紀念的時候，演講過了一次。但是那個時候，大家對於這個道理，都沒有十分留心。在當時大家的意思，以爲世界各國只有三權憲法，並沒有聽見過甚麼五權憲法的。兄弟所創出的五權憲法，便覺得很奇怪，以爲是兄弟憑空杜撰的；不知道兄弟創這個五權憲法，實在是有根據的。兄弟提倡革命三十多年，從廣東舉事失敗以後，便出亡海外，兄弟革命雖然是遭遇了一次失敗，但是並不灰心，把革命的事情還是向前做去。在全球奔走之餘，便把各國政治的得失源流，拿來詳細考究，預備日後革命成功，好做我們建設的張本。故兄弟當亡命各國的時候，便很注意研究各國的憲法。研究所得的結果，見得各國憲法只有三權，還是很不完備；所以創出這個五權憲法，補救從前的不完備。所以五權憲法就可說是兄弟所獨創的。

世界各國成立憲法最先的就算是美國。當美國革命，脫離英國，成立共和之後，便創立一種三權憲法，世人都叫它做成文憲法，把各種國利民福的條文，在憲法之內訂得非常嚴密。以後各國的憲法，都是效法它這種憲法來作立國的根本大法。因爲美國的憲法有這樣的重要，所以兄弟也去詳細研究過了。美國的人民自從憲法頒行之後，幾乎衆口一詞說美國的憲法是世界中最好的。就是英國政治家也說：自有世界以來，只有美國的三權憲法是一種很完全的憲法。但是依兄弟詳細的研究，和從憲法史乘及政治學理種種方面比較起來，美國的三權憲法到底是怎麼樣呢？由兄弟研究的結果，覺得美國憲法裏頭，不完備的地方還是很多，而且流弊也很不少；以後歐美學者研究美國憲法所得的感想，也有許多是和我相同的。兄弟以最高上的眼光同最崇拜的心理去研究美國憲法，到底美國憲法還是有不完備的地方。就是近來關於美國憲法裏頭，所有不完備和運用不靈敏的地方，世人也是漸漸的知道了。由此可見無論甚麼東西，在一二百年之前以爲是很好的，過了多少時候，以致於現在便覺得不好了。兄弟研究美國憲法之後，便想要補救它的缺點。當時美國學者也有這種心理，想要設法補救的。但是講到補救的事，談何容易！到底要用甚麼方法才能補救呢？理論上固然是沒有這樣書籍可以作補救，事實上又沒有甚麼先例可以供參考。研究到這裏，兄弟想起從前美國哥倫比亞大學有一位教授叫做喜斯羅，他著了一本書，叫做《自由》。他說憲法的三權是不夠用的，要主張四權。那四權的意思，就是要把國會中的「彈劾權」拿出來獨立，用「彈劾權」同「立法權」、「司法權」、「行政權」作爲四權分立。他的用意以爲國會有了彈劾權，那些狡猾的議員，往往利用這個權來壓制政府，弄到政府一舉一動都不自由，所謂「動輒得咎」。他的這個用意，雖然不能說是十分完善，但是他能夠著這本書，發表他的意見，便可見在美國裏頭，已經是有人先覺悟了。

美國的憲法不完全，他們便有人要想方法去補救，不過那種補救的方法還是不完備。因爲在美國各州之內，有許多官吏都是民選出來的。至於民選是一件很繁難的事，流弊很多。因爲要防範那些流弊，便想出限制人民選舉的方法，定了選舉權的資格，要有若干財產才有選舉權，沒有財產的就沒有選舉權。這種限制選舉，和現代平等自由的潮流是相反的。而且這種選舉更是容易作弊，對於被選的人民，也沒有方法可以知道誰是適當。所以單是限制選舉人，也不是一種補救的好方法。最好的補救方法，只有限制被選舉人，要人民個個都有選舉權。這種選舉，就是近日各國人民要力爭的選舉，這就是叫做普通選舉。普通選舉雖然是很好，究竟要選甚麼人才好呢？如果沒有一個標準，單行普通選舉，也可以生出流弊。那些被選的人，當是擁有若干財產，才算是合格。依兄弟想來，當議員或官吏的人，必定是要有才有德，或者有甚麼能幹，才是勝任愉快的。如果沒有才、沒有德、又沒有甚麼能幹，單靠有錢來作議員或官吏，那麼將來所做的成績，便不問可知了。但是有這種才德和能幹的資格之人，只有五十人，便要照這種資格的人來選舉，我們又是怎樣可以去斷定他們是合格呢？我們中國有個古法，那個古法就是考試。從前中國的官吏，凡是經過考試出身的人，便算是正途，不是考試出身的人，不能算是正途。講到這個古法，在中國從前專制時代，用的時候尚少。因爲那個時候，做君王的人在吃飯睡覺的時候，都念念留心全國的人材，誰是人材好，才叫誰去做官。君主以用人爲專責，所以他能夠搜羅天下的人材。到了今日的時代，人民沒有工夫去辦這件事，所以任用官吏，在君主時代可以不用考試，共和時代考試是萬不可少的。故兄弟想於三權之外，加多一個考試權。考試本是一個很好的制度，兄弟亡命海外的時候，考察各國的政治憲法，見得考試就是一件補救的好方法。這個方法可算是兄弟個人獨創出來的，並不是從外國學者抄襲出來的。憲法中能夠加入這個制度，我想是一定很完備，可以通行無礙的。

我們從前在東京同盟會時代，本是拿三民主義和五權憲法來做黨綱，預計革命成功了，我們就拿來實行。不料光復以後，大家並不注意，多數人的心理，以爲推翻了滿清，便算是革命成功，所以民國雖然成立了十年，不但沒有看見甚麼成績，反比前清覺得更腐敗。這個緣故不必用兄弟來說，大家都可以知道了。我們要除去這種腐敗，重新來革命，一定是要用五權憲法來做建設國家的基礎。我們要有良好的憲法才能夠建立一個眞正的共和國家。不過兄弟發明了五權憲法之後，一般人對於這個道理都很不明瞭，就是專門學者也有不以爲然的。記得二十年以前，有一位中國學生——他本來是大學法科畢業，在美國大學也得了法學士的學位，後來他還想深造，又到美國東方一個大學去讀書。有一次兄弟在紐約城和他相遇，大家談起來，兄弟便問他說：「你這次入美國東方大學，預備去研究甚麼學問呢?」他說：「我想專門學憲法。」我就把我所主張的五權憲法說與他聽，足足的和他討論了兩個星期，他便說這個五權憲法，比較甚麼憲法都要好，極端贊成我的主張。兄弟在當時便很歡喜，見得他既是贊成了這個憲法，就請他進了學校之後，把這個五權憲法的道理詳細去研究。過了三年之後，他便在耶魯大學畢業得了一個法律博士學位，耶魯大學是美國東方很有名譽的大學，他能夠在這個學校畢業，得了博士學位，學問自然是很好的。他從耶魯大學畢業之後，後來又到英國、法國、德國去考察各國的政治憲法。到辛亥革命成功的那一年，他剛回到中國，兄弟見了他，就問他說：「你從前很贊成我的五權憲法，近來研究了各國的憲法，有一些甚麼心得呢?」他回覆我說：「五權憲法這個東西，在各國都沒有見過，恐怕是不能行的。」兄弟聽了這話之後，就很以爲奇怪，很不以爲然。不料我們那一班同志聽了他的話之後，都以爲這位法律博士且說各國都沒有這個東西，總是有些不妥當，所以對於五權憲法便漸漸不大注意了。還有一位日本的法律博士，兄弟在南京政府的時候請他做法律顧問，有許多關於法律的事情都是和他商量。後來討袁之後，兄弟亡命到東京，又遇見了這位博士。他還問兄弟說：「甚麼是叫做五權憲法呢?」兄弟就和他詳細講解，談了兩三個月的工夫，合計起來總有二三十小時，後來他才明白了。在那個時候，兄弟便覺得這位法律博士，還要我講這些時候才能夠明白，若是和一般普通人民討論，更是不知道怎麼困難，難怪他們都是不懂了。剛才所說的那兩位博士，一位是美國的博士，一位是東洋的博士。我在紐約遇著美國博士的時候，討論了兩個星期，他很贊成這個五權憲法，當時他不過是一個學士，只算是半通的時候；後來他在美國耶路大學畢業得了博士學位之後，可算大通的時候了，他反說各國沒有這個東西。那位日本博士，兄弟與他研究了好幾個月的工夫，他才明白，可見五權憲法這個東西想拿來實行，實在是很難的。現在雖然沒有人懂得，年深月久，數百年或數千年以後，將來總有實行的時候。我們要想把中國弄成一個富強的國家，有甚麼方法可以實現呢？這個方法就是實行五權憲法。兄弟在東京慶祝《民報》週年講演五權憲法之後，現在相隔差不多有二十年了，但是贊成五權憲法的人還是寥寥無幾，可見一般人都不大明白，所以今天我還要拿來和大家說明。但是要把五權憲法來詳細說明，我想用幾天的功夫還是不夠，而且恐怕越說越不明白。所以現在想出一個法子，要想在五權憲法範圍之外來講。因爲一個問題，從側面來講，每每要比從正面來講是容易明白些。中國有句成語說：「不識廬山眞面目，只緣身在此山中。」這句成語的意思，就是說看廬山的人，要離開廬山一二百里以外，才能夠看到他的眞面目；如果在廬山裏頭，便看不出他的所以然了。兄弟今天來講五權憲法，所用的方法，就是根據這個意思。

我們爲甚麼要實行五權憲法呢？要知道這個原因，便應該把幾千年以來政治拿來看看。政治裏頭有兩個力量：一個是自由的力量，一個是維持秩序的力量。政治中有這兩個力量，好比物理學裏頭有離心力和向心力一樣。離心力是要把物體裏頭的分子離開向外的，向心力是要把物體裏頭的分子吸收向內的。如果離心力過大，物體便到處飛散，沒有歸宿；向心力過大，物體便愈縮愈小，擁擠不堪。總要兩力平衡，物體才能夠保持平常的狀態。政治裏頭的自由太過，便成了無政府；束縛太過，便成了專制。中外數千年來的政治變化，總不外乎這兩個力量之往來的衝動。中國的和外國的政治，古今是不同的。中國的政治，是從自由入於專制；外國的政治，是從專制入於自由。孔子刪書，斷自唐虞，唐虞的時候，堯天舜日，極太平之盛治，人民享極大平等自由的安樂。到了後來，政治一天敗壞一天，這是甚麼緣故呢？就是人民在從前太平時代，享受自由太多，不知道怎麼樣寶貴，不知不覺的漸漸放棄了，野心君主便乘機利用這個機會，所以釀成秦漢以後的專制。至於外國的政治，是從專制趨於自由。因爲外國古代君主專制太過，人民不堪其苦，於是大家提倡自由。故外國有句話說：「不自由，毋寧死。」這句話的意思，就是人民不能自由寧可死去，不必貪生。可見外國政治專制，在當時是甚麼樣子了。

中外政治不同的地方，我們還可以再來比較一比較：中國的政治，是從自由入於專制，因爲中國古時有堯舜的好皇帝，政治修明，人民得安居樂業，所謂「鑿井而飲，耕田而食。」向來是很自由的。老子說：「無爲而治」，也是表示當時人民極端自由的狀況。

當時人民因爲有了充分的自由，所以不知自由的寶貴。普通外國人不知道這些詳細情形，便以爲中國人民不知道自由的好處，不講究自由；不知道中國人民自堯舜以來，已經享受過了很充分的自由，到了周末以後，人民才放棄自由，秦始皇才變成專制。當中國周末的時候，就是和歐洲羅馬同時。歐洲自羅馬滅亡了之後，羅馬的土地被各國割據；當時各國用兵力佔據一塊地方，大者稱王，小者稱侯，都是很專制的。人民受不過那種專制的痛苦，所以要發生革命，拚命去爭自由，好像晚近幾世紀，發生許多戰爭，都是爲爭自由一樣。兄弟從前主張革命，對於爭自由一層，沒有甚麼特別提倡，當中原因，就是因爲看到了中國人民只曉得講改革政治，不曉得甚麼叫做自由。中國歷代的皇帝，他們的目的，專是要保守自己的皇位，永遠家天下，子子孫孫可以萬世安享。所以他們只要人民完糧納稅，不侵犯皇位，不妨礙他們的祖傳帝統，無論人民做甚麼事，都不去理會。人民只要納糧，便算了事，不管誰來做皇帝，也都是可以的，所以人民並沒有受過極大專制的痛苦。外國人不明白這個緣故，故常批評中國人不曉得自由。近年以來，有許多青年學者稍爲得了一點新思想，知道了自由兩個字，說到政治上的改革，便以爲要爭自由。不知道中國人民老早有了很大的自由，不需去爭的。因爲不需去爭，所以不知道寶貴。比方我們呼吸空氣，是生活上最重要的一件事，人類在空氣裏頭生活，好比魚在水裏頭生活一樣；魚離了水，不久就要死，人沒有空氣，不久也是要死的。我們現在這個房子裏頭，因爲空氣很充足，呼吸很容易，所以不曉得空氣的寶貴；但是把一個人關在不通空氣的小房子裏頭，呼吸不靈，他便覺得很辛苦，一到放出來的時候，得了很好呼吸，便覺得舒服，便知道空氣的寶貴。歐洲人從前受不自由的痛苦，所以要爭自由；中國人向來很自由，所以不知自由。這就是中國政治和歐洲政治大不相同的地方。

政治裏頭又有兩種人物：一種是治人的，一種是治於人的。孟子說：「有勞心者，有勞力者；勞心者治人，勞力者治於人。」就是這兩種人，治人者是有知識的，治於人者是沒有知識的。從前的人民知識不開，好比是小孩子一樣，只曉得受治於人。現在的人民知識大開，已經是很覺悟了，便要把治人和治於人的兩個階級徹底來打破。歐洲人民，在這個二十世紀，才打破治人的皇帝之階級，才有今日比較上的自由。兄弟這種五權憲法，更是打破這種階級的工具，實行民治的根本辦法。

現在再把憲法的來源講一講：憲法是從英國創始的，英國自經過了革命之後，把皇帝的權力漸漸分開，成了一種政治的習慣，好像三權分立一樣。當時英國人並不知道三權分立，不過爲政治上利便起見，才把政權分開罷了。後來有位法國學者孟德斯鳩著了一部書叫做《法意》，有人把他叫做《萬法精義》，這本書是根據英國政治的習慣，發明三權獨立的學說，主張把國家的政權分開，成立法、司法和行政三權。所以三權分立，是由於孟德斯鳩所發明的。當時英國雖然是把政權分開了，好像三權分立一樣，但是後來因爲政黨發達，漸漸變化，到了現在並不是行三權政治，實在是一權政治。英國現在的政治制度是國會獨裁，實行議會政治，所謂以黨治國的政黨政治。孟德斯鳩發明了三權分立的學說之後，不久就發生美國的革命。美國革命成功，訂立憲法，是根據於孟氏三權分立的學說，用很嚴密的文字，成立一種成文憲法。後來日本維新和歐洲各國革命，差不多是拿美國的憲法做底本，去訂立憲法。英國的憲法並沒有甚麼條文，美國的憲法有很嚴密的條文。所以英國的憲法可以說是活動的憲法，美國的憲法是呆板的憲法。此中因爲是由於英國是以人爲治，美國是以法爲治的。英國雖然是立憲的鼻祖，但是沒有成文憲法，英國所用的是不成文憲法。拿英國的不成文憲法，和我們中國專制時代的情形來比較，我們中國也有三權憲法，像下面的第一圖：

第一圖 比較憲法

中國憲法：考試權；君　權—兼（立法權、行政權、司法權）；彈劾權

外國憲法：立法權—兼—彈劾權；行政權—兼—考試權；司法權

照這樣圖看起來，可見中國也有憲法，一個是君權，一個是考試權，一個是彈劾權；不過中國的君權，兼有立法權、司法權和行政權。這三個權裏頭的考試權，原來是中國一個很好的制度，也是一件很嚴重的事。從前各省舉行考試的時候，把試場的門都關上，監試看卷的人都要很認眞，不能夠通關節、講人情，大家想想是何等鄭重。到後來有些不好，便漸漸發生弊病了。說到彈劾權，在中國君主時代，有專管彈劾的官，像唐朝諫議大夫和淸朝御史之類，就是遇到了君主有過，也可冒死直諫。這種御史都是梗直得很，風骨凜然。譬如廣州廣雅書局裏頭有一間十先生祠，那就是祭祀淸朝諫臣的，有張之洞的題額「抗風軒」三個字，這三個字的意思，就是說諫臣有風骨，能抗君主。可見從前設御史臺諫的官，原來是一種很好的制度。從前美國有一位學者叫做巴直氏，他是很有名望的，著過了一本書，叫做《自由與政府》，說明中國的彈劾權，是自由與政府中間的一種最良善的調和方法。由此可見中國從前的考試權和彈劾權都是很好的制度，憲法裏頭是決不可少的。

兄弟剛才所講的政治裏頭有兩個力量，一個力量是自由。自由這個東西，從前的人民都不大講究。極端的自由，就是無政府主義，是一種很新的學說。提倡這種學說的，最初是法國人布魯東、俄國人巴枯寧和近來已經逝世的俄國人克魯泡特金。在他們要講這種主義，不過是把這種理論看得很新，便去研究研究罷了。近來中國的學生們，對於這種理論並沒有深切研究，便學人去講無政

府主義，以爲是趨時，這眞是好笑。講到無政府主義，我們中國在三代以上便有人講過了，像黃老的學理，是不是無政府主義呢？列子內篇所說的「華胥氏之國」，其人民無君長，無法律，自然而已，這又是不是無政府主義呢？我們中國講無政府主義已經有了幾千年了，不過現在的青年不來仔細研究，反去拾取外國的牙慧罷了；殊不知道他們現在所講的無政府主義，就是我們幾千年前講過了的舊東西，現在已經是拋却不顧了。兄弟所講的自由同專制這兩個力量，是主張雙方平衡，不要各走極端，像物體的離心力和向心力互相保持平衡一樣。如果物體是單有離心力或者是單有向心力，都是不能保持常態的。總要兩力相等，兩方調和才能夠令萬物均得其平，成現在宇宙的安全現象。

憲法在政府中的作用，好比是一架機器。兄弟說政府是一架機器，不明白道理的人，以爲這個譬喻眞是比方得很奇怪。其實物質裏頭有機器，人事裏頭又何嘗沒有機器呢？法律就是人事裏頭的一種機器。就人情同物理來講，支配物質是很容易的，支配人事是很艱難的。這個緣故，就是因爲近來科學的發明很進步，管理物質的方法很完全，要怎麼樣便可以怎麼樣，飛天、潛水的機器都可以做得到，所以支配物質，便是很容易。至於人事裏頭的結構是很複雜的，近來所發明管理人事的方法又不完全，故支配人事便很不容易，政治上的憲法，就是支配人事的大機器，也是調和自由和專制的大機器。我們最初革命的時候，便主張三民主義。三民主義就是民族主義、民權主義和民生主義，和美國總統林肯所說的 of the people, by the people, and for the people. 是相通的。兄弟從前把他這個主張，譯作「民有」「民治」「民享」，他這個民有、民治、民享主義，就是兄弟的民族、民權、民生主義。人民必要能夠治，才能夠享，不能夠治，便不能夠享。如果不能夠享，就是民有都是假的。孟子說：「勞心者治人，勞力者治於人。」要打破這種階級，未嘗沒有方法，古語說：「人力可以勝天」。動物裏頭有千里馬，一日能夠走一千里，鳥能夠飛天，魚能夠潛海。假如我們要學千里馬一日可以行千里，要學鳥可以飛天，魚可以潛海，試問我們能不能夠做得到呢？因爲我們人類發明了科學，能夠製造機器，只要用機器便能夠一日行一千里，便能夠飛上天，便能夠潛入海。譬如我們坐自動車，更不止是日行千里，我們坐飛行機就可以飛上天，坐潛水艇就可以潛入海，這就是人事可以補天功。古書說從前希臘有一個人，一日能夠行千里，這是天賦的特能，不是可以常有的。今日人類有了機器，便不必要有天賦的特能，也可以日行千里，也可以飛天潛海，隨意所欲。我們現在來講民治，就是要把機器給予人民，讓他們自己去駕駛，隨心所欲去馳騁翱翔。這種機器是甚麼呢？就是憲法。下面所列的圖，就是五權憲法。

第二圖 五權憲法
- 立法權
- 司法權
- 行政權
- 彈劾權
- 考試權

這個五權憲法，就是我們近世的汽車、飛機和潛水艇。把全國的憲法分作立法、司法、行政、彈劾、考試五個權，每個權都是獨立的。從前君主時代，有句俗話叫做「造反」。造反的意思，就是把上頭反到下頭，或者是把下頭反到上頭。在君主時代，造反是一件很了不得的事情。這個五權憲法不過是上下反一反，去掉君權，把其中所包括的行政、立法、司法三權，提出來做三個獨立的權，來施行政治。在行政人員一方面，另外立一個執行政務的大總統，立法機關就是國會，司法人員就是裁判官，和彈劾與考試兩個機關，同是一樣獨立的。

如果實行了五權憲法以後，國家用人行政都要照憲法去做。凡是我們人民的公僕，都要經過考試，不能隨便亂用。兄弟記得剛到廣州的時候，求差事的人很多，兄弟也不知道那個有才幹，那個沒有才幹。這個時候政府正要用人，又苦於不知道那個是好，那個是不好，反受沒有人用的困難。這個緣故，就是沒有考試的弊病。沒有考試，就是有本領的人，我們也沒有方法可以知道，暗中便埋沒了許多人材。並且因爲沒有考試制度，一班不懂政治的人都想去做官，弄到弊端百出。在政府一方面是烏煙瘴氣，在人民一方面更是非常的怨恨。又像前幾天兄弟家裏想雇一個厨子，一時想不到要從甚麼地方去雇，就到酒菜館裏託他們替我去雇一個。諸君想想：爲甚麼不到木匠店內或者是到打鐵店內託他們那些人去雇呢？爲甚麼一定要到菜館裏去雇呢？因爲菜館就是厨子的專門學堂，那裏就是厨子出身的地方。諸君再想想：雇一個厨子，是一件很小的事情，還要跑到專門的地方去雇，何況是國家用人的大事呢？由此便可知考試眞是一件很要緊的事情，沒有考試，我們差不多就無所適從。好比舉行省議會選舉，要選八十個議員，如果定了三百個人是有候補議員資格的，我們要選八十個議員，就在這三百個人中來選舉。若是專靠選舉，就有點靠不住。因爲這個原因，美國選舉的時候，常常鬧笑話。我記得有一次美國有兩個人爭選舉，一個是大學畢業出身的博士，一個是拉車子出身的苦力，到了選舉投票的時候，兩個人便向人民演說，運動選舉。那個博士的學問很高深，所講的話總是些天文、地理、政治、哲學，但是他所講的高深道理，一般人民聽了都不大明白。這個車夫隨後跟上去演說，便對人民講，你們不要以爲他是一個博士，是很有學問的，他實在是一個書獃子，他是靠父兄的力量，才能夠進學校去讀書，我因爲沒有父兄的幫助，不能夠進學校內去讀書，他是靠父兄，我是靠自己的，大家想想是那一個有本領呢？用這一番話，說得那班選舉人個個都拍掌，都說那位博士的演說不好，一點都不明白，這個車夫的演說很好，眞是入情入理。選舉結果，果然是車夫勝利。諸君想想：這兩個運動選舉的人，一個是博士，一個是車夫，說到學問，當然是那位博士要比車夫好得多，但是那位博士不能夠當選，這就是只有選舉沒有考試的弊病。所以美國的選舉常常鬧笑話。如果有了考試，那麼，必要有才能、有學問的人才能夠做官，當我們的公僕。考試制度在英國實行最早，美國實行考試不過二三十年。現在各國的考試制度差不多都是學英國的。窮流溯源，英國的考試制度原來還是從我們中國學過去的。所以中國的考試制度，就是世界中最古最好的制度。

我剛才講過了，五權憲法的立法人員就是國會議員，行政首領就是大總統，司法人員就是裁判官，其餘行使彈劾權的有監察官，行使考試權的有考試官。兄弟在南京政府的時候，原想要參議院訂出一種五權憲法，不料他們那些議員都不曉得甚麼叫做五權憲法。後來立了一個約法，兄弟也不去理他，因爲我以爲這個執行約法，只是一年半載的事情，不甚要緊，等到後來再鼓吹我的五權憲法，也未爲晚。後來那些議員搬到北京，訂出來的天壇憲法草案，不料他們還是不顧五權憲法，還是要把自己的好東西丟去不要，這眞是可惜。大家要曉得五權憲法是兄弟創造的，五權憲法就好像是一部大機器，大家想日行千里路，就要坐自動車；想飛上天，就要駕飛機；想潛入海，就要乘潛水艇；如果要想治一個新國家，就不能不用這個新機器的五權憲法。下面的圖，便是憲法裏頭構造的制度，好像機器裏分配成各部分一樣。

第 三 圖

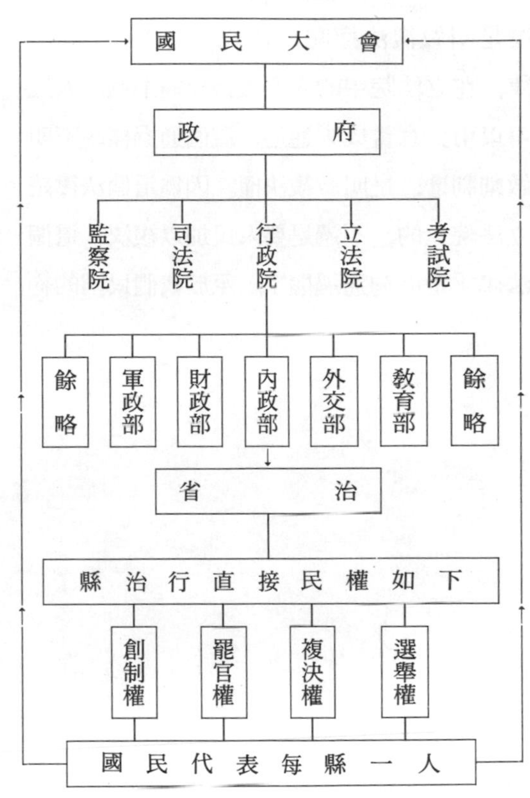

上面這個圖，就是治國的機關。除了憲法上規定五權分立之外，最重要的就是縣自治，行使直接民權；能夠有直接民權，才算是眞正民權。直接民權共有四個：一個是選舉權，二個是罷官權，三個是創制權，四個是複決權。五權憲法好像是一架大機器，直接民權便是這架大機器中的掣扣。人民要有直接民權的選舉權，更要有罷官權。行政的官吏，人民固然是要有權可以選舉，如果不

好的官吏，人民更要有權可以罷免。甚麼是叫做創制權呢？人民要做一種事業，要有公意可以創訂一種法律；或者是立法院立了一種法律，人民覺得不方便，也要有公意可以廢除。這個創法廢法的權，便是創制權。甚麼是叫做複決權呢？立法院若是立了好法律，在立法院中的大多數議員通不過，人民可以用公意贊成來通過；這個通過權，不叫做創制權，是叫做複決權。因爲這個法律是立法院立的，不過是要人民加以複決，這個法律才是能夠通過罷了。至於我們民國的約法，沒有規定具體的民權，在南京訂出來的民國約法裏頭，只有「中華民國主權屬於國民全體」的那一條，是兄弟所主張的，其餘都不是兄弟的意思，兄弟不負那個責任。我前天在省議會演講，已經把五權憲法的大旨講過了，很希望省議會諸君議決通過，要求在廣州的開會制定五權憲法，做一個治國的根本大法。今天兄弟的這種講法，是從五權憲法的側面來觀察。因爲時間短促，所有的意思沒有充分發揮，還要希望諸君細心來研究五權憲法，贊成五權憲法。

原著選讀

訓政之解釋

民國九年（一九二〇年）十一月九日

在上海中國國民黨本部會議席上演講

「訓政」二字，我需解釋。本來政治主權是在人民，我們怎麼好包攬去做呢？其實，我們革命就是要將政治攬在我們手裏來做。這種辦法，事實上不得不然。試看民國已經成立了九年，一般人民還是不懂共和的眞趣，所以迫得我們再要革命。現在我不單是用革命去掃除那惡劣政治，還要用革命的手段去建設，所以叫做「訓政」。這「訓政」好像就是帝制時代用的名詞，但是與帝制實在絕不相同。須知共和國皇帝就是人民，以五千年來被壓作奴隸的人民，一旦擡他做起皇帝，定然是不會做的。所以我們革命黨人應該來教訓他，如伊尹訓太甲一樣。我這個訓字，就是從伊訓上「訓」字用得來的。又須知現在人民有一種專制積威造下來的奴隸性，實在不容易改變，雖勉強拉他來做主人翁，他到底覺得不舒服。我舉個實例：美國林肯放奴，這是何等一件好事！論理，這奴隸要怎樣的感謝林肯。他們不但不感謝，反把林肯做了他們的仇敵，以爲把他們現在的生活弄掉了，竟至把林肯刺殺了，這不是習慣難改麼？還有那坐牢的人，坐到十年之後，他就把牢獄當他的正當生活；一旦放他出來，他很不願，因爲要他去自尋生活，他就沒有辦法，所以國家並要替他們設個收養所，去教訓他。這不是很怪的嗎？中國奴隸制已經行了數千年之久，所以民國雖然有了九年，一般人民還不曉得自己去站那主人的地位。我們現在沒有別法，只好用些強迫的手段，迫著他來做主人，教他練習練習，這就是我用訓政的意思。菲律賓的自治，也是美國人去訓政，現在二十年了，他們已經懂得自治，所以美國給他們自治，不過中央政府還要美國派一個監督去訓練他。

原著選讀

中華民國建設之基礎

民國十一年（一九二二年）爲上海《新聞報》三十週年紀念而作

中華民國之建設，以何爲基礎乎？吾知人必無疑無惑而答之曰：以人民爲基礎。然人民如何而後得爲中華民國建設之基礎乎？吾知答之不易也。

夫主權在民之規定，決非空文而已，必如何而後可舉主權在民之實。代表制度，於事實於學理皆不足以當此，近世已能言之矣。然則果如何而能使主權在民爲名稱其實乎？近來論治者於此問題多所忽略，而惟日以中央集權或地方分權甚或聯省自治等說相徵逐。夫此數者果遂足以舉主權在民之實乎？夫所謂中央集權或地方分權甚或聯省自治者，不過內重外輕內輕外重之常談而已。權之分配，不當以中央或地方爲對象，而當以權之性質爲對象。權之宜屬於中央者，屬之中央可也；權之宜屬於地方者，屬之地方可也。例如軍事外交，宜統一不宜紛歧，此權之宜屬於中央者也。教育、衛生，隨地方情況而異，此權之宜屬於地方者也。更分析以言，同一軍事也，國防固宜屬之中央，然警備隊之設施，豈中央所能代勞，是又宜屬之地方矣。同一教育也，瀕海之區，宜側重水產，山谷之地，宜側重礦業或林業，是固宜予地方以措置之自由。然學制及義務教育年限，中央不能不爲之畫一範圍，是中央亦不能不過問教育事業矣。是則同一事實，猶當於某程度以上屬之中央，某程度以下屬之地方。彼漫然主張中央集權或地方分權甚或聯省自治者，動輒曰某取概括主義，則某取列舉主義，得勿嫌其籠統乎？議者曰：國小民寡，或可用中央集權；地大民衆，則非用地方分權或聯省自治不可。曾不知土地之大小，不當但以幅員爲差別，尤當以交通爲差別。果其交通梗塞，土地雖狹，猶遼闊也；果其交通發達，土地雖廣，猶比鄰也。中國今日若猶守老死不相往來之訓，雖百里猶不可以爲治；若利用科學以事交通，則風行四海之內，若身之使臂，臂之使指，集權分權，又何與焉。議者又曰：中央集權易流於專制，地方分權或聯省自治始適於共和，此尤不可以不辨。夫專制云者，與立憲爲對待之名詞，非與中央集權爲對待之名詞。苟其立憲，雖中央集權何害？例如法國固行中央集權者，其爲民主立憲固自若也。北美之合衆國，議者樂引爲聯省自治之口實，以爲中國非如是不得爲共和，而不知其所引之例，實際適得其反。美之初元，固行地方分權矣，然南北分馳，政令不一，深貽國民以痛苦。及南北戰爭起，雖以解放黑奴爲號召，而實行統一，乃其結果也。經此戰爭，美國各州始有凝爲一體之象。洎乎參加歐戰，則中央政府權力愈以鞏固，且愈以擴充，舉人民之糧食、衣服，亦置於中央政府管理之下，其集權之傾向爲何如，如議者言，則美國中央政府集中權力之時，亦將爲共和之不利歟？凡此諸說，皆與權力分配本題無關。要之，研究權力之分配，不當挾一中央或地方之成見，而惟以其本身之性質爲依歸。事之非舉國一致不可者，以其權屬於中央；事之因地制宜者，以其權屬於地方。易地域的分類，而爲科學的分類，斯爲得之，斯乃近世政治學者所已知已行，初無俟聚訟爲也。

由上所述，可知權力分配，乃國家權力分配於中央及地方之問題，與主權在民無涉。欲知主權在民之實現與否？不當於權力之分配觀之，而當於權力之所在觀之。權在於官，不在於民，則爲官治；權在於民，不在於官，則爲民治。苟其權在於官，無論爲中央集權、爲地方分權、爲聯省自治均也。在昔中央集權時代，盛行官僚政治，民衆之與政治，若漠然不相關，其爲官治固已。然試問今之行聯省自治者，其所謂一省之督軍、總司令、省長等，果有以異於一國之皇帝、總統乎？一省之內所謂司長等之大小官吏，果有以異於一國之內所謂總長等之大小官吏乎？省之鈐制各縣，較之中央政府之鈐制各省，不啻模仿惟恐其弗肖，又加甚焉；省之直接魚肉其民，較之中央政府之直接魚肉其民，不啻模仿惟恐其弗肖，又加甚焉。中央政府以約法爲裝飾品，利於己者從而舞弄之，不利於己者則從而踐踏之；省政府則亦以省憲爲裝飾品，利於己者從而舞弄之，不利於己者則從而踐踏之。中央政府所以之待國會者，省政府亦卽以之待省議會；中央政府所以之待全國最高司法機關者，省政府亦卽以之待全省最高司法機關。其爲官治，固無異也，所異者，分一大國爲數十小國而已。甲午之役，南洋大臣所轄兵艦爲日本所捕獲，南洋大臣移牒日本，稱此次與貴國交戰者爲北洋艦隊，與南洋無涉，不得濫行捕獲，世界傳以爲笑。今之主張聯省自治者，知有一省不知有鄰省，亦不知有國，其識乃與甲午時老官僚無異，悲夫，悲夫，猶以救國號於人耶！

如上所述，癥結所在，一言蔽之，官治而已。官治云者，政治之權付之官僚，於人民無與。官僚而賢且能，人民一時亦受其賜，然人亡政息，曾不旋踵。官吏而愚且不肖，則人民躬被其禍，而莫能自拔。前者如嬰兒之仰乳，後者則如魚肉之於刀俎而已。民治則不然，政治之權在於人民，或直接以行使之，或間接以行使之；其在間接行使之時，爲人民之代表者，或受人民之委任者，只盡其能，不竊其權，予奪之自由仍在於人民，是以人民爲主體，人民爲自動者。此其所以與官治截然不同也。欲實行民治，其方略如左：

(一)分縣自治。分縣自治，行直接民權，與聯省自治不同者在此。其分縣自治之梗概，吾於民國五年在上海曾有講演，可覆按也。

(二)全民政治。人民有選舉權、創制權、複決權、罷官權，詳見《建設雜誌》全民政治論。

以上二者，皆爲直接民權，前者行於縣自治，後者行於國事。

(三)五權分立。三權分立，爲立憲政體之精義。蓋機關分立，相待而行，不致流於專制，一也。分立之中，仍相聯屬，不致孤立，無傷於統一，二也。凡立憲政體莫不由之。吾於立法、司法、行政三權之外，更令監察、考試二權亦得獨立，合爲五權。詳見五權憲法之講演。

(四)國民大會。由國民代表組織之。

以上二者，皆爲間接民權，其與官治不同者，有分縣自治，全民政治，以行主權在民之實。非若今日人民惟恃選舉權以與踞國家機關者抗。彼踞國家機關者，其始藉人民之選舉，以獲此資格，其繼則悍然違反人民之意思以行事，而人民亦莫如之何。此今日政治現象所可爲痛心疾首者，必如吾之說，乃得救此失也。且爲人民之代表與受人民之委任者，不但須經選舉，尤須經考試，一掃近日金錢選舉、勢力選舉之惡習，可期爲國家得適當之人才，此又庶政清明之本也。

綜上四者，實行民治必由之道，而其實行之次第，則莫先於分縣自治。蓋無分縣自治，則人民無所憑藉，所謂全民政治，必末由實現。無全民政治，則雖有五權分立、國民大會，亦終末由舉主權在民之實也。以是之故，吾夙定革命方略，以爲建設之事，當始於一縣，縣與縣聯，以成一國，如此，則建設之基礎在於人民，非官僚所得而竊，非軍閥所得而奪。不幸辛亥之役，其所設施，不如吾意所期，當時汲汲惟在於民國名義之立定，與統一之早遂，未嘗就建設之順序與基礎一致其力，大勢所趨，莫之能挽，根本未固，十一年來飄搖風雨，亦固其所。積十一年來之亂離與痛苦爲敎訓，當知中華民國之建設，必當以人民爲基礎。而欲以人民爲基礎，必當先行分縣自治，及今爲之，猶可及也。

於此尚有附言者，行分縣自治，則現在省制之存廢問題爲何如耶？吾意讀者當然有此一問。以吾之意，斯時省制卽存，而爲省長者，當一方受中央政府之委任，以處理省內國家行政事務；一方則爲各縣自治之監督者，乃爲得之。此吾之主張，所以與中央集權者不同，亦有異於今之言聯省自治者也。

原著選讀

民權主義第四講

民國十三年四月十三日講

照前幾次所講，我們知道歐美人民爭民權，已經有了兩三百年，他們爭過了兩三百年，到底得到了多少民權呢？今天所講的題目，就是歐美人民在近來兩三百年之中，所爭得民權多少？和他們的民權，現在進步到甚麼地方？民權思想已經傳到中國來了，中國人知道民權的意思，是從書本和報紙中得來的。主張民權的書本和報紙，一定是很贊成民權那一方面的。大家平日研究民權，自然都是從贊成一方面的書本和報紙上觀察。照贊成一方面的書本和報紙上所說的話，一定是把民權的風潮說得是怎樣轟轟烈烈，把民權的思想說得是怎麼蓬蓬勃勃。我們看見了這些書報，當然受他們的鼓動，發生民權的思想，以爲歐美人民爭民權，爭過了兩三百年，每次都是得到最後的勝利。照這樣看起來，以後世界各國的民權，一定是要發達到極點。我們中國處在這個世界潮流之中，也當然是應該提倡民權、發達民權。並且有許多人以爲提倡中國民權，能夠像歐美那一樣的發達，便是我們爭民權已達到目的了。以爲民權能夠發達到那個地步，國家便算是很文明，便算是很進步。但是從書報中觀察歐美的民權，和事實上有很多不對的。考察歐美的民權事實，他們所謂先進的國家，像美國、法國革命過了一百多年，人民到底得了多少民權呢？照主張民權的人看，他們所得的民權還是很少。當時歐美提倡民權的人，想馬上達到民權的充分目的，所以犧牲一切，大家同心協力，一致拚命去爭。到了勝利的時候，他們所爭到的民權，和革命時候所希望的民權，兩相比較起來，還是差得很多，還不能達到民權的充分目的。

現在可以回顧美國對於英國的獨立戰爭，是一個甚麼情形。那個戰爭，打過了八年仗，才得到最後的勝利，才達到民權的目的。照美國獨立宣言來看，說平等和自由是天賦到人類的，無論甚麼人都不能奪去人人的平等自由。當時美國革命，本想要爭到很充分的自由平等，但是爭了八年，所得的民權還是很少。爲甚麼爭了八年之久，只得到很少的民權呢？當初反對美國民權的是英國皇帝，美國人民受英國皇帝的壓迫，才主張獨立，和英國戰爭；所以那個戰爭，是君權和民權的戰爭。戰爭的結果，本是民權勝利，照道理講，應該得到充分的民權。爲甚麼不能達到充分的目的呢？因爲獨立戰爭勝利之後，雖然打破了君權，但是主張民權的人，便生出民權的實施問題，就是要把民權究竟應該行到甚麼程度？由於研究這種問題，主張民權的同志之見解，各有不同；因爲見解不同，便生出內部兩大派別的分裂。大家都知道美國革命，有一個極著名的首領叫做華盛頓，他是美國的開國元勳。當時幫助他去反抗英國君權的人，還有許多英雄豪傑，像華盛頓的財政部長叫做哈美爾頓，和國務部長叫做遮化臣；那兩位大人物，對於民權的實施問題，因爲見解各有不同，彼此的黨羽又非常之多，便分成爲絕對不相同的兩大派。遮氏一派，相信民權是天賦到人類的，如果人民有很充分的民權，由人民自由使用，人民必有分寸，使用民權的時候，一定可以做許多好事，令國家的事業充分進步。遮氏這種言論，是主張人性是善的一說。至於人民有了充分的民權，如果有時不能充分發達善性去做好事，反誤用民權去作惡，那是人民遇到了障礙，一時出於不得已的舉動。總而言之，人人既是有天賦的自由平等，人人便應該有政權。而且人人都是有聰明的，如果給他們以充分的政權，令個個都可以管國事，一定可以做出許多大事業，大家負起責任來，把國家治好，國家便可以長治久安。那就是遮化臣一派對於民權的信仰。至於哈美爾頓一派所主張的，恰恰和遮氏的主張相反。哈氏以爲人性不能完全都是善的，如果人人都有充分的民權，性惡的人便拿政權去作惡。那些惡人拿到了國家大權，便把國家的利益自私自利，分到自己同黨，無論國家的甚麼道德、法律、正義、秩序，都不去理會。弄到結果，不是一國三公，變成暴民政治，就是把平等自由走到極端，成爲無政府。像這樣實行民權，不但是不能令國家進步，反要搗亂國家，令國家退步。所以哈氏主張國家政權，不能完全給予人民，要給予政府。把國家的大權都集合於中央，普通人只能夠得到有限制的民權。如果給予普通人以無限制的民權，人人都拿去作惡，那種作惡的影響，對於國家，比較皇帝的作惡還要利害得多。因爲皇帝作惡，還有許多人民去監視防止；一般人若得到了無限制的民權，大家都去作惡，便再沒有人可以監視防止。故哈美爾頓說：「從前的君權要限制，現在的民權也應該要限制。」由此創立一派，叫做聯邦派，主張中央集權，不主張地方分權。美國在獨立戰爭以前，本有十三邦，都歸英國統轄，自己不能統一。後來因爲都受英國專制太過，不能忍受，去反抗英國，是大家有同一的目標，所以當時對英國作戰，便聯同一氣。到戰勝了英國以後，各邦還是很分裂，還是不能統一。在革命的時候，十三邦的人口不過三百萬。在那三百萬人中，反抗英國的只有二百萬人，還有一百萬仍是贊成英國皇帝的；就是當時各邦的人民，還有三分之一是英國的保皇黨，只有三分之二才是革命黨。因爲有那三分之一的保皇黨在內部搗亂，所以美國獨立戰爭，費過了八年的長時間，才能夠完全戰勝。到了戰勝以後，那些著名的保皇黨無處藏身，便逃到北方，搬過聖羅倫士河以北，成立了加拿大殖民地，至今仍爲英國屬地，忠於英國。美國獨立之後，國內便沒有敵人。但是那三百萬人，分成十三邦，每邦不過二十多萬人，各不相下，大家不能統一，美國的國力還是很弱，將來還是很容易被歐洲吞滅，前途的生存是很危險的。於是各邦的先知先覺，想免去此種危險，要國家永遠圖生存，便不得不加大國力；要加大國力，所以主張各邦聯合起來，建設一個大國家。當時所提倡聯合的辦法，有主張專行民權的，有主張專行國權的。頭一派的主張，就是地方分權。後一派的主張，就是中央集權，限制民權，把各邦的大權力都聯合起來，集中於中央政府，又可以說是聯邦派。這兩派彼此用口頭文字爭論，爭了很久，並且是很激烈；最後是主張限制民權的聯邦派佔勝利。於是各邦聯合起來，成立一個合衆國，公佈聯邦的憲法。美國自開國一直到現在，都是用這種憲法。這種憲法就是三權分立的憲法，把立法權、司法權和行政權分得淸淸楚楚，彼此不相侵犯。這是世界上自有人類歷史以來第一次所行的完全憲法。美國就實行三權分立的成文憲法的第一個國家。世界上有成文憲法的國家，美國就是破天荒的頭一個。這個憲法，我們叫做美國聯邦憲法。美國自結合聯邦成立憲法以後，便成世界上頂富的國家；經過歐戰以後，更成世界上頂強的國家。因爲美國達到了今日這樣富強，是由於成立聯邦憲法。地方人民的事，讓各邦分開自治。十多年來，我國一般文人志士，想解決中國現在的問題，不根本上拿中美兩國的國情來比較，只就美國富強的結果而論，以爲中國所希望的不過是在國家富強；美國之所以富強，是由於聯邦，中國要像美國一樣的富強，便應該聯省。美國聯邦制度的根本好處，是由於各邦自定憲法，分邦自治。我們要學美國的聯邦制度，變成聯省，根本上便應該各省自定憲法，分省自治；等到省憲實行了以後，然後再行聯合成立國憲。質而言之，就是將本來統一的中國，變成二十幾個獨立的單位，像一百年以前的美國十幾個獨立的邦一樣，然後再來聯合起來。這種見解和思想，眞是謬誤到極點，可謂人云亦云，習而不察。像這樣只看見美國行聯邦制度，便成世界頂富強的國家，我們現在要中國富強，也要去學美國的聯邦制度，就是像前次所講的歐美人民爭民權，不說要爭民權，只說要爭自由平等，我們中國人此時來革命，也要學歐美人的口號，說去爭自由平等，都是一樣的盲從，都是一樣的莫名其妙。主張聯省自治的人，表面上以爲美國的地方基礎，有許多小邦，各邦聯合，便能自治，便能富強；中國的地方基礎，也有許多行省，也應該可以自治，可以富強。殊不知道美國在獨立時候的情形，究竟是怎麼樣？美國當獨立之後，爲甚麼要聯邦呢？是因爲那十三邦向來完全分裂，不相統屬，所以不能不聯合起來。至於我們中國的情形又是怎麼樣呢？中國本部，形式上向來本分作十八省，另外加入東三省及新疆一共是二十二省。此外還有熱河、綏遠、青海許多特別區域及蒙古、西藏各屬地。這些地方在清朝二百六十多年之中，都是統屬於清朝政府之下；推到明朝時候，各省也很統一；再推到元朝時候，不但是統一中國的版圖，且幾乎統一歐亞兩洲；推到宋朝時候，各省原來也是很統一的，到了南渡以後，南方幾省也是統一的；更向上推到唐朝、漢朝，中國的各省沒有不是統一的。由此便知中國的各省，在歷史上向來都是統一的，不是分裂的，不是不能統屬的；而且統一之時就是治，不統一之時就是亂的。美國之所以富強，不是由於各邦之獨立自治，還是由於各邦聯合後的進化所成的一個統一國家。所以美國的富強，是各邦統一的結果，不是各邦分裂的結果。中國原來既是統一的，便不應該把各省再來分開。中國眼前一時不能統一，是暫時的亂象，是由於武人的割據；這種割據我們要剷除他，萬不能再有聯省的謬主張，爲武人割據作護符。若是這些武人有口實來各據一方，中國是再不能富強的。如果以美國聯邦制度就是富強的原因，那便是倒果爲因。外國人現在對於中國爲甚麼要來共管呢？是從甚麼地方看出中國的缺點呢？就是由於看見中國有智識階級的人所發表的言論，所貢獻的主張，都是這樣的和世界潮流相反，所以他們便看中國不起，說中國的事中國人自己不能管，列強應該來代我們共管。我們現在東亞處於此時的潮流，要把聯邦二個字用得恰當，便應該說中國和日本要聯合起來，或者中國和安南、緬甸、印度、波斯、阿富汗都聯合起來。因爲這些國家，向來都不是統一的，此刻要亞洲富強，可以抵抗歐洲，要聯成一個大邦，那才可以說得通。至於中國的十八省和東三省以及各特別區，在清朝時候已經是統一的，已經是聯屬的，我們推翻清朝，承繼清朝的領土，才有今日的共和國。爲甚麼要把向來統一的國家再來分裂呢？提倡分裂中國的人一定是野心家，想把各省的地方，自己去割據，像唐繼堯割據雲南，趙恆惕割據湖南，陸榮廷割據廣西，陳炯明割據廣東，這種割據式的聯省，是軍閥的聯省，不是人民自治的聯省。這種聯省不是有利於中國的，是有利於個人的，我們應該要分別清楚。美國獨立時候的十三邦，毫不統一，要聯成一個統一國家，實在是非常的困難，所以哈氏和遮氏兩派的爭論，便非常之激烈；後來制成聯邦憲法，付之各邦自由投票，最後是哈氏一派佔勝利，遮氏一派的主張漸漸失敗。因爲聯邦憲法成立之前，全國人有兩大派的主張，所以頒佈的憲法，弄成兩派中的一個調和東西。把全國的大政權，如果是屬於中央政府的，便在憲法之內明白規定；若是在憲法所規定以外的，便屬於地方政府。比方幣制，應該中央政府處理，地方政府不能過問。像外交，是規定由中央政府辦理，各邦不能私自和外國訂約。其餘像關於國防上海陸軍的訓練，與地方上民團的調遣等那些大權，都是歸中央政府辦理。至於極複雜的事業，在憲法未有劃歸中央政府的，便歸各邦政府，分別辦理。

這種劃分，便是中央和地方的調和辦法。美國由於這種調和辦法，人民究竟得到了多少民權呢？當時所得的民權，只得到一種有限制的選舉權。在那個時候的選舉權，只是限於選舉議員和一部分的地方官吏，至於選舉總統和上議院的議員，還是用間接選舉的制度，由人民選出選舉人，再由選舉人才去選總統和那些議員。後來民權逐漸發達，進步到了今日，總統和上議院的議員以及地方上與人民有直接利害關係的各官吏，才由人民直接去選舉，這就叫做普通選舉。所以美國的選舉權是由限制的選舉，漸漸變成普通選舉。但是這種普通選舉，只限於男人才能夠享受。至於女子在一二十年前，還是沒有這種普通選舉權。歐美近二十年以來，女子爭選舉權的風潮，非常激烈。大家都知道當時歐美的女子爭選舉權，許多人以爲不能成功，所持的理由就是女子的聰明才力不及男子，男子所能做的事，女子不能夠做，所以很多人反對。不但是男人很反對，許多女子自己也是很反對，就是全國的女人都爭得很激烈，還料不到可以成功。到了七八年以前，英國女子才爭成功，後來美國也爭成功。這個成功的緣故，是由於當歐戰的時候，男子統統去當兵，効力戰場，在國內的許多事業，沒有男人去做，像兵工廠內的職員散工，街上電車內的司機賣票，和後方一切勤務事宜，男子不敷分配，都是靠女子去補充；所以從前反對女子選舉權的人，說女子不能做男子事業，到了那個時候，便無法證明，便不敢反對，主張女子有選舉權的人才完全佔勝利。所以歐戰之後，女子的選舉權，才是確定了。由此便知歐美革命的目標，本是想達到民權。像美國獨立戰爭，就是爭民權。戰爭成功之後，主張民權的同志又分出兩派：一派是主張應該實行充分的民權；一派是主張民權應該要限制，要國家應該有極大的政權。後來發生許多事實，證明普通人民的確是沒有智識、沒有能力去行使充分的民權。譬如遮化臣爭民權，他的門徒也爭民權，弄到結果，所要爭的民權還是失敗，便可以證明普通民衆不知道運用政權。由於這個緣故，歐美革命有了兩三百多年，向來的標題都是爭民權，所爭得的結果，只得到男女選舉權。

講到歐洲的法國革命，當時也是主張爭民權。所以主張民權的學者，像盧梭那些人，便說人人有天賦的權利，君主不能侵奪。由於盧梭的學說，便發生法國革命。法國革命以後，就實行民權。於是一般貴族皇室，都受大害，在法國不能立足，便逃亡到外國。因爲法國人民，當時拿充分的民權去做頭一次的試驗，全國人都不敢說民衆沒有智識、沒有能力，如果有人敢說那些話，大家便說他是反革命，馬上就要上斷頭臺。所以那個時候，便成暴民專制，弄到無政府，社會上極爲恐慌，人人朝不保夕。就是眞革命黨，也有時因爲一言不愼，和大衆的意見不對，便要受死刑。故當法國試驗充分民權的時期，不但是王公貴族被人殺了的是很多，就是平時很熱心的革命志士像丹頓一流人物一樣，因爲一言不合，被人民殺了的也是很不少。後來法國人民看到這樣的行爲是過於暴虐，於是從前贊成民權的人，反變成心灰意冷，來反對民權，擁護拿破崙做皇帝，因此生出民權極大的障礙。這種障礙，不是由君權發生的。在一百年以前，民權的風潮便已經是很大，像前幾次所講的情形。現在世界潮流已達到了民權的時代，照道理推測，以後應該一天發達一天，爲甚麼到民權把君權消滅了以後，反生出極大的障礙呢？是甚麼原因造成的呢？一種原因，是由於贊成民權所謂穩健派的人，主張民權要有一定的限制。這派是主張國家集權，不主張充分民權。這派對於民權的阻力還不甚大，阻礙民權的進步也不很多。最爲民權障礙的人，還是主張充分民權的人。像法國革命時候，人民拿到了充分的民權，便不要領袖，把許多有知識有本事的領袖都殺死了，只剩得一班暴徒，那班暴徒對於事物的觀察既不明瞭，又很容易被人利用；全國人民既是沒有好耳目，所以發生一件事，人民都不知道誰是誰非，只要有人鼓動，便一致去盲從附和。像這樣的現象，是很危險的。所以後來人民都覺悟起來，便不敢再主張民權。由於這種反動力，便生出了民權的極大障礙，這種障礙，是由於主張民權的人自招出來的。

歐洲自法國以外，像丹麥、荷蘭、葡萄牙、西班牙那些小國，於不知不覺之中也發生民權的風潮。民權的風潮，在歐美雖然遇了障礙，得到君權的反抗，還是不能消滅；遇到了民權自身的障礙，也是自然發達，不能阻止。那是甚麼緣故呢？因爲大勢所趨，潮流所至，沒有方法可以阻止。由於這個道理，故許多專制國家，都是順應潮流去看風行事。譬如英國從前革命，殺了皇帝，不到十年再復辟起來，但是英國的貴族知機善變，知道民權的力量太大，不能反抗，那些皇室貴族便不和民權去反抗，要和他去調和。講到民權的起源，本來是發生於英國的，英國自復辟之後，推翻了民權，便成貴族執政，只有貴族可以理國事，別界人都不能講話。到了一千八百三十二年以後，在貴族之外，才准普通平民有選舉權。到了歐戰以後，才許女子也有選舉權。至於英國對待屬地，更是善用退讓的手段，順應民權的潮流。像愛爾蘭是英國三島中的土地，英國始初本是用武力壓迫，後來見到民權的風潮擴大，便不去壓迫，反主退讓，准愛爾蘭獨立。英國不獨對於三島的內部是如此，就是對於外部，像對付埃及，也是退讓。埃及當歐戰時候，爲英國是很出力的；英國當時要埃及人去助戰，也允許過了埃及許多權利，准他們以後獨立。到歐戰之後，英國食言，把所許的權利都不履行；埃及便要求獨立，履行前約，風潮擴大。英國也是退讓，許埃及獨立。又像印度現在要求英國擴充選舉，英國也是一概允許。至於現在英國國內，容納工黨組織內閣，工人執政，便更足以證明英國貴族的退讓，民權的進步。英國貴族知道世界民權的大勢，能夠順應潮流，不逆反潮流，所以他們的政體至今還可以維持，國家的現狀還是沒有大危險。

世界上經過了美國、法國革命之後，民權思想便一日發達一日。但是根本講起來，最新的民權思想，還是發源於德國。德國的人心，向來富於民權思想，所以國內的工黨便非常之多，現在世界上工黨團體中之最大的，還是在德國。德國的民權思想，發達本早，但到歐戰以前，民權的結果，還不及法國、英國。這個理由，是因爲德國對付民權所用的手段和英國不同，所以得來的結果也是不同，從前德國對付民權是用甚麼手段呢？德國是誰阻止民權的發達呢？許多學者研究，都說是由於丕士麥。丕士麥是德國很有名望，很有本領的大政治家，在三四十年前，世界上的大事業，都是由於丕士麥造成的。世界上的大政治家，都不能逃出丕士麥的範圍。所以在三四十年前，德國是世界上頂強的國家；德國當時之所以強，全由丕士麥一手造成。在丕士麥沒有執政之先，德國是一個甚麼景象呢？德國在那個時候，有二十幾個小邦，那二十幾個小邦的民族，雖然是相同，但是各自爲政，比較美國的十三邦還要分裂；加以被拿破崙征服之後，人民更是窮苦不堪；後來丕士麥出來，運用他的聰明才力和政治手腕，聯合附近民族相同的二十幾邦，造成一個大聯邦，才有後來的大富強。在十年以前，德國是世界上頂強的國家，美國是世界上頂富的國家，他們那兩國都是聯邦。許多人以爲我們中國要富強，也應該學德國、美國的聯邦。殊不知德國在三四十年前，根本上只有一個普魯士，因丕士麥執政以後，拿普魯士做基礎，整軍經武，刷新內政，聯合其餘的二十多邦，才有後來的大德意志。當丕士麥聯合各邦的時候，法國、奧國都極力反對。奧國所以反對德國聯邦的緣故，是因爲奧國和德國雖然是同一條頓民族，但是奧皇也想爭雄歐洲，故不願德國聯邦，再比奧國還要強盛。無如丕士麥才智過人，發奮圖強，於一千八百六十六年，用很迅速的手段，和奧國打仗，一戰便打敗奧國。德國戰勝了以後，本來可以消滅奧國；惟丕士麥以爲奧國雖然反對德國，但是奧國民族還是和德國相同，將來不致爲德國的大患。丕士麥的眼光很遠大，看到將來足爲德國大患的是英國、法國，所以丕士麥戰勝了奧國以後，便馬上拿很寬大的條件和奧國講和。奧國在新敗之餘，復得德國的寬大議和，便很感激他。從此只有六年，到一千八百七十年，德國便去打法國，打破拿破崙第三，佔領巴黎，到講和的時候，法國便把阿爾賽士和羅倫兩處地方割歸德國。從這兩次大戰以後，德國的二十幾個小邦，便聯合得很鞏固，成立一個統一國家。德國自聯邦成立了之後，到歐戰以前，是世界上最強的國家，執歐洲的牛耳。歐洲各國的事，都惟德國馬首是瞻；德國之所以能夠達到那個地位，全由丕士麥一手締造而成。因爲丕士麥執政不到二十年，把很弱的德國變成很強的國家，有了那種大功業，故德國的民權雖然是很發達，但是沒有力量去反抗政府。在丕士麥執政的時代，他的能力，不但是在政治、軍事和外交種種方面戰勝全世界，就是對於民權風潮，也有很大的手段，戰勝一般民衆。譬如到了十九世紀的後半，在德法戰爭以後，世界上不但是有民權的戰爭，並且發生經濟的戰爭。在那個時候，民權的狂熱漸漸減少，另外發生一種甚麼東西呢？就是社會主義。這種主義，就是我所主張的民生主義。人民得了這種主義，便不熱心去爭民權，要去爭經濟權；這種戰爭，是工人和富人的階級戰爭。工人的團體，在德國發達最早，所以社會主義在德國也是發達最先。世界上社會主義最大的思想家都是德國人，像大家都知道有一位大社會主義家，叫做馬克思，他就是德國人，就是實行馬克思主義。俄國的老革命黨，都是馬克思的信徒。德國的社會主義，在那個時候便非常之發達。社會主義本來是和民權主義相連帶的，這兩個主義發生了以後，本來應該要同時發達的。歐洲有了民權思想，便發生民權的革命。爲甚麼有了那樣發達的社會主義，在那個時候不發生經濟的革命呢？因爲德國發生社會主義的時候，正是丕士麥當權的時候，在別人一定是用政治力去壓迫社會主義，但是丕士麥不用這種手段。他以爲德國的民智很開通，工人的團體很鞏固，如果用政治力去壓迫，便是徒勞無功。當時丕士麥本是主張中央集權的獨裁政治，他是用甚麼方法去對付社會黨呢？社會黨提倡改良社會，實行經濟革命。丕士麥知道不是政治力可以打消的。他實行一種國家社會主義，來防範馬克思那般人所主張的社會主義。比方鐵路是交通上很重要的東西，國內的一種基本實業，如果沒有這種實業，甚麼實業都不能夠發達。像中國津浦鐵路，沒有築成以前，直隸、山東和江北一帶地方都是很窮苦的；後來那條鐵路築成功了，沿鐵路一帶便變成很富饒的地方。又像京漢鐵路沒有築成以前，直隸、湖北、河南那幾省也是很荒涼的；後來因爲得了京漢鐵路交通的便利，沿鐵路的那幾省便變成很富庶。當丕士麥秉政的時候，英國法國的鐵路多半是人民私有，因爲基本實業歸富人所有，所以全國實業都被富人壟斷，社會上便生出貧富不均的大毛病。丕士麥在德國便不許有這種毛病，便實行國家社會主義，把全國鐵路都收歸國有，把那些基本實業由國家經營。對於工人方面，又定了作工的時間，工人的養老費和保險金都一一規定。這些事業，本來都是社會黨的主張，要拿出去實行的。但是丕士麥的眼光遠大，先用國家的力量去做了，更用國家經營鐵路、銀行和各種大實業，拿所得的利益去保護工人，令全國工人都是心滿意足。德國從前每年都有幾十萬工人到外國去做工，到了丕士麥經濟政策成功時候，不但沒有工人出外國去做工，並且有許多外國工人進德國去做工。丕士麥用這樣方法對待社會主義，是用事先防止的方法，不是用當衝打消的方法。用這種防止的方法，就是在無形中消滅人民要爭的問題，到了人民無問題可爭，社會自然不發生革命。所以這是丕士麥反對民權的很大手段。

現在就世界上民權發達一切經過的歷史講：這一次是美國革命，主張民權的人分成哈美爾頓和遮化臣兩派，遮化臣主張極端的民權，哈美爾頓主張政府集權，後來主張政府集權派佔勝利，是民權的第一次障礙。第二次是法國革命，人民得到了充分的民權，拿去濫用，變成了暴民政治，是民權的第二次障礙。第三次是丕士麥用最巧的手段，去防止民權，成了民權的第三次障礙。這就是民權思想在歐美發達以來所經過的一切情形。但是民權思想雖然經過了三個障礙，還是不期然而然自然去發達，非人力所能阻止，也非人力所能助長。民權到了今日，便成世界上的大問題。世界上的學者無論是守舊派或者是革新派，都知道民權思想是不能消滅的。不過在發達的時候，民權的流弊還是免不了的，像從前講平等自由也生出流弊一樣。總而言之，歐美從前爭平等自由，所得的結果是民權，民權發達了之後，便生出許多流弊。在民權沒有發達之先，歐美各國都想壓止他，要用君權去打消民權。君權推倒了之後，主張民權的人便生出民權的障礙，後來實行民權，又生出許多流弊，更爲民權的障礙。最後丕士麥見到人民主張民權，知道不能壓止，便用國家的力量去替代人民，實行國家社會主義，這也是民權的障礙。歐戰以後，俄國、德國的專制政府都推倒了，女子選舉權也有好幾國爭到手了，所以民權到了今日更是一個大問題，更不容易解決。推到實行民權的原始，自美國革命之後，人民所得的頭一個民權，是選舉權。當時歐美人民以爲民權就是選舉權算了，如果人民不論貴賤，不論貧富，不論賢愚，都得到了選舉權，那就算民權是充分的達到了目的。至於歐戰後三四年以來，又究竟是怎麼樣呢？當中雖然經過了不少的障礙，但是民權仍然是很發達，不能阻止。近來瑞士的人民，除了選舉權以外，還有創制權和複決權。人民對於官吏有權可以選舉，對於法律也應該有權可以創造修改。創制權和複決權便是對於法律而言的。大多數人民對於一種法律，以爲很方便的，便可以創制，這便是創制權；以爲很不方便的，便可以修改，修改便是複決權。故瑞士人民比較別國人民多得了兩種民權，一共有三種民權，不只一種民權。近來美國西北幾邦新開闢地方的人民，比較瑞士人民更多得一種民權，那種民權是罷官權。在美洲各邦之中，這種民權雖然不能普遍，但有許多邦已經實行過了。所以美國許多人民，現在得到了四種民權：一種是選舉權，二種是罷官權，三種是創制權，四種是複決權。這四種權在美國西北幾州，已經行得很有成績，將來或者可以推廣到全美國，或者全世界。將來世界各國要有充分的民權，一定要學美國的那四種民權。由此四種民權實行下去，將來能不能夠完全解決民權的問題呢？現在世界學者，看見人民有了這四種民權的思想，還不能把民權的問題完全來解決，都以爲是時間的問題，以爲這種直接的民權思想，發生尚不久。從前的神權經過了幾萬年，君權經過了幾千年，現在此刻各國的君權，像英國、日本和義大利的君權還有多少問題，不過這種君權，將來一定是消滅的。這些直接的民權，新近發生不過是幾十年，所以在今日還是一個不能解決的大問題。

照現在世界上民權頂發達的國家講，人民在政治上是佔甚麼地位呢？得到了多少民權呢？就最近一百多年來所得的結果，不過是一種選舉和被選舉權。人民被選成議員之後，在議會中可以管國事，凡是國家的大事，都要由議會通過才能執行，如果在議會沒有通過，便不能行。這種政體叫做「代議政體」，所謂「議會政治」。但是成立了這種「代議政體」以後，民權是否算得充分發達呢？在「代議政體」沒有成立之先，歐美人民爭民權，以爲得到了「代議政體」，便算是無上的民權。好像中國革命黨，希望中國革命以後，能夠學到日本，或者學到歐美，便以爲大功告成一樣。如果眞是學到了像日本、歐美一樣，可不可以算是止境，還要聽下文分解。歐美人民從前以爲爭到了「代議政體」，便算是心滿意足。我們中國革命以後，是不是達到了「代議政體」呢？所得民權的利益究竟是怎麼樣呢？大家都知道現在的代議士，都變成了「豬仔議員」，有錢就賣身，分贓貪利，爲全國人民所不齒。各國實行這種「代議政體」，都免不了流弊，不過傳到中國，流弊更是不堪問罷了。大家對於這種政體，如果不去聞問，不想挽救，把國事都付託到一般「豬仔議員」，讓他們去亂作亂爲，國家前途是很危險的。所以外國人所希望的「代議政體」，以爲就是人類和國家的長治久安之計，那是不足信的。民權初生，本經過了許多困難，後來實行，又經過了許多挫折，還是一天一天的發達，但是得到的結果，不過是「代議政體」。各國到了「代議政體」，就算是止境。近來俄國新發生一種政體，這種政體，不是「代議政體」，是「人民獨裁」的政體。這種「人民獨裁」的政體究竟是怎麼樣呢？我們得到的材料很少，不能判斷其究竟；惟想這種「人民獨裁」的政體，當然比較「代議政體」改良得多。但是我們國民黨提倡三民主義來改造中國，所主張的民權，是和歐美的民權不同。我們拿歐美已往的歷史來做材料，不是要學歐美，步他們的後塵，是用我們的民權主義，把中國改造成一個「全民政治」的民國，要駕乎歐美之上。我們要達到這種大目的，便先要把民權主義研究到清清楚楚。今天所講的大意，是要諸君明白歐美的先進國家，把民權實行了一百多年，至今只得到一種「代議政體」。我們拿這種制度到中國來實行，發生了許多流弊。所以民權的這個問題，在今日的還是很難解決。我以後對於民權主義還要再講兩次，便把這個問題，在中國求一個根本解決的辦法。我們不能解決，中國便要步歐美的後塵；如果能夠解決，中國便可以駕乎歐美之上。

原著選讀

建國大綱及其宣言

一　國民政府建國大綱

一、國民政府本革命之三民主義、五權憲法，以建設中華民國。

二、建設之首要在民生。故對於全國人民之食、衣、住、行四大需要，政府當與人民協力，共謀農業之發展，以足民食；共謀織造之發展，以裕民衣；建築大計畫之各式屋舍，以樂民居；修治道路、運河，以利民行。

三、其次爲民權。故對於人民之政治知識、能力，政府當訓導之，以行使其選舉權，行使其罷官權，行使其創制權，行使其複決權。

四、其三爲民族。故對於國內之弱小民族，政府當扶植之，使之能自決自治；對於國外之侵略強權，政府當抵禦之。並同時修改各國條約，以恢復我國際平等，國家獨立。

五、建設之程序分爲三期；一曰軍政時期；二曰訓政時期；三曰憲政時期。

六、在軍政時期，一切制度悉隸於軍政之下。政府一面用兵力掃除國內之障礙；一面宣傳主義以開化全國之人心，而促進國家之統一。

七、凡一省完全底定之日，則爲訓政開始之時，而軍政停止之日。

八、在訓政時期，政府當派曾經訓練、考試合格之員，到各縣協助人民籌備自治。其程度以全縣人口調查清楚，全縣土地測量完竣，全縣警衛辦理妥善，四境縱橫之道路修築成功；而其人民曾受四權使用之訓練，而完畢其國民之義務，誓行革命之主義者，得選舉縣官，以執行一縣之政事；得選舉議員，以議立一縣之法律，始成爲一完全自治之縣。

九、一完全自治之縣，其國民有直接選舉官員之權，有直接罷免官員之權，有直接創制法律之權，有直接複決法律之權。

十、每縣開創自治之時，必須先規定全縣私有土地之價。其法由地主自報之，地方政府則照價徵稅，並可隨時照價收買。自此次報價之後，若土地因政治之改良、社會之進步而增價者，則其利益當爲全縣人民所共享，而原主不得而私之。

十一、土地之歲收，地價之增益，公地之生產，山林川澤之息，礦產水力之利，皆爲地方政府之所有；而用以經營地方人民之事業，及育幼、養老、濟貧、救災、醫病與夫種種公共之需。

十二、各縣之天然富源與及大規模之工商事業，本縣之資力不能發展與興辦，而須外資乃能經營者，當由中央政府爲之協助；而所獲之純利，中央與地方政府各占其半。

十三、各縣對於中央政府之負擔，當以每縣之歲收百分之幾爲中央歲費，每年由國民代表定之；其限度不得少於百分之十，不得多於百分之五十。

十四、每縣地方自治政府成立之後，得選國民代表一員，以組織代表會，參與中央政事。

十五、凡候選及任命官員，無論中央與地方，皆須經中央考試、銓定資格者乃可。

十六、凡一省全數之縣皆達完全自治者，則爲憲政開始時期，國民代表會得選舉省長，爲本省自治之監督。至於該省內之國家行政，則省長受中央之指揮。

十七、在此期間，中央與省之權限採均權制度。凡事務有全國一致之性質者，劃歸中央；有因地制宜之性質者，劃歸地方；不偏於中央集權或地方分權。

十八、縣爲自治之單位，省立於中央與縣之間，以收聯絡之效。

十九、在憲政開始時期，中央政府當完成設立五院，以試行五權之治。其序列如下：曰行政院；曰立法院；曰司法院；曰考試院；曰監察院。

二十、行政院暫設如下各部：一、內政部；二、外交部；三、軍政部；四、財政部；五、農礦部；六、工商部；七、教育部；八、交通部。

廿一、憲法未頒布以前，各院長皆歸總統任免而督率之。

廿二、憲法草案當本於建國大綱及訓政、憲政兩時期之成績，由立法院議訂，隨時宣傳於民衆，以備到時採擇施行。

廿三、全國有過半數省分達至憲政開始時期，卽全省之地方自治完全成立時期，則開國民大會決定憲法而頒布之。

廿四、憲法頒布之後，中央統治權則歸於國民大會行使之，卽國民大會對於中央政府官員有選舉權，有罷免權；對於中央法律有創制權，有複決權。

廿五、憲法頒布之日，卽爲憲政告成之時，而全國國民則依憲法行全國大選舉。國民政府則於選舉完畢之後三個月解職，而授政於民選之政府，是爲建國之大功告成。

民國十三年四月十二日　孫文書。

二　制定建國大綱宣言

自辛亥革命以至於今日，所獲得者，僅中華民國之名。國家利益方面，既未能使中國進於國際平等地位。國民利益方面，則政治經濟犖犖諸端無所進步，而分崩離析之禍，且與日俱深。窮其至此之由，與所以救濟之道，誠今日當務之急也。夫革命之目的，在於實行三民主義。而三民主義之實行，必有其方法與步驟。三民主義能及影響於人民，俾人民蒙其幸福與否，端在其實行之方法與步驟如何。文有見於此，故於辛亥革命以前，一方面提倡三民主義，一方面規定實行主義之方法與步驟。分革命建設爲軍政、訓政、憲政三時期。期於循序漸進，以完成革命之工作。辛亥革命以前，每起一次革命，即以主義與建設程序宣布於天下，以期同志暨國民之相與了解。辛亥之役，數月以內卽推倒四千餘年之君主專制政體，暨二百六十餘年之滿洲征服階級，其破壞之力不可謂不巨。然至於今日，三民主義之實行猶茫乎未有端緒者，則以破壞之後，初未嘗依預定之程序以爲建設也。蓋不經軍政時代，則反革命之勢力無繇掃蕩。而革命之主義亦無由宣傳於羣衆，以得其同情與信仰。不經訓政時代，則大多數之人民久經束縛，雖驟被解放，初不瞭知其活動之方式，非墨守其放棄責任之故習，卽爲人利用陷於反革命而不自知。前者之大病在革命之破壞不能了徹，後者之大病，在革命之建設不能進行。辛亥之役，汲汲於制定臨時約法，以爲可以奠民國之基礎，而不知乃適得其反。論者見臨時約法施行之後，不能有益於民國，甚至幷臨時約法之本身效力，亦已消失無餘，則紛紛然議臨時約法之未善，且斤斤然從事於憲法之制定，以爲藉此可以救臨時約法之窮。曾不知癥結所在，非由於臨時約法之未善，乃由於未經軍政、訓政兩時期，而卽入於憲政。試觀元年臨時約法頒布以後，反革命之勢力，不惟不因以消滅，反得憑藉之以肆其惡，終且取臨時約法而毀之。而大多數人民對於臨時約法，初未曾計及其於本身利害何若？聞有毀法者不加怒，聞有護法者亦不加喜。可知未經軍政、訓政兩時期，臨時約法絕不能發生效力。夫元年以後，所恃以維持民國者，惟有臨時約法。而臨時約法之無效如此，則綱紀蕩然，禍亂相尋，又何足怪。本政府有鑒於此，以爲今後之革命，當賡續辛亥未完之緒，而力矯其失。卽今後之革命，不但當用力於破壞，尤當用力於建設，且當規定其不可踰越之程序。爰本此意，制定國民政府建國大綱二十五條，以爲今後革命之典型。建國大綱第一條至第四條，宣布革命之主義及其內容。第五條以下，則爲實行之方法與步驟。其在第六、七兩條，標明軍政時期之宗旨，務掃除反革命之勢力，宣傳革命之主義。其在第八條至第十八條標明訓政時期之宗旨，務指導人民從事於革命建設之進行。先以縣爲自治之單位，於一縣之內，努力於除舊布新，以深植人民權力之基本，然後擴而充之，以及於省。如是則所謂自治，始爲眞正之人民自治，異於僞託自治之名，以行其割據之實者。而地方自治已成，則國家組織始臻完密，人民亦可本其地方上之政治訓練以與聞國政矣。其在第十九條以下，則由訓政遞嬗於憲政所必備之條件與程序。綜括言之，則建國大綱者，以掃除障礙爲開始，以完成建設爲依歸，所謂本末先後，秩然不紊者也。夫革命爲非常之破壞，故不可無非常之建設以繼之。積十三年痛苦之經驗，當知所謂人民權利與人民幸福，當務其實，不當徒襲其名。

儻能依建國大綱以行，則軍政時期已能肅清反側。訓政時代，已能扶植民治。雖無憲政之名，而人民所得權利與幸福，已非藉口憲法而行專政者所可同日而語。且由此以至憲政時期，所歷者皆爲坦途，無顚蹶之慮；爲民國計，爲國民計，莫善於此。本政府鄭重宣布：今後革命勢力所及之地，凡秉承本政府之號令者，卽當以實行建國大綱爲唯一之職任。

原著選讀

中國革命史

民國十二年（一九二三年）一月二十九日

余自乙酉中法戰後，始有志於革命，乙未遂舉事於廣州，辛亥而民國告成；然至於今日，革命之役猶未竣也。余之從事革命，蓋已三十有七年於茲，晐括本末，臚列事實，自有待於革命史，今挈綱要述之於左。

一、革命之主義

革命之名詞，創於孔子，中國歷史，湯武以後，革命之事實，已數見不鮮矣。其在歐洲，則十七八世紀以後，革命風潮遂磅礴於世界，不獨民主國惟然，卽君主國之所以有立憲，亦革命之所賜也。余之謀中國革命，其所持主義，有因襲吾國固有之思想者，有規撫歐洲之學說事蹟者，有吾所獨見而創獲者，分述於左：

㈠民族主義　觀中國歷史之所示，則知中國之民族，有獨立之性質與能力，其與他民族相遇，或和平而相安，或狎習而與之同化；其在政治不修及軍事廢弛之時，雖不免暫受他民族之蹂躪與宰制，然率能以力勝之。觀於蒙古宰制中國垂一百年，明太祖終能率天下豪傑，以光復宗國，則知滿洲之宰制中國，中國人必終能驅除之。蓋民族思想，實吾先民所遺留，初無待於外鑠者也。余之民族主義，特就先民所遺留者，發揮而光大之。且改良其缺點，對於滿洲，不以復仇為事，而務與之平等共處於中國之內。此為以民族主義對國內之諸民族也。對於世界諸民族，務保持吾民族之獨立地位，發揚吾固有之文化，且吸收世界之文化而光大之，以期與諸民族並驅於世界，以馴致於大同。此為以民族主義對世界之諸民族也。

㈡民權主義　中國古昔有唐虞之揖讓，湯武之革命，其垂為學說者，有所謂「天視自我民視，天聽自我民聽」，有所謂「聞誅一夫紂，未聞弒君」，有所謂「民為貴，君為輕」，此不可謂無民權思想矣！然有其思想而無其制度；故以民立國之制，不可不取資於歐美。歐美諸國有行民主立憲者，有行君主立憲者；其在民主立憲無論矣，卽在君主立憲，亦為民權漲進君權退縮之結果，不過君主之遺蹟猶未剷絕耳。余之從事革命，以為中國非民主不可，其理由有三：既知民為邦本，則一國以內人人平等，君主何復有存在之餘地，此自學理言之者也。滿洲之入據中國，使中國民族處於被征服之地位，國亡之痛，二百六十餘年如一日；故君主立憲在他國君民無甚深之惡感者，猶或可暫安於一時，在中國則必不能行，此自歷史事實而言之者也。中國歷史上之革命，其混亂時間所以延長者，皆由人各欲帝制自爲，遂相爭相奪而不已。行民主之制，則爭端自絕，此自將來建設而言之者也。有此三者，故余之民權主義，第一決定者爲民主，而第二之決定則以爲民主專制必不可行，必立憲然後可以圖治。歐洲立憲之精義，發於孟德斯鳩，所謂立法、司法、行政三權分立是已。歐洲立憲之國，莫不行之；然余遊歐美深究其政治、法律之得失，知選舉之弊，絕不可無以救之。而中國相傳考試之制，糾察之制，實有其精義，足以濟歐美法律、政治之窮。故主張以考試、糾察二權，與立法、司法、行政之權並立，合爲五權憲法。更採直接民權之制，以現主權在民之實，如是余之民權主義，遂圓滿而無憾。

㈢民生主義　歐美自機器發明，而貧富不均之現象，隨以呈露；橫流所激，經濟革命之燄，乃較政治革命爲尤烈，此在吾國三十年前，國人鮮一顧及者。余遊歐美，見其經濟界岌岌危殆之狀，彼都人士方焦頭爛額而莫知所救。因念吾國經濟組織，持較歐美，雖貧富不均之現象無是劇烈，然特分量之差，初非性質之殊也。且他日歐美經濟界之影響及於吾國，則此種現象，必日與俱增，故不可不爲綢繆未雨之計。由是參綜社會經濟諸家學說，比較其得失，覺國家產業主義，尤深穩而可行。且歐美行之爲焦頭爛額者，吾國行之實爲曲突徙薪。故決定以民生主義與民族主義、民權主義同時並行，將一舉而成政治之功。兼以塞經濟革命之源也。

綜上所說，則知余之革命主義內容，賅括言之，三民主義、五權憲法是已。苟明乎世界之趨勢，與中國之情狀者，則知余之主張，實爲必要而且可行也。

二、革命之方略

專制時代，人民之精神與身體，皆受桎梏，而不能解放。故雖有爲國民利害著想獻身以謀革命者，國民不惟不知助之，且從而非笑與漠視之，此事之必然者也。雖欲爲國民之嚮導，然獨行而無與從；雖欲爲國民之前鋒，然深入而無與繼。故從事革命者，於破壞敵人勢力之外，不能不兼注意於國民建設能力之養成，此革命方略所以爲必要也。余之革命方略，規定革命進行之時期爲三：第一爲軍政時期，第二爲訓政時期，第三爲憲政時期。第一爲破壞時期，在此時期內，施行軍法，以革命軍擔任打破滿洲之專制，掃除官僚之腐敗，改革風俗之惡習等。第二爲過渡時期，在此時期內，施行約法（非現行者），建設地方自治，促進民權發達，以一縣爲自治單位，每縣於敵兵驅除戰事停止之日，立頒布約法，以規定人民之權利義務，與革命政府之統治權。以三年爲限，三年期滿，則由人民選舉其縣官。或於三年之內，該縣自治局已能將其縣之積弊掃除如上所述者，及能得過半數人民能了解三民主義而歸順民國者，能將人口清查，戶籍釐定，警察、衛生、教育、道路各事照約法所定之低限程度而充分辦就者，亦可立行自選其縣官，而成完全之自治團體。革命政府之對於此自治團體，只能照約法所規定，而行其訓政之權。俟全國平定之後六年，各縣之已達完全自治者，皆得選代表一人，組織國民大會，以制定五權憲法；以五院制為中央政府，一曰行政院，二曰立法院，三曰司法院，四曰考試院，五曰監察院。憲法制定之後，由各縣人民投票選舉總統，以組織行政院；選舉代議士，以組織立法院；其餘三院之院長，由總統得立法院之同意而委任之。但不對總統及立法院負責，而五院皆對於國民大會負責。各院人員失職，由監察院向國民大會彈劾之；而監察院人員失職，則國民大會自行彈劾而罷黜之。國民大會職權，專司憲法之修改，及制裁公僕之失職。國民大會及五院職員，與夫全國大小官吏，其資格皆由考試院定之。此為五權憲法。憲法制定，總統議員舉出後，革命政府當歸政於民選之總統，而訓政時期於以告終。第三為建設完成時期，在此時期施以憲政，此時一縣之自治團體，當實行直接民權。人民對於本縣之政治，當有普通選舉之權，創制之權，複決之權，罷官之權。而對於一國政治，除選舉權之外，其餘之同等權，則付託於國民大會之代表以行之。此憲政時期，即建設告竣之時，而革命收功之日也。革命方略大要如此，果能循此行之，則不但專制餘毒，滌除淨盡，國民權利，完全確實，而國民建設之能力，亦必穩健而無虞，何致有政客之撥弄，與軍人之橫行哉！故革命主義，必有待於革命方略，而後得以完全貫徹也。

三、革命之運動

余之從事革命，建主義以為標的，定方略以為歷程，集畢生之精力以赴之，百折而不撓。求天下之仁人志士，同趨於一主義之下，以同致力，於是有立黨；求舉國之人民，共喻此主義，以身體而力行之，於是有宣傳；求此主義之實現，必先破壞而後有建設，於是有起義。革命事業，千頭萬緒，不可殫述。要其犖犖，在此三者，分述如左。

(一)立黨　乙酉以後，余所持革命主義，能相喻者，不過親友數人而已。士大夫方醉心於功名利祿，惟所稱下流社會，反有三合會之組織，寓反清復明之思想於其中。雖時代湮遠，幾於數典忘祖，然苟與之言，猶較搢紳為易入，故余先從聯絡會黨入手。甲午以後，赴檀島美洲，糾合華僑，創立興中會，此為以革命主義立黨之始。然同志猶不過數十人耳。迄於庚子，以同志之努力，長江會黨及兩廣福建會黨，始併合於興中會，會員稍稍衆，然所謂士林中人，為數猶寥寥焉。庚子以後，滿洲之昏弱，日益暴露，外患日益亟；士大夫憂時感憤，負笈歐、美、日本者日衆；而內地變法自強之潮流，亦遂澎湃而不可遏。於是士林中人，昔以革命為大逆無道，去之若浼者，至是亦稍稍知動念矣！及乎乙巳，余重至歐洲，則其地之留學生，已多數贊成革命，余於是揭櫫生平所懷抱之三民主義，五權憲法，以爲號召，而中國同盟會於以成立；及重至日本東京，則留學生之加盟者，除甘肅一省未有留學生外，十七省之人皆與焉。自是以後，中國同盟會遂爲中國革命之中樞，分設支部於國外各處，尤以美洲及南洋爲盛。而國內各省，亦由會員分往，秘密組織機關部，於是同盟會之會員，凡學界、工界、商界、軍人、政客、會黨無不有同趨於一主義之下，以各致其力。迄於辛亥，無形之心力且勿論，會員爲主義而流之血，殆遍霑灑於神州矣！

(二)宣傳　余於乙未舉事廣州，不幸而敗，後數年，始命陳少白創《中國報》於香港，以鼓吹革命。庚子以後，革命宣傳驟盛，東京則有戢元成、沈虬齋、張溥泉等發起《國民報》。上海則有章太炎、吳稚暉、鄒容等，借《蘇報》以主張革命。鄒容之《革命軍》，章太炎之駁康有爲書，尤爲一時傳誦。同時國內外出版物爲革命之鼓吹者，指不勝屈，人心士氣，於以丕變。及同盟會成立，命胡漢民、汪精衛、陳天華等撰述《民報》。章太炎旣出獄，復延入焉。《民報》成立，一方爲同盟會之喉舌，以宣傳正義；一方則力闢當時保皇黨勸告開明專制，要求立憲之謬說。使革命主義，如日中天，由是各處支部，以同一目的，發行雜誌日報書籍。且以小册秘密輸送於內地，以傳播思想，學校之內，市肆之間，爭相傳寫，清廷雖有嚴禁，未如之何也。

(三)起義　乙未之秋，余集同志舉事於廣州，不克，陸皓東死之，被株連而死者，有丘四、朱貴全二人，被捕者七十餘人，廣東水師統帶程奎光與焉，遂瘐死獄中，此爲中國革命軍舉義之始。庚子再舉事於惠州，所向皆捷，遂佔領新安、大鵬，至惠州、平海一帶沿海之地，有衆萬餘人，鄭士良率之，以接濟不至而敗。同時史堅如在廣州，以炸藥攻燬兩廣總督德壽之署，謀殲其衆，事敗，被執遇害。自後革命風潮，遂由廣東漸及於全國，湖南黃克強、馬福益之舉事，其最著者也。及同盟會成立之翌年，歲次丙午，會員舉事於萍鄉、醴陵，於時革命軍起，連年不絕，其直接受余之命令以舉事者，則有潮州黃岡之役，惠州之役，欽廉之役，鎭南關之役，欽廉上思之役，雲南河口之役，蓋丁未、戊申兩歲之間，舉事六次，前仆後繼，意氣彌厲，革命黨之志節與能力，遂漸爲國人所重。而徐錫麟、秋瑾、熊成基之舉事於長江，亦與兩廣遙相輝映焉。其奮不顧身以褫執政之魄者，則有劉思復之擊李準，吳樾之擊五大臣，徐錫麟之擊恩銘，熊成基之擊載洵，汪精衛、黃復生等之擊攝政王，溫生財之擊孚琦，陳敬嶽、林冠慈之擊李準，李沛基等之擊鳳山，其身或死或不死，其事或成或不成；然意氣所激發，不特敵人爲之膽落，亦足使天下頑夫廉，懦夫有立志矣！事勢相接，庚戌之歲，革命軍再挫於廣州，至辛亥三月二十九日，黃克強率同志襲兩廣督署，死事者七十二人，皆國之俊良也。革命黨之氣勢，遂昭著於世界。是年八月，武昌革命軍起，而革命之功，於以告成。綜計諸役，革命黨人以一往直前之氣，忘身殉國；其慷慨助餉，多爲華僑；熱心宣傳，多爲學界；衝鋒破敵，則在軍隊與會黨；踔厲奮發，各盡所能，有此成功，非偶然也。以上三者爲其犖犖大者，他若外交之周旋，清廷陰謀之破壞，惟所關非細，不能盡錄，留以待諸修史。

四、辛亥之役

辛亥八月十九日，革命軍起義於武昌，擁黎元洪爲都督。各省革命黨人，不約而同，紛起以應，數日之內，光復行省十有五，遂於南京組織臨時政府，舉余爲臨時大總統。清廷命袁世凱與臨時政府議和，遂使清帝退位，民國統一，余乃辭職，推薦袁世凱於參議院，繼任爲臨時大總統焉。此一役也，爲中國之大事，其得失利害，實影響於以後全體國民之禍福，不可以不深論也。

此役所得之結果，一爲蕩滌二百六十餘年之恥辱，使國內諸民族一切平等，無復軋轢凌制之象。二爲剗除四千餘年君主專制之迹，使民主政治於以開始。自經此役，中國民族獨立之性質與能力屹然於世界，不可動搖。自經此役，中國民主政治已爲國人所公認，此後復辟帝制諸幻想，皆爲得罪於國人而不能存在。此其結果之偉大，洵足於中國歷史上大書特書，而百世皆蒙其利者也。

然以爲此役遂足以現中華民國之實乎？則大謬不然。於何證之？以十二年來之已事證之。十二年來，所以有民國之名，而無民國之實者，皆此役階之厲也。舉世之人，方疾首蹙額，以求其原因而不可得，余請以簡單之一語而說明之，曰：此不行革命方略之過也。革命方略，前已言之，規定革命進行之時期爲三，第一軍政時期，第二訓政時期，第三憲政時期。此爲蕩滌舊汚，促成新治，所必要之歷程，不容一缺者也。民國之所以得爲民國，胥賴於此；不幸辛亥革命之役，忽視革命方略，置而不議，格而不行，於是根本錯誤，枝節橫生，民國遂無所恃以爲進行，此眞可爲太息痛恨者也！今舉其害如下。

(一)由軍政時期，一蹴而至憲政時期，絕不予革命政府以訓練人民之時間，又絕不予人民以養成自治能力之時間。於是第一流弊，在舊汚末由蕩滌，新治末由進行。第二流弊，在粉飾舊汚，以爲新治。第三流弊，在發揚舊汚，壓抑新治。更端言之，卽第一爲民治不能實現，第二爲假民治之名，行專制之實，第三則并民治之名而去之也。此所謂事有必至，理有固然者。

(二)軍政時期及訓政時期，所最先著重者，在以縣爲自治單位；蓋必如是，然後民權有所託始，主權在民之規定，使不至成爲空文也。今於此忽之，其流弊遂不可勝言。第一、以縣爲自治單位，所以移官治於民治也。今既不行，則中央及省，仍保其官治狀態，專制舊習，何由打破？第二、事之最切於人民者，莫如一縣以內之事，縣自治尚未經訓練，對於中央及省，何怪其茫昧不知津涯。第三、入口清査，戶籍釐定，皆縣自治最先之務。此事旣辦，然後可以言選舉，今先後顚倒，則所謂選舉，適爲劣紳、土豪之求官捷徑，無怪選舉舞弊，所在皆是。第四、人民有縣自治以爲憑藉，則進而參與國事，可以綽綽然有餘裕。與分子構成團體之學理，乃不相違；苟不如是，則人民失其參與國事之根據，無怪國事操縱於武人及官僚之手。以上四者，情勢顯然，臨時約法，旣知規定人民權利義務，而於地方制度，付之闕如，徒沾沾於國家機關，此所謂合九州之鐵鑄成大錯者也。

(三)訓政時期，先縣自治之成立，而後國家機關之成立。臨時約法，適得其反，其謬已不可救矣。然即以國家機關之規定論之，惟知襲取歐美三權分立之制，且以爲付重權於國會，即符主權在民之旨；曾不知國會與人民，實非同物。況無考試機關，則無以矯選舉之弊；無糾察機關，又無以分國會之權；馴致國會分子，良莠不齊，薰蕕同器；政府患國會權重，非劫以暴力，視爲魚肉；即濟以詐術，弄爲傀儡。政治無淸明之望，國家無鞏固之時，且大亂易作，不可收拾。

以上所述，皆十二年來之擾攘情狀，人人所共見共聞者。尋其本原，何莫非不行革命方略有以致之。余於臨時大總統任內，見革命方略，格而不行，遂不惜辭職，非得已也。

五、討袁之役

辛亥之役，以不行革命方略，遂致革命主義無由貫徹，已如上述。在此情況之中，使當政府之局者，爲忠於民國之人，亦無由致治，僅可得小康而已。余於袁世凱之繼任爲臨時大總統也，固嘗以小康期之，乃倡率同志，退爲在野黨，並自任經營鐵道事業。蓋以爲但使國無大故，則社會進步，亦足以間接使政治基礎，臻於完固。如此，則民國之建設，雖稍遲滯，猶無礙也。顧袁世凱之所爲，則無一不與民國爲仇，其不軌之心，日甚一日。袁世凱之出此，天性惡戾，反覆無常，固其一端；然所以敢於爲此者，一由革命方略不行，則緣之而生之弊害，斷不能免。人見弊害如此，則執以爲黨人詬病，謂民主之制，不適於中國。而黨人亦因以失其信用。一由專制之毒深入人心。習於舊汚者，視民主政治爲仇讎，伺瑕抵隙，思中傷之以爲快。羣趨重於袁世凱，將挾以爲推翻民國之具，而袁世凱亦利用之，以自便其私。積此二者，袁世凱於是有剗除南方黨人勢力根據之計畫，有推倒民治，恢復帝制之決心。於狙殺宋教仁，小試其端；於五國借款不經國會通過，更張其燄。東南討袁軍舉事太遲，反爲所噬。辛亥之役，革命軍所植於國內之勢力，遂以蕩滌無餘。及乎國會解散，約法毀棄，則反形已具，帝制自爲之心事，躍然如見矣！余乃組織中華革命黨，恢復民國以前革命黨之面目，而加以嚴格之訓練。以辛亥覆轍，申儆黨人，俾於革命之進行，不致徬徨歧路。自二年至於五年之間，與袁世凱奮鬬不絕。及乎洪憲宣佈，僭竊已成，蔡鍔之師，崛始雲南，西南響應，而袁世凱窮途末路，衆叛親離，卒鬱鬱以死。民國之名詞，乃得絕而復蘇。

經此一役，余以爲國人應有之覺悟，其至低限度，亦當知袁世凱式之政治，不能存在於民國之內，必澈底以剷除之也。不期國人之意識，乃無異於辛亥。辛亥之役，以爲但使清帝退位，則民國告成，謳歌太平，坐待共和幸福之降臨，此外無復餘事。所有民國一切之設施，與舊制之更張，不特不以爲必要，且以爲多事。丙辰之役，以爲但使袁世凱取消帝制，則民國依然無恙，其他袁世凱所遺留之制度，不妨蕭規而曹隨。似袁世凱所爲，除帝制外，無不宜於民國者。甚至袁世凱所毀棄之約法，與所解散之國會，亦須力爭，而後得以恢復，其他更無俟言。故辛亥之結果，清帝退位而止；丙辰之結果，袁世凱取消帝制而止。

六、護法之役

自民國二年至於五年，國內之革命戰事，可統名之曰討袁之役；自五年至於今，國內之革命戰事，可統名之曰護法之役。袁世凱雖死，而袁世凱所留遺之制度，不隨以俱死，則民國之變亂，正無已時，已爲常人意料所及。果也，曾不期年，而毀棄約法解散國會之禍再發，馴致廢帝復辟，民國不絕如縷。復辟之變，雖旬餘而定；而毀法之變，則愈演愈烈。余乃不得不以護法號召天下。

夫余對於臨時約法之不滿，已如前述，則余對於此與革命方略相背馳之約法，又何爲起而擁護之，此必讀者所亟欲問者也。余請鄭重以說明之。辛亥之役，余格於羣議，不獲執革命方略而見之實行，而北方將士，以袁世凱爲首領，與余議和。夫北方將士與革命軍相距於漢陽，明明爲反對民國者，今雖曰服從民國，安能保其心之無他？故余奉臨時約法而使之服從，蓋以服從臨時約法爲服從民國之證據。余猶慮其不足信，故必令袁世凱宣誓遵守約法，矢忠不貳，然後許其和議。故臨時約法者，南北統一之條件，而民國所由搆成也。袁世凱毀棄臨時約法，即爲違背誓言，取消其服從民國之證據，不必待其帝制自爲，已爲民國所必不容。袁世凱死，而其所部將士，襲其故智，以取消其服從民國之證據，則其罪與袁世凱等，亦爲民國所必不容。故擁護約法，即所以擁護民國，使國之人對於民國無有異志也。余爲民國前途計，一方面甚望有更進步、更適宜之憲法，以代臨時約法；一方面則務擁護臨時約法之尊嚴，俾國本不因以搖撼。故余自六年至今，奮然以一身荷護法之大任而不少撓。

護法事業，凡三波折：六年之秋，余率海軍艦隊，南去廣州，國會開非常會議，舉余爲大元帥，余乃以護法號令西南。西南將帥，雖有陰持兩端不受約束者，然於護法之名義，則崇奉不敢有異。故其時西南與北方戰，純然護法與非法戰也。及余解職去廣州，繼起之軍政府，對於護法，不能堅持；而西南諸省，因之亦生携貳，率至軍政府有悍然取消護法之舉，於是護法事業，幾於墜地。九年之冬，余重至廣州，翌年五月，再被選爲大總統，始重整護法之旗鼓，以北嚮中原。而奸宄竊發，進行蹉跌，北方將士，反以護法相號召，冀收統一之效。余固喜之，顧以國會問題，猶未解決，護法事業，終爲有憾，然余甚願以和平方法，覩護法之完全告成也。護法之戰，前後六載，國家損失，不爲不重；人民犧牲，不爲不大；軍興旣久，所在以養兵爲地方患。故余於護法事業將告結束之際，發起化兵爲工之主張以補救之，如實行此主張，於國利民福，當有所裨；否則護法之役，所得效果，惟留法不可毁之一念於國人腦中而已。較辛亥、丙辰所得結果，不能有加也。

七、結　論

中華革命之經過，其艱難頓挫如此。據現在以策將來，可得一結論曰：非行化兵爲工之策，不能解目前之紛糾；非行以縣爲自治單位之策，不能奠民國於苞桑，願我國人一念斯言。民國十二年一月二十九日。

中華民國臨時約法

民國元年三月十一日公布，刊「臨時政府公報」，第三五號，第七六五至七七三頁

第一章　總綱

第一條　中華民國由中華人民組織之

第二條　中華民國之主權屬於國民全體

第三條　中華民國領土爲二十二行省內外蒙古西藏青海

第四條　中華民國以參議院臨時大總統國務員法院行使其統治權

第二章　人民

第五條　中華民國人民一律平等無種族階級宗教之區別

第六條　人民得享有左列各項之自由權

一　人民之身體非依法律不得逮捕拘禁審問處罰

二　人民之家宅非依法律不得侵入或搜索

三　人民有保有財產及營業之自由

四　人民有言論著作刊行及集會結社之自由

五　人民有書信秘密之自由

六　人民有居住遷徙之自由

七　人民有信教之自由

第七條　人民有請願於議會之權

第八條　人民有陳訴於行政官署之權

第九條　人民有訴訟於法院受其審判之權

第十條　人民對於官吏違法損害權利之行爲有陳訴於平政院之權

第十一條　人民有應任官考試之權

第十二條　人民有選舉及被選舉之權

第十三條　人民依法律有納稅之義務

第十四條　人民依法律有服兵之義務

第十五條　本章所載人民之權利有認爲增進公益維持治安或非常緊急必要時得依法律限制之

第三章　參議院

第十六條　中華民國之立法權以參議院行之

第十七條　參議院以第十八條所定各地方選派之參議員組織之

第十八條　參議員每行省內蒙古外蒙古西藏各選派五人青海選派一人其選派方法由各地方自定之

參議院會議時每參議員有一表決權

第十九條　參議院之職權如左

一　議決一切法律案

二　議決臨時政府之預算決算

三 議決全國之稅法幣制及度量衡之準則

四 議決公債之募集及國庫有負擔之契約

五 承諾第三十四條三十五條四十條事件

六 答覆臨時政府諮詢事件

七 受理人民之請願

八 得以關於法律及其他事件之意見建議於政府

九 得提出質問書於國務員並要求其出席答覆

十 得咨請臨時政府查辦官吏納賄違法事件

十一 參議院對於臨時大總統認爲有謀叛行爲時得以總員五分四以上之出席出席員四分三以上之可決彈劾之

十二 參議院對於國務員認爲失職或違法時得以總員四分三以上之出席出席員三分二以上之可決彈劾之

第二十條 參議院得自行集會開會閉會

第二十一條 參議院之會議須公開之但有國務員之要求或出席參議員過半數之可決者得秘密之

第二十二條 參議院議決事件咨由臨時大總統公布施行

第二十三條 臨時大總統對於參議院議決事件如否認時得於咨達後十日內聲明理由咨院覆議但參議院對於覆議事件如有到會參議員三分二以上仍執前議時仍照第二十二條辦理

第二十四條 參議院議長由參議員用記名投票法互選之以得票滿投票總數之半者爲當選

第二十五條 參議院參議員於院內之言論及表決對於院外不負責任

第二十六條 參議院參議員除現行犯及關於內亂外患之犯罪外會期中非得本院許可不得逮捕

第二十七條 參議院法由參議院自定之

第二十八條 參議院以國會成立之日解散其職權由國會行之

第四章 臨時大總統副總統

第二十九條 臨時大總統副總統由參議院選舉之以總員四分三以上出席得票滿投票總數三分二以上者爲當選

第三十條 臨時大總統代表臨時政府總攬政務公布法律

第三十一條 臨時大總統爲執行法律或基於法律之委任得發布命令並得使發布之

第三十二條 臨時大總統統帥全國海陸軍隊

第三十三條 臨時大總統得制定官制官規但須提交參議院議決

第三十四條 臨時大總統任免文武職員但任

命國務員及外交大使公使須得參議院之同意

第三十五條　臨時大總統經參議院之同意得宣戰媾和及締結條約

第三十六條　臨時大總統得依法律宣告戒嚴

第三十七條　臨時大總統代表全國接受外國之大使公使

第三十八條　臨時大總統得提出法律案於參議院

第三十九條　臨時大總統得頒給勳章並其他榮典

第四十條　臨時大總統得宣告大赦特赦減刑復權但大赦須經參議院之同意

第四十一條　臨時大總統受參議院彈劾後由最高法院全院審判官互選九人組織特別法庭審判之

第四十二條　臨時副總統於臨時大總統因故去職或不能視事時得代行其職權

第五章　國務員

第四十三條　國務總理及各部總長均稱為國務員

第四十四條　國務員輔佐臨時大總統負其責任

第四十五條　國務員於臨時大總統提出法律案公布法律及發布命令時須副署之

第四十六條　國務員及其委員得於參議院出席及發言

第四十七條　國務員受參議院彈劾後臨時大總統應免其職但得交參議院覆議一次

第六章　法院

第四十八條　法院以臨時大總統及司法總長分別任命之法官組織之

法院之編制及法官之資格以法律定之

第四十九條　法院依法律審判民事訴訟及刑事訴訟

但關於行政訴訟及其他特別訴訟別以法律定之

第五十條　法院之審判須公開之但有認為妨害安寧秩序者得秘密之

第五十一條　法官獨立審判不受上級官廳之干涉

第五十二條　法官在任中不得減俸或轉職非依法律受刑罰宣告或應免職之懲戒處分不得解職懲戒條規以法律定之

第七章　附則

第五十三條　本約法施行後限十個月內由臨時大總統召集國會其國會之組織及選舉法由參議院定之。

第五十四條　中華民國之憲法由國會制定憲法未施行以前本約法之效力與憲法等

第五十五條　本約法由參議院參議員三分之二以上或臨時大總統之提議經參議員五分之四以上之出席出席員四分三之可決得增修之

第五十六條　本約法自公布之日施行臨時政府組織大綱於本約法施行之日廢止

中華民國約法

民國三年五月一日公布，係元年臨時約法之後的第二個約法，時人又稱爲袁（世凱）氏約法或新約法。刊「政府公報」，第七一二號，第二五至三三頁。

第一章　國　家

第一條　中華民國由中華人民組織之。

第二條　中華民國之主權本於國民之全體。

第三條　中華民國之領土依從前帝國所有之疆域。

第二章　人　民

第四條　中華民國人民無種族階級宗教之區別，法律上均爲平等。

第五條　人民享有下列各款之自由權：

㈠人民之身體非依法律不得逮捕拘禁審問處罰。

㈡人民之家宅非依法律不得侵入或搜索。

㈢人民於法律範圍內有保有財產及營業之自由。

㈣人民於法律範圍內有言論著作刊行及集會結社之自由。

㈤人民於法律範圍內有書信秘密之自由。

㈥人民於法律範圍內有居住遷徙之自由。

㈦人民於法律範圍內有信教之自由。

第六條　人民依法律所定有請願於立法院之權。

第七條　人民依法律所定有訴訟於法院之權。

第八條　人民依法律所定有訴願於行政官署及陳訴於平政院之權。

第九條　人民依法律所定有應任官考試及從事公務之權。

第十條　人民依法律所定有選舉及被選舉之權。

第一一條　人民依法律所定有納稅之義務。

第一二條　人民依法律所定有服兵役之義務。

第一三條　本章之規定與陸海軍法令及紀律不相牴觸者軍人適用之。

第三章　大總統

第一四條　大總統爲國之元首，總攬統治權。

第一五條　大總統代表中華民國。

第一六條　大總統對於國民之全體負責任。

第一七條　大總統召集立法院，宣告開會停會閉會。

大總統經參政院之同意解散立法

院，但須自解散之日起六個月以內選舉新議員，並召集之。

第一八條　大總統提出法律案及預算案於立法院。

第一九條　大總統爲增進公益或執行法律或基於法律之委任發布命令，並得使發布之，但不得以命令變更法律。

第二十條　大總統爲維持公安，或防禦非常災害，事機緊急，不能召集立法院時，經參政院之同意，得發布與法律有同等效力教令，但須於次期立法院開會之始，請求追認。

前項教令立法院否認時，嗣後卽失其效力。

第二一條　大總統制定官制官規，大總統任免文武職官。

第二二條　大總統宣告開戰媾和。

第二三條　大總統爲海陸軍大元帥，統率全國海陸軍、大總統定海陸軍之編制及兵額。

第二四條　大總統接受外國大使公使。

第二五條　大總統締結條約，但變更領土或增加人民負擔之條款，須經立法院之同意。

第二六條　大總統依法律宣告戒嚴。

第二七條　大總統頒給爵位勳章，並其他榮典。

第二八條　大總統宣告大赦特赦減刑復權，但大赦須經立法院之同意。

第二九條　大總統因故去職或不能視事時，副總統代行其職權。

第四章　立　　法

第三〇條　立法以人民選舉之議員組織立法院行之，立法院之組織及議員選舉方法，由約法會議議決之。

第三一條　立法院之職權如左：

㈠議決法律。

㈡議決預算。

㈢議決或承諾關於公債募集及國庫負擔之條件。

㈣答覆大總統諮詢事件。

㈤收受人民請願事件。

㈥提出法律案。

㈦提出關於法律及其他事件之意見建議於大總統。

㈧提出關於政治上之疑義要求大總統答覆，但大總統爲須秘密者得不答覆之。

㈨對於大總統有謀叛行爲時，以總議員五分四以上之出席，出席議員四分三以上之可決，提起彈劾之訴訟於大理院。

前項第一款至第八款及第二十條第二十五條第二十八條第五十五條第五十七條事件其表決以出席議員過半數之同意行之。

第三二條　立法院每年召集之，會期以四個月爲限，但大總統認爲必要時得延長其會期並得於閉會期內召集臨時會。

第三三條 立法院之會議須公開之，但經大總統之要求或出席議員過半數之可決時得秘密之。

第三四條 立法院議決之法律案由大總統公布施行。

立法院議決之法律案大總統否認時，得聲明理由交院覆議，如立法院出席議員三分二以上仍執前議，大總統認爲於內治外交有重大危害，或執行有重大障礙時，經參政院之同意，得不公布之。

第三五條 立法院議長副議長由議員互選之，以得票過投票總數之半者爲當選。

第三六條 立法院議員於院內之言論及表決對於院外不負責任。

第三七條 立法院議員除現行犯及關於內亂外患之犯罪外，會期中非經立法院許可，不得逮捕之。

第三八條 立法院法由立法院自定之。

第五章 行　　政

第三九條 行政以大總統爲首長，置國務卿一人贊襄之。

第四〇條 行政事務置外交，內務，財政，陸軍，海軍，司法，教育，農商，交通各部分掌之。

第四一條 各部總長依法律命令執行主管行政事務。

第四二條 國務卿各部總長及特派員代表大總統出席立法院發言。

第四三條 國務卿各部總長有違法行爲時受肅政廳之糾彈，及平政院之審理。

第六章 司　　法

第四四條 司法以大總統任命之法官組織法院行之，法院編制及法官之資格以法律定之。

第四五條 法院依法律獨立審判民事訴訟，刑事訴訟，但關於行政訴訟及其他特別訴訟各依其木法之規定行之。

第四六條 大理院對於第三十一條第九款之彈劾事件其審判程序別以法律定之。

第四七條 法院之審判須公開之，但認爲有妨害安寧秩序或善良風俗者，得秘密之。

第四八條 法官在任中不得減俸或轉職，非依法律受刑罰之宣告或應免職之懲戒處分，不得解職。

懲戒條規以法律定之。

第七章 參政院

第四九條 參政院應大總統之諮詢審議重要政務，參政院組織由約法會議議決之。

第八章 會 計

第五〇條 新課租稅及變更稅率以法律定之，現行租稅未經法律變更者，仍舊徵收。

第五一條 國家歲出歲入每年度依立法院所議決之預算行之。

第五二條 因特別事件得於預算內預定年限設繼續費。

第五三條 爲備預算不足或於預算以外之支出，須於預算內設預備費。

第五四條 左列各款之支出非經大總統之同意不得廢除裁減之。

㈠法律上屬於國家之義務者。

㈡法律上之規定所必需者。

㈢履行條約所必需者。

㈣陸海軍編制所必需者。

第五五條 爲國際戰爭或戡定內亂及其他非常事變不能召集立法院時，大總統經參政院之同意，得爲財政緊急處分，但須於次期立法院開會之始，請求追認。

第五六條 預算不成立時執行前年度預算，會計年度既開始預算尙未議定時亦同。

第五七條 國家歲出歲入之決算每年經審計院審定後，由大總統提出報告於立法院請求承認。

第五八條 審計院之編制由約法會議議決之。

第九章 制定憲法程序

第五九條 中華民國憲法案由憲法起草委員會起草。

憲法起草委員會以參政院所推舉之委員組織之，其人數以十名爲限。

第六〇條 中華民國憲法案由參政院審定之。

第六一條 中華民國憲法案經參政院審定後，由大總統提出國民會議決定之，國民會議之組織由約法會議議決之。

第六二條 國民會議由大總統召集並解散之。

第六三條 中華民國憲法由大總統公布之。

第十章 附 則

第六四條 中華民國憲法未施以前，本約法之效力與憲法等，約法施行前之現行法令與本約法不相牴觸者保有其效力。

第六五條 中華民國元年二月十二日所宣布之大清皇帝辭位後優待清皇族待遇條件，滿蒙回藏各族待遇條件，永不變更其效力。

其與待遇條件有關係之蒙古待遇條例，仍繼續保有其效力，非依法律，不得變更之。

第六六條 本約法由立法院議員三分二以上

或大總統提議增修，經立法院議員五分四以上之出席，出席議員四分三以上之可決時，由大總統召集約法會議增修之。

第六七條　立法院未成立以前以參政院代行其職權。

第六八條　本約法自公布之日施行，民國元年三月十一日公佈之臨時約法於本約法施行之日廢止。

憲法選編

中華民國十二年憲法(曹錕憲法)

民國十二年十月十日頒布

中華民國憲法會議爲發揚國光，鞏固國圉，增進社會福利，擁護人道尊嚴，制茲憲法，宣告全國，永矢咸遵，垂之無極。

第一章　國　　體

第一條　中華民國爲永遠統一民主國。

第二章　主　　權

第二條　中華民國主權，屬於國民全體。

第三章　國　　土

第三條　中華民國國土，依其固有之疆域。國土及其區劃，非以法律，不得變更之。

第四章　國　　民

第四條　凡依法律所定屬中華民國國籍者爲中華民國人民。

第五條　中華民國人民，於法律上無種族，階級，宗教之別，均爲平等。

第六條　中華民國人民，非依法律不受逮捕，監禁，審問，或處罰。

人民被羈押時，得依法律以保護狀請求法院提至法庭，審查其理由。

第七條　中華民國人民之住居，非依法律，不受侵入或搜索。

第八條　中華民國人民通信之秘密，非依法律不受侵犯。

第九條　中華民國人民，有選擇住居及職業之自由，非依法律，不受制限。

第十條　中華民國人民，有集會結社之自由，非依法律，不受制限。

第十一條　中華民國人民，有言論、著作及刊行之自由，非依法律，不受制限。

第十二條　中華民國人民，有尊崇孔子及信仰宗教之自由，非依法律，不受制限。

第十三條　中華民國人民之財產所有權，不受侵犯。但公益上必要之處分，依法律之所定。

第十四條　中華民國人民之自由權，除本章規定外，凡無背於憲政原則者，皆承認之。

第十五條　中華民國人民，依法律有訴訟於法院之權。

第十六條　中華民國人民，依法律有請願及陳訴之權。

第十七條　中華民國人民，依法律有選舉及被選舉權。

第十八條　中華民國人民，依法律有從事公職之權。

第十九條　中華民國人民，依法律有納租稅之義務。

第二十條　中華民國人民，依法律有服兵役之義務。

第二十一條　中華民國人民，依法律有受初等教育之義務。

第五章　國　　權

第二十二條　中華民國之國權，屬於國家事項，依本憲法之規定行使之，屬於地方事項，依本憲法及各省自治之規定行使之。

第二十三條　左列事項，由國家立法並執行之。

一、外交。

二、國防。

三、國籍法。

四、刑事、民事及商事之法律。

五、監獄制度。

六、度量衡。

七、幣制及國立銀行。

八、關稅、鹽稅、印花稅、煙酒稅、其他消費稅及全國稅率應行劃一之租稅。

九、郵政、電報、及航空。

十、國有鐵道及國道。

十一、國有財產。

十二、國債。

十三、專賣及特許。

十四、國家文武官吏之銓試、任用、糾察及保障。

十五、其他依本憲法所定，屬於國家之事項。

第二十四條　左列事項，由國家立法並執行，或令地方執行之。

一、農工礦業及森林。

二、學制。

三、銀行及交易所制度。

四、航政及沿海漁業。

五、兩省以上之水利及河道。

六、市制通則。

七、公用徵收。

八、全國戶口調查及統計。

九、移民及墾殖。

十、警察制度。

十一、公共衛生。

十二、救卹及遊民管理。

十三、有關文化之古籍、古物、古蹟之保存。

上列各款，省於不抵觸國家法律範圍內，得制定單行法。本條所列第一、第四、第十、第十一、第十二、第十三各款，在國家未立法以前，省得行使其立法權。

第二十五條　左列事項，由省立法並執行，

或令縣執行之。

一、省教育，實業及交通。

二、省財產之經營處分。

三、省市政。

四、省水利及工程。

五、田賦、契稅及其他省稅。

六、省債。

七、省銀行。

八、省警察及保安事項。

九、省慈善及公益事項。

十、下級自治。

十一、其他依國家法律賦予事項。

前項所定各款，有涉及二省以上者，除法律別有規定外，得共同辦理。其經費不足時，經國會議決，由國庫補助之。

第二十六條 除第二十三條，第二十四條，第二十五條，列舉事項外，如有未列舉事項發生時，其性質關係國家者，屬之國家；關係各省者，屬之各省。遇有爭議，最高法院裁決之。

第二十七條 國家對於各省課稅之種類，及其徵收方法，爲免左列諸弊或因維持公共利益之必要時，得以法律限制之。

一、妨害國家收入或通商。

二、二重課稅。

三、對於公共道路或其他交通設施之利用，課以過重或妨礙交通之規費。

四、各省及各地方間，因保護其產物，對於輸入商品爲不利益之課稅。

五、各省及地方間物品通過之課稅。

第二十八條 省法律與國家法律牴觸者無效。

省法律與國家法律發生牴觸之疑義時，由最高法院解釋之。

前項解釋之規定，於省自治法牴觸國家法律時得適用之。

第二十九條 國家預算不敷或因財政緊急處分經國會議決，得比較各省歲收額數，用累進率分配其負擔。

第三十條 財力不足或遇非常災變之地方，經國會議決，得由國庫補助之。

第三十一條 省與省爭議事件，由參議院裁決之。

第三十二條 國軍之組織，以義務民兵制爲基礎，各省除執行兵役法所規定之事項外，平時不負其他軍事上之義務。義務民兵，依全國徵募區分期召集訓練之。但常備軍之駐在地，以國防地帶爲限。

國家軍備費，不得逾歲出四分一。但對外戰爭時，不在此限。

國軍之額數，由國會議定之。

第三十三條　省不得締結有關政治之盟約。

省不得有妨害他省或其他地方利益之行爲。

第三十四條　省不得自置常備軍，並不得設立軍官學校，及軍械製造廠。

第三十五條　省因不履行國法上之義務，經政府告誡，仍不服從者，得以國家權力強制之。

前項之處置，經國會否認時，應中止之。

第三十六條　省有以武力相侵犯者，政府得以依前條之規定制止之。

第三十七條　國體發生變動或憲法上根本組織被破壞時，省應聯合維持憲法上規定之組織，至原狀回復爲止。

第三十八條　本章關於省之規定，未設省已設縣之地方，均適用之。

第六章　國　　會

第三十九條　中華民國之立法權，由國會行之。

第 四 十 條　國會以參議院衆議院構成之。

第四十一條　參議院以法定最高級地方議會及其他選舉團體選出之議員組織之。

第四十二條　衆議院以各選舉區比例人口選出之議員組織之。

第四十三條　兩院議員之選舉，以法律定之。

第四十四條　無論何人，不得同時爲兩院議員。

第四十五條　兩院議員，不得兼任文武官吏。

第四十六條　兩院議員之資格，各院得自行審定之。

第四十七條　參議院議員任期六年，每二年改選三分之一。

第四十八條　衆議院議員任期三年。

第四十九條　第四十七條第四十八條議員之職務，應俟次屆選舉完成依法開會之前一日解除之。

第 五 十 條　兩院各設議長副議長一人，由兩院議員互選之。

第五十一條　國會自行集會、開會、閉會，但臨時會於有左列情事之一時行之。

一、兩院議員各有三分之一以上聯名通告。

二、大總統之牒集。

第五十二條　國會常會，於每年八月一日開會。

第五十三條　國會常會會期爲四個月，得延長之。但不得逾常會會期。

第五十四條　國會之開會、閉會，兩院同時行之。

一院停會時，他院同時休會。

衆議員解散時，參議院同時休會。

第五十五條　國會之議事，兩院各別行之。

同一議案，不得同時提出於兩

院。

第五十六條　兩院非各有議員總數過半數之列席，不得開議。

第五十七條　兩院之議事，以列席議員過半數之同意決之。可否同數，取決於議長。

第五十八條　國會之議定，以兩院之一致成之。

第五十九條　兩院之議事公開之，但得以政府之請求或院議秘密之。

第六十條　衆議院認大總統副總統有謀叛行爲時，得以議員總數三分二以上之列席，列席員三分二以上同意彈劾之。

第六十一條　衆議院認國務員有違法行爲時，得以列席員三分二以上之同意彈劾之。

第六十二條　衆議員對於國務員，得爲不信任之決議。

第六十三條　參議院審判被彈劾之大總統、副總統，及國務員。

前項審判，非以列席員三分二以上之同意，不得判決爲有罪或違法。判決大總統副總統有罪時，應黜其職。並得奪其公權，如有餘罪，付法院審判之。

第六十四條　兩院對於官吏違法或失職行爲，各得咨請政府查辦之。

第六十五條　兩院各得建議於政府。

第六十六條　兩院各得受理國民之請願。

第六十七條　兩院議員得提出質問書於國務員，或請求其到院質問之。

第六十八條　兩院議員於院內之言論及表決，對於院外不負責任。

第六十九條　兩院議員在會期中，除現行犯外，非得各本院許可，不得逮捕或監視。

兩院議員因現行犯被捕時，政府應即將理由報告於各本院，得以院議要求於會期內暫行停止訴訟之進行，將被捕議員，交回各本院。

第七十條　兩院議員之歲費及其他公費，以法律定之。

第七章　大總統

第七十一條　中華民國之行政權，由大總統以國務員之贊襄行之。

第七十二條　中華民國人民，完全享有公權，年滿四十歲以上，並居住國內滿十年以上者，得被選舉爲大總統。

第七十三條　大總統由國會議員組織總統選舉會選舉之。

前項選舉，以選舉人總數三分二以上之列席，用無記名投票行之。得票滿投票人數四分三者爲當選。但兩次投票無人當選時，就第二次得票較多者二人決選之，以得票過投票人數之半者爲當選。

第七十四條 總統任期五年，如再被選，得連任一次。

大總統任滿前三個月，國會議員須自行集會，組織總統選舉會，行次任大總統之選舉。

第七十五條 大總統就職時，須爲下列之宣誓。

余誓以至誠，遵守憲法，執行大總統之職務。謹誓。

第七十六條 大總統缺位時，由副總統繼任。至本任大總統期滿之日止。

大總統因故不能執行職務以副總統代理之。

副總統同時缺位，由國務員攝行其職務。同時國會議員於三個月內自行集會組織總統選舉會，行次任大總統之選舉。

第七十七條 大總統應於任滿之日解職。如屆期次任大總統尚未選出，或選出後尚未就職，次任副總統亦不能代理時，由國務員攝行其職務。

第七十八條 副總統之選舉，依選舉大總統之規定。與大總統之選舉同時行之。但副總統缺位時應補選之。

第七十九條 大總統公布法律，並監督確保其執行。

第八十條 大總統爲執行法律或依法律之委任，得發布命令。

第八十一條 大總統任免文武官吏。但憲法及法律有特別規定者，依其規定。

第八十二條 大總統爲民國陸海軍大元帥，統帥陸海軍，陸海軍之編制，以法律定之。

第八十三條 大總統對於本國，爲民國之代表。

第八十四條 大總統經國會之同意，得宣戰。但防禦外國攻擊時，得於宣戰後請求國會追認。

第八十五條 大總統締結條約，但媾和及關係立法事項之條約，非經國會同意，不生效力。

第八十六條 大總統依法律得宣告戒嚴，但國會認爲無戒嚴之必要時，應即爲解嚴之宣告。

第八十七條 大總統經最高法庭之同意，得宣告免刑及復權，但對於彈劾事件之判決，非經參議院同意，不得爲復權之宣告。

第八十八條 大總統得停止衆議員或參議會之會議，但每一會期停會，不得逾二次，每次時間不得逾十日。

第八十九條 大總統於國務員受不信任之決議時，非免國務員之職，即解散衆議院，須經參議院之同意。原國務員在職中或同一會期，不得爲第二次之解散。

大總統解散衆議院時應即令行選舉，於五個月內定期繼續開會。

第九十條　大總統除叛逆罪外，非解職後，不受刑事上之訴究。

第九十一條　大總統副總統之歲費，以法律定之。

第八章　國務院

第九十二條　國務院以國務員組織之。

第九十三條　國務總理及各部總長均爲國務員。

第九十四條　國務總理之任命，須經衆議院之同意。

國務總理於國會閉會期內出缺時，大總統得爲署理之任命，但繼任之國務總理，須於次期國會開會後七日內提出衆議院同意。

第九十五條　國務員贊襄大總統，對於衆議院負責任，大總統所發命令及其他關係國務之文書，非經國務員之副署，不生效力，但任免國務總理，不在此限。

第九十六條　國務員得於兩院列席發言，但爲說明政府提案時，得以委員代理。

第九章　法　院

第九十七條　中華民國之司法權，由法院行之。

第九十八條　法院之編制及法官之資格，以法律定之。

最高法院院長之任命，須經參議院之同意。

第九十九條　法院依法律受理民事刑事行政及其他一切訴訟，但憲法及法律有特別規定者，不在此限。

第一百條　法院之審判，公開之，但認爲妨害公安或有關風化者，得秘密之。

第一百零一條　法官獨立審判，無論何人，不得干涉之。

第一百零二條　法官在任中，非依法律，不得減俸停職或轉職。

法官在任中，非受刑法宣告或懲戒處分，不得免職。但改定法院編制及法官資格時，不在此限。

法官之懲戒處分，以法律定之。

第十章　法　律

第一百零三條　兩院議員及政府，各得提出法律案。但經一院否決者，於同一會期，不得再行提出。

第一百零四條　國會議決之法律案，大總統須於送達後十五日內公布之。

第一百零五條　國會議定之法律案，大總統如有異議時，得於公布期內聲明理由，請求國會覆議。

如兩院仍執前議時，應卽公布之。

未經請求覆議之法律案，逾公布期限卽成爲法律。但公布期滿，在國會閉會或衆議院解散後者，不在此限。

第一百零六條　法律非以法律不得變更或廢止之。

第一百零七條　國會議定之決議案交覆議時，適用法律之規定。

第一百零八條　法律與憲法牴觸者無效。

第十一章　會　計

第一百零九條　新訂租稅及變更稅率，以法律定之。

第一百十條　募集國債及締結增加國庫負擔之契約，須經國會議定。

第一百十一條　凡直接有關國民負擔之財政案，衆議院有先議權。

第一百十二條　國家歲出歲入，每年由政府編成預算案，於國會開會後十五日內，先提出於衆議院。

參議院對於衆議院議決之預算案修正或否決時，須求衆議院之同意，如不得同意，原議決案卽成爲預算。

第一百十三條　政府因特別事業，得於預算案內預定年限設繼續費。

第一百十四條　政府爲備預算不足或預算所未及，得於預算案內設預備費。

預備費之支出，須於次會期請求衆議院承認。

第一百十五條　左列各款支出，非經政府同意，國會不得廢除或削減之。

一、法律上屬於國家之義務者。

二、履行條約所必需者。

三、法律之規定所必需者。

四、繼續費。

第一百十六條　國會對於預算表，不得爲歲出之增加。

第一百十七條　會計年度開始，預算未成立時，政府每月依前年度預算十二分之一施行。

第一百十八條　爲對外防禦戰爭，或戡定內亂，救濟非常災變，時機緊急，不能牒集國會時，政府得爲財政緊急處分，但須於次期國會開會後七日內，請求衆議院追認。

第一百十九條　國家歲出之支付命令，須先經審計院之核准。

第一百二十條　國家歲出入之決算案，每年經審計院審定，由政府報告於國會。

衆議院對於決算案或追認案否認時，國務員應負其責。

第一百二十一條　審計院之組織及審計員之資格，以法律定之。

審計員在任中，非依法律，不得減俸停職或轉職。

審計員之懲戒處分，以法律定之。

第一百二十二條　審計院院長由參議院選舉之。

審計院院長關於決算報告，得於兩院列席及發言。

第一百二十三條　國會議定之預算及追認案，大總統應於送達後公布之。

第十二章　地方制度

第一百二十四條　地方劃分爲省縣兩級。

第一百二十五條　省依本憲法第五章第二十二條之規定，得自制定省自治法，但不得與本憲法及國家法律相牴觸。

第一百二十六條　省自治法由省議會，縣議會，及全省各法定之職業團體選出之代表組織省自治法會議制定之。

前項代表，除由縣議會各選出一人外，由省議會選出者不得逾由縣議會所選出代表總額之半數。其由各法定之職業團體選出者亦同。但由省議會縣議會選出之代表，不以各該議會之議員爲限。其選舉法由省法律定之。

第一百二十七條　左列各規定，各省均適用之。

一、省設省議會，爲單一制之代議機關，其議員依直接選舉方法選出之。

二、省設省務院，執行省自治行政，以省民直接選舉之省務員五人至九人組織之，任期四年，在未能直接選舉以前，得適用前條之規定，組織選舉會選舉之。

但現役軍人，非解職一年後不得被選。

三、省務院設院長一人，由省務員互選之。

四、住居省內一年以上之中華民國人民，於省之法律上一律平等，完全享有公民權利。

第一百二十八條　左列各規定，各縣均適用之。

一、縣設縣議會，於縣以

內之自治事項，有立法權。

二、縣設縣長，由縣民直接選舉之，依縣參事會之贊襄，執行縣自治行政，但司法尙未獨立及下級自治尙未完成以前，不適用之。

三、縣於負擔省稅總額內有保留權，但不得逾總額十分之四。

四、縣有財產及自治經費，省政府不得處分之。

五、縣因天災事變或自治經費不足時，得請求省務院經省議會議決，由省庫補助之。

六、縣有奉行國家法令及省法令之義務。

第一百二十九條　省稅與縣稅之劃分，由省議會議決之。

第一百三十條　省不得對於一縣或數縣施行特別法律，但關係一省共同利害者，不在此限。

第一百三十一條　縣之自治事項，有完全執行權，除省法律規定懲戒處分外，省不干涉之。

第一百三十二條　省及縣以內之國家行政，除由國家分置官吏執行外，得委任省縣自治行政機關執行之。

第一百三十三條　省縣自治行政機關，執行國家行政，有違背法令時，國家得依法律之規定懲戒之。

第一百三十四條　未設省已設縣之地方，適用本章之規定。

第一百三十五條　內外蒙古、西藏、青海、因地方人民之公意，得劃分爲省縣兩級，適用本章各規定，但未設省縣以前其行政制度以法律定之。

第十三章　憲法之修正解釋及效力

第一百三十六條　國會得爲修正憲法之發議。

前項發議非兩院各有列席員三分二以上之同意，不得成立。

兩院議員，非有各本院議員總額四分一以上之連署，不得爲修正憲法之提議。

第一百三十七條　憲法之修正，由憲法會議行之。

第一百三十八條　國體不得爲修正之議題。

第一百三十九條　憲法有疑義時，由憲法會議解釋之。

第一百四十條　憲法會議，由國會議員組織之。

前項會議，非總員三分二以上之列席，不得開議；非列席員四分三以上之同意，不得議決，但關於疑義之解釋，得以列席員三分二以上之同意決之。

第一百四十一條　憲法非依本章所規定之修正程序，無論經何種事變，永不失其效力。

中華民國訓政時期約法

——民國二十年五月十二日國民會議通過

同年六月一日國民政府公布同日施行——

國民政府本革命之三民主義、五權憲法以建設中華民國，既由軍政時期入於訓政時期，允宜公布約法，共同遵守，以期促成憲政，授政於民選之政府。茲謹遵創立中華民國之中國國民黨　總理遺囑，召集國民會議於首都，由國民會議制定中華民國訓政時期約法如左：

第一章　總　綱

第一條　中華民國領土爲各省及蒙古、西藏。

第二條　中華民國之主權屬於國民全體。

凡依法律享有中華民國國籍者，爲中華民國國民。

第三條　中華民國永爲統一共和國。

第四條　中華民國國旗定爲紅地，左上角青天白日。

第五條　中華民國國都定於南京。

第二章　人民之權利義務

第六條　中華民國國民無男女、種族、宗教、階級之區別，在法律上一律平等。

第七條　中華民國國民依建國大綱第八條之規定，在完全自治之縣，享有建國大綱第九條所定選舉、罷免、創制、複決之權。

第八條　人民非依法律不得逮捕、拘禁、審問、處罰。

人民因犯罪嫌疑被逮捕、拘禁者，其執行逮捕或拘禁之機關，至遲應於二十四小時內移送審判機關審問；本人或他人並得依法請求於二十四小時內提審。

第九條　人民除現役軍人外，非依法律不受軍事審判。

第十條　人民之居所，非依法律不得侵入、搜索或封錮。

第十一條　人民有信仰宗教之自由。

第十二條　人民有遷徙之自由，非依法律不得停止或限制之。

第十三條　人民有通信，通電秘密之自由，非依法律不得停止或限制之。

第十四條　人民有結社、集會之自由，非依法律不得停止或限制之。

第十五條　人民有發表言論及刊行著作之自由，非依法律不得停止或限制之。

第十六條　人民之財產，非依法律不得查封或沒收。

第十七條　人民財產所有權之行使，在不妨

害公共利益之範圍內，受法律之保障。

第十八條　人民財產因公共利益之必要，得依法律徵用或徵收之。

第十九條　人民依法律得享有財產繼承權。

第二十條　人民有請願之權。

第二十一條　人民依法律有訴訟於法院之權。

第二十二條　人民依法律有提起訴願及行政訴訟之權。

第二十三條　人民依法律有應考試之權。

第二十四條　人民依法律有服公務之權。

第二十五條　人民依法律有納稅之義務。

第二十六條　人民依法律有服兵役及工役之義務。

第二十七條　人民對於公署依法執行職權之行爲，有服從之義務。

第三章　訓政綱領

第二十八條　訓政時期之政治綱領及其設施，依照建國大綱之規定。

第二十九條　地方自治，依建國大綱及地方自治開始實行法之規定推行之。

第三十條　訓政時期，由中國國民黨全國代表大會代表國民大會行使中央統治權。

中國國民黨全國代表大會閉會時，其職權由中國國民黨中央執行委員會行使之。

第三十一條　選舉、罷免、創制、複決四種政權之行使，由國民政府訓導之。

第三十二條　行政、立法、司法、考試、監察五種治權，由國民政府行使之。

第四章　國民生計

第三十三條　爲發展國民生計，國家對於人民生產事業，應予以獎勵及保護。

第三十四條　爲發展農村經濟、改善農民生活、增進佃農福利，國家應積極實施左列事項：

一、墾殖全國荒地，開發農田水利；

二、設立農業金融機關，獎勵農村合作事業；

三、實施倉儲制度，預防災荒，充裕民食；

四、發展農業教育，注重科學實驗，厲行農業推廣，增加農業生產；

五、獎勵地方興築農村道路，便利物產運輸。

第三十五條　國家應興辦油、煤、金、鐵礦業，並對於民營礦業予以獎勵及保護。

第三十六條　國家應創辦國營航業，並對於民營航業予以獎勵及保護。

第三十七條　人民得自由選擇職業及營業；但有妨害公共利益者，國家得以法律限制或禁止之。

第三十八條　人民有締結契約之自由，在不妨害公共利益及善良風化範圍內，受法律之保障。

第三十九條　人民爲改良經濟生活及促進勞資互助，得依法組織職業團體。

第四十條　勞資雙方應本協調互利原則，發展生產事業。

第四十一條　爲改良勞工生活狀況，國家應實施保護勞工法規。

婦女、兒童從事勞動者，應按其年齡及身體狀態，施以特別之保護。

第四十二條　爲預防及救濟因傷、病、廢、老而不能勞動之農民、工人等，國家應施行勞動保險制度。

第四十三條　爲謀國民經濟之發展，國家應提倡各種合作事業。

第四十四條　人民生活必需品之產銷及價格，國家得調整或限制之。

第四十五條　借貸之重利及不動產使用之重租，應以法律禁止之。

第四十六條　現役軍人因服務而致殘廢者，國家應施以相當之救濟。

第五章　國民教育

第四十七條　三民主義爲中華民國教育之根本原則。

第四十八條　男女教育之機會，一律平等。

第四十九條　全國公私立之教育機關，一律受國家之監督，並負推行國家所定教育政策之義務。

第五十條　已達學齡之兒童應一律受義務教育，其詳以法律定之。

第五十一條　未受義務教育之人民應一律受成年補習教育，其詳以法律定之。

第五十二條　中央及地方應寬籌教育上必需之經費，其依法獨立之經費並予以保障。

第五十三條　私立學校成績優良者，國家應予以獎勵或補助。

第五十四條　華僑教育，國家應予以獎勵及補助。

第五十五條　學校教職員成績優良、久於其職者，國家應予以獎勵及保障。

第五十六條　全國公私立學校應設置免費及獎金學額，以獎進品學兼優，無力升學之學生。

第五十七條　學術及技術之硏究與發明，國家應予以獎勵及保護。

第五十八條　有關歷史、文化及藝術之古蹟、古物，國家應予以保護或保存。

第六章　中央與地方之權限

第五十九條　中央與地方之權限，依建國大綱第十七條之規定，採均權制度。

第六十條　各地方於其事權範圍內得制定地方法規；但與中央法規牴觸者無效。

第六十一條　中央與地方課稅之畫分，以法律定之。

第六十二條　中央對於各地方之課稅，爲免除左列各款之弊害，以法律限制之。

一、妨害社會公共利益；

二、妨害中央收入之來源；

三、複稅；

四、妨害交通；

五、爲一地方之利益，對於他地方貨物之輸入，爲不公平之課稅；

六、各地方之物品通過稅。

第六十三條　工商業之專利、專賣特許權屬於中央。

第六十四條　凡一省達到憲政開始時期，中央及地方權限，應依建國大綱以法律詳細規定之。

第七章　政府之組織

第一節　中央制度

第六十五條　國民政府總攬中華民國之治權。

第六十六條　國民政府統率陸海空軍。

第六十七條　國民政府行使宣戰、媾和及締結條約之權。

第六十八條　國民政府行大赦、特赦及減刑、復權。

第六十九條　國民政府授與榮典。

第七十條　國家之歲入、歲出，由國民政府編定預算、決算公布之。

第七十一條　國民政府設行政院、立法院、司法院、考試院、監察院及各部會。

第七十二條　國民政府設主席一人，委員若干人，由中國國民黨中央執行委員會選任；委員名額以法律定之。

第七十三條　國民政府主席對內、對外代表國民政府。

第七十四條　各院院長及各部、會長，以國民政府主席之提請，由國民政府依法任免之。

第七十五條　公布法律、發布命令，由國民政府主席依法署名行之。

第七十六條　各院、部、會得依法發布命令。

第七十七條　國民政府及各院、部、會之組織以法律定之。

第二節　地方制度

第七十八條　省置省政府，受中央之指揮，綜理全省政務；其組織以法律定之。

第七十九條　凡一省依建國大綱第十六條之規定達到憲政開始時期，國民代表會得選舉省長。

第八十條　蒙古、西藏之地方制度，得就地方情形，另以法律定之。

第八十一條 縣置縣政府，受省政府之指揮，綜理全縣政務，其組織以法律定之。

第八十二條 各縣組織縣自治籌備會，執行建國大綱第八條所規定之籌備事項。

縣自治籌備會之組織以法律定之。

第八十三條 工商繁盛，人口集中或其他特殊情形之地方，得設各種市區；其組織以法律定之。

第八章　附　則

第八十四條 凡法律與本約法牴觸者無效。

第八十五條 本約法之解釋權，由中國國民黨中央執行委員會行使之。

第八十六條 憲法草案，當本於建國大綱及訓政與憲政兩時期之成績，由立法院議訂，隨時宣傳於民衆，以備到時採擇施行。

第八十七條 全國有過半數省分達到憲政開始時期，即全省之地方自治完全成立時期，國民政府應即開國民大會，決定憲法而頒布之。

第八十八條 本約法由國民會議制定，交由國民政府公布之。

第八十九條 本約法自公布之日施行。

憲法選編

中華民國憲法草案(五五憲草)

——二十五年五月五日國民政府宣布——

中華民國國民大會受全體國民付託遵照創立中華民國之 孫先生之遺教制茲憲法頒行全國永矢咸遵

第一章 總 綱

第一條 中華民國爲三民主義共和國。

第二條 中華民國之主權屬於國民全體。

第三條 具有中華民國之國籍者爲中華民國國民。

第四條 中華民國領土爲江蘇、浙江、安徽、江西、湖北、湖南、四川、西康、河北、山東、山西、河南、陜西、甘肅、青海、福建、廣東、廣西、雲南、貴州、遼寧、吉林、黑龍江、熱河、察哈爾、綏遠、寧夏、新疆、蒙古、西藏等固有之疆域。

中華民國領土非經國民大會議決,不得變更。

第五條 中華民國各民族均爲中華國族之構成分子,一律平等。

第六條 中華民國國旗定爲紅地,左上角青天白日。

第七條 中華民國國都定於南京。

第二章 人民之權利義務

第八條 中華民國人民在法律上一律平等。

第九條 人民有身體之自由,非依法律,不得逮捕、拘禁、審問或處罰。

人民因犯罪嫌疑被逮捕拘禁者,其執行機關應即將逮捕拘禁原因,告知本人及其親屬,並至遲於二十四小時內移送於該管法院審問,本人或他人亦得聲請該管法院二十四小時內向執行機關提審。

法院對於前項聲請,不得拒絕,執行機關對於法院之提審,亦不得拒絕。

第十條 人民除現役軍人外,不受軍事裁判。

第十一條 人民有居住之自由,其居住處所,非依法律,不得侵入、搜索或封錮。

第十二條 人民有遷徙之自由,非依法律,不得限制之。

第十三條 人民有言論、著作及出版之自由,非依法律,不得限制之。

第十四條 人民有秘密通訊之自由,非依法律,不得限制之。

第十五條　人民有信仰宗教之自由，非依法律，不得限制之。

第十六條　人民有集會結社之自由，非依法律，不得限制之。

第十七條　人民之財產，非依法律，不得徵用、徵收、查封或沒收。

第十八條　人民有依法律請願、訴願及訴訟之權。

第十九條　人民有依法律選舉、罷免、創制、複決之權。

第二十條　人民有依法律應考試之權。

第二十一條　人民有依法律納稅的義務。

第二十二條　人民有依法律服兵役及工役之義務。

第二十三條　人民有依法律服公務之義務。

第二十四條　凡人民之其他自由及權利不妨害社會秩序公共利益者，均受憲法之保障，非依法律，不得限制之。

第二十五條　凡限制人民自由或權利之法律，以保障國家安全，避免緊急危難，維持社會秩序，或增進公共利益所必要者爲限。

第二十六條　凡公務員違法侵害人民之自由或權利者，除依法律懲戒外，應負刑事及民事責任；被害人民，就其所受損害，並得依法律向國家請求賠償。

第三章　國民大會

第二十七條　國民大會以左列國民代表組織之

一　每縣市及其同等區域各選出代表一人，但其人口逾三十萬者，每增加五十萬人，增選代表一人；

縣市同等區域以法律定之；

二　蒙古西藏選出代表，其名額以法律定之；

三　僑居國外之國民選出代表，其名額以法律定之。

第二十八條　國民代表之選舉，以普通、平等、直接、無記名投票之方法行之。

第二十九條　中華民國國民年滿二十歲者，有依法律選舉代表權；年滿二十五歲者，有依法律被選舉代表權。

第三十條　國民代表任期六年。

國民代表違法或失職時，原選舉區依法律罷免之。

第三十一條　國民大會每三年由總統召集一次，會期一月，必要時得延長一月。

國民大會經五分二以上代表之同意，得自行召集臨時國民大會。

總統得召集臨時國民大會。

國民大會之開會地點在中央政

府所在地。

第三十二條　國民大會之職權如左：

一　選舉總統、副總統、立法院院長、副院長、監察院院長、副院長、立法委員、監察委員；

二　罷免總統、副總統，立法、司法、考試、監察各院院長、副院長，立法委員，監察委員；

三　創制法律；

四　複決法律；

五　修改憲法；

六　憲法賦予之其他職權。

第三十三條　國民代表在會議時所爲之言論及表決，對外不負責任。

第三十四條　國民代表，除現行犯外，在會期中非經國民大會許可，不得逮捕或拘禁。

第三十五條　國民大會之組織，國民代表之選舉、罷免及國民大會行使職權之程序，以法律定之。

第四章　中央政府

第一節　總統

第三十六條　總統爲國家元首，對外代表中華民國。

第三十七條　總統統率全國陸海空軍。

第三十八條　總統依法公布法律，發布命令，並須經關係院院長之副署。

第三十九條　總統依法行使宣戰、媾和及締結條約之權。

第 四 十 條　總統依法宣布戒嚴解嚴。

第四十一條　總統依法行使大赦、特赦、減刑、復權之權。

第四十二條　總統依法任免文武官員。

第四十三條　總統依法授與榮典。

第四十四條　國家遇有緊急事變，或國家經濟上有重大變故，須爲急速處分時，總統得經行政會議之議決，發布緊急命令，爲必要之處置；但應於發布命令後三個月內，提交立法院追認。

第四十五條　總統得召集五院院長會商關於二院以上事項，及總統諮詢事項。

第四十六條　總統對國民大會負其責任。

第四十七條　中華民國國民年滿四十歲者，得被選爲總統副總統。

第四十八條　總統、副總統之選舉以法律定之。

第四十九條　總統、副總統之任期均爲六年，連選得連任一次。

第 五 十 條　總統應於就職日宣誓誓詞如左：

「余正心誠意，向國民宣誓：余必遵守憲法，盡忠職務，增進人民福利，保衛國家，無負國民付託；如違誓言，願受國法嚴厲之制裁。謹誓。」

第五十一條　總統缺位時，由副總統繼其任。總統因故不能視事時，由副總統代行其職權；總統副總統均不能視事時，由行政院院長代行其職權。

第五十二條　總統於任滿之日解職，如屆期次任總統尚未選出，或選出後總統、副總統均未就職時，由行政院院長代行總統職權。

第五十三條　行政院院長代行總統職權時，其期限不得逾六個月。

第五十四條　總統除犯內亂或外患罪外，非經罷免或解職，不受刑事上之訴究。

第二節　行政院

第五十五條　行政院爲中央政府行使行政權之最高機關。

第五十六條　行政院設院長副院長各一人，政務委員若干人，由總統任免之。

前項政務委員不管部會者，其人數不得超過第五十八條第一項所定管部會者之半數。

第五十七條　行政院設各部各委員會，分掌行政職權。

第五十八條　行政院各部部長各委員會委員長，由總統於政務委員中任命之。

行政院院長副院長得兼任前項部長或委員長。

第五十九條　行政院院長、副院長，政務委員，各部部長，各委員會委員長，各對總統負其責任。

第六十條　行政院設行政會議，由行政院院長、副院長及政務委員組織之，以行政院院長爲主席。

第六十一條　左列事項應經行政會議議決：

一　提出於立法院之法律案、預算案；

二　提出於立法院之戒嚴案、大赦案；

三　提出於立法院之宣戰案、媾和案、條約案及其他關於重要國際事項之議案；

四　各部各委員會間共同關係之事項；

五　總統或行政院院長交議之事項；

六　行政院副院長、各政務委員、各部、各委員會提議之事項。

第六十二條　行政院之組織，以法律定之。

第三節　立法院

第六十三條　立法院爲中央政府行使立法權之最高機關，對國民大會負其責任。

第六十四條　立法院有議決法律案、預算案、戒嚴案、大赦案、宣戰案、媾和案、條約案及其他關於重要國際事項之權。

第六十五條　關於立法事項，立法院得向各院、各部、各委員會提出質詢。

第六十六條　立法院設院長副院長各一人，任期三年，連選得連任。

第六十七條　立法委員由各省，蒙古、西藏及僑居國外國民所選出之國民代表舉行預選，依左列名額，各提出候選人名單於國民大會選舉之，其人選不以國民代表爲限：

一　各省人口未滿五百萬者，每省四人；五百萬以上，未滿一千萬者，每省六人；一千萬以上，未滿一千五百萬者，每省八人；一千五百萬人以上，未滿二千萬者，每省十人；二千萬以上，未滿二千五百萬者，每省十二人；二千五百萬以上，未滿三千萬者，每省十四人；三千萬以上者，每省十六人；

二　蒙古、西藏各八人；

三　僑居國外國民八人。

第六十八條　立法委員任期三年連選得連任。

第六十九條　行政、司法、考試、監察各院，關於其主管事項，得向立法院提出議案。

第七十條　總統對於立法院之議決案，得於公布或執行前，提交復議。立法院對於前項提交復議之案，經出席委員三分二以上之決議，維持原案時，總統應即公布或執行之；但對於法律案、條約案，得請國民大會複決之。

第七十一條　立法院送請公布之議決案，總統應於該案到達後三十日內公布之。

第七十二條　立法委員於院內之言論表決，對外不負責任。

第七十三條　立法委員，除現行犯外，非經立法院許可，不得逮捕或拘禁。

第七十四條　立法委員不得兼任其他公職，或執行業務。

第七十五條　立法委員之選舉，及立法院之組織，以法律定之。

第四節　司法院

第七十六條　司法院爲中央政府行使司法權之最高機關，掌理民事、刑事、行政訴訟之審判及司法行政。

第七十七條　司法院設院長、副院長各一人，任期三年，由總統任命之。司法院院長對國民大會負其責任。

第七十八條　關於特赦、減刑、復權事項，由司法院院長依法律提請總統行之。

第七十九條　司法院有統一解釋法律命令之

權。

第八十條　法官依法律獨立審判。

第八十一條　法官非受刑罰或懲戒處分或禁治產之宣告，不得免職；非依法律，不得停職、轉任或減俸。

第八十二條　司法院之組織，及各級法院之組織，以法律定之。

第五節　考試院

第八十三條　考試院爲中央政府行使考試權之最高機關，掌理考選、銓敍。

第八十四條　考試院設院長、副院長各一人，任期三年，由總統任命之。

考試院院長對國民大會負其責任。

第八十五條　左列資格應經考試院依法考選、銓定之：

一　公務人員任用資格；

二　公職候選人資格；

三　專門職業及技術人員執業資格。

第八十六條　考試院之組織，以法律定之。

第六節　監察院

第八十七條　監察院爲中央政府行使監察權之最高機關，掌理彈劾、懲戒、審計，對國民大會負其責任。

第八十八條　監察院爲行使監察權，得依法向各院、各部、各委員會，提出質詢。

第八十九條　監察院設院長、副院長各一人，任期三年，連選得連任。

第九十條　監察委員由各省、蒙古、西藏及僑居國外國民所選出之國民代表各預選二人，提請國民大會選舉之，其人選不以國民代表爲限。

第九十一條　監察委員任期三年，連選得連任。

第九十二條　監察院對於中央及地方公務員，違法或失職時，經監察委員一人以上之提議，五人以上之審查，決定提出彈劾案；但對總統、副總統及行政、立法、司法、考試、監察各院院長、副院長之彈劾案，須有監察委員十人以上之提議，全體監察委員二分之一以上之審查決定，始得提出。

第九十三條　對於總統、副總統，立法、司法、考試、監察各院院長、副院長之彈劾案，依前條規定成立後，應向國民大會提出之；在國民大會閉會期間，應請國民代表依法召集臨時國民大會，爲罷免與否之決議。

第九十四條　監察委員於院內之言論及表決，對外不負責任。

第九十五條　監察委員，除現行犯外，非經監察院許可，不得逮捕或拘禁。

第九十六條　監察委員不得兼任其他公職，或執行業務。

第九十七條　監察委員之選舉及監察院之組織，以法律定之。

第五章　地方制度

第一節　省

第九十八條　省設省政府，執行中央法令，及監督地方自治。

第九十九條　省政府設省長一人，任期三年，由中央政府任免之。

第一〇〇條　省設省參議會，參議員名額，每縣市一人，由各縣市議會選舉之，任期三年. 連選得連任。

第一〇一條　省政府之組織，省參議會之組織、職權及省參議員之選舉、罷免，以法律定之。

第一〇二條　未經設省之區域，其政治制度以法律定之。

第二節　縣

第一〇三條　縣爲地方自治單位。

第一〇四條　凡事務有因地制宜之性質者，畫爲地方自治事項。

地方自治事項，以法律定之。

第一〇五條　縣民關於縣自治事項，依法律行使創制複決之權，對於縣長及其他縣自治人員，依法律行使選舉罷免之權。

第一〇六條　縣設縣議會；議員由縣民大會選舉之，任期三年，連選得連任。

第一〇七條　縣單行規章與中央法律或省規章牴觸者，無效。

第一〇八條　縣設縣政府；置縣長一人，由縣民大會選舉之，任期三年，連選得連任。

縣長候選人以經中央考試或銓定合格者爲限。

第一〇九條　縣長辦理縣自治，並受省長之指揮，執行中央及省委辦事項。

第一一〇條　縣議會之組織、職權，縣議員之選舉、罷免，縣政府之組織及縣長之選舉、罷免，以法律定之。

第二節　市

第一一一條　市之自治，除本節規定外，準用關於縣之規定。

第一一二條　市設市議會；議員由本市民大會選舉之，每年改選三分之一。

第一一三條　市設市政府；置市長一人，由市民大會選舉之，任期三年，連選得連任。

市長候選人以經中央考試或銓定合格者爲限。

第一一四條　市長辦理市自治，並受監督機關之指揮，執行中央或省委辦事項。

第一一五條　市議會之組織、職權，市議員之選舉、罷免，市政府之組織及市長之選舉、罷免，以法律定之。

第六章　國民經濟

第一一六條　中華民國之經濟制度，應以民生主義爲基礎，以謀國民生計之均足。

第一一七條　中華民國領域內之土地，屬於國民全體；其經人民依法律取得所有權者，其所有權受法律之保障及限制。

國家對於人民取得所有權之土地，得按照土地所有權人申報，或政府估定之地價，依法律徵稅或徵收之。

土地所有權人，對於其所有土地負充分使用之義務。

第一一八條　附著於土地之礦及經濟上可供公衆利用之天然力，屬於國家所有，不因人民取得土地所有權而受影響。

第一一九條　土地價値非因施以勞力資本而增加者，應以徵收土地增値稅方法收歸人民公共享受。

第一二〇條　國家對於土地之分配整理，以扶植自耕農及自行使用土地人爲原則。

第一二一條　國家對於私人之財富及私營事業，認爲有妨害國民生計之均衡發展時，得依法律節制之。

第一二二條　國家對於國民生產事業及對外貿易，應奬勵、指導及保護之。

第一二三條　公用事業及其他有獨占性之企業，以國家公營爲原則，但因必要得特許國民私營之。

國家對於前項特許之私營事業，因國防上之緊急需要，得臨時管理之，並得依法律收歸公營，但應予以適當之補償。

第一二四條　國家爲改良勞工生活，增進其生產技能及救濟勞工失業，應實施保護勞工政策。

婦女兒童從事勞動者，應按其年齡及身體狀態，施以特別之保護。

第一二五條　勞資雙方應本協調互助原則，發展生產事業。

第一二六條　國家爲謀農業之發展及農民之福利，應充裕農村經濟，改善農村生活，並以科學方法，提高農民耕作效能。

國家對於農產品之種類、數量及分配，得調節之。

第一二七條　人民因服兵役、工役或公務，而致殘廢或死亡者，國家應予以適當之救濟或撫卹。

第一二八條　老弱殘廢無力生活者，國家應予以適當之救濟。

第一二九條　左列各款事項，在中央應經立法院之議決，其依法律得以省區或縣市單行規章爲之者，應經各該法定機關之議決：

一　稅賦、捐費、罰金、罰鍰或其他有強制性收入之設

定及其徵收率之變更;

二 募集公債、處分公有財產或締結增加公庫負擔之契約;

三 公營、專賣、獨占或其他有營利性事業之設定或取銷;

四 專賣、獨占或其他特權之授予或取銷。

省區及縣市政府，非經法律特許，不得募集外債，或直接利用外資。

第一三〇條 中華民國領域內，一切貨物應許自由流通，非依法律不得禁阻。

關稅為中央稅收，應於貨物出入國境時徵收之，以一次為限。

各級政府不得於國內徵收貨物通過稅。

對於貨物之一切稅捐，其徵收權屬於中央政府，非依法律不得為之。

第七章 教育

第一三一條 中華民國之教育宗旨，在發揚民族精神，培養國民道德，訓練自治能力，增進生活知能，以造成健全國民。

第一三二條 中華民國人民受教育之機會，一律平等。

第一三三條 全國公私立之教育機關，一律受國家之監督，並負推行國家所定教育政策之義務。

第一三四條 六歲至十二歲之學齡兒童，一律受基本教育，免納學費。

第一三五條 已逾學齡未受基本教育之人民，一律受補習教育，免納學費。

第一三六條 國立大學及國立專科學校之設立，應注重地區之需要，以維持各地區人民享受高等教育之機會均等，而促進全國文化之平衡發展。

第一三七條 教育經費之最低限度，在中央為其預算總額百分之十五，在省區及縣市為其預算總額百分之三十，其依法律獨立之教育基金，並予以保障。

貧瘠省區之教育經費，由國庫補助之。

第一三八條 國家對於左列事業及人民，予以獎勵或補助:

一 國內私人經營之教育事業成績優良者;

二 僑居國外國民之教育事業;

三 於學術技術有發明者;

四 從事教育，成績優良，久於其職者;

五 學生學行俱優，無力升學

者。

第八章　憲法之施行及修正

第一三九條　憲法所稱之法律，謂經立法院通過，總統公布之法律。

第一四〇條　法律與憲法牴觸者無效。

法律與憲法有無牴觸，由監察院於該法律施行後六個月內，提請司法院解釋；其詳以法律定之。

第一四一條　命令與憲法或法律牴觸者無效。

第一四二條　憲法之解釋由司法院爲之。

第一四三條　在全國完成地方自治之省區未達半數以上時，立法委員及監察委員依下列規定選舉任命之：

一　立法委員由各省、蒙古、西藏及僑居國外國民所選出之國民代表，依照第六十七條所定名額，各預選半數，提請國民大會選舉之；其餘半數由立法院院長提請總統任命之。

二　監察委員由各省、蒙古、西藏及僑居國外國民所選出之國民代表，依照第九十條所定名額，各預選半數，提請國民大會選舉之；其餘其半數由監察院院長提請總統任命之。

第一四四條　在地方自治未完成之縣，其縣長由中央政府任免之。

前項規定，於自治未完成之市，準用之。

第一四五條　促成地方自治之程序，以法律定之。

第一四六條　第一屆國民大會之職權，由制定憲法之國民大會行使之。

第一四七條　憲法非由國民大會全體代表四分一以上之提議，四分三以上之出席，及出席代表三分二以上之決議，不得修改之。

修改憲法之提議，應由提議人於國民大會開會前一年，公告之。

第一四八條　憲法規定事項，有另定實施程序之必要者，以法律定之。

附：國民大會組織法

二十五年五月十四日公布

第一條　國民大會制定憲法及行使憲法所賦予之職權。

第二條　國民大會以國民大會代表組織之。

國民大會代表選舉法另定之。

第三條　中國國民黨中央執行委員，中央監察委員爲國民大會當然代表。

第四條　左列人員得列席國民大會。

一、中國國民黨候補中央執行委員，候補中央監察委員。

二、國民政府主席。

三、國民政府委員。

四、國民政府各院部會之長官。

五、國民大會主席團特許之人員。

第五條　國民大會由國民政府定期召集之。

第六條　國民大會開會地點在國民政府所在地。

第七條　國民大會代表於舉行國民大會開會式時，應行宣誓，其誓詞如左。

○○○敬以至誠，代表中華民國人民接受創立中華民國之　孫先生遺教，依法行使職權，並遵守國民大會之紀律，謹誓。

國民大會代表宣誓後，應於誓詞簽名。

第八條　國民大會出席代表互選三十一人，組織主席團，掌理左列事項。

一、關於議事規則之制定及議事程序之整理進行事項。

二、關於國民大會之行政事項。

三、本法規定之其他事項。

第九條　國民大會每次開會時，由主席團推定一人爲主席。

第十條　國民大會設代表資格審查委員會，提案審查委員會，必要時得設特種委員會。

各委員會之組織，由主席團提請大會決定之。

第十一條　國民大會會期定爲十日至二十日，必要時得延長之。

第十二條　國民大會非有代表過半數之出席不得開議，其議決以出席代表過半數之同意爲之。

憲法之通過，應有代表三分二以上之出席。並經出席代表三分二以上之同意爲之。

第十三條　國民大會會議之表決方法，得由主席酌定，以舉手、起立或投票行之。

前項表決可否同數時，取決於主席。

第十四條　國民大會置秘書處及警衛處，其組織及處務規程，由國民大會主席團定之。

第十五條　國民大會設秘書長一人，由國民大會主席團推定之，承主席團之命，處理全會事務。

第十六條　國民大會代表於會議時所爲之言論及表決，對外不負責任。

第十七條　國民大會代表在會期中，除現行犯外，非經國民大會之許可，不得逮捕或拘禁。

第十八條　國民大會會議時，有違法或紊亂議場秩序者，主席得警告或制止，並得禁止其發言，其情節重大者，得付懲戒。

第十九條　前條懲戒，由主席提交主席團，指定國民大會代表組織懲戒委員會審查後，提出大會決定之。

第二十條　本法施行日期，以命令定之。

政治協商會議修改五五憲草原則及憲法草案

政治協商會議修改五五憲草原則，共十二項，係該會議於民國三十五年一月三十一日通過，作爲該會議修改五五憲草之指導原則；政治協商會議憲法草案，係該會於民國五十五年十一月十九日定案，草案內容，對前定十二項修改原則，又有若干變更，乃當時各政黨間妥協後之結論。

壹　憲草修改原則十二項

一　國民大會

1. 全國選民行使四權，名之曰國民大會；
2. 在未實行總統普選制以前，總統由省級及中央議會合組選舉機關選舉之；
3. 總統之罷免，以選舉總統之同樣方法行之；
4. 創制複決兩權之行使，另以法律定之。

（附註）第一次國民大會之召集，由政治協商會議協議之。

二　立法院爲國家最高之立法機關，由選民直接選舉之。其職權相當於各民主國家之議會。

三　監察院爲國家最高監察機關，由各省級議會及各民族自治區議會選舉之，其職權爲行使同意、彈劾及監察權。

四　司法院即爲國家最高法院，不兼管司法行政，由大法官若干人組織之。大法官由總統提名，經監察院同意任命之。各級法官須超出於黨派以外。

五　考試院用委員制，其委員由總統提名，經監察院同意任命之。其職權著重於公務人員及專業人員之考試。考試院委員須超出於黨派以外。

六　行政院

1. 行政院爲國家最高行政機關，行政院長由總統提名，經立法院同意任命之。行政院對立法院負責；
2. 如立法院對行政院全體不信任時，行政院長或辭職，或提請總統解散立法院，但同一行政院長，不得再提請解散立法院。

七　總統

1. 總統經行政院決議，得依法發布緊急命令，但須於一個月內，報告立法院；
2. 總統召集各院會商，不必明文規定。

八　地方制度

1. 確定省爲地方自治之最高單位；
2. 省與中央權限之劃分，依照均權主義規定；
3. 省長民選；
4. 省得制定省憲，但不得與國憲牴觸。

九　人民之權利義務

1. 凡民主國家，人民應享之自由及權利，均應受憲法之保障，不受非法之侵犯；
2. 關於人民自由，如用法律規定，須出之於保障自由之精神，非以限制爲目的；
3. 工役應規定於自治法內，不在憲法內規定；
4. 聚居於一定地方之少數民族，應保障其自治權。

十　選舉應列專章，被選年齡，定爲二十三歲。

十一　憲法上規定基本國策章，應包括國防、外交、國民經濟、文化教育各項目；

1. 國防之目的，在保障國家安全，維護世界和平，全國陸海空軍，須忠於國家，愛護人民，超出於個人、地方及黨派關係以外；
2. 外交原則，本獨立自主精神，敦睦邦交，履行條約義務，遵守聯合國憲章，促進國際合作，確保世界和平；
3. 國民經濟，應以民生主義爲基本原則，國家應保障耕者有其田，勞動者有職業，企業者有發展之機會，以謀國計民生之均足；
4. 文化教育，應以發展國民之民族精神、民主精神與科學智識爲基本原則，普及並提高一般人民之文化水準，實行教育機會均等，保障學術自由，致力科學發展。

（附註）以上四項之規定，不宜過於煩瑣。

十二　憲法修改權，屬於立監兩院聯席會議，修改後之條文，應交選舉總統之機關複決之。

貳　政治協商會議對五五憲草修正案草案

中華民國國民大會受全體國民之付託，作據孫中山先生創立中華民國之遺敎，爲鞏固國權，保障民權，奠定社會安寧，增進人民福利，制定本憲法，頒行全國，永矢咸遵

第一章　總綱

第一條　中華民國基於三民主義爲民有民治民享之民主共和國。

第二條　中華民國之主權，屬於人民全體。

第三條　具有中華民國國籍者，爲中華民國國民。

第四條　中華民國領土，依其固有之疆域，非依法律不得變更之。

第五條　中華民國各民族一律平等。

聚居一定地方之少數民族，應保障其自治權。

第六條　中華民國國旗，定爲紅地，左上角青天白日。

第七條　中華民國國都定於南京。

第二章　人民之權利義務

第八條　中華民國人民，無男女宗教種族階級及黨派之分，在法律上一律平等。

第九條　人民身體之自由，應予保障，除現行犯外，非經司法或警察機關依合

法手續，不得逮捕拘禁審問處罰。不依合法手續之逮捕拘禁審問處罰得拒絕之。

人民因犯罪嫌疑被逮捕拘禁時，其逮捕拘禁機關應以逮捕拘禁原因，告知本人，及其親屬，並至遲於二十四小時內移送該管法院審問，本人或他人亦得聲請該管法院於二十四小時內向逮捕拘禁之機關提審。

法院對於前項聲請，不得拒絕，逮捕拘禁之機關，對於法院之提審亦不得拒絕。

人民遭受任何機關非法逮捕拘禁時，其本人或他人得向法院聲請追究，法院不得拒絕，並應於二十四小時內開始追究依法處理。

第一〇條　人民除現役軍人外，不受軍事審判。

第一一條　人民有居住及遷徙之自由。

政府機關或軍隊不得強佔民房。

第一二條　人民有言論講學著作及出版之自由。

第一三條　人民有秘密通訊之自由。

第一四條　人民有信仰宗教之自由。

第一五條　人民有集會及結社之自由。

第一六條　人民之財產權應予保障。

第一七條　人民有請願訴願及訴訟之權。

第一八條　人民有選舉罷免創制複決之權。

第一九條　人民有應考試服公職之權。

第二〇條　人民有依法律納稅之義務。

第二一條　人民有依法律服兵役之義務。

第二二條　人民有受國民教育之權利與義務。

第二三條　凡人民之其他自由及權利，不妨害社會秩序、公共利益者，均受憲法之保障。

第二四條　關於以上所列舉之自由權利，除爲防止妨害他人自由，避免緊急危難，維持社會秩序或增進公共利益所必要者外，不得以法律限制之。(張君勱先生之意見)

法律應以保障人民自由權利爲目的，凡涉及人民自由權利之法律，以確保國家安全，避免緊急危難，維持社會秩序，增進公共利益所必要者爲限。(吳經熊先生之意見）以上兩條留待決定。

第二五條　凡公務員違法侵害人民之自由或權利者，除依法律懲戒外，應負刑事及民事責任，被害人民就其所受損害並得依法律向國家請求賠償。

第三章　國民大會

第二六條　國民大會以左列代表組織之。

一　由各省區及民族自治區直接選出之立法委員。

二　由各省議會及民族自治區議會選出之監察委員。

三　由各縣及相當於縣之其他地

方區域選出之代表。

四 由僑居國外國民選出之代表。

前項各款之名額及選舉，以法律定之。

第二七條 國民大會之職權如左：

一 選舉總統副總統。

二 罷免總統副總統。

三 憲法修改之創議。

四 複決立法院所提憲法之修正案。

關於創制複決兩權之行使，除前項三四兩款規定外，俟全國有半數之縣市，曾經行使創制複決兩項政權時，由國民大會制定辦法，並行使之。

第二八條 國民大會代表，每六年改選一次。

第二九條 國民大會於每屆總統任滿前九十日集會，選舉總統副總統。

第三〇條 國民大會遇有左列情形之一時，召開臨時會。

一 依監察院之決議，請求行使本憲法第二七條第一項第二款之職權時。

二 依立法院之決議，請求行使本憲法第二七條第一項第二款以外之職權時。

第三一條 本憲法第二九條及第三十條集會之通告，由立法院長爲之。

第三二條 國民大會之開會地點，在中央政府所在地。

第三三條 國民大會代表在會議時所爲之言論及表決，對外不負責任。

第三四條 國民大會代表除現在犯外，在會期中非經國民大會許可，不得逮捕或拘禁。

第三五條 國民大會之組織，國民大會代表之選舉罷免及國民大會行使職權之程序，以法律定之。

第四章 總統

第三六條 總統爲國家元首，對外代表中華民國。

第三七條 總統統率全國海陸空軍。

第三八條 總統依法公布法律，發布命令，須經行政院院長或行政院院長及有關部長之副署。

第三九條 總統依本憲法第六十三條之規定，行使締結條約及宣戰媾和之權。

第四〇條 總統依法宣布戒嚴，但須經立法院之通過或追認，立法院認爲必要時，得決議移請總統解嚴。

第四一條 總統依法行使大赦、特赦、減刑、復權之權。

前項關於特赦減刑及復權事項，由司法行政部長依法提請總統行之。

第四二條 總統依法任免文武官員。

第四三條 總統依法授與榮典。

第四四條　國家遇有天然災害癘疫，或國家財政經濟上有重大變故，須為急速處分時，總統於立法院休會期間，得經行政會議之決議，依緊急命令法，發布緊急命令，為必要之處置，但須於發布命令後一個月內，提交立法院追認，如立法院不同意時，該緊急命令立即失效。

第四五條　中華民國國民年滿四十歲者，得被選為總統副總統。

第四六條　總統副總統之選舉，以法律定之。

第四七條　總統副總統之任期為六年，連選得連任一次。

第四八條　總統應於就職時宣誓。誓詞如左：「余謹以至誠向全國人民宣誓，余必遵守憲法，盡忠職務，增進人民福利，保衛國家，無負國民負託，如違誓言，願受國家嚴厲之制裁。謹誓。」

第四九條　總統缺位時，由副總統繼任，至總統任期屆滿為止。總統副總統均缺位時，由行政院院長代行其職權，並依本憲法第三十條及第三十一條之規定補選總統副總統，其任期以補足原任總統未滿之任期為止。

總統因故不能視事時，由副總統代行其職權，總統副總統均不能視事時，由行政院院長代行其職權。

第五〇條　總統於任滿之日解職，如屆期次任總統尚未選出或選出後總統副總統均未就職時由行政院院長代行總統職權。

第五一條　行政院院長代行總統職權時，其期限不得逾三個月。

第五二條　總統除犯內亂或外患罪外，非經罷免或解職，不受刑事上之訴究。

第五章　行政權（本章未經決定）

第五三條　行政院為國家最高行政機關，對立法院負責。

第五四條　行政院設院長副院長各一人，各部部長若干人，及不管部政務委員若干人。

第五五條　行政院院長由總統提名，經立法院同意任命之。立法院休會期間，行政院院長缺席時，由副院長暫行代理，但須於一月內向立法院提出繼任人選。

第五六條　立法院對於行政院重要政策不贊同時，得以決議移請行政院變更之。行政院對於立法院之決議，得移請其覆議。覆議時如經出席立法委員三分之二維持原決議，該決議行政院院長應予接受，或辭職。

第五七條　行政院對於立法院通過之法律案、預算案、條約案，應予執行。

但行政院如有異議，得於該案送達後十日內，具備理由移請立法院覆議。覆議時如立法院仍維持原案，行政院長應予執行，或辭職。

第五八條 立法院對行政院之溺職，或犯政策上之錯誤時，得設置調查委員會。此項調查報告通過後，其效力與本憲法第五十六條之決議同。

第五九條 行政院長、各部部長，須將提出於立法院之法律案、預算案、戒嚴案、大赦案、媾和案、條約案，及其他重要事項，或涉及各部共同關係之事項，提出於行政會議議決之。

第六〇條 行政院於會計年度開始三個月前，應將下年度預算案提出於立法院。

第六一條 行政院之組織，以法律定之。

第六章 立法

第六二條 立法院爲國家最高立法機關，由人民選舉之代表行使立法權。

第六三條 立法院有議決法律案、預算案、戒嚴案、大赦案、宣戰案、媾和案、條約案，及國家其他重要事項之權。

第六四條 立法院得向行政院及其各部提出質詢。

第六五條 立法院接受人民之請願。

第六六條 立法院委員之選舉，依照普通直接選舉法選出之，其名額分配依左列之規定：

一 各省市人口未滿三百萬人者，每省市五人，其人口超過三百萬以上者，每滿一百萬人增加一人。

二 民族自治區每區八人。

三 僑居國外之國民十六人。

第六七條 立法委員任期三年，連選得連任，其新選舉每屆任滿前三個月內完成之。

第六八條 立法院設院長副院長各一人，由立法委員互選之。

第六九條 立法院之會議，因政府之要求，或立法委員十分一以上之請求，得改開秘密會議。

第七〇條 立法委員在院中之言論及表決，對外不負責任。

第七一條 立法委員除現行犯外，非經立法院許可不得逮捕或拘禁。

第七二條 立法院得設各種委員會。

各種委員會得邀集政府人員及社會上有關係人員出席徵詢。

第七三條 立法院會期每年兩次，自行集會，第一次自二月至五月底，第二次自九月至十二月底，遇必要時得延長之。

第七四條 立法院遇有左列情事之一時得開

臨時會。

一　總統之咨請。

二　立法委員四分之一之請求。

第七五條　立法院對於行政院所提預算案，不得爲增加支出之提議。(本條保留)

第七六條　立法院開會時，行政院院長及各部部長，得出席陳述其意見。

第七七條　行政院於會計年度結束後四個月內，提出決算於立法院。

第七八條　立法院關於決算之審核，得選舉審計長，由總統任命之。

審計長及審計協審應爲終身職。(本條保留)

第七九條　審計長於審核結束後三個月內，提出審核報告於立法院，經立法院通過。(本條保留)

第八〇條　立法院法律案通過後，移送總統，總統應於收到後十日內公布之，但總統得依照本憲法第五十七條之規定辦理。

第八一條　立法委員不得兼任官吏，或執行律師業務。

第八二條　立法院之組織，以法律定之。

第七章　司法

第八三條　司法院爲國家最高審判機關，掌理民事刑事行政訴訟之審判，及憲法之解釋。

第八四條　司法院設院長一人，大法官若干人，由總統提名，經監察院同意任命之。

第八五條　法官須超出於黨派以外，依據法律獨立審判。

第八六條　法官爲終身職，非受刑罰或懲戒處分，或禁治產之宣告，不得免職，非依法律不得停職轉任或減俸。

第八七條　司法院有統一解釋法律之權。

第八八條　司法院及其以下各級法院之組織，以法律定之。

第八章　考試

第八九條　考試院爲國家行使考試權之最高機關，掌理考試任用銓敍考績薪給陞遷退休養老等事項。

第九〇條　考試院設考試委員若干人，由總統提名，經監察院同意任命之。

考試院設院長一人，由考試委員互選之。

第九一條　公務人員選拔，應實行公開競爭之考試制度，非經考試及格者，不得任用。

第九二條　左列資格，應經考試院依法考選銓定之。

一　公務人員任用資格。

二　專門職業及技術人員執業資格。

第九三條　考試委員之任期爲六年。

第九四條　考試委員須超出於黨派以外。

第九五條　考試院之組織，以法律定之。

第九章　監察

第九六條　監察院爲國家最高監察機關，行使同意彈劾及監察權。

第九七條　監察委員由各省市議會及民族自治區議會選舉之，其名額分配，依左列之規定：

一　每省五人。

二　每市二人。

三　民族自治區每區八人

第九八條　監察院設院長副院長各一人，由監察委員互選之。

第九九條　監察委員任期爲六年，連選得連任。

第一〇〇條　監察院爲行使監察權，得向行政院及各部會調閱其所發布命令及各種文件。

第一〇一條　監察院按行政院各部會之施政，分設若干委員會，調查一切設施，注意其是否違法或失職。

第一〇二條　監察院經各該委員會之審查及決議，得提出糾正案，送交行政院及各部注意改善。

監察院查明行政院與各部有重大違法事件，得提出彈劾案，如構成刑事責任，應移交法院審判。

第一〇三條　監察院對於中央公務員違法或失職時，經監察委員三人以上之提議，九人以上之審查決定，提出彈劾案，移交懲戒機關依法辦理。

第一〇四條　監察院對於總統副總統之彈劾案，須有監察委員十人以上之提議，全體監察委員二分一以上之審查決定，向國民大會提出之。

第一〇五條　監察委員於院內言論及表決，對外不負責任。

第一〇六條　監察委員除現行犯外，非經監察院許可不得逮捕或拘禁。

第一〇七條　監察委員不得兼任其他公職，或執行業務。

第一〇八條　監察院之組織，以法律定之。

第十章　中央與地方之權限

第一〇九條　左列事項由中央立法並執行之：

一　外交。

二　國防與國防軍事。

三　國籍法及刑事民事商事之法律。

四　司法制度。

五　航空國道國有鐵路及航政郵政電報。

六　中央財政與國稅及國稅與省稅之劃分。

七　國營經濟事項。

八 幣制及國家銀行。

九 度量衡。

十 國際貿易之管理。

十一 其他依本憲法所定關於中央之事項。

第一一〇條 左列事項由中央立法並執行或交由省執行之。

一 農林工礦及商業。

二 涉及財政經濟事項。

三 教育制度。

四 銀行及交易所制度。

五 航業及沿海漁業。

六 公用事業。

七 兩省以上之水陸交通運輸。

八 兩省以上之水利及運河。

九 中央及地方官吏之銓敍任用糾察及保障。

十 土地法。

十一 社會立法及勞動法。

十二 公用徵收。

十三 全國戶口調查及統計。

十四 移民及墾殖。

十五 警察制度。

十六 公共衛生。

十七 賑濟撫郵及失業救濟。

十八 有關文化之古籍古物及古蹟之保存。

前項各款省於不牴觸國家法律內得制定單行法規。

第一一一條 左列事項由省立法並執行或交由縣執行之。

一 省教育實業及交通。

二 省財產之經營處分。

三 省市政。

四 省水利及工程。

五 省財政及省稅。

六 省債。

七 省銀行。

八 省警察及保安事項。

九 省慈善及公益事項。

十 其他依國家法律賦予之事項。

前項各款事項有涉及二省以上者，除法律別有規定外，得共同辦理。

各省辦理第一項各款事務，其經費不足時，經立法院議決，由國庫補助之。

第一一二條 除第一〇九第一一〇第一一一各條列舉事項外，如未列舉事項發生時，其事務有全國一致之性質者，屬諸中央，有因地制宜之性質者，屬諸各省，遇有爭議時，由立法院解決之。

第十一章 省縣制度

第一節 省

第一一三條 省得召集省民代表大會，制定省自治法，但不得與國憲牴觸。

第一一四條 省自治法應包含左列各款:

一 省設省議會，省議員由省民以普選方法選舉之。

二 省長民選。

三 省政府及縣政府之組織。

四 縣實行縣自治,縣長民選。

五 省與縣之關係。

屬於省之立法權，由省議會行之。

第一一五條 省自治法制定施行後，須於一個月內送司法院，如司法院認爲有違憲之處，應將違憲條文宣布無效。

第一一六條 省自治法之施行中，如因某項發生重大障礙時，由司法院召集有關方面陳述意見後，由立法院院長監察院院長與司法院院長組織委員會，以司法院院長爲主席，提出方案解決之。

第一一七條 省法規與國家法律牴觸者無效。

第一一八條 省法規與國家法律發生牴觸之疑義時，由司法院解釋之。

第一一九條 民族自治區準用省之規定。

第一二〇條 直轄市之自治，以法律定之。

第二節 縣

第一二一條 縣實行縣自治。

第一二二條 縣民關於縣自治事項，依法律行使創制複決之權，對於縣長及其他縣自治人員，依法律行使選舉罷免之權。

第一二三條 縣設縣議會，縣議員由縣民選舉之。

第一二四條 縣單行規章，與中央法律或省法規牴觸者無效。

第一二五條 縣設縣政府，置縣長一人，由縣民選舉之。

第一二六條 縣長辦理縣自治，並執行中央及省委辦事項。

第一二七條 (市)準用縣之規定。

第十二章 選舉

第一二八條 本憲法所規定之各種選舉，以普通平等直接及無記名投票之方法行之。

第一二九條 中華民國國民年滿二十歲者，有依法選舉之權，除憲法別有規定外，年滿二十三歲者，有依法被選舉之權。

第一三〇條 本憲法所規定各種選舉之候選人，一律公開競選。

第一三一條 選舉應嚴禁威脅利誘，如有選舉訴訟，須交法院審判。

第一三二條 被選舉人違法或失職時，原選舉區依法罷免之。

第十三章 基本國策

第一三三條 中華民國之國防，以保衛國家安全，維護世界和平爲目的。

第一三四條 全國海陸空軍，須超出於個人

地域及黨派關係以外，盡忠國家，愛護人民。

第一三五條 任何黨派及個人，不得利用軍隊爲政爭之工具。

第一三六條 現役軍人不得兼任文官。

第一三七條 中華民國之外交，應本於獨立自主精神，以敦睦邦交，履行條約義務，遵守聯合國憲章，促進國際合作，確保世界和平爲基本政策。

第一三八條 國民經濟，應以民生主義爲基本原則。

第一三九條 國家應保障耕者有其田，勞動者有職業，企業者有發展之機會，以謀國計民生之均足。

第一四〇條 勞資雙方，應本於協調互助之原則，共謀生產事業之發展。

第一四一條 國家對於私人之財富及私人事業應保護之，但認爲有妨害國計民生之平衡發展者，得以法律限制之。

第一四二條 公用事業及其他獨占性之企業，以國家公營爲原則，遇必要時得許國民私營之。

第一四三條 文化教育，應以發展國民之民族精神，民主精神，與科學智能爲基本原則。

第一四四條 國家應普及並提高一般人民之文化水準，實行教育機會均等，保障學術與思想之自由，致力科學與藝術之發展。

第一四五條 教育科學藝術文化工作者之生活，及其工作條件，國家應保護之。

第十四章 憲法之施行及修正

第一四六條 憲法所稱之法律，謂經立法院通過，總統公布之法律。

第一四七條 法律與憲法牴觸者無效。

法律與憲法有無牴觸，由行政院於該法律施行後六個月內提請司法院解釋，其詳以法律定之。

第一四八條 命令與憲法或法律牴觸者無效。

第一四九條 憲法之解釋，由司法院爲之。

第一五〇條 憲法於國民大會開會時，由國民大會代表總額四分一之創議，四分三之出席，及出席三分二之決議，得修改之。

第一五一條 憲法經立法委員四分一之提議，四分三之出席，及出席三分二之決議，制成修改案，提交國民大會複決。

第一五二條 憲法規定事項，有另定實施程序之必要者，以法律定之。

中華民國憲法草案

——三十五年十一月三十日——

中華民國國民大會受全體國民之付託，依據　孫中山先生創立中華民國之遺教，爲鞏固國權，保障民權，奠定社會安寧，增進人民福利，制定本憲法，頒行全國，永矢咸遵。

第一章　總　綱

第一條　中華民國基於三民主義，爲民民治民享之民主共和國。

第二條　中華民國之主權，屬於人民全體。

第三條　具有中華民國國籍者，爲中華民國國民。

第四條　中華民國領土依其固有之疆域，非依法律不得變更之。

第五條　中華民國各民族，一律平等。

第六條　中華民國國旗，定爲紅地，左上角青天白日。

第七條　中華民國國都定於南京。

第二章　人民之權利義務

第八條　中華民國人民，無男女宗教種族階級及黨派之分，在法律上一律平等。

第九條　人民身體之自由應予保障，除現行犯法律另有規定外，非經司法、或警察機關依合法手續不得逮捕拘禁審問處罰，不依合法手續之逮捕拘禁審問處罰，得拒絕之。

人民因犯罪嫌疑被逮捕拘禁時，其逮捕拘禁機關應以逮捕拘禁原因，告知本人及其親屬，並至遲於二十四小時內，移送該管法院審問。本人或他人亦得聲請該管法院，於二十四小時內，向逮捕拘禁之機關提審。

法院對於前項聲請，不得拒絕，逮捕拘禁之機關對於法院之提審，亦不得拒絕。

人民遭受任何機關非法逮捕拘禁時，其本人或他人得向法院聲請追究，法院不得拒絕，並應於二十四小時內開始追究，依法處理。

第十條　人民除現役軍人外，不受軍事審判。

第十一條　人民有居住及遷徙之自由。

第十二條　人民有言論講學著作及出版之自由。

第十三條　人民有秘密通訊之自由。

第十四條　人民有信仰宗教之自由。

第十五條　人民有集會及結社之自由。

第十六條　人民之財產權應予保障。

第十七條　人民有請願訴願及訴訟之權。

第十八條　人民有選舉罷免創制複決之權。

第十九條　人民有應考試服公職之權。

第二十條　人民有依法律納稅之義務。

第二十一條　人民有依法律服兵役之義務。

第二十二條　人民有受國民教育之權利與義務。

第二十三條　凡人民之其他自由及權利，不防害社會秩序公共利益者，均受憲法之保障。

第二十四條　關於以上所列舉之自由權利，除爲防止妨礙他人自由，避免緊急危難，維持社會秩序，或增進公共利益所必要者外，不得以法律限制之。

第二十五條　凡公務員違法侵害人民之自由或權利者，除依法律懲戒外，應負刑事及民事責任，被害人民就其所受損害，並得依法律向國家請求賠償。

第三章　國民大會

第二十六條　國民大會以左列代表組織：

一、由各省區及蒙古各盟西藏直接選出之立法委員。

二、由各省議會及蒙古各盟西藏地方議會選出之監察委員。

三、由各縣之相當於縣之其他地方區域選出之代表。

四、由僑居國外國民選出之代表。

前項各款之名額及選舉，以法律定之。

第二十七條　國民大會之職權如左：

一、選舉總統副總統。

二、罷免總統副總統。

三、憲法修改之創議。

四、複決立法院所提憲法之修正案。

關於創制複決兩權之行使，除前項三四兩款規定外，俟全國有半數之縣市，曾經行使創制複決兩項政權時，由國民大會制定辦法並行使之。

第二十八條　國民大會代表每六年改選一次。

第二十九條　國民大會於每屆總統任滿前九十日集會，選舉總統副總統。

第三十條　國民大會遇有左列情形之一時，召集臨時會。

一、依監察院之決議請求行使本憲法第二十七條第一項第二款之職權時。

二、依立法院之決議請求行使本憲法第二十七條第一項第二款以外之職權時。

第三十一條　本憲法第二十九條及第三十條集會之通告，由立法院院長爲之。

第三十二條　國民大會之開會地點，在中央政府所在地。

第三十三條　國民大會代表在會議時所爲之言論及表決，對外不負責任。

第三十四條　國民大會代表除現行犯外，在會期中非經國民大會許可不得逮捕或拘禁。

第三十五條　國民大會之組織，國民大會代表之選舉罷免，及國民大會行使職權之程序，以法律定之。

第四章　總　統

第三十六條　總統爲國家元首，對外代表中華民國。

第三十七條　總統統率全國陸海空軍。

第三十八條　總統依法公布法律，發布命令，須經行政院院長或行政院院長及有關部會首長之副署。

第三十九條　總統依本憲法第六十三條之規定，行使締結條約及宣戰媾和之權。

第 四 十 條　總統依法宣布戒嚴，但須經立法院之通過或追認，立法院認爲必要時，得決議移請總統解嚴。

第四十一條　總統依法行使大赦、特赦、減刑、復權之權。

前項關於特赦、減刑及復權事項，由司法行政部部長依法提請總統行之。

第四十二條　總統依法任免文武官員。

第四十三條　總統依法授與榮典。

第四十四條　國家遇有天然災害癘疫，或國家財政經濟上有重大變故，須爲急速處分時，總統於立法院休會期間，得經行政院會議之決議，依緊急命令法發布緊急命令，爲必要之處置，但須於發布命令後一個月內，提交立法院追認，如立法院不同意時，該緊急命令立即失效。

第四十五條　總統對於院與院間之爭執，除本憲法已有規定者外，得召集有關各院院長會商解決之。

第四十六條　中華民國國民年滿四十歲者，得被選爲總統副總統。

第四十七條　總統副總統之選舉，以法律定之。

第四十八條　總統副總統之任期爲六年，連選得連任一次。

第四十九條　總統應於就職時宣誓，誓詞如左：

『余謹以至誠向全國人民宣誓：余必遵守憲法，盡忠職務，增進人民福利，保衛國家，無負國民付託，如違誓言，願受國家嚴厲之制裁，謹誓。』

第 五 十 條　總統缺位時，由副總統繼任至總統任期屆滿爲止，總統副總統均缺位時，由行政院院長代行其職權，並依本憲法第三十條及第三十一條之規定召開國民大會臨時會補選總統副總統，其任期以補足原任總統未滿之任期爲止。

總統因故不能視事時，由副總統代行其職權，總統副總統均不能視事時，由行政院院長代行其職權。

第五十一條　總統於任滿之日解職，如屆期次任總統尚未選出，或選出後總統副總統均未就職時，由行政院院長代行總統職權。

第五十二條　行政院院長代行總統職權時，其期限不得逾三個月。

第五十三條　總統除犯內亂或外患罪外，非經罷免或解職不受刑事上之訴究。

第五章　行　　政

第五十四條　行政院爲國家最高行政機關。

第五十五條　行政院設院長副院長各一人，各部會首長若干人，及不管部會之政務委員若干人。

第五十六條　行政院院長由總統提名經立法院同意任命之，立法院休會期間，行政院院長辭職或出缺時，總統得暫行派員代理其職務，但須於四十日內召集立法院會議提請同意。

第五十七條　行政院各部會首長，及不管部會之政務委員，由行政院院長提請總統任命之。

第五十八條　行政院依左列規定對立法院負責。

一、行政院有向立法院提出施政報告之責，立法委員有向行政院及其各部會質詢之權。

二、立法院對於行政院之重要政策不贊同時，得以決議移請行政院變更之，行政院對於立法院之決議，得經總統之核可，移請立法院覆議，覆議時如經出席立法委員三分之二維持原決議，該決議行政院院長應予接受或辭職。

三、行政院對於立法院通過之法律案、預算案、條約案，如認爲該案窒礙難行時，得經總統之核可，於該案送達行政院十日內，移請立法院覆議，覆議時如經出席立法委員三分之二維持原案，該案行政院院長應予執行或辭職。

第五十九條　行政院院長各部會首長須將提出於立法院之法律案、預算案、戒嚴案、大赦案、媾和案、條約案及其他重要事項，或涉及各部會共同關係之事項，提出於行政院會議議決之。

第六十條　行政院於會計年度開始三個月前，應將下年度預算案提出於立法院。

第六十一條　行政院之組織以法律定之。

第六章　立　法

第六十二條　立法院爲國家最高立法機關，由人民選舉之立法委員代表人民行使立法權。

第六十三條　立法院有議決法律案、預算案、戒嚴案、大赦案、宣戰案、媾和案、條約案及國家其他重要事項之權。

第六十四條　立法院得接受人民之請願。

第六十五條　立法委員名額之分配依左列之規定：

一、各省市人口未滿三百萬人者，每省市五人，其人口超過三百萬以上者，每滿一百萬人增加一人。

二、蒙古各盟共八人，西藏八人。

三、僑居國外之國民十六人。

第六十六條　立法委員任期三年，連選得連任，其新選舉每屆任滿前三個月內完成之。

第六十七條　立法院設院長副院長各一人，由立法委員互選之。

第六十八條　立法院之會議，因政府之要求或立法委員十分一以上之請求，得改開秘密會議。

第六十九條　立法院得設各種委員會。

各種委員會得邀請政府人員及社會上有關係人員到會備詢。

第七十條　立法院會期每年兩次，自行集會，第一次自二月至五月底，第二次自九月至十二月底，遇必要時得延長之。

第七十一條　立法院遇有左列情形之一時，得開臨時會。

一、總統之咨請。

二、立法委員四分一以上之請求。

第七十二條　立法院對於行政院所提預算案，不得爲增加支出之提議。

第七十三條　立法院開會時，行政院院長及各部會首長得出席陳述意見。

第七十四條　行政院於會計年度結束後四個月內，提出決算於立法院。

第七十五條　立法院關於決算之審核，得選舉審計長，由總統任命之。

審計長及審計協審應爲終身職。

第七十六條　審計長於審核結束後三個月內，提出審核報告於立法院。

第七十七條　立法院法律案通過後移送總

統，總統應於收到後十日內公布之，但總統得依照本憲法第五十八條之規定辦理。

第七十八條 立法委員於院內之言論及表決，對外不負責任。

第七十九條 立法委員除現行犯外，非經立法院許可，不得逮捕或拘禁。

第八十條 立法委員不得兼任官吏。

第八十一條 立法院之組織，以法律定之。

第七章 司法

第八十二條 司法院爲國家最高審判機關，掌理民事刑事行政訴訟之審判及憲法之解釋。

第八十三條 司法院設院長一人，大法官若干人，由總統提名，經監察院同意任命之。

第八十四條 法官須超出於黨派以外，依據法律，獨立審判。

第八十五條 法官爲終身職，非受刑事或懲戒處分或禁治產之宣告不得免職，非依法律不得停職轉任或減俸。

第八十六條 司法院有統一解釋法律及命令之權。

第八十七條 司法院及各級法院之組織，以法律定之。

第八章 考試

第八十八條 考試院爲國家行使考試權之最高機關，掌理考試、任用、銓敍、考績、薪給、陞遷、退休、養老等事項。

第八十九條 考試院設考試委員若干人，由總統提名經監察院同意任命之。

考試院設院長一人，由考試委員互選之。

第九十條 公務人員選拔應實行公開競爭之考試制度，必要時得分區定額，非經考試及格者不得任用。

第九十一條 左列資格應經考試院依法考選銓定之。

一、公務人員任用資格。

二、專門職業及技術人員執業資格。

第九十二條 考試院關於所掌事項，提出法律案時，由考試院秘書長出席立法院說明之。

第九十三條 考試委員須超出黨派以外，依據法律，獨立行使職權。

第九十四條 考試院之組織以法律定之。

第九章 監察

第九十五條 監察院爲國家最高監察機關，行使同意彈劾及監察權。

第九十六條 監察院設監察委員，由各省市議會蒙古各盟及西藏地方議會選舉之，其名額分配依左列之規定：

一、每省五人。

二、每市二人。

三、蒙古各盟共八人，西藏八人。

第九十七條　監察院設院長副院長各一人，由監察委員互選之。

第九十八條　監察委員任期爲六年，連選得連任。

第九十九條　監察院依本憲法之規定，行使同意權時，由全院會議過半數之決議行之。

第 一 百 條　監察院爲行使監察權得向行政院及其各部會調閱其所發布之命令及各種文件。

第一百零一條　監察院得按行政院及其各部會之工作,分設若干委員會,調查一切設施，注意其是否違法或失職。

第一百零二條　監察院經各該委員會之審查及決議，得提出糾正案，送交行政院及其各部會注意改善。

監察院對於行政院或其各部會人員，認爲有失職或違法情事，得提出彈劾案，如係涉及刑事,應移送法院辦理。

第一百零三條　監察院對於中央及地方行政人員之彈劾案，須經監察委員三人以上之提議，九人以上之審查及決定，始得提出送由懲戒機關依法辦理。

第一百零四條　監察院對於法官及考試院人員失職或違法之彈劾，適用第一百零二條及第一百零三條之規定。

第一百零五條　監察院對於總統副總統之彈劾案，須有全體監察委員四分之一以上之提議，全體監察委員過半數之審查及決議，向國民大會提出之。

第一百零六條　監察委員於院內之言論及表決，對外不負責任。

第一百零七條　監察委員除現行犯外，非經監察院許可，不得逮捕或拘禁。

第一百零八條　監察委員不得兼任其他公職，或執行業務。

第一百零九條　監察院之組織,以法律定之。

第十章　中央與地方之權限

第一百一〇條　左列事項，由中央立法並執行之：

一、外交。

二、國防與國防軍事。

三、國籍法及刑事、民事、商事之法律。

四、司法制度。

五、航空國道、國有鐵路、及航政、郵政、電政。

六、中央財政與國稅。

七、國稅與省稅之畫分。
八、國營經濟事業。
九、幣制及國家銀行。
十、度量衡。
十一、國際貿易及國際貿易之管理。
十二、涉外財政經濟事項。
十三、其他依本憲法所定關於中央之事項。

第一百十一條 左列事項，由中央立法並執行，或交由省縣執行之。
一、省縣自治通則。
二、農林工礦及商業。
三、教育制度。
四、銀行及交易所制度。
五、航業及沿海漁業。
六、公用事業。
七、兩省以上之水陸交通運輸。
八、兩省以上之水利及河道。
九、中央及地方官吏之銓敍任用、糾察及保障。
十、土地法。
十一、社會立法及勞動法。
十二、公用徵收。
十三、全國戶口調查及統計。
十四、移民及墾植。
十五、警察制度。
十六、公共衛生。
十七、振濟撫郵及失業救濟。
十八、有關文化之古籍古物及古蹟之保存。

前項各款，省於不牴觸國家法律內，得制定單行法規。

第一百十二條 左列事項，由省立法並執行，或交由縣執行之。
一、省教育實業及交通。
二、省財產之經營處分。
三、省市政。
四、省水利及工程。
五、省財政及省稅。
六、省債。
七、省銀行。
八、省警察。
九、省慈善及公益事項。
十、其他依國家法律賦予之事項。

前項各款有涉及二省以上者，除法律別有規定外，得共同辦理。

各省辦理第一項各款事務，其經費不足時，經立法院議決由國庫補助之。

第一百十三條 除第一百十條第一百十一條第一百十二條列舉事項外，如有未列舉事項發生時，其事務有全國一致之性質者，屬諸中央，有因地制宜之性質者，屬諸各省，遇有爭議時，由立法院解決之。

第十一章　省縣制度

第一節　省

第一百十四條　省得召集省民代表大會，依據省縣自治通則制定省自治法，但不得與憲法牴觸。

第一百十五條　省自治法,應包含左列各款。
一、省設省議會，省議員由省民選舉之。
二、省長民選。
三、省政府及縣政府之組織。
四、縣實行縣自治，縣長民選。
五、省與縣之關係。
屬於省之立法權由省議會行之。

第一百十六條　省自治法制定後，須即送司法院，如司法院認爲有違憲之處，應將違憲條文宣布無效。

第一百十七條　省自治法施行後，如因某項發生重大障礙時，由司法院召集有關方面陳述意見後，由立法院院長、監察院院長與司法院院長組織委員會，以司法院院長爲主席，提出方案解決之。

第一百十八條　省法規與國家法律牴觸者無效。

第一百十九條　省法規與國家法律發生牴觸之疑義時,由司法院解釋之。

第一百二十條　直轄市之自治,以法律定之。

第二節　縣

第一百二十一條　縣實行縣自治。

第一百二十二條　縣民關於自治事項，依法律行使創制複決之權，對於縣長及其他縣自治人員，依法律行使選舉罷免之權。

第一百二十三條　縣設縣議會，縣議員由縣民選舉之。

第一百二十四條　縣單行規章與中央法律或省法規牴觸者無效。

第一百二十五條　縣設縣政府,置縣長一人,由縣民選舉之。

第一百二十六條　縣長辦理縣自治，並執行中央及省委辦事項。

第一百二十七條　市準用縣之規定。

第十二章　選　　舉

第一百二十八條　本憲法所規定之各種選舉，以普通平等直接及無記名投票之方法行之。

第一百二十九條　中華民國國民年滿二十歲者，有依法選舉之權，除本憲法及法律別有規定者外，年滿二十三歲者，有依法被選舉之權。

第一百三十條　本憲法所規定各種選舉之候選人，一律公開競選。

第一百三十一條 選舉應嚴禁威脅利誘，如有選舉訴訟，須交法院審判。

第一百三十二條 被選舉人得由原選舉區依法罷免之。

第十三章 基本國策

第一百三十三條 中華民國之國防，以保衛國家安全，維護世界和平爲目的。

第一百三十四條 全國陸海空軍須超出於個人地域及黨派關係以外，盡忠國家，愛護人民。

第一百三十五條 任何黨派及個人不得利用軍隊爲政爭之工具。

第一百三十六條 現役軍人不得兼任文官。

第一百三十七條 中華民國之外交，應本獨立自主精神，以敦睦邦交，履行條約義務，遵守聯合國憲章，促進國際合作，確保世界和平爲基本政策。

第一百三十八條 國民經濟應以民生主義爲基本原則。

第一百三十九條 國家應使耕者有其田，勞動者有職業，企業者有發展之機會，以謀國計民生之均足。

第一百四十條 勞資雙方應本協調互助之原則，共謀生產事業之發展。

第一百四十一條 國家對於私人之財富及私人事業應保護之，但認爲有妨害國計民生之平衡發展者，得以法律限制之。

第一百四十二條 公用事業及其他獨佔性之企業，以公營爲原則，遇必要時得許國民經營之。

第一百四十三條 文化教育，應發展國民之民族精神民主精神、國民道德、健全體格、與科學技能。

第一百四十四條 國家應普及並提高一般人民之文化水準，實行教育機會均等，保障學術與思想之自由，致力科學與藝術之發展。

第一百四十五條 教育科學藝術文化工作者之生活，及其工作條件，國家應保護之。

第十四章 憲法之施行及修正

第一百四十六條 憲法所稱之法律，謂經立法院通過總統公布之法律。

第一百四十七條 法律與憲法牴觸者無效。法律與憲法有無牴觸發生疑義時，由司法院解釋之。

第一百四十八條 命令與憲法或法律牴觸者無效。

第一百四十九條 憲法之解釋，由司法院爲之。

第一百五十條 憲法之修正，應依左列程序之一爲之：

一、由國民大會代表總額四分一之創議，四分三之出席，及出席三分二之決議，得議決修改原則，交立法院根據該原則制成修正案，提請國民大會複決。

二、由立法院立法委員四分一之提議，四分三之出席，及出席三分二之決議，制成修正案，提請國民大會複決。

憲法修正案之複決，須經國民大會代表總額四分三之出席，及出席三分二之決議，方得成立。

第一百五十一條 本憲法規定事項，有另定實施程序之必要者，以法律定之。

中華民國憲法

中華民國三十五年十二月二十五日國民大會通過

中華民國三十六年元月一日國民政府公布

中華民國國民大會受全體國民之付託，依據　孫中山先生創立中華民國之遺教，爲鞏固國權，保障民權，奠定社會安寧，增進人民福利，制定本憲法，頒行全國，永矢咸遵。

第一章　總　　綱

第一條　中華民國基於三民主義，爲民有民治民享之民主共和國。

第二條　中華民國之主權屬於國民全體。

第三條　具有中華民國國籍者爲中華民國國民。

第四條　中華民國領土依其固有之疆域，非經國民大會之決議，不得變更之。

第五條　中華民國各民族一律平等。

第六條　中華民國國旗定爲紅地，左上角青天白日。

第二章　人民之權利義務

第七條　中華民國人民，無分男女、宗教、種族、階級、黨派，在法律上一律平等。

第八條　人民身體之自由應予保障。除現行犯之逮捕由法律另定外，非經司法或警察機關依法定程序，不得逮捕拘禁。非由法院依法定程序，不得審問處罰。非依法定程序之逮捕、拘禁、審問、處罰，得拒絕之。

人民因犯罪嫌疑被逮捕拘禁時，其逮捕拘禁機關應將逮捕拘禁原因，以書面告知本人及其本人指定之親友，並至遲於二十四小時內移送該管法院審問。本人或他人亦得聲請該管法院，於二十四小時內向逮捕之機關提審。

法院對於前項聲請，不得拒絕，並不得先令逮捕拘禁之機關查覆。逮捕拘禁之機關，對於法院之提審，不得拒絕或遲延。

人民遭受任何機關非法逮捕拘禁時，其本人或他人得向法院聲請追究，法院不得拒絕，並應於二十四小時內向逮捕拘禁之機關追究，依法處理。

第九條　人民除現役軍人外，不受軍事審判。

第十條　人民有居住及遷徙之自由。

第十一條　人民有言論、講學、著作及出版之自由。

第十二條　人民有秘密通訊之自由。

第十三條　人民有信仰宗教之自由。

第十四條　人民有集會及結社之自由。

第十五條　人民之生存權、工作權及財產權，應予保障。

第十六條　人民有請願、訴願及訴訟之權。

第十七條　人民有選舉、罷免、創制及複決之權。

第十八條　人民有應考試、服公職之權。

第十九條　人民有依法律納稅之義務。

第二十條　人民有依法律服兵役之義務。

第二十一條　人民有受國民教育之權利與義務。

第二十二條　凡人民之其他自由及權利，不妨害社會秩序公共利益者，均受憲法之保障。

第二十三條　以上各條列舉之自由權利，除爲防止妨礙他人自由，避免緊急危難，維持社會秩序，或增進公共利益所必要者外，不得以法律限制之。

第二十四條　凡公務員違法侵害人民之自由或權利者，除依法律受懲戒外，應負刑事及民事責任。被害人民就其所受損害，並得依法律向國家請求賠償。

第三章　國民大會

第二十五條　國民大會依本憲法之規定，代表全國國民行使政權。

第二十六條　國民大會以下列代表組織之：

一　每縣市及其同等區域各選出代表一人，但其人口逾五十萬人者，每增加五十萬人，增選代表一人。縣市同等區域以法律定之。

二　蒙古選出代表，每盟四人，每特別旗一人。

三　西藏選出代表，其名額以法律定之。

四　各民族在邊疆地區選出代表，其名額以法律定之。

五　僑居國外之國民選出代表，其名額以法律定之。

六　職業團體選出代表，其名額以法律定之。

七　婦女團體選出代表，其名額以法律定之。

第二十七條　國民大會之職權如左：

一　選舉總統副總統。

二　罷免總統副總統。

三　修改憲法。

四　複決立法院所提之憲法修正案。

關於創制複決兩權，除前項第三第四兩款規定外，俟全國有半數之縣市曾經行使創制複決兩項政權時，由國民大會制定辦法並行使之。

第二十八條　國民大會代表每六年改選一

次。

每屆國民大會代表之任期至次屆國民大會開會之日爲止。

現任官吏不得於其任所所在地之選舉區當選爲國民大會代表。

第二十九條　國民大會於每屆總統任滿前九十日集會，由總統召集之。

第三十條　國民大會遇有左列情形之一時，召集臨時會：

一　依本憲法第四十九條之規定，應補選總統副總統時。

二　依監察院之決議，對於總統副總統提出彈劾案時。

三　依立法院之決議，提出憲法修正案時。

四　國民大會代表五分之二以上請求召集時。

國民大會臨時會，如依前項第一款或第二款應召集時，由立法院院長通告集會。依第三款或第四款應召集時，由總統召集之。

第三十一條　國民大會之開會地點在中央政府所在地。

第三十二條　國民大會代表在會議時所爲之言論及表決，對會外不負責任。

第三十三條　國民大會代表，除現行犯外，在會期中，非經國民大會許可，不得逮捕或拘禁。

第三十四條　國民大會之組織，國民大會代表之選舉罷免，及國民大會行使職權之程序，以法律定之。

第四章　總　統

第三十五條　總統爲國家元首，對外代表中華民國。

第三十六條　總統統率全國陸海空軍。

第三十七條　總統依法公布法律，發布命令，須經行政院院長之副署，或行政院院長及有關部會首長之副署。

第三十八條　總統依本憲法之規定，行使締結條約及宣戰媾和之權。

第三十九條　總統依法宣布戒嚴，但須經立法院之通過或追認。立法院認爲必要時，得決議移請總統解嚴。

第四十條　總統依法行使大赦，特赦，減刑及復權之權。

第四十一條　總統依法任免文武官員。

第四十二條　總統依法授與榮典。

第四十三條　國家遇有天然災害、癘疫，或國家財政經濟上有重大變故，須爲急速處分時，總統於立法院休會期間，得經行政院會議之決議，依緊急命令法，發布緊急命令，爲必要之處置，但須於發布命令後一個月內提交立法院追認。如立法院不同時，該緊急命令立即失效。

第四十四條　總統對於院與院間之爭執，除本憲法有規定者外，得召集有關各院院長會商解決之。

第四十五條　中華民國國民年滿四十歲者得被選爲總統副總統。

第四十六條　總統副總統之選舉，以法律定之。

第四十七條　總統副總統之任期爲六年，連選得連任一次。

第四十八條　總統應於就職時宣誓，誓詞如左：

「余謹以至誠，向全國人民宣誓，余必遵守憲法，盡忠職務，增進人民福利，保衛國家，無負國民付託。如違誓言，願受國家嚴厲之制裁。謹誓。」

第四十九條　總統缺位時，由副總統繼任，至總統任期屆滿爲止。總統副總統均缺位時，由行政院院長代行其職權，並依本憲法第三十條之規定，召集國民大會臨時會，補選總統副總統，其任期以補足原任總統未滿之任期爲止。總統因故不能視事時，由副總統代行其職權。總統副總統均不能視事時，由行政院院長代行其職權。

第五十條　總統於任滿之日解職，如屆期次任總統尚未選出，或選出後總統副總統均未就職時，由行政院院長代行總統職權。

第五十一條　行政院院長代行總統職權時，其期限不得逾三個月。

第五十二條　總統除犯內亂或外患罪外，非經罷免或解職，不受刑事上之訴究。

第五章　行　政

第五十三條　行政院爲國家最高行政機關。

第五十四條　行政院設院長副院長各一人，各部會首長若干人，及不管部會之政務委員若干人。

第五十五條　行政院院長由總統提名，經立法院同意任命之。立法院休會期間，行政院院長辭職或出缺時，由行政院副院長代理其職務，但總統須於四十日內咨請立法院召集會議，提出行政院院長人選徵求同意。行政院院長職務，在總統所提行政院院長人選未經立法院同意前，由行政院副院長暫行代理。

第五十六條　行政院副院長，各部會首長及不管部會之政務委員，由行政院院長提請總統任命之。

第五十七條　行政院依左列規定，對立法院負責：

一　行政院有向立法院提出施政方針及施政報告之責。

立法委員在開會時，有向行政院院長及行政院各部會首長質詢之權。

二 立法院對於行政院之重要政策不贊同時，得以決議移請行政院變更之。行政院對於立法院之決議，得經總統之核可，移請立法院覆議。覆議時，如經出席立法委員三分之二維持原決議，行政院院長應即接受該決議或辭職。

三 行政院對於立法院決議之法律案、預算案、條約案，如認爲有窒礙難行時，得經總統之核可，於該決議案送達行政院十日內，移請立法院覆議。覆議時，如經出席立法委員三分之二維持原案，行政院院長應即接受該決議或辭職。

第五十八條 行政院設行政院會議，由行政院院長、副院長、各部會首長及不管部會之政務委員組織之。以院長爲主席。

行政院院長、各部會首長，須將應行提出於立法院之法律案、預算案、戒嚴案、大赦案、宣戰案、媾和案、條約案及其他重要事項，或涉及各部會共同關係之事項，提出於行政院會議議決之。

第五十九條 行政院於會計年度開始三個月前，應將下年度預算案提出於立法院。

第 六 十 條 行政院於會計年度結束後四個月內，應提出決算於監察院。

第六十一條 行政院之組織，以法律定之。

第六章 立　法

第六十二條 立法院爲國家最高立法機關，由人民選舉之立法委員組織之，代表人民行使立法權。

第六十三條 立法院有議決法律案、預算案、戒嚴案、大赦案、宣戰案、媾和案、條約案及國家其他重要事項之權。

第六十四條 立法院立法委員依左列規定選出之：

一 各省、各直轄市選出者，其人口在三百萬以下者五人，其人口超過三百萬者，每滿一百萬人增選一人。

二 蒙古各盟旗選出者。

三 西藏選出者。

四 各民族在邊疆地區選出者。

五 僑居國外之國民選出者。

六 職業團體選出者。

立法委員之選舉及前項第二款

至第六款立法委員名額之分配，以法律定之。婦女在第一項各款之名額，以法律定之。

第六十五條　立法委員之任期爲三年，連選得連任，其選舉於每屆任滿前三個月內完成之。

第六十六條　立法院設院長副院長各一人，由立法委員互選之。

第六十七條　立法院得設各種委員會。

各種委員會得邀請政府人員及社會上有關係人員到會備詢。

第六十八條　立法院會期，每年兩次，自行集會，第一次自二月至五月底，第二次自九月至十二月底，必要時得延長之。

第六十九條　立法院遇有左列情事之一時，得開臨時會：

一　總統之咨請。

二　立法委員四分之一以上之請求。

第 七 十 條　立法院對於行政院所提預算案，不得爲增加支出之提議。

第七十一條　立法院開會時，關係院院長及各部會首長得列席陳述意見。

第七十二條　立法院法律案通過後，移送總統及行政院，總統應於收到後十日內公布之，但總統得依照本憲法第五十七條之規定辦理。

第七十三條　立法委員在院內所爲之言論及表決，對院外不負責任。

第七十四條　立法委員，除現行犯外，非經立法院許可，不得逮捕或拘禁。

第七十五條　立法委員不得兼任官吏。

第七十六條　立法院之組織，以法律定之。

第七章　司　　法

第七十七條　司法院爲國家最高司法機關，掌理民事、刑事、行政訴訟之審判，及公務員之懲戒。

第七十八條　司法院解釋憲法，並有統一解釋法律並命令之權。

第七十九條　司法院設院長副院長各一人，由總統提名，經監察院同意任命之。

司法院設大法官若干人，掌理本憲法第七十八條規定事項，由總統提名，經監察院同意任命之。

第 八 十 條　法官須超出黨派以外，依據法律獨立審判，不受任何干涉。

第八十一條　法官爲終身職，非受刑事或懲戒處分，或禁治產之宣告，不得免職。非依法律，不得停職、轉任或減俸。

第八十二條　司法院及各級法院之組織，以法律定之。

第八章　考　　試

第八十三條　考試院爲國家最高考試機關，

掌理考試、任用、銓敘、考績、級俸、陞遷、保障、褒獎、撫卹、退休、養老等事項。

第八十四條　考試院設院長副院長各一人、考試委員若干人，由總統提名，經監察院同意任命之。

第八十五條　公務人員之選拔，應實行公開競爭之考試制度，並應按省區分別規定名額，分區舉行考試，非經考試及格者，不得任用。

第八十六條　左列資格，應經考試院依法考選銓定之：

一　公務人員任用資格。

二　專門職業及技術人員執業資格。

第八十七條　考試院關於所掌事項，得向立法院提出法律案。

第八十八條　考試委員須超出黨派以外，依據法律獨立行使職權。

第八十九條　考試院之組織，以法律定之。

第九章　監　　察

第 九 十 條　監察院爲國家最高監察機關，行使同意、彈劾、糾舉及審計權。

第九十一條　監察院設監察委員，由各省市議會，蒙古西藏地方議會，及華僑團體選舉之。其名額分配依左列之規定：

一、每省五人。

二、每直轄市二人。

三、蒙古各盟旗共八人。

四、西藏八人。

五、僑居國外之國民八人。

第九十二條　監察院設院長副院長各一人，由監察委員互選之。

第九十三條　監察委員之任期爲六年，連選得連任。

第九十四條　監察院依本憲法行使同意權時，由出席委員過半數之議決行之。

第九十五條　監察院爲行使監察權，得向行政院及其各部會調閱其所發布之命令及各種有關文件。

第九十六條　監察院得按行政院及其各部會之工作，分設若干委員會，調查一切設施，注意其是否違法或失職。

第九十七條　監察院經各該委員會之審查及決議，得提出糾正案，移送行政院及其有關部會，促其注意改善。監察院對於中央及地方公務人員，認爲有失職或違法情事，得提出糾舉案或彈劾案，如涉及刑事，應移送法院辦理。

第九十八條　監察院對於中央及地方公務人員之彈劾案，須經監察委員一人以上之提議，九人以上之審查及決定，始得提出。

第九十九條　監察院對於司法院或考試院人

員失職或違法之彈劾，適用本憲法第九十五條、第九十七條、及第九十八條之規定。

第一百條　監察院對於總統副總統之彈劾案，須有全體監察委員四分之一以上之提議，全體監察委員過半數之審查及決議，向國民大會提出之。

第一百零一條　監察委員於院內所爲之言論及表決，對院外不負責任。

第一百零二條　監察委員，除現行犯外，非經監察院許可，不得逮捕或拘禁。

第一百零三條　監察委員不得兼任其他公職或執行業務。

第一百零四條　監察院設審計長，由總統提名，經立法院同意任命之。

第一百零五條　審計長應於行政院提出決算後三個月內，依法完成其審核，並提出審核報告於立法院。

第一百零六條　監察院之組織，以法律定之。

第十章　中央與地方之權限

第一百零七條　左列事項，由中央立法並執行之：

一、外交。

二、國防與國防軍事。

三、國籍法、及刑事、民事、商事之法律。

四、司法制度。

五、航空、國道、國有鐵路、航政、郵政及電政。

六、中央財政與國稅。

七、國稅與省稅縣稅之畫分。

八、國營經濟事業。

九、幣制及國家銀行。

十、度量衡。

十一、國際貿易政策。

十二、涉外之財政經濟事項。

十三、其他依本憲法所定關於中央之事項。

第一百零八條　左列事項，由中央立法並執行之，或交由省縣執行之：

一、省縣自治通則。

二、行政區畫。

三、森林、工礦及商業。

四、教育制度。

五、銀行及交易所制度。

六、航業及海洋漁業。

七、公用事業。

八、合作事業。

九、二省以上之水陸交通運輸。

十、二省以上之水利、河道及農牧事業。

十一、中央及地方官吏之銓敍、任用、糾察及保障。

十二、土地法。

十三、勞動法及其他社會立法。

十四、公用徵收。

十五、全國戶口調查及統計。

十六、移民及墾殖。

十七、警察制度。

十八、公共衛生。

十九、賑濟、撫恤及失業救濟。

二十、有關文化之古籍、古物及古蹟之保存。

前項各款，省於不牴觸國家法律內，得制定單行法規。

第一百零九條 左列事項，由省立法並執行之，或交由縣執行之：

一、省教育、衛生、實業及交通。

二、省財產之經營及處分。

三、省市政。

四、省公營事業。

五、省合作事業。

六、省農林、水利、漁牧及工程。

七、省財政及省稅。

八、省債。

九、省銀行。

十、省警政之實施。

十一、省慈善及公益事項。

十二、其他依國家法律賦予之事項。

前項各款，有涉及二省以上者，除法律別有規定外，得由有關各省共同辦理。各省辦理第一項各款事務，其經費不足時，經立法院議決，由國庫補助之。

第一百十條 左列事項，由縣立法並執行之：

一、縣教育、衛生、實業及交通。

二、縣財產之經營及處分。

三、縣公營事業。

四、縣合作事業。

五、縣農林、水利、漁牧及工程。

六、縣財政及縣稅。

七、縣債。

八、縣銀行。

九、縣警衛之實施。

十、縣慈善及公益事項。

十一、其他依國家法律及省自治法賦予之事項。

前項各款，有涉及二縣以上者，除法律別有規定外，得由有關各縣共同辦理。

第一百十一條 除第一百零七條、第一百零八條、第一百零九條及第一百十條列舉事項外，如有未列舉事項發生時，其事務有全國一致之性質者屬於中央，有全省一致之性質者屬於省，有一縣之性質者屬於縣。遇有爭議時，由立法院解決之。

第十一章　地方制度

第一節　省

第一百十二條　省得召集省民代表大會，依據省縣自治通則，制定省自治法，但不得與憲法牴觸。

省民代表大會之組織及選舉，以法律定之。

第一百十三條　省自治法應包含左列各款：

一、省設省議會，省議會議員由省民選舉之。

二、省設省政府，置省長一人，省長由省民選舉之。

三、省與縣之關係。

屬於省之立法權，由省議會行之。

第一百十四條　省自治法制定後，須即送司法院。司法院如認為有違憲之處，應將違憲條文宣布無效。

第一百十五條　省自治法施行中，如因其中某條發生重大障礙，經司法院召集有關方面陳述意見後，由行政院院長、立法院院長、司法院院長、考試院院長與監察院院長組織委員會，以司法院院長為主席，提出方案解決之。

第一百十六條　省法規與國家法律牴觸者無效。

第一百十七條　省法規與國家法律有無牴觸發生疑義時，由司法院解釋之。

第一百十八條　直轄市之自治，以法律定之。

第一百十九條　蒙古各盟旗地方自治制度，以法律定之。

第一百二十條　西藏自治制度，應予以保障。

第二節　縣

第一百二十一條　縣實行縣自治。

第一百二十二條　縣得召集縣民代表大會，依據省縣自治通則，制定縣自治法，但不得與憲法及省自治法牴觸。

第一百二十三條　縣民關於縣自治事項，依法律行使創制複決之權，對於縣長及其他縣自治人員，依法律行使選舉、罷免之權。

第一百二十四條　縣設縣議會，縣議會議員由縣民選舉之。

第一百二十五條　縣單行規章，與國家法律或省法律牴觸者無效。

第一百二十六條　縣設縣政府，置縣長一人，縣長由縣民選舉之。

第一百二十七條　縣長辦理縣自治，並執行中央及省委辦事項。

第一百二十八條　市準用縣之規定。

第十二章　選舉罷免創制複決

第一百二十九條　本憲法所規定之各種選舉，除本憲法別有規定外，以普通、平等、直接及無記名投票之方法行之。

第一百三十條　中華民國國民年滿二十歲者，有依法選舉之權。除本憲法及法律別有規定者外，年滿二十三歲者，有依法被選舉之權。

第一百三十一條　本憲法所規定各種選舉之候選人，一律公開競選。

第一百三十二條　選舉應嚴禁威脅利誘。選舉訴訟，由法院審判之。

第一百三十三條　被選舉人得由原選舉區依法罷免之。

第一百三十四條　各種選舉，應規定婦女當選名額，其辦法以法律定之。

第一百三十五條　內地生活習慣特殊之國民代表名額及選舉，其辦法以法律定之。

第一百三十六條　創制複決兩權之行使，以法律定之。

第十三章　基本國策

第一節　國　　防

第一百三十七條　中華民國之國防，以保衛國家安全，維護世界和平爲目的。

國防之組織，以法律定之。

第一百三十八條　全國陸海空軍，須超出個人、地域及黨派關係以外，效忠國家，愛護人民。

第一百三十九條　任何黨派及個人不得以武裝力量爲政爭之工具。

第一百四十條　現役軍人不得兼任文官。

第二節　外　　交

第一百四十一條　中華民國之外交，應本獨立自主之精神，平等互惠之原則，敦睦邦交，尊重條約及聯合國憲章，以保護僑民權益，促進國際合作，提倡國際正義，確保世界和平。

第三節　國民經濟

第一百四十二條　國民經濟應以民生主義爲基本原則，實施平均地權，節制資本，以謀國計民生之均足。

第一百四十三條　中華民國領土內之土地屬於國民全體。人民依法取得之土地所有權，應受法律之保障與限制。私有土地應照價納稅，政府並得照價收買。

附著於土地之礦、及經濟上可供公衆利用之天然力，屬於國家所有，不因人民取得土地所有權而受影響。

土地價值非因施以勞力資本而增加者，應由國家徵收土地增值稅，歸人民共享之。

國家對於土地之分配與整理，應以扶植自耕農及自行使用土地人爲原則，並規定其適當經營之面積。

第一百四十四條　公用事業及其他有獨佔性之企業，以公營爲原則，其經法律許可者，得由國民經營之。

第一百四十五條　國家對於私人財富及私營事業，認爲有妨害國計民生之平衡發展者，應以法律限制之。

合作事業應受國家之獎勵與扶助。

國民生產事業及對外貿易，應受國家之獎勵、指導及保護。

第一百四十六條　國家應運用科學技術，以興修水利，增進地方，改善農業環境，規畫土地利用，開發農業資源，促成農業之工業化。

第一百四十七條　中央爲謀省與省間之經濟平衡發展，對於貧瘠之省，應酌予補助。

省爲謀縣與縣間之經濟平衡發展，對於貧瘠之縣，應酌予補助。

第一百四十八條　中華民國領域內，一切貨物應許自由流通。

第一百四十九條　金融機構，應依法受國家之管理。

第一百五十條　國家應普設平民金融機構，以救濟失業。

第一百五十一條　國家對於僑居國外之國民，應扶助並保護其經濟事業之發展。

第四節　社會安全

第一百五十二條　人民具有工作能力者，國家應予以適當之工作機會。

第一百五十三條　國家爲改良勞工及農民之生活，增進其生產技能，應制定保護勞工及農民之法律，實施保護勞工及農民之政策。

婦女兒童從事勞動者，應按其年齡及身體狀態，予以特別之保護。

第一百五十四條　勞資雙方應本協調合作原則，發展生產事業；勞資糾紛之調解與仲裁，以法律定之。

第一百五十五條 國家為謀社會福利，應實施社會保險制度，人民之老弱殘廢，無力生活，及受非常災害者，國家應予以適當之扶助與救濟。

第一百五十六條 國家為奠定民族生存發展之基礎，應保護母性，並實施婦女、兒童福利政策。

第一百五十七條 國家為增進民族健康，應普遍推行衛生保健事業及公醫制度。

第五節 教育文化

第一百五十八條 教育文化，應發展國民之民族精神、自治精神、國民道德、健全體格、科學及生活智能。

第一百五十九條 國民受教育之機會，一律平等。

第一百六十條 六歲至十二歲之學齡兒童，一律受基本教育，免納學費，其貧苦者，由政府供給書籍。

已逾學齡未受基本教育之國民，一律受補習教育，免納學費，其書籍亦由政府供給。

第一百六十一條 各級政府應廣設獎學金名額，以扶助學行俱優無力升學之學生。

第一百六十二條 全國公私立之教育文化機關，依法律受國家之監督。

第一百六十三條 國家應注重各地區教育之均衡發展，並推行社會教育，以提高一般國民之文化水準。

邊遠及貧瘠地區之教育文化經費，由國庫補助之，其重要之教育文化事業，得由中央辦理或補助之。

第一百六十四條 教育、科學、文化之經費，在中央不得少於其預算總額百分之十五，在省不得少於其預算總額百分之二十五，在市、縣不得少於其預算總額百分之三十五，其依法設置之教育文化基金及產業，應予以保障。

第一百六十五條 國家應保障教育、科學、藝術工作者之生活，並依國民經濟之進展，隨時提高其待遇。

第一百六十六條 國家應獎勵科學之發明與創造，並保護有關歷史、文化、藝術之古蹟、古物。

第一百六十七條 國家對於左列事業或個人，予以獎勵或補助：

一、國內私人經營之教育事業成績優良者。

二、僑居國外國民之教育

事業成績優良者。

三、於學術或技術有發明者。

四、從事教育久於其職而成績優良者。

第六節 邊疆地區

第一百六十八條 國家對於邊疆地區各民族之地位，應予以合法之保障，並於其地方自治事業，特別予以扶植。

第一百六十九條 國家對於邊疆地區各民族之教育、文化、交通、水利、衛生及其他經濟、社會事業，應積極舉辦，並扶助其發展，對於土地使用，應依其氣候、土壤性質、及人民生活習慣之所宜，予以保障及發展。

第十四章 憲法之施行及修改

第一百七十條 本憲法所稱之法律，謂經立法院通過、總統公布之法律。

第一百七十一條 法律與憲法牴觸者無效。

法律與憲法有無牴觸發生疑義時，由司法院解釋之。

第一百七十二條 命令與憲法或法律牴觸者無效。

第一百七十三條 憲法之解釋，由司法院爲之。

第一百七十四條 憲法之修改，應依左列程序之一爲之：

一、由國民大會代表總額五分之一之提議，三分之二之出席，及出席代表四分之三之決議，得修改之。

二、由立法院立法委員四分之一之提議，四分之三之出席，及出席委員四分之三之決議，擬定憲法修正案，提請國民大會複決，此項憲法修正案，應於國民大會開會前半年公告之。

第一百七十五條 本憲法規定事項，有另定實施程序之必要者，以法律定之。

本憲法施行之準備程序，由制定憲法之國民大會議定之。

動員戡亂時期臨時條款

中華民國三十七年四月十八日第一屆國民大會第一次會議第十二次大會制定全文四項　同年五月十日國民政府公布

中華民國四十九年三月十一日第一屆國民大會第三次會議第六次大會修正全文七項　同年三月十一日　總統公布

中華民國五十五年二月七日第一屆國民大會臨時會第三次大會修正全文八項　同年二月十二日總統公布

中華民國五十五年三月十九日第一屆國民大會第四次會議第九次大會修正全文十項　同年三月二十二日　總統公布

茲依照憲法第一百七十四條第一款程序，制定動員戡亂時期臨時條款如左：

一、總統在動員戡亂時期，爲避免國家或人民遭遇緊急危難或應付財政經濟上重大變故，得經行政院會議之決議，爲緊急處分，不受憲法第三十九條或第四十三條所規定程序之限制。

二、前項緊急處分，立法院得依憲法第五十七條第二款規定之程序變更或廢止之。

三、動員戡亂時期，總統副總統得連選連任，不受憲法第四十七條連任一次之限制。

四、動員戡亂時期，本憲政體制，授權總統得設置動員戡亂機構，決定動員戡亂有關大政方針，並處理戰地政務。

五、總統爲適應動員戡亂需要，得調整中央政府之行政機構及人事機構，並對於依選舉產生之中央公職人員，因人口增加或因故出缺，而能增選或補選之自由地區及光復地區，均得訂頒辦法實施之。

六、動員戡亂時期，國民大會得制定辦法，創制中央法律原則與複決中央法律，不受憲法第二十七條第二項之限制。

七、在戡亂時期，總統對於創制案或複決案認爲有必要時，得召集國民大會臨時會討論之。

八、國民大會於閉會期間，設置研究機構，研討憲政有關問題。

九、動員戡亂時期之終止，由總統宣告之。

十、臨時條款之修訂或廢止，由國民大會決定之。

中華民國憲法增修條文

民國八十年五月一日總統令制定公布
八十一年五月二十八日總統令修正公布
八十三年八月一日總統令修正公布
八十六年七月二十一日總統令修正公布
八十八年九月十五日總統令修正公布
八十九年四月二十五日總統令修正公布第一、二、四～一〇條條文

前　言　為因應國家統一前之需要，依照憲法第二十七條第一項第三款及第一百七十四條第一款之規定，增修本憲法條文如左：

第一條　國民大會代表三百人，於立法院提出憲法修正案、領土變更案，經公告半年，或提出總統、副總統彈劾案時，應於三個月內採比例代表制選出之，不受憲法第二十六條、第二十八條及第一百三十五條之限制。比例代表制之選舉方式以法律定之。

國民大會之職權如左，不適用憲法第四條、第二十七條第一項第一款至第三款及第二項、第一百七十四條第一款之規定：

一　依憲法第二十七條第一項第四款及第一百七十四條第二款之規定，複決立法院所提之憲法修正案。

二　依增修條文第四條第五項之規定，複決立法院所提之領土變更案。

三　依增修條文第二條第十項之規定，議決立法院提出之總統、副總統彈劾案。

國民大會代表於選舉結果確認後十日內自行集會，國民大會集會以一個月為限，不適用憲法第二十九條及第三十條之規定。

國民大會代表任期與集會期間相同，憲法第二十八條之規定停止適用。第三屆國民大會代表任期至中華民國八十九年五月十九日止。國民大會職權調整後，國民大會組織法應於二年內配合修

正。

第二條 總統、副總統由中華民國自由地區全體人民直接選舉之，自中華民國八十五年第九任總統、副總統選舉實施。總統、副總統候選人應聯名登記，在選票上同列一組圈選，以得票最多之一組為當選。在國外之中華民國自由地區人民返國行使選舉權，以法律定之。

總統發布行政院院長與依憲法經立法院同意任命人員之任免命令及解散立法院之命令，無須行政院院長之副署，不適用憲法第三十七條之規定。

總統為避免國家或人民遭遇緊急危難或應付財政經濟上重大變故，得經行政院會議之決議發布緊急命令，為必要之處置，不受憲法第四十三條之限制。但須於發布命令後十日內提交立法院追認，如立法院不同意時，該緊急命令立即失效。

總統為決定國家安全有關大政方針，得設國家安全會議及所屬國家安全局，其組織以法律定之。

總統於立法院通過對行政院院長之不信任案後十日內，經諮詢立法院院長後，得宣告解散立法院。但總統於戒嚴或緊急命令生效期間，不得解散立法院。立法院解散後，應於六十日內舉行立法委員選舉，並於選舉結果確認後十日內自行集會，其任期重新起算。

總統、副總統之任期為四年，連選得連任一次，不適用憲法第四十七條之規定。

副總統缺位時，總統應於三個月內提名候選人，由立法院補選，繼任至原任期屆滿為止。

總統、副總統均缺位時，由行政院院長代行其職權，並依本條第一項規定補選總統、副總統，繼任至原任期屆滿為止，不適用憲法第四十九條之有關規定。

總統、副總統之罷免案，須經全體立法委員四分之一之提議，全體立法委員三分之二之同意後提出，並經中華民國自由地區選舉人總額過半數之投票，有效票過半數同意罷免時，即為通過。

立法院向國民大會提出之總統、副總統彈劾案，經國民大會代表總額三分之二同意時，被彈劾人應即解職。

第三條　行政院院長由總統任命之。行政院院長辭職或出缺時，在總統未任命行政院院長前，由行政院副院長暫行代理。憲法第五十五條之規定，停止適用。

行政院依左列規定，對立法院負責，憲法第五十七條之規定，停止適用：

一　行政院有向立法院提出施政方針及施政報告之責。立法委員在開會時，有向行政院院長及行政院各部會首長質詢之權。

二　行政院對於立法院決議之法律案、預算案、條約案，如認為有窒礙難行時，得經總統之核可，於該決議案送達行政院十日內，移請立法院覆議。立法院對於行政院移請覆議案，應於送達十五日內作成決議。如為休會期間，立法院應於七日內自行集會，並於開議十五日內作成決議。覆議案逾期未議決者，原決議失效。覆議時，如經全體立法委員二分之一以上決議維持原案，行政院院長應即接受該決議。

三　立法院得經全體立法委員三分之一以上連署，對行政院院長提出不信任案。不信任案提出七十二小時後，應於四十八小時內以記名投票表決之。如經全體立法委員二分之一以上贊成，行政院院長應於十日內提出辭職，並得同時呈請總統解散立法院；不信任案如未獲通過，一年內不得對同一行政院院長再提不信任案。

國家機關之職權、設立程序及總員額，得以法律為準則性之規定。

各機關之組織、編制及員額，應依前項法律，基於政策或業務需要決定之。

第四條　立法院立法委員自第四屆起二百二十五人，依左列規定選出之，不受憲法第六十四條之限制：

一　自由地區直轄市、縣市一百六十八人。每縣市至少一人。

二　自由地區平地原住民及山地原住民各四人。

三　僑居國外國民八人。

四　全國不分區四十一人。

前項第三款、第四款名額，採政黨比例方式選出之。第一款每直轄市、縣市選出之名額及第三款、第四款各政黨當選之名額，在五人以上十人以下者，應有婦女當選名額一人，超過十人者，每滿十人應增婦女當選名額一人。

立法院於每年集會時，得聽取總統國情報告。

立法院經總統解散後，在新選出之立法委員就職前，視同休會。

中華民國領土，依其固有之疆域，非經全體立法委員四分之一之提議，全體立法委員四分之三之出席，及出席委員四分之三之決議，並提經國民大會代表總額三分之二之出席，出席代表四分之三之複決同意，不得變更之。

總統於立法院解散後發布緊急命令，立法院應於三日內自行集會，並於開議七日內追認之。但於新任立法委員選舉投票日後發布者，應由新任立法委員於就職後追認之。如立法院不同意時，該緊急命令立即失效。

立法院對於總統、副總統之彈劾案，須經全體立法委員二分之一以上之提議，全體立法委員三分之二以上之決議，向國民大會提出，不適用憲法第九十條、第一百條及增修條文第七條第一項有關規定。

立法委員除現行犯外，在會期中，非經立法院許可，不得逮捕或拘禁。憲法第七十四條之規定，停止適用。

第五條　司法院設大法官十五人，並以其中一人為院長、一人為副院長，由總統提名，經立法院同意任命之，自中華民國九十二年起實施，不適用憲法第七十九條之規定。司法院大法官除法官轉任者外，不適用憲法第八十一條及有關法官終身職待遇之規定。

司法院大法官任期八年，不分屆次，個別計算，並不得連任。但並為院長、副院長之大法官，不受任期之保障。

中華民國九十二年總統提名之大法官，其中八位大法官，含院長、副院長，任期四年，其餘大法官任期為八年，不適用前項任期之規定。

司法院大法官，除依憲法第七十八條之規定外，並組成憲法法庭審理政黨違憲之解散事項。

政黨之目的或其行為，危害中華民國之存在或自由民主之憲政秩序者為違憲。

司法院所提出之年度司法概算，行政院不得刪減，但得加註意見，編入中央政府總預算案，送立法院審議。

第六條　考試院為國家最高考試機關，掌理左列事項，不適用憲法第八十三條之規定：

一　考試。

二　公務人員之銓敘、保障、撫卹、退休。

三　公務人員任免、考績、級俸、陞遷、褒獎之法制事項。

考試院設院長、副院長各一人，考試委員若干人，由總統提名，經立法院同意任命之，不適用憲法第八十四條之規定。

憲法第八十五條有關按省區分別規定名額，分區舉行考試之規定，停止適用。

第七條　監察院為國家最高監察機關，行使彈劾、糾舉及審計權，不適用憲法第九十條及第九十四條有關同意權之規定。

監察院設監察委員二十九人，並以其中一人為院長、一人為副院長，任期六年，由總統提名，經立法院同意任命之。憲法第九十一條至第九十三條之規定停止適用。

監察院對於中央、地方公務人員及司法院、考試院人員之彈劾案，須經監察委員二人以上之提議，九人以上之審查及決定，始得提出，不受憲法第九十八條之限制。

監察院對於監察院人員失職或違法之彈劾，適用憲法第九十五條、第九十七條第二項及前項之規定。

監察委員須超出黨派以外，依據法律獨立行使職權。

憲法第一百零一條及第一百零二條之規定，停止適用。

第八條　立法委員之報酬或待遇，應以法律定之。除年度通案調整者外，單獨增加報酬或待遇之規定，應自次屆起實施。國民大會代表集會期間之費用，以法律定之。

第九條　省、縣地方制度，應包括左列各款，以法律定之，不受憲法第一百零八條第一項第一款、第一百

零九條、第一百十二條至第一百十五條及第一百二十二條之限制:

一 省設省政府，置委員九人，其中一人為主席，均由行政院院長提請總統任命之。

二 省設省諮議會，置省諮議會議員若干人，由行政院院長提請總統任命之。

三 縣設縣議會，縣議會議員由縣民選舉之。

四 屬於縣之立法權，由縣議會行之。

五 縣設縣政府，置縣長一人，由縣民選舉之。

六 中央與省、縣之關係。

七 省承行政院之命，監督縣自治事項。

臺灣省政府之功能、業務與組織之調整，得以法律為特別之規定。

第十條 國家應獎勵科學技術發展及投資，促進產業升級，推動農漁業現代化，重視水資源之開發利用，加強國際經濟合作。

經濟及科學技術發展，應與環境及生態保護兼籌並顧。

國家對於人民興辦之中小型經濟事業，應扶助並保護其生存與發展。

國家對於公營金融機構之管理，應本企業化經營之原則；其管理、人事、預算、決算及審計，得以法律為特別之規定。

國家應推行全民健康保險，並促進現代和傳統醫藥之研究發展。

國家應維護婦女之人格尊嚴，保障婦女之人身安全，消除性別歧視，促進兩性地位之實質平等。

國家對於身心障礙者之保險與就醫、無障礙環境之建構、教育訓練與就業輔導及生活維護與救助，應予保障，並扶助其自立與發展。

國家應重視社會救助、福利服務、國民就業、社會保險及醫療保健等社會福利工作，對於社會救助和國民就業等救濟性支出應優先編列。

國家應尊重軍人對社會之貢獻，並對其退役後之就學、就業、就醫、就養予以保障。

教育、科學、文化之經費，尤其國民教育之經費應優先編列，不受憲法第一百六十四條規定之限制。

國家肯定多元文化，並積極維護

發展原住民族語言及文化。

國家應依民族意願，保障原住民族之地位及政治參與，並對其教育文化、交通水利、衛生醫療、經濟土地及社會福利事業予以保障扶助並促其發展，其辦法另以法律定之。對於澎湖、金門及馬祖地區人民亦同。

國家對於僑居國外國民之政治參與，應予保障。

第十一條　自由地區與大陸地區間人民權利義務關係及其他事務之處理，得以法律為特別之規定。

附　　錄

中國國民黨修憲策劃小組研擬的修憲方案

——民國八十年——

第一議題：有關總統選舉與國民大會問題

改進方案

甲案(委任直選案)：總統、副總統由人民直接表明其支持之人選，委任國大代表選出，並由國民大會行使總統、副總統補選、罷免及修憲等職權。

一、國民大會代表之選舉

國民大會代表依憲法增修條文第一條所定名額，由自由地區各直轄市、縣市及山胞分別選出，並由僑居國外國民及全國不分區依政黨比例方式選出。

二、國民大會之集會

每屆國民大會代表應於該屆國民大會依憲法第二十九條規定集會之前選出，例如第三屆國民大會代表即應於民國八十五年初第八任總統任滿九十日前選出。

三、總統、副總統之提名

國民大會代表選舉前，在三個中央民意代表機構中有若干席次之政黨，每黨得提出一組總統、副總統候選人，並予公告。不足上述席次之政黨所屬中央民意代表及無黨籍中央民意代表，亦得由其中若干代表連署，提出總統、副總統候選人。各組總統、副總統候選人均可在國大代表競選時，爲支持其參選之國大代表候選人助選。

四、支持之總統、副總統候選人之表明

國大代表候選人無論參加區域、山胞、僑民或不分區選舉，均應於登記時明確表示其所支持之總統、副總統候選人，並將其表示載明於選舉公報及選票，當選後即應依其表示投票。故任一選民在投票時即清楚了解，其所圈選之國大代表候選人，當選後必將投票給該選民所支持之總統候選人。事實上，國大代表選舉投票揭曉時，何人當選總統、副總統亦已同時確定。

五、總統、副總統候選人名單

凡當選之國大代表所支持之總統、副總統候選人均應列入總統、副總統候選人名單，並按其所獲支持之國大代表人數多寡排列次序。同組之總統與副總統候選人在選票中應並列一欄，以備圈選。

六、總統、副總統選舉之投票

國民大會選舉總統、副總統，應以記名投票法行之。各國大代表必須按其登記候選時之表示投票。不依其表示投票或未投票者，均仍視爲其原表示支持之候選人之選票。不依其表示投票或無正當理由未投票者，並註銷其國大代表資格。

七、總統、副總統之當選

總統、副總統之選舉，以得全體國大代表比較多數票者爲當選。票數相同時，以候選人所獲支持之國大代表（除以政黨比例方式選出者外）當選時所得選民票數較多者爲當選。

八、總統、副總統之補選

總統、副總統均缺位時，依憲法第四十九條召集國民大會臨時會，由國大代表補選總統、副總統。其候選人之提名及當選，照本案第三項及第七項辦理。

九、總統、副總統之罷免

總統、副總統之罷免，依現行憲法之規定。至國大代表提出罷免案及表決罷免案與彈劾案之人數，則於修訂「總統副總統選舉罷免法」時，愼加研議。

十、憲法之修改

憲法之修改，仍依現行憲法第一百七十四條規定程序爲之。

十一、國民大會其他職權之行使

除上列各項外，國民大會其他職權之行使，均依現行憲法之規定。其職權行使之程序，則應依憲法第三十四條之規定，以法律定之。

乙案(公民直選案)：總統、副總統之選舉、罷免及憲法之修改，均由人民直接行使。

一、總統、副總統之選舉

總統、副總統由全體選民以普通、平等、直接及無記名投票法選出，每屆選舉應於現任總統任滿前九十日舉行。依憲法第四十九條補選總統、副總統時，亦同，並應於總統、副總統均缺位之日起三個月內舉行。

二、總統、副總統之提名

總統、副總統候選人由政黨提名，其條件及程序另以法律定之。

三、總統、副總統選舉之投票

總統、副總統選票應分列各組總統、副總統候選人，其次序以抽籤定之，由選民就其中圈選一組。

四、總統、副總統之當選

總統、副總統之選舉，以得全體選民有效票比較多數票者爲當選。

五、總統、副總統之罷免

總統、副總統之罷免，須由監察院依憲法第一百條規定之程序，提出彈劾案，送由立法院院長咨請被彈劾人提出答辯書後，將彈劾案及答辯書公告，並定期提交全體選民就罷免與否投票，用無記名投票法，以全體選民過半數之投票、有效票過半數之同意爲通過。

六、創制、複決兩權之行使

人民創制、複決兩項政權之行使，目前以憲法修改之複決爲限。對法律之創制、複決，俟國家統一後，再衡酌情況研議實施。

七、憲法之修改

憲法之修改，須有立法委員總額四分之一之提議、四分之三之出席及出席委員四分之三之決議，擬具憲法修正案，報由總統公告，並定期於半年後舉行全體選民投票，以全體有效票過半數之同意決定之。

八、投票之舉行

人民依前列各項直接行使選舉、罷免、創制及複決四項政權時，除罷免總統、副總統由立法院院長定期舉行投票外，其餘均由總統定期舉行投票。

第二議題：有關總統、行政院與立法院關係問題

改進方案

方案甲　現制改良案

㈠行政院院長依慣例於新任總統就職前向總統辭職。

㈡總統與行政院權限劃分（憲法第四章、第五章及增修條文各條規定）原則上維持不變。包括總統爲國家元首，對外代表中華民國（第三十五條），總統公布法律、發布命令應經行政院院長副署（第三十七條，但酌加修正），行使締結條約及宣戰、媾和之權（第三十八條），宣布戒嚴、發布緊急命令，均應經行政院會議之決議及立法院之通過或追認（第三十九條，增修條文第七條），行使大赦、特赦、減刑及復權之權（第四十條），依法任免文武官員（第四十一條），依法授與榮典（第四十二條），統率三軍（第三十六條），總統下設國家安全會議及國家安全局，決定國家安全有關大政方針（第三十六條，增修條文第九條），就院際爭議有召集會商解決之權（第四十四條）等，原則上均不予修正。

㈢行政院爲國家最高行政機關（第五十三條），立法院爲國家最高立法機關（第六十二條），二院職掌及相互關係，除改進意見外，原則上均不予修正。

㈣行政院院長副署範圍加以改進，總統發布任免行政院院長之命令，無須經行政院院長之副署。

㈤立法院每會期開議，行政院院長向立法院提出施政方針及施政報告後，立法委員之口頭質詢應於一定期間內完成。

㈥覆議案經立法院維持原決議（原案）時，行政院院長除依原規定接受該決議或辭職外，得經總統核可解散立法院，重新辦理立法委員選舉。

方案乙　朝向總統制調整案

㈠總統直接民選，對外代表國家，對內爲最高行政首長。總統之下設各部會，由總統主持（國務或內閣）會議。

㈡總統發布命令、公布法律無需副署，宣告戒嚴、發布緊急命令等均歸總統行使。

㈢總統每年至立法院發表國情咨文，但立法委員無質詢權。

㈣總統對立法院通過之法律案或預算案，認爲窒礙難行，得移請覆議。

㈤須修改頗多憲法條文。

方案丙　朝向內閣制調整案

㈠總統應提名立法院多數黨所支持之人選爲行政院院長，且無免職權。

㈡立法委員得兼任政務官，多數政務官應具有立法委員身份。

㈢行政院院長掌理行政實權，總統「統而不治」成爲虛位元首，國家安全會議裁撤。

㈣立法院與行政院互有不信任投票與解散立法院之權。

㈤須修改頗多憲法條文。

總統選舉方式與中央政府體制配合問題

一、總統選舉方式如採現行規定（法定代表制），則中央政府體制以採「現制改進案」爲適宜，採「總統制案」或「內閣制案」皆較不適宜。

各界期待總統選舉方式有所改變，現行法定代表制不宜維持。

二、總統選舉方式如採委任直選制，則中央政府體制以採「現行改制案」或「總統制案」爲適宜，採「內閣制案」較不適宜。

如採委任直選制及「現制改進案」，則：

㈠國民大會保留，其職掌原則上不予變動。

㈡中央政府體制可維持五權分立基本架構。

㈢憲法條文修改幅度較小。

㈣可維護政治安定、憲政改革穩定發展。

三、總統選舉方式如採公民直選制，則中央政府體制以採「總統制案」爲適宜，採「現制改進案」或「內閣制案」皆較不適宜。

如採公民直選制並採「總統制案」，則：

㈠國民大會無保留必要，其原有職掌另行調整。

㈡中央政府五權分立基本架構無法維持，必須全面調整。

㈢憲法條文必須大幅度修改，始能調整爲總統制。

㈣中央政府體制重大變更，政治生態失去平衡，影響政治安定。

第三議題：有關考試院與監察院問題

第一單元：有關考試院問題

改進方案

方案甲、憲法本文案：

依據憲法第八十三條對考試院職掌規定之精神與原則，行政院人事行政局併入考試院，確立考試院爲全國最高考試及人事行政機構，掌理考試、任用、銓敍、考績、級俸、陞遷、保障、褒獎、撫卹、退休、養老等事項。

方案乙、現制改進案：

維持現行制度，行政院設人事行政局，考試院之職權擬作如下之調整。

㈠憲法第八十三條擬予修訂。規定考試院爲國家最高考試機關，掌理左列事項：

1. 考試。

2. 公務人員之銓敍、保障、撫卹、退休。

3. 公務人員任免、考績、級俸、陞遷、褒獎之法制事項。

㈡公務人員任免、考績、級俸、陞遷、褒獎之執行，由各用人及有關機關分別主管。

㈢公務人員待遇、養老事項，由行政院主管。

方案丙、劃分考試權與人事行政權案：

以修改憲法之方式，明定將人事行政權自考試院移轉歸屬行政院。在組織上，考試院調整爲掌理考試之「全國最高機關」，將公務人員之任用、銓敘、考績、級俸、陞遷、保障、褒獎、撫卹、退休、養老等事項職權，由各用人及有關機關分別主管。

另外建議：憲法第八十五條：「……並按省區分別規定名額，分區舉行考試」部分，暫停適用。

第二單元：有關監察院問題

改進方案

一、監察委員產生方式

方案甲：維持現制：由省市議會間接選舉，監察委員資格酌予提高。

方案乙：直接選舉：由各省、市選民分區直選，監察委員資格酌予提高。

方案丙：總統提名：

㈠監察委員由總統提名，經國民大會同意任命之。

㈡監察委員之資格，應予提高，比照大法官或考試委員之資格，於監察院組織法明定之。

如採丙案，左列各項，應予規定：

1.監察委員之名額擬酌予減少，並不明定地區之分配。

2.監察院院長、副院長擬由總統就監察委員中提名，經國民大會同意任命。

3.監察委員須超出黨派之外，依據法律，獨立行使職權。

二、監察院之職權

一、方案一：維持現制，掌理同意、彈劾、糾舉、糾正及審計權。

二、方案二：原有職權加以調整，改進構想如左：

1.彈劾權、糾舉權及審計權應予保留。

2.憲法第九十七條第一項之糾正案，仍予保留。惟監察法有關糾正案之調查與提出之規定，應予檢討修訂。

3.審計部仍隸屬監察院，惟審計法應予修訂，以事後審計爲限，不採財物審計中營繕工程及購置、定製、變賣財物之稽察（事前審計）。

三、職權行使之方式

一、對中央及地方公務人員之彈劾案

1.現行規定：須經監察委員一人以上之提議，九人以上之審查及決定（憲法第九十八條）。

2.改進意見：酌予提高提議、審查及決定之委員人數。

二、對總統、副總統之彈劾案

1.現行規定：須有全體委員四分之一以上之提議，全體委員過半數之審查及決議，向國民大會提出之（憲法第一〇〇條）。

2.改進意見：酌予提高提議、審查及決議之委員人數。

第四議題：有關地方制度及與中央權限劃分問題

壹、有關地方制度法制化問題

改進方案

甲案(中央立法案)：凍結憲法第一百零

八條第一項第一款，第一百十二條，第一百十三條及第一百二十二條文，增訂地方制度另以法律規定之條文（直轄市之自治，仍依憲法第一百十八條規定以法律定之）。

地方制度改進之原則如左：

㈠省設省議會，縣（市）設縣（市）議會，省議會議員、縣（市）議會議員分別由省民、縣民選舉之。

㈡屬於省、縣（市）之立法權，由省議會、縣（市）議會分別行之。

㈢省設省政府，置省長一人，縣（市）設縣（市）政府，置縣（市）長一人，省長、縣（市）長分別由省民、縣民選舉之。

㈣省自治之監督機關爲行政院，縣(市)自治之監督機關爲省政府。

乙案（憲法本文案）：依據現行憲法規定，先由立法院制定「省縣自治通則」及各種地方自治法律如左：

㈠省縣自治通則；

㈡省民代表大會組織法；

㈢省民代表大會代表選舉法；

㈣縣民代表大會組織法；

㈤縣民代表大會代表選舉法；

然後由省、縣先後召開省、縣民代表大會，依據省縣自治通則，分別制定省、縣自治法，選舉省、縣（市）長及省、縣（市）議員，組織省、縣（市）政府及議會。

直轄市之自治，仍依憲法第一百十八條之規定，以法律定之。

貳、有關中央與地方權限劃分問題改進方案

事實上，目前中央與地方權限劃分之爭議，均非憲法所定權限之爭議，而係憲法解釋與適用之爭議。故改進之道，厥爲依據現行憲法規定，檢討有關中央與地方權限劃分之各項法律，依據實際需要，加以修訂，以釐清中央與地方權限。至於憲法第十章「中央與地方之權限」有關規定，目前並無修改之必要。

第五議題：其他有關憲法修改問題

一、殘障同胞權益維護案：建議在憲法增修條文中增訂對殘障者特別保護之條文，規定對殘障者之就醫與復健、教育訓練與就業輔導、生活維護及其救濟、協助其自我發展與自立等，均予保障，具體文字由內政部再行研究。

二、其他有關修訂憲法第十三章「基本國策」之構想，尙包括山胞（原住民）權益保障、環境保護、經濟及科技發展等，現正由研究分組研擬或提報修憲策劃小組中。

文獻選編

中華民國憲法草案的特質

(民國廿五年)

薩孟武

溯自民國二十一年十二月第四屆三中全會飭立法院從速起草憲法草案，以備國民研究之後，立法院就派定立法委員四十二人，組織憲法草案起草委員會，從事起草憲法，先後開會二十四次，完成中華民國憲法草案初稿。初稿完成之後，即行刊布，徵求各方意見，並派立法委員三十六人爲初稿審查委員，先將各方對於憲法草案初稿的意見分別整理，次將初稿逐條詳加討論，修正通過，交付立法院議決。立法院即於二十三年九月十四日開始討論，而於十月十六日通過三讀會，是爲中華民國憲法第一次草案。到了二十四年十月中央政治會議又決定五項原則，飭立法院重加修改，立法院奉令之後，就於十月八日開始修改，而於十月十六日通過三讀會，是爲中華民國憲法第二次草案。二十四年十一月五全大會復議決組織憲法草案審議委員會，修改憲法草案。憲法草案審議委員會成立於二十五年二月，前後開會七次，列舉修正要點二十三項，於二十五年四月十八日送呈中央常務委員會核定。中央常務委員會於四月二十三日決議通過發交立法院作條文的整理。五月一日立法院將整理條文通過三讀會，送呈國民政府，於五月五日公布，是爲中華民國憲法第三次草案。

中華民國憲法草案有三種特質，玆試分述如次：

第一、一黨專政　草案序文說：「中華民國國民大會受全體國民付託，遵照創立中華民國之　孫先生之遺教，制茲憲法，頒行全國，永矢咸遵。」就是序文分做兩部；第一部說明憲法制定的手續，即憲法是由國民大會受全體國民付託而制定的；第二部說明憲法的根本主義，即憲法是遵照　孫先生的遺教而制定的。第一部的制定手續固然無甚意義，第二部的根本主義則頗重要，而爲此後解釋憲法條文的標準。

孫先生的遺教爲三民主義，所以草案第一條說：「中華民國爲三民主義共和國。」把主義規定在憲法裏面，並不是中國所首創，蘇聯憲法也將其國體規定爲蘇維埃社會主義共和國聯邦。然其結果如何呢？在蘇聯，因爲國體爲社會主義共和國，所以反對社會主義的政黨不許其存在；又因爲國體爲蘇維埃，即無產階級獨裁，所以縱是主張社會主義的政黨，倘若反對無產階級獨裁，如社會民主黨之類也不許其存在。因此之故，蘇聯現在只有一個共產黨。同樣，憲法草案即把中華民國的國體規定爲三民主義共和國，那麼，凡積極的主張別個主義，或消極的反對三民主義的政黨，當然都可以視爲違憲的政黨，而不許其存在了。

這種觀念也是遵照　孫先生的遺教的。《建國大綱》第二十三條說：「全國有過半數省分達至憲政開始時期，即全省之地方自治完全成立時期，則開國民大會，決定憲法而頒布之。」就是國憲政的開始乃在於全國有半數的省已經開始了省憲政之時。但是省憲政何時開始呢？《建國大綱》第十六條說：「凡一省全數之縣皆達完全自治者，則爲憲政（指省憲政）開始時期。」就是省憲政的開始乃在於該省全數的縣皆達到完全自治之時。但是甚麼時候省自治纔可以視爲完成呢？據《建國大綱》第八條說：必須「全縣人口 調查清楚，全縣土地測量完竣，全縣警衛辦理妥善，四境縱橫之道路修築成功，而其人民曾受四權使用之訓練，而完畢其國民義務，誓行革命之主義者……始成爲一完全自治之縣。」這裏所謂革命之主義當然是指三民主義。國要開始憲政，必須國內過半數的省開始了省憲政；省要開始憲政，必須省內全數的縣完成了地方自治；縣要完成地方自治，必須縣內人民誓行三民主義。由此可知，凡不肯誓行三民主義的縣不能成爲完全自治縣，因之就沒有選舉罷免創制複決等權，即沒有公民權。關於縣事，尚不許他們有公民權，那裏肯許他們對於國事行使公民權，更那裏肯許他們組織政黨，公開的破壞三民主義運動。

總而說之，在憲政開始之時，中國仍只有一個黨，即只有中國國民黨。原來政黨乃是民主政治的產物，在英國，開始於光榮革命（Glorious Revolution 1688）時代；在美國，開始於制定憲法之時（1787）；在歐洲大陸，開始於法國革命（1789）之後。然由開始而至於現在，政黨政治卻可以分做四期。第一期爲國家敵視政黨的時代。政黨政治發源於英國，英國的政黨政治固然開始於十七世紀光榮革命時代，但是英國在十九世紀以前，除了柏克（E. Burke）之外，一般人多不能理解民主政治有政黨的必要，更不能理解政黨政治的精神，其他各國更不必說。盧梭（J. J. Rousseau）說：「公民之間最好沒有政黨，因爲社會有了政黨之後，社會將爲政黨的利益而存在，不爲人民利益而存在。」各國受了盧梭思想的影響，雖然無法禁止人民組織政黨，然卻利用種種方法，減少政黨的勢力。其表現於制度之上的，則爲議員的座位，即不使同一政黨的議員坐在一處，而用抽籤方法或年齡次序決定座位。摩爾（R. Mohl）說：「議員的座位不失爲一個大問題，使政見不同的人交雜而坐，可以減少黨員的衝動，而使他們能夠依憑自己良心而行動，不至盲從政黨的決議。」當時學說和法制之敵視政黨，觀此可以明瞭。第二期爲國家放任政黨的時代。民主政治愈發展，政黨勢力愈增加，政黨組織不但可以操縱議會，使議會成爲政黨的工具，並且可以操縱選舉，使公民失去獨立性，議會的決議只是一種形式。

一個政黨在議會內若能得到過半數的議席，則議會的議決只是該政黨的議決；數個政黨在議會內勢成鼎峙，則議會的議決也只是政黨的妥協。總而言之，議員已經不是國民的代表，而是政黨的代表了。事實固然這樣，而在法制上，則任其自然，既不反對，亦不承認。英國議會雖然早就受政黨的支配，一切議事均由政黨、政黨的領袖、政黨的總務(Whip)決定，但是在 Standing Orders 及 Sessional Orders 中竟無一語說到政黨，所以席德利羅(Sidney Low)說：「政府不過政黨的委員會，縱在下議院也不承認。」其他各國亦莫不然，所以這個時候政黨政治乃是一種事實，而不是一種法制。第三期爲國家承認政黨的時代，就是國家不但默認政黨政治，且復承認政黨政治爲國家的法制。如在加拿大與澳洲，反對黨領袖的議員可以支取特別的薪俸，無異於國家的一種官職，而美國聯邦及其各邦也用法律規定政黨預選總統候選人及邦長候選人的手續。即政黨內部的預選(primary Elections)已經不視爲政黨的私事，而乃視爲國家的法制了。至在採用比例選舉的國家，政黨更成爲法律上的制度，一九二〇年德國選舉法尚不許將黨名寫在投票紙之上，一九二二年則許兼寫黨名。一九二四年則非寫黨名不可，至於候選人爲誰，可只寫順序最高的四名，其餘無妨省略。又如奧國各邦，當革命剛剛成功之時，除了 Vorarberg 之外，其閣員亦按照比例選舉的原則，比例各政黨的勢力，使各政黨推舉相當人數的代表，共同組織內閣，而稱之爲「比例政府」(proporzregierung)這種制度可視爲第三期政黨政治的極致。第四期爲黨國一致的時代。政黨政治(指英美式的政黨政治)必須國內只有兩個大政黨，而後纔不會發生弊害。但是人民能夠組織大政黨，又需人民有一種共同一致的目標。在民主政治剛剛成立的時候，一般民衆爲了掃除封建的殘餘勢力，無不要求自由。國內許多階級均在資產階級的指導之下，從事於自由權的獲得，所以當時社會能夠以自由主義爲目標，組織一個大政黨，同時反對自由主義的人，也在大地主及貴族的指導之下，組織一個大政黨，而成爲兩黨對峙之勢。但是到了現在，一因社會階級的分化，二因政治問題的複雜，一般民衆已經不能同從前那樣，籠統的集合於自由主義及保守主義之下，組織兩個大政黨，而乃分裂爲許多黨派，爭求自己政見的實現了。英國本來只有兩個政黨，現在也有保守黨自由黨工黨三黨，其他各國更不必說，只惟美國尚能維持兩黨對峙的形勢。黨派既然分歧，政府當然只能組織於數黨妥協之下，由是政府的基礎不能穩固，政府的壽命不能持久，政府的政策不能一貫，政府無時無刻不在於風雨飄零之中。這由現今國際政治看來，是不合算的，於是又發生了一黨獨裁的政治，俄意德就是其最顯著的例。由此可知一黨專政不但合於　孫先生的遺教，且又順乎最近政黨政治的潮流。

不過此時中國國民黨雖然專政，而其形

式又與現在訓政的形式，稍有不同之點。在現在，中國國民黨可在三民主義的原則之下，任意決定任何政策而實行之。在憲法開始之時，中國國民黨只能在三民主義的原則之下，決定政策，至於該政策可否實行，則須以人民的意見為標準。換句話說，人民固然不能提出違反三民主義的政策，而卻能選擇合於三民主義的政策。即人民可在各種三民主義的政策之中，任意選擇任何一種，而政府決定政策之時，亦須關顧民意的所在。這是民治與黨治的結合。

第二、總統獨裁　在五權中，司法權的獨立不成問題，因為司法權為管理審判的權，與別種權力很少衝突的機會，縱令完全獨立，也不至妨害國家政務的施行，並且尚可以保障人民的權利。所以在三權憲法，行政權與立法權雖然漸次合併，而司法權則仍能維持其獨立的地位。考試權的獨立更不成問題，因為考試權為掌理考選事宜的權。在三權分立的國家，雖然沒有考試院專管考選事宜，但是臨時也組織一個文官考選委員會，而文官考選委員會執行職權之時，也是不受行政權的干涉，而有相當的獨立。在三權憲法之下，考試權的獨立不會發生糾紛，那麼在五權憲法之下，考試權的獨立當然也不會發生糾紛。監察權的獨立也不成問題。吾國監察院管理彈劾與審計。審計之應獨立及其能獨立，我們只看各國審計院的組織，就可知道。至於彈劾權，本來為議會對於高級官吏違法行為的起訴權，但是現在各國對於高級官吏，已由事後懲罰改為事前預防。它們在事前，已有各種方法預防高級官吏的違法，不必再於事後懲罰他們。例如英國，自一八〇五年下議院彈劾 Lord Merville 之後，迄今一百餘年，卻未曾行使過一次，其他各國的彈劾權也等於虛設。彈劾權等於虛設，實可以表示彈劾權之無妨獨立（但是我們卻不能因為彈劾權等於虛設，而謂彈劾為一種無關重要的制度。因為刑法的效用，不在於每年禁錮若干人，而在於人民怕受刑法的制裁，而不敢犯法。彈劾權的效用不在於每年彈劾若干人，而在於官吏怕受監察院的彈劾，而不敢違法。）上述三種權力固然可以獨立，至於立法權與行政權則不然。這兩個權力本來有微妙的關係，而今日國家行政又須假藉立法之力，倘使擔任行政的人與議決法律的人各自獨立，不相連絡，結果一定引起雙方的鬥爭，終則行政機關不能執行自己認為正當的事，而有負行政之名，立法機關得為不負責任的議決，而不舉立法之實。因此之故，自十九世紀中葉以來，各國憲法關於行政、立法兩權，已由權力的分立趨於權力的合併，像美國憲法那樣，嚴守三權分立主義，只是魯殿靈光而已。

現在試來考察憲法草案。據草案條文規定，行政院的院長副院長及政務委員是由總統任免，且對總統負責的（第五十六條及第五十九條），即總統對於他們，有完全任免權，因之，總統發布命令，雖然需有行政院院長副署（參看第三十八條），但是總統不難罷免不肯副署的院長，而任命承認副署的人爲院長，使其副署自己發布的命令。即行政權在名義上雖屬於行政院(參看第五十五條)，而在事實上則屬於總統。

又據草案條文規定，立法院的立法委員，半數雖由國民大會選舉，半數則由立法院院長提請總統任命之(第一四三條第一款)，由這個條文看來，立法院院長關於半數立法委員雖有推薦權，而總統則有最後抉擇權。原來立法院乃是合議制機關，不是總裁制機關，院長的地位與各國議院議長毫無以異，即立法院院長只可以視爲Primusinter Pares，不能視爲超越於立法委員之上的權力者。所以立法院院長雖有推薦立法委員的權，而總統尚可自由選擇而任命之。總統既可任命半數立法委員，則總統提出一切議案當然容易通過於立法院。

這種制度也是遵照　孫先生遺教的。五權憲法的特質非在於「五」權的分立，乃在於政權與治權的區別。政權屬於人民，爲人民監督政府的權，治權屬於政府，爲政府辦理國務的權。現在我們應該注意的，則爲治權的立法權與政權的創制複決兩權的關係。不消說，立法權爲制定法律的權。但是創制權與複決權也是制定法律的權。制定法律的權屬於政府，則稱爲治權，屬於人民，則稱爲政權。這是表示甚麼呢？這是表示政府的立法權與別國議會的立法權不同，不是用以牽制行政權，乃是用之以謀行政權行使的利便。原來政權與治權畫分的政治原理，不但在使人民有「權」，可以監督政府，並且在使政府有「能」，能夠自由施政。今日政府施政，必須假藉立法之力。　孫先生恐怕議會搗亂，政府失去能力，故把彈劾權獨立於議會之外。其實議會搗亂，並不是利用彈劾權，而是利用不信任投票權；而議會不信任政府，則有兩種方法：一是明示的不信任，即通過不信任議決案，迫使政府辭職；二是暗示的不信任，即通過政府反對的重要法案，或否決政府需要的重要法案，尤其是預算案，使政府不能安居其位。故要防止議會搗亂，不但要剝奪議會的彈劾權，且要剝奪議會的不信任投票權；不但須使議會不能用明示的方法表示不信任，且須使議會不能用暗示的方法表示不信任。但是要使議會不能用暗示的方法表示不信任，又只有把立法權改造爲治權。治權是屬於政府的，不是屬於人民的，立法權既爲治權之一，那麼立法機關當然不是代表人民的機關，而是政府的機關。立法機關怎樣才會變成政府的機關？惟一的方法只有使總統任命立法委員。倘使立法機關也同別國議會一樣，由人民直接或間接選舉，則立法院將同各國議院一樣，爲代表人民的機關，即所謂政權機關。而政府施行政治時，一方既受立法院的牽制，他方又須受國民大會的牽制，站在兩重牽制下，政府那裏有「能」。故立法委員由總統命令，乃是五權憲法的當然結論。

但是總統一方既總攬行政權，他方又得支配立法權，那麼總統不會流於專制嗎？不，因爲尚有一個國民大會。國民大會在積極方面，可利用創制權，制定自己所要求的法律；又可利用議決權，廢棄自己所反對的法律。在消極方面，可由創制權的作用，使政府恐怕國民強迫，而即制定國民所要求的法律；又可由議決權的作用，使政府恐怕國民反抗，不敢制定國民所反對的法律。在這種政制下，總統專制是不會發生的。

一般人都以爲獨裁與民主是兩種不同的政治，然由我們看來，民主政治若解釋爲議會政治，那麼獨裁政治當然和民主政治不能兩立。反之，民主政治若解釋爲民意政治，則獨裁政治不但不和民主政治相反，並且兩者尙可結合起來。所謂民意政治是指政治依據民意而施行，而代表民意的機關，在古代民主國爲民會，在現代立憲國爲議會，到了最近，又發生一種公民投票制（referendum）。其所以必須變更者，實爲環境所迫。古代民主國均採用直接民主制，一切人民均可出席民會，直接行使國家統治權。據許多學者研究，最初不但男子，就是婦女也有出席的權利。到了男女分工，舉凡牧畜、農耕、紡織、建築等一切雜務均由婦女負擔，婦女遂無暇離開家庭，出席民會。反之，男子因爲仍以戰爭與狩獵爲職業，而自奴隸制度成立之後，男子在生產上更無作用，其能離開家庭，出席民會，自不待言。但是文化愈發展，農業成爲主要的產業，勞動力單單依靠婦女兒童與奴隸，是不夠的，男子也須留在家庭做工。狩獵本來是一種職業，現在只是娛樂；戰爭本來可以刼掠財產，現在則變爲犧牲。總而言之，農業發達之後，男子已成爲主要的勞動力，無暇出席民會了，於是古代的直接民主制遂歸消滅。

近代立憲國均採用間接民主制，即人民選舉議員，組織議會，由議會以間接參與國家統治權的行使。其所以必須採用間接民主制者，實有兩種原因。第一、因爲古代國家乃是城市國家，領土狹窄，人口有限，所以全國公民能夠聚會於一個地方，而公民到會場開會，又不至過度費力；反之近代國家則領土遼廣，人口衆多，要使全國人口聚會於一堂，以解決國家大事，在技術上是辦不到的。第二、因爲古代社會乃是奴隸社會，一切勞動均由奴隸負擔，公民不必做工，所以他們有餘暇來參加國家統治權的行使。現代社會既無奴隸，除了極少數的大資本家之外，任誰都須從事勞動，以解決自己的經濟生活問題。他們既然忙碌，當然沒有時間去管理政治。這是代議制度——議會政治發生的原因。

在議會政治之下，一切比較重要的問題須先提交議會詳細審議，經議會議決之後，才交給政府執行。這種叮嚀鄭重的手續固然可以牽制政府的專恣，而保護人民的自由。但是到了現在，國際關係日益險惡，社會問題日益複雜，事事有合理化的必要，天天須發布無數新法規，天天須實行無數新政策，像議會政治那樣，漫漫審議，漫漫表決，當然不能適應時代的要求。何況政治問題時時變化，選舉當時，選舉人與議員的意見固然大體一致，但是歷時稍久，又可發生選舉當時所不能預料的事件，而致選舉人與議員雙方的意見日漸背馳。議會不能代表民意，議會政治自須改造，這樣就發生了一種獨裁與民主結合的政治。一方提高行政權而壓低立法權，授權政府，使政府有制定法律的權，他方採用公民投票制，許公民用投票的方法，直接參加國家統治權的行使。這樣一來，政府當然有「能」，能夠替人民做事，人民當然有「權」，能夠直接監督政府了。這便是權能劃分的政治原理。

第三、社會政策　自封建社會開始崩潰之後，貴族階級漸次沒落，資產階級漸次勃興。在貴族階級支配之下，資產階級所引為痛苦的，不是生活的壓迫，而是自由的缺乏，所以他們從事鬥爭之時，就以自由主義為目標，最初要求思想主義，而發生了文藝復興；其次要求信仰自由，而發生了宗教改革；又次要求經濟自由，而發生了產業革命；最後要求政治自由而發生了法國革命。其結果，由人權宣言的發表，而使自由主義成為憲法上的根本原則。所以第一部成文憲法——美國憲法對於自由權的保障特別注意。即不但對行政權，保障人民的自由，且又對立法權，保障人民的自由，人民有許多自由，縱令議會也不得制定法律，加以限制。資產階級壓倒貴族之後，一切社會生活均以自由主義為指導原理，而自由主義則受財產的節制。法律最保護的為財產權，參政權以財產為條件（限制選舉），經濟活動以儲財為原動力，倫理則主張節儉勤勉貯蓄等經濟的道德，而學問藝術等一切精神活動亦直接或間接受了財產的支配。其結果如何，我們只看今日各國社會現象，就可了解。但是在資產階級支配之下，勞動階級隨著產業的發展，亦漸次有了勢力。他們感覺的痛苦不是自由的缺乏，而是生活的壓迫，於是他們也同資產階級對於貴族階級，要求自由、發表人權宣言一樣，而欲對於資產階級，要求生活，發表新的人權宣言了。這樣，就產生了社會主義的思想，蘇俄一九一八年憲法第一篇「勞動階級反被壓迫民族的權利宣言」，德國一九一九年憲法第二編「德國人民的基本權利及基本義務」，都可以視為例子。總之，歐戰以前的憲法以自由主義為根本原則，歐戰以後的憲法則以社會主義為根本原則。

孫先生說：「民生主義就是社會主義。」不過　孫先生反對激烈的變革，而主張漸進的改造，所以又說：「我們實行民生主義來解決中國喫飯問題，對於資本制度，只可以逐漸改良，不能夠馬上推翻。」因之，在物質建設內，尚有數句很重要的話：「中國實業之開發，應分兩路進行：㈠個人企業，㈡國家經營是也。凡夫事物之可以委諸個人，或其較國家經營為適宜者，應任個人為之，由國家獎勵，而以法律保護之。至其不能委諸個人及有獨占性質者，應由國家經營之。」在這個原則之下，憲法草案關於經濟問題就不學俄國憲法那樣，而同德國憲法一樣，採取了社會政策。其要點如次：⑴關於私有財產制度，憲法草案把人民的財產分做土地與資本兩部分。兩種財產均受法律保障，同時又受法律制限（第十七條，第一一七條第一項，第一二一條，第一二二條）。⑵關於社會化政策，對於土地，用「平均地權」的方法；對於資本，用「節制資本」的方法，使其漸次達到社會化的目的（第一一七條第二項及第三項，第一一九條，第一二三條）。⑶關於勞動政策，一方保護勞動力，改良勞工生活，增進勞工技術，救濟勞工失業，同時又使勞資雙方能夠協調互助，以發展生產事業（第一二四條，第一二五條）。

總而言之，憲法草案關於經濟生活，一方維持自由主義，同時又參用統制主義。即一方統制人民，使其經濟活動不至「妨害國民生計之均衡發展」（第一二一條），同時在不妨害國民生計均衡發展的範圍內，又承認人民有經濟活動的自由，這個規定有似於德國威馬憲法第一五一條，而與蘇俄一九一八年憲法第三條完全不同。（《東方雜誌》第三十三卷　第十二號）

文獻選編

憲法草案最後一次修正之經過情形

——民國二十五年五月十一日中央報告——

孫　科

各位同志：「中華民國憲法草案」已於五月五日經國民政府命令宣布，今天想把「憲草」最後修正的經過，向各位簡單的報告一下：

「憲法草案」最後的修正，是依據中央常會所決定的幾項原則。比較最重要的幾點：

第一、關於總統的職權，在第四章中央政府總統這一節內加了兩條：一條是「國家遇有緊急事變，或國家經濟上有重大變故須爲急速處分時，總統得經行政會議之議決，發布緊急命令，爲必要之處置；但應於發布命令後三個月內，提交立法院追認」。因爲國家在緊急的時候，萬一發生的事故，在法律上沒有規定，便難以應付。總統有了緊急命令權，即可以發布命令，以應時勢的需要，而濟法律之所窮；也就是在必要的時候，可以命令代替法律或變更法律的一種方法。法律如和緊急命令有牴觸時，法律則暫時失效。所以這種緊急命令，要在一定的時間內，提經立法院追認的。一條是「總統得召集五院院長，會商關於兩院以上之事項，及總統諮詢事項」。關於這一點，從前也經過很多研究，覺得現在訓政的時候，政府之上還有中央政治委員會，以爲最高的指導聯絡調整機關。如有二院以上的事情發生，可由政治委員會來負一種調整的任務，將來憲政以後，這種制度當然有了變更。假如總統沒有這種調整的職權，那麼在政制的聯繫上，便不十分完整。所以最初主張設一國務會議，由總統、五院院長及有關係的部長組織之。這樣遇有兩院以上不能解決的事情，可由這個會議來解決。這種制度，也不是我們所創造的，是採用法國的制度。不過後經再三研究的結果，覺得這種辦法，在我們五權制度的原則下，未見十分妥善，因爲我們五院是要獨立的，這樣一來，差不多各院的事情，要經過這個會議決定。譬如一個法律案子，沒有經過立法院的通過，先由這個會議決定了，立法院就喪失了立法權。立法院有這種情形，其他各院也有同樣的情形，結果五權不能獨立，只是院長和總統負責了，有礙五權獨立的精神，不能適合我們的需要，所以後來復經修正取銷。取銷以後，我們又研究希望另外有一個機關，可以擔任這個調整的任務，而不妨礙五權獨立的精神。因此有主張在國民大會閉會期間，要有一個常設機關，代理行使一切政權，並以解決院與院間的糾紛事項，是主張設一國民大會或國民大會常務委員會。這主張的由來，完全仿照現時的制度，國民大會委員會等於現在的中央政治委員會一樣。復經研究，覺得這個辦法還是不很完善。現在因爲是訓政的時候，所以政府之上可以有一個政治委員會，以爲訓政的最高指導者。如果憲政以後，政府之上再有一個機關，變成了太上政府一樣，在理論上是說不通的，事實上，恐怕將來政府所做的事，都要受到牽制，弄得政府毫無能力。而總理所昭示我們的政府要有能，人民要有權，將怎樣達到政府有能的目的呢？本來國民大會是人民的代表機關，可以充分行使政權的，現在有了一個常設機關，就是產生了一種代表的代表，那麼，人民與政府不免要發生一種隔閡，終至牽制政府做事，不能樹立有能的政府。所以再經研究，結果把這個主張放棄了。五全大會中，各代表對於這個問題，也有主張國民大會閉會時要有常設機關的，以爲如果沒有常設機關，恐怕政權中斷；不過這種理由未見充分，所以這次中央決定的原則亦未採納。不過覺得沒有聯繫的辦法，遇事不能解決，也是不好。因想到總統是國家的元首，是政府的最高領袖，規定聯繫辦法，以爲調整及解決院與院間的問題。所以這次「草案」上加多了這一條。本來這條條文上，「會商」兩字原是「會議」兩字，並且可以決議列舉的事項；後來覺得這樣硬性的規定不妥當，因爲立法、監察兩院院長，不能代表本院來決定任何案件的，所以改爲「會商」，並且不用決議的方式。

第二、關於過渡條款問題。這一次第八章標題改爲憲法之施行及修正，加多了幾條過渡的條文。因爲我們的憲法，一方面要遵照　總理遺教，成爲理想的完善的五權憲法；一方面，又要顧到目前的國情，能夠確切實行，而不使憲法成爲具文，所以不得不有這種補救的辦法。在憲法的最後，增加幾條過渡的條款，以爲補救訓政尚未全部完成的不足：第一是關於立法、監察委員的決定方法。在憲法本身是規定都由民選的。現以地方自治沒有全部完成，不能全由民選，所以規定爲「在全國完成地方自治省區未達半數以上時，立法委員及監察委員依下列規定選舉任命之：一、立法委員由各省、蒙古、西藏及僑居國外國民所選出的國民代表，依照第六十七條所定名額，各預選半數，提請國民大會選舉之；其餘半數，由立法院院長提請總統任命之。二、監察委員由各省、蒙古、西藏及僑居國外國民所選出之代表，依照第九十條所定名額，各預選半數，提請國民大會選舉之，其餘半數，由監察院院長提請總統任命之。」第二、是關於縣、市長產生的方法。本來「憲草」本身規定是與將來憲法中所規定的國民大會不同。因爲現在要召集的國民大會，是制憲國民大會。所以此次國民大會代表選舉法，規定國民大會代表，除採用區域制選舉外，還要兼用職業選舉制、特種選舉制；同時中央執行委員、監察委員，都可以出席爲當然代表。將來憲法頒布後，依照憲法而召集的國民大會，當然不是這樣。但這次國民大會通過了憲法以後，馬上又要召集憲法規定的國民大會。在短期內要召集兩次大會，依現在國家的環境、時間、經濟都不許可。中央認爲應有變通的辦法規定，以適應環境的需要。所以加一條「第一屆國民大會之職權，由制定憲法之國民大會行使之」。這樣，此次要召集的國民大會，除了制定憲法之外，即可以行使憲法所賦予國民大會的一切職權。行使職權的期間，依「憲草」的規定，可以延長到六年。到第二屆國民大會時，代表當然都要由民選了，中央委員也不能再做當然代表。代表名額，因爲全照區選制，要增加許多了。

第三、憲法的解釋問題。關於解釋憲法，如法律與憲法有無牴觸等問題，原案規定由司法院爲之。後來覺得如果司法院解釋憲法，沒有較詳明的規定，將來或致隨便的行使解釋權，那麼，司法院將變成一個最高的立法機關了，與五權制度不免衝突。所以修正爲「法律與憲法有無牴觸，由監察院於該法律施行六個月內，提請司法院解釋，其詳細辦法以法律定之」。假使監察院不提請解釋，司法院便不能隨便解釋。這個詳細的辦法，當然是規定人民或政府如果認爲某一種法律與憲法有牴觸時，都可以請求監察院提請司法院加以解釋的。這種解釋憲法的制度，也仿效美國憲法解釋的辦法；不過美國可由人民或各級政府起訴於最高法院，最高法院即能行使其解釋權。我們須經監察院來提請，政府人民不能直接提請的，比較略有限制。

第四、關於公務員懲戒權的所屬問題。公務員懲戒本來是規定屬於司法院的，這次修正，移歸監察院了。因爲中央常會決定：公務員懲戒不要歸司法院，但是沒有決定應移歸那一院？原意大約主張憲法頒布以後，再來決定；不過後經立法院詳細討論，覺得這個懲戒權不在憲法上有明確的規定，等於失了著落，不是辦法。這個權既然不屬於司法院，也不能屬於行政、立法、考試各院，自然只有屬於監察院了。否則，這個權或變成獨立在五權之外了。懲戒權屬於監察機關，頗有人認爲不妥當，以爲監察院既然已做了原告，又來做裁判官，被告的人一定要大受不利；不過我們當知道監察院的彈劾案件，不是監察院全體的決議，是由一部分委員提出彈劾的，至於審判也不一定仍由提出彈劾的委員來辦。並且這個懲戒機關，將來也可以和審計部一樣，是隸屬於監察院，而獨立行使其職權。這樣，一部分監察人員專管彈劾，一部分監察人員專管審計，一部分監察人員專管審判，可以不致互相牽制。所以立法院研究結果，把懲戒權移到了監察院。

現在「憲法草案」已經國民政府宣布，離十一月國民大會只有半年時間，很希望本黨同志一致努力於會期前應做的工作，以全副的精神力量，使憲法如期頒布而有效。我們知道：民國成立以來，制憲不止一次，然而都沒有實現的效果，致使人民對於憲法，發生可有可無的觀念。現在一般人還未盡棄掉這種觀念，或以爲現在是國難嚴重時期，無須頒布此類官樣文章。其實這種觀念都是極大的錯誤。我們挽救國難，要復興民族，唯一有效的方法，是在建設一個現代化的國家，憲法是現代國家必須具備的要素。現代國家的條件，無論是君主政體也好，民主政體也好，不會沒有憲法的，也決不會沒有憲法而可以圖國家長治久安的。同時我們不能承認那一國的憲法是盡善盡美的，憲法也要隨時代而進步。所以我們現在的「草案」，固然不能說是完善無缺，就是將來經國民大會通過以後，也不能說是已很完善了。不過我們一定要有這樣的希望與決心，憲法頒布以後，無論在客觀的理論上是這樣，總得要一一依照憲法所規定來努力，以樹立三民主義國家的基礎，復興我中華民族。所以在國難期間制定憲法，可以說是救亡圖存的必要工作。（見二十五年五月十二日《中央日報》）

文獻選編

「五五憲草」檢討之收穫

（民國三十四年四月五日在中華法學會第三屆年會演講）

孫　科

今天中華法學會舉行第三屆年會，本人承約演講，至爲愉快！貴會係一法學團體，我們研討的問題，當然是偏於學術性方面。今天擬把最近一年來，憲政實施協進會檢討「五五」憲草的收穫提出報告，藉供諸位參考研究。

自從十一中全會決議：於戰後一年召集國民大會，制定憲法，施行憲政以後，政府即在國防最高委員會之下，設置「憲政實施協進會」，其主要工作之一，即在研討憲草，同時徵集全國人民對國家基本大法的意見。從去年一月起，至現在一年多，該會收集各方對憲草的意見，一共有三百多件，驟然看來，好像各方發表的意見還不少；但在本人觀察，覺得社會上對憲草的研討，實在是太冷淡了。一般人不了解政府實施憲政的決心，以爲目前研討憲草是徒勞無功的，因此大家都不願意提供意見。可是在民主立憲的國家，情形便完全不同。比如十多年前，蘇聯修改憲法，事前由政府公布宣傳，據報告他們在一個很短的時間內，便收到人民十幾萬件意見書，當時蘇聯人民研討憲法的狂熱，成爲一大運動，眞是一時之盛。從一國人民對其國家根本大法的注意與否，便可看出人民對國家負責與否。我們的一般老百姓，知識程度有待提高，當然不能過份責怪；但是法學界、知識界的人士，却應該多負責任，教導民衆，不可老是以爲憲草不過是白紙黑字，有無效力不可知，因而表示冷淡。我們要努力使全國的人民都對自己的事情有信心，有熱誠，然後我們建國的工作，纔有光明的前途。這是本人對貴會的熱誠希望。

現在把憲政實施協進會這次檢討憲草的收穫，較爲重要的，分開下述幾項來向各位報告：

第一章總綱。除了第四條、第七條之外，其餘沒有什麼新的意見。在憲草最初公布的時候，一般人對於第一條：「中華民國爲三民主義共和國」，頗有反對的論調，可說除了國民黨以外，大家都持反對的論調。他們有些說三民主義定義含混，黨內見仁見智已不盡同，黨外人士見解更屬紛歧，以之爲國家立國的根本原則，容易發生爭執，因此不贊成這條規定。有些人以爲根據三民主義來建國，當然無可反對；但在擬訂憲法的技術上，不必列爲條文，可把它放在前文內，十幾年來，不斷有這種議論。抗戰以後，國民參政會所組織的憲政期成會，研究憲草也有這種意見。

但是這次憲政實施協進會研究的結果，認爲隨著抗戰的發展，近年已無這種爭論，大家已完全同意奉行三民主義爲立國的主義，共產黨及其他黨派，亦同有此種表示，已成爲全國的定論，因此對這一條文便沒有更動。

第四條關於中華民國的領土，原草案取列舉式。最近研討的結果，認爲立法院十二年前起草憲法的時候，東北四省被敵人侵佔不久，爲保證東北四省疆土爲中華民國的領域，并表示我們收復失地的決心起見，故取列舉式。現在情勢已有所改變，立法的根據亦有新的發展。前年年底開羅會議決定：對敵人自甲午以來從中國奪取的領土，須全部歸還中國，因此我們收復失地已得到很新的保證。這次戰爭勝利以後，中國當可收復東北，因此認爲改用概括式較爲適宜；同時如採列舉式，則遇領土一有變更或省的名稱改變的時候，必須來一次憲法修改，頗爲麻煩。第七條原文爲「中華民國國都定於南京」；但經這次抗戰的經驗以後，將來國都究定何處不易解決，不久以前，很多政論家討論將來國都地點問題，議論紛紜。憲政實施協進會研究的結果，乃主張把這一條文刪去，國都不必規定於憲法之內。

第二章和第三章大致維持原案，沒有什麼修改；但是關於此二章的規定，各方也發表了不少的意見。有人以爲第二章人民之權利義務，其第十一條以及第二十四條均有「非依法律不得限制之」的規定，意謂依法律卽得予以限制，如此人民權利，卽非憲法所能保障。查憲草初意，此種限制係對行政官署而設，卽謂人民自由非依法律不得加予限制，行政官署不能以命令隨時限制人民的自由。這是預防行政當局濫用權力，並不是要妨害人民的自由。在憲政時期，通過法律，必有一定的機構和程序。國民大會有創制法律之權，國民大會如認爲某種人民權利，在某種場合之下應予限制，卽可創立法律予以限制。國民大會旣係代表國民，則此種限制人民自由的法律，實係人民自己限制其自由，非政府當局限制之。其次議決法律的機關是立法院，立法院通過，總統公布的法律，纔是憲法所稱的法律，立法院委員旣係國民大會所選舉，其議決的法律，當係代表人民。如立法院議決限制人民自由的法律，則此種限制，實亦由人民自己同意爲之。我們如要從此次大戰的事實來研究，則憲草是項規定，尤覺有其必要。

一九四〇年英軍自敦克爾克撤退後，英國情勢危急，英國國會立卽通過法案，無條件徵用人民的財產，認爲在戰時人民的身體生命旣由政府徵調，從事作戰，則人民在後方的財產，當亦可由政府徵用。英國國會向來是最保障人民自由的，但在戰爭緊急關頭的時候，國會便可以法律來限制人民的自由，憲法如有此規定，則到執行時，便覺方便。反之，南美洲有些國家的憲法，因無此項規定，必要時，都是以戒嚴令來停止憲法某條的效力，這樣便是以命令來限制人民的自由權利了。由此看來，「五五」憲草的這種規定，實在是一個進步的立法例。

第三章國民大會。各方對於國民代表任期六年，每三年召開大會一次，認爲代表之任期過長，而開會時間太少，主張縮短代表任期爲三年，每年應開大會一次，比較合理些。研討結果，覺得此說因有相當理由，但是憲法是一個整體，各章規定互爲關係，不能僅從一點來分析。例如總統的任期爲六年，每屆國民大會代表改選後，即須改選總統，每次國民大會開會，并須改選立法院、監察院院長、副院長、立法委員、監察委員。至於國民大會三年召集大會一次，也無妨礙。國民大會的一部分職權，在其閉會期間，立法院、監察院可以分別代爲行使，立法院可以議決法律案、預算案、戒嚴案等，監察院可以彈劾懲戒政府公務人員。這樣已可以解決所謂國民大會閉會期間應否設置常設機關的問題。年前參政會憲政期成會曾力主此說，以爲國民大會休會期間，如不置常設機關，則無異政權中斷。這種說法，實在似是而非，蓋國家人民存在，政權卽有所託，絕不會中斷。人民普通的政權就是選舉權，各國憲法對於人民何時行使選舉權，都是規定，不是天天行使的。難道美國不改選總統的時候，或國會休會的時候，便是美國人民的政權中斷了嗎？照憲章的規定，在國民大會休會期間，立法院、監察院是可以代行其職權之一部分的。

關於國民代表，憲草原規定採用區域選舉制，此次研討結果，有主兼採職業選舉者。此點將於國民大會制憲時，再加討論。

第四章中央政府。關於是否設置副總統問題，這次大家研究的結果，是主張不設。因爲根據原草案的規定：副總統沒有什麼事情可做，完全是一個閒散的人，必待總統因故不能視事時，始由副總統代行其職權；如六年期內，總統繼續視事，則副總統實爲虛設。美國憲法以及美洲其他國家的憲法，因爲鑒於總統係定期由全國直接投票選舉（如美國爲四年一次），此種全國直接選舉，不便臨時舉行，如在任期內總統因故不能視事，必須有副總統代行其職權；但在其他國家，凡總統係由議會或國民大會選舉的，皆不設副總統。法國第三共和，規定總統任期爲七年，由上下兩院聯合選舉。捷克在上次大戰以後，也規定總統由國會選舉，均無副總統之設置。如總統因故不能視事，國會可隨時舉行臨時會，改選總統。根據憲草原案，總統由國民大會選舉，國民大會可以臨時召集。因此憲政實施協進會最近研討的結果，均主張不另設副總統，如總統因故出缺或不能視事，由五院院長依次代行其職權；但代理期間不得逾六個月內，召集國民大會，選出新總統。

原草案總統直接對國民大會負行政責任，行政院院長、政務委員、各部部長均直接對總統負責。這就是總統爲國家元首，同時兼爲行政首長，因此總統可能同時自兼行政院院長，憲草沒有反規定。憲政實施協進會研討的結果，以爲總統以不兼行政院院長爲宜，以免直接當衝；但怎樣規定總統不兼行政院院長，則尚無決定。關於司法行政部，則仍主隸屬司法院。

第五章地方制度。由第九十八條至第一〇二條，共五條，均係關於省的規定。第九十八條原文「省設省政府，執行中央法令及監督地方自治」；但沒有說明省的地位，近似中央在地方的派出所。這次再檢討的結果，認爲原規定未能充分表達　國父關於均權制度及省長民選之遺教精神，認爲省在地方，當然代表中央；但省的本身，也是地方的大單位。所以　國父遺教有省長民選的規定。此種規定，即認省爲縣以上的地方自治單位，將來擬根據這次檢討的結果，將省的地位性質，予以新的更爲明確的規定；但是不必仿效聯邦國家各省自定省憲的辦法，因爲中國本來是統一的國家。關於第一〇二條「未經設省之區域，其政治制度，以法律定之」。這次檢討中，大家都有些新的意見。所謂未經設省的區域，就是指外蒙古及西藏二地。大家認爲這條列在省之內，不容易表示提高這些地區自治性的意義，覺原規定過於含混，不具體，似應另立一節；更有人主張將這些地區設爲自治邦，與中國本部合爲聯邦，這些見解很新穎，目前尚無決定。大家知道：目前外蒙古、西藏的情況特殊，爲適應起見，有人主張將來使外蒙、西藏成爲最高的自治組織，其地位與英帝國的自治領相當。將來究竟如何決定？現在尚不可知，大概的趨勢，可能是相當採取這種制度，藉使外蒙古、西藏內向，以求得國家將來的大統一。如照草案原文，不予更動，則蒙古、西藏將來可能設省。這樣外蒙、西藏人士或者要反對，反足以促使國家之分裂。因此，有人主張另列一節，明定未經設省的區域，將來永不設省。這兩點，是這次檢討中，大家對於第五章的重要意見。

第六章國民經濟。第一一六條原案僅言：「中華民國之經濟制度，應以民生主義爲基礎，以謀國民生計之均足」。這次檢討，覺原規定過於籠統，擬於民生主義之下，加註「平均地權，節制資本，協調勞資，提倡合作」等字。第一二九條、第一三〇條規定各款，屬於國家財務行政事項，不必列入憲法，這次檢討主張刪去。

第七章教育。第一三三條「全國公私立教育機關，一律受國家之監督，并負推行國家所定教育政策之義務」。這次檢討，認爲原規定爲當然之事，毋庸載在憲法，主張刪去。第一三六條之前，擬加一條：「國家爲維持人民受中等以上教育之平等機會，對於無力入學之學生，應予以適當之扶助及便利」，使人民咸能受教育均等之機會。第一三七條、第一三八條，對教育經費及獎勵補助等事項，俱嫌瑣碎。過去因各省教育經費無著落，故有此規定。且全國教育經費應爲總預算之一部分，不宜作硬性之規定，以免影響整個預算，主張予以刪去。

第八章憲法之施行及修正。第一三九條「憲法所稱之法律，謂經立法院通過總統公布之法律」，漏列經國民大會創制之法律，擬修改爲「憲法所稱之法律，謂經國民大會創制，或立法院通過，總統公布之法律」。第一四〇條第二項：「法律與憲法有無牴觸，由監察院於該法律施行後六個月內，提請司法院解釋，其詳以法律定之」，主張刪去。第一四二條修改爲「憲法之解釋，由司法院依法組織憲法解釋委員會爲之」。第一四三條原條文，係規定在全國完成地方自治之省區未達半數以上時，立法委員及監察委員選舉任命之過渡辦法。這次檢討，認爲既是過渡辦法，不必在憲法上規定，將來國民大會如贊成採取此種過渡辦法，可由大會決議行之。

以上是憲政實施協進會這次研討各方對「五五」憲草意見的結果。這些修正的意見，將來採何種方式提出？現尙未決定。目前距國民大會尙有相當時間，希望法學界同仁繼續研討發揮，使將來通過之憲法能達到完善的地步。（錄自《孫科文集》）

文獻選編

制憲與行憲

(民國三十五年)

蕭公權

據中央社南京十二月十二日電，左舜生先生在中央宣傳部中外記者招待會上曾表示在國民大會製定中的憲法，雖然有些缺點，他還是願意接受。因爲「欲求憲法每一條每一字均令人滿意，實爲不可能之事。」這是明情達理，具有政治家風度的一個看法。(註)

追求完美，本是人類的一個優點。道德、社會和物質生活所以能夠繼長增高，日新月異，多半有賴於這種求滿意的上進心思。然而經驗卻告訴我們，盡善盡美的理想雖是領導行爲的有效目標，它不是在任何時間，任何地方所能完成的實際境界。我們可以由努力前進而接近理想，我們不可因理想的境界未能實現，就放棄了前進的努力。

各國政治史的事實最能夠證明這個知完而行缺的道理。自有政治思想家以來就有關於政治制度或生活的理想。孔子所謂天下歸仁，柏拉圖所說的哲君行義，就是最早的著例。然而二千餘年當中，無論中西，人類何曾實現過完全滿意的政治。十九世紀以前不必說，二十世紀成績最好的英美政府——前者是內閣制的極詣，後者是總統制的極詣——也不免受學者或政治家的批評。蘇維埃聯邦的制度誠然爲共產黨員所讚頌；然而它是不是共產社會理想的完美表現，恐怕還是一個可以討論的問題。

人類何以有高妙的政治理想，卻沒有完美的政治生活呢?

第一個可能的解釋是「心有餘而力不足」，高妙的理想往往出於少數聰明卓越的先知先覺。正因爲他們聰明卓越，所以他們能見常人所未見，能說常人所未說，所以他們的主張和計畫既不易爲一般人所了解，也不易爲一般人所實行。正因爲理想是高妙的，所以他離開低劣的現實有可觀的距離。這個距離有時候成爲實現理想的障礙。不但如此，人是理性的動物，也是習慣的動物。合若干長期的重複行爲而成個人習慣，合若干長期的個人習慣而成民族習慣。長期養成的習慣當然難於短時間中打破。民族習慣的黏韌性似乎有過於個人。良好的習慣確是任何政治社會的有用資產。一個沾染惡習的社會也可以說是帶了破產性的精神負債。在這樣的社會當中，許多改進或建設的力量有時候不足以抵償惡習的債務而歸於虛費。有一個革命家或兩個改進家，就有十個守舊者或一百個阻撓者。一個新的生活方式才被提出或試行，無數的舊生活習慣就起而作梗，在重重困難阻遏之下，卓越的先知也不免發生無地用武之感。社會制度不是能夠在眞空中存在或運用的，它永遠要受時間、物質、人事，種種條件的牽制。這些條件誠然會變，但它們只能逐漸地而不會突然地改變。驚天動地的政治革命也不能把它們一掃而空。姑以中國爲例，辛亥革命是很大的成就，然而滿清政府傾覆了，滿清時代的官僚遺毒和貪風污氣卻歷久不能盡除，不但舊習未除，而且在民國元年到北伐軍興十幾年中又加上了軍閥政治的新惡習。在這個期間中國不是沒有制憲工作，但制憲者本身既未必健全，社會環境又異常惡劣，在那個環境之下，就是締造共和的　孫先生也只有退處南天，另圖革命。孫先生的主義是好的，可惜當時一般人不能奉行，因此延誤了中國民主憲政的實現，孫先生心有餘而一般人力不足。因此，　孫先生才提出「訓政」的方法以資補救。滿清末年和民國初年的惡習到了今日誠然改變了好些，但是從北伐以來的十幾年當中我們又染了另外一些新的惡習。抗戰勝利後發生的許多可恥的錯誤行爲，可以證明我們不是憑空揑造。縱然有了完全滿意的憲法，我們現有的力量是否能夠把它滿意地見之於實行呢？照筆者看來，湔除惡習和提高民德的努力比較尋求美滿憲法條文的努力還更迫切需要。

第二、運行有效的政治制度大都是應實際的需要或對事實而妥協的結果。歐美現代民主政治的建立，不外兩途：由於長期的演進或成於一時的製作。演進的制度多半爲歷史上偶然事態所促成，既不曾經過有計畫的安排，也不是順著固定的理想而推進，當然說不上「完全」。例如英國近代的憲政，從十三世紀「大憲章」的簽訂到現在，無論其包含之各部分係經法律明文規定或基於不成文的憲法習慣，大體上是枝枝節節地餖飣而成的。這箇頭痛醫頭，腳痛醫腳，應付需要的作風正是英國人政治天才的一種表現。在這樣是演成的制度當中不免包含一些似不合理的成份。但在這種制度自有一個長處：在運用的時候不會遭逢重大的窒礙。我們雖不主張模仿英國制度，我們卻不能不承認它是一個比較成功的制度。一時創立的制度，其例較多。如美國一七八七年的聯邦憲法，如法國第三和第四共和的憲法，如德國一九一九年的「魏瑪憲法」，如蘇聯一九三六年的憲法，都屬此類。其中按照一個確定的理想，未經妥協而逕行製定的，恐怕只有蘇聯憲法之一例。蘇聯所以能夠如此，最大和最顯明的原因是一黨專政的特殊政治背景。此外各民主國家的憲法，雖然也各有其理想的基礎，其最後結果總難免參和一些對人對事的遷就或妥協成份。這種情形，就是由革命而成立的憲法也時常有之。美國憲法的製定就曾經過艱難微妙的妥協過程。法國第三第四共和的憲法也不是純理想的產品，歷史的奇緣有時竟會調弄人類，使比較近完善的制度失敗，卻使顯然欠缺的制度能夠運行。法國一七八三年和一七九五年的憲法，至少在形式上較一八七五年的「三法」爲更完備。在這三套組織法裏面不僅人民的基本權利未曾列舉，甚至司法機關的組織也未有規定。然而這套形體不完的憲法卻實行六十幾年，假使希特拉不掀起第二次大戰的奇禍，也許它還至今繼續有效。筆者當然不主張故意製訂殘缺的憲法或輕心地製訂草率的憲法。但是如果他被迫在殘缺憲法與無效憲法二者當中選擇一個，他毫不猶豫，選擇前者。

第三、政治理想的本身也有一些問題。古人說，人心之不同如其面。最美妙的理想可以得著許多人的贊同，但不能夠得著每一人的贊同。美國聯邦論者主張加強統一，建立有能的中央政府。這個主張卻被主張保持各州主權者所攻詰。馬克思的共產社會理想，在共產黨員眼中是天經地義。這個理想卻被資本主義的政論家認做洪水猛獸。 孫中山先生的三民五權的學說，一黨訓政的計畫，國民大會的主張是國民黨革命建國的基本信條，但這些信條卻被一部分人士看做僞民主的託詞或難實行的空論。因此北美合衆國政府成立以後，凡擁護州權者都不滿意。蘇聯在革命成功以後，必須大舉清除「白色」份子。國民政府召開國民大會，中國共產黨員和若干其他人士拒絕出席。各黨各派所持的觀點不同，所站的立場不同，所信的理想不同。在這個「一人一義」的情形當中要建立一個人人滿意的政治制度是超越人力所能的工作，自認完美的理想只好在適宜範圍之內對不完美而必需應付的事實妥協。自認完美的理想是否果然完美？那只有讓哲學家或未來的歷史家去判斷。政治家所關心和人民所需要的只是一個足以適應社會環境，樹立政治基礎的實用制度。

這樣的制度勢必成於各方面的善意妥協，妥協不一定是壞事，對不同的意見妥協，爲了獲取有用的結果而妥協，爲了避免決裂分爭而妥協——這樣的妥協可以說是民主政治的一個運用原則。妥協是讓步，是諒解，是寬容，是在尊重自己主張之時也尊重別人的主張。如果毋意毋必毋固毋我是儒家聖人的美德，願意服從自己所不滿意的決議，接受自己所不滿意的主張便是民主政治家的雅量。

妥協不一定是卑鄙的行爲：要看動機如何，爲了自私自利的目的而妥協是卑鄙，爲了顧全公益而妥協卻是高尚。

妥協不一定是退縮：要看妥協以後的行動如何，藉妥協以求偷安是退縮，藉妥協以取得改善的據點卻是聰明的前進。

在筆者草寫此文的時候，國民大會還未閉幕，製憲詳情尙未宣布，依據已知的事實推測，製憲的工作應當有些結果，製訂的憲法必然包含若干妥協的成份，全國人士必然各有不滿意憲法的地方。筆者認爲只要製出了憲法，國民大會就算完成了任務。此後大家的工作不是吹求憲法的缺點，不是清算製憲的功過，更不是「保留」個人或黨派的反對意見，而是——怎樣去實行憲法，把一個不盡滿意的制度，運用之，改善之，使之變爲一個比較滿意的制度。

製憲是國家的百年大計。這是今日頗爲流行的一句話，這句話可能包含兩個不同的意思。㈠離開了法治不能有眞民治，除卻憲法的保障不能有眞民權。所以憲法是民主政治的永久根基，㈡憲法是一切法制的本源，所以憲法良好，則一切法制才能夠良好。前一義指出立憲之必要，後一義說明製憲之須精。平心論之，假如製憲者對於憲法內容的意見完全一致，他們當然應該精益求精（至少可以精益求精）。假如他們的意見不能一致，卻互相責難，各求精美，製憲的工作不免因此延誤，有精美的憲法當然比有不精美的憲法好一些，有不精美的憲法又比較根本沒有憲法要好些。因爲一個國家沒有憲法，它就連民主政治的起碼條件都沒有了。在沒有憲法的時候高談完善的憲法，其可笑有點像對沒飯吃的人說：何不食肉糜？中國是憲政未立的國家，我們的急需是「百年大計」的奠基，不是百年大計的落成。

不滿意的憲法不一定就是惡劣的，不精美的憲法不一定就是不能行的，我們不應當忘記了人的條件。拆穿了說，憲法只是民主政治的一個重要的工具，它和別的工具一樣，其是否有用的關鍵在乎運用者的技巧。平常的，甚至於粗劣的紙筆，到了名書畫家的手中就有化腐朽爲神奇的妙用。只要我們有實行憲政的誠意，以互諒的態度對人，以守法的精神律己。憲法縱不完善，民治必可成功。反過來說，如果多數國人於守法則責難他人，於立論則自尊惟我，不要說製憲難有結果，即使製定了良好的憲法也會成爲廢紙。在中華民國製憲史裏面已經有了好些廢紙，我們千萬不可再製造廢紙了。

今日憲法的縱然不滿人意，只要不是廢紙，我們便有改進的希望，任何憲法（除了廢紙憲法）都是可以修正的；任何政制（除了未行的政制）都是可以改善的。在歐美各國是如此，中國也係如此。我們必需把握住今日的機會，從現行憲法的基點出發，步步前進，一方面奉公益，守法紀，一方面培智能，求進步。只要大家的政治能力和道德進步，只要社會的風俗習尙進步，我們的憲政就可一同進步。縱然在我們這一代人的生命期中不能達到優良的境地，我們總可把進步的基礎留給後來的人。他們得著這個寶貴的遺產，定然會感謝我們的。否則有憲而不行，爲民而不主，將來的悲哀和罪過眞是不可思議，豈但今日一些小小的不滿意而已。

正因爲憲政是百年大計，所以成功不可一日求，開端不可一日緩，製憲的爭執可以放鬆，行憲的努力必須加緊。（錄自《迹園文存》）

致憲草審議委員會書

——商榷憲草修改原則

（民國三十五年）

張九如

制未善，法未當，雖十易之不爲病，若已善且當，決不以人與黨廢，諸公本此精神，圖在兩月之間，爲國家立百年之法，誠足感佩。政治協商會議商定之憲草修改原則，竊認爲有待精愼審議之處甚多，略舉所見，以供商榷。

㈠側聞當時成立修改原則動機之一，在解決國民大會問題。代表數近兩千之國民大會，每年如集會一次，至爲困難，兼慮其濫用大權，影響行政效率，妨礙政局安定。倘如原草案每三年集會一次，復有政權中斷之嫌。躊躇四顧，涉想他邦，遂有擢監察院爲上院，立法院爲下院，俾代行國民大會一部分職權，並散四權於全國選民，解化國民大會於無形之決定。用心匪不苦，而設策則不盡當。五權憲法中之立法監察兩院，俱爲常設機關，與其他三院並列分職，行政機關對於此兩院之集會開會停會閉會，本不必予以規定，亦不應代爲主張，此與各國議會之無一定會期或有一定會期者，自始即不相類。若令此兩院爲上下院，而不規定其集會閉會期，任其仍爲常年集會之機關，勢必使行政院日日與之周旋，日日爲立法事務所困擾，或爲監督者所操縱，而不能注其全力於行政。不幸與行政機關發生劇烈衝突，則政局板蕩，萬事叢脞，其將何以圖治。爲求避免每年一次或兩年一次國民大會之故與政府爲難，而反使具有下院權力之立法院時時皆有是丹非素，恩牛怨李之機會，寧非矯枉過正耶？假令立法院之集會閉會，純由行政院決定，仿效英倫政制，并援用此權於監察院，是或一道，然在立法監察兩院閉會時期，豈不流爲跛行之五權政制乎？或以爲立法委員四五百人，若仍如今日之經常集會，已應考慮，本可採用若干國家常設委員會之例，由全體立法委員推選數十人爲立法院常設委員，並規定其權限，在立法院會議閉會期間得處理若干緊急事件，即可避免五院跛行之失，殊不知此種設計，跛行依然，不過五十步百步之差耳。此類問題，如何解決，應請考慮者一。

㈡五權憲法中之立法院，其主要職權在立法，不在監政，其最大作用在助成政府之治，不在防止政府之不治，更非如代議政制之惟恐政府逞能，特擴大立法機關之權，使爲牽掣政府之箝。就立法院方面言：正惟其爲一有能之機關，故可憑其習知政府需要之經驗，以通過適合政府需要之財政案，憑其從民間得來之經驗，以通過適合人民負擔能力之財政案，既高於各國議會僅憑民間經驗以通過財政案之價值，亦絕不同於各國議會視通過財政案爲箝制政府武器之作用。既不必分其精神於監督政府，即可訂立最善之法律，爲行政機關施政之依據。立法院既不掣行政院之肘，行政院即亦不必如各國內閣之分其精神以應付議會，儘可依據至善之法律，盡心竭力以施政。同寅協恭，庶績咸熙，誠盛事也。今茲所定憲草修改原則，視立法院爲國家最高立法機關，自是名正言順，吾無間然。然解釋其職權時，則曰相當於各民主國家之議會，而在其立法本職之外，兼賦予監政之責，可對行政院投不信任票，割五權憲法中監察院一部分之職權而予之，於法既未見其能順理成章，於事則不惟足以掣制行政院之肘，或反有使行政院擅作威福之機會，行政院若先發制人，解散立法院，則立法院之改選，非半年不能完成，在此半年之內，行政院向誰負責，由誰課其責，由誰爲之立法。反之，行政院全體辭職後，改組亦需相當時間。至於司法行政，既改隸於行政院，自必與行政院各部長同進退，何能保障司法之獨立，更何能使之超出黨派競爭圈外。就監察院方面言：英美國家之監察權，爲立法機關之附屬權，五權憲法中之監察權，則由監察院獨立行使，體制本不相同。憲草修改原則中，定監察院爲國家最高監察機關，原不悖謬。然賦予之職權，除彈劾權監察權外，並授以代議制國家上院中之同意權，一若補償其被立法院攫去之監督權然，則殊不倫不類矣。應請考慮者二。

㈢無論總統制責任內閣制，均各有其原理與體制。美之總統制，成立於行政與議會分離，及行政與議會互相制衡之原理。英之責任內閣制，成立於行政與議會合一，及行政與議會互相牽制之原理。五權憲法之政制，則成立於權能區分，分職合作之原理。倘華冠歐履，一身並御，天吳紫鳳，信手黏綴，則氣派既已不通，步履必至艱苦。民元臨時政府組織大綱，僅規定各部部長之任命，須得參議院同意，未明定總統行爲須受部長限制，及部長應對議會負責，似爲總統制，只以條文不備，施行遂多困難。其後南京臨時政府擬訂之中華民國臨時組織法草案，一方採取責任內閣制，他方賦予總統之權力則更大，幾不成體制。旋以政象變遷，群料總統將屬於袁世凱，急在臨時約法中，特設「國務員輔佐臨時大總統負其責任」條文，然未聲明國務員應對議會負總統之責任，條文意義，似指國務員對總統負責而言，含混閃爍，幾使人不易辨識其爲總統制，抑爲責任內閣制。前車既覆，應知懲毖，不意憲草修改原則，竟又蹈襲故轍。予監察院以同意權，大法官由總統提名，須經監察院同意後始得任命，自爲採取美憲之制衡原理。然又規定行政院須對立法院負責，立法院可對行政院投不信任票，行政院亦可請總統解散立法院，則復兼採英法責任內閣制中互相牽制之原理。既已雜採總統制責任內閣制爲一局，則此憲草修改原則，是否愈於民元臨時政府組織大綱，中華民國臨時組織法草案，及臨時約法，殊難代為解嘲也。又美憲上院同意權適用之範圍，不僅法官，并及於國務員使領之任用與締約，監察院之同意權倘亦悉仿美制，其權未免過大，甚不易與立法院清分權界。倘僅限於同意法官之任用方面，則除司法院之大法官外，地方法院之法官，究將如何任用。美制，聯邦最高法院之一切法官，係由行政機關徵求上院同意後任用之，各邦法官，則大都採用直接民選制，我國究如何辦理，殊未宜任意安排也。抑同意或不同意，實與信任或不信任之意義雷同，既賦立法院以表示信任與否之權，復賦監察院以同意與否之權，同一意義之權而分置兩院，理既不順，勢亦可畏，負行政責任者，不亦兩姑之間難為婦乎？雖同意權行於任用之前，不信任權行於既用之後，時間不相同，權力可分置，然因美國之上院雖有同意權，下院則無表示不信任權，故施行可不發生矛盾現象。我則同意者為監察院，不信任者為立法院，又誰能保證監察院同意之日，非即為立法院不信任之時，時伺其瑕隙而圖牴排之者。上述諸失，不可不防，應請考慮者三。

㈣憲草修改原則中，除賦予監察院以同意彈劾兩權外，又殿之以監察權。就監察院之性能言，監察自為其本職。惟因既賦予立法院以不信任權，則監察院監察權之內涵如何，亟待研究。各國議會所行使之監察權，當包含質問、彈劾、查究、建議、不信任投票等職權。以言質問，則質問與政治責任相貫聯，普通質問，尚不成為全院議題，無關內閣人員之進退。正式質問，輒構成全院議題，為倒閣工具之一，倘使決議案有反對政府之文字，則其效力同於不信任，內閣必須辭職。今既特別標揭監察院之監察權，自不能不賦予質問權，如監察院行使正式質問，是否其效力與法國議會之質問相同？英制則僅有詢問而無質問，應否依照英制明定其權限？若漫無封域，如何能保行政院不受監察立法兩院之夾攻。以言彈劾，則彈劾權之性質，雖不同於不信任投票，但美憲亦承認議會得以彈劾手續解免總統國務員及其他官吏之職，我國監察院行使之彈劾權，應否明文限制，或逕依英例，雖設而不用，務使不發生與不信任同等之後果。夫五權憲法中監察院之所以有彈劾權者，原由於五權憲法之不同於三權憲法也，今既已摹擬責任內閣制，則立法院如認行政院政策不當，已可行使其不信任投票權，使之去職，為何尚須假手於監察院為此手續繁重之彈劾。倘為總統制，則行政院之行政政策，本不受監察院支配，有何理由許監察院行使其彈劾？且法美諸國關於彈劾案之審判權，委諸上院，我既已使監察院為上院，將自為原告自為判官耶？抑委諸司法機關乎？　國父定監察院彈劾權適用之範圍甚廣，徧及各院之失職人員，倘依遺教而定彈劾權適用之範圍，必將左支右絀，扞格不可通。蓋三權憲法下之彈劾權，為立法機關所兼操，五權憲法中之彈劾權，則別設監察院以掌之，人之所以可通可行，端在彈劾權與不信任權操於一機關，我乃分兩權於兩院，云胡可通。以言查究，則一般民主國家議會行使此權以後，或補救之以立法手段，或逕繼之以不信任投票，我國之監察權如何？應否包入查究權？查究後如何處理？以言建議，則一般民主國家議會建議之案，雖無強制政府接受之力，然政府如拒絕，亦可引起其不信任之決議，我國監察院行使此權時，應否予以限制？以言不信任投票權之行使，在責任內閣制之國家，亦不一致。其在法國，既有此權，終不放棄。英國則不然，英之上下兩院，本皆有不信任投票權，然百年以來，內閣對於上院所表示之不信任，往往置之不理，今後我國監察院之監察權，是否與英法相同，包入不信任權？一言以蔽之，憲草修改原則，既未敢明白取消五權憲法，而各權之分置，則援用三權憲法之例，遂使不信任投票權不易與監察權中所包括之一切權畫分，則爲無可否認之事實。一切權界，究將如何畫淸，如何規定？應請考慮者四。

㈤五權憲法之政制，就　國父遺教言，顯爲總統制。建國大綱第二十一條明定「憲法未頒布以前，各院院長皆歸總統任免而督率之」，緊接之第二十二條，復言「憲法草案當本於建國大綱及訓政憲政兩時期之成績，由立法院議訂」，則憲法之當依據訓政時期所行之總統制而議訂，總統有依法督率各院施政之權，彰彰明甚。且孫文學說與中國革命史中，皆言「憲法制定之後，由各縣人民投票選舉總統以組織行政院，總統舉出後，革命政府當歸政於民選之總統」，五權憲法講詞中又言「行政設一執行政務之大總統」，則由民選之總統，組織行政院，輔佐總統執行政務之行政院長，地位與職權，均如美之國務卿，尤明順無翳。合五院而爲中央政府，分之則爲五院，合之則爲一府，總統府則爲五院共同辦公之總機關，狀如今之國民政府，實爲順理成章之體制。行政院長本可由總統兼任，惟因總統爲國家元首，行政事務又至繁劇，不能由總統任命一人爲之，使之分勞分任。五權政制既爲總統制，應否摹仿責任內閣制之憲法，賦予立法院對於行政院以不信任投票權？政治既由總統負責，行政院長既爲總統之幕僚長，各部人員又均爲總統之僚屬，則立法院之不信任票，究向行政院人員投抵，抑向總統行使，甚難合理決定。依照美之總統制，則議會實無對總統投不信任票之權，總統亦無解散議會之權，人皆知之。今改總統制而爲責任內閣制，在　國父遺教中初無根據。此實爲決定憲草修改原則之大前提，可否任意更易，成此兩無是處之政制？應請考慮者五。

㈥憲草修改原則中最無法實行者，爲總統立法委員監察委員之選舉。既已規定總統由縣級省級及中央議會合組選舉機關選舉之，則立法院監察院之改選，論理當與改選總統同時舉行，在兩院人員尙未選出之時，何能與縣級省級議會合組選舉機關。且全國二千餘縣市，二十餘省市，合計縣省兩級議員當在二十萬名左右，如何能合組選舉機關。

縣級議會，或可由選民直接選舉，省級議會，依我國實情言，恐非採用間接選舉法不辦。監察院既由各省級議會選舉之，則已爲間接之間接。選舉總統，既須監察院參加，則總統實助產於第三代監察委員之手，而成爲第四代之怪物，尙何民主可言。現代立法事業，日趨繁複專精，非任何人所能爲。如立法委員由選民直接選舉，以四百名立法委員計，五、六縣方有一名，有何妙術能使選民辨別五、六縣中適當人才而投之以票。倘由各黨派分別提名，可斷所提之人，仍無法使人民識其人知其才。如是之直接選舉，是否尙有民主意義。何以既否認公職候選人之考試，愈使選出之立法委員，無法保證其爲適當人才。準此論思，公職候選人之考試既廢，無論縣級省級議員，立法監察委員，形式雖爲選舉，實質必甚低劣，以本身均不甚健全之各級議會，使當選舉總統之重任，並使行政院向之負責，寧非怪劇？或謂我國既非一黨，人選既須適當，不妨採用比例選舉制，各黨若比例提名，比例當選，自可減少下駟充乘之失。則此制如行，不免扶得東來西又倒。假令我國仍爲民國初年各黨蠭起之政象，馴至立法監察兩院無一黨能占過半數議席，則任何政黨組織政府，不能不援引他黨參加，以冀在兩院中獲得過半數之擁護。即或不然，亦冀在政策方面時與他黨協商，圖減少反對力量。如出於前者，足使行政院之組織，含有混合性質。如出於後者，足使行政院之地位，不易鞏固，二者皆不易商定國是，安定政局，將使所謂責任內閣制，變爲無法負責之內閣制，揆之商定憲法修改原則者之初衷，不亦顯相刺謬乎？應請考慮者六。

㈦最不符　國父遺敎，最無法實行者，尤莫過於變更國民大會一端，只因初著便錯，遂使全盤皆敗。五權憲法中之監政機關，實爲國民大會。　國父實行民權政治之方略，一爲分縣自治，二爲全民政治，皆爲直接民權，由人民直接行於縣治。三爲五權分立，四爲國民大會，皆爲間接民權，由代表而行於中央政府，中華民國建設之基礎一文中，已詳言之，建國大綱中已確定之。不特此也，國父並重言以申明之曰：「政治主權在於人民，其在間接行使之時，受人民之委任者，只盡其能而不竊其權。」今既化國民大會爲一種行動而不爲一種組織，已使行使間接民權之機構殘缺不備。復予立法院以不信任權，予監察院以同意權，寄小部分國民大會之政權於立法監察兩治權機關之手，使各越俎代庖，更不合　國父「不竊其權」之誡。且國民大會既使之不復成爲組織體，試問最繁重之創制複決兩權，究用何法使數萬萬散處各地之全國選民能適當行使。全國選民如何發動其創制權會固無妙術爲之規定。複決則尤易受人操縱，卽有舞弊行爲，亦苦不易檢舉，國父嘗謂「人民能實行四權，方能管理政府，方爲全民政治。」今予以管理政府之權，而又使之不能行其權，於心安乎？　國父一再言及立法監察司法考試各院皆對於國民大會負責，今既貶國民大會於若存若亡之冷宮，何以能課政府之責？向之反對國民大會不應三年始集會一次者，而今反使之永不集會，一何反動至於此極耶！持立法院可代行國民大會職權之論者，輒引　國父「立法就是國會」一語爲據，殊不知五權憲法之原理與體制，不易瞭解，故　國父特從側面譬解，以他國具體之實例，喩獨創之新制，倘膠柱鼓瑟，斷章取義，必無是處。果如論者所言，則立法院旣爲國會，爲何尙別設國民大會以代表民意，而不逕稱立法院爲國會耶？又爲何不並稱監察院爲國會之上院耶？開宗明義第一章旣誤，遂由民權制誤入代議制，由五權制誤入三權制，由總統制誤入責任內閣制，由英之責任內閣制更誤入法國多黨制之責任內閣制，一誤再誤三誤，不幾「生於其心，害於其政，發於其政，害於其事」耶！應請考慮者七。

(八)規定省爲地方自治之最高單位，得制定省憲，民選省長，只足解決民元以來每次制憲之論爭，以言長治久安，未可妄斷。我國歷史上常發生內重外輕或內輕外重之禍亂，宋明之亡於異族，與內重外輕之建制有關，漢唐之亡於內亂，與內輕外重之建制有關。民國以來政局之不寧，及縣自治之不能發展，顯由於省權過重。依　國父遺敎與建國大綱言，省爲虛位，縣則爲自治單位。依五權憲法之中央地方政制言，政權應擴大於縣區，治權應充實於中央，旣不同於上銳下擴之塔形，亦不類於上廣下狹之錐狀，而實爲上下咸豐碩，中部獨輕便之蜂形體制。此制如見諸施行，可永除歷史上內重外輕或內輕外重之憂患。而從省之實情言，省離去各縣，即無以成爲省，猶之中央離去各院部會即無以成爲中央。良以省之土地人民收益皆在縣，一切人民之事皆在縣，旣由各縣直接理治人民之事，旣由中央領導人民理治各縣之事，則居於其間之省，誠如建國大綱所言，以收聯絡中央與縣之效而已。建國大綱規定地方之權利義務，獨詳於縣而略於省，如第八第九條，皆只規定完全自治之縣，得行使四權，第十四條只規定每縣地方自治政府成立後，得選舉代表參與中央政事，而未嘗規定省有此種大權也。第十條只規定土地增價之利益爲全縣人民所共享，第十二條只規定中央協助各縣舉辦實業所獲之純利，縣與中央各占其半，第十三條只規定中央歲費百分之幾，由縣負擔，而未嘗規定省盡何力，省享何利也。無論權利義務，省皆無份，則省又何從辦理地方自治，而能爲地方自治之最高單位耶！篤而論之，今後我國之省，除須縮小其區域外，最宜參酌法國之制，而在憲法中規定之。法國之省，雖係自治團體，但省長則由內政部呈請總統任命之。省長具有兩重資格，其一爲中央政府之官吏，執行中央之職務，只服從中央命令，而不受省議會控制。其二爲本省行政長官，執行本省自治職務，在省議會監臨之下，任免本省官吏，提出本省法案，執行省議會議決案。省長如與省議會發生爭執，只得上訴內政部，由總統調易省長或解散省議會。法之所以採此制度，在於澈底剷除地方封建勢力。法之中央政制，最不可取，其地方政制，則頗堪效。倘認省權不應完全集中於中央，亦可變通法國之制，省長或由行政院提出加倍人選，交省議會票選其一，或由省議會票選二人，呈請行政院圈定其一，皆由行政院呈請總統任命之。省長在任期內，果有違法失職行爲，省議會得以三分二之多數罷免之。在今日地方實際情形中，此種設計，是否較當於政協會之擬議，至於省得制憲，則爲聯邦制國家各邦之權，　國父於聯省自治尚表反對，必不同意聯邦制國家各邦之所爲。十三年一月中國國民黨第一次全國代表大會宣言，對內政策第二條，雖有「各省人民得自定憲法」一語，但其後手定之建國大綱，已無此規定。本此見地，則省憲是否必要？省如爲自治最高單位，應否明定於國家憲法之中，受憲法之保障？抑或僅以國家法律定之？應請考慮者八。

㈨國務會議之重要作用，在謀行政機關各部分政策之一貫，此種會議是否必要，視政制而定。憲草修改原則規定總統召集五院院長會商，不必明文規定，惟採行總統制而後可。如採行責任內閣制，則爲謀行政機關水元首或對議會能取得一致之行動與態度，爲謀彼此間政策之一貫，即不能無此集議機關，使在政策上能負聯帶責任。不若總統制之國家，行政人員俱對總統負責，行政機關全體之政策，最後皆取決於總統，既無所謂聯帶責任，自無需明定國務會議爲必要之設置也。我國本爲五權憲法之中央政府，五權分立，職責分明，自不宜於五院之上，設一固定之會議機構，但事涉二院以上，有溝通意見之必要，或總統爲集思廣益，有諮詢之必要時，得由總統召集五院會商，以期圓滿，會商本與會議不同，僅係交換意見，不具表決形式。如依此原則以言國務會議，自無妨仿照美制，由總統召集會商，程序無須表決而決定權則仍操諸總統。此種會商，自不需要在憲法中予以明文規定。倘誠如修改憲草者之全部精神傾向責任內閣制言，便非有明文規定不可，尤須詳細規定。其詳細規定之前提，必先認定其爲英國制或法國制。如取英制，則元首並不列席。如採法制，則總統國務總理國務員均出席，由總統爲主席。然一切重要事項，皆須先經內閣會議商討後再提出國務會議決定。國務會議爲行政性質之機構？必須有憲法明文承認，不宜如內閣會議之不在憲法中明文規定也。今於中央政府之制度，既採責任內閣制，反不採用責任內閣制中國務會議之法例，以明文規定於憲法，殊不可解。而所採之責任內閣制，復爲法國之體式，尤爲不可行。英之國務會議，所以行之有效者，以英爲一黨內閣，國務總理可以黨魁權力指揮全體國務員，使贊助內閣之所爲也。法則不然，恆爲混合內閣，國務總理不能支配他黨之國務員，若國務員意見參差，內閣即瓦解。今既嚮往法之混合內閣制，而在憲法中復不明文規定國務會議，則其變亂之劇，不更甚於法之短命內閣，吾不信也。

應請考慮者九。

㈩向之主張在國民大會開會期間，須設置常任委員會或議政會者，與今之議改監察立法兩院爲上下院者，無非慮政府獨立行動，易致違法失職，必宜有一代表人民之組織監臨於上。此種防制政府之觀念，　國父曾言必須改變。靜言思之，政治條件，在人與法，人與法如俱佳，治具即已畢張，勝此重任者，惟五權憲法爲能。其在政府方面，既有考試院以拔取賢才，復有監察院以防制不肖，已可舉人治之效。既有立法院以制定良法，復有司法院以制裁犯法，已可奏法治之功。其在人民方面，既有選舉權以選任才德兼備之人，使之爲民治事，復有罷免權以撤回不能盡職之人，使之不害民事，則人治條件已具足。既有創制權以創制人民認爲需要，而立法院不爲訂立之法律，使法律確能適應衆人之需要，復有複決權以複決人民認爲並不需要，而立法院反爲訂立之法律，或認爲實有需要，而其他機關或立法院反不予通過之法律，使法律皆不違反衆人之需要，則法治條件已完備。夫在政府中既有立法司法考試監察四院監臨於行政院之旁，輔導行政院用人行政，而在人民方面既有選舉罷免創制複決之權，以促使立法司法考試監察四院監臨行政院輔導行政院，行政院即欲濫用職權而不可得，欲不圖治而不可能，何必鰓鰓過慮，認爲必使監察院行使各民主國家上院之職權，立法院行使各民主國家下院之職權，始能使行政院爲善而不爲惡耶！倘從政事之根本意義上言，政權殊無經常行使之必要。政既爲衆人之事，則衆人公共大事之普偏意見，必不如個人私事意見之易變，人民在國民大會中創制或複決之法律，自無需經常會議，隨時改變。至經常行使罷免權，不惟無此需要，亦極危險。倘從政權行使之發足點言，實無中斷之虞。凡事之直接有關衆人利害者，十之八九集在縣區，人民既得在其居住地行使直接民權，已可解決衆人直接需要之事。至國民大會所行使者，本爲間接民權，必積集各縣人民公共意見後，始能代表人民表達於中央，而衆意之搜集，實需較長時間。既若是，則國民大會之集會，反有緩遲一二年之必要，倘從國民政權之原意方面言，本不需要經常行使。　國父嘗喻治權機構爲機器，政權爲管制機器之掣扣，掣扣之作用，爲停止與發動，若將機器忽而發動，又忽而停止，則無論造物與施政，皆若狐埋狐搰，無一成就。倘從政權與治權之性別方面言，　國父屢言四權與五權，各有統屬，各有作用，必分別清楚，不可紊亂。夫使國民大會經常過問政府之用人行政，固足使政權與治權混爲一物，而使監察立法兩院變爲議會，尤足使治權與政權扭成一團。　國父成立五權憲法之原則，厥爲區分權能，既已破棄此原則，而尙名爲五權憲法，何以自圓其說？　國父創立五權憲法之目的，端在救濟代議制度之弊，實現全民政治之效，能悉遵其典則以行，必可收民主政治之實，何可塗附歐美制度，反流爲民主政治之累？應請考慮者十。

(十)憲草修改原則之主要目的，在使我國實行責任內閣制，則當先研究英國責任內閣制成功之要件何在，我國今日是否具此要件。責任內閣制者，政黨政治也，英國所以能行此制，主要由於有兩大黨健在。一黨柄政，一黨在野，互為起伏，交替有常。兩黨之間，雖壁壘森嚴，各爭雄長，然於立國之基本原則與信念，則彼此相同，所異者僅政策有緩急之分態度有寬嚴之別而已。英國憲政順利進行，所以能達二百五十年之久，顯然由於經濟組織未嘗成為國會之議題也。今雖時異勢變，社會基礎應否繼續建築於資本主義之上之一嚴重問題，已被提出，而由工黨執政，但由於保守自由兩黨之存在，仍能使政黨政治維持其穩固性。反觀我國，國民黨與共產黨，自可成為兩大黨，然共產黨之根本信仰，固有主義，以及其所操之政策，所抱之態度，實不同於國民黨，能否覓得一共同之立場，以事融合調和，厥為我國政黨政治能否實行之重大課題。各黨議員在議會之能事，在監督內閣一般之政策，議員不為苛細之督責，政府不為過分之高壓，責任在其中矣。蓋聯帶責任者，凡內閣共同決定之事，閣員人人應共負責之謂也，亦閣員互相信任，意見一致之表示也，有政黨政治，始有聯帶責任，此惟一黨當政為能。如無聯帶責任，即無政黨政治，結果不為政府之脆弱夭折，便為混合內閣之出現，主張紛歧，責任含糊，必盡失內閣制之精粹，其極且有召致獨裁政治之危險，法國前車，我國民初覆轍，可為殷鑑。其次，英國之君主政體，所予英國政府之穩定力至大，帝制之克孚衆望，實為英憲成功之所在。統而不治之英王，雖有否決國會決議案之權，雖有拒絕內閣要求解散國會，或逼令內閣解散國會之權，然百年以來，皆不妄用。其在廟堂之上，則嚴格尊重內閣主張而在便殿普接，則從容論道，盡其勸告鼓勵之能事，超然象外，執其兩端，故能使責任內閣制彌中彪外，日著其效。我國果行責任內閣制，恐統而不治者之人物，非有限之歲月所能養成。若不幸如法國政象，林立之政黨既爭總統，又爭議會，將誰執其咎？以民國初年之痛史言，殊未許樂觀也。此外如人民自治能力之富，政黨道德之高，國基穩定之久，文官制度之成，無一不為責任內閣成功之要素，反視我國，均極缺乏，尤其英國人政治之天才，為保守而不頑固，前進而不暴動，予英憲以助力者至大至要，我果何如者。我雖不宜妄自菲薄，然政治為現實問題，終未能以主觀之願望，撰造客觀之條件也。應請考慮者十一。

(十二)就民權擴張與政治趨勢方面，作進一步之論斷，則英之責任內閣制，美之總統制，已各有不能不改革之傾向，我國當迎頭趕上，不當步其後塵。英國數百年來實行之責任內閣制，表面上雖未更易，事實上已由國會萬能，變為內閣萬能，已由國會控制內閣，變為內閣控制國會，一切法案之提出者為內閣，只盡其審議之能事者為國會，凡國家積極之行動，內閣主動之行為，即司法機關亦極少反對。事實昭示，已使立法權與行政權化合爲一，國會議員只爲內閣之代言人，彼此對立之現象，邈矣不可復見。而內閣直接向人民負責之實情，且已一再表現。鮑爾溫之不得不犧牲其國務員霍爾，張伯倫之不能不翩然下野，初非由於國會之不信任，實由於國民之不信任也，國民既表示其已失職，則鮑爾溫、張伯倫縱在國會中仍擁有絕大多數之議席，亦無所用之矣。英國政治必須因時改革之原因，與其已蛻變之事實，名政論家如拉斯基、牟埃等已詳言之，無待詞費。至美國政制之不適用，尤充分暴露於羅斯福當政時期。美制之最大矛盾，在三權各自獨立，而又互相牽掣，彼此均不許侵犯，然彼此皆可干涉，束縛之，馳驟之，急則敗矣，縱有有守有爲如羅斯福總統，亦往往不能行其志，其所提出於國會之法案，若非受上下兩院之阻礙，即被最高法院認爲違憲而打消，羅斯福總統數年中周旋兩院之艱苦，吾人猶能記憶，而其與最高法院之鬥爭，更證明美國行政首領，已不能容忍分權制度所給與之束縛，有徹底改變憲法之必要。美制之弊，　國父早言之矣，嘗曰：「美國現行之政治機器，尙有許多缺點，仍不能滿足人民之慾望，人民仍主張革改政治，皆思再事革命。」美之總統制，固近世行政獨任之典型也，英之議會政治，尤政治協商會議一部分會員認爲責任內閣制之藍本，已被移植於憲草修改原則者也，英美人民已不自珍其敝帚，我乃三薰三沐而敬迓之，視若懷寶，奉若神明，究何爲者？

國父創制之五權憲法，在使人民有權，政府有能，爲人民之代表者，不竊人民之權，不害政府之能，而以全民政治，萬能政府爲鵠的，誠合於民權擴張與政治趨勢之政制也，乃委而去之，謂非「懷其寶而迷其邦」得乎！抑總統制與內閣制之爭，爲民國以來制憲者之傳統態度，壹是皆對人而發，苟認此不足爲訓，則不選遠而復，復者此時，迷途知返，返者此時，應請考慮者十二。

憲法爲國家根本大法，絕不宜任意擬制。倘爲求當前問題之解決，不惜以改變憲法爲條件之一，姑無論當前問題能否由此眞解決，而今後國家之能否由此憲法獲致長治久安，要不可不審思而熟圖之。審議憲草既規定須參酌各方意見，故略責其所見如上，諸祈察納，順頌議祉。（錄自《憲草修改原則批判集》）

文獻選編

政治協商會議修改憲草之批判

(民國三十五年)

葉　青

引　言

政治協商會議對於「憲法草案」，卽所謂「五五憲草」，通過了修改原則十二條。其中的錯誤很多，最大的有三個：一是修改五權憲法，一是採用代議政治，一是主張聯省自治。我在〈政治協商會議決議之檢討〉一文（刊於《益世報》二月五日、六日）中曾指出過，並曾與以譴責。現在我想對於這三個錯誤作一詳細的批判。本文單拿政治協商會議修改五權憲法的方面來說。

在這方面，一共有七條，卽「憲草修改原則」底前七條。一看卽可知道，政治協商會議底修改是以歐美代議政治底內容裝入國父五權憲法底形式，結果弄得五權憲法僅存其名，可以說是根本拋棄了。所謂僅存其名，就是只保存了國民大會和行政院、立法院、司法院、考試院、監察院六個名詞。但是主張代議政治的《大公報》，還不滿足。它以爲政治協商會議對於「五五憲草」之修正，『有以名詞遷就理想之處』，只是『其觀點無疑的已較五五憲草爲進步』而已（二月一日社評）。所謂『理想』，所謂『觀點』，除開代議政治外別無所有。

一　以代議政治代替五權憲法

我們知道，代議政治是個人主義的民主政治之最通常的形態；五權憲法是三民主義的民主政治底政府組織原則。而個人主義的民主政治之陳舊及其不合中國需要，三民主義的民主政治之進步及其合於中國需要，我在《民主政治新論》一書底第二、三兩章及〈民主政治底發展〉一文中，已有所說明。至於民權主義與代議政治之前者是而後者非，前者優而後者劣，我在〈憲草底政制特徵〉一文中，同樣有所說明。現在不必贅述，讀者一看卽可知道。政治協商會議以代議政治爲理想或觀點來修改五權憲法，實在是「下喬木而入幽谷」，殊不足取！

因爲代議政治又舊、又非、又劣、又不合中國需要，所以　國父採取反對態度，曾批評過多次。茲以《民權主義》第四講爲例子。　國父在這裏說：「歐美人爭民權，以爲得到了代議政體，便算是無上民權。」其實，「各國實行這種代議政體，都免不了流弊。……所以外國人所希望的代議政體，以爲就是人類和國家底長治久安之計，那是不足信的。……我們國民黨提倡三民主義來改造中國，所主張的民權是和歐美的民權不同。我們拿歐美以往的歷史來做材料，不是要學歐美，步他們後塵，是用我們的民權主義，把中國改造成一個全民政治的民國，要駕乎歐美之上。」

這可見　國父之反對代議政治了。因爲反對代議政治，所以　國父纔主張五權憲法。這是前述〈憲草底政制特徵〉一篇文章中，詳細說明了的。現在政治協商會議竟主張代議政治，並以之修改五權憲法。這豈不違反　國父遺教嗎？當然是的。這是我們要批判的第一點。

二　修改國民大會

國父爲甚麼反對代議政治呢？因爲代議政治是代表政治，人民一選出代表後甚麼都不能過問。代表組成議會，主持國家底一切。而他們底意志是否就完全合於人民底利益，則不能斷言。所以代議政治名爲主權在民，實則人民不過幾年投一次票而已。究其極則是主權在議會，完全形成了　國父所說的『議院專制』。用時髦的名詞來說，就是議會獨裁。　國父爲了糾正這種流弊，所以主張全民政治。這就是說，人民除了他們所選的代表去過問政治外，還可以直接去過問政治。用甚麼方法呢？罷免、創制、複決。這可看出人民在代議政治下只有選舉一權（一般說來是如此的），在民權主義的全民政治下便有選舉、罷免、創制、複決四權了。如此，議會獨裁就大受影響，它不能包辦一切。人民不僅可以創制法律，複決法律，而且可以罷免代表。

但是人民怎樣來行使這四權呢？　國父認爲在地方，以縣爲單位的自治團體，範圍很小，可由人民直接行使。《建國大綱》第九條說得很明白。在中央，國家底範圍很大，可由每縣選舉代表一人組織國民大會，代爲行使。《建國大綱》第十四條和第二十四條說得很明白。這是對的。如果沒有國民大會，則罷免、創制、複決都難於行使，而且必然落空。就是選舉，亦復如此。　國父之所謂選舉，不僅選舉代表，還要選舉官員。罷免亦不僅罷免代表，還要罷免官員。這就不像代議政治之幾年選舉代表一次那樣簡單了。所以國民大會是對中央政治行使四權的必要機構。

然而政治協商會議竟取消了國民大會。「憲草修改原則」第一條中的第一款說：「全國選民行使四權，名之曰國民大會。」其實，全國選民不就是國民大會。國民大會不能寄托在「名之曰」上，必須有一個東西。現在沒有這個東西，還不是取消嗎？所謂「名之曰」，乃是保存國民大會之名，以敷衍　國父遺教。這把《建國大綱》第十四條和第二十四條完全摒棄了。其違反　國父遺教，甚爲顯然。這是我們要批判的第二點。

三　修改四權制

怎樣由「全國選民行使四權」呢？「憲草修改原則」第一條中的第二款說：「在未實行

總統普選制以前，總統由縣級省級及中央議會合組選舉機關選舉之。」第三款說：「總統之罷免，以選舉總統之同樣方法行使之。」看這兩條，可知中央官員如總統者，還不能由全國選民來選舉罷免，當然就無法談及其他中央官員了。再看以後各條，全國選民限於選舉代表組織立法院之一點，而罷免代表一事，並未提及。這不表明「憲草修改原則」之取消罷免權和縮小選舉權嗎？對於創制複決兩權，「憲草修改原則」第一條第四款說：「創制複決兩權之行使，另以法律定之。」這算比罷免權好，是保存著了。但沒有國民大會，情形將如前所說，難於行使，而且必然落空。這是一定的。

於是　國父底國民大會的民主制變成爲單純的公民投票的民主制了。不用說，人民實際還是處於代議政治之下，只有選舉一權。而「憲草修改原則」所希望的也是如此。它對於選舉主張在憲法列專章規定（第十條），對於創制複決則不如此。結果，　國父所反對的議會獨裁就建立起來，而且很安全了。政治協商會議縮小選舉，取消罷免，輕視創制和複決，是明顯的事。其不民主，無待於言。這是我們要批判的第三點。

四　修改立法權

政治協商會議不要國民大會，那末拿甚麼作人民底代表機關呢？立法院。「憲草修改原則」第二條說：「立法院爲國家最高立法機關，由選民直接選舉之，其職權相當於各民主國家之議會。」各民主國家之議會職權，普通有兩種形態：一爲英國式，二爲美國式。究爲何種呢？看「憲草修改原則」第六條，知爲英國式。這就是說，立法院是內閣制下的議會。再看「憲草修改原則」第三條，知道立法院相當於英國底下議院或衆議院。因此，立法院就是人民底代表機關，國家底立法機關，政府底監督機關了。它底職權非常之大。這樣的立法院，在事實上，必然如英國一樣，是議會獨裁。歐洲大陸底國家，例如法國，亦復如此。這就是代議政治或議會最高主義了。

它與　國父遺教完全不合。　國父要打破議會獨裁，所以把議會底職權分而爲三，以人民底代表權屬諸國民大會，國家底立法權屬諸立法院，政府底監督權屬諸監察院。於是議會也就分而爲國民大會、立法院、監察院三個了。現在政治協商會議取消國民大會，立法院由人民直接選舉，同時又有監督權，即任命行政院長的同意權和不信任投票（「憲草修改原則」第六條），豈不是一個很大的修改嗎？

固然，　國父對於立法院也說過「由各縣人民投票……選舉代議士以組織立法院」底話。但這是在《孫文學說》和〈中國革命史〉中說的。到後來，在民國十三年發表《民權主義》和《建國大綱》，就沒有說了。《建國大綱》對於國民大會代表之選舉，有明白的規定，即如第十四條所說，每縣選舉一人。這時，再由每縣選舉一人以組織立法院，就是多餘的了。「五五憲草」規定由國民大會選舉，是很對的。立法院在　國父為治權機關，不是政權機關——人民底代表機關，可由國民大會選舉。同時，立法機關底人數不宜多，每縣一人，亦有二千人之衆，不便。如果數縣合選一人，則有很多困難。且立法人員需要學識豐富，民選不如國民大會選之為愈。民選者有鄉望，有能力，不一定有學識。國民大會選可以面面顧到。

立法院底職權為立法。所謂法，是憲法以外的法，而不能將憲法包括在內。反之，它倒是根據憲法而產生，依照憲法而立法的。然而「憲草修改原則」第十二條竟賦與它以憲法修改權。那條說它與監察院開聯席會議，即可修改憲法。這顯然與　國父底遺教不合。

國父明白主張憲法由國民大會制定。他說有「開國民大會決定憲法而頒布之」(《建國大綱》第二十三條) 底話。既然如此，則其修改亦應屬於國民大會。所以　國父又說有「國民大會職權專司憲法之修改」(〈中國革命史〉) 等等底話。這是合邏輯的主張。憲法既由國民大會制定，便應由國民大會修改。

至於立法院不應有監督權，　國父已明白說過。他有這樣的一段話：「現在立憲各國，沒有不是立法機關並有監督權限。那權限雖然有強有弱，總是不能獨立，因此生出無數弊端。比方美國糾察權歸議院掌握，往往擅用此權，挾制行政機關，使他不得不頫首聽命。因此常常成為議院專制。」現在立法院有任命行政院長的同意權和不信任投票，豈不要蹈美國底覆轍嗎?

所以政治協商會議修改憲草，主張把立法院變成英法等民主國家之議會，是完全不合於　國父遺教，並且違反了　國父遺教的。議會名為代表人民，實則離開人民，而為介在人民與政府間的代表主持一切。說得好點，是代表政治，說得壞點，簡直是掮客政治或政客政治。這是我們要批判的第四點。

五　修改監察權

也許有人會說政治協商會議仍然承認監察權，因而有獨立的監察院那一回事吧。不錯。政治協商會議底「憲草修改原則」第三條，有如次的規定：「監察院為國家最高監察機關，由各省級議會及各民族自治區議會選舉之。其職權為行使同意、彈劾及監察權」。這不過是把立法院底監督權中之彈劾一部分畫給監察院而已。立法院還保有監督權中最重要的審查權、質問權和不信任投票之三部分。立法院有此三權，再加上民主國家議會所有的立法權、財政權、外交權、軍事權等等，不夠足以挾制行政院嗎?

而從「憲草修改原則」第三條說來，監察院底職權增加大了。它除本來的監察權外還添有同意彈劾二權。這在實際上只有同意權。因為彈劾權原屬於監察權。所謂同意權，看「憲草修改原則」第四條和第五條，知為監察院對於司法院大法官及考試委員之同意。此外還添有一權，即「憲草修改原則」第十二條所規定的監察院與立法院開聯席會議，修改憲法是。監察院何以獲得此權呢？大致因爲它是「由各省級議會及各民族自治區議會選舉」而組成的吧。這樣看來，監察院底職權之增加及其產生之方法就把它變成參議院或上議院去了。老實說，就是它原有的監察權，也有一部分是參議院或上議院之所有。於是立法院就有如衆議院或下議院了。政治協商會議主張兩院制。

這顯然不合於　國父底遺教。監察院在　國父是治權機關，不是政權機關，把它變成參議院或上議院，根本不對。監察院旣是治權機關，行使監察權，就不能有同意權；也不能有憲法修改權。它底職權，　國父說過是「專管監督彈劾的事」，使監察院成爲「裁判官吏的機關」。因此，「五五憲草」規定監察院掌理彈劾、懲戒、審計、質詢等，甚爲正確。監察院旣非參議院或上議院，則其人員底產生自無由各省級議會及各民族自治區議會選舉之理。　國父只說過監察院長「由總統得立法院之同意而委任之」一句話，以後就未說了。「五五憲草」根據　國父監察院「對於國民大會負責」底遺教及後來的《建國大綱》明言「國民大會對於中央政府官員有選舉權」底遺教，規定監察院人員由國民大會選舉，非常正確。

這就可見政治協商會議修改憲草之把監察院變爲參議院或上議院，是不對的了。這種修改完全違反　國父遺教。同時，它又帶有聯省自治底性質，企圖把中國變爲聯邦國。這是我們要批判的第五點。

六　修改行政權

政治協商會議把立法院變爲衆議院，監察院變爲參議院之後，中國就有兩個議會了。這便走上代議政治之路。但還沒有完成。於是它遂進而修改行政權，使行政院成爲內閣。「憲草修改原則」第六條對於行政院有兩項規定：「㈠行政院爲國家最高行政機關，行政院長由總統提名，經立法院同意任命之，行政院對立法院負責。㈡如立法院對行政院全體不信任時，行政院長或辭職，或提請總統解散立法院；但同一行政院長不得再提請解散立法院。」這就可見政治協商會議採用內閣制或責任內閣制了。於是代議政治底目的，便完全達到。政治協商會議之採用代議政治，甚爲明瞭。

這不合於　國父底遺教。對於行政院之產生，　國父說：「由各縣人民投票選舉總統以組織行政院」。「五五憲草」因此規定行政院長由總統任免。「憲草修改原則」主張「經立法院同意」，是一種修改。對於行政院之地位，看　國父「五院皆對於國民大會負責」一語，可知行政院不對立法院負責了。「憲草修改原則」主張「行政院對立法院負責」，又是一種修改。　國父未說行政院長須得立法院同意和行政院須對立法院負責的話，所以不主張立法院對行政院的信任權和行政院對立法院的解散權。「憲草修改原則」竟主張之，不又是一種修改嗎？

以上三種修改，全都違反　國父遺教。

而經過這三種修改的行政院，根本變質，成爲了內閣。這不又違反　國父遺教嗎？當然，行政院既是內閣，那就是內閣制了。　國父所主張的是五院制，並非內閣制。這是我們要批判的第六點。

七　修改司法權

政治協商會議對於司法權亦加以修改。它通過的「憲草修改原則」第四條說：「司法院即爲國家最高法院，不兼管司法行政，由大法官若干人組織之，大法官由總統提名，經監察院同意任命之。各級法官須超出於黨派以外。」這很明白修改司法權的有兩點：一是把司法院變爲最高法院，不視爲最高司法機關，將司法行政畫給行政院，而由大法官組成之；一是大法官由總統提名，經監察院同意任命之。

爲甚麼說這兩點是對於　國父底司法權的修改呢？　國父所說的司法院，是實行司法權的，並非單純的法院。《建國大綱》第十九條規定：「在憲政開始時期，中央政府當完成設立五院，以試行五權之治」。所以司法院是實行司法權的機關。司法行政應屬於司法院。《建國大綱》第二十條列舉行政院所設各部中並未提及司法行政部。因此，司法院不應只由大法官組成。　國父主張司法院「對於國民大會負責」。所以大法官應由國民大會選舉或得其同意，不應變爲監察院底同意了。監察院未改名爲參議院或上議院，監察院只是監察院，又如何應有同意權呢？

這樣，「五五憲草」規定「司法院爲中央政府行使司法權之最高機關，掌理民事、刑事、行政訴訟之審判及司法行政」；又規定「司法院院長對國民大會負其責任」，就是對的了。這些規定與　國父遺教完全相合。因此，政治協商會議提出的修改，是不正確的。這是我們要批判的第七點。

八　修改考試權

政治協商會議對於考試權亦加以修改。其「憲草修改原則」第五條說：「考試院用委員制。其委員由總統提名，經監察院同意任命之。其職權著重於公務人員及專業人員之考試。考試院委員超出於黨派以外。」這很明白地有兩點修改：一是考試院職權之縮小，一是考試院人員之名義及其任命之經監察院同意。

國父對於考試院，以爲它是行使考試權的。考試權在他從來就主張包括選舉和委任兩種人員之考試，並加上銓敍事情。他在〈三民主義與中國民族之前途〉中說：「將來中華民國憲法必要設獨立機關，專掌考選權。大小官吏必須考試，定了他的資格。無論那官吏是由選舉的，抑或由委任的，必須合格之人方得有效。這法可以除却盲從濫選及任用私人的流弊。中國向來銓選，最重資格。」後來他講《五權憲法》，亦指出「只有選舉沒有考試的弊病」。又後他說：「國民大會及五院職員，與夫全國大小官吏，其資格皆由考試院定之。」最後他在《民權主義》第六講中以英國「只考普通文官」爲不足。這就可見考試權之不「以公務人員及專業人員之考試」爲足了。

國父對於考試院主張用院長制。《建國大綱》第二十一條說:「憲法未頒布以前，各院長皆歸總統任免而督率之。」這是一個證明。當然，考試院內可以設立委員會，但不能僅爲一委員會。如果僅爲一委員會，那就等於取消考試院。這是不合於《建國大綱》第十九條之規定的。至於院長或委員之任命，國父沒有說要經監察院同意的話。這是很明白的一點。而經監察院同意，於理不通。監察院既是監察院，就不應有同意權。因爲監察是行於事後，同意是行於事前，二者截然不同。

這可見政治協商會議對於考試權的修改，違反了 國父底遺教。實際上，遠不若「五五憲草」之切合於 國父底遺教。這是我們要批判的第八點。

九　修改總統制

政治協商會議採用內閣制，前已指明過了。那末它之不採用總統制，還待說嗎?然而這又違反了 國父底遺教。因爲 國父是採用總統制的。《建國大綱》第二十一條規定「憲法未頒布以前，各院長皆歸總統任免而督率之。」這不是憲法未頒布以前採用總統制的證明嗎?憲法頒布以後， 國父主張「由各縣人民投票選舉總統以組織行政院，選舉代議士以組織立法院，其餘三院之院長由總統得立法院之同意而委任之。」這不是憲法頒布以後採用總統制的證明嗎?

國民大會爲政權機關，代表人民;五院爲治權機關，屬於政府。依照五權憲法，五院分立。 國父把它稱爲「五院制」。既然如此，便應有一總統立於其上，以謀五院之聯絡與綜合。因爲分權或分院是分工合作，不是分裂割據。因此，「五五憲草」規定「總統得召集五院院長，會商關於二院以上事項及總統諮詢事項」，很合於 國父遺教底精神。政治協商會議底「憲草修改原則」第七條第二款說「總統召集各院院長會商，不必明文規定」，便無異反對總統召集各院院長會商了。這不是使分權或分院陷於分裂割據之境嗎?錯誤，十分錯誤。

總統底選舉， 國父主張「由各縣人民投票選舉」，很對。這正是實行總統制的一個條件。總統由直接選舉產生，以人民爲基礎，立場穩固。「五五憲草」規定由國民大會選舉，係從《建國大綱》第二十四條底解釋而來，亦說得通，但不如直接選舉之爲好。政治協商會議開口民主，閉口民主，仍未根據 國父遺教來修改，反而主張總統「由縣級省級及中央議會合組選舉機關選舉之」(所謂中央議會，卽立法院和監察院)。這是不妥當的。選舉總統，由縣級或省級或中央議會皆可，爲甚麼要合三級爲一選舉機關呢?這三級，無論從何方面說都是不同的，如何可以合而爲一呢?

以上可以看出政治協商會議修改總統制

的地方了。其違反 國父底遺教，甚爲明白。這是我們要批判的第九點。

十 修改權能平衡

綜括看來，政治協商會議修改國民大會實際等於取消，可以說是沒有國民大會。修改人民四權，使之無法行使，等於具文。修改立法院和監察院，使成爲衆議院和參議院，將代表人民、制定法律、監督政府三者合而爲一。於是議會有權了。行政院被修改爲內閣，對立法院負責。總統制被修改，將來中國底總統就像法國第三共和時代底總統一樣，以簽字蓋章爲事。司法院被修改爲法院，考試院被修改爲一個獨立的委員會，這就完成了代議政治底採取。中國於是變成代議政治國家了，情形同英法一樣。

這很顯然地是議會獨裁。即議會有權，政府無能。議會由人民所選舉的代表組成，議會有權遂被視爲人民有權，因而又被稱爲民主。就事實看來， 國父以爲「民權發達的國家，多數的政府都是弄到無能的；民權不發達的國家，政府多是有能的」。人民有權，很好；政府無能，便不好了。「現在講民權的國家，最怕的是得到了一個萬能政府，人民沒有方法去節制他，最好的是得一個萬能政府，完全歸人民使用，爲人民謀幸福」。這是一種矛盾。 國父以爲解決之道在於晝分權能，而謀其平衡。人民有權，政府有能，斯爲兩全。具體地說，人民有選舉、罷免、創制、複決四權，在中央由國民大會行使之；政府有行政、立法、司法、考試、監察五權，「以五院制爲中央政府」，由總統綜合之。現在經過政治協商會議底修改，便是人民有權，政府無能了。因此，權能平衡遂被打破。

而所謂人民有權，是不是眞正人民有權呢？否。名爲人民有權，實爲議會有權。議會雖由人民代表組成；但人民與代表間是有距離的。因爲人民沒有罷免權，無法保證其能代表人民。假如沒有距離，政府無能亦非幸事。倘然政府無能是不關重要的，那又何必有政府呢？人民不能無政府，可見政府有用。既然有用，就應有能。所以政治協商會議之修改權能平衡，不僅違反 國父遺教，而且非策之上者。這是我們要批判的第十點。

十一 以五權憲法掩飾代議政治

五權憲法是以權能平衡爲原則，而主張政府有能的。政治協商會議既修改五權憲法，採用代議政治，打破權能平衡，那五權憲法就不存在了。這是稍懂五權憲法的人，莫不知道的事。

然而政治協商會議在「憲草修改原則」中還保存了五權憲法之名，如立法院、監察院、司法院、考試院、行政院等。這是爲甚麼呢？如果是因爲不敢負修改五權憲法之責，那就不應該從事修改。也許是爲了敷衍國民黨，爲了欺騙一切三民主義者，所以用五權憲法之名來掩飾代議政治之實吧。

但是這種掩飾一點也沒有用。不說別的，就是「憲草修改原則」列舉五權或五院底次序，便令人一望而知其非。　國父講到五權或五院，次序是有一定的。他總是由行政而立法而司法而考試而監察。試舉二例。《民權主義》第六講說：「在政府一方面的，是要有五個權，這五個權是行政權、立法權、司法權、考試權、監察權。」《建國大綱》第十九條說：「在憲政開始時期，中央政府當完成設立五院，以試行五權之治。其序列如下：曰行政院、曰立法院、曰司法院、曰考試院、曰監察院。」然而「憲草修改原則」底序列完全不同。它是由立法院而監察院而司法院而考試院而行政院。這種不同並非形式上的，實爲內容上的，有一種思想分別在。　國父主張政府有能，政治協商會議主張政府無能，不很顯然嗎？

政府無能底缺點，將於批判政治協商會議採用代議政治時特加說明。這裏，只是指出政治協商會議修改憲草之以五權憲法掩飾代議政治而主張政府無能就夠了。以五權憲法掩飾代議政治，這是我們要批判的第十一點。

結　論

總括看來，政治協商會議修改五權憲法共有十一點。我已根據　國父底遺教，把這十一點逐項逐項地說明白了。所以政治協商會議修改五權憲法，是確實的事。這對不對呢？當然不對，十分不對。其理由已分別說過，現在要作一綜合的指明。

五權憲法是不可修改的。因爲它是　國父遺教底一部分，只可遵行。如果加以修改，那就是修改　國父遺教了。　國父是中華民國之父，不僅爲開國元勳，實爲開國導師。他底思想，正確而偉大。這是近五十年底歷史證明了的。所以他是劃時代的思想家。只要民國紀元一天不改變，他底思想就一天適用。我們應該恪遵遺教，力行不怠。

國父底思想是三民主義。五權憲法乃其中的民權主義之一部分。　國父不是把五權憲法放在《民權主義》中講過嗎？誠然。但他十分看重這一部分，常常單獨講它。並且常常把它拿來與三民主義相提並論。《建國大綱》第一條說：「國民政府本革命之三民主義五權憲法以建設中華民國。」這不是一個例證嗎？我們對於三民主義只能奉行，不能修改。因爲它非常正確，非常合於中國需要。這樣，對於五權憲法也就只能奉行，不能修改了。政治協商會議決定「遵奉三民主義爲建國之最高指導原則」，爲甚麼要修改五權憲法呢？這是一種矛盾！

老實說，政治協商會議對於五權憲法，對於民權主義，對於三民主義的民主政治，完全無知。這是一看我底《民主政治新論》和《三民主義與民主政治》二書，即可知道的。因此，它底修改憲草是從代議政治出發，所以犯了很大的錯誤。憲草，即所謂「五五憲草」，雖有可修改處，但不是原則問題，它根本上合於三民主義。其「國民大會」和「中央政府」兩章，是以五權憲法爲原則的，只能作技術上的修改，不能作原則上的修改。

政治協商會議修改憲草的錯誤，就在於以代議政治來作原則上的修改。這是很明白的事情。

（一九四六、二、十九，有一副題爲「關於修改五權憲法之批評」，刊於重慶《益世報》，三十五年二月二十二、二十四、二十五日，編入於《憲草修改原則批判集》，三民主義憲法促成會編印）。

文獻選編

中華民國民主憲法十講(第五講)

(民國三十六年)

張君勱

第五講　行政權(總統與行政院)

此次政治協商會及憲法小組中，有一個爭執問題卽今後對憲法中之行政權應如何組織。明顯些說，就是:「採總統制抑內閣制?」討論之中，我曾向朋友說:「各國制憲時都有一個難題，如德國於一八七〇年議憲之際，普魯士與德意志關係如何，換言之，卽普魯士王如何能在德意志聯邦中仍然居於主要地位，一面普魯士爲德意志聯邦主體，一面在德意志聯邦中把各機關之鎖鑰拿在自己手上。這是俾斯麥苦心解決的問題。美國制憲之際，一方要造成美洲合衆國，另一面各州仍要保持各州之平等地位。不論如紐約州佔全國人數十分之一（千餘萬）或尼瓦達人口不過七萬七千四百〇七人，(根據一九二〇年統計。)但各州所選參議院議員同額，每州兩名。同時各州，不論大小，同樣對總統行政有干預之權。此種制度，無非要使各州仍保持其州權，而同時參加美國之聯邦。這是美國憲法上一個難題。日本伊籐博文議憲之際，爲保存天皇大權起見，其舊憲中第十一、十二、十三等條規定:㈠天皇統率海陸軍;㈡天皇編制陸海軍，並決定常備兵額。天皇這種大權，是與議會政治兩不相容，後來軍事三長官之地位(陸軍大臣參謀總長訓練總監)卽由天皇行使軍事大權中得來的。彼等的地位可以造成內閣，毀壞內閣，是從這三條文夾纏中建立起來的。日本之所以強在此，日本之所以亡亦在此。雖在當時伊籐博文匠心獨運，得到解決，但是從這次戰爭來看，結果是不好的。這是日本憲法的難題。這次在政協會中我們同樣碰到這麼一件事。雖然這問題並未表面化，但國民黨中確有一部爲擁護蔣主席大權起見，贊成總統制。雖沒有人拿出堅強的理由爲總統制辯護，但對於各黨各派責任政府制度之主張，常用內閣風潮的話來反對。我們可以說，這次協商討論之中分爲兩派;一派主張責任政府;一派偏於總統制，反對責任政府。第二派的意思卽要將總統權限擴大。這對立陣勢，雖不明顯，而暗流潛伏是很有力的。

我要勸告國人:我們如何不預有一個對人的觀念，或曰「因人立制」的成見，而要徹底爲中國長久計，應採用何種制度打算。民國成立已經三十六年，民國元年南京政府本來採用總統制，後來因袁世凱任總統時，又採用內閣制。此是民國初年不免於「因人立制」的毛病。民國十九年約法中原來規定「各部會長官，以國民政府主席之提請，由國民政府依法任免之。」但是後來國民政府組織法中又加上一種限制:「國民政府主席不負實際責任。」無非說蔣先生當行政院長，部會長官之選定權操之於蔣先生，而不操之於林主席。這又是「因人立制」之一個證明。我以爲一國制度之運用，自然不免受當局者何人之影響，但只能在條文範圍之內有所變更。如羅斯福時代，總統所行使之權力，比任何總統廣大得多，但是美國憲法條文未嘗因此變更。惟有如此，憲法之遵守，與人的運用，乃能兩不衝突。我們則不然，每一大人物上臺，先要變更條文，總是將條文遷就個人，個人不遷就國家根本大法。這實在是件很奇怪的事。要知道條文規定雖然嚴格，但條文之四方八面可活用之處甚多，只要拿條文詳細推敲之後加以活用，自然個人本領可以發揮，同時也不致破壞國家大法。試問美國上次大戰後，國聯盟約爲參議院所反對，終於不獲通過。這次羅斯福與杜魯門遇到外交大問題，每先與參衆兩院內領袖互相協商，並且將兩黨領袖加入美國代表團之中，所以聯合國憲章，便得參議會多數人擁護。可見憲法條文能以分析頭腦研究一番，自能將憲法之遵守與人的運用兩方面，匯歸於一。萬不可以逞一時意氣，動輒蹂躪法律，遷就自己。如明白這道理，自然能免於重蹈三十餘年以來的覆轍，爲國家尋求新出路。

我們應知世界上之制度，沒有絕對好的，原可由自己創造，不必事事步人後塵。關於行政權，世界上有四種制度：㈠美國之總統制；㈡英國之內閣制；㈢瑞士之委員會制；㈣蘇俄之人民委員及其最高蘇維埃制。此四制之中，瑞士制宜於中立之小國，不宜於繁劇之大國；其部長由各委員自由選擇，其總統每年輪流一次，其議事在七人委員會中常以一致精神行之。此種情形，只能見之於瑞士，不能見之於他國。故此種制度，決不宜於我國。蘇俄之制，以人民委員會負行政之責，對蘇聯最高蘇維埃負責，在最高蘇維埃休會期內，對最高蘇維埃主席團負責。蘇聯此種制度，其人民委員會任免之權，操之於最高蘇維埃會議，換詞言之，操之於最高主席團。蘇聯現在只許一黨存在，所以甲倒乙起，不生多大問題。這種制度倘以之移植於我國，恐亦未必能適於實用。所以剩下來的，只有英美兩國制度，或者採取英美制度而加以變通，另成一條第三條路。

現在我們對這問題分四段講：㈠五五憲草中之行政制度；㈡美國總統制對於中國之適否；㈢英國內閣制對於中國之適否；㈣如何找到第三條路。

㈠五五憲草中之行政制度

五五憲草中之行政制度，可說行政權集中於總統一人手上。雖然第五十五條規定：「行政院爲中央政府行使行政權之最高機關。」但行政院各部長官由總統任免。同時院長及各部會長官又專對總統一人負責，故院長及各部會長官爲總統之屬僚，而非代總統負責之內閣閣員。照五五憲草行政權之規定，僅以總統一人爲主體，行政院長及各部長官，依總統之好惡或留或去。

此項總統權力之所以構成，不僅由於行政院爲總統之僚屬，此外尚有其他兩項原因。美國之國務卿及其他部長，也是總統僚屬。但以美國總統與五五憲草上之總統來比，則美國總統之權力尚遠不如五五憲草上我國總統之權力。因美國採用三權分立制，總統之用人權，參議院是可以牽制的。關於財政權，衆議院又可牽制。因爲有此兩項牽制，所以美國總統名爲行政官長，但在行政立法兩方常遇到兩院之反對，無法實行己意。五五憲草上之總統，絲毫不受其他機關之牽制。㈠五五憲草第四十六條規定:「總統對國民大會負責」。但國民大會每三年召集一次，會期一月，卽三十六個月之中，僅有一月是會期，其他三十五個月是在閉會期中。試問國民大會會期如此短促，有何方法對總統之行政加以牽制或批評呢？卽令國民大會每年開會一次，但國民大會旣不能討論預算又不能議決法律，可說國民大會對於行政無一毫監督之權。就是年年開會，也夠不上說監督。所以第四十六條總統對國民大會負責之規定，似乎總統是一個負責的總統。但是三十六個月中僅有一月開會，除國民大會在三年中有一個月可以發發脾氣外，那有機會批評總統之所作所爲。卽令國民大會年年開會，因爲國民大會無通過法律議決預算之權，所以也無在實際行政上質問總統之權。

我們看來，第四十六條之規定是一種門面語，雖有可質問總統責任之規定，但除總統犯法以外，恐怕負不了什麼責任，所以這一條是空文。以上是從國民大會之性質上造成總統大權之第一種原因。㈡立法院依　中山先生之學說爲治權機關，不稱爲監督機關，就是說立法院與總統與行政院立於同一水平線上，換詞言之，同爲中央政府之一部，而不是對於中央政府之監督機關。美國憲法關於國會權力，規定於第一條中，其文曰:「本憲法所授與之立法權，均屬於由參議院與衆議院組成之合衆國國會，」法國憲法第一條曰:「立法權屬於參議院及衆議院。」國會乃國民行使主權之具體機關，故應列在第一條，以示正本淸源之意。現在五五憲草第六十三條中稱:「立法院爲中央政府行使主權之最高機關。」旣曰中央政府之機關，自成爲政府中之一部分，而不成爲人民之代表機關。此其一。第六十四條規定:「立法院有議決、預算、法律之權。」他國憲法中視立法權爲國民行使其主權之主要方法，非經國會同意，則法律不成爲法律。依上所言，如美法兩國憲法均將立法權一項規定於第一條中，而五五憲草將立法權看作中央政府之一種職掌，將法律案預算案大赦案列在一處，與其他國家之以立法權交託國民代表之意義，迴不相同。此其二。他國國會之所以有權，不僅立法而已，在其能質問政府，監督政府。各部長並有對國會負責之規定。而五五憲草中但有行政院長及各部部長向總統負責之規定，則政府人員不對立法院負責可知。立法院既不能向部長質問其責任，則立法院除享有日本內閣中法制局之地位外，何能有他種地位之可言？此其三。更有離奇之一點，第七十二條云：「立法委員於院內之言論及表決，對外不負責任。」而六十三條規定：「立法院對國民大會負其責任。」試問立法委員在立法院中除言論及表決外，別無其他工作，現在偏要他對國民大會負責，實際上就是說國民大會對立法院之言論有認為不當時，可行使其罷免權。立法院頭上設了個上級機關，試問立法委員如何能自居於人民代表，本其良心所信，對於政府充分發言呢？此其四。

因有以上四點，五五憲草中立法院之地位，不能與他國國會相提並論。我們拿它當法制局，其原因即在於此。從上文所討論之國民大會，立法院之權限看，可說這兩機關將各國所謂國民監督權分在兩處之後，乃變成為兩個不發生效用之機關，而反將總統權力極端擴大，人民代表除舉手贊成外，絕無其他權力可言。以人身來比，是頭重脚輕，或犯了腦充血症。我們在政協會中所以毅然決然要將五五憲草中立法行政兩項，加以徹底修改，其原因即在於此。政協會中政府代表如孫哲生先生，對於現有憲草絕不堅持，且贊成吾輩的修正，其態度可佩。立法院中曾有人責問他，可以准許人家將五五憲草修改到此種程度。我曾經聽到全增嘏先生說：當時有人質問時，哲生先生答覆：「人家修改得比我們好，自然應該贊成他們。」哲生先生這種雅量，實在是可佩服的。倘政協會討論根本大法之際，如政府黨堅持將五五憲草照原樣施行，那恐怕不但不能促成民主，徒然造成總統大權獨攬的局面，將來流弊所屆，是不可勝言的。關於這點，國民黨中除哲生先生外還有不少人是同我們有同感的。

㈡美國總統制對於中國之適否

說到美國總統制，我們要聲明一層。美國憲法成於一七八九年，而英國內閣制確定於十九世紀之後。我提到這話，無非說美國所以規定總統制，並非因為英國內閣制不好，而是因為英皇專制的不好。這就是說，假定美國制定憲法在英國內閣制度成立之後，美國政體是否像今天一樣，或者模仿英國，也是不可知的。

美國之所以採用總統制，鑑於美國在邦聯時代中央政府之無能，所以一定要造成有能力的行政機關，而採用今日之行政制度。美國依現行憲法，有下列各項規定：㈠美總統為陸海空軍總司令；㈡締結條約，但須得參議院同意，即參議員三分之二之同意；㈢任命大使領事及法官等，但須得參議院之同意；㈣減刑與大赦之權；㈤法律之否決權；㈥每年國會開會時，總統提出咨文，臚舉應辦之事項；㈦注意法律之忠實執行；㈧任命陸海空武官。

但我們知道美國憲法之基本原則是三權分立，就是說國會管立法，總統管行政，法院管司法，因爲有此三權分立之原則，表面看來，似乎三權畫分是很明顯，但從實際方面說，三權是互相牽制的，其互相牽制之情況，約略如下：㈠大總統負法律執行之責，而法律的制定，屬於國會，因而總統受國會之牽制；㈡英美兩國中所謂預算，即法律之一種，所以制定預算之權，亦屬之國會，施行預算之責任雖在總統身上，但在議決時又受了國會牽制；㈢辦理外交議訂條約，是總統的責任，但條約要經參議院批准，派大使亦須參議院同意，所以在外交方面，又受國會牽制，㈣任命文武官吏是總統的權力，但各部總次長及將官之任命，須得參議院同意。從以上各種事實看來，美國憲法雖採用三權分立原則，可是除分立外，制衡原則(Check and Balance)佔了極重要成份。

我們從一百五六十年之成績看，可說美國總統制是成功的而非失敗的。因爲像傑弗蓀收買路易石安那州，是一件大事，林肯南北之戰，是一件大事，威爾遜應付第一次世界大戰，羅斯福應付第二次大戰，均能應付過去，並未損害國家權威。這都可說是美國總統制的成功。但是這制度一旦移至中國，是否能收同樣美滿的效果，眞是一個疑問。第一、如總統任命閣員問題，在美國雖然通過者多，否決者少，即使有一兩個否決的，大家淡然處之，不以爲意，至多另外由總統再提出一人交參議院通過罷了，但像我們民國初年，總統提出閣員名單，爲議會所否決時，大家爭論，面紅耳赤，好像這種制度是絕對要不得的，總統因此想出辦法，以次長代理部務，不再提出人選交議會通過。這就是一種破壞約法的行爲。第二、以通過條約來說，按照美國憲法，總統所訂條約，須得參議院之同意，上次大戰之末，巴黎和會中議定了國際聯盟條約，竟遭參議院反對不能成立，但美國是遠在大西洋背後的國家，即令不簽字於巴黎和約，在她的外交上不生任何影響。假令我國有一中蘇條約提出，國會不獲通過，政府無法執行，在我們友邦蘇聯一定要起而質問要求實行。所以參議院通過條約之制，不是我們所能依樣葫蘆的。第三、再說到美國預算編制問題。美國原來的預算編制權，可說不在財政部，而在國會。全部預算分爲若干委員會處理，如海軍、陸軍、工商，及司法等各委員會，彼此各事其事，決不相謀。從一九二一年後，另設一預算局，隸屬於總統之下，將各部支出方面匯合爲一種概算書，由總統提交國會，但關於收入方面（即租稅）之決定權，還是在國會而不在總統手上。美國這樣的富，稍有浪費，不足爲大害，像我們這樣的窮國，將決定支出決定收入之權，交託國會，恐怕不能使吾國財政立在健全的基礎上。

美國總統，自然有其獨立的地位，不受國會牽制的地方。所以美國的總統，可以說是很強有力的。羅斯福在大戰之中，關於擴張軍備，增加工廠，並施行租借法，均能以極敏捷的手段來執行。但這是歐美國家戰時的普遍情形，不是總統制下特有情形。英國雖採用內閣制，努力於戰備，亦是如此的。

現在我要說到美國所謂內閣。總統以下分設各部長，一七八九年華盛頓就職時僅設四部：一、國務部；二、財政部；三、陸軍部；四、總檢察官。後來陸續增加。一七九八年設海軍部，一八二九年設郵務部，一八四九年內政部，一八八八年農政部，一九〇三年工商部。合此九部成爲今日之內閣。除部以外，還有各種委員會，如聯邦貸款管理處，改造財政公司等，其數甚多，暫不細述。

美國總統下之內閣，雖名義與英國相同，但其性質，迥然各別。內閣之名稱，不見於美國憲法條文之中，在第二條第三款僅有一語與內閣有關者，其文如下：「大總統得令其行政各部長關於其所轄各部，以書面發表意見。」其規定之文，簡單如此。內閣之集合體如何，內閣中應設若干部，憲法中漫無規定。

以上所舉各部，因爲事實上之需要，逐漸增加而來，若以美之內閣與英之內閣比較一下，其不同之點，至爲明顯。

㈠美內閣下，其爲內閣總理之人，即爲總統自身，國務卿之地位雖高於其他部長，但決非內閣總理，因爲決定政策大權是在總統一人，各部長都夠不上。

㈡內閣各部長對總統個人負責，並不對國會負責，部長雖能出席於美國國會委員會中之討論，但並不出席答覆國會議員之責問。

㈢美總統每星期舉行閣議一次，我們從報上看見會議時間或半小時或一小時，因爲英國式之內閣由各部長官大家表示意見，造成總體的集合閣議或政策。而美國內閣並不如此，各部長各自獨立，各部長各以其意見對總統有所貢獻，不是內閣各部長之意見彙合而成一種集合體的意見。故蒲徠士在美國平民政治中有句話：「美國之所謂內閣，並不以一個全體性之資格來動作。換言之，美國內閣不是一個全體，僅是一羣人，其中各個人各自對總統負責，去留由總統決定，故無所謂聯合政策，也無所謂聯帶責任。」

假定吾國憲法上所謂總統制，如上文所言，以三權分立爲基礎，第一、總統專管行政，但任命閣員與簽訂條約須得參議院同意；第二、預算上出入多少由兩院決定；第三、所謂內閣乃僚屬式之內閣，以總統一人之好惡爲取去。此種制度移植於吾國，其能否造福，我是絕對懷疑的。

㈢英國內閣制對於中國之適否

內閣制發生於英國，後來傳播到法、德、比各國。英國內閣制之妙處因爲上有英王，但英國人慣於保守，不願將皇帝去掉，僅僅要使英王無權干預政治，而且處於無責之地位。所以縮小英王權力之方法，在開始時，有兩種規定：㈠非得議會同意，不得立法；㈡非得議會同意，不得徵稅之類。其後將政治上之領導權完全交託於議會，或者曰議會所擁戴之人物，也可以說議會所選舉的人物。議會並非以投票選出，但其人必爲多數黨領袖，如同選出一樣。以此種眼光看英國內閣制，可以說世襲元首，照舊存在外，另有一個民選元首代之而起。英國內閣之精神，即在於此。此一點僅由內閣總理之地位來說，好像內閣總理就是美國總統，但內閣之內容，還不止於此。

英國內閣制有三特點：㈠行政與立法之密切聯繫，就是凡內閣閣員必同時是國會議員。反過來說，非議員不得爲閣員。內閣總理或閣員之本黨，在議會是佔多數的，但他自己選舉時落選了，如去年加拿大自由黨得勝，而總理金氏落選了。他的同黨就讓出一個議席來，使他再去競選。他在這裏面是有把握的，極易當選。然後此人才能充當總理或閣員。惟其閣員便是議員，所以政府的方針提到國會裏去，是極容易通過的。而且英國議會中是兩黨對立的，在朝黨一定是議會之多數黨，所以容易得到議會之擁護，行政立法之聯繫當然是很圓熟的了。㈡內閣之純一性(homogenity)閣員必出於同一黨，其政見必須大致相同，不可有歧異之處。換句話說，閣員不可在演說中表示甲閣員與乙閣員有何不同之處。假定在內閣中，甲乙兩黨員政見眞有不同，此二者不同之最後決定權屬於內閣總理。但有一種公開的問題，閣員不妨表示其彼此不同之處。如第一次歐戰之前，發生婦女參政問題。當時自由黨內閣因爲問題第一次發生，所以內閣中並無決定之政策，於是在議會中用試驗方式討論一番，甲閣員贊成，乙閣員反對，而反對黨中亦有人贊成有人反對。這種情形下，閣員意見可以任意參差，但此爲極少數之例外。就大體言之，閣員的意見還是要一致的。㈢內閣之聯帶責任。所謂聯帶責任就是內閣共同進退；進則同進，退則同退。甲閣員所作之事與乙閣員本無關係者，但甲閣員之錯誤影響其他閣員。因爲內閣所負責任是聯帶的，英國學者政治家摩勒氏(Morley)說明內閣之聯帶責任如下：

「就原則言之，各部之重要政策，由全部內閣共同負責，進則同進，退則同退。外交部一件失敗的公事，可以把財政部長帶下臺；一個愚蠢的陸軍部長的錯誤，又可以把一個好內政部長趕走。因爲內閣對君主或議會說是一個單位，內閣的意見提到君主與國會前，如同一個人的政見一樣。他們提出他們的政見，在君主面前在貴族院在衆議院裏面，都好像一個單獨的全體。(a single whole)，內閣的特徵，就是聯合而不可分的責任。」

以上三種特點之背後，還有一種基礎的事實。就是英國國會中，除去短期的例會之外，是兩黨對立的。一方是多數黨，他方是少數黨。多數黨在朝執政，少數黨在議會中居於批評地位。惟其如此，所以多數黨之在朝，其地位鞏固，不致時時發生動搖，如歐洲大陸上德、法等內閣的情形。因爲執政的政黨自身是多數黨，而且內部意見一致，自不致授人以隙。所以英國政府一旦上臺必能維持其地位至少四五年之久。至於大陸上之國家如德、法兩國國會中之政黨是小黨林立的。所以組閣問題發生，必須各小黨互相聯合，然後可以組成政府。假定某黨閣員有意見不同之處，這內閣就要坍臺。所以這種內閣是不易長久的，長則半年，短則一月或數日。我們要知道英國之內閣所以與大陸上各國不同之處，不在內閣制度本身，而在乎兩大黨對立或小黨林立的問題方面。

現在我還要把責任政府四字解釋一番。英法兩國同樣是內閣制，從他內閣壽命來說，長短之不同，如天淵之別，但其爲責任內閣之制則一。㈠總統或英王居不負責地位，就是說政府一切行爲由內閣負責；㈡內閣負責之根源，由於政府所發命令，須經內閣總理或有關之部副署，副署之人，卽爲負責之人；㈢議會對政府認爲不滿時，卽舉行不信任投票，通過時則有關之部或全內閣因此辭職。原來這種制度是國會防止帝王專制想出來的，因爲國家不能天天將皇帝革命，只有將皇帝行爲之責任，寄之於內閣身上。政府錯處不歸罪於皇帝，而歸罪於內閣。現在的國家，大抵已去皇帝代之以民選總統。但總統有一定任期，而議員與內閣之衝突是隨時可以發生的，所以在民選總統之下，仍舊保持責任內閣之制，以便國會之意思隨時發揮。而內閣之存留與否，完全看議會對他信任如何。所以責任內閣制，又與信任投票制有聯帶關係：政協會中關於責任內閣有規定外，同時亦規定信任投票制。但議會一旦實行信任投票制，自然容易引起閣潮。我以爲責任內閣制與信任投票制，應該分作兩件事來看。責任內閣之精神，在乎政府有了錯誤，議會可以起而責問。如其錯誤不可饒恕，則閣員便應辭職。信任投票制之要點，在乎議員表示不信任後，內閣立卽辭職。這是議會倒閣最利害的武器。在我的意思，責任內閣是民主政治的基本精神。如不採用內閣制，同時也不採用美國之三權分立制，總統或內閣可以孤行己意，爲所欲爲，這是專制而非民主了。惟其如此，責任內閣之必須保存，而信任投票之尖銳性，不妨加以緩和。倘因信任投票制易於發生閣潮，因而排斥責任內閣，那就不免於因噎廢食。所以我的意思，責任內閣仍應保存，而信任投票之行使，自應參以一種緩和之劑。這件事盤旋我腦中，下段將再加以詳細說明。

㈣如何尋求第三條路

上文說到政協會中有兩派人，一派主張內閣制或責任政府制，一派主張美國式或中國式之總統制。主張總統制的人怕小黨林立，閣潮迭起，因此政府不能辦事。認爲能像美國一樣採用總統制，不受議會干涉，因此國家大事，總統都能放手做去。這派人所以有此主張，是拿法國閣潮作對象的。我以爲這派人希望行政敏捷，各部長能久於其任，總統行動不受議會干涉，自然有他們的理由。但是要知道美國總統制的由來，是鑑於一七八九年以前「邦聯」時代中央政府之懦弱無能，所以懲前毖後，要有一個政府，享受獨立地位，授之以行政之權，使之負起行政上的責任，加強聯邦的團結。因爲當時美國的病症如此，所以有這樣一張藥方。我們要問當時美國所犯的病，是不是我們現在所犯病症；美國所用的藥方，是否我們也能適用。

十餘年來的局面是國民黨一黨統治的局面。這十餘年中經過內亂抗戰，是很困難的時期，茲舉蔣主席在廬山夏令營訓話詞如下：

「自九一八事變以後，我們中國天災人禍，連年不斷，內憂外患，交迫而來，迄於民國二十一年，國家民族的危機達於極點。其時國內人士大多數對於民族復興的前途或革命事業的成功，都喪失了自信心，以爲國家危機已無可挽救。正當這樣國家存亡危急，人心萎靡不振的時候，我們就在民國二十二年夏季，創辦廬山訓練團，從此每年一次，召集軍政幹部，研究國民革命的形勢，討論對內對外的大政方針，勵志養氣，自強不息，準備與國內外一切反動侵略勢力，以及假革命反革命者總決鬥。最後到了民國二十六年暑期，日寇侵略中國，日甚一日，逼迫我們走到最後關頭，忍無可忍，乃決定對日發動全面抗戰，於是本黨領導軍民，集中力量，再接再厲，愈挫愈奮，苦戰八年。到了今天，卒能達到驅除敵寇光復國土的目的。」

這種抗戰的功績，自然是大家公認的。但是憲法是國家百年大計，我們不能存一個對人立法的觀念。應該設想總統的地位應如何，不應以爲今後作總統的人永遠和蔣主席一樣。況且抗戰時期之所作所爲，不一定能作平時憲政上軌道以後的表率。我們大家熱心中華民國的和平統一，尤其熱心於中華民國的法治。既說到法治，我想人人希望民意發揮，行政改善，與政府各機關職權之分明。八年苦戰雖然勝利，但是法治的基礎如何？第一、所謂五權憲法能發揮其效用嗎？第二、主席與行政院長所享有之職權及其責任之界限到底在那裏？第三、立法院雖有通過預算之權，但立法院監督財政的效果在那裏？第四、行政院長及各部部長，是憑主席而去取的，應該把所謂總統制的效用發揮出來，但是行政方面只見大家愁眉苦臉，沒有一個人覺得能舒展他的懷抱。第五、行政院長，好像似他國的內閣總理，但他自己常覺得懷抱不能發揮，感覺不快。同時再問政府中之命脈如財政部長經濟部長又能發揮他們的意思實行他們的政策嗎？第六、目前行政院中央各部部長，絕對不是決策之人，因爲部長之上有院長，有國民政府主席，換言之，他們是屬員，而不是決策者。屬員式的部長，還能適用於今後憲法時代嗎？第七、目前財政金融政策，是主席決定嗎？行政院長決定嗎？財政部長決定嗎？誰亦弄不清楚。這種種情形是我們目前所犯的病狀。假定我們不以現有病狀爲對象而偏偏假想法國式的閣潮迭起，作我們的對象，實在叫「藥不對症」。

我們既認爲目前病狀如此，所以我們認爲今後行政機構方面，應如下方：

㈠總統　我們不贊成採用總統制，因爲不願像美國一樣將行政大權完全交付總統手中。我們也不贊成像法國一樣大總統不負責任之規定。大總統既經國民大會選舉，他是國家元首，統率陸海空軍而且能任命文武官吏。所以他在政治上不僅是擺樣子的元首，而是一個負擔國家責任的人物。但是我們為求總統安全計，為使他受全國人愛戴起見，須得有人對他的命令處分加以副署。而因副署之故，發生責任。所以除總統外，另有負責的政府。

㈡行政院　依政協會之議決，其要點如下：

（甲）行政院為國家最高行政機關。行政院長由總統提名，經立法院同意任命之。行政院對立法院負責。

（乙）如立法院對行政院全體不信任時，行政院或辭職或提請總統解散立法院。但同一行政院長不得再提請解散立法院。

這一段規定行政院為行政最高機關，與下一條「總統召集各院院長會商不必明文規定」有相關聯之處，應加解釋。號稱政府之機關，只能有一層樓不能有兩層樓。我的意思說當部長的人，聚在一處開行政會議，這會議就是決策的地方。既執行部務，又有決策之權，就是有權的人，就要負責任。假令當部長的人沒有決策權，是從旁人接受訓令，或者他的提案拿到國民政府或最高國防委員會被人修改，他就可以同人說：我原來提案如何，他們將它修改了，現在出了錯誤，這我不能負責的。可見部長之上，不能有上級機關再來修正。如其上級機關可以修改，他就有藉口，說這事我不能負責。可見決策與執行是應該併在一處，不能分開。這就是我所謂一層樓不能有兩層樓的意思。這個一層樓的政府，就是行政院，並不與其他四院再構成所謂國民政府。簡單的說，行政院就是政府。

這行政院須對立法院負責，因為憲法政治下的政府，必須是負責的政府。他做得好，議會擁護他，做得不好，議會可以質問他的責任。就是說或叫他改換政策，或去原來部長，另以新部長代之。我們這意思只要國會對於政府之過失或溺職，有可以矯正的方法，並不想時刻造成閣潮，引起政府更迭。所以政協會決議中原有一條如立法院對行政院全體不信任時，則行政院或辭職或提請總統解散立法院。讀者注意，這裏用的是「行政院全體」五個字，就是說不信任投票，只用之於行政院全體，其用意所在無非指行政院長所為不滿人意或全院不滿人意時，始得使用不信任投票。這無非是限制不信任投票之使用，以免閣潮發生。後來二中全會不滿不信任投票方法，要求憲法小組修改，小組中經多少次協商之後，也就同意放棄了不信任投票之制，但並不是放棄了責任政府之制。

歐美國家採用不信任制度時，假定不信任投票通過，內閣應立即辭職。所以憲法上留下所謂信任或不信任字樣，就是議會時刻有倒閣之權。現在去了信任或不信任字樣，就是議會立刻倒閣之權沒有了。但並不能說因此行政院對國會不負責任。因為議會與行政院之間尚有別種方式，可以發生彼此之衝突。當時經彼此商談之後，曾經政府提出一種方式來解決行政院立法院之衝突如下：

立法院對於行政院重要政策不贊同時，得以決議移請行政院變更之。行政院經總統之核可，對於立法院之決議得移請其復議，復議時，如經出席立法委員三分之二維持原決議，該決議行政院長應予接受或辭職。

行政院對於立法院通過之法律案，(包括預算案、條約案）得經總統核可，移請立法院復議，復議時如經出席立法委員三分之二維持原案，該案行政院長應予執行或辭職。

我們對這種所謂責任政府制將其特點扼要的說明如下：

㈠我們沒有採用英法式的內閣制，各部長同時須爲國會議員。

㈡我們沒有要求行政院須負聯帶責任。

㈢我們放棄了國會立即倒閣之不信任投票制度。

㈣按照前文兩條之規定，所謂移請政府變更政策之決議或立法院通過之法律案，總統均有交復議權。明白點說，如交復議之際達不到出席委員三分之二之人數，則變更政府之決議案或法律案，並不引起倒閣風潮。

依照第一項，總統用人之權，甚爲寬廣，因爲內閣閣員不必須爲議會議員。總統儘可在議會之外選人。由此可見，我們的內閣與議會制度下的內閣，迥不相同。未來之總統，其用人權較諸英王及法總統寬廣得多。如果總統選一非國會議員充當部長，只須其行政院長同意，此人便可爲部長了。第二、協商會議中，說明行政院須對立法院負責。我們沒有按照大陸各憲政國之慣例，特別要求聯帶責任之規定。英、法內閣往往以一部長之錯處牽動其他部長，如上文摩勒氏所說。我們所以避免此種規定之用意，無非希望不因一閣員之辭職，牽動全部內閣。第三、至於不信任制度放棄之理由，上文已說過。這是國會倒閣最利害的武器。我們爲遷就國民黨二中全會之要求，共產黨與民主同盟首先同意，青年黨本主張責任內閣制，故關於此點曾有保留之聲明。後來在野黨派特別顧到內閣動搖之有害無益，大家終於不堅持信任投票制度。第四、第四項之規定，立法院對於行政院之重要政策不贊同時，得以決議移請行政院變更之，但總統對立法院之決議得移請復議。如經出席立法委員三分之二維持原決議，該決議行政院長應予接受或辭職。假定此項決議得不到立法委員三分之二之維持原案，則行政院長辭職問題，自然不致發生。

合以上四點言之，各在野黨對於政府黨如何讓步，卽此可見。此種內閣制，決非完全英法式之內閣制，而是一種修正式之內閣制。易詞言之，我們採取美國總統制下行政部穩固的長處，而不忘掉民主國中應有之責任政府之精神。我們瞭解歐美民主制度，已有數十年之久，但我們這次不甘心於小孩式的亦步亦趨，而願意拿出多少創造的精神來。我們希望國民黨平心靜氣，來考慮憲法小組中已有規定而未完全解決之責任政府制。假定在野黨這樣讓步而成立的責任政府制，尙且不肯同意，我們實在不曉得政府所要的，是什麼一種行政制度了。

文獻選編

對於憲草問題之討論

政治協商會議

孫科說明國民黨對五五憲草的意見

第一、五五憲草是根據　國父五權憲法遺教起草，即是人民直接行使四權，政府行使五權，也就是人民行使政權，政府行使治權。第二、人民有權，政府有能，因此，國民大會會期不能太短，以免常因開會改選政府，而有害各種政策的進行。第三、國民大會行使創制、複決、選舉、罷免四權，就已包括國家最高權力，就是在憲法中不一一列入預算、決算、外交方針、施政方針等職權，也有這種權力。第四、目前政府的五院制與將來憲政實施後之五院制有大不同，因目前五院制是在訓政時期，一切權力集中於國民黨中央，行政院立法院都無權力。第五、國家元首，在憲草中規定是一方面爲國家代表，另一方面又爲行政首長，行政院長要對他負責。有人批評元首權力過大，恐係因國家元首有緊急措施權之規定。第六、地方制度，憲草中對省級是否爲自治單位，當時未擬好規定。今後和平建國時期，應本　國父遺教，實行省長民選。第七、憲草中對國防與財政未有專章，選舉制度也未規定在內，最後解釋人民自由權利中「非依法律不得限制」這一規定之意義，及說明憲草非天經地義不能修改。希各方多提意見。

討論發言

黃炎培說：(一)國家八年抗戰，人民對民主要求普遍全國，中國又處於國際新環境中，這一內外形勢的變化，都應於修改憲草時顧到。(二) 研究憲草態度，要絕對客觀。(三) 人民自由權利中之「非依法律不得限制」文字應重加考慮。(四) 國大代表人數衆多，會期相隔甚久，應有常設機關。(五)主張設置副總統。(六) 主張省長民選。(七) 職業選舉，應該加入。

沈鈞儒僅就地方政權問題發表意見，認爲他自參加民初起草天壇憲法以來，一貫主張地方分權，尊重地方。以中國之大，各省地理人情風俗文化程度之不同，應使省成爲一單位，可以自制省憲，省長應由民選。接著沈先生又說：世界強國之條件首推美蘇與中國，美蘇皆聯邦國家，中國應求統一，不成問題，但從組織上說，從民族講應是聯邦，從省來講應是聯省。他批評五五憲草說：憲草規定集權於中央，爲求削弱各省特殊勢力，這種想法是錯誤的。如以中央力量去扶植各省民權，特殊勢力就難存在，若不依靠這種自下而上的辦法，採用自上而下的靠武力，反而難達統一目的。另外，依憲草規定，總統權力過大，行政院院長由他任命，實際等於總統一個私人秘書，沒有他的陣地。五五憲草，把地方權力集中於中央，又把中央權力，集中於一人，這問題實在重大。

沈先生對解放區問題的解決，認爲若省的地位不確定，就困難解決。中共領導的區域，現在牽涉十五個省區，地方很大。他提出在解決這個問題時，應考慮到二個事實：㈠是抗日的歷史性，中共領導的軍隊，努力抗戰，收復許多地方，而形成今日解放區。㈡中共設施與其政治進步性，外國記者與黃任之先生等對此都有報導。這二事實如能加以承認，則中央政府對此種成績，應加以鼓勵保存和發表。所以他主張應本聯省精神，在中共領導區域試行，並從法律上承認他，這樣問題就能解決。這種解決辦法，不僅對中共領導區域，對整個國家的進步，都很有關係。

傅斯年說：五五憲草按三民主義精神起草，但並未貫徹三民主義的一貫性。他認爲中國國會應實行兩院制，立法院應擴大其權力，成爲下院，監察院成爲上院。其次對省的地位問題，他主張省必須有自治地位，但省區可以縮小。

胡霖則認爲：㈠三民主義的價值，任何人不否認，但是運用起來是否一定要五權，即運用五權，是否又一定要設五機關？值得研討。他認爲對　中山先生遺教應著重其精神而不拘其形式，尤其是法律。其次，立法院差不多已成爲衆院，何必一定要一國民大會。最後他主張成立一憲法委員會，要於二三個月內將憲草修正案送交國民大會。

曾琦代表青年黨發言：(一)成立一委員會，研討中國已有各種憲法，然後將意見交國民大會。(二)憲法性質應採柔性憲法，易於修改。(三)憲法內容，應採內閣制，以免總統集權專斷，危及民主和引起糾紛。國會採二院制，監察考試二權，不應從立法行政司法三權中分離。五院制行施十八年無成績，值得考慮。中央與地方應採　中山先生均權主張。

楊永浚認爲地方自治是民主之基礎，地方重於中央，自治重於行政。省的性質與權力應另行起草規定。他主張：㈠省應成爲自治的最高單位，㈡省與中央應規定均權制。最後他說：民主精神在自己辦事。省制在中國存在甚久，有存在理由，應付予權力，使能自己辦事。所有中央地方均權，省有財政權，省爲最高自治單位，省長民選，這幾項，應加入憲草中去。

張申府說：(一) 憲草修改要注意國情。(二) 憲政應先於憲法，憲法要兼顧保障人民自由權利的成果和將來理想的方面。(三) 人民自由權利不僅要有消極自由，取消「非依法律不得限制」之文字，而且還要有積極自由，保障人民有機會享受言論出版集會等自由。

吳玉章說：民國成立以來，今天是第一次各黨、各派、社會賢達共聚一堂，商討憲法，我們都希望能製定良好民主的憲法，奠定中國的百年大計，關於憲法的根本方針，我們認爲應該根據三民主義建國的原則，順應世界民主潮流，適合中國當前的情況以及舉國人民的要求。我們在我們的和平建國綱領草案中提出了許多意見，將來應該採入憲法的也須採入。現在我只著重提出幾個原則：

一、保障人民權利問題。憲法應保障人民權利，不應限制人民權利，但是五五憲草關於人民權利大都規定「非依法律不得限制」字樣，換言之，卽是普通法可以限制人民權利，這是不妥當的。

二、中央與地方權限的問題。我們主張依據　中山先生均權主義的原則，凡事務有關於全國性的歸中央，有因地制宜性質的歸地方，不偏於中央集權，亦不偏於地方分權。中央政府五五憲草中規定了五院制，但由過去歷史證明，五院事權分散，實際上都沒有權，而大權獨落於元首一身，這容易流於個人專制之弊，而且五五憲草中規定總統的權力太大，這些都應予以修改，我們認爲英美等先進民主國家所行的國會制度，其經驗很可採取，再依據中國當前實際情況，將中央政權機構重新作妥善的規定。

三、地方制度問題。過去對省的地位和制度爭論頗多，中國政治能否搞好，這是一個重大問題。我們主張省爲自治單位，自下而上的普選，依據　中山先生遺教省長民選，省自制省憲。地方性質的事情，交付地方人士辦理才辦得好。過去中央官吏到地方去，往往對地方無多幫助，甚至有時還妨礙地方的發展。這種制度應該改正。

四、確定國策。在憲法上明白規定有關軍事文化經濟各方面的民主政策：甲、軍事政策應該是民主的，不是軍國主義的，以民主主義的精神改造軍隊，使之爲人民服務，而不是爲一人或一派系服務。乙、文化政策應該是民主的、科學的、大衆的、民族的，而不是壓迫統制摧殘文化的政策。丙、經濟政策是民主的，是獎勵保護民族資本，使其發展，使國家事業、私人事業、合作事業都同時發展。最重要的要確定扶助農民勞工的政策。這一些都須明白規定在憲法上。

以上所舉都是原則性的建議，關於具體內容的詳細意見，將在審查小組提出討論。

李燭塵對憲草中規定節制資本四字的籠統規定，表示不同意，他主張平均地權，應在節制資本之先，要大家重視大後方工業家所喊出的，民族資本，民族工業這二個口號。他說上海的工廠技術雖比大後方進步十年，可是若依民族資本來衡量，則差得多了，那是買辦資本，官僚資本。最後他還叮囑一句話：希望大家注意民族資本這個口號。（錄自《政協文獻》）

三民大專用書書目——國父遺教

三民主義	孫文	著	
三民主義要論	周世輔	編著	前政治大學
三民主義要義	涂子麟	著	中山大學
大專聯考三民主義複習指要	涂子麟	著	中山大學
建國方略建國大綱	孫文	著	
民權初步	孫文	著	
國父思想	涂子麟	著	中山大學
國父思想	涂子麟 林金朝	編著	中山大學 臺灣師大
國父思想（修訂新版）	周世輔 周陽山	著	前政治大學 臺灣大學
國父思想新論	周世輔	著	前政治大學
國父思想要義	周世輔	著	前政治大學
國父思想綱要	周世輔	著	前政治大學
國父思想概要	張鐵君	著	
國父遺教概要	張鐵君	著	
中山思想新詮 ——總論與民族主義	周世輔 周陽山	著	前政治大學 臺灣大學
中山思想新詮 ——民權主義與中華民國憲法	周世輔 周陽山	著	前政治大學 臺灣大學

三民大專用書書目——政治・外交

政治學	薩孟武	著	前臺灣大學
政治學	鄒文海	著	前政治大學
政治學	曹伯森	著	陸軍官校
政治學	呂亞力	著	臺灣大學
政治學	凌渝郎	著	美國法蘭克林學院
政治學概論	張金鑑	著	前政治大學
政治學概要	張金鑑	著	前政治大學
政治學概要	呂亞力	著	臺灣大學
政治學方法論	呂亞力	著	臺灣大學
政治理論與研究方法	易君博	著	政治大學
公共政策	朱志宏	著	臺灣大學
公共政策	曹俊漢	著	臺灣大學
公共關係	王德馨、俞成業	著	交通大學
中國社會政治史(一)～(四)	薩孟武	著	前臺灣大學
中國政治思想史	薩孟武	著	前臺灣大學
中國政治思想史（上）（中）（下）	張金鑑	著	前政治大學
西洋政治思想史	張金鑑	著	前政治大學
西洋政治思想史	薩孟武	著	前臺灣大學
佛洛姆（Erich Fromm）的政治思想	陳秀容	著	政治大學
中國政治制度史	張金鑑	著	前政治大學
比較主義	張亞澐	著	政治大學
比較監察制度	陶百川	著	國策顧問
歐洲各國政府	張金鑑	著	前政治大學
美國政府	張金鑑	著	前政治大學
地方自治	管歐	著	國策顧問
中國吏治制度史概要	張金鑑	著	前政治大學
國際關係——理論與實踐	朱張碧珠	著	臺灣大學
中國外交史	劉彥	著	
中美早期外交史	李定一	著	政治大學
現代西洋外交史	楊逢泰	著	政治大學
中國大陸研究	段家鋒、張煥卿、周玉山	主編	政治大學

大陸問題研究	石之瑜　著	臺灣大學
立法論	朱志宏　著	臺灣大學
中國第一個民主體系	蔡玲、馬若孟　著 羅珞珈　譯	史丹佛大學
政治學的科學探究(一) 方法與理論	胡佛　著	臺灣大學
政治學的科學探究(二) 政治文化與政治生活	胡佛　著	臺灣大學
政治學的科學探究(三) 政治參與與選舉行為	胡佛　著	臺灣大學
政治學的科學探究(四) 政治變遷與民主化	胡佛　著	臺灣大學
政治學的科學探究(五) 憲政結構與政府體制	胡佛　著	臺灣大學

三民大專用書書目——行政・管理

書名	作者		任職
行政學（修訂版）	張潤書	著	政治大學
行政學	左潞生	著	前中興大學
行政學	吳瓊恩	著	政治大學
行政學新論	張金鑑	著	前政治大學
行政學概要	左潞生	著	前中興大學
行政管理學	傅肅良	著	前中興大學
行政生態學	彭文賢	著	中央研究院
人事行政學	張金鑑	著	前政治大學
人事行政學	傅肅良	著	前中興大學
各國人事制度	傅肅良	著	前中興大學
人事行政的守與變	傅肅良	著	前中興大學
各國人事制度概要	張金鑑	著	前政治大學
現行考銓制度	陳鑑波	著	
考銓制度	傅肅良	著	前中興大學
員工考選學	傅肅良	著	前中興大學
員工訓練學	傅肅良	著	前中興大學
員工激勵學	傅肅良	著	前中興大學
交通行政	劉承漢	著	前成功大學
陸空運輸法概要	劉承漢	著	前成功大學
運輸學概要	程振粵	著	前臺灣大學
兵役理論與實務	顧傳型	著	
行為管理論	林安弘	著	德明商專
組織行為學	高尚仁 伍錫康	著	香港大學
組織行為學	藍采風 廖榮利	著	美國印第安那大學 臺灣大學
組織原理	彭文賢	著	中央研究院
組織結構	彭文賢	著	中央研究院
組織行為管理	龔平邦	著	前逢甲大學
行為科學概論	龔平邦	著	前逢甲大學
行為科學概論	徐道鄰	著	
行為科學與管理	徐木蘭	著	臺灣大學
實用企業管理學	解宏賓	著	中興大學
企業管理	蔣靜一	著	逢甲大學